2022

山东金融年鉴

SHANDONG JINRONG NIANJIAN

中国人民银行山东省分行　编

山东人民出版社·济南
国家一级出版社　全国百佳图书出版单位

图书在版编目（CIP）数据

山东金融年鉴. 2022 / 中国人民银行山东省分行编 .— 济南：山东人民出版社, 2023.8
ISBN 978-7-209-14113-0

Ⅰ. ①山… Ⅱ. ①中… Ⅲ. ①地方金融事业－山东－2022－年鉴
Ⅳ. ①F832.752-54

中国国家版本馆CIP数据核字（2023）第045756号

责任编辑：张卫玲
责任校对：吕卫卫
责任印制：李宝元

山东金融年鉴. 2022
SHANDONG JINRONG NIANJIAN. 2022
中国人民银行山东省分行　编

主管单位　山东出版传媒股份有限公司
出版发行　山东人民出版社
社　　址　济南市市中区舜耕路517号
邮　　编　250003
推 广 部　(0531)82098029
　　　　　(0531)82098025
网　　址　http://www.sd-book.com.cn
印　　装　济南新先锋彩印有限公司
经　　销　新华书店

规　　格　16开(210mm×285mm)
印　　张　36
字　　数　1408千字
版　　次　2023年8月第1版
印　　次　2023年8月第1次
ISBN　978-7-209-14113-0
定　　价　220.00元

《山东金融年鉴》编委会

《山东金融年鉴》编辑部

编辑说明

一、《山东金融年鉴》是反映山东省金融改革与发展历程的大型历史性、资料性工具书，是系统了解山东省金融运行状况的重要媒介。通过收录各金融机构业务发展情况与基本数据，《山东金融年鉴》可以充分反映和展示山东省金融业运行的基本概况，从而为贯彻落实货币政策、加强金融监管、防范和化解金融风险、推动金融改革和发展提供基础支持。

二、山东省金融系统的年鉴编撰工作开启于2000年，创刊伊始名称为《中国人民银行济南分行金融年鉴》，内容主要是反映年度内辖区山东、河南两省的金融运行态势及状况。《中国人民银行济南分行金融年鉴》自2000年卷起至2004年卷止，共出版了五卷。

《山东金融年鉴》自2005年卷起始，上承《中国人民银行济南分行金融年鉴》，每年出版一卷，本卷为第二十三卷。《山东金融年鉴》按年度反映山东省金融业的运行和发展状况。

三、本卷年鉴的内容，主要反映2021年山东省金融运行的状况及金融改革和发展的历程。在具体组稿、筛选和编纂工作中，我们力求所收录的文字和数据能够全面反映一年来山东省金融发展与改革的整体风貌，能够充分展示山东省各金融机构创新发展的基本情况，力求所收录的资料具有科学性、可比性和连续性。

四、本卷年鉴采用条目式整体编排，适当考虑金融业务部门的单元组成。各金融机构的排列顺序按一般惯例执行，不分先后。

五、本卷年鉴中，国民经济统计资料以统计局的口径为准；金融统计资料部分的数据，主要是根据各金融机构报送的“全科目”统计数据加工整理而来，由中国人民银行山东省分行提供；各金融监管部门和金融机构的正文及附表中的统计数据，由相关机构自行提供；相关表格的编制，依金融行业传统惯例进行。

六、《山东金融年鉴》的编纂工作是在中国人民银行山东省分行党委和《山东金融年鉴》编委会的组织领导下进行的，各项工作得到了山东省金融系统各单位的大力支持，各组稿、编校人员为本书的出版付出了辛勤的劳动，编辑部全体同仁在此表示衷心的感谢。

目 录

4 第四部分

5 第五部分

6 第六部分

9 第九部分

10 第十部分

第一部分

山东省金融市场运行报告

2021年山东省经济金融运行报告

一、金融运行情况

2021年，面对复杂严峻的国内外经济形势，山东省金融系统坚持以习近平新时代中国特色社会主义思想为指导，认真贯彻落实党中央、国务院和金融管理部门各项工作部署，统筹服务实体经济、防控金融风险、深化金融改革三项任务，突出金融供给与需求管理双向协同发力，全省金融业运行稳中向好，金融供给总量实现新的突破，金融资源配置效力、服务实体经济和社会发展能力实现新的提升，区域金融改革、创新发展实现新的突破，金融风险防控取得新的成效，为经济高质量发展营造了良好的金融环境。

（一）银行业运行平稳，服务实体经济能力持续巩固

2021年，人民银行济南分行认真贯彻落实稳健货币政策，强化跨周期调节，充分发挥货币政策工具的总量和结构双重功能，引导全省银行业金融机构持续加大对实体经济支持力度，贷款保持稳定增长，信贷结构持续优化，贷款利率降至有统计以来最低水平，不良贷款连续三年实现“双降”，资产质量进一步改善。

1. 资产负债保持平稳增长，城商行增速较快。2021年末，全省银行业金融机构资产总额16.60万亿元，同比增长11.40%，比上年末回落2.00个百分点；负债总额16.00万亿元，同比增长11.30%，比上年末回落1.70个百分点。其中，城商行资产规模增长较快，年末资产总额3.10万亿元，同比增长17.20%。

资产负债结构有所调整。从资产端看，贷款占比提升，各项贷款余额占总资产的66.90%，比上年末提高1.20个百分点；投资余额占总资产的11.00%，比上年末提高0.70个百分点，其中债券投资占总投资的79.30%，比上年末提高3.00个百分点。从负债端看，存款占比下降，运用央行资金增加。各项存款余额占总负债的72.90%，比上年末下降0.60个百分点；银行机构运用再贷款、再贴现等货币政策工具增多，向中央银行借款年末余额同比增长101.70%，占总负债的比重比上年末提高0.60个百分点。

2. 各项存款增速放缓，住户和非金融企业存款同比少增。2021年末，全省本外币各项存款余额13.05万亿元，同比增长10.30%，比上年末回落2.70个百分点。全年存款增加12,132.70亿元，同比少增1,477.80亿元。其中，住户和非金融企业存款同比分别少增1,045.80亿元和1,054.70亿元，机关团体存款和财政性存款同比分别多增361.30亿元和268.70亿元。

3. 贷款稳定增长，服务实体经济质效不断提升。2021年末，全省本外币各项贷款余额11.10万亿元，同比增长13.40%，增速高于全国平均水平2.10个百分点。全年贷款增加13,154.80亿元，同比多增1,600.00亿元，增量连续四年创历史新高，贷款余额和增量均居全国第四位。

分部门看，新增贷款向企（事）业单位部门集中。全年企（事）业单位贷款同比多增1,826.70亿元，新增企（事）业单位贷款占各项贷款比重比上年同期提高7.40个百分点；住户部门贷款同比少增296.00亿元，新增占比比上年同期下降8.10个百分点。

分期限看，新增贷款“长增短缓”特征突出。中长期贷款年末余额同比增长15.00%，高于各项贷款增速1.60个百分点；短期贷款年末余额同比增长9.40%，低于各项贷款增速4.00个百分点。

从投向看，重点领域贷款保持高速增长。普惠小微贷款、制造业中长期贷款、信用贷款、基建贷款年末余额同比增速分别比全部贷款增速高21.90个、12.60个、7.60个和3.80个百分点。新经济领域贷款增势良好，绿色贷款、科技中小微企业贷款、装备制造业中长期贷款、高技术制造业中长期贷款年末余额同比增速分别比全部贷款增速高35.30个、7.40个、21.60个和52.40个百分点。房地产贷款增长放缓，全省房地产贷款年末余额同比增长9.00%，低于全部贷款增速4.40个百分点。其中个人住房贷款余额同比增长13.00%，较好支持了居民合理购房需求。

结构性货币政策工具对贷款投放的引导作用得到充分发挥。人民银行济南分行优化再贷款、再贴现等政策工具管理和使用模式，推动再贷款、再贴现使用规模创历史新高。全年累计发放再贷款、再贴现2,796.00亿元，是上年的1.70倍，对全省251家地方法人银行实现再贷款支持全覆盖。全年累计向地方法人银行提供延期还本付息奖励资金14.30亿元，直接支持银行为12万户企业办理延期贷款1,431.00亿元；累计向地方法人银行提供信用贷款激励资金290.00亿元，为46万户企业发放符合条件的普惠小微信用贷款781.00亿元。

4. 表外业务平稳增长，理财业务整改到位。2021年末，全省银行业金融机构表外业务余额8.30万亿元，较年初增加8,274.70亿元，同比增长11.10%，低于全部资产增速0.30个百分点。其中，银行机构发行非保本理财产品余额2,563.80亿元，较年初下降262.80亿元。全省法人银行机构发行的理财产品全部为合规新产品，理财产品均实现净值化转型，保本理财和同业理财全部压降清零。

5. 持续深化LPR改革，新发放贷款利率创新低。2021

年，人民银行济南分行持续深化贷款市场报价利率（LPR）改革，推动优化存款自律管理，深入推进明示贷款年化利率工作，规范各类金融机构贷款产品和服务行为，促进银行负债端成本和资产端定价稳中有降。至2021年末，省内全国性金融机构分支机构、城商行、农商行已全部建立内部资金转移定价机制（FTP），并将LPR嵌入FTP。全年新发放企业贷款加权平均利率为4.55%，同比下降0.11个百分点，为有统计以来最低水平。

6. 资产质量大幅改善，金融机构经营稳健性提升。2021年末，全省银行业不良贷款余额1,489.80亿元，比上年末减少496.40亿元，不良贷款率1.34%，比上年末下降0.69个百分点，实现连续三年“双降”。全省银行业拨备余额3,477.70亿元，统算拨备覆盖率233.40%，分别比上年末增加346.40亿元、提高75.80个百分点，风险防控能力进一步提升。人民银行济南分行推动中小法人银行通过多种方式补充资本。2021年，山东省人民政府发行100.00亿元专项债券为12家法人银行补充资本金，7家法人银行通过发行永续债、二级资本债补充资本金281.00亿元，地方法人银行经营稳健性提升。年末全省中小法人银行统算的资本充足率为13.70%，比年初上升0.30个百分点。

7. 跨境人民币业务稳步发展。2021年，人民银行济南分行联合山东省国资委等10个部门出台《关于鼓励支持人民币跨境使用 服务构建“双循环”新发展格局的指导意见》，提出20条具体工作措施，为山东省跨境人民币业务做出中短期规划。2021年，全省人民币跨境资金收支5,600.90亿元，同比增长27.40%，比上年同期提升14.50个百分点。跨境人民币收支金额占同期本外币跨境收支金额的17.60%，比上年提高0.80个百分点。

（二）证券行业运行稳中向好，企业上市成效显著

1. 证券期货经营机构运行平稳。2021年末，全省共有法人证券公司3家，同比增加1家，证券分公司133家，证券营业部561家。法人期货公司4家，法人基金公司1家。2021年，山东辖区证券投资者开户数1,084.20万户，较年初增加173.60万户，股票基金交易金额11.60万亿元。期货投资者开户数为26万户，较年初增加1.70万户，代理期货交易额25.30万亿元，同比增长64.00%。

2. 上市公司增量提质，上市融资取得新突破。2021年，全省新增上市公司37家，创近十年新高。北交所上市公司累计达7家，居全国第四位。年末境内上市公司累计达270家，总市值4.00万亿元。从结构上看，新增上市公司中属于战略性新兴产业的企业占比超过六成。

3. 各类交易市场有序发展，区域性股权交易稳步提升。2021年，省内20家交易场所累计交易额7,631.30亿元。其中，12家权益类交易场所交易额404.70亿元，8家介于现货与期货之间的大宗商品交易场所交易额7,226.60亿元。省内2家区域性股权市场新增挂牌企业710家，为企业实现各类融资236.80亿元，其中股权质押融资151.60亿元。

（三）保险业结构调整深化，服务经济社会发展水平持续提升

1. 保险业资产规模和保费收入保持平稳增长。2021年末，全省保险业资产总额8,643.80亿元，同比增长13.20%；2021年实现原保险保费收入3,278.30亿元，同比增长3.60%。其中，人身险保费收入2,335.20亿元，同比增长3.80%；财产险保费收入943.10亿元，同比增长3.10%。

2. 保险业务结构调整持续深化。2021年末，财产险公司中，车险业务下降2.90%，车险保费占比、车险业务及管理费用率均创历史年度新低；人身险公司中，寿险业务中保障功能较强的普通寿险增速19.70%，投资理财属性较强的分红险、投连险、万能险分别下降11.40%、15.00%和9.50%，业务回归本源的态势持续稳固。

3. 保险业务服务经济社会发展水平持续提高。2021年，全省保险业累计为经济社会发展提供风险保障金340.40万亿元，同比增长38.60%，赔付支出1,140.30亿元，同比增长14.00%，行业整体保障能力增强，进一步发挥了“稳定器”和“减震器”作用。全省车险综合赔付率77.80%，车险综合费用率降至22.70%，分别优于全国5.40个和5.80个百分点。农业保险保费收入增速28.00%，高于保费总收入增速24.40个百分点。“一城一策”的城市定制型医疗保险已在全省各地市全面推开，罕见病帮扶机制初步建立。

（四）社会融资规模增长较快，融资渠道持续拓宽

1. 社会融资增量创历史新高，表内融资为新增主力。2021年，山东省社会融资规模较年初增加2,0831.70亿元，同比多增723.70亿元，为历史最高水平。表内融资支撑力突出，占当年社会融资规模增量的64.00%，同比提高5.20个百分点；表外融资净下降1,152.50亿元，同比多减115.00亿元；直接融资新增3,689.60亿元，同比少增152.70亿元，占新增社会融资规模的17.80%，同比下降1.34个百分点；政府债券融资新增3,303.40亿元，同比少增164.00亿元，占新增社会融资规模的15.90%，同比下降1.30个百分点。

2. 债券融资覆盖面扩大，服务实体经济能力增强。2021年，人民银行济南分行开展山东省债券发行“双百攻坚行动”，组织承销机构围绕全省有发债需求的民营和国有各100家企业开展对接服务，不断扩大发债覆盖面。全年全省企业发行债务融资工具544单、4,918.00亿元，同比多发行87单、922.00亿元，总量居全国第六位。支持山东高速、临沂城投、水发集团、青岛水务集团等12家企业发行碳中和、乡村振兴、革命老区等创新型债务融资工具17单、126.60亿元，同比多发行44.00亿元，推动齐鲁银行、潍坊银行、东营银行发行小微企业金融债70.00亿元。各类债券加权平均利率3.68%，比2020年下降0.10个百分点。

3. 供应链金融发展取得良好成效。2021年，人民银行济南分行坚持促创新、强协同、优环境，将发展供应链金融作为落实“六稳”“六保”任务、促进供应链产业链优化升级、改善中小微企业融资难题的重要举措，积极强化财政金融政策融合，大力推动全省供应链金融平稳健康发展，取得良好成效。2021年，全省供应链票据签发量93亿元；商业汇票累计贴现1.24万亿元，占全国比重8.30%，同比提高1.00个百分点；应收账款融资2,354.60亿元，同比增长15.00%。

（五）金融改革试验区创建有序推进，创新发展成效明显

1. 青岛市财富管理中心建设成效明显。2021年末，青岛市财富管理金融综合改革试验区财富管理资产总规模达2.50万亿元，同比增长39.00%。山东港信期货、联储证券、新沃公募基金、恒丰银行理财子公司四家法人金融机构落户青岛，填补多项业态空白。合格境内有限合伙人试点（QDLP）获批30亿美元额度。数字人民币试点上线场景超50万个，全国首个数字人民币碳普惠平台、首单湿地碳汇贷、首单植被修复碳汇贷在试验区落地。募集规模百亿元的国新中银股权投资基金等优质基金项目落户青岛。

2. 临沂市普惠金融服务乡村振兴改革试验区建设高质量推进。2021年，临沂市普惠金融服务乡村振兴改革试验区聚焦乡村振兴主题，聚力金融工具创新，聚集多方资源力量，在涉农抵质押物创新、金融辅导和管家服务、特色农业保险发展、涉农信息共享共用等方面推出了一批改革举措，形成一批创新案例，在支农支小、服务乡村振兴等方面取得明显成效。2021年末，临沂市涉农贷款增速高于全省6.40个百分点，新增涉农贷款占各项贷款比重高于全省13.40个百分点；全市农业保险保费收入同比增长40.80%，高于全省12.80个百分点。

3. 济南市科创金融改革试验区建设高标准起步。2021年11月25日，经国务院同意，人民银行等8部委批复《山东省济南市建设科创金融改革试验区总体方案》，这是全国首个以科创金融为主题的金融改革试验区。方案总体目标是，争取用5年左右时间，试验区基本形成体系健全、结构合理、服务高效、配套完善、保障有力的科创金融服务体系，建立完善覆盖科技创新全周期的金融生态链，科技创新支持山东新旧动能转换取得重大突破，形成一批可复制可推广的经验。

（六）金融生态环境建设扎实推进，金融服务水平有效提升

1. 征信体系建设稳步推进，征信服务实体经济能力增强。2021年，全省共部署自助查询网点577个、自助查询机具645台，全面覆盖市、县两级。大力推广信用报告线上查询服务，促成15家银行、银联云闪付等线上征信查询渠道落地，全年通过线上渠道提供个人、企业信用报告查询量同比分别增长326.40%、183.30%。省级征信平台取得实质性进展，“山东省征信有限公司”作为省级地方征信平台运营机构注册成立，平台已完成市场监管、发改、人社、环保及电力等五部门数据梳理工作，确定企业信用信息30余项。多元化推广应收账款融资，充分挖掘政府采购合同融资市场潜力，全年应收账款融资金额、“政采贷”金额分别增长15.10%、6.50%。引导银行充分运用征信中心动产融资统一登记公示系统，办理碳排放权、可再生能源补贴确权、动物活体等抵质押登记，避免重复质押、虚假融资等风险。

2. 支付系统安全高效运行，支付服务水平不断提升。坚守支付清算系统业务连续性管理红线，不断完善支付市场基础设施。严肃支付清算纪律，保障社会资金高效运转。2021年，人民银行支付清算系统为全省1.1万家银行网点提供跨行清算服务，有力支撑全省经济社会发展。全面强化支付市场监管，精准打击治理电信网络诈骗、跨境赌博“资金链”。统筹提升账户管理和服务水平，通过推行简易开户等措施，实现账户“应开尽开”“账户功能与客户身份核实、风险等级相匹配”。持续推动银行、支付机构向实体让利，小微企业和个体工商户支付手续费降费政策在山东全面落地。大力提升老年人支付服务水平，督促法人银行加快手机银行适老化改造。

3. 金融消费权益保护持续加强，社会公众金融素养稳步提升。12363山东省投诉咨询电话全年累计接听群众来电2.90万余件，投诉办结率保持在90.00%以上。金融纠纷多元化解工作取得显著成效，全年累计调解金融纠纷案件1746件，实现调解数量、质量双提升。强化金融宣传示范引领和工作指导，全年累计开展各类宣传活动4562次，覆盖6,135万人次。创新推动建立3家首批省级金融教育示范基地，基地全年累计开展活动246期，接待消费者9.47万余人次，线上覆盖受众1,948万人次。依托山东省整治虚假违法广告联席会议机制，将金融领域广告治理纳入2021年市场监管系统“铁拳”行动省级查办重点，加大对违法违规金融营销宣传行为打击力度。

4. 金融科技快速发展，赋能金融服务提质增效。2021年，人民银行济南分行联合山东省地方金融监督管理局印发《关于山东省金融科技发展的意见》，围绕5大类24项重点任务做出详细部署。启动金融科技赋能乡村示范工程试点，围绕供应链金融服务供给、金融科技基础建设等四大方面，向人民银行、农业农村部等7部委申报项目46个。推动金融数据综合应用试点，围绕数据能力建设、数据规范共享、数据融合应用、风控数字化水平提升四个方面确定项目28个。建立全省金融科技重点建设项目库，掌握全省金融科技应用发展情况。2021年，全省金融科技重点建设项目库中，借助大数据、移动互联网等技术，提升在网

点、柜台和自助设备等场景下的服务效率和服务精准性的项目有83项；运用物联网、智能算法等科技成果，提高贷款发放效率和服务便利度的项目有69项。

二、经济运行情况

2021年，山东省经济运行呈现稳中向好、进中提质的发展态势，全年全省实现生产总值8.30万亿元，同比增长8.30%，两年平均增长5.90%，分别高于全国0.20个、0.80个百分点。投资稳健上行，消费复苏提速，进出口高速增长，三次产业稳中向好，物价水平温和可控，就业形势好于预期，财政收支增速提高，重点领域支持力度加大，区域一体化协调发展全面起势。

（一）内外需求协同发力，“三驾马车”动力稳定

1.投资稳健上行，制造业投资快速增长。2021年，全省固定资产投资（不含农户）同比增长6.00%，高于全国平均水平1.10个百分点。制造业投资延续快速增长势头，全年增长13.10%，高于全部投资增速7.10个百分点。新兴领域投资延续良好增势，“四新”经济投资占全部投资比重达51.20%，高新技术产业投资增长11.60%，高于工业投资增速1.80个百分点。民间投资活跃，占全部投资比重比上年提高1.30个百分点，对全部投资增长的贡献率为87.30%。

2.消费市场复苏提速，升级消费增势强劲。2021年，全省社会消费品零售总额3，3714.50亿元，同比增长15.30%，高于全国平均水平2.80个百分点。升级类商品消费增势强劲，限额以上体育娱乐用品类、通信器材类、金银珠宝类和新能源汽车零售额同比分别增长61.50%、54.30%、69.70%和92.00%。线上消费高位运行，全年实物商品网上零售额增长16.50%，拉动社会消费品零售总额增长2.50个百分点，比上年提高0.50个百分点。

3.进出口持续高位运行，利用外资稳定增长。2021年，全省货物进出口总额29，304.10亿元，同比增长32.40%，高于全国11.00个百分点。其中，出口17，582.70亿元，增长34.80%；进口11，721.40亿元，增长29.00%。对“一带一路”沿线国家进出口增长40.80%，占全部进出口总值的32.00%；民营企业进出口增长35.60%，占全部进出口总值的71.20%；机电产品出口增长35.80%，占全部出口总值的43.10%。利用外资量稳质升，全年实际使用外资215.20亿美元，同比增长21.90%，其中制造业实际使用外资65.40亿美元，增长72.90%。

（二）三次产业稳中向好，动能转换提速增效

2021年，全省第一产业、第二产业、第三产业增加值同比分别增长7.50%、7.20%、9.20%，三次产业结构由上年的7.40：39.10：53.50调整为7.30：39.90：52.80。

1.农业生产稳中有增，乡村振兴持续推进。2021年，全省农林牧渔业产值11，468.00亿元，同比增长8.60%。粮食总产量1，100.10亿斤，连续八年稳定在千亿斤以上；畜牧业产能稳步增加，猪牛羊禽肉产量815.10万吨，同比增长12.90%，生猪产能恢复至常年水平；蔬菜总产量8，801.10万吨，稳居全国首位。现代农业加快发展，新创建国家农业现代化示范区6个、现代农业产业园3个，国家级海洋牧场发展到59家。

2.工业生产加速回升，民营工业发展活力增强。2021年，全省全部工业增加值27，243.60亿元，同比增长8.60%，其中规模以上工业增加值同比增长9.60%。41个行业大类中，有34个行业增加值实现增长，增长面达82.90%，比上年扩大9.70个百分点。民营工业企业发展活力不断增强，增加值同比增长11.30%，高于规模以上工业1.70个百分点，对规模以上工业增长的贡献率达73.80%，比上年提高21.70个百分点。

3.服务业稳定恢复，高端服务业快速增长。2021年，全省服务业实现增加值43，879.70亿元，同比增长9.20%，对经济增长贡献率达59.50%，拉动经济增长4.90个百分点，继续发挥经济增长“主引擎”作用。新产业新业态新商业模式表现亮眼，多式联运和运输代理业、互联网和相关服务业、研究和试验发展、科技推广和应用服务业营收分别增长88.00%、24.40%、26.90%和37.20%。

4.供给侧结构性改革持续深入，创新动力显著增强。传统产业加快升级，整合转移地炼产能780万吨，实施500万元以上工业技改投资项目1.20万个，建设省级工业互联网平台115个。高新技术企业突破2万家，入库科技型中小企业2.80万家，新增专精特新“小巨人”企业221家、国家制造业单项冠军39个。产业集群加速形成，105个雁阵形产业集群规模突破5.70万亿元，智能家电、轨道交通装备入围国家先进制造业集群，高端医疗器械等4个产业集群纳入国家创新产业集群试点。

5.绿色发展质效提升，生态环境明显改善。可再生能源发电装机容量占电力装机容量的33.70%，比上年提高5.10个百分点。海上风电实现零突破。农村新增清洁取暖208.40万户，海阳市成为全国首个零碳供暖城市。开展科学绿化试点示范省建设，造林面积17.60万亩。2021年，全省PM2.5平均浓度、空气质量综合指数分别改善15.20%、10.10%，优良天数平均比例比上年改善2.30个百分点。

（三）物价水平温和上涨，就业形势好于预期

1.居民消费价格温和上涨，食品价格涨幅明显回落。2021年，全省居民消费价格指数（CPI）上涨1.20%，涨幅比上年同期回落1.60个百分点。其中，食品价格涨幅比上年回落12.10个百分点，猪肉价格下降31.80%，是影响食品价格涨幅回落的主要因素。工业消费品价格上涨1.70%，其中，能源价格上涨8.50%，是推动工业消费品价格上涨的主要因素。服务项目价格上涨1.00%，涨幅比上年扩大0.60个百分点。

2. 工业生产者价格持续高位运行，“三黑一色”是上涨主力。2021年，全省工业生产者出厂价格指数（PPI）上涨10.30%，涨幅比上年扩大12.20个百分点。生产资料价格由上年同期下降2.90%转为上涨12.60%，是PPI上涨的主要推动因素。“三黑一色”相关大类行业同比上涨23.60%，影响PPI总指数上涨6.70个百分点，其中，煤炭、石油、钢铁和有色相关行业分别上涨33.40%、25.20%、29.10%和14.30%，是PPI上涨主力。

3. 就业形势好于预期，居民收入稳步增加。2021年，全省城镇新增就业124.20万人，同比增长1.30%，完成年度目标的112.90%。2021年末，城镇登记失业率2.94%，比上年下降0.16个百分点。全省居民人均可支配收入35,705元，同比增长8.60%，其中城镇和农村居民人均可支配收入分别增长8.60%和10.90%，城乡居民人均可支配收入比比上年缩小0.07。居民人均消费支出22,821元，同比增长9.00%，其中城镇和农村居民人均消费支出分别增长7.40%和12.90%。

（四）财政收支增速提高，重点领域支持力度加大

1. 财政收支稳定向好，收支差额小幅收窄。2021年，全省一般公共预算收入7,284.50亿元，同比增长11.00%，增速比上年提高10.50个百分点。其中，税收收入增长15.10%，占一般公共预算收入的比重达到75.20%，比上年提高2.60个百分点，为自2019年以来同期最高值。一般公共预算支出11,709.10亿元，同比增长9.50%，增速比上年提高4.90个百分点。预算收支差额4,424.70亿元，同比下降5.30%。

2. 重点领域投入稳步提升，减税降费政策持续落实。民生支出持续加大，全省财政落实民生支出9,243.00亿元，占一般公共预算支出比重达到79.00%，住房保障、社会保障和就业、教育等支出分别增长29.40%、14.80%和9.60%。发行政府新增专项债券3,117.00亿元，集中支持交通、水利、市政等领域2,185个重点项目建设。自主出台免征地方水利建设基金、延长小规模纳税人房产税和城镇土地使用税免征期限等政策，全年新增减税降费700.00亿元以上。

（五）房地产行业运行总体平稳，高技术制造业质效不断提升

1. 房地产行业运行总体平稳。房地产开发投资稳健增长。2021年，全省房地产开发投资同比增长3.90%。保障性住房建设加快推进。棚户区改造新开工13.00万套，基本建成43.60万套，济南、青岛2个国家保障性租赁住房试点开工7.50万套；商品房销售保持平稳。全年商品房销售面积同比增长7.50%；重点城市房价温和上涨。2021年末，济南、青岛新建住宅销售价格同比分别上涨5.10%和4.40%，涨幅分别比上年提高6.10个和1.60个百分点；房地产贷款增速放缓。2021年末，全省房地产贷款余额同比增长8.80%，房地产贷款余额占各项贷款的比重比上年下降2.50个百分点。

2. 高技术制造业质效不断提升。2021年，全省制造业转型升级步伐不断加快，全年高技术制造业增加值增速高于规模以上工业增加值增速8.90个百分点。从行业看，医药制造业、金属制品业、计算机通信和其他电子设备制造业增加值增速分别高于规模以上工业1.00个、15.80个和22.00个百分点；从产品看，工业机器人、新能源汽车、集成电路、光电子器件等主要产品实现较快增长，增速分别为38.70%、97.70%、65.20%、73.10%。高端化工、新能源新材料、新一代信息技术制造等新动能效益稳步提升，2021年利润两年平均增速分别高于规模以上工业42.50个、19.00个和16.70个百分点。

（六）自贸区建设取得积极成效，区域一体化协调发展全面起势

2021年，山东自由贸易试验区不断探索创新路径，年末112项试点任务已实施110项，实施率达到98.20%。探索形成142项创新成果，36项在省内复制推广，13项获国家部委认可。全年区内企业合计进出口3,843.40亿元，增长39.40%，有进出口实绩的企业达3,294家，比上年增加416家。全面实施外商投资准入前国民待遇加负面清单创新举措，首创中日韩投资“云上审批”，实现日韩投资者不出国门即可获得片区市场准入和经营资格，外商投资更加便利。

加快推进构建“一群两心三圈”的区域发展总体格局。2021年，省会、胶东、鲁南经济圈“十四五”一体化发展规划出台，省会经济圈7市共同签署《省会经济圈交通一体化协同推进合作协议》，全力推进一体化互联互通工程。至2021年末，省会经济圈在建交通项目约60个，济阳区成立全国首个省会经济圈行政审批服务联盟，多个县区实现省会经济圈部分政务服务“全省通办”。胶东经济圈数字经济生态产业园暨工业互联网制造业创新基地揭牌，莱西、莱阳一体化发展先行区获省级批复。鲁南经济圈成立科创联盟、鲁南旅游联盟，鲁南高铁山东段全线贯通。

三、预测与展望

展望2022年，山东省经济发展面临的挑战与机遇并存。一方面，外部发展环境更趋复杂严峻，不稳定、不确定、不平衡特点突出。我国经济发展面临多年未见的需求收缩、供给冲击、预期转弱三重压力。从山东省看，长期积累的结构性矛盾和短期面临的制约性因素交织叠加，供给侧结构性改革、扩大有效需求、稳定工业运行，都面临较大压力；另一方面，经过多年接续奋斗，山东省发展的基础更加坚实，发展的积极因素加快聚集，重大战略叠加效应显现，扩大开放迎来崭新机遇，政策集中效应持续放大，新旧动能转换蓄势突破，创新发展优势加快形成，基础设施支撑更加有力，有基础、有能力实现更好发展，为

全国大局作出更多山东贡献。具体来看，2022年，在全省“三个十大”行动计划有序推进下，投资、消费、外贸对经济增长的协调拉动作用将进一步增强，经济发展的活力、高质量发展的动力支撑将更加强劲。预计2022年山东省经济将继续呈现稳中向好的发展态势，主要经济指标保持在合理区间。

山东金融业将坚持以习近平新时代中国特色社会主义思想为指导，深入落实习近平总书记对山东工作的重要指示要求，紧紧锚定“走在前列、全面开创”“三个走在前”总遵循、总定位、总航标，坚持稳字当头、稳中求进，进一步抓好中央金融政策在山东落实落地，统筹做好服务实体经济、深化金融改革、防控金融风险工作，着力稳定宏观经济，保持经济运行在合理区间，以优异成绩迎接党的二十大胜利召开。人民银行济南分行将认真贯彻执行稳健货币政策灵活适度的要求，加大跨周期调节力度，发挥好货币政策工具的总量和结构双重功能，保持货币信贷总量稳定增长，保持信贷结构稳步优化，引导金融机构加大对小微企业、科技创新、绿色发展领域的信贷投放；维护住房消费者合法权益，更好满足购房者合理住房需求，促进房地产市场健康发展和良性循环；深化金融供给侧结构性改革，推动企业综合融资成本稳中有降；统筹做好重大金融风险防范化解工作，为稳定宏观经济大盘、保持全省经济运行在合理区间营造适宜的货币金融环境。

（杨德彬、宋 倩）

山东省金融机构（含外资）本外币信贷收支表（一）

汇率：6.3757　　2021年末　　单位：亿元

项目	本期余额	比年初增减	
		2021年	2020年
各项存款	130,482.08	12,132.72	13,610.49
（一）境内存款	130,018.06	12,003.30	13,661.57
1.住户存款	72,609.80	7,993.22	9,038.98
活期存款	19,421.52	840.64	2,183.63
定期及其他存款	53,188.29	7,152.58	6,855.36
2.非金融企业存款	39,511.73	3,327.04	4,381.75
活期存款	14,816.54	385.01	1,140.32
定期及其他存款	24,695.19	2,942.03	3,241.43
3.机关团体存款	13,861.95	182.01	-179.28
4.财政性存款	1,269.93	100.02	-168.69
5.非银行业金融机构存款	2,764.65	401.02	588.79
（二）境外存款	464.02	129.42	-51.07

山东省金融机构（含外资）本外币信贷收支表（二）

汇率：6.3757　　2021年末　　单位：亿元

项目	本期余额	比年初增减	
		2021年	2020年
各项贷款	111,035.40	13,154.81	11,555.03
（一）境内贷款	109,686.18	13,263.49	11,710.86
1.住户贷款	40,301.85	5,286.09	5,582.09
（1）短期贷款	9,091.80	1,460.24	1,668.62
消费贷款	3,177.25	411.95	625.76
经营贷款	5,914.55	1,048.29	1,042.86
（2）中长期贷款	31,210.05	3,825.85	3,913.47
消费贷款	27,688.76	3,236.88	3,250.06
经营贷款	3,521.29	588.97	663.41
2.企（事）业单位贷款	69,384.33	7,977.41	6,150.75
（1）短期贷款	25,447.55	1,534.50	1,234.92
（2）中长期贷款	37,188.32	5,039.38	4,247.14
（3）票据融资	6,048.25	1,333.28	649.88
（4）融资租赁	544.07	46.05	69.86
（5）各项垫款	156.16	24.21	-51.06
3.非银行业金融机构贷款	—	—	-21.99
（二）境外贷款	1,349.22	-108.68	-155.83

山东省金融机构（含外资）人民币信贷收支表（一）

汇率：6.3757　　2021年末　　单位：亿元

项目	本期余额	比年初增减	
		2021年	2020年
各项存款	127,871.85	11,716.48	13,478.99
（一）境内存款	127,745.05	11,703.00	13,482.83
1.住户存款	72,255.34	7,999.92	9,026.25
活期存款	19,208.27	836.35	2,160.60
定期及其他存款	53,047.07	7,163.57	6,865.65
2.非金融企业存款	37,601.76	3,007.78	4,190.31
活期存款	13,720.25	236.54	942.85
定期及其他存款	23,881.51	2,771.24	3,247.46
3.机关团体存款	13,859.34	194.43	-154.68
4.财政性存款	1,269.93	100.02	-168.69
5.非银行业金融机构存款	2,758.68	400.86	589.63
（二）境外存款	126.80	13.47	-3.84

山东省金融机构（含外资）人民币信贷收支表（二）

汇率：6.3757　　2021年末　　单位：亿元

项目	本期余额	比年初增减	
		2021年	2020年
各项贷款	108,436.77	13,025.21	11,708.59
（一）境内贷款	108,320.25	13,006.83	11,712.85
1.住户贷款	40,300.78	5,285.93	5,583.22
（1）短期贷款	9,090.75	1,460.06	1,669.75
消费贷款	3,176.20	411.77	626.89
经营贷款	5,914.55	1,048.29	1,042.86
（2）中长期贷款	31,210.03	3,825.86	3,913.47
消费贷款	27,688.75	3,236.90	3,250.06
经营贷款	3,521.29	588.97	663.41
2.企（事）业单位贷款	68,019.47	7,720.91	6,151.61
（1）短期贷款	24,295.82	1,280.24	1,201.60
（2）中长期贷款	36,975.61	5,029.43	4,271.67
（3）票据融资	6,048.25	1,333.28	649.88
（4）融资租赁	544.07	46.05	69.86
（5）各项垫款	155.73	31.92	-41.40
3.非银行业金融机构贷款	—	—	-21.99
（二）境外贷款	116.52	18.37	-4.26

山东省金融机构（含外资）外汇信贷收支表（一）

2021年末 单位：亿美元

项目	本期余额	比年初增减	
		2021年	2020年
各项存款	409.40	73.15	40.60
（一）境内存款	356.51	54.18	45.18
1.住户存款	55.60	0.24	5.41
活期存款	33.45	1.42	5.37
定期及其他存款	22.15	-1.18	0.03
2.非金融企业存款	299.57	55.78	43.21
活期存款	171.95	26.69	37.70
定期及其他存款	127.62	29.09	5.51
3.机关团体存款	0.41	-1.89	-3.38
4.财政性存款	—	—	—
5.非银行业金融机构存款	0.94	0.05	-0.06
（二）境外存款	52.89	18.98	-4.58

山东省金融机构（含外资）外汇信贷收支表（二）

2021年末 单位：亿美元

项目	本期余额	比年初增减	
		2021年	2020年
各项贷款	407.58	29.18	2.47
（一）境内贷款	214.24	44.23	10.71
1.住户贷款	0.17	0.03	-0.15
（1）短期贷款	0.17	0.03	-0.15
消费贷款	0.17	0.03	-0.15
经营贷款	—	—	—
（2）中长期贷款	0.00	0.00	0.00
消费贷款	0.00	0.00	0.00
经营贷款	—	—	—
2.企（事）业单位贷款	214.07	44.21	10.86
（1）短期贷款	180.64	43.10	13.67
（2）中长期贷款	33.36	2.29	-1.51
（3）票据融资	—	—	—
（4）融资租赁	—	—	—
（5）各项垫款	0.07	-1.18	-1.30
3.非银行业金融机构贷款	—	—	—
（二）境外贷款	193.34	-15.05	-8.25

山东省金融机构（含外资）本外币利润表

汇率：6.3757　　2021年末　　单位：亿元

项目	余额	比上年同期增减	
		增量	增幅（%）
一、营业收入	3,598.16	256.03	7.66
1.利息净收入	3,125.46	263.62	9.21
利息收入	9,740.93	854.29	9.61
利息支出	6,615.47	590.67	9.80
2.手续费及佣金净收入	249.37	-25.23	-9.19
3.租赁收益	26.06	3.14	13.72
4.投资收益	130.63	-17.29	-11.69
5.公允价值变动收益	2.30	5.16	-180.19
6.汇兑净收益	11.10	10.51	1,769.06
7.其他业务收入	46.67	11.15	31.40
二、营业支出	2,440.57	19.73	0.82
1.业务及管理费	1,211.52	96.03	8.61
2.营业税金及附加	46.91	3.40	7.81
3.资产减值损失	1,139.92	-79.67	-6.53
4.其他业务支出	42.22	-0.02	-0.04
三、营业利润	1,157.60	236.30	25.65
加：营业外收入	11.85	0.25	2.17
减：营业外支出	7.33	-10.72	-59.38
四、利润总额	1,162.12	247.27	27.03
减：所得税	203.55	32.00	18.65
五、净利润	958.57	215.27	28.96
加：年度损益调整	-5.77	-6.40	-1,024.48
加：年初未分配利润	537.13	48.60	9.95
六、未分配利润	1,489.93	257.47	20.89

山东省金融机构（含外资）本外币贷款按行业分类统计表

汇率：6.3757　　2021年末　　单位：亿元

项目	余额	比年初增减
贷款总计	105,282.60	11,928.73
A. 农、林、牧、渔业	769.45	78.87
B. 采矿业	2,041.97	246.45
C. 制造业	14,652.90	588.06
D. 电力、热力、燃气及水生产和供应业	3,911.96	557.89
E. 建筑业	4,629.67	700.14
F. 批发和零售业	6,205.87	784.41
G. 交通运输、仓储和邮政业	7,396.66	1,254.38
H. 住宿和餐饮业	285.91	-18.56
I. 信息传输、软件和信息技术服务业	337.23	45.24
J. 金融业	1,123.99	81.43
K. 房地产业	4,226.73	-136.68
L. 租赁和商务服务业	9,183.84	1,516.56
M. 科学研究和技术服务业	349.58	61.63
N. 水利、环境和公共设施管理业	7,094.91	736.38
O. 居民服务、修理和其他服务业	114.56	14.74
P. 教育	483.38	114.76
Q. 卫生和社会工作	543.27	61.91
R. 文化、体育和娱乐业	260.52	68.19
S. 公共管理、社会保障和社会组织	19.16	-4.49
T. 国际组织	—	—
对境外贷款	1,349.22	-108.68
个人贷款及透支	40,301.85	5,286.09

注：本表中各项指标不含票据贴现。

山东省金融机构（不含外资）本外币中长期贷款按实际投向分类统计表

汇率:6.3757　　2021年末　　单位:亿元

项目	余额	比年初增减
中长期贷款合计	61,333.89	7,891.34
A.农、林、牧、渔业	435.68	102.74
01.农业	200.79	30.49
02.林业	68.60	12.79
03.畜牧业	77.79	30.67
04.渔业	30.08	13.51
05.农、林、牧、渔专业及辅助性活动	58.42	15.29
B.采矿业	596.70	118.23
06.煤炭开采和洗选业	552.16	113.86
07.石油和天然气开采业	1.16	-0.11
08.黑色金属矿采选业	5.63	-0.12
09.有色金属矿采选业	20.57	4.07
10.非金属矿采选业	13.96	1.77
11.开采专业及辅助性活动	2.07	-1.75
12.其他采矿业	1.15	0.50
C.制造业	3,585.94	730.40
13.农副食品加工业	199.70	69.89
14.食品制造业	46.66	-0.64
15.酒、饮料和精制茶制造业	16.34	-6.06
16.烟草制品业	—	—
17.纺织业	78.10	16.23
18.纺织服装、服饰业	19.41	3.71
19.皮革、毛皮、羽毛及其制品和制鞋业	2.00	1.25
20.木材加工和木、竹、藤、棕、草制品业	22.63	9.12
21.家具制造业	12.76	2.94
22.造纸和纸制品业	108.17	-13.66
23.印刷和记录媒介复制业	7.11	0.23
24.文教、工美、体育和娱乐用品制造业	15.73	7.27
25.石油、煤炭及其他燃料加工业	452.37	56.08
26.化学原料和化学制品制造业	540.74	145.75
27.医药制造业	158.23	51.77
28.化学纤维制造业	27.70	15.88
29.橡胶和塑料制品业	134.27	30.93
30.非金属矿物制品业	216.80	60.80
31.黑色金属冶炼和压延加工业	291.18	41.61
32.有色金属冶炼和压延加工业	311.61	38.32
33.金属制品业	136.49	6.32

续表1

项目	余额	比年初增减
34.通用设备制造业	75.71	17.67
35.专用设备制造业	183.04	47.28
36.汽车制造业	73.77	20.57
37.铁路、船舶、航空航天和其他运输设备制造业	43.97	11.76
38.电气机械和器材制造业	195.96	39.79
39.计算机、通信和其他电子设备制造业	149.45	71.17
40.仪器仪表制造业	9.81	3.07
41.其他制造业	34.79	-4.33
42.废弃资源综合利用业	17.12	-17.12
43.金属制品、机械和设备修理业	4.31	2.79
D.电力、热力、燃气及水生产和供应业	2,431.19	303.75
44.电力、热力生产和供应业	1,995.04	236.54
45.燃气生产和供应业	85.13	0.45
46.水的生产和供应业	351.02	66.76
E.建筑业	2,764.79	500.96
47.房屋建筑业	799.41	140.97
48.土木工程建筑业	1,538.37	273.09
49.建筑安装业	79.42	29.28
50.建筑装饰、装修和其他建筑业	347.58	57.62
F.批发和零售业	1,176.92	386.89
51.批发业	1,019.00	360.57
52.零售业	157.92	26.32
G.交通运输、仓储和邮政业	6,374.17	1,214.65
53.铁路运输业	1,323.02	299.92
54.道路运输业	4,188.51	793.99
55.水上运输业	347.13	10.98
56.航空运输业	299.20	56.14
57.管道运输业	63.69	28.23
58.多式联运和运输代理业	13.80	7.29
59.装卸搬运和仓储业	138.29	18.06
60.邮政业	0.54	0.06
H.住宿和餐饮业	105.90	-19.51
61.住宿业	83.14	-22.45
62.餐饮业	22.75	2.94
I.信息传输、软件和信息技术服务业	97.52	22.65
63.电信、广播电视和卫星传输服务	1.46	-0.47
64.互联网和相关服务	7.78	1.06
65.软件和信息技术服务业	88.28	22.06
J.金融业	169.17	-8.35

续表2

项目	余额	比年初增减
66.货币金融服务	67.87	1.69
67.资本市场服务	1.14	—
68.保险业	—	-0.10
69.其他金融业	100.16	-9.94
K.房地产业	6,549.84	-36.18
70.房地产业	6,549.84	-36.18
L.租赁和商务服务业	3,404.08	507.63
71.租赁业	171.11	-15.42
72.商务服务业	3,232.97	523.05
M.科学研究和技术服务业	147.08	29.75
73.研究和试验发展	8.48	1.64
74.专业技术服务业	81.11	11.88
75.科技推广和应用服务业	57.50	16.23
N.水利、环境和公共设施管理业	4,519.10	684.20
76.水利管理业	842.15	80.59
77.生态保护和环境治理业	412.66	96.19
78.公共设施管理业	2,865.36	395.35
79.土地管理业	398.93	112.07
O.居民服务、修理和其他服务业	24.90	1.87
80.居民服务业	13.19	0.87
81.机动车、电子产品和日用产品修理业	5.02	1.21
82.其他服务业	6.69	-0.20
P.教育	537.31	95.98
83.教育	537.31	95.98
Q.卫生和社会工作	309.48	73.45
84.卫生	267.81	62.47
85.社会工作	41.67	10.98
R.文化、体育和娱乐业	123.16	23.50
86.新闻和出版业	7.00	-0.82
87.广播、电视、电影和影视录音制作业	10.58	-2.68
88.文化艺术业	65.95	16.37
89.体育	12.46	-0.36
90.娱乐业	27.17	10.99
S.公共管理、社会保障和社会组织	2.91	0.45
T.国际组织	—	—
个人贷款	26,708.61	3,259.47
对境外贷款	1,269.45	-101.19

山东省金融机构（含外资）境内大中小微型企业贷款（含直贴）简表

汇率：6.3757

2021年末

项目	本外币（亿元）		人民币（亿元）		外币（亿美元）	
	余额	比年初增减	余额	比年初增减	余额	比年初增减
各项贷款	111,035.40	13,154.81	108,436.77	13,025.21	407.58	29.18
企业贷款	65,532.15	7,094.94	64,202.36	6,851.76	208.57	42.04
大型企业贷款	23,334.23	1,663.79	22,521.72	1,525.60	127.44	24.09
中小微型企业贷款	42,197.92	5,431.15	41,680.64	5,326.15	81.13	17.95
中型企业贷款	21,195.83	2,553.49	20,785.58	2,491.67	64.35	10.95
小微型企业贷款	21,002.09	2,877.66	20,895.06	2,834.49	16.79	7.00
小型企业贷款	17,587.00	2,188.55	17,514.53	2,174.39	11.37	2.43
其中：政府投融资平台	277.07	-15.64	277.07	-15.64	—	—
微型企业贷款	3,415.10	689.11	3,380.53	660.09	5.42	4.57
其中：政府投融资平台	17.76	0.03	17.76	0.03	—	—
附：个人经营性贷款	9,435.83	1,637.26	9,435.83	1,637.26	—	—
个体工商户经营性贷款	3,656.75	855.50	3,656.75	855.50	—	—
小微企业主经营性贷款	2,642.58	754.51	2,642.58	754.51	—	—

山东省金融机构（含外资）境内大中小微型企业本外币贷款情况统计表

汇率：6.3757

2021年末

单位：亿元

项目	大型企业贷款		中型企业贷款		小型企业贷款		微型企业贷款	
	余额	比年初增减	余额	比年初增减	余额	比年初增减	余额	比年初增减
一、境内企业贷款合计	22,370.77	1,522.21	20,245.18	2,352.52	16,525.75	2,045.65	3,225.62	635.95
1.农、林、牧、渔业	253.10	54.54	289.76	28.51	161.04	-6.50	56.78	4.90
2.采矿业	1,775.00	229.06	121.51	-18.13	137.60	33.88	6.72	1.76
3.制造业	6,919.98	283.75	3,230.19	3.13	4,006.60	151.43	493.41	149.04
4.电力、热力、燃气及水生产和供应业	1,558.00	81.26	1,477.86	315.08	711.21	115.52	133.12	33.80
5.建筑业	1,489.62	214.18	1,769.73	201.72	949.44	208.42	420.65	76.54
6.批发和零售业	903.95	2.44	2,001.38	150.86	2,677.69	433.63	601.25	205.84
7.交通运输、仓储和邮政业	4,254.82	423.58	2,113.48	709.63	714.39	77.91	271.66	53.51
其中：政府投融资平台	32.48	7.89	12.70	0.99	0.00	0.00	2.40	-1.03
8.住宿和餐饮业	32.89	-8.79	89.43	-19.23	136.39	5.84	26.66	3.73
9.信息传输、软件和信息技术服务业	107.89	2.93	57.49	11.50	140.02	20.56	28.03	8.58
10.金融业	275.68	11.29	228.89	-92.76	157.58	13.59	51.32	1.80
11.房地产业	630.46	-63.58	2,835.77	23.38	245.27	-11.11	510.23	-64.79
其中：政府投融资平台	213.53	-17.40	18.03	-2.89	4.78	-6.74	0.00	-0.77
12.租赁和商务服务业	1,534.08	238.31	3,292.64	649.22	3,951.34	513.15	396.99	114.96
其中：政府投融资平台	248.74	58.51	353.45	56.15	213.17	-10.09	15.26	1.73

续表

项目	大型企业贷款		中型企业贷款		小型企业贷款		微型企业贷款	
	余额	比年初增减	余额	比年初增减	余额	比年初增减	余额	比年初增减
13.科学研究和技术服务业	46.43	2.54	106.19	16.37	167.29	31.82	26.71	9.39
14.水利、环境和公共设施管理业	2,489.01	33.74	2，327.39	293.27	2，134.37	405.33	139.34	7.30
其中：政府投融资平台	267.63	11.23	217.50	-12.55	59.12	1.18	0.10	0.10
15.居民服务、修理和其他服务业	5.03	-2.67	7.96	0.56	78.24	10.32	22.45	6.51
16.教育	14.47	1.63	79.38	30.35	48.02	15.89	19.77	12.18
17.卫生和社会工作	30.67	5.18	93.20	8.04	43.27	17.52	7.55	5.40
18.文化、体育和娱乐业	49.69	14.80	122.12	41.03	65.86	9.34	12.71	5.50
19.公共管理、社会保障和社会组织	—	-2.00	0.82	0.00	0.13	-0.86	0.28	0.00
20.国际组织	—	—	—	—	—	—	0.00	0.00
二、境内企业贷款合计	22,370.77	1,522.21	20,245.18	2,352.52	16,525.75	2,045.65	3,225.62	635.95
1.正常类贷款	21,280.68	1,854.65	18,624.31	2,597.31	15,061.58	2,468.49	3,024.98	644.69
2.关注类贷款	798.63	-163.05	1,189.71	-108.37	1,100.21	-280.85	148.08	15.60
3.次级类贷款	93.34	-123.54	208.47	-52.35	152.39	2.32	21.61	3.85
4.可疑类贷款	133.96	-25.28	180.09	-67.18	187.66	-141.46	24.78	-29.92
5.损失类贷款	64.17	-20.57	42.60	-16.90	23.91	-2.85	6.16	1.73
三、境内企业贷款合计	22,370.77	1,522.21	20,245.18	2,352.52	16,525.75	2,045.65	3,225.62	635.95
1.信用贷款	9,776.22	1,328.91	4,481.08	913.43	2,386.79	566.51	532.21	181.98
2.保证贷款	5,752.08	163.74	6,290.08	525.78	6,520.40	558.70	1,024.75	126.99
3.抵质押贷款	6,842.47	29.56	9,474.02	913.31	7,618.55	920.45	1,668.66	326.98
四、境内企业贷款合计	22,370.77	1,522.21	20,245.18	2,352.52	16,525.75	2,045.65	3,225.62	635.95
1.国有控股企业	15,476.40	1,659.74	12,221.39	2,452.78	7,687.60	1,471.71	1,261.22	193.59
2.集体控股企业	1,201.51	-9.17	817.64	24.51	369.59	29.01	44.88	-1.26
3.私人控股企业	4,842.96	-176.60	6,627.59	-165.48	8,213.30	527.29	1,875.20	449.41
4.港澳台商控股企业	503.60	58.39	391.42	49.53	142.71	8.01	32.71	-6.76
5.外商控股企业	346.29	-10.16	187.14	-8.83	112.55	9.63	11.61	0.97
附：								
境内企业逾期贷款	289.59	-172.16	447.27	-170.69	425.45	-312.91	62.43	-23.62
境内企业表外授信额	10,410.51	1,002.61	5,605.02	314.09	2,478.54	-104.88	355.50	-65.52
其中：票据承兑	6,057.14	555.86	3,964.14	204.24	1,844.75	-66.19	294.72	-25.07
境内关停企业贷款	32.40	-14.75	83.35	-40.00	39.59	-28.76	4.19	-7.82
境内企业票据贴现	963.46	141.58	950.65	200.97	1，061.25	142.90	189.48	53.16

山东省金融机构（含外资）本外币涉农贷款汇总统计表

汇率：6.3757　　2021年末　　单位：亿元

项目	余额		当年新增		同比增长(%)
	本期	占各项贷款比重(%)	本期	占各项贷款比重(%)	
涉农贷款	32,361.09	30.82	3,081.39	26.07	9.40
一、按用途分类					
（一）农、林、牧、渔业贷款	2,126.65	2.03	203.68	1.72	10.49
（二）农用物资和农副产品流通贷款	986.40	0.94	-53.58	-0.45	-5.79
（三）农村基础设施建设贷款	5,443.52	5.18	569.48	4.82	9.80
（四）农产品加工贷款	1,662.23	1.58	-56.27	-0.48	-3.26
（五）农业生产资料制造贷款	608.80	0.58	-117.21	-0.99	-16.63
（六）农田基本建设贷款	337.39	0.32	24.49	0.21	7.82
（七）农业科技贷款	49.65	0.05	18.14	0.15	57.35
（八）其他	21,146.45	20.14	2,492.65	21.09	12.14
二、按城乡地域分类					
（一）农村（县及县以下）贷款	27,724.93	26.41	2,929.53	24.78	10.19
1.农户贷款	9,591.92	9.14	1,490.12	12.61	18.18
其中：农户消费贷款	5,021.47	4.78	848.01	7.17	20.17
2.农村（县及县以下）企业及各类组织贷款	18,133.01	17.27	1,439.41	12.18	6.39
（二）城市涉农贷款	4,636.16	4.42	151.86	1.28	4.89
1.城市企业及各类组织涉农贷款	4,530.03	4.31	115.51	0.98	4.10
2.非农户个人农、林、牧、渔业贷款	106.13	0.10	36.35	0.31	55.61
三、按受贷主体分类					
（一）个人涉农贷款	9,698.05	9.24	1,526.47	12.91	18.49
1.农户贷款	9,591.92	9.14	1,490.12	12.61	18.18
2.非农户个人农、林、牧、渔业贷款	106.13	0.10	36.35	0.31	55.61
（二）企业涉农贷款	22,344.71	21.28	1,551.38	13.12	6.02
1、农村（县及县以下）企业贷款	17,838.64	16.99	1,429.25	12.09	6.48
2、城市企业涉农贷款	4,506.07	4.29	122.13	1.03	4.26
（三）各类非企业组织涉农贷款	318.33	0.30	3.53	0.03	-0.71
1.农村（县及县以下）各类组织贷款	294.37	0.28	10.15	0.09	1.15
2.城市各类组织涉农贷款	23.96	0.02	-6.62	-0.06	-18.99

注：1.本表中各项指标不含票据贴现。
　　2.农村指县及县以下区域。

山东省金融机构（含外资）本外币房地产贷款投向表

汇率：6.3757　　2021年末　　单位：亿元

项目	余额	比年初增减	
		2021年	2020年
合计	33,518.31	2,711.44	3,412.15
一、房地产开发贷款	7,039.95	-195.53	411.37
1. 地产开发贷款	513.51	-2.84	22.82
其中：政府土地储备机构贷款	—	—	—
2. 房产开发贷款	6,526.44	-192.69	388.56
(1) 住房开发贷款	6,216.65	-165.25	408.34
其中：保障性住房开发贷款	3,813.06	-85.55	79.33
(2) 商业用房开发贷款	306.11	-28.32	-13.37
(3) 其他房产开发贷款	3.68	0.88	-6.42
二、购房贷款	26,478.36	2,906.97	3,000.78
1. 企业购房贷款	212.98	58.09	30.34
(1) 商业用房贷款	206.18	52.85	30.60
(2) 住房贷款	6.79	5.24	-0.26
2.机关团体购房贷款	0.89	-0.12	0.01
(1) 机关团体商业用房贷款	0.89	-0.12	0.01
(2) 机关团体住房贷款	—	—	—
3. 个人购房贷款	26,264.50	2,849.01	2,970.44
(1) 个人商业用房贷款	769.98	-79.54	-37.66
(2) 个人住房贷款	25,494.51	2,928.55	3,008.09
1) 新建房贷款	19,978.73	2,274.03	2,303.80
其中：抵押贷款	19,690.28	2,259.71	2,328.40
2) 再交易房贷款	5,515.78	654.52	704.29
三、证券化的房地产贷款	1,381.00	154.97	116.07
1. 证券化个人住房贷款	1,379.05	156.45	119.39
2. 其他证券化房地产贷款	1.95	-1.48	-3.32
附：个人购买经济适用房贷款	40.59	-1.00	2.79
企业收购、租赁保障性住房贷款	1.00	1.00	—
机关团体收购、租赁保障性住房贷款	—	—	—

山东省本外币各项存款分机构简表

汇率：6.3757　　2021年末　　单位：亿元

项目	余额	比年初增减	
		2021年	2020年
全金融机构	130,482.08	12,132.72	13,610.49
政策性银行	1,264.16	58.03	-152.12
国家开发银行	430.29	-24.78	-135.90
国开行山东省分行	277.89	-20.81	-120.64
国开行青岛分行	152.39	-3.97	-15.25
进出口银行	58.63	18.82	7.10
农业发展银行	775.24	64.00	-23.32
国有商业银行	47,248.06	3,838.30	4,992.37
工商银行	13,015.75	1,092.22	1,423.65
工行山东省分行	10,905.51	920.32	1,194.76
工行青岛分行	2,110.23	171.89	228.89
农业银行	14,500.52	1,054.18	1,421.58
农行山东省分行	12,351.46	912.16	1,209.04
农行青岛分行	2,149.06	142.02	212.53
中国银行	7,597.37	725.11	807.44
中行山东省分行	5,901.37	564.91	520.29
中行青岛分行	1,696.00	160.21	287.15
建设银行	12,134.43	966.79	1,339.70
建行山东省分行	10,282.01	845.61	1,050.45
建行青岛分行	1,852.41	121.18	289.26
股份制商业银行	21,449.39	1,543.11	1,849.91
交通银行	3,617.75	315.32	250.35
交行山东省分行	2,307.41	202.96	162.19
交行青岛分行	1,310.33	112.36	88.16
招商银行	2,610.03	489.39	400.52
招行济南分行	1,233.46	249.37	175.86
招行青岛分行	1,025.99	184.65	165.51
招行烟台分行	350.57	55.37	59.15
浦发银行	1,329.69	42.21	137.19
浦发济南分行	554.48	-10.88	-39.45
浦发青岛分行	775.21	53.09	176.64
中信银行	2,084.37	41.66	139.28
中信济南分行	1,016.91	-27.98	86.90
中信青岛分行	1,067.45	69.64	52.38

续表

项目	余额	比年初增减	
		2021年	2020年
兴业银行	2,776.01	324.33	378.66
兴业济南分行	1,854.86	48.38	170.07
兴业青岛分行	921.15	275.95	208.59
民生银行	1,718.41	-123.36	-181.03
民生济南分行	1,091.52	-54.99	14.79
民生青岛分行	626.89	-68.37	-195.82
光大银行	1,629.28	27.32	160.20
光大济南分行	587.05	-26.82	73.56
光大青岛分行	607.30	8.64	28.70
光大烟台分行	434.93	45.49	57.94
华夏银行	1,139.88	49.70	47.52
华夏济南分行	693.53	44.63	-12.07
华夏青岛分行	446.35	5.07	59.60
广发银行	382.66	86.53	76.48
平安银行	914.43	171.61	62.03
平安济南分行	376.72	83.93	22.44
平安青岛分行	537.71	87.68	39.59
恒丰银行	2,063.43	41.39	176.29
渤海银行	449.21	59.58	47.91
浙商银行	734.26	17.43	154.51
邮政储蓄银行	8,873.87	979.81	1,103.77
邮储山东省分行	8,221.73	931.33	1,030.87
邮储青岛分行	652.15	48.48	72.89
城商行	20,466.40	2,736.47	2,896.23
其中：山东城商行	19,528.76	2,666.68	2,899.64
农村合作机构	24,274.51	2,282.71	2,295.81
村镇银行	1,470.20	142.97	230.18
财务公司	3,383.74	398.41	404.79
其他中资小型银行	352.24	47.75	66.91
信托公司	0.00	0.00	0.00
金融租赁公司	11.29	1.44	-9.88
汽车金融公司	98.84	18.82	51.88
外资金融机构	348.65	-6.96	28.12
附：小额贷款公司	0.00	0.00	0.00
资金互助社	0.06	-0.05	0.01
消费金融公司	31.55	-0.18	17.43

山东省本外币各项贷款分机构简表

汇率：6.3757　　2021年末　　单位：亿元

项目	余额	比年初增减	
		2021年	2020年
全金融机构	111,035.40	13,154.81	11,555.03
政策性银行	11,586.86	785.83	660.91
国家开发银行	6,216.88	177.34	70.85
国开行山东省分行	4,220.99	142.39	37.77
国开行青岛分行	1,995.89	34.94	33.08
进出口银行	1,312.02	134.10	143.09
农业发展银行	4,057.95	474.40	446.97
国有商业银行	38,506.77	4,837.41	3,213.00
工商银行	11,801.99	1,391.70	976.69
工行山东省分行	9,285.37	1,002.21	695.51
工行青岛分行	2,516.62	389.49	281.18
农业银行	10,476.74	1,372.80	849.14
农行山东省分行	8,495.20	1,098.34	644.95
农行青岛分行	1,981.54	274.46	204.19
中国银行	6,594.61	760.88	409.34
中行山东省分行	5,067.34	561.97	150.05
中行青岛分行	1,527.27	198.91	259.29
建设银行	9,633.43	1,312.03	977.84
建行山东省分行	7,245.44	920.53	702.61
建行青岛分行	2,387.99	391.50	275.22
股份制商业银行	19,345.89	2,035.00	2,513.71
交通银行	2,835.99	439.59	339.03
交行山东省分行	1,884.81	289.23	244.81
交行青岛分行	951.18	150.37	94.23
招商银行	1,877.86	313.47	143.16
招行济南分行	1,034.10	183.02	67.51
招行青岛分行	597.63	88.39	37.64
招行烟台分行	246.14	42.05	38.01
浦发银行	1,500.64	110.58	163.31
浦发济南分行	639.54	-42.82	31.18
浦发青岛分行	861.11	153.40	132.13
中信银行	2,183.00	219.34	218.04
中信济南分行	957.27	28.17	73.38
中信青岛分行	1,225.73	191.17	144.66

续表

项目	余额	比年初增减	
		2021年	2020年
兴业银行	2,456.57	306.45	202.26
兴业济南分行	1,825.05	146.93	84.44
兴业青岛分行	631.52	159.52	117.82
民生银行	1,932.05	155.67	289.38
民生济南分行	1,341.63	108.12	212.80
民生青岛分行	590.43	47.56	76.58
光大银行	1,417.17	168.10	150.97
光大济南分行	509.51	41.71	20.71
光大青岛分行	515.67	54.89	62.13
光大烟台分行	391.99	71.50	68.13
华夏银行	1,053.83	-8.44	-20.21
华夏济南分行	585.80	-17.49	-49.73
华夏青岛分行	468.03	9.06	29.52
广发银行	561.55	68.49	122.34
平安银行	1,068.69	117.62	261.88
平安济南分行	411.02	23.64	49.09
平安青岛分行	657.67	93.98	212.79
恒丰银行	1,476.48	4.90	535.53
渤海银行	461.51	51.53	81.24
浙商银行	520.53	87.69	26.78
邮政储蓄银行	4,143.10	489.54	471.06
邮储山东省分行	3,653.42	448.60	440.56
邮储青岛分行	489.69	40.93	30.50
城商行	15,907.22	2,763.33	2,346.21
其中：山东城商行	14,209.95	2,603.56	2,133.26
农村合作机构	16,455.61	1,752.30	1,652.40
村镇银行	1,171.36	170.57	179.68
财务公司	2,683.27	225.79	261.88
其他中资小型银行	312.55	82.00	74.87
信托公司	49.20	22.63	8.10
金融租赁公司	510.50	51.30	66.14
汽车金融公司	200.33	19.24	94.57
外资金融机构	458.18	27.08	36.99
附：小额贷款公司	417.31	-34.02	-10.82
资金互助社	0.12	-0.03	0.01
消费金融公司	146.52	62.52	-0.36

山东省人民币个人消费贷款分机构统计表

2021年末　　单位：亿元

项目	余额	比年初增减	
		2020年	2019年
全金融机构（含外资）	30,864.95	3,648.67	3,876.95
政策性银行	54.04	3.15	2.06
国家开发银行	54.04	3.15	2.06
进出口银行	—	—	—
农业发展银行	—	—	—
国有商业银行	16,558.68	1,678.21	1,519.03
工商银行	5,126.83	533.98	429.59
农业银行	4,269.57	429.02	402.11
中国银行	2,510.99	172.82	215.23
建设银行	4,651.29	542.39	472.11
股份制商业银行	5,118.68	555.84	886.51
交通银行	675.19	111.84	100.32
中信银行	690.99	53.50	65.01
光大银行	365.63	50.93	83.86
华夏银行	220.40	35.43	29.06
广发银行	79.32	7.98	17.94
平安银行	519.48	97.95	208.42
招商银行	736.29	76.31	94.43
浦发银行	389.49	37.02	31.91
兴业银行	809.68	13.22	39.47
民生银行	298.80	37.45	32.37
恒丰银行	187.20	16.66	135.44
渤海银行	112.79	17.64	32.55
浙商银行	33.43	-0.08	15.74
邮政储蓄银行	1,839.27	216.57	245.42
城市商业银行	3,070.49	530.16	413.78
合作机构合计	3,730.62	609.79	691.05
农村商业银行	3,730.62	609.79	691.05
农村合作银行	—	—	—
农村信用合作社	—	—	—
信托投资公司	—	—	—
中资财务公司	8.90	1.79	-1.86
外资银行	80.70	11.79	11.13
村镇银行	171.09	12.12	36.83
其他中资小型银行	232.45	29.22	73.00
金融租赁公司	—	—	—
汽车金融服务公司	0.02	0.02	0.00
资金互助社	—	—	—
消费金融公司	146.52	62.52	-0.36

山东省人寿保险公司主要业务指标统计表（含青岛）

2021年末　　单位：亿元

项目	2021年累计	2020年同期	同比增长（%）
一、保费收入	2,335.20	2,250.85	3.75
1.寿险小计	1,683.13	1,631.82	3.14
2.意外伤害险小计	42.62	45.50	-6.34
3.健康险小计	609.45	573.53	6.26
二、赔付支出	515.32	458.46	12.40
1.赔款支出合计	113.42	99.83	13.61
（1）意外伤害险	11.90	11.23	5.99
（2）一年期以内健康险	101.52	88.61	14.58
2.死伤医疗给付合计	111.05	87.66	26.68
（1）寿险	26.41	23.88	10.57
（2）一年期以上健康险	84.65	63.78	32.72
3.满期给付合计	208.13	191.57	8.65
（1）寿险	164.48	174.83	-5.92
（2）一年期以上健康险	43.66	16.74	160.81
4.年金给付合计	82.72	79.40	4.17
三、退保金	263.23	184.65	42.56
1.寿险	247.46	175.40	41.08
2.一年期以上健康险	15.77	9.25	70.58

山东省财产保险公司主要业务指标统计表（含青岛）

2021年末　　单位：万件、亿元

项目	2021年累计	2020年同期	同比增长（%）
一、签单数量	88,076.05	98,638.89	-10.71
二、签单保费合计	955.18	937.07	1.93
三、保费收入合计	943.11	914.87	3.09
四、已决赔款合计	628.21	541.44	16.03
五、赔款支出合计	624.99	541.46	15.43

山东省保险公司资产负债表（含青岛）

2021年末　　　　单位：亿元

资产	年初数	期末数	比年初增减
货币资金	17.46	33.54	16.07
拆出资金	—	—	—
交易性金融资产	3.72	4.16	0.44
衍生金融资产	—	0.01	0.01
买入返售金融资产	—	—	—
应收利息	8.27	9.36	1.09
应收保费	207.45	221.00	13.55
应收资产管理费	—	—	—
应收管理费（养老）	0.39	0.91	0.51
应收代位追偿款	0.41	0.39	-0.02
应收分保账款	37.28	40.13	2.85
应收分保未到期责任准备金	33.73	32.66	-1.07
应收分保未决赔款准备金	37.39	39.47	2.08
应收分保寿险责任准备金	56.55	47.53	-9.02
应收分保长期健康险责任准备金	9.06	11.99	2.94
保户质押贷款	476.10	546.20	70.10
贷款	5.11	6.37	1.27
存出保证金	1.78	2.09	0.31
定期存款	—	—	—
可供出售金融资产	7.44	7.36	-0.08
持有至到期投资	—	—	—
长期股权投资	—	—	—
存出资本保证金	3.60	3.60	—
投资性房地产	2.05	3.45	1.40
固定资产	69.74	77.67	7.93
无形资产	7.98	8.11	0.14
独立账户资产	107.04	128.47	21.43
递延所得税资产	0.09	0.06	-0.03
系统内往来（借项）	6,165.01	7,012.31	847.31
内部往来（借项）	331.00	358.05	27.05
其他资产	44.65	48.85	4.20
资产总计	7,633.30	8,643.76	1,010.45

续表

负债及所有者权益	年初数	期末数	比年初增减
短期借款	—	—	—
存入保证金	2.76	2.14	-0.63
拆入资金	—	—	—
交易性金融负债	—	—	—
衍生金融负债	—	—	—
卖出回购金融资产款	0.18	0.10	-0.08
应付手续费及佣金	39.32	47.74	8.42
应付营销费用（养老）	0.00	0.00	0.00
预收保费	145.64	140.23	-5.41
应付职工薪酬	30.22	33.02	2.80
应交税费	8.96	9.41	0.45
保险保障基金	3.49	3.81	0.32
应付赔付款	149.83	160.36	10.53
其他应付款	44.92	40.18	-4.75
应付保单红利	197.68	217.78	20.10
应付分保账款	75.79	60.53	-15.26
未到期责任准备金	476.61	500.30	23.69
未决赔款准备金	350.28	391.50	41.22
其中：已发生未报告未决赔款准备金	117.30	140.89	23.59
寿险责任准备金	7,918.66	9,072.67	1,154.00
长期健康险责任准备金	862.29	1,064.18	201.88
保户储金及投资款	1,873.00	2,044.50	171.50
长期借款	—	—	—
应付债券	—	—	—
卫星发射保险基金	—	—	—
独立账户负债	107.04	128.47	21.43
递延所得税负债	0.03	0.03	0.01
系统内往来（贷项）	-2,870.01	-3,204.78	-334.77
内部往来（贷项）	-128.45	-162.59	-34.13
其他负债	33.98	48.10	14.12
负债合计	9,322.23	10,597.67	1,275.45
所有者权益（或股东权益）	—	—	—
实收资本（或股本）	18.00	20.00	2.00
资本公积	-36.43	0.61	37.05
减：库存股	—	—	—
盈余公积	—	—	—
一般风险准备	—	—	—
未分配利润	-1,670.49	-1,974.53	-304.04
外币报表折算差额	—	—	—
少数股东权益	—	—	—
所有者权益合计	-1,688.92	-1,953.92	-264.99
负债及所有者权益总计	7,633.30	8,643.76	1,010.45

山东省金融机构（含外资）本外币信贷收支分地区表

汇率：6.3757　　2021年末　　单位：亿元

地区	各项存款		其中：住户存款		各项贷款		其中：住户贷款	
	余额	比年初增减	余额	比年初增减	余额	比年初增减	余额	比年初增减
山东省	130,482.08	12,132.72	72,609.80	7,993.22	111,035.40	13,154.81	40,301.85	5,286.09
济南市	22,100.68	2,252.27	7,705.33	883.41	22,226.26	2,519.42	5,787.83	645.36
青岛市	22,374.87	1,867.75	9,152.87	994.52	24,089.09	3,024.28	7,677.26	1,032.28
淄博市	6,167.65	555.09	4,004.04	457.39	4,287.72	407.81	1,691.68	171.84
枣庄市	2,590.78	180.90	1,831.94	168.07	2,011.18	280.94	924.53	152.67
东营市	4,610.49	487.70	2,451.63	296.01	3,412.73	79.01	1,065.63	110.47
烟台市	11,013.51	1,015.71	6,470.31	636.38	7,477.10	815.15	2,402.04	144.71
潍坊市	11,217.79	1,141.31	6,913.28	732.35	8,873.04	1,298.89	3,174.89	394.04
济宁市	7,257.65	689.55	4,838.00	494.87	5,600.89	817.86	2,436.93	465.35
泰安市	4,947.87	345.20	3,478.70	407.36	3,579.92	442.48	1,509.45	153.86
威海市	5,246.04	513.26	3,274.21	366.96	4,048.31	651.69	1,539.67	183.96
日照市	3,306.06	178.94	2,010.82	189.33	3,365.49	391.20	1,116.39	207.12
原莱芜市	1,336.28	119.70	915.12	89.48	1,086.97	73.57	324.82	-0.91
临沂市	8,960.34	767.75	5,894.69	681.58	8,170.03	1,161.27	4,702.89	691.59
德州市	4,776.99	480.74	3,459.75	399.70	2,903.03	368.11	1,504.59	215.37
聊城市	4,898.85	532.50	3,484.29	383.52	3,135.39	249.55	1,529.72	250.89
滨州市	3,767.05	324.43	2,273.35	276.85	3,067.57	163.45	1,103.14	161.98
菏泽市	5,619.66	580.37	4,450.98	537.18	3,457.27	435.03	1,733.57	267.31
省本部	289.53	99.55	0.49	-1.75	243.39	-24.91	76.83	38.18

山东省金融机构（含外资）人民币信贷收支分地区表

2021年末　　单位：亿元

地区	各项存款		其中：住户存款		各项贷款		其中：住户贷款	
	余额	比年初增减	余额	比年初增减	余额	比年初增减	余额	比年初增减
山东省	127,871.85	11,716.48	72,255.34	7,999.92	108,436.77	13,025.21	40,300.78	5,285.93
济南市	21,699.02	2,194.33	7,645.90	884.66	21,267.74	2,566.23	5,787.66	645.34
青岛市	21,582.34	1,760.54	9,028.24	997.29	23,253.46	3,042.50	7,676.92	1,032.24
淄博市	6,100.16	541.01	3,988.78	457.63	4,263.33	401.75	1,691.61	171.83
枣庄市	2,581.41	182.15	1,828.69	168.01	2,010.09	280.19	924.51	152.67
东营市	4,533.66	480.90	2,439.99	296.41	3,379.76	91.38	1,065.58	110.46
烟台市	10,390.42	911.29	6,428.45	637.86	7,051.59	707.60	2,401.95	144.69
潍坊市	11,068.77	1,094.04	6,894.68	732.78	8,768.64	1,281.34	3,174.82	394.03
济宁市	7,176.70	656.02	4,827.61	495.22	5,595.32	814.49	2,436.89	465.34
泰安市	4,903.27	344.63	3,468.24	407.33	3,578.29	441.98	1,509.42	153.85
威海市	5,093.93	480.14	3,250.80	367.66	4,004.06	629.73	1,539.63	183.95
日照市	3,284.64	177.33	2,004.24	189.61	3,348.65	391.05	1,116.37	207.12
原莱芜市	1,330.19	119.90	912.53	89.63	1,082.17	78.79	324.81	-0.91
临沂市	8,918.80	774.54	5,886.12	681.32	8,156.35	1,159.94	4,702.85	691.58
德州市	4,747.64	477.13	3,453.77	399.77	2,900.49	366.56	1,504.57	215.37
聊城市	4,868.90	528.20	3,480.67	383.31	3,091.05	223.33	1,529.70	250.89
滨州市	3,705.24	306.75	2,268.94	276.44	3,017.94	143.11	1,103.12	161.98
菏泽市	5,597.26	588.01	4,447.23	536.76	3,424.47	430.14	1,733.55	267.31
省本部	289.51	99.55	0.47	-1.76	243.38	-24.90	76.82	38.18

山东省金融机构（含外资）外汇信贷收支分地区表

2021年末　　单位：亿美元

地区	各项存款		其中:住户存款		各项贷款		其中:住户贷款	
	余额	比年初增减	余额	比年初增减	余额	比年初增减	余额	比年初增减
山东省	409.40	73.15	55.60	0.24	407.58	29.18	0.17	0.03
济南市	63.00	10.32	9.32	0.02	150.34	-3.74	0.03	0.00
青岛市	124.30	19.27	19.55	0.02	131.06	0.20	0.05	0.01
淄博市	10.59	2.40	2.39	0.02	3.83	1.02	0.01	0.00
枣庄市	1.47	-0.16	0.51	0.02	0.17	0.12	0.00	0.00
东营市	12.05	1.32	1.83	-0.02	5.17	-1.78	0.01	0.00
烟台市	97.73	18.24	6.57	-0.08	66.74	18.01	0.01	0.00
潍坊市	23.37	7.78	2.92	0.00	16.38	3.07	0.01	0.00
济宁市	12.70	5.43	1.63	-0.01	0.87	0.54	0.01	0.00
泰安市	7.00	0.25	1.64	0.04	0.26	0.08	0.01	0.00
威海市	23.86	5.62	3.67	-0.02	6.94	3.52	0.01	0.00
日照市	3.36	0.32	1.03	-0.02	2.64	0.08	0.00	0.00
原莱芜市	0.96	-0.01	0.41	-0.01	0.75	-0.78	0.00	0.00
临沂市	6.52	-0.89	1.34	0.07	2.15	0.25	0.01	0.00
德州市	4.60	0.66	0.94	0.01	0.40	0.25	0.00	0.00
聊城市	4.70	0.77	0.57	0.04	6.95	4.18	0.00	0.00
滨州市	9.69	2.93	0.69	0.08	7.78	3.30	0.00	0.00
菏泽市	3.51	-1.09	0.59	0.08	5.15	0.87	0.00	0.00
省本部	0.00	0.00	0.00	0.00	0.00	0.00	0.00	0.00

山东省银行业金融机构（含外资）本外币营业收入、利润分地区表

汇率：6.3757　　2021年末　　单位：亿元

地区	营业收入	营业支出	营业利润	利润总额	净利润	未分配利润
山东省	3,598.16	2,440.57	1,157.60	1,162.12	958.57	1,489.93
济南市	628.20	366.43	261.77	263.25	216.23	320.82
青岛市	743.29	413.33	329.96	330.67	283.56	486.09
淄博市	138.49	106.95	31.54	31.67	25.18	54.28
枣庄市	68.99	46.03	22.96	22.81	18.73	22.39
东营市	97.73	161.15	-63.42	-63.45	-65.51	-47.56
烟台市	200.54	154.46	46.08	45.76	28.81	48.01
潍坊市	328.01	169.33	158.69	159.20	135.98	180.73
济宁市	198.43	102.65	95.78	96.33	82.85	90.15
泰安市	113.84	84.55	29.28	29.29	23.64	27.13
威海市	148.71	100.24	48.47	49.12	40.27	70.03
日照市	101.34	129.22	-27.88	-27.82	-25.93	-21.23
原莱芜市	39.85	45.11	-5.26	-4.21	-6.42	7.79
临沂市	299.51	172.75	126.76	126.56	105.49	127.89
德州市	106.28	63.56	42.72	42.67	35.78	40.82
聊城市	108.53	84.96	23.57	23.28	18.11	21.72
滨州市	100.78	65.09	35.69	35.91	34.25	36.29
菏泽市	145.42	75.79	69.63	69.87	62.12	71.71
省本部	30.23	98.97	-68.74	-68.77	-54.56	-47.14

山东省金融机构（含外资）大中小微型企业本外币贷款（含直贴）情况分地区表

汇率：6.3757　　2021年末　　单位：亿元

地区	大型企业贷款		中型企业贷款		小型企业贷款		微型企业贷款	
	余额	比年初增减	余额	比年初增减	余额	比年初增减	余额	比年初增减
山东省	23,334.23	1,663.79	21,195.83	2,553.49	17,587.00	2,188.55	3,415.10	689.11
济南市	8,724.05	698.87	3,732.28	716.19	1,856.87	216.14	529.07	79.36
青岛市	5,505.72	476.59	5,728.46	594.61	3,363.31	530.97	969.61	249.14
淄博市	388.06	-40.54	823.70	17.62	1,114.22	191.63	152.33	27.57
枣庄市	187.48	17.95	416.23	40.27	286.50	52.15	48.92	5.19
东营市	682.18	-77.88	700.80	-7.96	768.76	-26.10	115.95	46.01
烟台市	1,771.55	283.81	1,417.90	190.35	1,391.15	146.46	226.72	16.67
潍坊市	966.48	110.89	2,081.33	308.81	2,052.21	364.07	270.35	74.85
济宁市	1,068.06	105.34	916.58	73.58	799.29	127.60	122.66	36.69
泰安市	531.76	-3.64	572.46	86.20	670.19	131.22	86.99	3.55
威海市	551.42	104.79	772.38	144.67	883.33	150.50	135.84	41.32
日照市	429.49	-3.29	989.08	122.77	583.64	20.49	128.59	21.92
原莱芜市	248.89	9.73	138.63	13.09	272.18	48.77	32.15	-9.16
临沂市	732.73	23.79	986.49	162.21	1,232.54	172.76	203.15	59.92
德州市	219.64	16.04	387.83	10.58	529.87	68.17	57.61	5.26
聊城市	370.72	-39.83	403.68	9.40	561.38	-45.15	92.91	7.07
滨州市	629.26	-3.07	584.37	29.71	555.77	-50.29	162.51	24.07
菏泽市	287.72	-0.69	501.45	43.14	641.85	78.38	79.52	-0.55
省本部	39.01	-15.06	42.16	-1.76	23.94	10.79	0.23	0.23

山东省金融机构（含外资）本外币涉农贷款分地区表

汇率：6.3757　　2021年末　　单位：亿元

地区	涉农贷款		涉农贷款余额占比（%）
	余额	同比增长（%）	
山东省	32,361.09	9.40	30.82
济南市	2,743.58	7.87	12.93
青岛市	3,446.20	12.55	15.05
淄博市	1,374.61	2.01	33.60
枣庄市	710.86	10.74	38.39
东营市	1,132.19	-0.75	35.42
烟台市	2,194.65	0.34	31.31
潍坊市	4,893.30	15.84	58.09
济宁市	2,412.33	11.00	45.68
泰安市	1,422.02	11.85	42.77
威海市	1,334.51	17.69	34.96
日照市	962.79	10.66	30.81
原莱芜市	220.42	1.55	22.54
临沂市	3,123.98	15.76	40.49
德州市	1,304.31	12.43	48.14
聊城市	1,474.82	1.21	50.41
滨州市	1,641.53	-3.79	55.42
菏泽市	1,966.49	12.68	59.86
省本部	2.52	959.54	1.39

山东省金融机构本外币贷款质量情况分地区表

2021年末

单位：亿元

地区	不良贷款		不良贷款率(%)	
	本期	比年初增减	本期	比年初增减
山东省	1,489.75	-496.43	1.34	-0.69
济南市（含莱芜）	197.12	-38.24	0.85	-0.29
青岛市	262.42	-9.89	1.08	-0.21
淄博市	63.90	-66.62	1.49	-1.87
枣庄市	15.68	2.94	0.78	0.04
东营市	153.55	-160.86	4.50	-4.93
烟台市	120.59	-16.73	1.61	-0.45
潍坊市	63.67	-15.41	0.72	-0.33
济宁市	58.92	-10.59	1.05	-0.40
泰安市	62.73	4.28	1.75	-0.11
威海市	29.63	-3.94	0.73	-0.26
日照市	115.49	38.85	3.43	0.85
临沂市	95.35	24.58	1.17	0.16
德州市	47.28	-23.45	1.63	-1.16
聊城市	84.79	-105.88	2.70	-3.90
滨州市	68.59	-89.85	2.24	-3.22
菏泽市	49.46	-25.97	1.43	-1.06

注：本表数据来源于山东银保监局。

山东省金融机构（含外资）县域人民币存贷款简表

2021年末

单位：亿元

地区	各项存款			各项贷款		
	余额	比年初增减	同比增长（%）	余额	比年初增减	同比增长（%）
山东省	127,871.85	11,716.48	10.09	108,436.77	13,025.21	13.65
济南市	21,699.02	2,194.33	11.25	21,267.74	2,566.23	13.72
市辖区	21,015.07	2,135.70	11.31	20,796.40	2,495.81	13.64
平阴县	298.88	24.76	9.03	208.84	26.11	14.29
济阳区	368.36	22.15	6.40	294.70	58.42	24.73
商河县	276.44	25.02	9.95	195.41	29.78	17.98
章丘区	1,097.20	91.73	9.12	882.06	150.04	20.50
青岛市	21,582.34	1,760.54	8.88	23,253.46	3,042.50	15.05
市辖区	18,595.65	1,468.45	8.57	20,684.98	2,709.29	15.07
黄岛区	2,719.21	326.98	13.67	2,633.15	383.95	17.07
胶州市	1,243.76	133.72	12.05	1,173.70	128.52	12.30
即墨区	1,490.36	62.50	4.38	1,309.42	140.58	12.03
平度市	1,003.34	90.23	9.88	638.82	95.28	17.53
莱西市	677.38	74.49	12.36	650.39	104.88	19.23
淄博市	6,100.16	541.01	9.73	4,263.33	401.75	10.40
市辖区	4,924.18	419.39	9.31	3,355.65	332.79	11.01
淄川区	721.91	59.52	8.99	375.38	44.59	13.48

续表1

地区	各项存款			各项贷款		
	余额	比年初增减	同比增长（%）	余额	比年初增减	同比增长（%）
博山区	434.51	37.30	9.39	205.21	32.38	18.73
临淄区	972.09	105.63	12.19	543.63	23.67	4.55
桓台县	566.16	65.27	13.03	441.42	-0.06	-0.01
高青县	236.46	24.17	11.38	183.87	22.91	14.23
沂源县	373.12	32.21	9.45	282.40	46.11	19.51
枣庄市	2,581.41	182.15	7.59	2,010.09	280.19	16.20
市辖区	1,635.38	114.82	7.55	1,323.34	193.13	17.09
薛城区	471.91	60.19	14.62	435.88	72.88	20.08
台儿庄区	141.13	2.49	1.79	115.73	17.30	17.57
滕州市	946.03	67.33	7.66	686.74	87.06	14.52
东营市	4,533.66	480.90	11.87	3,379.76	91.38	2.78
市辖区	3,444.00	280.12	8.85	2,551.26	44.95	1.79
垦利区	440.94	70.20	18.94	418.22	8.81	2.15
利津县	287.13	57.57	25.08	229.73	46.28	25.23
广饶县	802.53	143.21	21.72	598.76	0.15	0.03
烟台市	10,390.42	911.29	9.61	7,051.59	707.60	11.15
市辖区	5,935.08	402.26	19.33	4,753.15	521.69	23.18
牟平区	517.37	41.45	8.71	279.28	24.73	9.72
长岛县	50.74	1.36	2.76	16.50	1.74	11.77
龙口市	1,253.82	179.46	16.70	754.12	37.90	5.29
莱阳市	604.26	67.77	12.63	296.44	5.50	1.89
莱州市	960.52	93.89	10.83	374.28	42.44	12.79
蓬莱市	545.09	38.86	6.89	380.70	61.88	6.31
招远市	713.69	62.82	9.65	368.15	59.25	19.18
栖霞市	376.29	56.70	17.74	145.24	9.41	6.93
海阳市	515.87	53.85	11.66	328.74	26.88	8.91
潍坊市	11,068.77	1,094.04	10.97	8,768.64	1,281.34	17.11
市辖区	4,498.19	456.92	11.31	3,675.99	538.68	17.17
临朐县	637.97	63.30	11.02	441.23	77.10	21.17
昌乐县	514.91	62.64	13.85	460.17	62.74	15.79
青州市	1,003.71	74.26	7.99	685.08	81.19	13.44
诸城市	1,021.80	98.77	10.70	781.87	108.18	16.06
寿光市	1,407.48	130.82	10.25	1,094.87	170.86	18.49
安丘市	651.67	72.55	12.53	544.15	72.52	15.38
高密市	760.20	86.12	12.78	693.59	118.34	20.57
昌邑市	572.83	48.66	9.28	391.69	51.74	15.22
济宁市	7,176.70	656.02	10.06	5,595.32	814.49	17.04
市辖区	2,960.99	183.92	6.62	2,758.04	324.90	13.35
微山县	315.61	28.23	9.82	172.65	20.48	13.46
鱼台县	229.17	14.64	6.82	201.88	48.77	31.86
金乡县	373.62	47.12	14.43	250.21	49.14	24.44

续表2

地区	各项存款			各项贷款		
	余额	比年初增减	同比增长（%）	余额	比年初增减	同比增长（%）
嘉祥县	505.25	36.98	7.90	286.57	50.42	21.35
汶上县	390.41	23.08	6.28	243.27	40.17	19.78
泗水县	277.83	20.40	7.92	162.78	27.32	20.17
梁山县	516.87	45.88	9.74	260.80	48.75	22.99
曲阜市	466.33	44.35	10.51	288.80	41.48	16.77
兖州区	591.31	55.00	10.26	353.47	53.92	18.00
邹城市	1,140.63	211.43	22.75	970.33	163.05	20.20
泰安市	4,903.27	344.63	7.56	3,578.29	441.98	14.09
市辖区	2,384.30	137.78	6.13	2,040.77	252.97	14.15
宁阳县	411.03	40.24	10.85	253.23	45.87	22.12
东平县	401.81	31.86	8.61	288.45	12.67	4.59
新泰市	899.69	67.52	8.11	570.41	64.36	12.72
肥城市	806.45	67.23	9.10	425.43	66.11	18.40
威海市	5,093.93	480.14	10.41	4,004.06	629.73	18.66
市辖区	3,526.75	346.72	10.90	2,880.13	460.96	19.05
文登区	735.03	50.48	7.37	564.64	72.54	14.74
荣成市	1,055.04	94.28	9.81	815.02	115.35	16.49
乳山市	507.03	40.26	8.63	298.04	49.65	19.99
日照市	3,284.64	177.33	5.71	3,348.65	391.05	13.22
市辖区	2,238.21	116.87	5.51	2,596.09	288.49	12.50
五莲县	359.29	18.78	5.51	217.87	19.55	9.86
莒县	687.14	41.68	6.46	534.69	83.02	18.38
原莱芜市	1,330.19	119.90	9.91	1,082.17	78.79	7.85
市辖区	1,330.19	119.90	9.91	1,082.17	78.79	7.85
临沂市	8,918.80	774.54	9.51	8,156.35	1,159.94	16.58
市辖区	4,477.17	308.61	7.40	4,997.22	678.61	15.71
沂南县	549.96	63.07	12.95	350.65	71.82	25.76
郯城县	420.38	52.37	14.23	306.62	51.19	20.04
沂水县	680.91	67.80	11.06	433.51	55.57	14.70
兰陵县	537.28	62.49	13.16	428.29	73.04	20.56
费县	476.83	47.82	11.15	380.22	86.87	29.61
平邑县	443.28	52.29	13.37	304.28	48.44	18.93
莒南县	606.37	45.49	8.11	405.85	40.52	11.09
蒙阴县	325.84	29.75	10.05	212.10	22.86	12.08
临沭县	399.66	44.61	12.57	337.61	31.02	10.12
德州市	4,747.64	477.13	11.17	2,900.49	366.56	14.47
市辖区	1,821.34	183.04	11.17	1,169.51	82.24	7.56
陵城区	313.39	30.53	10.79	152.12	22.56	17.41
宁津县	377.59	33.49	9.73	163.01	29.69	22.27
庆云县	210.53	23.18	12.37	143.68	38.42	36.50
临邑县	347.69	29.26	9.19	168.33	27.90	19.87

续表3

地区	各项存款			各项贷款		
	余额	比年初增减	同比增长（%）	余额	比年初增减	同比增长（%）
齐河县	424.40	47.20	12.51	342.12	50.91	17.48
平原县	310.18	27.85	9.86	128.64	24.15	23.12
夏津县	280.18	29.40	11.72	167.92	26.23	18.52
武城县	279.36	32.33	13.09	127.97	19.33	17.79
乐陵市	343.11	31.65	10.16	223.85	28.78	14.75
禹城市	353.26	39.74	12.68	265.46	38.91	17.18
聊城市	4,868.90	528.20	12.17	3,091.05	223.33	7.79
市辖区	2,317.98	282.99	13.91	1,720.35	171.02	11.04
阳谷县	488.46	38.84	8.64	310.45	42.06	15.67
莘县	499.72	51.47	11.48	232.62	30.60	15.14
茌平区	486.08	61.41	14.46	267.17	40.84	18.04
东阿县	297.16	32.25	12.18	171.70	15.16	9.68
冠县	414.83	39.60	10.55	224.54	-1.54	-0.68
高唐县	315.91	16.17	5.40	178.18	-37.83	-17.51
临清市	534.84	66.88	14.29	253.21	3.87	1.55
滨州市	3,705.24	306.75	9.03	3,017.94	143.11	4.98
市辖区	1,591.24	158.21	11.04	1,359.70	132.97	10.84
惠民县	309.12	28.93	10.33	175.55	-26.73	-13.21
阳信县	217.36	9.02	4.33	178.00	7.21	4.22
无棣县	309.41	35.08	12.79	231.73	31.23	15.58
沾化区	213.44	20.58	10.67	137.97	18.45	15.44
博兴县	558.24	52.75	10.44	367.58	-2.30	-0.62
邹平市	719.86	22.76	3.27	705.37	0.72	0.10
菏泽市	5,597.26	588.01	11.74	3,424.47	430.14	14.37
市辖区	1,941.80	238.73	14.02	1,560.93	151.76	10.77
曹县	634.77	65.63	11.53	356.51	55.77	18.54
单县	514.97	41.66	8.80	304.45	41.33	15.71
成武县	347.68	31.56	9.98	146.22	24.61	20.24
巨野县	590.71	59.90	11.28	320.37	44.81	16.26
郓城县	717.27	76.99	12.02	329.37	55.82	20.40
鄄城县	426.61	33.22	8.44	178.51	21.94	14.01
定陶区	336.38	30.10	9.83	187.51	8.63	4.82
东明县	423.45	40.32	10.52	228.10	34.10	17.58
省本部	289.51	99.55	52.41	243.38	-24.90	-9.28
县域合计	42,736.63	4,266.39	11.09	28,672.72	3,563.69	14.19
县域占全省比重（%）	33.42	36.41	—	26.44	27.36	—

注：因行政区划调整，自2013年起，与黄岛区合并之后，胶南市列入青岛市辖区。自2014年起，兖州市改为兖州区，并入济宁市辖区。自2015年起，文登市改为文登区，并入威海市辖区；陵县改为陵城区，并入德州市辖区；沾化县改为沾化区，并入滨州市辖区。自2017年起，章丘市改为章丘区，并入济南市辖区；垦利县改为垦利区，并入东营市辖区；定陶县改为定陶区，并入菏泽市辖区；即墨市改为即墨区，并入青岛市辖区。自2018年起，济阳县改为济阳区，并入济南市辖区。自2019年起，茌平县改为茌平区，并入聊城市辖区。

“山东半岛蓝色经济区”人民币存贷款统计表

2021年末　　单位：亿元

地区	各项存款		各项贷款	
	余额	比年初增减	余额	比年初增减
山东省	127,871.85	11,716.48	108,436.77	13,025.21
山东半岛蓝色经济区	56,476.61	4,959.90	50,175.85	6,193.29
青岛市	21,582.34	1,760.54	23,253.46	3,042.50
东营市	4,533.66	480.90	3,379.76	91.38
烟台市	10,390.42	911.29	7,051.59	707.60
潍坊市	11,068.77	1,094.04	8,768.64	1,281.34
威海市	5,093.93	480.14	4,004.06	629.73
日照市	3,284.64	177.33	3,348.65	391.05
无棣县	309.41	35.08	231.73	31.23
滨州市沾化区	213.44	20.58	137.97	18.45
山东半岛蓝色经济区占全省比重（%）	44.17	42.33	46.27	47.55

“黄河三角洲高效生态经济区”人民币存贷款统计表

2021年末　　单位：亿元

地区	各项存款		各项贷款	
	余额	比年初增减	余额	比年初增减
山东省	127,871.85	11,716.48	108,436.77	13,025.21
黄河三角洲高效生态经济区	11,969.83	1,140.02	8,809.93	589.64
高青县	236.46	24.17	183.87	22.91
东营市	4,533.66	480.90	3,379.76	91.38
莱州市	960.52	93.89	374.28	42.44
寿光市	1,407.48	130.82	1,094.87	170.86
昌邑市	572.83	48.66	391.69	51.74
庆云县	210.53	23.18	143.68	38.42
乐陵市	343.11	31.65	223.85	28.78
滨州市	3,705.24	306.75	3,017.94	143.11
黄河三角洲高效生态经济区占全省比重(%)	9.36	9.73	8.12	4.53

“省会城市群经济圈”人民币存贷款统计表

2021年末　　单位：亿元

地区	各项存款		各项贷款	
	余额	比年初增减	余额	比年初增减
山东省	127,871.85	11,716.48	108,436.77	13,025.21
省会城市群经济圈	47,354.41	4,511.96	39,201.02	4,221.74
济南市	21,699.02	2,194.33	21,267.74	2,566.23
淄博市	6,100.16	541.01	4,263.33	401.75
泰安市	4,903.27	344.63	3,578.29	441.98
莱芜市	1,330.19	119.90	1,082.17	78.79
德州市	4,747.64	477.13	2,900.49	366.56
聊城市	4,868.90	528.20	3,091.05	223.33
滨州市	3,705.24	306.75	3,017.94	143.11
省会城市群经济圈占全省比重（%）	37.03	38.51	36.15	32.41

“西部经济隆起带”人民币存贷款统计表

2021年末　　　　　　　　　　　　　　　　　　　　　　　　　　单位：亿元

地区	各项存款		各项贷款	
	余额	比年初增减	余额	比年初增减
山东省	127,871.85	11,716.48	108,436.77	13,025.21
西部经济隆起带	34,703.55	3,278.15	25,719.44	3,333.19
枣庄市	2,581.41	182.15	2,010.09	280.19
济宁市	7,176.70	656.02	5,595.32	814.49
宁阳县	411.03	40.24	253.23	45.87
东平县	401.81	31.86	288.45	12.67
临沂市	8,918.80	774.54	8,156.35	1,159.94
德州市	4,747.64	477.13	2,900.49	366.56
聊城市	4,868.90	528.20	3,091.05	223.33
菏泽市	5,597.26	588.01	3,424.47	430.14
西部经济隆起带占全省比重（%）	27.14	27.98	23.72	25.59

2021年山东银行业保险业运行报告

2021年，面对新冠疫情的持续反复冲击和复杂的经济金融形势，山东（不含青岛，下同）银行保险机构继续加大对实体经济的支持力度，着力巩固经济复苏成果，有序推进风险处置化解，行业运行稳中有进，发展态势持续向好。

一、资产负债平稳增长，业务结构有所调整

截至2021年底，山东资产总额、负债总额分别为13.37万亿元、12.89万亿元，增速分别为11.40%、11.31%。从资产端看，贷款占比提升，投资增速高位回落。各项贷款余额占总资产的65.05%，较年初提高1.04个百分点，全年资产增量中贷款占比74.21%，较上年提高11.03个百分点。投资余额1.46万亿元，较年初增加2,603.97亿元，增速21.77%，低于年初4.02个百分点。其中，投资债券1.21万亿元，占总投资的83.11%。从负债端看，存款占比下降，运用央行资金增加。各项存款余额占总负债的82.33%，较年初下降0.69个百分点，全年负债增量中存款占比76.23%，较上年下降9.88个百分点。银行机构运用再贴现、再贷款等结构性货币政策工具增多，向中央银行借款余额1,830.81亿元，较年初增加931.77亿元，增速103.64%，增量占比7.12%，较年初提高2.32个百分点。

二、各项存款增速回落，全年增长“先扬后抑”

截至2021年底，山东各项存款余额10.61万亿元，较年初增加9,982.99亿元，同比少增1,087.18亿元，增速10.39%，较年初下降2.63个百分点。一是个人存款仍是拉动主力。个人存款余额6.35万亿元，较年初增加7,012.78亿元，增速12.42%，增量占比70.27%。单位存款4.19万亿元，较年初增加2,920.65亿元，增速仅为7.48%，明显低于个人存款。二是定期化趋势仍在加强。定期存款余额5.53万亿元，较年初增加1.29万亿元，剔除口径调整因素，较年初增加8,467.35亿元，同比多增1101.19亿元，占存款增量的84.84%，较上年提高18.26个百分点。活期存款余额3.28万亿元，较年初增加532.76亿元，同比少增1,815.38亿元。

三、贷款增量创历年新高，贷款结构持续优化

截至2021年底，山东各项贷款余额8.70万亿元，较年初增加1.02万亿元，增量是上年的1.17倍，再创历年新高；增速13.21%，较年初上升0.45个百分点，为2014年8月以来最高，高于全国1.92个百分点。一是新增贷款“长增短缓”特征突出。中长期贷款较年初增加6,985.50亿元，在全部新增贷款中占比68.93%，增速15.27%，高于各项贷款2.06个百分点。短期贷款较年初增加1527.37亿元，增速仅为6.19%，不足中长期贷款的一半。二是投向企业贷款占比提升。受惠企信贷政策影响，企业贷款保持较快增长，12月末余额5.25万亿元，较年初增加5,808.26亿元，同比多增1,649.11亿元，占贷款增量的57.22%，较上年提高9.40个百分点；个人贷款增加4,291.59亿元，同比少增311.68亿元。三是贷款担保结构持续调整。企业信用贷款余额1.27万亿元，较年初增加1,977.24亿元，在企业贷款中占比24.24%，较年初上升1.22个百分点。保证贷款余额1.51万

亿元，较年初增加835.94亿元，余额占比28.71%，较年初下降1.78个百分点。

四、不良贷款持续“双降”，不良处置后续乏力

一是不良贷款持续“双降”。截至2021年底，山东不良贷款余额1，227.33亿元，较年初减少486.54亿元，不良率1.41%，较年初下降0.82个百分点，连续三年“双降”。二是不良处置后续乏力。从处置总量看，2021年，山东共处置不良贷款2，030.48亿元，同比少处置307.19亿元，已连续两年下降。从处置方式看，2021年不良处置中贷款核销、收回现金、重组上调、以物抵债分别占比50.55%、18.07%、4.70%、1.95%，其他方式占比24.73%。

五、保险业结构调整深化，服务能力持续提升

一是保费增速明显放缓。12月末，山东保险公司共实现原保险保费收入（以下简称保费收入）2，816.49亿元①，增速3.14%，同比下降7.29个百分点。其中，财产险公司保费收入786.70亿元，增速2.34%，同比下降4.50个百分点；人身险公司保费收入2，029.79亿元，增速3.45%，同比下降5.07个百分点。二是结构调整持续推进。财产险公司中，车险业务负增长3.26%，车险保费占比62.87%，较年初下降3.26个百分点，占比创历史年度新低。从人身险公司看，寿险业务中保障功能较强的普通寿险增速19.85%，投资理财属性较强的分红险、投连险、万能险分别负增长11.81%、4.59%和9.35%，业务回归本源的态势持续稳固。三是服务经济社会能力持续提升。全行业累计为经济社会承担风险保障责任293.36万亿元，同比增加78.23万亿元，增速36.36%；赔付支出977.93亿元，同比增加127.41亿元。

注：

①因部分机构正在进行风险处置，保险行业数据汇总范围暂不包括这部分机构。

（李江涛）

2021年山东省资本市场运行报告

2021年，山东省多层次资本市场运行整体平稳，企业上市、股权融资延续良好势头，资本市场促进科技、资本和实体经济高水平循环的枢纽功能进一步发挥。

一、市场主体发展情况

（一）上市公司概况

截至2021年底，山东省共有境内上市公司270家，较年初增加41家，其中主板192家、创业板54家、科创板17家、北交所7家；上市公司总市值3.93万亿元，其中市值超千亿元的公司有5家，分别为万华化学、海尔智家、歌尔股份、中航沈飞、潍柴动力；山东省上市公司数量排名前5位的地市分别为青岛（58家）、烟台（45家）、济南（43家）、潍坊（29家）、淄博（29家）。

2021年，山东省共有68家企业进入上市辅导程序，25家企业通过上市委或发审会审核。截至2021年底，山东省拟上市公司共有166家，其中待发行或待注册公司11家、正在审核公司37家、正在辅导公司118家，拟上市企业数量排名前5位的地市分别为青岛（38家）、济南（29家）、烟台（17家）、淄博（15家）、潍坊（13家）。

（二）新三板公司概况

截至2021年底，山东省共有新三板挂牌公司441家，其中创新层公司75家。2021年，全省新增挂牌公司12家（含5家外辖区迁入）、摘牌78家。

（三）证券经营机构运行情况

截至2021年底，山东省共有证券公司3家、证券分公司133家、证券营业部561家、投资咨询公司3家、投资咨询分公司10家。

截至2021年底，3家证券公司——中泰证券、中信（山东）证券、联储证券的投资者开户数893.75万户。全年共实现营业收入122.47亿元，同比增长13.23%；实现净利润38.33亿元，同比增长25.00%；代理证券总交易额26.73万亿元，同比增长24.67%。

截至2021年底，山东省证券营业部投资者资金账户开户数1，403.96万户，较年初增加204.65万户；管理客户资产23，309.87亿元，较年初增加4，499.60亿元。全年共实现营业收入63.86亿元，同比增长8.18%；实现利润总额7.04亿元，同比减少38.68%；实现总交易额22.86万亿元，同比增长16.45%。

（四）期货经营机构运行情况

截至2021年底，山东省共有期货公司4家、期货分公司79家、期货营业部91家。截至2021年底，4家期货公司——鲁证期货、招金期货、中州期货和港信期货的投资者开户数为20.32万户，较年初增加1.05万户。全年，4家期货公司实现营业收入10.16亿元，同比增长54.29%；实现净利润2.07亿元，同比增长140.77%；实现代理交易额21.73万亿元，同比增长85.32%。

截至2021年底，山东省期货分支机构投资者开户33.84万户，较年初增加2.54万户；客户保证金余额295.22亿元，较年初增加48.05亿元。全年实现营业收入10.88亿元，同比

增长45.65%，；实现利润总额1.93亿元，同比增长124.42%；实现代理交易额31.37万亿元，同比增长50.96%。

（五）私募投资基金机构运行情况

截至2021年底，在中国证券投资基金业协会登记的私募投资基金管理机构836家，居全国第七位；已登记的私募投资基金管理机构管理基金2,866只，管理规模为3,255.75亿元，居全国第九位。从地域分布看，注册地在济南市的私募投资基金管理机构为205家，占比24.52%；注册地在青岛市的私募投资基金管理机构为441家，占比52.75%。

二、直接融资情况

（一）股权融资

2021年，山东省新增境内首发上市企业36家，募集资金合计274.44亿元，新增上市公司数量占全国新增上市公司数量的6.87%。从全国情况看，全国共有524家企业境内首发上市，其中广东省、浙江省、江苏省、上海市、北京市分别有87家、87家、86家、47家、40家公司首发上市，山东省居全国第六位。

2021年，山东省企业股权融资（沪、深、北交易所及新三板市场）合计685.42亿元，同比增长11.52%。从结构上看，首发融资274.44亿元，同比增长78.2%；上市公司再融资394.23亿元，同比增长23.71%；新三板企业融资16.75亿元，同比增长30.66%。

（二）债权融资

2021年，山东省公司债券（不含可转债，含ABS）发行规模3,275.90亿元，居江苏省、广东省、浙江省、北京市、上海市之后，列全国第六位。从地市分布来看，济南市和青岛市发行规模居前两位，金额分别为1,153.00亿元和876.41亿元。截至2021年底，山东省有908只公司债券（含ABS）尚在存续期，债券余额合计为8,065.77亿元。

（三）并购重组情况

2021年，全市场有3,332家公司完成并购重组，涉及资产金额17,792.79亿元。其中，山东省有159家次上市公司并购重组事项，涉及金额966.31亿元。

（肖永泼）

2021年山东省金融稳定报告

2021年，山东省金融业全面贯彻落实党中央、国务院和省委、省政府各项决策部署，坚持稳中求进工作总基调，区域金融运行总体平稳。全省金融机构组织体系更加健全，社会融资规模等主要金融指标增速创历史新高，信贷结构不断优化，支持实体经济的质量进一步提升。但在我国经济发展面临需求收缩、供给冲击、预期转弱三重压力背景下，山东省长期积累的结构性矛盾和短期面临的制约性因素交织叠加，实体经济领域风险继续向金融行业传导，金融风险防控压力依然较大。

一、宏观经济与金融稳定

（一）经济运行基本情况

2021年，全省经济形势稳中向好，全年实现生产总值83,095.90亿元，同比增长8.30%。三次产业结构由上年的7.40：39.10：53.50调整为7.30：39.90：52.80，“三二一”产业结构持续巩固。全省工业增加值27,243.60亿元，同比增长8.60%，规模以上工业增加值增长9.60%。服务业实现增加值43,879.70亿元，同比增长9.20%，占全省生产总值的比重为52.80%，对经济增长的贡献率为59.50%。固定资产投资全年增速6.00%，两年平均增速为4.80%。制造业投资同比增长13.10%，高于全部投资增速7.10个百分点，高技术制造业投资同比增长22.80%，其中电子及通信设备制造业、医疗仪器设备及仪器仪表制造业投资分别增长35.90%、22.20%。社会消费品零售总额33,714.50亿元，同比增长15.30%。货物进出口总值29,304.10亿元，同比增长32.40%。其中，出口17,582.70亿元，增长34.80%；进口11,721.40亿元，增长29.00%。涉外资金收支总额4,976.40亿美元，同比增长31.10%；顺差408.50亿美元，同比增长39%。压减焦化产能180万吨，整合转移地炼产能780万吨，实施500万元以上工业技改投资项目1.20万个，“四新”经济增加值占比31.70%，“四新”经济投资占比51.20%。国企改革三年整体任务完成占比超90.00%，省属企业通过混改引入社会资本289亿元，省属控股上市公司45家，资产证券化率超60.00%。地方一般公共预算收入7,284.50亿元，同比增长11.00%。地方一般公共预算支出11,709.10亿元，同比增长9.50%。城镇新增就业124.20万人，同比增长1.30%。城镇登记失业率2.94%，同比降低0.16个百分点。居民人均可支配收入35,705元，同比增长8.60%。居民人均消费支出22,821元，同比增长9.00%，居民消费价格同比上涨1.20%。工业生产者出厂价格同比上涨10.30%，购进价格同比上涨9.50%。省会、胶东、鲁南经济圈一体化稳步推进，三大经济圈分别实现生产总值同比增长7.80%、8.30%和8.60%，对全省经济增长的贡献率分别为36.00%、43.20%和20.80%。全省实现对“一带一路”沿线国家和地区进出口9,376.00亿元，同比增长40.80%。

（二）存在的问题

大宗商品价格、库存等主要经济指标当年增速逐月下滑，经济边际下行压力大。工业品库存被动增加，在增加企业财务和管理费用的同时加大了企业所面临的产成品和原材料价格波动的市场风险。大宗商品价格上涨导致下游生产成本上涨，加之疫情对物流、人工跨区域流动的影响，导致部分企业生产经营困难增大。服务业投资比重、高新技术产业投资占工业投资比重依然较低，投资结构需进一步优化。疫情持续多点散发影响服务业消费回升，内需恢复势头仍偏弱。

二、金融业与金融稳定

（一）银行业

1. 总体运行状况。截至2021年末，全省国有、政策性、股份制二级分行以上机构693家，法人银行业机构283家，银行业从业人员24.70万人。全省银行业机构资产总额16.61万亿元，负债总额15.99万亿元，分别较年初增长11.44%和11.30%。各项存款余额13.05万亿元，各项贷款余额11.10万亿元，同比分别增长10.25%和13.44%，其中各项贷款较年初增加1.32万亿元，增量是上年的1.15倍。2021年全省社会融资规模增加20,831.70亿元，同比多增723.70亿元。2021年末全省银行业中长期贷款较年初增加8,865.00亿元，增速15.00%，短期贷款较年初增加2,994.70亿元，增速9.40%。全省企业贷款（不含票据融资）较年初增加6,556.30亿元，同比多增1,159.10亿元；批发零售业贷款、基建领域贷款分别较年初增加784亿元和4,110亿元；小微企业贷款较年初增加2,681亿元，增速15.50%，高于各项贷款增速2.10个百分点；制造业贷款较年初增加588亿元，增速4.20%；绿色贷款较年初增加2,600.61亿元，同比增长48.69%。

2. 需关注的问题。一是信用风险区域集中度较高。截至2021年末，全省不良贷款余额1,489.75亿元，同比减少496.43亿元，不良贷款率1.34%，同比下降0.69个百分点，但存量风险区域集中度较高，全省16地市中不良贷款余额超过100亿元的地市4个，不良贷款率高于3.00%的地市有2个。二是地方法人机构经营基础仍存薄弱环节。部分中小法人机构发展基础较为薄弱，风险水平高于同业，资本拨备不足，同业间竞争激烈，经营压力较大。全省中小法人统算不良贷款率1.99%，高于全省0.65个百分点。三是高度关注碳转型中的金融风险。部分地市高碳行业对经济增长的贡献度较大，银行机构高碳行业贷款占比较高，在“30·60”双碳目标下，高碳产业面临节能达标、绿色转型等多重压力。同时高碳企业整体偿债能力下降等问题也给风险防控带来了新的挑战，银行机构由此产生的信用风险、市场风险和流动性风险需高度警惕。

（二）证券期货业

1. 总体发展状况。截至2021年末，全省共有上市企业371家，全年新增37家。全年发行绿色债券14只、144.10亿元，同比多发5只、88.59亿元。新增1家法人证券公司，3家法人证券公司累计实现营业收入122.47亿元，同比增加15.40亿元，累计实现净利润38.34亿元，同比增加7.74亿元。2021年全省共12家权益类交易市场，其中齐鲁股权交易中心新增挂牌企业588家，累计实现挂牌企业5,447家，实现各类融资785.51亿元。

2. 需关注的问题。一是全省信用债发债主体向有政府背景或国有企业集中。从发债企业经济成分看，2021年全省国有企业发债7,954.20亿元，占比96.67%，比2020年提高3.53个百分点，债券市场的投资主体对山东省非金融企业信用债存在着明显的“城投偏好”和“国企偏好”。二是省内企业发债利率相对较高，2021年全省新发行非金融企业债券加权平均利率4.68%，比全国平均水平高20BP。

（三）保险业

1. 总体发展状况。2021年，全省共有法人保险公司5家，其中财产险公司3家，寿险公司2家。省级分公司以上保险主体97家，保险公司分支机构7,592家。全省保险业总资产8,644亿元，较年初增长13.20%。全年实现原保险保费收入3,278.30亿元，增速3.56%。受疫情驱动，人身保险行业回归本源的态势持续稳固，产品结构不断优化，人身险保费收入2,335.20亿元，同比增长3.75%。受车险综合改革影响，车险业务同比下降2.87%，车险保费占比61.50%，较年初下降5.43个百分点；非车险成为财险业务增长的重要动力，农险和责任险分别同比增长27.96%和9.74%。

2. 需关注的问题。一是行业信用风险防控压力较大。2021年，辖内保险资金运用规模增长较快，债券配比较高。受经济金融环境影响，债券、非标等金融产品违约增加，外部信用风险向保险业传导风险加大。二是中小法人保险公司战略转型困难。受疫情等因素影响，保险公司展业、承保、理赔等业务更加依赖线上系统，数字化转型加快，但中小公司基础数据少、技术水平低，转型发展困境更加凸显。三是气候风险对保险业的影响持续加大。受极端天气发生频率增加、城市化进程加快、气候暴露地区资产集中度提高等因素影响，保险业气候风险敞口增加。低碳转型冲击碳密集行业盈利预期，相关企业资产贬值、利润缩水，由此引发的资产价值重估及信贷违约损失将降低保险公司投资收益。

三、金融市场与金融稳定

（一）货币与债券市场净融入资金大幅增长

2021年，全省共有441家市场成员和非法人投资主体参与货币市场和债券市场交易，同比增加147家。全省市场参与主体总成交量77万亿元，同比减少6.78万亿元，降幅8.09%，其中四季度总成交量21.03万亿元，同比增加5.08万亿元。全年净融入资金5.86万亿元，同比增加3.06万亿元，增幅109.30%。

（二）票据市场贴现利率在合理区间波动

2021年，全省票据贴现发生额12,444.70亿元，同比增加2,705.90亿元。银票贴现利率在1.90%左右水平波动，成交金额最大的一年期品种全年加权平均利率2.11%。商票贴现利率水平较银票高227BP左右，在4.20%左右水平波动，成交最高的一年期品种全年加权平均利率4.29%。

（三）债务融资工具规模同比快速增长

2021年，市场流动性合理充裕，债券发行成本处于较低水平，各类债务融资工具发行规模同比快速增长。全省非金融企业共发行信用债931单、金额8,196.80亿元，其中债务融资工具544单、金额4,918亿元，同比增加86单、922.10亿元。截至2021年末，全省存续期内非金融企业信用债券1,833单，余额16,189.70亿元，同比增加2,571.60亿元。

（四）黄金市场交易价格震荡走低

截至2021年末，全省11家黄金交易所会员累计成交量115.70吨，其中买入量50.30吨，卖出量65.40吨，卖出量占比56.50%。2021年，黄金整体呈现宽幅震荡走低走势，自1月初创下年内高点1,959.33美元/盎司后，由于全球疫情形势有所缓解，经济复苏超预期，黄金承压自年内高点回落近300美元，创年内低点1,676.10美元/盎司。从4月开始，黄金自低位大幅反弹至1,916美元/盎司；随后，受缩债、通胀以及加息预期因素影响，回落至1,800美元/盎司附近宽幅震荡，年末收于1,807.85美元/盎司，跌幅4.74%，波动幅度为15.71%，与往年相比波幅较小。国内金价走势主要受国际金价影响，与国际金价变动趋势基本一致。

四、金融服务与金融稳定

2021年，山东省金融基础设施进一步完善，金融服务水平不断提升，金融法治环境不断改善，为金融业稳定健康运行奠定良好基础。

（一）金融法治环境不断改善

不断健全金融消费纠纷非诉解决机制，人民银行济南分行联合有关部门出台《关于推进金融纠纷多元化解的实施意见（试行）》，推动在线诉调对接和小额快速纠纷解决机制建设，全年调解纠纷1,746件，同比增长295.00%。人民银行济南分行通过创新金融司法合作新机制，指导辖内威海市中心支行联合威海市中级人民法院成立山东省首家金融案件集中管辖审判庭，指导辖内滨州市中心支行联合滨州市中级人民法院等部门组建山东省首家金融纠纷中立评估中心。推进宪法学习宣传教育，组织开展“12·4国家宪法日”和“宪法宣传周”集中宣传活动，大力弘扬宪法精神，打造良好金融法治生态环境。

（二）支付体系建设持续深入

2021年，支付清算系统为全省1.10万家银行网点提供跨行清算服务，有力支撑了全省经济社会发展。全面强化支付市场监管，联合山东省公安厅精准打击治理电信网络诈骗、跨境赌博“资金链”。统筹提升账户管理和服务水平，通过推行简易开户等措施，实现账户“应开尽开”“账户功能与客户身份核实、风险等级相匹配”。持续推动银行、支付机构向实体经济让利，小微企业和个体工商户支付手续费降费政策在山东全面落地。不断促进农村支付服务高质量发展，全省具备多种综合服务功能的助农取款服务点占比超过五成。大力提升老年人支付服务水平，督促法人银行加快手机银行适老化改造。持续拓展移动支付服务在商超餐饮、公共交通、便民缴费等领域应用，实施日韩短期入境游客移动支付便利化试点，推进移动支付便利化向纵深发展。

（三）征信体系建设稳步推进

2021年，全省累计有328家地方法人机构接入征信系统，保险公司、支付机构接入实现零突破。搭建“线上+线下”征信查询服务网络，全省部署自助查询网点577个、自助查询机具645台，全面覆盖市、县两级；开通15家银行、银联云闪付线上查询渠道，2021年提供个人、企业信用报告查询服务分别为734.50万次、21.90万次。省级征信平台上线运行，梳理完成市场监管、发改、人社、环保、电力等部门共计30余项可用数据，运营机构“山东省征信有限公司”注册成立。企业征信市场平稳发展，头部机构持续拓展信息渠道，提供信用报告、信用评分、反欺诈等多元化征信服务。大力整治征信市场乱象，多部门联合打击13家假借“征信”名义违法违规经营机构，破获一起伪造材料非法征信修复案件。农村信用体系建设持续深入，为农户及新型农业经营主体获得信贷提供支持，枣庄、潍坊、临沂等地涉农信用信息系统应用成效初显。动产和权利担保统一登记改革快速推进，2021年全省（不含青岛）在动产融资统一登记公示系统完成登记11.46万笔，同比增长超过200%，机构常用户数量居全国首位。

（四）反洗钱工作持续加强

山东在全国率先启动修订省级反洗钱工作联席会议制度，实现了主侦、主诉、主审机关，金融监管部门和特定非行业主管部门等成员单位全覆盖，促进形成齐抓共管的反洗钱工作格局。联合山东省人民检察院制定《山东省洗钱犯罪线索处置工作办法（试行）》，明确了各类洗钱上游犯罪线索归口部门，划分各部门线索处置权限，规范洗钱犯罪线索处置流程，为洗钱案件线索移送、处置工作搭建快捷通道。与山东省公安厅签署《反洗钱信息查询合作协议》，细致反洗钱数据查询流程、数据使用范围、数据安全管理规范与数据保密要求，为推进警银合作奠定基础。印发《山东省反洗钱宣传工作指引（2021—2023）》，大力开展反洗钱宣传标准化、规范化建设，开展反洗钱宣传标准化试点，探索构建反洗钱宣传常态化、长效化机制。印发《山东省反洗钱讲师团管理办法》，扎实开展反洗钱培训，推进全省反洗钱培训工作专业化、规范化，提升全省反洗钱队伍履职能力。

（五）现金流通管理不断深化

2021年，山东省银行业金融机构库存现金余额总计318.90亿元，同比增加12.00亿元。2021年，山东省累计净投放明显下降，净投放279.99亿元，与同期相比减少135.76亿元，降幅为33%。2021年金融机构和企（事）业单位监测点调查数据显示，社会对人民币整洁度的认可度一直保持较高水平，辖内流通人民币整洁度状况良好。同时，不断强化反假货币联席会议机制建设，健全山东省反假货币工作网络体系，推动反假货币工作“打、防、宣、教、管”长效机制建设，进一步完善反假货币社会管理综合治理体系，形成反假货币工作合力。2021年，山东省共收缴、没收假币23.66万张（枚）、1,860.51万元，其中银行业金融机构柜台收缴17.40万张（枚）、1,474.39万元，公安机关没收6.21万张（枚）、384.18万元。紧紧围绕“我为群众办实事”实践活动，以新版人民币实物、知识、反假技能“三下乡”为宣传重点，不断提升社会公众特别是农村地区群众防范假币意识和辨假识假能力。

（六）金融消费者（投资者）合法权益保护持续推进

开展“3·15”、6月“钱袋子”、9月普及月集中宣传活动，聚焦“一老一小”、学生、残疾人等重点关注群体，组织开展大型直播、广播宣传等特色活动，提高金融宣教知识对特定群体的触达率和投放精准度，辐射带动全省金融宣教工作提质增效。依托3家省级金融教育示范基地强化“阵地化”宣传，全年开展活动246期，接待消费者9.47万余人次，线上覆盖受众1,948万人次，2家基地的讲师团队获评省级“好网民·在山东”榜样社团。扎实推进金融知识纳入国民教育体系，初步构建覆盖义务教育阶段的金融知识普及长效机制。联合省总工会、团省委组织开展山东省“金消协杯”金融消费权益保护知识技能竞赛，带动省、市、县三级人民银行分支机构、金融机构7,000余名从业人员深入学习消保法规，提升专业技能。打造12363央行热线“齐鲁样板”，畅通全省金融消费者维权渠道。与省残联“12385”热线加大工作对接，大力推进残疾人群体金融消费权益维权“直通车”服务。

五、政策建议

2021年，面对复杂严峻的国内外经济形势，全省金融系统认真贯彻稳健的货币政策，落实金融管理服务各项要求，统筹服务实体经济、深化金融改革、防控金融风险三项任务，为全省发展营造了良好的金融环境。但新的一年全省金融风险形势依然严峻，经济下行压力加大，发展不平衡不充分问题仍然突出，老问题与新矛盾相互交织，对做好金融工作均带来了诸多挑战。面对新形势，要继续以习近平新时代中国特色社会主义思想为指导，坚决贯彻党中央、国务院和中央经济工作会议的各项部署，坚持稳中求进工作总基调，统筹金融发展与金融安全，牢牢守住不发生系统性金融风险的底线。

一是认真贯彻执行稳健货币政策，加大金融对实体经济支持力度。落实好稳健货币政策灵活适度要求，加大跨周期调节力度，发挥好货币政策工具的总量和结构双重功能，增强信贷总量增长的稳定性，引导金融机构加大对小微企业、科技创新、绿色发展等重点领域和薄弱环节的支持力度，促进信贷结构稳步优化。发挥贷款市场报价利率改革效能，稳定银行负债成本，促进企业综合融资成本稳中有降，为保持经济运行在合理区间营造适宜的货币金融环境。

二是坚持稳中求进，持续做好风险防范处置工作。坚持稳定大局、统筹协调、分类施策、精准拆弹的方针，灵活运用金融稳定工具箱，持续拓宽金融风险监测的广度和深度，形成覆盖更加广泛、网格更加细化的风险监测网络，实现风险早识别、早预警、早发现、早处置。压实各方责任，督促各方把握好风险处置的时机、节奏和力度，持续加大风险处置力度，高度警惕风险回潮。

三是深化金融改革创新，提升金融服务水平。对照省委提出的“十大创新”目标要求，持续深化自身改革创新。大力发展绿色金融，围绕碳减排加强绿色金融产品和服务创新，扩大碳排放权抵质押贷款业务规模。在全省推动完善金融支持创新体系，培育支持科技创新的金融生态，既能服务国家及全省重大科技创新任务，又能满足“专精特新”中小企业的金融需求。

四是完善地方金融生态，营造良好的社会信用环境。重拳治理金融乱象，严厉打击逃废债行为，强化银企互信，推动辖区信用环境建设，加强金融消费权益保护，严肃查处侵害金融消费者合法权益的违法违规行为，倡导负责任金融理念，构建普惠金融发展良好生态，促进区域经济金融健康发展。

（张 宁、范圣洁）

2021年山东省支付体系运行分析报告

2021年是“十四五”开局之年，山东省支付体系保持安全、平稳运行，为全省经济实现“稳中向好、进中提质”提供有力支持，进一步增强了全省居民支付服务获得感、幸福感、安全感。

一、山东省银行结算账户发展情况

2021年，山东省银行结算账户数量持续稳步增长。截至2021年末，全省单位账户存量共计624.90万个，同比增长11.30%。从行业分布看，全省新开立基本存款账户数量居前五位的行业是批发零售业、建筑业、租赁服务业、制造业、居民服务业；分产业看，新开立第一、第二、第三产业基本户占比分别为4.50%、20.40%、75.10%；从分注册资金规模看，全省注册资金规模在100万元以下企业新开立基本存款账户占比63.9%。

二、山东省非现金支付业务发展情况

2021年，山东省共办理非现金支付业务220.20亿笔、金额207.50万亿元，同比分别增长19.10%和11.30%。

银行卡发卡规模持续扩大，消费业务持续增长。截至2021年末，全省累计发行银行卡6.90亿张，同比增长3.90%；全省累计布放自动取款机6.60万台，同比下降5.90%。从银行卡交易情况看，2021年，全省银行卡交易214.10亿笔、金额71.50万亿元，同比分别增长19.40%和11.70%。其中，银行卡消费114.90亿笔、金额9.10万亿元，同比分别增长23.40%和12.70%。

移动支付业务量保持增长态势。2021年，山东省银行共办理移动支付业务金额36.20万亿元，同比增长21.90%，占非现金支付业务的17.50%，移动支付已成为社会公众高频使用的电子支付方式之一。

商业汇票业务规模持续增长，支票仍占据绝对份额。由于企业网银等电子支付工具的替代作用，票据结算量持续下降。2021年，全省共办理票据结算业务778.30万笔、金额7.20万亿元，同比分别下降11.40%和2.40%，在非现金支付业务中占比分别为0.04%和3.50%。其中，商业汇票结算金额为1.90万亿元，同比增长4.90%，增速下降3.50个百分点；支票结算金额5.30万亿元，占比为73.00%。

（盖春娥）

2021年山东省国库资金运行分析报告

2021年，全省经济运行保持稳中向好、提质增效的态势。一般公共预算收入增收明显，且收入结构进一步优化。一般公共预算支出平稳增支，重点支出保障有力。2021年全省国库资金运行情况如下：

一、国库收支存基本情况

从人民银行国库收支数据看，2021年，全省国库收入28,545.70亿元，同比增长23.40%，较上年提高6.10个百分点；国库支出29,062.97亿元，同比增长23.60%，较上年提高4.80个百分点。剔除社保因素[①]看，全省国库收入24011.32亿元，同比增长11.10%，较上年回落4.00个百分点；国库支出24,526.15亿元，同比增长11.60%，较上年回落5.0个百分点。

二、国库收支基本特点

（一）一般公共预算收入增速呈两位数增长，收入结构进一步优化

2021年，全省一般公共预算收入7,284.45亿元，同比增收724.55亿元、增长11.00%，较上年提高10.50个百分点；规模仍位于粤（14,109.21亿元）、苏（10,015.16亿元）、浙（8,262.57亿元）、沪（7,771.80亿元）之后。在需求收缩、供给冲击、预期转弱三重压力下，我国经济下行压力较大。根据国务院常务会议部署，11月1日起对全部制造业中小微企业实施阶段性税收缓缴措施，进一步加大助企纾困力度[②]。受此影响，四季度收入1,474.83亿元，同比下降6.00%，增速由正转负。

2021年，全省税收收入5,475.98亿元，同比增收718.39亿元、增长15.10%（上年同期为同比下降1.90%）；占一般公共预算收入的比重为75.20%，较上年同期提高2.60个百分点，为自2019年以来同期最高值。分税种看，国内增值税、企业所得税和个人所得税分别实现2,030.31亿元、867.43亿元、243.40亿元，分别同比增长11.90%、26.40%、33.70%；占税收收入比重分别为37.10%、15.80%、4.40%。全省非税收入实现1,808.47亿元，同比增长0.30%，回落7.10个百分点；其中，国有资源（资产）有偿使用费收入同比减收124.39亿元，为增幅收窄主要原因。

（二）土地出让收入增速低于上年，占地方自有财力的比重下降

2021年，省内大部分房企未能完成年度销售计划，部分地市出现土地流拍现象。受此影响，2021年，全省土地出让收入增速呈现逐季回落趋势，全年收入7,261.61亿元，同比增长7.20%，回落1.80个百分点。其中，12月当月土地出让收入1,723.49亿元，占全年土地出让收入的23.70%。与此同时，地方自有财力对土地的依赖度降低，土地出让收入占地方自有财力的比重为47.10%，同比回落1.30个百分点。

（三）地方债发行规模再创新高，项目类型进一步丰富

2021年，全省发行地方政府债券5,631.47亿元，同比增加1,131.27亿元、增长25.10%；发行规模自2020年后再创历史新高。其中，一般债券和专项债券分别发行1,532.93亿元、4,098.54亿元，分别同比增长26.90%、24.50%。从发行种类看，首次发行支持中小银行发展专项债券、黄河流域高质量发展专项债券、新旧动能转换起步区建设专项债券和省级新区建设专项债券，项目类型更加丰富，资金投向更加广泛。按用途分，新增债券和再融资债券分别发行3,341.00亿元、2,290.47亿元，分别同比下降2.00%、增长110.10%；占比分别为59.30%、40.70%。

（四）一般公共预算支出平稳增支，重点支出保障有力

2021年，全省一般公共预算支出12,609.81亿元，同比增支1,040.42亿元，增长9.00%，较2019年、2020年分别提高4.60个、2.10个百分点。分地市看，全省16地市增速“14正2负”。其中，枣庄、济宁、菏泽增幅居前，分别为18.70%、18.50%、18.30%；烟台、威海分别同比下降2.40%、0.70%。分项目看，与“三保”相关的一般公共服务支出、社会保障和就业支出、教育支出、卫生健康支出的增支规模最大，同比增支685.30亿元，占总增支规模的65.90%。

三、关注问题

（一）须关注各地市间财政收入不平衡现象

2021年，全省一般公共预算收入增幅为2014年以来最高值，16地市全部实现同比正增长，反映财政运行稳健恢复、稳中向好。但分地市看，各地市财政收入情况差异明显。从规模看，济南收入1,007.61亿元，首次超千亿元，与青岛（1,368.29亿元）稳居第一梯队；潍坊（656.90亿元）赶超烟台（646.64亿元），使我省收入规模超600亿元地市增加至4家；而枣庄、日照收入规模不足200亿元，且与倒数第3位聊城（230.32亿元）的差距进一步拉大。从增速看，9地市增速超10%，其中菏泽增幅居首，为19.30%；而烟台、东营、威海、泰安增速均在6%以内，其中泰安同比仅增0.60%，且较上年同期回落1.40个百分点。

（二）地方政府债券集中到期偿付问题值得关注

在当前我国宏观经济下行压力持续加大背景下，地方债对经济发展的撬动及支持作用进一步凸显，发行规模不断扩张，与此同时，山东省也逐渐步入政府债券集中偿付高峰期。2021年，地方政府还本规模达2,228.05亿元，同比增加1,195.33亿元，还本规模居全国首位。2022—2024年，每年的集中还本金额分别约为1,630.00亿元、2,380.00亿元、2,150.00亿元，分别占2021年山东省地方一般公共预算收入的22.40%、32.70%、29.50%，财政偿债压力问题须持续关注。

下一步，人民银行济南分行将继续树立底线思维，夯实国库安全基石；坚持服务理念，助力财税体制改革；守正创新，进一步助力全省经济高质量发展。

注：

①自2020年11月起，企业职工社会保险费移交税务征收并缴入国库，造成国库收支异常增长。

②根据《国家税务总局 财政部关于制造业中小微企业延缓缴纳2021年第四季度部分税费有关事项的公告》（国家税务总局公告2021年第30号），11月1日起针对年销售额4亿元以下（不含4亿元）的制造业中小微企业延缓缴纳第四季度部分税费。制造业中小微企业包含个人独资企业、合伙企业、个体工商户，延缓缴纳的税费包括企业所得税、个人所得税（代扣代缴除外）、国内增值税、国内消费税及附征的城市维护建设税、教育费附加、地方教育附加。对于年销售额2,000万元以上（含2,000万元）4亿元以下（不含4亿元）的制造业中型企业，可延缓缴纳政策规定范围内各项税费金额的50%；对于年销售额2,000万元以下（不含2,000万元）的制造业小微企业，可延缓缴纳政策规定范围内的全部税费。

（张 芳、冯 倩、李 滕）

2021年山东省征信业运行情况报告

2021年，山东省征信业积极贯彻新发展理念，实现高质量发展：二代征信数据采集切换走在全国前列，征信查询服务便利高效，地方征信平台建设取得实质性进展，农村信用体系建设不断深化，动产融资和统一登记加快推进，征信业监督管理坚实有效，征信服务实体经济能力显著增强。面对新形势，按照党中央关于建立覆盖全社会征信体系工作要求，山东省征信业将进一步扩大和优化服务供给，推进创新发展，强化监督管理，保障征信权益，更好地服务山东省经济和社会发展大局。

一、2021年山东省征信业运行情况

（一）金融信用信息基础数据库稳定高效运行

以二代系统切换为核心，不断完善金融信用信息基础数据库（简称征信系统）建设和服务，征信系统接入范围不断拓展，入库信息主体数量持续增长，收录信息种类进一步丰富，数据质量在高水平上保持稳定，服务实体经济能力进一步增强。

1. 二代征信数据采集切换顺利推进。按照中国人民银行总行“成熟一家、切换一家”的原则，中国人民银行征信中心山东省分中心（简称山东省分中心）根据辖内征信系统接入实际，组织省内城市商业银行、山东省农村信用社联合社作为首批切换单位，加强业务指导，抓紧技术攻坚，积累切换经验。截至2021年末，8家城商行和省农联社顺利完成数据报送切换，其中日照银行成为全国首家实现二代企业征信数据采集切换的机构，对全国二代征信系统升级起到标杆引领作用；山东省农村信用社联合社在全省率先完成企业、个人条线双切换。

2. 覆盖范围不断拓展。山东省分中心有序指导各类信贷机构接入征信系统，联合山东银保监局、山东省地方金融监管局等部门，探索建立推进中小机构接入征信系统的协作机制，保障征信系统接入效率和安全。2021年，成功推动16家机构接入，其中村镇银行4家，公积金管理中心3家，融资租赁公司3家，融资担保 公司2家，保理公司、保险公司、信托公司、支付机构各1家，省内保险公司、支付机构接入实现零突破。截至2021年末，征信系统收录全省有信贷记录的自然人5,460.30万人，企业和其他组织375.70万户；累计接入各类地方法人机构328家，其中小额贷款公司、融资性担保公司、融资租赁公司、商业保理公司等各类中小机构52家。

3. 数据质量稳步提升。山东省分中心积极完善数据质量治理机制，探索实施可追溯的全生命周期数据管理，保障征信数据入库的及时性、准确性和全面性。建立接入机构数据质量日常管理台账，按季对辖内所有地方性接入机构开展数据质量量化考评，组织243家个人征信系统接入机构、212家企业征信系统接入机构开展数据质量专项自查。2021年，山东省17家地方性接口行（13家城商行、1家省联社、1家民营银行、1家汽车金融公司和1家财务公司）企业征信数据质量量化考评得分在98.50分以上，19家地方性接口行（13家城商行、1家省联社、1家民营银行、1家汽车金融公司、1家财务公司、1家融资租赁公司和1家村镇银行）个人征信数据质量综合得分在99.71分以上。

4. 征信查询服务务实高效。面向信息主体的征信查询服务日益便捷。2021年全省新增设个人征信查询网点58个，网点布设向政务服务中心和查询需求量大的乡镇倾斜。截至2021年末，全省共部署自助查询网点577个、自助查询机具645台，全面覆盖市、县两级，数量居全国前列；首批16台企业征信自助查询机在济南、青岛、淄博、烟台、潍坊、临沂6地成功上线；15家银行、银联云闪付等线上征信查询渠道在山东落地，信用报告线上查询服务能力大幅提升。2021年全省提供个人、企业信用报告查询服务734.50万次、21.90万次，其中网银及云闪付查询量同比分别增加326.40%、183.30%。

信用报告电子化应用场景得到显著拓展。2021年，在财政补贴、瞪羚企业评选等政务领域，人员招聘、内部风险排查等人力资源管理领域，以及房产交易、招投标等商务领域，全省累计提供电子版信用报告共计11.60万份。

（二）征信市场健康发展

人民银行济南分行作为山东省征信市场监督管理部门，依据《征信机构管理办法》《信用评级业管理暂行办法》规定，实施企业征信机构和信用评级机构备案管理，推动山东征信市场规范发展。

1. 征信服务逐步实现专业化、特色化。辖内备案企业征信机构积极运用大数据、云计算、区块链等新兴技术，提升征信数据的整合、挖掘、分析能力，为金融机构及其他信息使用者提供高附加值征信产品和服务。2021年，备案企业征信机构共新增收集企业信息1,487万户，征信业务收入6,496.50万元。

2. 征信市场乱象治理取得初步成效。人民银行济南分行指导地市人民银行会同相关部门建立征信市场乱象治理合作机制，引导全省161家名称或经营范围含“征信”字样、但不从事征信业务的企业变更相关注册信息，62家该类企业注销注册，依法处置13家假借“征信”名义违法违规经营机构，14地市使用“征信”字样注册机构零新增。配合

公安部门侦破一起通过伪造材料进行非法“征信修复”的案件，对于扰乱征信市场秩序的违法犯罪行为形成有力震慑。

（三）信用体系建设深入推进

人民银行济南分行会同山东省发展改革委认真履行社会信用体系建设牵头职责，加快信用联合激励约束机制在金融领域的落实。同时，按照总行的统一部署，深入推进小微企业和农村信用体系建设，不断优化金融生态环境。

1. 社会信用体系建设持续走在全国前列。会同山东省发展改革委制定《山东省“十四五”社会信用体系建设规划》并以省政府办公厅名义公布，印发《山东省社会信用体系建设2021年工作要点》。积极参与社会信用体系建设示范城市创建，将征信体系建设、区域金融风险防范等内容纳入省级创建工作指标，指导济南、烟台等5地市申报第三批国家社会信用体系建设示范区并全部获批。配合相关部门开展行业信用体系建设，持续配合推进诚信缺失治理、打击侵权假冒、家政服务提质扩容、要素市场改革、根治农民工欠薪、瞪羚企业认定等工作，发挥金融领域在全社会构建守信联合激励和失信联合惩戒格局中的重要作用。

2. 地方征信平台建设取得实质性进展。按照实体化、市场化发展方向，强化对地方征信平台的推动和指导，持续提升中小微企业信用信息服务水平。省级层面，山东省综合金融服务平台（即省级地方征信平台）建设取得突破性进展，注册成立平台运营机构“山东省征信有限公司”，平台于2022年1月初上线运行，完成市场监管、发改、人社、环保、电力等5个部门数据梳理工作，确定可用企业信用信息30余项。合理引导地市级征信平台建设，目前省内共有8个市建成地方征信平台，其中，淄博、枣庄、威海2019年投产运行，青岛、东营、聊城2020年投产运行，济宁、潍坊2021年投产运行。

3. 农村信用体系建设持续深入。将涉农信用信息系统建设放在更加突出的位置，支持地方政府和市场化机构建设运行信用信息系统，有效扩展信息广度和深度，助力金融机构增加对“三农”和新型农业经营主体的信贷支持，枣庄、潍坊、临沂等地探索推动建立涉农信用信息平台成效初显。创新新型农业经营主体评价体系，商河县支行在全省率先试行新型农业经营主体信用评价体系。截至2021年末，各银行机构运用评价体系对316家经营主体发放贷款4.30亿元，经营主体信贷获得率提升20个百分点，取得良好成效。积极稳妥推进信用县建设，组织涉农金融机构配合地方政府积极开展乡村信用工程、诚信建设工程建设，协助化解农村各类信用风险，优化农村金融生态环境。

（四）应收账款融资和动产统一登记取得明显成效

人民银行济南分行立足供应链金融发展实际，做好动产和权利担保统一登记宣传推广，大力发展全流程线上应收账款融资，积极探索扩大动产担保范围，引导金融机构进一步用好、用活中小微企业动产资源，助力稳链、固链、强链，充分释放动产融资潜能。

1. 应收账款融资提质扩量。强化应收账款融资政策引导和支持。人民银行济南分行联合山东省财政厅、山东省工信厅公布第二批山东省供应链金融核心企业白名单，印发《关于强化财政金融政策融合促进供应链金融发展的通知》，对通过中征平台确权应付账款金额同比增速前20名的核心企业予以省级财政奖励。依托中征应收账款融资服务平台，开展线上全流程应收账款融资业务，2021年新增2家核心企业系统，成功对接中征应收账款融资平台，新增11个核心企业供应链融资链条。2021年，全省金融机构通过各类平台实现应收账款融资业务金额2,354.60亿元，同比增长15.10%。

2. 政府采购合同融资稳步增长。政府采购合同具有政府预算、国库集中支付的特点，能够为供应商提供有效的信用支持，是中小微企业融资新的支撑点。人民银行济南分行积极推动该项业务增量扩面，组织对全省2.90万户政采签约企业进行逐一摸底，双向调度银行和企业融资意向。选取业务基础较好的金融机构进行重点推进，优化“政采贷”产品和业务流程，切实发挥线上优势，提高融资效率。2021年，全年开展政府采购合同融资77.90亿元，同比增长6.50%。

3. 动产融资统一登记改革平稳落地。根据国务院《关于实施动产和权利担保统一登记的决定》，我国动产融资统一登记制度自2022年1月1日起实施。人民银行济南分行积极推进该项改革在省内落地见效，印发《关于加快推进动产和权利担保统一登记助力金融服务实体经济的通知》，将统一登记系统用户服务纳入征信窗口服务标准化管理，会同地方市场监管、法院等部门及时解决过渡期内各类政策和操作性问题，引导金融机构积极查询使用统一登记系统，创新特色化动产抵质押金融产品。2021年，山东省审核登记公示系统常用户3,133户，新增各类业务登记16.20万笔。

（五）征信业监督管理坚实有效

人民银行济南分行建立现场与非现场、人防与技防、外部监督与内部治理、违规处罚与纠错整改相结合的征信合规管理体系，筑牢征信信息安全防线。

1. 征信系统合规管理全面深入。创新建立接入机构征信合规监管档案制度，组织为全省636家接入机构逐一建立日常监管档案，实现监管事项全覆盖。深入开展巡查走访，分行一级对地市中心支行征信查询网点合规检查实现年内全覆盖，并有序推进对全省县支行查询网点合规检查五年全覆盖。组织对全省392家接入机构开展飞行检查，实现中小机构、年度考核评级B类以下机构、问题较多机构“三个全覆盖”。对全省法人接入机构开展征信合规与信息安全考核评级，总体考评成绩稳步提升，无C级及以下的机构。

2. 风险防控技术水平不断提升。升级人民银行征信查询前置系统，上线档案核查、指纹识别等功能模块。创新研发征信非现场监管系统，实现接入机构监管档案的线上化和标准化，以及监管结果的多维度、全方位统计，有助于及时预判、发现接入机构征信业务风险，及时采取差异化监管措施，监管质效进一步提升。督促指导中小机构上线完善征信查询前置系统，有效保障接入机构信息安全。

3. 征信和信用评级机构管理扎实到位。按总行要求，公告辖内企业征信机构备案情况，指导部分企业征信机构完成企业经营范围、股权、股东和高管变更备案。做好辖内备案企业征信机构执法检查（调查）工作，对3家机构出具执法意见书或责令整改通知书，对1家机构依法实施行政处罚。探索开展债券市场信用评级监测，建立评级机构山东地区负责人联席会议机制和统计报表机制，密切监测异常情况和市场舆情。

4. 征信维权工作规范高效。组织辖内人民银行、接入机构开辟涉疫情征信投诉和异议处理“绿色通道”，年内全省人民银行共受理异议、投诉4,117笔，均做到高效办理、按期回复。积极推进破产重整企业信用重建，引导金融机构为34家破产重整企业更新信用报告，助力企业重新获得银行融资支持，相关工作得到全国人大常委会企业破产法执法检查组充分肯定。

（六）征信宣传教育务实利民

人民银行济南分行在全省组织“征信为民践初心 我为群众办实事”主题宣传活动，从“树立信用意识、共建诚信社会”“普及征信知识、保障征信权益”“了解征信服务、助力融资发展”“提升信用素养、关爱祖国未来”四个方面，组织辖内人民银行、金融机构和征信机构直面征信领域企业和群众最关心、最直接、最现实的利益问题开展征信宣传，全省举办各类宣传活动6,000余场，征信意识深入人心、惠及民生。与省邮政EMS合作，面向各地2万余户中小微企业提供专属征信宣传服务。依托“学习强国”，省、市媒体，微信公众号等开展“读懂征信”创意视频展播，指导创设“征小信”品牌，推出微信图文、视频、表情包、文创产品等系列作品，征信宣传更加喜闻乐见。

重视国民教育各阶段的信用教育工作。2021年全省人民银行系统走进50余所高等院校开展“征信知识进校园”“征信知识讲堂”等宣教活动，在百余所中小学推广《信用伴我行》动画教学片，协助开展“思政课堂”、主题班会、主题创作等教育实践活动，寓教于乐中帮助青少年树立正确的诚信观、金融观，家校各方予以一致好评。

二、2022年工作展望

2022年是进入全面建设社会主义现代化国家、向第二个百年奋斗目标进军新征程的重要一年，也是中国共产党第二十次全国代表大会召开之年。山东省征信业将坚持稳字当头、稳中求进，以习近平总书记和党中央关于建立覆盖全社会征信体系重要指示精神为指导，认真贯彻落实总行工作部署，进一步夯实工作基础，优化征信供给，推进创新发展，强化监督管理，保障征信权益，全面提升征信服务实体经济能力。

（一）全面推进二代征信系统切换

指导15家列入二代报数切换头部机构名单的接入机构如期完成切换工作。加快中小地方性法人机构二代征信系统切换进度，推动城商行、公积金管理中心、消费金融公司、村镇银行管理总部及直接接入的村镇银行等机构在2022年底前实现全条线切换。

（二）加强征信合规管理

加强对征信合规工作新形势、新任务的研判，细化管理标准，全面防控新问题、新风险。做实做细征信合规与信息安全日常监管，确保各项监管制度机制落实到位。全面上线征信非现场监管系统，实现接入机构日常监管电子化和标准化，进一步提升监管质效。

（三）积极推动地方征信平台建设

指导省级征信平台加大科技研发投入，丰富多维数据接入，做好场景数据接入应用和治理，打造金融政策服务输出窗口。推动市级征信平台逐步与省级征信平台对接，打破信息孤岛，形成全省统一品牌，依托区块链技术和京津冀征信一体化契机，探索地方征信平台上链运行。强化平台运营机构监督管理，在平台定位、合规经营、运营推广等方面加强指导，助力平台业务规范健康发展。

（四）加强征信和信用评级市场管理及培育

贯彻落实《征信业务管理办法》，加强对金融机构和备案企业征信机构的监督管理和监测指导。强化银行间债券市场信用评级业务监测管理，组织开展交易所债券市场信用评级业务监测分析。支持备案征信机构拓展征信产品和服务，实现征信数据在金融、地方政府、企业间的共享应用，不断增加有效供给。

（五）持续完善征信查询服务

大力推广线上查询渠道，拓宽电子版信用报告应用场景，力争年末线上查询占比达到30%。在全省各市中心支行征信查询网点配备企业信用报告自助查询机，优化商业银行自助查询网点布局。上线“齐鲁征信通”微信小程序，进一步提升查询服务的便捷化、智能化。

（六）深化小微和农村信用体系建设

加强与农业农村、工信等部门合作，多渠道整合涉农信用信息，推动依法合规共享，助力金融机构为新型农业经营主体、农户等提供信用贷款支持。会同省直有关部门加大对创新型、创业型中小微企业的信用培植力度，形成以信用促融资、以融资促发展的良好局面。

（七）提升动产融资平台服务实体经济效能

大力发展应收账款和政府采购合同融资业务，支持地方特色产业发展。宣传推广《动产和权利担保统一登记办法》，鼓励金融机构按照市场化、法制化原则，积极拓宽动产和权利担保业务范围，并通过统一登记系统登记和公示担保物权。

（八）提升征信宣传维权工作实效性

不断探索征信宣传新模式，根据宣传重点制作推出高质量的新媒体图文作品，提高宣传效率和针对性。继续在驻鲁高校中开展“征信知识讲堂”主题活动，提高宣传覆盖面。探索建立征信维权快速反应机制，建立辖内机构征信维权人员报备机制，提高维权工作效率。

（陈宝贵）

2021年山东省外汇形势分析与展望

2021年，全球疫情防控形势明显分化、大宗商品价格快速上涨、煤电芯柜短缺等因素相互交织，推动山东省（含青岛，下同）涉外收支规模持续快速增长，收支顺差呈“V”型走势。全年全省涉外资金收支总额4,976.40亿美元，同比增长31.10%；顺差408.50亿美元，同比增长39%。动态看，顺差集中在一季度和12月，分别为151.90亿美元和94.60亿美元，合计占全年顺差额的60.30%。从渠道看，经常项目、资本与金融项目顺差额分别为217.80亿美元、190.70亿美元，同比分别增长22.40%、64.60%。

一、货物贸易收支规模及顺入额持续增加，货物流与资金流的缺口拉大

2021年，山东省货物贸易收支总额3,865.50亿美元，同比增长34.30%；实现顺入255.20亿美元，同比增长14.80%。一方面，全省进出口增势明显高于全国。2021年，全省进出口2.93万亿元人民币，同比增长32.40%，高于全国11.10个百分点。新冠疫情仍然是主导国际贸易走势的关键性变量。基于我国疫情防控继续保持全球领先地位，我国作为全球制造基地的地位逐步强化：出口端增长强劲，全年达1.76万亿元，同比增长34.80%，但受上年高基数以及东南亚国家疫情防控趋好因素影响，7月以来月度出口增速整体呈回落态势；进口端则因为大宗商品价格大涨而快速增长，全年达1.17万亿元，同比增长29.00%。值得关注的是，受原材料价格上涨、海运费暴涨及运力严重不足等影响，进出口企业增收不增利现象突出，外贸收益率呈下滑态势。一方面，出口不收汇导致进出口顺差额明显高于货物贸易顺入额。全年可比口径的海关进出口顺差与外汇局货贸资金顺差的缺口规模为632.70亿美元，同比增长87.00%。其中出口端缺口为693.30亿美元，同比增长91.30%，对总缺口扩大的影响度达112.00%。企业出口不收汇有异地收汇的因素，主要是因为国际航运不足等拉长了出口企业收款账期。按照往年经验，涉外企业在年底加快出口回款力度，货物流与资金流的缺口明显收窄，2021年12月货贸收支顺入达61.90亿美元，占全年顺入额的24.30%。

二、利用外资持续增长，呈现三大趋势性变化

受益于地方政府“双招双引”考核奖励政策，2021年全省利用外资在上年高基数之上继续保持增长。全年外资资本金汇入191亿美元，同比增长3.90%；减撤资34.80亿美元，同比下降14.50%；净汇入156.20亿美元，同比增长9.10%。动态看，外资资本金汇入步伐前高后低，四个季度同比增速分别为85.00%、72.20%、7.50%、-42.90%。新设项目是主要增长点。全省新设外资项目资本金汇入158.80亿美元，同比增长9.70%，占FDI资本金汇入总额的83.20%，同比上升4.40个百分点。

构建新发展格局，共同推动山东利用外资且呈现新的趋势性变化：一是招商引资重“保量”更重“提质”。一方面突出行业结构优化，2020年设置制造业引资正向指标，2021年又设置房地产引资负向指标，推动全年全省制造业引资增长107.10%，而房地产外资同比下降62.20%。另一方面突出毗邻日韩的区位优势，通过实行日资和韩资专项考核，推动全年全省实际使用日韩资13.10亿美元，同比增长1.30倍。二是招商引资方式趋向多元化。在引资路径上，由资本渠道拓宽至贸易和会展渠道，推动贸易商、参展商变为投资商。在引资对象上，由主体“姓外”到资金“姓外”，将招商引资的重点由单纯的国外资金转向境内企业的境外积累资金或发债资金。调查的251家外资企业中，48.60%的企业具有中资背景。在引资来源上，由“全部向外”转为“内外兼顾”，存量外资企业的利润转投资成为地方政府招商引资的重要关切点。三是外资企业投资动因发生明显改变。一方面，外资的主要牵引力起初是要素成本低，后转为综合要素成本低，目前已转为国内超大市场规模，即由效率寻求型转向市场寻求型。一方面，以往外方投资中国看中的是丰富的资源和原材料，后又看中完善的产业链和供应链配套，目前逐步过渡至稳定的营商环境，

即由资源依托型转向环境依托型。

三、疫情、地缘政治与市场因素推动境外投资资本金阶段性下降

2021年，山东省对外直接投资资本金汇出25.40亿美元，同比下降30.20%，资金净汇出22.90亿美元，同比下降32.90%。对外投资大项目较少。2021年，对外投资额在1.00亿美元以上的大项目仅3个，同比减少6个；汇出金额合计10.80亿美元，占全部对外投资总额的42.50%，同比下降13.90个百分点。增资为主要境外投资方式。全年全省对外投资增资汇出18.00亿美元，同比增长23%，占71%，同比提高30.70个百分点；新设境外子公司汇出5.46亿美元，同比减少72.00%。

疫情、地缘政治和市场因素是导致对外投资下降的主要因素。一是疫情因素为首因。因东南亚疫情持续爆发，全年山东累计对其投资5.10亿美元，同比下降41.30%。二是部分发达经济体打压中国，削弱境内主体投资信心。以美国为首的西方国家企图遏制中国发展的行为不断加剧，以国家安全为由对外资实施更为严苛的审查，致使市场主体因此暂停或终止对外投资。全年全省对美国（-72.00%）、澳大利亚（-86.00%）、德国（-86.00%）、日本（-86.00%）、法国（-97.00%）的投资规模大幅下降。三是境外投资项目经营状况普遍不佳，对外投资动能不足。49家境外投资企业中，38.80%认为对外投资没有达到预期目标，34.70%的企业对外投资出现亏损，对外投资意愿下降。

四、跨境融资由净偿还转为净融入，境外融资成本仍具优势

2021年，全省跨境融资[1]借入223.50亿美元，同比增长80.10%；偿还163亿美元，同比增长28.30%；对外净借入60.40亿美元，而上年净偿还2.90亿美元。分币种看，外币跨境融资净借入同比增长5.40倍，对全省净融资额变动的影响度达53.00%。分渠道看，关联企业境外借款由上年的净偿还11.60亿美元转为净借入30.50亿美元，对全省跨境融资净值影响度为66.50%；境外银行贷款上年同期的净偿还2.60亿美元转为净借入20.50亿美元；境外发债资金调回10.50亿美元，同比下降10.10%。

全省跨境融资回暖，一方面是因为进出口快速增长提振市场主体跨境贸易融资需求。全年全省累计发生来自境外的贸易融资金额65.90亿美元，同比增长45.20%。一方面是因为境外融资成本较低。据对省内6家主要银行的调查显示，在涵盖锁汇成本的情况下，2021年跨境美元融资成本最低，综合融资成本由低到高依次为：跨境美元融资（3.46%）<跨境人民币融资（3.74%）<境内人民币融资（3.81%）<境内美元融资（4.12%）。

五、结售汇市场总体平稳，外汇衍生品签约量快速增长

2021年，人民币汇率在6.3404～6.5793区间内双向窄幅波动，全年升值2.46%，汇率波动性和升值幅度较2020年明显收窄，全年结售汇市场总体保持平稳。全年全省银行结汇1,627亿美元，同比增长31.70%；售汇1,293.20亿美元，同比增长28.70%；结售汇顺差333.70亿美元，同比增长45.00%。动态看，季末月企业资金需求大，结汇意愿强，导致结售汇顺差多。12月结售汇顺差82.80亿美元，占全年的24.80%。

随着全省汇率避险专项行动深入开展，涉外企业汇率风险中性理念进一步增强，外汇衍生品签约额快速增长。全年全省远期、期权累计签约546.10亿美元，同比增长39.30%；套保率为18.70%，同比提高1.20个百分点。分类型看，远期结售汇签约362.40亿美元，同比增长1.20倍；期权签约183.70亿美元，同比下降18.00%。

依据2020年形势变化及主要因素演变，预计2022年全省跨境资金仍保持净流入，顺差额明显收缩。具体如下：

2022年疫情仍是影响全球经济的最大不确定因素，世界经济有望保持恢复性增长但势头有所放缓，而我国经济面临需求收缩、供给冲击、预期减弱三重压力而下行压力加大，我省长期累积的结构性矛盾和短期面临的制约性因素交织叠加致使扩大有效需求和稳定工业经济的压力较大，制约了对外贸易和投融资发展步伐；美联储货币政策进入加息通道，而我国仍将保持稳健货币政策，或引发跨境资金回流美国；地缘政治博弈加剧风险仍然存在，金融市场波动和风险事件冲击不可低估，跨境贸易及投融资面临较大的不确定性。因此预计2022年全省跨境资金仍呈净流入态势，但收支规模和顺差额或同比收窄。

国际收支各主要渠道都将面临顺差收窄或逆差扩大态势。一是货物贸易顺差向常态回归。随着全球产能逐步恢复，2022年我国出口替代效应将弱化，叠加外部需求收缩，出口增速或继续回落。11月末全省248家样本出口企业在手订单余额同比下降15.00%，表明出口下行压力较大。同时大宗商品供需矛盾虽有缓解，但其产能扩张有限，价格仍维持高位，推动全省进口仍将保持增势。因此全省货物贸易顺差或大幅下滑。二是服务贸易逆差有所扩大。随着疫情冲击影响逐步减弱，跨境留学、旅游等支出将缓慢恢复，服务贸易逆差小幅增加。三是外资流入增速或同比下降。虽然疫情防控优势、传统优势依然存在且地方政府强有力的考核奖励政策日益强化，但大国博弈以及综合生产成本上升对新增外资的影响较大，预计2022年外资仍将保持流入态势，但增速或放缓。四是对外投资将保持低位运行。49家存量对外投资企业中有85.70%的企业尚未完成对外投资计划、36.70%的企业完成投资比例在50.00%以下，未来境外企业对外投资行为仍将持续，但企业对外投资意愿分化，预计2022年全省对外投资仍将维持低位。五是跨境融资规模将缩减。2022年美联储进入加息通道，美

元融资成本将持续上升，全省跨境融资意愿趋弱；中资美元债频现违约现象加大了境内企业境外发债难度和成本。

注：

①包括621022与境外子公司的贷款及其他往来、622021与境外母公司的贷款及其他往来、623022与境外联属企业的贷款及其他往来、723债券交易项目和822020获得/偿还境外银行贷款。

（刘 宇）

2021年山东省财务公司运行报告

2021年，山东银保监局辖区财务公司在省委、省政府的领导下，坚守本源定位，发挥特色优势，紧紧围绕支持“六稳”“六保”、防范化解金融风险、深化规范建设、推进改革发展等任务下功夫、亮实招，经营发展取得良好成效。

一、规模效益平稳增长，资产质量整体优良

2021年，东明石化财务公司获批开业，辖区财务公司数量增至17家，居全国第三位。截至2021年末，辖区财务公司资产规模达3,143.96亿元，首次突破3000亿元，同比增长21.27%。各项存款、贷款余额分别为2,349.33亿元、1,785.32亿元，较全行业平均增速高出13.27个、5.73个百分点。全年累计实现净利润40.68亿元，同比增长27.21%。辖区财务公司监管指标总体良好，不良资产率0.22%，低于银行业整体水平，无不良贷款，资本充足率27.51%，流动性比例72.77%，贷款拨备率2.79%。

二、资金归集稳中有升，服务实体质效更优

2021年，辖区财务公司资金融通中枢作用进一步发挥，年末行业资金集中度54.46%，较年初提高3.18个百分点，累计结算资金23.83万亿元，同比增长33.99%。紧密结合集团产业资源禀赋，强化内源融资作用，加大信贷投放力度，累计投放信贷资金2,196.30亿元，同比增长11.81%。制造业贷款占比43.22%，较年初提高1.45个百分点。相关财务公司积极助力能源电力保供，向煤炭、煤电行业成员企业提供信贷支持236.84亿元。综合金融服务持续拓展，中间业务支持金额784.88亿元，“企财保”海关关税保函创新业务累计投放26.44亿元，协助集团发行债券119.05亿元，全年累计减费让利18.06亿元，助力集团产业提质增效。充分借力信息流、物流、资金流扩展延伸产业链服务，年末业务余额77.03亿元，有力支持链上大中小微企业协同发展。

三、合规建设持续加力，行业生态更趋净化

2021年，辖区财务公司将“内控合规管理建设年”“规范建设提升年”等专项活动作为各项工作的主抓手，持续在思想根源、制度根本、文化根基上夯实发展基础。全年自查问题整改率97.21%，积极梳理完善制度流程，合规经营和风险管理类考核指标平均占比超50%。加强员工异常行为排查，完善从业人员行为管理制度，针对关键岗位制定监督预警程序，提升了员工行为管理实效。

四、监管引领持续强化，改革发展不断深入

监管部门召开公司治理和股东行为规范专题会议，通报辖区财务公司股东违规典型案例，直接向各集团股东穿透传递监管导向，推动落实集团股东主体责任，增强法治意识。党建统领作用更加突出，辖区财务公司基层党组织实现100%全覆盖，国有财务公司均实现党建入章程，“双向进入、交叉任职”领导体制和党组织前置研究机制更加完善。

（何 山）

第二部分

金融监管部门

山东省地方金融监督管理局

【第一负责人简介】　刘晓，男，汉族，1964年12月出生，中共党员，研究生学历；历任山东省龙口市副市长，龙口市委常委、副市长，沂水县委副书记、代理县长，沂水县委书记，临沂市委常委、沂水县委书记，临沂市委常委，临沂市委常委、副市长，淄博市委常委、副市长，山东省金融工作办公室副主任、党组成员，山东省金融工作办公室副主任、党组成员、机关党委书记，山东省金融工作办公室主任（山东省地方金融监督管理局局长）、党组书记、机关党委书记，山东省地方金融监督管理局局长（山东省金融工作办公室主任）、党组书记。

【综述】　2021年，山东省地方金融监督管理局（简称省地方金融监管局）按照省委、省政府部署要求，坚持稳字当头、稳中求进，着力抓好金融政策传导和金融服务落地，主要金融指标继续向好，运行总体平稳健康。2021年省金融业实现增加值4,938.59亿元，占地方生产总值的5.90%，金融业作为国民经济支柱产业的地位进一步巩固。

【金融服务】　2021年，省地方金融监管局坚持以习近平新时代中国特色社会主义思想为指导，认真学习贯彻党的十九大和十九届历次全会精神，深入落实习近平总书记视察山东的重要指示要求，按照省委、省政府有关决策部署，统筹抓好金融改革发展稳定工作，为经济高质量发展提供了有力支撑。

一是金融供给总量实现新跨越。2021年，山东省社会融资规模突破17.00万亿元，达到17.24万亿元，同比增长13.17%，高于全国2.87个百分点，连续三年高于全国平均水平，社会融资规模增速与名义经济增速保持基本匹配。全省本外币存贷款余额分别突破13.00万亿元、11.00万亿元，同比分别增长10.25%、13.44%。全省新增上市公司37家，创近十年新高，上市公司总数达到371家。其中，新增沪深上市公司33家，北交所上市公司达7家、居全国第四位。全省股票、债券两项直接融资合计8,957.48亿元，同比增长14.86%。全省保险业累计为经济社会发展提供风险保障340.43万亿元，同比增长38.58%；赔付支出1,140.31亿元，同比增长14.04%。

二是金融助推动能转换取得新成效。2021年，山东省印发实施《山东省“十四五”金融业发展规划》《山东省现代金融服务业高质量发展突破行动计划（2021—2022）》，进一步发挥政策集成和部门协同效应，全省金融资源配置精准性、有效性持续提升。省政府与农业银行、建设银行、兴业银行等银行机构总部签署战略合作协议，加强政策扶持和服务创新，引导金融资源更多流向绿色、科创、制造业等领域。2021年，全省规模以上制造业增加值同比增长10.10%，投向制造业的中长期贷款同比增长26.10%。截至2021年末，全省绿色贷款余额7,979.20亿元，同比增长48.70%。在新增37家上市公司中，代表新动能、高科技的上市公司占比超过7成。

三是金融支农支小展现新力度。2021年，省地方金融监管局联合10个部门印发《金融支持乡村产业振兴指导意见》，财政金融政策融合支持乡村振兴战略制度试点范围扩大至全省52个县（市、区）。截至2021年末，全省涉农贷款余额32,361.09亿元，同比增长9.40%；农业保险实现保费收入56.43亿元，同比增长27.96%。围绕金融支持黄河流域生态保护和高质量发展、海洋强省、军民融合等重大发展战略，研究推出系列政策措施；两项直达实体经济的货币政策工具精准定向，首贷培植、银税互动、无还本续贷、应急转贷、应收账款融资等政策措施持续发力。截至2021年末，全省普惠小微贷款余额11,064.00亿元，同比增长35.40%，比人民币各项贷款增速高出21.90个百分点；截至2021年末，小型、微型企业贷款加权平均利率同比分别下降10个基点和8个基点。

四是金融辅导服务质效得到新提升。2021年，山东省金融监管部门把金融辅导作为金融供给侧结构性改革与需求侧管理的链接纽带，健全分层管理、需求对接、评价评估等工作机制，开展金融辅导扩面攻坚行动，优化升级金融辅导服务载体。截至2021年末，金融业共为28,768家企业解决融资需求6,933.68亿元，其中民营、中小微企业占比80.00%以上。与金融辅导体系相衔接，全省16个市的16个园区、21个乡镇创新开展“金融管家”试点，济南平阴、临沂郯城等地初步形成独具特色的服务模式。

【金融稳定】　2021年，省地方金融监管局坚持底线思维系统观念，不断巩固金融稳定发展基础。通过聚焦重点领域、强化金融机构管治，推动经济运行与地方金融良性互促、健康发展，守牢不发生区域性、系统性金融风险的底线。截至2021年末，全省不良贷款余额1,489.75亿元，比年初减少496.43亿元，不良贷款率1.34%，比年初下降0.69个百分点，连续三年实现“双降”。

一是重点领域风险化解扎实推进。组织各市按照“一企一策”原则，采取债务和解、引入战投、降息减负、破圈解链等方式，推动企业流动性风险化解；督促高风险机构加强资本补充和不良处置，积极做好私募风险防范处置工作，防范“高碳”行业退出转型中可能引发的次生金融风险。

二是非法金融活动得到有效遏制。重点针对风险形势严峻地区，开展打击恶意逃废金融债务违法犯罪专项行动，落实联合惩戒措施；组织开展P2P网络借贷风险专项整治“回头看”；深入贯彻落实《防范和处置非法集资条例》，建立健全行政执法体系。截至2021年末，全省新发非法集资案件数、涉案金额和涉及人数分别同比下降10.26%、35.60%和31.58%。

三是“金安工程”作用持续发挥。建成全国首个集非法集资风险、重点企业流动性风险、金融机构风险、地方金融组织风险和金融舆情风险监测预警为一体的地方金融风控系统，纳入该系统的被监测企业扩充至210万家，并可实现省、市、县三级联动，有效实现风控端口前移。

【金融发展】 2021年，省地方金融监管局立足促进地方金融组织规范建设、优化金融空间布局、构筑良好金融生态环境，持续推动实现地方金融高质量发展目标。

一是地方金融组织健康发展。运用政府专项债券为12家中小银行补充资本100.00亿元，全省14家城商行资本充足率均达到监管要求；制定《山东省深化农村商业银行改革试点方案》；恒丰银行理财子公司获批筹建，齐鲁银行成功上市，港信期货开业运营；进一步完善地方金融组织监管制度，出台了加强地方金融组织事中事后监管的指导意见，强化对地方金融组织的行业监管和分类处置；在全国率先推动小额贷款公司统一借款票据工作。

二是区域金融布局持续优化。全国首个科创金融改革试验区落户济南；临沂市普惠金融服务乡村振兴改革试验区建设持续推进；青岛在全球金融中心排名第三十八位、列国内城市第六位；融资租赁、合格境内有限合伙人（QDLP）、合格境外有限合伙人（QFLP）等金融业态在山东省自贸试验片区落地运行。

三是金融营商环境不断改善。持续深化“放管服”改革，省地方金融监管局全部35项依申请政务服务事项均实现“零跑腿”；制定实施银行机构服务实体经济评价办法，将普惠金融、推动上市、风险防控等指标纳入各市高质量发展综合绩效考核；出台《齐鲁金融人才工程选拔管理办法》，构建高层次金融人才评价体系；升级打造山东省综合金融服务平台暨地方征信平台，金融领域数字化应用和政务数据共享共用实现突破。

（杨 光）

附表1

机构概况一览表

局长（或其他称谓的第一负责人）		副局长（或其他称谓的同级领导）	
刘晓		赵理尘、葛志强、李坤道、王新国	
地址	山东省济南市省府前街1号	邮编	250011
网址	http://dfjrjgj.shandong.gov.cn	联系电话	0531—51783932

附表2

内设部门及分支机构一览表

年度	内设机构（个）	下设分支机构（个）		员工人数（人）	
		地市级机构数	县区级机构数	员工总数（含非正式员工）	正式员工数
2017	11	0	0	60	60
2018	11	0	0	63	63
2019	11	0	0	68	68
2020	11	0	0	68	68
2021	11	0	0	67	67

中国人民银行济南分行

【第一负责人简介】 周逢民，男，湖南永州人，1963年7月出生，中共党员，大学本科学历；1982年9月参加工作，先后在人民银行沈阳分行、哈尔滨中心支行工作；2001年10月起任人民银行沈阳分行党委委员、副行长；2003年11月起任人民银行沈阳分行党委委员，哈尔滨中心支行党委书记、行长；2011年9月起任中国人民银行党校常务副校长；2016年3月起，任中国人民银行国库局局长，2017年7月至2022年1月14日，任中国人民银行济南分行（简称人民银行济南分行）党委书记、行长兼国家外汇管理局山东省分局局长。

【综述】 2021年，人民银行济南分行在总行党委的正确领导下，以习近平新时代中国特色社会主义思想为指导，坚持党建统领，认真贯彻落实稳健货币政策，着力防范化解金融风险，强化金融服务管理各项工作，辖区履职取得积极进展。

【党建工作】 2021年，人民银行济南分行在总行党委的正确领导下，以习近平新时代中国特色社会主义思想为指导，坚持党建统领，以深入开展党史学习教育为契机，全面加强党的建设。以贯通落实全面从严治党“两个责任”为抓手，积极推进党的各项建设，扎实开展党史学习教育，促进各级党组织和广大党员干部进一步守初心、担使命、找差距、补短板，党建对高效履职和内部管理的统领保障作用进一步提升。

人民银行济南分行党委坚持率先垂范，建立党委会及时学、中心组专题学、读书班系统学、报告会深入学、业余党校广泛学的立体式学习体系。结合齐鲁红色文化，开展“沂蒙精神”专题讲座、“山东红色金融史”宣讲等活动。针对不同群体，分别打造“理论宣讲领雁工程”“红心志愿宣讲团”特色宣讲品牌。扎实开展“我为群众办实事”实践活动，确定34个项目、108项工作任务并持续推进。

人民银行济南分行党委持续加强理论武装，在真学真信上下功夫，学深悟透习近平新时代中国特色社会主义思想，围绕学习贯彻党的十九届六中全会精神等开展专题中心组学习11次。举办分行机关处级干部管理能力提升、科级干部综合素质提升等培训班，持续开展“学理论悟原理”系列活动。完善网络意识形态工作措施，深入开展庆祝建党100周年系列活动，推荐总行级文明单位7家，确定分行级文明单位17家。提升基层党建质量，汇编《党支部标准化规范化建设工作手册》，实施党务干部能力提升计划，培训基层党组织书记和党务工作者4,000余人次。成立人民银行济南分行“鲁Young初心”青年讲师团，宣讲内容点击量达1万余人次，相关工作被“学习强国”学习平台和《金融时报》刊发。开展配偶已移居国（境）外工作人员排查、离职人员从业限制期内跟踪管理和不当入股行为专项排查、干部职工拥有非上市公司（企业）股份或证券情况整改清退等工作，并持续做好问题整改。认真贯彻《中共中央关于加强对“一把手”和领导班子监督的意见》，将“一把手”作为开展日常监督的重点，完善抓好“关键少数”带动“绝大多数”工作体系。在抓好常态化员工风险防控的同时，重点对聘用制员工开展异常情况风险排查专项整治，对发现的3类风险隐患督促全部整改。开展辖区党的十九大以来巡视审计和各类监督问题整改落实情况“回头看”活动，整改率达95.90%。认真落实政治巡察要求，实现地市中心支行党委巡察全覆盖。

【货币政策】 2021年，人民银行济南分行以服务构建双循环格局为目标，深入落实稳健货币政策。坚持灵活精准、合理适度，着力疏通货币政策传导渠道，引导金融资源流入高质量发展重点领域和薄弱环节。加强和改进跨周期调节。

强化政策宣传和预期引导，通过货币政策通报会、信贷结构调整优化座谈会等会议，准确传导货币政策调控要求。完善MPA框架，认真落实将普惠小微、制造业中长期贷款等纳入MPA考核等政策要求。建立调控重点联系行制度，制定完善季度月度目标和偏离度规则，督促法人银行合理规划信贷投放节奏，增强信贷增长的稳定性。截至2021年末，全省本外币各项存款余额13.05万亿元，同比增长10.30%，比上年末回落2.70个百分点；全年存款增加12,132.70亿元，同比少增1,477.80亿元。

强化结构性货币政策工具的导向作用。加强再贷款的规范管理和运用，专列100.00亿元再贷款额度支持绿色发展，优先满足涉农、小微、民营等领域的再贴现需求，相关工作获得山东省委、省政府主要负责人充分肯定。精准落实两项直达工具，加大对关键重点领域的支持力度。制定《关于支持开展碳排放权抵质押贷款的意见》，建立省级绿色金融项目库。加大对新旧动能转换支持力度，创新“科技成果转化贷款”“人才贷”等信贷产品，济南市科创金融改革试验区成功获批。在52个县开展“财政金融政策融合支持乡村振兴试点”。健全小微企业信贷担保支持体系，开展金融服务小微企业能力竞赛，实施“齐心鲁力·助商惠民”金融服务个体工商户专项行动，落实“助商惠民进万家”“助商惠民优服务”和“助商惠民促成长”三大类10项措施。严格执行房地产金融审慎管理制度和差别化住房信贷政策，深化LPR改革。全省14家城商行和110家农商行全部建立内部资金转移定价（FTP）机制，三分之一的村镇银行和财务公司运用LPR构建FTP。组织金融机构全面落实明示年化利率要求。建立健全信用债投资支持机制，引导设立债券市场投资基金110亿元。大力发展供应链金融，出台财政金融融合促进供应链金融发展的8项奖励政策，组织银行和2.9万户政府采购签约企业开展融资需求对接。

【金融稳定】 2021年，人民银行济南分行以健全常态化金融风险防范处置体系为抓手，牢牢守住不发生系统性金融风险的底线。

围绕“监测、监管、处置”三条业务主线，做好常态化防范化解金融风险工作，有效维护了区域金融稳定。一是加强金融风险监测分析。完善金融风险监测基础设施，建立涵盖5大类、21项指标的银行风险监测预警体系，对法人银行开展偿付能力敏感性压力测试和流动性压力测试，构建跨市场、全覆盖的债券违约风险监测体系，探索建立保险业、证券业风险监测直联机制，密切监测大企业经营风险、融资风险、关联企业风险等情况，实现对银行、证券、保险、地方金融组织和大企业风险监测全覆盖。二是持续强化金融监管。按季对法人金融机构开展评级工作，全年进行21次红线调整和R1调整，提升央行评级审慎性。完成241家投保机构费率管理、保费核定工作，归集保费10.80亿元。强化问题投保机构名单制管理，开展风险警示6次，下发《存款保险核查意见书》32份，对16家早期纠正机构延期半年并持续跟踪。三是加快推进高风险金融机构处置。发挥金融委办公室地方协调机制作用，召开高风险金融机构风险化解工作会8次，向省委、省政府负责同志专报高风险法人银行机构有关情况3次，向相关地市政府下发风险提示函6次。做好恒丰银行改革重组后续管理工作。在全国率先完成包商村镇银行股权转让工作。

【金融服务】 2021年，人民银行济南分行以增强公平性、普惠性和安全性为目标，持续改进金融管理和服务，强化金融服务管理各项工作，辖区履职取得积极进展。

深入践行“金融为民”理念，细化利民便民举措，提升金融管理服务质量。深化法治央行建设。统筹拟订全省人民银行系统29项执法检查计划，同比减少36.00%。完成134家金融机构的年度综合评价。深化金融“放管服”改革，促进优化金融营商环境。“央行法律服务站”相关做法被总行巡回指导组列为典型案例。做好金融数据统计分析。在全国首批实现金融业综合统计信息采集阶段性目标，首创“银行家论坛”式访谈，建立“企业用工监测机制”，相关工作得到省委、省政府领导充分肯定。创新开展金融顾问服务，被《金融时报》、新华网等报道。优化支付结算环境。全面推行账户分类分级和负面清单管理，近8,500家小微企业通过简易服务办理银行开户业务。精准打击电信网络诈骗与跨境赌博“资金链”，排查账户6.80亿户，对其中353万户确认可疑并采取控制措施，妥善处置3起电信诈骗苗头性事件。提升金融科技应用能力。全省LEI编码增加3,000余个，总量达到7,600余个，居全国前列。开展跨境人民币支付领域金融数据交换标准应用试点，已有231家机构申请、109家机构上线，上线机构数量居全国第一位。推动金融科技赋能乡村振兴示范工程落地。深化货币金银工作转型。推广“发行库管理系统”，开展发行基金托管试点、区域现金处理中心试点、钞票处理业务规范化自查试点等，旺季现金需求得到有效保障。在青岛开展“数字人民币激情啤酒节”“乘地铁0元往返胶东机场”等数字人民币推广活动，提升了数字人民币在商户消费、公共交通等领域应用。强化国库管理和服务。实现退税业务随到随审、随审随办，开展“储蓄国债到期提醒兑付”，实现跨省异地电子缴税。开展“打击自然人代开类虚开犯罪”专项行动，开创了国库、税务、公安三方数据综合研判打击涉税犯罪的新路径，得到公安部和山东省委、省政府肯定。改进征信查询服务和管理。建立“线上+线下”征信查询服务体系，推动15家银行、银联云闪付开通线上征信查询渠道，在6个地市上线首批16台企业征信自助查询机，实现各市、县全覆盖，基本做到客户“即到即查”。加强征信市场管理，建成“信用县”57个，推动52家“四类机构”接入征信系统，支持破产重整企业征信修复。二代征信系统升级工作得到总行征信中心通报表彰。强化反洗钱监管。发挥反洗钱工作联席会议成员单位合力，推动侦、诉、判一体化机制建设，在全国率先建立《山东省洗钱犯罪线索处置工作办法》。积极维护金融消费者合法权益。建立实施12363投诉咨询来电工单日审、月度质检和专业培训等制度，投诉办结率保持在90.00%以上。出台推进金融纠纷多元化解的实施意见，扎实开展在线诉调对接试点。开展金融知识宣传教育，推进金融广告治理。

【外汇管理】 2021年，人民银行济南分行以服务涉外经济高质量发展为主线，持续提升涉外管理和服务质量。

统筹推进深化外汇改革、维护市场稳定各项工作，更好服务涉外经济高质量发展。推动涉外精准服务常态化制度化。建立“外汇服务进万企”活动长效机制，常态化开展外汇政策宣传、避险产品解读“一对一”服务。出台鼓励支持人民币跨境使用的20条措施，牵头成立山东省鼓励支持人民币跨境使用工作专班，持续推进可信企业和特殊区域便利化业务试点。深化涉外领域改革。推动合格境外有限合伙人（QFLP）、资本项目数字化服务试点落地，贸易收支便利化业务实现各地市全覆盖，跨境金融区块链服务平台试点业务规模“扩面增量”。加强事中事后管理。实现金融机构全部申报数据非现场核查“全覆盖”，总局核查反馈“零差错”。组建全国外汇线索研判中心，常态化处置非法网络炒汇平台。2021年以来，查处外汇违法违规案件190起，处罚没款5,500万元。严厉打击地下钱庄、跨境赌博、网络炒汇等非法金融活动，查处通过地下钱庄非法买卖外汇案件144起。

【风险防范】 2021年，人民银行济南分行以狠抓隐患排查和制度落实为重点，全面加强内部规范管理。始终坚持“安全第一”，压实安全生产责任，紧抓疫情防控不松懈，开展固定资产管理风险排查、货币资金内部控制风险专项评估，强化信息系统安全管理，规范保密、公文、档案等办公管理，提升应急演练实战性，深化审计整改和成果运用，完成公车改革工作，成功化解合同用工历史遗留问题。认真落实“过紧日子”要求，强化预算约束，优化支出结构，从严从紧控制一般性支出，严格审核公务活动支出。以守卫、押运、枪弹、人员、车辆、机关安全为重点扎实开展“迎建党百年隐患排查治理月”活动，为庆祝建党100周年营造安全稳定的履职环境，全面实现零案件零安全事故“双零”目标。

（白 峰、吴晓利）

附表1

机构概况一览表

行长（或其他称谓的第一负责人）		副行长（或其他称谓的同级领导）	
周逢民		贾广军、王会奇、刘振海、董龙训、陈好孟、王珏琰、刘 健、王延伟、王京辉、肖长江	
地址	山东省济南市经七路382号	邮编	250021
网址	http://www.jinan.pbc.gov.cn	联系电话	0531—86924114

附表2

内设部门及分支机构一览表

年度	内设机构（个）	下设分支机构（个）		员工人数（人）	
		地市级机构数	县区级机构数	员工总数（含非正式员工）	正式员工数
2017	33	17	98	6,563	5,954
2018	33	17	98	6,445	5,903
2019	33	17	98	6,469	5,974
2020	33	17	98	6,493	5,949
2021	33	17	98	6,422	5,949

中国银行保险监督管理委员会山东监管局

【第一负责人简介】 邢桂君，男，汉族，1973年8月生，博士研究生学历，管理学博士；现任中国银行保险监督管理委员会山东监管局（简称山东银保监局）党委书记、局长。

【综述】 2021年，山东银保监局坚持以习近平新时代中国特色社会主义思想为指导，深入贯彻党中央、国务院决策部署，认真落实银保监会各项安排，坚决扛起全面从严治党主体责任，协同推进抓党建、防风险、治乱象、促改革、助实体、惠民生，“十四五”开局之年各项工作蹄疾步稳。

【金融服务】 2021年，山东银保监局正确处理稳增长和防风险的关系，优化改进金融资源流动配置，持续推动实体经济高质量发展。一是助力经济社会修复发展。聚焦国民经济持续修复和高质量发展，细化延期还本付息政策操作指引和配套措施。聚焦实体经济高质量发展，持续引导信贷资金回归实体经济本源，着力增强对先进制造业等中长期信贷支持力度，有效提高实体经济“获得感”。截至2021年12月末，辖区各项贷款较年初增加10,150.55亿元，其中制造业贷款、中长期贷款分别较年初增加820.74亿元、6,985.50亿元；保险提供风险保障293.36万亿元 。二是助力提升小微金融服务。健全完善监测评价、督导通报机制，推动落实小微专项信贷计划，持续优化小微信贷结构，协调打好急贷、稳贷、增贷“组合拳”，着力降低融资成本，引流更多金融活水精准浇灌小微主体。截至2021年末，辖区普惠型小微企业贷款较年初增长35.84%，全年新发放普惠型小微企业贷款平均利率较2020年全年水平下降0.26个百分点。三是助力推进乡村振兴战略。积极推动临沂市普惠金融服务乡村振兴改革试验区建设。持续铺设“乡村振兴服务站”，推动万余个行政村实现“家门口”金融服务。组织开展“县域金融提升”活动，有效帮扶11个县大幅提升存贷比。截至2021年末，辖区普惠型涉农贷款增速高于各项贷款6.98个百分点。

【风险防控】 2021年，山东银保监局坚持把防范化解金融风险作为重中之重，注重化解存量、严控增量，“两手抓、两手硬”，牢牢守住不发生系统性金融风险的底线。一是科学稳妥防控信用风险。坚持稳不良、稳运营、稳预期，督促银行机构拓宽渠道方式，进一步加大不良贷款处置力度。截至2021年末，辖区不良贷款额创2017年2月以来最低，不良贷款率创有监测以来最低。二是精准拆弹重点企业风险。印发进一步做好大额授信风险处置工作通知，联合7个部门出台债权人委员会工作规程实施细则，充分发挥债委会机制平台作用，“一企一策”精准拆弹重点企业风险。三是稳妥化解重点机构风险。建立辖区中小法人银行监管评级负面展望机制、高管人员任中审计机制、城商行民营银行监管等各类工作机制，与重点地市党政面对面沟通风险化解措施，“一行一策”制定风险化解方案。

【市场整治】 2021年，山东银保监局坚持问题导向、效果导向，惩防并举、标本兼治，持续保持高压治乱态势，不断夯实银保行业高质量发展根基。一是厚植合规文化。接续开展“规范建设提升年”活动，明确提出“六大提升”要求，扎实开展高管人员轮岗和履职回避整治，常态化做好员工行为专项排查，以制度管事、以合规育人的长效机制加速形成。二是强化监管震慑。科学制订年度现场检查计划，首次探索专业领域委托第三方检查。以“行为纠正到位、风险控制到位、责任追究到位”为标准，选取机构开展“后评估”专项检查，为找准问题根源、提升监管质效提供了有力支撑。三是营建良好生态。严厉整治影子银行和交叉金融业务，认真落实房地产贷款集中度管理政策，有效遏制房地产金融化泡沫化倾向。纵深推进车险综合改革，集中整治车险“投保难”问题，服务质效不断提升。源头治理人身险销售误导行为，加强人身险销售行为可回溯管理，辖区累计实施人身险双录4.95万件，质检通过率超过90.00%。加速推进中介市场正本清源，有序推进保险销售从业人员综合管理信息平台建设，推动从业人员分级分类管理和诚信评价管理等工作在山东省先行先试，进一步加快转型步伐。

【改革发展】 2021年，山东银保监局坚持以“内强治理、外重改革”为主线，全面深化金融供给侧结构性改革，纵深推动经济社会向高质量发展迈进。一是校准公司治理“总罗盘”。推动法人机构将党的领导嵌入公司章程，指导城商行、农商行建立党委前置研究讨论事项清单，稳步推进金融机构基层党组织铺设，把党的领导有机融入公司治理。强化山东银保监局与属地分局联动，统筹推进127家机构开展公司治理监管评估，不断深化公司治理成效。二是扣紧股权管理“硬阀门”。常态化推进股权和关联交易排查整治，稳步推进金融机构清理不合格股东及问题股权，推动法人机构持续完善关联方名录，严格审批关联交易业务，严厉打击利益输送行为。三是把稳改革创新“指南针”。深入贯彻落实新发展理念，推动加强产业金融、绿色金融、科技金融创新，增加高质量资金供给，切实助力新发展格局。辖区绿色信贷余额较年初增长24.04%，高于各项贷款增幅11.35个百分点。指导15地市“一城一品”定制惠民型医疗保险。辖区城乡居民大病保险累计补偿39.76亿元，助力兜牢社会民生底线。

（秦 楠、薛莎莎、贾玉叶）

附表1

机构概况一览表

<table>
<tr><td colspan="2">局长（或其他称谓的第一负责人）</td><td colspan="2">副局长（或其他称谓的同级领导）</td></tr>
<tr><td colspan="2">邢桂君（党委书记、局长）</td><td colspan="2">艾建华（党委委员、副局长）、邢安锋（党委委员、副局长）、许彦峰（党委委员、二级巡视员）、田 宝（党委委员、纪委书记）、陈 颖（党委委员、副局长）、付国才（党委委员、二级巡视员）、张友道（党委委员、二级巡视员）、鲁 青（一级巡视员）</td></tr>
<tr><td>地址</td><td>山东省济南市经二路146号</td><td>邮编</td><td>250001</td></tr>
<tr><td>网址</td><td>http://www.cbirc.gov.cn/branch/shandong/view/pages/index/index.html</td><td>联系电话</td><td>0531—86193512
0531—86193595</td></tr>
</table>

附表2

内设部门及分支机构一览表

年度	内设机构（个）	下设分支机构（个）		员工人数（人）	
		地市级机构数	县区级机构数	员工总数（含非正式员工）	正式员工数
2019	24	15	92	1,198	1,198
2020	24	15	92	1,238	1,238
2021	24	15	92	1,228	1,228

中国银行保险监督管理委员会青岛监管局

【第一负责人简介】 阚超，1968年8月出生，四川仪陇人，博士研究生学历；2010年1月，任中国银行业监督管理委员会四川监管局党委委员、副局长；2018年10月，任中国银行保险监督管理委员会四川监管局筹备组成员；2018年11月任中国银行保险监督管理委员会四川监管局党委委员、副局长；2019年8月，任中国银行保险监督管理委员会青岛监管局（简称青岛银保监局）党委书记、局长；2020年7月，任青岛银保监局党委书记、局长、一级巡视员。

【综述】 2021年是“十四五”开局之年，也是建党100周年，在党和国家历史上具有里程碑意义。面对时代之变和世纪疫情叠加的复杂形势，肩负开局“十四五”、开启新征程的繁重任务，青岛银保监局坚持以习近平新时代中国特色社会主义思想为指导，坚决贯彻党中央、国务院和银保监会决策部署，坚持稳中求进工作总基调，沉着应对各类困难挑战，持续推动辖区银行保险机构安全稳健运行，为地方经济社会恢复发展提供了有力金融支撑。截至2021年末，青岛辖区银行业金融机构资产、负债余额分别为3.25万亿元和3.11万亿元。其中，各项贷款余额2.42万亿元，比年初增加3,089.00亿元，同比增长14.61%；各项存款余额2.12万亿元，比年初增加1,725.00亿元，同比增长8.86%；不良贷款率较年初下降0.20个百分点；辖区保险业实现保费收入461.84亿元，同比增长6.18%；保险业累计提供风险保障金额31.50万亿元，同比增长14.10%，持续发挥风险保障作用。

【监管工作】 全力以赴服务构建新发展格局。一是金融供给稳中有增。2021年，青岛银保监局聚焦青岛市“四新经济”发展战略和重点产业，持续开展贯彻落实疫情防控和经济社会发展政策情况监管评估，引导加大金融供给和保障力度。各项贷款新增3,089.00亿元，同比多增304.00亿元，同比增长14.60%；保险资金运用余额574.30亿元，同比增长16.50%。二是信贷结构持续优化。印发关于绿色金融发展与支持黄河流域生态保护的指导意见，开展金融支持制造业高质量发展银企对接活动。绿色信贷和制造业贷款分别同比增长26.20%和17.60%，分别高于各项贷款平均增速11.60个和3.10个百分点。三是服务模式不断创新。“贷动小微”专项行动、专利权质押保险贷款获国家发展改革委发文在全国推广，普惠型小微企业贷款余额和户数分别增长31.90%和32.20%，全年“首贷”企业达到7,600余户。搭建“信易贷”平台，帮助4,700余户企业获得银行融资454.10亿元。四是融资成本持续下降。引导积极向实体经济减费让利，普惠型小微企业贷款平均利率较上年降低0.18个百分点，推动持续降低企业财务成本，小微企业无还本续贷业务余额增长39.20%。五是保险保障提质扩面。大病保险覆盖全市900余万城乡居民，长期护理保险实现全域全员覆盖和保险公司全经办，城市定制型商业医疗保险“琴岛e保”承保211.30万人，推动创新地域特色政策性农险品种19个。

毫不松懈防范化解金融风险。一是资产质量持续改善，不良贷款实现“双降”。截至2021年末，青岛辖区不良贷款余额和不良贷款率分别为262.40亿元和1.08%，分别较年初减少9.90亿元和下降0.20个百分点。二是重点领域风险逐步化解。坚决遏制房地产金融化泡沫化，制定房地产贷款集中度管理实施细则，推动主要法人银行房地产贷款集中度下降，完成阶段性压降目标。稳妥防控地方政府隐性债务风险，推动机构积极配合地方财政开展债务比对，严控违规新增融资。三是法人机构风险有效管控。4家法人机构制订恢复和处置计划。借力重点法人银行风险合力化解机制，制定针对性处置方案，10家法人机构不良贷款处置规模连续两年增加。四是保险领域风险总体可控。车险市场秩序明显好转，综合费用率压降至全国第二低，综合成本率低于全国平均水平1.70个百分点。人身险满期给付同比大幅下降31.00%，退保率低于全省、全国平均水平。完善保险中介市场准入退出机制，清退问题中介机构38家。五是金融生态环境稳定。加大案防工作力度，深入开展反保险欺诈工作，积极落实声誉风险管理实施细则，全面做好信访维稳工作。持续规范互联网合作贷款，深入推进扫黑除恶和反洗钱、反恐怖融资等工作，配合做好P2P存量风险处置和非法集资查处，大力打击电信网络诈骗，辖区金融生态持续向好。

持续深入引领机构转型发展。一是法人机构公司治理持续完善。推进实施公司治理三年行动方案，认真落实关于加强党的领导和党的建设指导意见，青岛辖区17家机构将党的领导写入公司章程，15家机构将党组织研究讨论作为决策重大问题前置程序，15家机构实现“双向进入、交叉任职”。常态化开展股权和关联交易专项整治，规范股东承诺和声明，贯彻落实绩效薪酬追索扣回机制，对法人机构全覆盖开展员工违规持股排查清理。青岛银行完成60.00亿元二级资本债发行，陆家嘴信托和中路财险分别完成增资42.00亿元和5.38亿元。二是创新驱动日益强劲。养老理财在青岛试点取得良好开局，两期产品募集资金18.89亿元。扩大自贸试验区简政放权政策实施范围，开展“证照分离”改革全覆盖试点总结评估。在自贸试验区和上合示范区开展知识产权保险、区块链电子仓单质押融资等业务创新。三是金融要素加快聚集。广发银行青岛分行、交银人寿青岛分公司、平安汽车消费金融中心、亚太财险青岛分公司和招商银行信用卡青岛分中心获批开业，恒丰理财子公司、英大泰和人寿青岛分公司获批筹建。24家银行保险机构在自贸试验区和上合示范区设立分支机构。

【履职能力建设】 2021年，面对监管资源约束和监管任务加重的双重挑战，青岛银保监局不断挖掘内部潜力，完善监管机制，提升监管质效，守护一方金融平安。一是监管效能持续提升。召开党委会专题研判金融风险，定期开展形势与风险研判，做实现场检查查前分析，组织现场检查发现问题统一定性，持续加强智能检查实验室建设，运用EAST系统提升现场检查精准性。二是违规查处力度不断加大。开展“内控合规管理建设年”活动和重大信息虚假问题整治专项行动，机构自查与监管检查同步落实，完成问题整改1,900余项。保持行政处罚高压态势，全年共作出处罚决定82件，处罚机构28家（次）。三是基础保障更加夯实。进一步完善重点事项督办、重大突发事件报告、舆情等内部管理制度和工作流程。认真开展保密自查和反奸防谍工作，全年未发生失泄密事件。稳步实施信创替代工程。做好常态化疫情防控工作。严格落实过“紧日子”要求，严控新增支出，节约运行成本。印发新闻宣传管理实施细则，完成新闻稿件发布53篇（次），有力发出“监管声音”。

（刘金文、李月明）

附表1

机构概况一览表

局长（或其他称谓的第一负责人）		副局长（或其他称谓的同级领导）	
阚 超		王永存、李继明、宋朝晖、林 洁、徐一臻、赵东生	
地址	山东省青岛市市南区香港西路69号	邮编	266071
网址	http://www.cbirc.gov.cn/branch/qingdao/view/pages/index/index.html	联系电话	0532—83079101

附表2

内设部门及分支机构一览表

年度	内设机构（个）	下设分支机构（个）		员工人数（人）	
		地市级机构数	县区级机构数	员工总数（含非正式员工）	正式员工数
2017	17	0	0	141	131
2018	19	0	0	171	171
2019	19	0	0	177	177
2020	19	0	0	181	181
2021	19	0	0	180	180

中国证券监督管理委员会山东监管局

【第一负责人简介】 陈家琰，河南固始人，研究生学历，高级经济师；2015年8月至今，任中国证券监督管理委员会山东监管局（简称山东证监局）党委书记、局长兼济南稽查局局长。

【综述】 2021年，山东证监局以习近平新时代中国特色社会主义思想为指导，认真学习党的十九大和十九届历次全会精神，坚持"建制度、不干预、零容忍"，坚持"四个敬畏、一个合力"，统筹推进全面从严治党、党史学习教育、全面深化改革、严格监管执法、防控金融风险、服务实体经济等各项工作，全局干部队伍建设和监管工作水平稳步提升，辖区资本市场高质量发展迈出坚实步伐。

【上市公司监管】 2021年，山东证监局将提高上市公司质量作为中心工作，全力攻坚重大专项任务，推动上市公司质量稳步提升。一是健全工作机制，推动各方归位尽责。推动印发《关于进一步提高上市公司质量的实施意见》，明确各市和24个部门的责任分工。通过会议、培训、约谈、问责等多种形式，压实董事长、控股股东、实际控制人等"关键少数"责任。二是公司治理专项行动有序推进。组织开展自查自纠，通过严格审核、现场检查倒逼公司主动揭示问题，及时进行整改，提高公司治理水平。三是"清欠解保"工作取得实效。抓好政策宣讲和督导，建立问题台账，"一企一策"推动问题整改，其中10家公司解决了占用担保问题。通过现场核查确保真整改、改到位，对整改到位的5家公司履行结案程序或不予立案程序，实现了化解风险与强化监管的双重效果。四是以问题和风险为导向对重点公司开展专项监管，在核查和处置工作中坚持稳字当头，有力有序推动风险缓释。五是发挥一线监管优势，强化检查执法和问责，共对20家公司开展现场检查，共采取行政监管措施13份。

【拟上市公司监管】 2021年，山东证监局全面落实注册制改革要求，将思想认识统一到"把好入口关"上来。强化辅导入门教育，强调规范在前、质量优先，督促辅导企业从一开始就规范起来。做实做细辅导验收，抓好中介机构和"关键少数"两个关键，完成28家企业的辅导验收工作。强化股东信息披露监管，重点关注保荐机构股东穿透核查情况和系统离职人员间接入股情况。监管与服务并举，开展专题培训和调研，重点做好北交所上市宣传引导工作，引导各类企业积极对接多层次资本市场。全年，辖区24家公司（含北交所3家）首发上市，创历史新高。

【证券期货基金经营机构监管】 2021年，山东证监局持续深化合规监管与风险监管，更加注重公司治理监管，从严开展健全证券期货经营机构专项治理工作，督促机构完善法人治理，提升治理水平。通过监管工作会议、典型案例通报等方式，督促各方归位尽责，完善内生合规机制。落实注册制改革要求，督促证券公司投行业务归位尽责，切实履行资本市场"看门人"职责。聚焦投行业务、公司治理、信息安全、投资者适当性等重点领域，组织开展专项检查。全年共开展辖区证券期货基金经营机构现场检查35家次。落实"零容忍"方针，对8家机构、4名从业人员的违法违规问题采取行政监管措施。持续完善分支机构分类监管机制，组织开展风险排查，及时调整风险分类。增强风险敏感性，及时调度并持续监测"雪球"期权产品、债券持仓、资管产品等领域风险。稳步推动资管业务整改，快速平稳处置个别证券机构网络安全事件；协调省、市有关部门，配合期货交易所做好有关期货交割库货物涉嫌盗卖风险。

持续落实"放管服"改革要求，实施证明事项告知承诺制；更新辖区经营机构备案事项办事指南11次，指定专人解答政策咨询；优化报送方式，提高电子材料报送比重，不断提高政务服务水平。加强备案事项审核，审核备案事项290件次，发现问题及时督促整改。

【非上市公众公司监管】 2021年，山东证监局坚持"管少管精才能管好"原则，聚焦重点公司、重点领域，持续提升日常监管效能。对23家重点监管类挂牌公司建立"一司一档"，通过谈话、走访、现场检查等方式对87%的公司进行了"接触式"监管。重点关注精选层公司"首报"质量和未披露年报公司风险，对5家挂牌公司开展现场检查，持续跟踪25家未按期披露年报的挂牌公司情况，依法从严处理违规行为，全年对挂牌公司及其相关方采取监管措施8份次。

【公司债券监管】 2021年，山东证监局多维度分析存量债券风险，及时向省有关部门和各市通报年内到期债券情况，与省国资委共同构建国企债券风险防控机制。滚动摸排三个月内到期回售公司债券风险，持续跟进重点发行人债券兑付情况，加强与省有关部门和有关市政府的沟通协作，成功化解"PR岚桥"等7只债券及ABS兑付风险，年内无新增违约，违约率降至0.54%，低于全国平均水平。加强日常检查，对9家公司债券发行人进行现场检查，并延伸检查10家中介机构，采取行政监管措施8份（次）。统筹做好前期违约债券的监管执法和风险处置工作，将2家发行人信息披露违法违规线索移交稽查处理。

【审计评估机构监管】 2021年，山东证监局持续优化“专人负责、二级复核”的审计评估机构备案管理工作机制，认真履行好备案审阅职责。完成3家审计、8家评估机构首次备案工作。聚焦关键管理环节，开展“大所”“新所”专项监管工作，督促大信所、新联谊所提升执业质量，健全内部控制，树立以质量为核心、以风险为导向的执业理念。牵头对中喜所内部治理、质量控制体系、独立性和5个具体项目执业质量开展全面检查。紧盯风险领域，及时提示风险，并组织对2家上市公司“非标准审计意见”和3家上市公司“货币资金”项目、5个线索类项目进行专题检查或专项核查。

【私募基金监管】 2021年，山东证监局深入摸排私募基金领域风险，推动分类化解，持续压降存量风险。加强“源头控制”，督促各市开展新登记机构专项排查，加强迁入机构管理，部分地市建立地方金融监管、工商部门预沟通机制，有效遏制增量风险。扎实开展《关于加强私募投资基金监管的若干规定》宣传及贯彻落实工作。

【稽查与“打非”工作】 2021年，山东证监局制定、贯彻落实《关于依法从严打击证券违法活动的意见》工作方案，有效发挥稽查执法“利剑”作用，对日常监管发现的市场主体重大违法行为，及时果断立案，从严从快查办。全年办结各类案件、线索21起，新增案件7起，共承办各类案件、线索41件。在人均案件数量多的情况下，集中力量攻坚大案要案，办结东方海洋等重大信息披露违规和内幕交易案件，9起立案案件，8起已调查终结。制定《查审一体化试点实施方案》，并探索稽查提前介入日常监管重大线索核查、审理提前介入稽查案件会商的工作机制，进一步提高查审效率。依法、审慎做好案件审理工作，审理行政处罚案件9件，审结6件，做出行政处罚12份，罚没款总额1,084万余元。

持续保持“打非”高压态势，妥善处置30余条涉非举报和线索，依法将1条线索移送公安机关。联合省地方金融监管局对齐鲁股权交易中心进行现场检查，支持其开展区块链建设创新试点。配合做好清理整顿地方各类交易场所工作，推动压降交易场所1家。

【投资者保护工作】 2021年，山东证监局继续加强投资者教育，先后组织开展“3·15消费者权益日”“5·15全国投资者保护宣传日”等专项活动，深入宣传北交所、注册制等改革政策。辖区1家省级投教基地升级为国家级基地，新设2家省级投教基地。推动山东大学出台投资者教育融入本科课程教学方案，指导鲁证期货与3所高校合作开设投资者教育课程。分类处理投资者诉求，并加强督办提醒，提高办理效率。与省高级法院等联合印发《关于推进金融纠纷多元化解的实施意见》，健全多元纠纷化解机制。指导中证山东调解工作站做好纠纷调解工作。

（肖永泼）

附表1

机构概况一览表

局长（或其他称谓的第一负责人）		副局长（或其他称谓的同级领导）	
陈家琰		韩汝俊、张兆兵、姜小勇	
地址	山东省济南市经七路86号证券大厦	邮编	250001
网址	http://www.csrc.gov.cn/pub/shandong/	联系电话	0531—86106900

附表2

内设部门及分支机构一览表

年度	内设机构（个）	下设分支机构（个）		员工人数（人）	
		地市级机构数	县区级机构数	员工总数（含非正式员工）	正式员工数
2017	10	0	0	88	88
2018	10	0	0	88	88
2019	10	0	0	91	91
2020	10	0	0	90	90
2021	11	0	0	92	92

中国证券监督管理委员会青岛监管局

【第一负责人简介】　殷志诚，男，1977年7月出生，山东莒南人，中共党员，法学博士；现任中国证券监督管理委员会青岛监管局（简称青岛证监局）党委书记、局长。

【综述】　2021年，青岛证监局认真学习习近平新时代中国特色社会主义思想，深入贯彻党的十九大和历次全会精神，坚决落实党中央和中国证监会党委各项决策部署，坚持“建制度、不干预、零容忍”，坚持“四个敬畏、一个合力”，全力做好辖区资本市场改革发展稳定各项工作，在各方共同努力下，辖区资本市场实现“十四五”良好开局。

【服务实体经济发展】　2021年，青岛证监局立足服务构建新发展格局，以“三个着力”为重点，推动发挥辖区资本市场功能，大力支持地方经济社会高质量发展。一是在提高直接融资比重上着力。新增境内上市公司14家（含北交所2家），刷新历史纪录；境内上市公司总量达到58家，居全省首位、北方城市第三位。直接融资规模1,317.00亿元，再创历史新高；其中，股权融资118.00亿元，同比实现翻番；债券融资1,199.00亿元，在计划单列市中居第二位。在中基协登记的私募基金管理人441家，备案基金1,732只，管理规模1,639.00亿元，同比分别增长22.00%、95.00%、58.00%，增幅均高于全国平均水平。其中，股权创投基金管理规模1,296.00亿元，同比增长44.00%。二是在促进创新驱动发展上着力。大力支持科技创新企业选择合适的板块上市发展。新增科创板上市公司3家、创业板上市公司4家。辖区科创板上市公司“硬科技”成色突出，平均拥有发明专利56项，在低温存储、切割装备等多个技术领域打破国外垄断。三是在主动服务国家战略上着力。服务青岛市打造“一带一路”国际合作新平台，积极对接青岛上合示范区、自贸试验区、财富管理金融综合改革试验区和全球创投风投中心、金融科技中心、财富管理中心建设。联储证券完成迁址，成为青岛市第一家、山东省第二家全牌照法人证券公司。港信期货成功申设并开业，打破了长期以来辖区无法人期货公司的落后局面。外资证券公司申设工作积极推进。3家期货机构主导或参与“保险+期货”项目7个。辖区证券期货基金业财富管理规模突破8,000.00亿元，私募基金和期货交割库聚集区地位更加巩固。

【落实全面深化改革】　2021年，青岛证监局紧紧围绕全面深化资本市场改革重点目标任务，从四大方面入手，高标准地探索特色做法。一是牵好注册制改革“牛鼻子”。做实注册制改革大讨论，制定3个落实方案，开展2次集中研讨，召开4场市场主体调研座谈会，形成7篇调研报告、1篇总报告，相关调研成果获得肯定。二是打好提高上市公司质量“主动仗”。青岛市人民政府在全国率先出台国发14号文配套落实意见，成立了涵盖33个相关部门、区（市）政府、功能区管委的工作专班，召开全市上市企业座谈会，辖区上市公司提质增量的局面持续形成。扎实开展上市公司治理专项行动，督促13家上市公司对自查发现的33项问题完成整改。38家上市公司在年报披露后召开业绩说明会，均有董事长或总经理出席。辖区保持无风险警示公司的良好局面。三是下好北交所设立“先手棋”。跟进调度辖区新三板、四板挂牌企业，全面梳理辖区专精特新企业，精准宣传北交所政策，充实上市后备资源。专题研究北交所上市公司持续监管工作，明确工作理念、工作路径和具体安排。辖区北交所上市公司2家，在审公司2家，拟申报公司6家，梯次格局初步形成。四是用好四板创新“工具箱”。指导蓝海股交获批并入选中央网信办的区块链建设创新试点。指导其设立“上市培育板”，纳入市政府“专精特新”企业上市培育总体规划。指导其设立“股易通”平台，打造“区块链+股权登记”应用场景，实现政企股权登记数据互联互通，为中小微企业股权转让、质押等登记提供便捷服务。

【防范化解重点风险】　2021年，青岛证监局坚守监管主责主业，牢牢守住风险底线，不断健全“四项机制”，持续做好重点领域风险的防控处置，不断提升监管的精准性、针对性、有效性。一是健全“全覆盖”的风险防范机制。持续开展风险隐患排查，完善监测预警体系，做实风险台账。走访辖区全部证券、基金、期货、投资咨询公司及外资独销机构，推动各法人机构加强股东和股权管理、更加突出主业、完善风险化解方案等。二是健全“全链条”的风险应对机制。通过发函问询、约谈高管、现场检查、查处违规等措施，实行“一司一策”“贴身紧逼”式风险应对，确保个体风险不蔓延。三是健全“全方位”部门协作机制。在各方合力下，稳控上市公司风险不反弹，保持债券“零违约”，联合推动1家金交所有序退出，私募基金行业未发生大规模恶性事件。四是健全日常监管机制。注重关口前移，上好“监管第一课”；做实分类监管，有针对性开展现场检查；强化重点监管，紧抓上市公司“关键少数”、行业机构治理结构、新证券法实施后涌现出的“新所”和从事证券服务业务首次备案等重点人、重点事、重要环节；加强科技监管，出台科技监管工作方案，成立青岛证监局科技监管工作小组，组建辖区信息技术专家库、人才库，科技赋能进一步提升。

【净化辖区市场生态】 2021年，青岛证监局坚持以强监管、“零容忍”护航高质量发展，聚力“三个推动”，持续净化辖区资本市场生态。一是推动完善打击违法机制。制定辖区《关于依法从严打击证券违法活动的意见》落实方案，推动完善地方部门联动机制。完善“总对总”案件线索平行移送机制，实行简单案件分类查办，缩短查办周期。发挥行政处罚查审一体化试点派出机构作用，主动探索将适用案件分为三种情形，设置三种审理模式，提高查审质效。二是推动全链条落实“零容忍”理念。全局办结稽查案件5起，做出行政处罚决定2份，采取行政监管措施22份，同比增长47.00%。三是推动创新开展投资者教育保护。组织开展辖区第十二届“投资者教育和保护百日讲坛”，设立“投资者之家”，用好线上和新媒体宣传形式，推送“金融知识微讲堂”短视频8期，开展线上培训近20期，组织开展进地铁、进商圈、进校园等活动1,400余场次。推动青岛市证券期货纠纷调解中心申请法人资格，完善青岛仲裁委员会证券期货仲裁中心，形成监管、诉讼、调解、仲裁“四位一体”的纠纷解决机制，投资者维权渠道进一步拓宽。牵头的保护中小投资者指标在国家营商环境评价中排名第九位，青岛被列为该指标标杆城市。

（万燕燕）

附表1

机构概况一览表

局长（或其他称谓的第一负责人）		副局长（或其他称谓的同级领导）	
殷志诚		万景初、李世伟	
地址	山东省青岛市市南区东海西路39号世纪大厦23层	邮编	266071
网址	http://www.csrc.gov.cn/pub/qingdao/	联系电话	0532—85798505

附表2

内设部门及分支机构一览表

年度	内设机构（个）	下设分支机构（个）		员工人数（人）	
		地市级机构数	县区级机构数	员工总数（含非正式员工）	正式员工数
2017	6	0	0	38	30
2018	6	0	0	41	33
2019	6	0	0	40	32
2020	6	0	0	40	32
2021	7	0	0	42	36

国家外汇管理局山东省分局

【第一负责人简介】 周逢民，男，湖南永州人，1963年7月出生，中共党员，大学本科学历；1982年9月参加工作，先后在人民银行沈阳分行、哈尔滨中心支行工作；2001年10月起任中国人民银行沈阳分行党委委员、副行长；2003年11月起任中国人民银行沈阳分行党委委员，哈尔滨中心支行党委书记、行长兼国家外汇管理局黑龙江省分局局长；2011年9月起任中国人民银行党校常务副校长；2016年3月起任中国人民银行国库局局长；2017年7月至2022年1月14日，任中国人民银行济南分行党委书记、行长兼国家外汇管理局山东省分局（简称外汇局山东省分局）局长。

【综述】 2021年，外汇局山东省分局认真贯彻落实总局工作部署，以习近平新时代中国特色社会主义思想为指导，围绕服务山东经济社会发展，全面贯彻新发展理念，加快融入新发展格局；以开展党史学习教育为主线，全面加强党的建设；严格落实“一岗双责”；深入推进“放管服”改革，持续推进各项便利化政策落地，加强微观监管能力建设，防范跨境资金流动风险，各项工作取得积极成效。

【外汇改革】 2021年，外汇局山东省分局积极贯彻落实重点领域改革举措，稳妥有序推进创新试点政策落地见效，不断促进贸易投资自由化便利化。

第一，贸易外汇收支便利化政策红利不断释放。一是贸易收支便利化试点“扩面提质”。新增试点银行网点82家、企业83家。截至2021年末，已有6家银行131家网点、121家企业参与试点；累计办理试点业务5.56万笔，金额合计130.79亿美元。试点企业贸易收支更加便利，银行自主权与审核能力显著增强。二是银行个人外汇服务质量不断提升。指导银行全面落实个人外汇便利化新政，“一对一”指导法人银行建立特殊业务处置制度，打造个人外汇暗访“样板工程”，暗访银行网点500余家次，督促解决问题200余项，居民用汇满意度大幅提升。强化银行政策落地督导，对银行内控制度进行检查评估，督促银行充分利用好已推出的便利化政策，杜绝银行自行加码减损政策红利现象。

第二，跨境投融资便利化政策显见实效。以山东省自贸区为创新试验田，在济南片区、烟台片区建立QFLP试点管理框架并支持4家基金累计募集境外资金2.57亿元。指导银行落实外债、境外放款和内保外贷注销登记政策、清理整合14类资本项目外汇账户，资本项目收入支付便利化业务达72.70亿元；57家跨国公司搭建跨境资金融通渠道，集中运营资金规模达168.30亿美元，企业资本项下收支更加便利。烟台招行资本项目数字化服务业业务落地。持续开展跨境投融资业务需求调研，为推动资本项目重点领域改革开放建言献策。

第三，自贸试验区及外贸新业态业务稳步发展。持续推进9项外汇管理创新措施全面落地实施。参与制定山东自贸试验区升级版方案，认真贯彻落实国发〔2021〕12号文等多项政策，为加快推进自贸试验区建设提供制度保障。2021年自贸试验区内实现跨境收支总额1,013.30亿美元、企业结售汇313.50亿美元。探索支持外贸新业态新模式创新发展，指导烟台片区形成“优企名单+信用互认”金融创新案例，支持济南片区实需企业发展新型易货贸易、离岸贸易等新型贸易方式。大力支持跨境电商、市场采购等外贸新业态良性健康发展。

【外汇服务】 2021年，外汇局山东省分局创新外汇服务方式，不断提高外汇服务水平，畅通政策绿色通道，全力支持疫情防控和稳企业保就业，支持涉外经济发展。

第一，政务服务水平大幅提升。全面推进外汇管理政务服务网上办理，指导全省各级外汇局在总局授权范围内全面实现外汇业务网上办理，云助力打通外汇服务“最后一公里”，“网上办”业务量同比增长90.00%，群众好评率100%。不断优化窗口服务，严格落实首问负责制，实现“有问必有答、有答必答好”。通过分局子网站公开外汇行政许可事项9,251项、行政处罚信息120项。

第二，外汇政策宣传走深走实。健全完善“外汇服务进万企活动”长效机制，加强与涉外主体的沟通交流，及时有效解决外汇领域问题和诉求。2021年，辖内各级外汇局实地走访涉外企业2,245家次，开展集中宣讲和推介活动397场次，服务涉外企业13,957家次。通过有奖竞答、微课堂、直播等通俗易懂、生动活泼的形式开展政策宣传，制作《说说个人外汇业务那些事儿》动画宣传片、《@涉外企业负责人，小娴小郝有话说》微视频等，通过人民银行济南分行、青春Yong行等公众号推介，浏览量达11,200余次。开展“诚信经营、合规用汇”主题宣传活动，开展地下钱庄跨境赌博案例警示教育，宣传覆盖公众6万余人次。对全省银行外汇业务骨干进行外汇政策培训，提升辖区银行从业人员政策理论水平。

第三，市场主体汇率避险意识不断增强。对全省1200余家重点涉外企业指定“一对一”辅导银行，引导银行帮助企业定制个性化企业汇率避险方案，解决汇率避险难题2,538个；联合多部门发布《秉持风险中性理念积极管理汇率风险的倡议书》，构建形成“齐抓共管、持续推进”的工作格局；通过自律组织、发放宣传页、发布微视频等方式培训汇率避险技能，倡导风险中性理念，企业汇率避险意识明显增强。

第四，跨境金融服务平台扩面增量成效显著。大力推广跨境金融服务平台5个应用场景，运用区块链技术助力缓解中小涉外企业“融资难、融资贵”问题，积极推动业务扩面增量。研究丰富平台应用场景，探索将平台与中欧班列“齐鲁号”发展金融需求相结合，助推省内涉外企业深度融入“一带一路”大格局。截至2021年末，省内银行通过平台累计为涉外企业办理融资业务148亿美元，服务企业1,193家。

【外汇监管】 2021年，外汇局山东省分局积极贯彻落实“宏观审慎+微观监管”管理框架要求，进一步加强重点领域风险监测分析，加强监管能力建设，对外汇违法行为保持高压态势，防范跨境资金流动风险。

第一，积极开展跨境资金流动监测。整合辖区监测分析资源，划分货物贸易、直接投资、跨境融资、结售汇等4个监测领域，集中精力监测各领域跨境资金流动情况；坚持全辖“一盘棋”，集中开展重点企业调研，加强理论研究和量化研究预测。

第二，加强重点业务领域监测与管理。完善经常项目重点国别、重点地区、重点商品、重点渠道常态化监测机制，创新开发“重点企业监测服务平台”，收集全省重点企业监测信息，实现日常监测、核查、调研及分析信息有效整合和利用，将“抓大放小、精准施策”落到实处。加强资本项目项下重点业务监测，及时识别评估重点企业跨境资本流动风险，对外债下跨境资金流动和重点企业境外发债进行调研、风险分析和预判。

第三，加强对重点主体监督检查。严厉打击地下钱庄等非法金融活动；常态化处置非法网络炒汇平台；加强对银行分支机构现场检查的力度；对外汇收支规模较大的集团财务公司进行现场检查。开展银行外汇风险业务非现场问询，有效促进银行规范展业。

第四，持续提高国际收支统计数据质量。开展全省统计制度修订、核查系统开发工作。修订《国家外汇管理局山东省分局机构申报主体涉外收入逾期未申报管理办法》；持续完善间接申报核查软件工具，缩短一线业务人员的核查时间。坚持非现场核查“全覆盖”，实现银行及其分支机构间接申报数据的总局通报“零差错”。

第五，非现场能力建设取得新成效。完成全国外汇数据研判中心组建，承担模型算法实验室职能。接入公安专线，整合外汇、公安资源，组建“汇警数据合成实验室”。

第六，自律机制平台作用日益凸显。指导省级外汇市场自律机制向全省43家银行发出“我为群众办实事”的活动倡议，鼓励各银行机构优化外汇金融服务；积极开展汇率风险中性系列宣传活动，增强企业汇率避险能力。2021年以来，山东自律机制共举办培训4期，累计培训约6,000人次；通过公众号发布信息48篇、微课堂5篇；荣获自律五周年外汇和跨境人民币展业知识竞赛“综合优秀奖”。

【外汇调研】 2021年，外汇局山东省分局在做好疫情防控工作的基础上，加强监测分析与调查研究，进一步加大改革政策研究力度，提升服务决策水平。

第一，提升一线调研服务决策参考价值。深入开展调查研究，围绕“十四五”时期外汇管理领域改革开放的思路、《区域全面经济伙伴关系协定》（RCEP）对外汇管理的影响等重点热点问题，系统开展外汇管理前沿政策研究；落实疫情影响监测制度，分析疫情对涉外经济影响、外贸进出口及跨境资金流动形势；围绕人民币汇率波动对涉外企业的影响、银行人民币外汇衍生品概况及问题开展专题调查，充分发挥了调研信息服务领导决策、服务实体经济发展的重要作用。

第二，加大改革政策研究力度。积极参与总局境外投融资平台监管研究，研提资本项下登记业务改革的思路和方向；对境外放款改革、境内居民通过特殊目的公司境外融资返程投资以及规范核准件管理等研提修改建议；全程参与总局境内机构境外上市外汇政策改革。

【内部管理】 2021年，外汇局山东省分局以党建促管理，夯实内部管理基础，促进规范高效履职。

第一，扎实开展党史学习教育。开展局长讲专题党课活动，分管副局长以“学史崇德赓续奋斗精神汲取奋进力量”为题为分局全体党员讲党课。组织支部党员认真学习《中国共产党简史》等4本指定党史学习著作，开展在线“每日学党史”活动，推送100期党史课程；设立“红色读书角”“学习默写板”，使用腾讯会议、学习强国App等在线学习手段，加强政治理论学习，围绕“学党史、促履职”开展学习心得交流活动。在全省组织开展“学党史悟思想强行动”主题征文活动，通过人民银行济南分行公众号对优秀征文进行宣传推广。

第二，强化外汇科技服务安全保障。坚守安全生产底线，抓紧抓实日常管理、网络安全自查、应急管理及重要时期安全保障等各项工作，确保网络及系统运行安全稳定；坚持以科技创新引领业务发展，扎实推进各项信息化工作，认真做好各类业务系统推广，加强数据监测分析，严格把控辖区外汇业务数据质量，不断提升风险监管能力。

第三，加强依法行政自查及审计监督。组织开展全省外汇管理依法行政自查，对各级局办理的行政许可业务进行全流程复检、督促全面整改。构建形成全方位、多层次的内部审计监督体系，完成对全省各级局的外汇管理依法行政专项审计；加强政策落实跟踪审计，推进同级审计走深走实，开展贸易外汇收支便利化试点政策落实、个人外汇便利化政策落实跟踪审计（调查），促进便利化政策有效落实。

第四，规范日常办公管理。认真贯彻落实中央八项规定精神和厉行节约要求，落实好“过紧日子”各项措施，确保专项经费支出合规高效。做好公文传输、值班信息报送等工作，确保零遗漏、零差错。加强人员管理和队伍建设，认真学习传达总局关于做好外汇管理工作的通知要求，确保辖内全体干部职工执行到位。

（王 雪、罗 震）

附表1

机构概况一览表

局长（或其他称谓的第一负责人）		副局长（或其他称谓的同级领导）	
周逢民		陈好孟	
地址	山东省济南市市中区经七路382号	邮编	250021
网址	http://www.safe.gov.cn/shandong/	联系电话	0531—86167210

附表2

内设部门及分支机构一览表

年度	内设机构（个）	下设分支机构（个）		员工人数（人）	
		地市级机构数	县区级机构数	员工总数（含非正式员工）	正式员工数
2017	5	15	92	616	609
2018	5	15	88	629	608
2019	5	15	88	645	630
2020	5	15	88	649	637
2021	5	15	88	693	685

第三部分

金融社团与行业自律组织

山东省金融学会

【第一负责人简介】 周逢民，男，湖南永州人，1963年7月出生，中共党员，大学本科学历；1982年9月参加工作，先后在人民银行沈阳分行、哈尔滨中心支行工作；2001年10月起任人民银行沈阳分行党委委员、副行长；2003年11月起任人民银行沈阳分行党委委员，哈尔滨中心支行党委书记、行长兼国家外汇管理局黑龙江省分局局长；2011年9月起任中国人民银行党校常务副校长；2016年3月起任中国人民银行国库局局长；2017年7月至2022年1月14日任中国人民银行济南分行党委书记、行长兼国家外汇管理局山东省分局局长；2018年6月1日经山东省金融学会九届二次会员代表大会选举为会长。

【综述】 2021年，山东省金融学会继续以习近平新时代中国特色社会主义思想为指引，全面贯彻落实党的十九大及十九届历次全会精神，在中国金融学会、山东省民政厅和省社科联的关心指导下，在各会员单位的积极参与、全力配合下，全面加强党建统领和意识形态管理，积极应对疫情带来的工作挑战；紧紧围绕央行中心工作和当前经济金融中的热点难点问题，不断提升学会的体制机制活力；加强课题管理，多种形式开展学术活动，积极推动研究成果转化，加大科普宣传力度，学会平台影响力、战斗力持续提升，特色金融智库建设取得新进展。

【党建统领】 2021年，山东省金融学会结合党史学习教育活动要求，牢牢把握正确的政治方向，不断增强“四个意识”，坚定“四个自信”、做到“两个维护”，强化责任担当意识，学用结合、以学促干，不断推动学会各项工作落地落实。

深入开展党史学习教育活动。弘扬沂蒙精神，赴临沂开展主题党日活动暨普惠金融服务乡村振兴调研座谈会；学会党支部赴山东省档案馆参观“百年恰是风华正茂”主题档案文献展，开展“学党史 守初心 践力行”主题党日活动。

加强红色金融史研究，传承红色基因。山东省金融学会在山东财经大学组织举办了山东红色金融史宣讲活动；为庆祝中国共产党成立100周年，省档案学会、省金融学会、省钱币学会共同承办了“庆祝中国共产党成立100周年山东红色金融史研讨会”。

以党建促工作，全面加强体制机制建设。山东省金融学会召开秘书处成员会议，进一步强调党建统领和意识形态工作的重要性；通报学会总体工作情况，制定了中长期工作目标和年度工作计划；审议学会章程及有关制度的修订、相关单位入会申请等事项，并就财务支出等重大事项达成了一致意见；会上，部分先进集体进行了交流发言，分享本单位在参与学会科研、科普等工作方面的先进经验，为各会员单位作出了积极的表率。

【金融研究】 2021年，山东省金融学会以学会学术委员会为依托，构建高质量的科研平台，通过调研座谈、高端论坛、研讨沙龙等多种形式，紧扣当前经济金融发展中的热点难点问题，凝聚来自全国和省内的专家、学者以及金融实务工作者的科研成果，积极发挥学会“现代金融服务产业智库”平台的学术引领作用，提升金融智库在经济发展中的智力支撑作用。学会组织的各项学术活动，得到了山东省社科联的高度认可，并获得山东省社科联社科学术社团年度重点奖补。

充分发挥金融智库的平台智力支撑作用。一是承办高端学术论坛及研讨会。山东省金融学会和山东省现代金融发展研究院联合主办了以“绿色金融助力碳达峰、碳中和”为主题的“首届大明湖论坛”；学会秘书处组织召开了高碳资产风险分析座谈会；学会组织举办“山东社科论坛——科创金融改革与发展论坛”，此次论坛活动获得山东省社科联领导高度肯定，并获重点社科论坛经费资助。二是持续与地方政府开展合作。第三次与枣庄市人民政府联合主办“2021第三届山东（枣庄）普惠金融改革发展论坛”。三是与中国金融学会及兄弟学会、协会加强交流合作。积极配合人民银行总行完成了对青岛财富管理金融综合改革试验区以及济南科创金融改革试验区方案的评估工作；派员积极参与中国金融学会的“两岸金融研讨会”及“2021北京金融街论坛”的部分会务工作；安徽省金融学会为学习借鉴山东省金融学会的具体工作经验以及临沂市普惠金融服务乡村振兴改革试验区的创建经验，赴济南、临沂开展调研和座谈；由山东省支付清算协会主办、学会协办“反诈拒赌 安全支付”第九届“支付清算杯”职业技能竞赛活动。

着力抓好课题全流程管理。在学会学术委员会强有力的领导下，学会秘书处继续从选题立项、中期管理和结项评鉴三个环节严格课题的管理。2021年度共立项重点研究课题45项，并继续与省社科联合作，资助立项30项省级金融应用重点研究项目。组织召开学会重点研究课题中期报告会，加强课题的中期督导，不断提升课题总体研究水平。

发挥各专委会优势，提升智库服务社会能效。依托绿色金融专委会积极开展绿色金融研究与成果推广，深度参与推进威海绿色金融改革试验区的创建工作；指导威海商业银行开展赤道银行创建、地方性绿色金融标准、绿色金融支持海洋经济等探索及宣传推动工作；在日照组织举办了“2021全国绿色金融成果巡展暨绿色金融改革与发展报告会”。依托金融科技专委会助推济南科创金融改革试验区成功落地，配合学会举办了“山东社科论坛——科创金融改革与发展论坛”。依托金融统计调查专委会继续发挥好“融知、融智、融资、融信”功能，做好金融政策的宣传和落实，让政策惠及更多的乡村主体，专委会带领金融顾问团走进淄博沂源县开展乡村振兴顾问服务及政策研讨活动。依托外汇专业委员会继续发挥智力支撑作用，不断推动深化外汇领域改革，促进跨境贸易投资自由化便利化，优化金融服务，组织召开了“促进山东省贸易新业态规范健康发展”专题研讨会。依托稳定专业委员会高度重视调查研究工作，组织对全省金融机构突出风险点防控和改革进展进行分析调研，同时密切开展国际金融监管改革跟踪研究，完成多篇研究综述和会议材料的编译，有效服务了领导决策与参考。

【会刊建设】 2021年，山东省金融学会继续打造精品学术期刊，加大研究成果转化力度。坚持不断提升会刊《金融发展研究》的严谨性、权威性和学术影响力，以发表高水平的精品学术论文为办刊标准，不断加大金融研究成果转化力度。根据工作实际，进一步改进完善期刊协同采编系统，有效提高了稿件处理效率和作者投稿体验。组织开展并完成了《金融发展研究》2020年优秀论文评选工作，与学会秘书处联合开展“庆祝中国共产党成立100周年”有奖征文等活动，刊物影响力持续提升；2021年再次入选全国中文核心期刊（2020年版）和人大复印报刊资料重点来源期刊（2020年版）。

【科普宣传】 2021年，山东省金融学会以党建为统领，积极引导社会公众对宏观金融政策的正确认知，通过金融科普宣传工作上下联动的形式，不断拓宽金融科普宣传渠道；通过微信公众号平台开展“金融科普知识宣传调查问卷”活动，了解公众对金融知识的需求点，以便更精准地做好金融科普宣传活动。根据调查问卷所形成的《关于金融科普工作有效惠及大众的调研与思考》微调研报告获评2021年度山东省社科联系统微调研活动优秀调研报告。

全省上下联动开展科普宣传活动。充分利用全省各市级金融学会宣传平台，结合省社科联新时代文明实践社科普及志愿服务工作总体要求，金融科普宣传工作上下一盘棋，共同发力，稳步推进。

把握意识形态建设，夯实对外宣传平台。学会严格按照主管单位对宣传平台意识形态的管控要求，严把互联网网站和微信公众号“汇研识金”的宣传质量关，倡导“绿色+文明”的网络环境，向社会公众及时传达最新最权威的金融政策、金融风险防范以及经济金融发展趋势等金融知识，积极正面引导公众金融认知。“汇研识金”目前已累计发布信息430余期近2,000条。学会秘书处连续七年组织举办了“汇研识金”手机摄影大赛，获得社会公众的广泛关注与好评，有力提升了学会的影响力。

（董 晓）

附表1

机构概况一览表

会长（或其他称谓的第一负责人）		常务副会长（或其他称谓的同级领导）	
周逄民		董龙训	
地址	山东省济南市经七路382号	邮编	250021
网址	http://www.sdsjrxh.com/	联系电话	0531—86167412

附表2

内设部门及分支机构一览表

年度	内设机构（个）	下设分支机构（个）		员工人数（人）	
		地市级机构数	县区级机构数	员工总数（含非正式员工）	正式员工数
2017	1	0	0	6	6
2018	1	0	0	6	6
2019	1	0	0	6	6
2020	1	0	0	6	6
2021	1	0	0	6	6

山东省钱币学会

【第一负责人简介】 贾广军，男，汉族，1962年4月生，中共党员，高级经济师，中国人民银行济南分行巡视员。2018年3月，在山东省钱币学会六届一次会员代表大会上被选举为山东省钱币学会理事长。

【综述】 2021年，在人民银行济南分行党委的正确领导下，在中国钱币学会、中国钱币博物馆、山东省民政厅、山东省社科联、山东省文物局、山东省新闻出版局的业务指导下，山东省钱币学会坚持“围绕中心，服务大局”的根本宗旨和“依法治会、从严治馆”的工作理念，扎实工作、开拓创新，圆满完成了各项工作任务，实现了在疫情防控条件下党建工作与业务工作全面发展。齐鲁钱币博物馆制作的精品“微党课”获得全国一等奖，《齐鲁钱币》被评为省级优秀会刊一等奖，齐鲁钱币博物馆被命名为全国“红色金融教育基地”；山东省钱币学会工作被中国钱币学会考核为优秀、在全国排名第一位，是全国唯一的5A级钱币学会，其工作经验做法在全国红色金融工作会议上进行介绍。

【制度建设】 2021年，山东省钱币学会严格按照山东省社会组织管理局有关要求，充分发挥党建统领作用，积极完善各项管理制度，严格遵照学会章程、财务管理制度、会员管理办法等有关规定开展学会活动。年初，根据总分行总体工作部署和中国钱币学会有关要求，及时制定下发《山东省钱币学会年度工作指导意见》和《考核细则》，统一部署全省年度钱币学会工作；以视频与现场相结合的方式先后召开了六届二次会员代表大会，举办了2021年理事会全省工作会和业务培训班。

会员代表大会上，审议通过了《章程修改审议案》《财务管理制度修改审议案》《会员管理办法修改审议案》《变更和增补副理事长、监事、理事审议案》等4项议案，进一步完善学会管理运行规章制度；在理事会上，审议通过了2020年工作报告和财务报告，充分肯定了2020年全省钱币学会工作，并为2021年的工作指明了方向；在全省钱币学会工作会上，贺传芬秘书长对2020年全省钱币学会工作进行了全面总结，对2021年十项重点工作进行了详细说明，为做好2021年全省钱币学会工作统一了思想认识、强化了措施要求；在学会业务培训班上，人民银行济南分行金融研究处有关负责人介绍了课题写作方法，学会工作人员介绍了学会工作制度、财务管理制度等，提高了钱币学会工作人员业务能力。2021年，依据《山东省钱币学会章程》和《山东省钱币学会会员管理办法》有关规定，经会员单位推荐、学会秘书处审核等程序，共批准38人成为山东省钱币学会个人会员。

【钱币科普】 一是立足专业特色，成功举办两次大型展览活动。为庆祝建党100周年，2021年山东省钱币学会先后举办“贵金属纪念币上的中国共产党成立100周年成就展”“庆祝中国共产党成立100周年金融票证专题展览”两个大型展览，分别展现了中国共产党领导下中华民族自强不息、顽强奋进的壮丽史诗及我国金融改革发展的丰硕成果；机关首展后进社区、进广场、进博物馆、进文化馆巡展，全年共接待参观数十万人次。

二是发挥品牌效应，成功举办线上答题活动。成功举办第五届“鲁泉杯”庆祝建党100周年红色金融知识有奖答题活动。各会员单位深入银行网点、社区广场、商贸集市，利用微信群、公众号等进行广泛推广，共有46家会员单位近40万人参加，创历届人数新高。

三是运用培训、讲座、微党课等多种形式开展宣传活动。以现场和视频相结合的方式举办全省钱币知识培训班，邀请国内知名专家作中国红色金融专题讲座，受众660人；贺传芬秘书长先后在分行机关、省支付清算协会以及菏泽市、枣庄市钱币学会等会员单位，举办红色金融和钱币知识讲座10余场次；贺传芬秘书长主讲的微党课《铭记红色金融历史 传承北海银行精神》荣获全国一等奖；指导济南市钱币学会制作的《山东革命根据地上的红色金融——北海银行》获得优秀奖。

四是充分利用各种媒体，多管齐下广开宣传渠道。2021年以来，山东省钱币学会积极利用电视、广播、网络、视频等新媒体开展山东红色金融文化宣传，以多种方式开展宣传活动。积极配合中央电视台《红色金融路》拍摄工作，提供线索资料、接受专业咨询、接待现场拍摄等，得到拍摄组好评；接受山东经济广播电台采访，在闪电新闻客户端以“红色银行耀齐鲁”为题刊发采访稿；在“5·18国际博物馆日”期间，利用腾讯会议以“鲁西银行在菏泽”为题开展线上红色金融宣传；联合中国人民银行济南分行团委通过“青春young行”公众号分16期推广全省红色金融文化；组织各市钱币学会制作红色金融挖掘保护专题片9部；《齐鲁钱币》特设“红色金融”专栏，集中刊载全省红色金融研究成果。

五是联合会员单位走进学校、社区，开展红色金融和钱币文化宣传。联合滨州市钱币学会走进滨州市高级技工学校开展“红色金融知识进校园”活动，以“齐鲁红色金融丰碑”为题作红色金融专题讲座、赠送红色金融书刊，得到学校师生热烈欢迎；联合济南市钱币学会在济南燕山社区建成全省首家钱币文化主题公园，以宣传栏的形式设立钱币文化长廊；举办“钱币知识进社区”主题宣传活动，发放宣传材料百余份，接受业务咨询数百人次；利用全国会议平台宣传山东红色金融工作，在全国“红色金融工作交流会”上作首位发言，以“山东红色金融工作三部曲”为题，全面介绍山东红色金融工作取得的丰硕成果，受到中国钱币学会领导和与会专家的广泛好评，被誉为红色金融工作典范。

【钱币研究】 一是成功召开“2021年山东省钱币学会学术年会”，会议成为“山东省社会组织学术月活动”之一。学术年会以现场与视频相结合方式召开，611名代表分别在主会场和36个分会场参加；会议共征集论文97篇，专家学者分别就红色金融、地方钱票和古代货币三个专题进行现场发言，多篇研究成果填补空白；会议展播了山东红色金融旧址挖掘工作视频片，对推动山东红色金融学术研究和党史学习教育起到了积极作用。

二是推动山东地区红色金融史料研究工作。山东省钱币学会联合省社科联、省档案馆、省金融学会等单位联合举办了“山东红色金融史研讨会”，贺传芬秘书长以《北海币与北海银行精神》为题，交流了山东红色金融挖掘研究取得的最新成果，获得与会领导和专家代表的好评；在临沂成功举办了“历程与传承”北海银行红色金融座谈会，来自各市钱币学会的专家代表从不同视角分享了各自的研究成果和工作经验，会议就进一步推动红色金融挖掘保护和研究宣传作出了具体安排。

三是积极开展课题研究、论文征集等学术研究工作。为推动红色金融的深入研究，组织开展了2021年度课题立项工作，确定省级课题17项、国家级课题4项，立项数居全国前列；组织专家完成18项2020年度结项课题的评审工作，对获评合格等级以上的课题给予资助。

四是做好《齐鲁钱币》会刊编撰出版工作。严格落实意识形态工作责任制，坚持正确的政治方向，不断提升《齐鲁钱币》编发质量；先后承办山东省社会组织总会“专刊委员会工作座谈会”和“省社会组织优秀会刊交流会”，《齐鲁钱币》荣获省优秀会刊一等奖；全年编发《齐鲁钱币》4期。

（贺传芬、王瑞东）

附表1

机构概况一览表

<table>
<tr><td colspan="2">理事长（或其他称谓的第一负责人）</td><td colspan="2">副理事长（或其他称谓的同级领导）</td></tr>
<tr><td colspan="2">贾广军</td><td colspan="2">贺传芬、刘爱峰、马　林、赵秀军、杨　青、李建平、韩　勇、于富海</td></tr>
<tr><td>地址</td><td>山东省济南市经七路382号</td><td>邮编</td><td>250021</td></tr>
<tr><td>网址</td><td>—</td><td>联系电话</td><td>0531—86167213</td></tr>
</table>

附表2

内设部门及分支机构一览表

年度	内设机构（个）	下设分支机构（个）		员工人数（人）	
		地市级机构数	县区级机构数	员工总数（含非正式员工）	正式员工数
2017	1	0	0	6	4
2018	1	0	0	6	4
2019	1	0	0	6	3
2020	1	0	0	7	3
2021	1	0	0	7	3

山东省支付清算协会

【第一负责人简介】 于启春，男，汉族，1972年2月生，河北吴桥人，中南财经大学金融系金融专业毕业，高级工商管理硕士；1994年参加工作，曾任中国民生银行北京管理部阜成门支行行长、南京分行副行长兼零售银行华中市场总监，渤海银行北京分行行长、党委书记，渤海银行零售银行总裁，交通银行北京市分行党委委员、副行长，交通银行山东省分行党委副书记（主持工作）、代行长；现任交通银行山东省分行党委书记、行长，自2020年8月28日起兼任山东省支付清算协会会长。

【综述】 2021年，山东省支付清算协会坚持以习近平新时代中国特色社会主义思想为指导，在人民银行济南分行的悉心指导下，在广大会员单位积极参与和大力支持下，全面贯彻落实党的十九届历次全会精神及人民银行工作部署，严格落实各项监管要求，认真履行自律、维权、协调、服务的职能，坚持新发展理念，全力提高服务水平和风险防范能力，积极维护支付市场秩序和会员合法权益，营造了良好的行业发展环境，各项工作取得新进展，推动山东省支付行业实现了健康可持续发展，得到了业界及社会的广泛认同和肯定。2021年协会荣获“中国社会组织5A等级”最高荣誉称号，协会联合党支部荣获“山东省社会组织2021年度党建先进单位”。

【行业自律】 一是积极响应监管。积极对接人民银行济南分行支付结算处、科技处、反洗钱处、金融稳定处、清算中心等业务关联处室以及货币信贷处、金融研究处、法律事务处、调查统计处等业务合作处室，通过协会官网、微信订阅号等平台释放监管信号，针对防范化解重大金融风险、反洗钱监管、防范网络电信诈骗、打击跨境赌博“资金链”、支付降费、支付服务民生、支付系统运维等方面的内容进行充分解释说明。二是完善行业自律机制建设，强化自律管理水平。下发《创新绿色支付服务，助力绿色发展——山东省支付清算行业支持双碳战略、推进绿色支付倡议书》；印发《山东省银行结算账户简易开户服务业务指引》，建立健全账户分级分类管理机制，有效解决开户难问题，进一步优化山东省银行结算账户服务；印发《山东省支付清算协会信息平台管理办法》。三是办好《山东支付清算》会刊，为行业发展提供智力支持。在《山东支付清算》会刊第18—20期分别刊发《在最美的春天遇见你》《2020年度专项调研课题文集》《百年征程，十年飞跃》等支付清算系列科普宣传文章。2021年，《山东支付清算》会刊荣获山东省社会组织优秀期刊一等奖。此外，还在协会微信公众号累计发布支付清算信息120条、约117,600余字，累计访问量达140,177次。

【行业培训】 一是深入打造“支付讲座”服务品牌。2021年，山东省支付清算协会正式开通直播平台，充分利用协会自身平台优势，举办了跨境人民币支付业务、账户管理、高管培训等线上培训活动。组织开展政策解读、金融科技、风险防范、票据、连续性管理等主题的线上培训班。全年共组织15期培训，先后有99家会员单位参与，累计培训学员40,058人次，得到了广大会员单位的踊跃参与和一致认可。二是举办沙龙活动。全年举办了9期沙龙活动。三是组织开展2期金融科技创新发展论坛。四是积极加强对外交往，把握支付行业发展前沿。先后参加第十届中国支付清算论坛、山东财经新媒体精准传播论坛、总会打击非法社会组织义务监督委员会成立大会、山东省社会组织大讲堂等活动，及时把握行业最新发展动态。

【调查研究】 一是强化问题导向，积极开展专项调研课题活动。全年29家会员单位共结项62项课题，其中获评一等奖8项、二等奖10项、三等奖10项、优秀奖11项，这些课题提出的前瞻性、针对性和可行性建议，为监管部门和会员单位科学决策、推进工作提供了信息支撑。二是积极组织开展高管研修培训活动。按照省人社厅立项“山东省专业技术人才知识更新工程2021年度高级研修项目计划”，组织开展两期高管研修培训活动；组织部分会员单位高管和业务骨干赴杭州开展培训并走进支付机构进行实地考察；通过协会直播平台开展了2021年山东省支付清算行业高管培训班。这两期活动共有84家会员单位的869名管理人员和业务骨干参与，其中115名学员获得“山东省专业技术人员继续教育证书”。三是组织参与行业座谈研讨。与省网信办信息化处组织召开专题座谈会；在日照组织召开全国各省级支付清算协会座谈会；与济南广播电视台经济频率《领航家》节目组召开宣传合作洽谈会，达成2022年度合作计划；与上海农商银行山东村镇银行管理部、山东省金融消费权益保护协会、济南市银行保险业协会、山东省大数据中心等分别召开座谈会，凝聚协会合力，实现合作共赢。

【业务竞赛】 一是举办以“反诈拒赌，安全支付”为主题的第九届“支付清算杯”职业技能竞赛。竞赛活动由人民银行济南分行指导、山东省财贸金融工会支持、山东省支付清算协会主办、山东省金融学会协办，历时4个月，共有52家会员单位报名参赛，最终产生个人奖21个、团体奖22个，2人荣获山东省财贸金融系统“五一劳动奖章”。二是组织开展第三届“最美支付人”选树和宣传活动。39位会员单位员工获得“最美支付人”荣誉称号。该活动弘扬了爱岗敬业、务实进取、争创一流、开拓创新的优良品格，引导全省支付清算行业从业人员发扬劳动精神、劳模精神和工匠精神，为山东支付产业高质量发展作出新的贡献。三是组织会员单位参加第三届山东省大数据与人工智能应用技术技能竞赛。共组织了11家会员单位、22个项目参与，共荣获一等奖1个、二等奖10个、三等奖1个。四是组织参加“第二届中小金融机构数智化转型优秀案例评选”活动。共有13家会员单位获得了17个奖项，6家会员单位获得“专家好评TOP 10优秀案例”“网络影响力TOP 10优秀案例”等奖项。

【行业宣传】 一是举办多期支付安全知识有奖宣传活动。举办2021年迎新春送支付有奖宣传活动、“3·15”支付清算宣传答题活动、防范跨境赌博和电信网络诈骗知识答题活动。活动期间共收到有效答卷14.30万余份，平台访问量超15.80万人次。二是组织开展“反欺诈支付安全知识宣传周”活动。山东省主流财经类媒体大众网、海报新闻App在第一时间进行了转发推送。据不完全统计，活动期间公众号阅读量达16万人次、答题活动总访问量达10万人次、收到答卷7.50万份，开展线下宣传活动百余场、发放宣传折页12.40万余份，累计宣传受益人数达48万人次。三是组织开展“反诈拒赌 安全支付”进校园宣传活动。与部分会员单位共同走进齐鲁工业大学宣传普及金融知识。四是持续推送“支惠生活”宣传品牌。五是组织开展多项文体活动。参加山东省首届“恒丰银行杯”乒乓球比赛并获得团体冠军；此外还获得省直机关、省属国有企业首届乒乓球邀请赛团体亚军，山东省第21届“乒协杯”团体第五名，“迎冬奥 山东文旅体育杯”省直机关第13届乒乓球邀请赛团体第四名，“国球聚爱、乐得善心”乒乓球邀请赛最佳拼搏奖等奖项。

【内部管理】 一是加强党建工作，引领协会发展新方向。坚持党组织领办、创办协会的原则，以“讲政治、守纪律、负责任、有效率”为目标，建立了“让主管单位放心、让会员单位满意”的联合党支部。坚持政治引领，以党建工作把握业务工作方向，指导工作部署，保障工作落实，实现了党建工作与协会发展的有机融合、互促双赢。不断加强作风建设，认真落实基层党组织制度化规范化建设要求，严格落实“三会一课”制度，开展批评和自我批评，努力营造敢于担当、虚心纳谏的良好氛围。开展“不忘初心、牢记使命”主题教育和多期主题党日活动，充分调动党员参与组织生活的积极性、创造性。二是以建党百年为契机，创新开展了一系列主题鲜明、覆盖面广的特色党建活动。组织制作《献礼建党百年华诞——起航山东支付清算新征程》宣传片，在大众网等平台播放数十万次；组织开展庆祝中国共产党100周年书法美术摄影征集活动，汇编《百年征程——十年飞跃》；组织红色影片观影活动，开展参观大峰山革命根据地、孔繁森纪念馆、范筑先纪念馆、中共山东早期历史纪念馆等主题党日活动。三是履行社会组织专家委职责，服务新型社会组织建设。组织召开了山东省社会组织高质量发展研讨会，协会专家委2021年度的专项调研课题形成13项优秀调研成果。四是深化内部治理，规范制度建设。召开协会三届二次理事会，制定《协会差旅费管理办法》《协会公务活动经费开支管理办法》，加强内部管理；按照省民政厅党建入章要求，精准对标党建入章细则，更新协会章程并报省社会组织管理局备案；走访多家会员单位，加强了与会员单位的沟通交流；会员单位通联支付山东分公司荣获山东省财贸金融系统“五一劳动奖状”，协会秘书处一名员工荣获山东省财贸金融系统“五一劳动奖章”。

（丁延生、王 军）

附表1

机构概况一览表

<table>
<tr><td colspan="2">会长（或其他称谓的第一负责人）</td><td colspan="2">副会长（或其他称谓的同级领导）</td></tr>
<tr><td colspan="2">于启春</td><td colspan="2">刘爱峰、马 林、胡 冲、赵 翀、沈世强、刁云涛、李中山、秦 琰、张玉梅、丁延生</td></tr>
<tr><td>地址</td><td>山东省济南市经七路382号</td><td>邮编</td><td>250021</td></tr>
<tr><td>网址</td><td>http: //www.sdzfqs.org.cn/</td><td>联系电话</td><td>0531—86167090</td></tr>
</table>

附表2

内设部门及分支机构一览表

年度	内设机构（个）	下设分支机构（个）		员工人数（人）	
		地市级机构数	县区级机构数	员工总数（含非正式员工）	正式员工数
2017	5	0	0	12	0
2018	5	0	0	12	0
2019	5	0	0	12	0
2020	5	0	0	12	0
2021	5	0	0	11	0

山东省银行业协会

【第一负责人简介】　益虎，男，汉族，中共党员，大学本科学历，1979年11月参加工作；历任中国农业银行东营市分行人事科副科长、办公室主任，东营市东营区支行行长，东营市分行副行长、行长、党委书记；2004年5月任中国农业银行山东省分行营业部总经理、党委书记，2008年9月任中国农业银行陕西省分行党委副书记（主持工作），2009年4月任中国农业银行陕西省分行党委书记、行长，2014年2月任中国农业银行山东省分行党委副书记（主持工作）；2014年6月至今任中国农业银行山东省分行党委书记、行长，2021年12月至今兼任山东省银行业协会会长。

柳林，男，汉族，中共党员，1987年9月参加工作；1987年9月至2005年11月，历任人民银行济南分行、山东银监局办事员、科长、副处长；2005年11月任山东省银行业协会专职副会长兼秘书长；2011年3月任山东银监局农村金融监管一处处长；2017年3月任滨州银监局党委书记、局长；2019年5月任济宁银保监局党委书记、局长；2021年8月起至今，任山东银保监局二级巡视员、山东省银行业协会专职副会长。

【综述】　山东省银行业协会成立于2001年6月，是经中国人民银行济南分行同意，山东省民政厅批准成立的非营利性社会团体，2003年业务主管单位变更为山东银监局，2018年业务主管单位变更为山东银保监局。截至2021年末，协会共有188家会员单位。协会本届理事会为第八届理事会，由2021年12月17日召开的第八届会员代表大会换届产生。本届会长单位是中国农业银行山东省分行，副会长单位是中国工商银行山东省分行、中国银行山东省分行、中国建设银行山东省分行、交通银行山东省分行、中国邮政储蓄银行山东省分行。根据《山东省银行业协会章程》和有关规定，山东省银行业协会由山东银保监局派驻的专职副会长主持日常工作；秘书处为协会日常办事机构，下设办公室、维权部、自律部、培训部、消保中心五个职能部门。

【党建工作】　强党建筑根基，规范协会自身建设。2021年，山东省银行业协会始终坚持党对一切工作的领导，以高质量党建引领高质量发展。聚焦党史学教“主线”。把党史学习教育作为贯穿全年工作的主题主线，深入学习领会习近平总书记“七一”重要讲话精神、党的十九届六中全会精神和习近平总书记视察山东重要指示要求，全年共召开支委会14次、支部党员大会5次、支部学习22次。坚持围绕中心服务大局。会同山东省保险业协会、山东省保险中介行业协会揭牌成立山东省银行保险业红色金融教育基地，打造传承红色金融精神平台高地。聚焦完善内部治理体系。建立会员代表大会制度，完成第八届协会领导班子换届选举。聚焦弘扬清廉之风。举办“建党百年暨清廉金融文化”微视频主题展映活动、书画作品山东巡展活动和“山东银行业清廉好故事征集活动”，收到会员单位报送清廉文化作品1054件，持续擦亮清廉金融文化“山东品牌”。

【行业自律】　强自律促合规，引领行业有序竞合。2021年，山东省银行业协会着力培育合规文化。接续行业规范“建设年”“深化年”，举办“行业规范建设知识竞赛”，123家会员单位、18.13万从业人员参与竞赛答题。开展“银行业从业人员职业操守和行为准则短视频征集活动”，选出优秀作品在山东省银行业协会官网和公众号展播。深化行业自律。科学研究并组织签订《山东省银行业金融机构优化周末节假日网点营业安排公约》，持续压降周末节假日网点营业数量，提升基层员工幸福感。编发《2020年山东银行业社会责任报告》，建立434人独立董事人才库名单。着力推进文明服务。指导推动山东银行业24家银行网点荣获“全国银行业文明规范服务千佳示范单位”。

【金融维权】　强维权防风险，维护行业合法权益。2021年，山东省银行业协会坚持从严打击逃废债。承办中银协“惩戒一批”调研座谈会，持续跟进“四个一批”信息报送，2021年通过公示催收累计收回本息15.54亿元。继续跟进银行机构胜诉案件诉讼费退还，全省银行机构收到返还诉讼费7.27亿元。风险防化进一步稳固。有序推进符合条件的债委会向联合授信转化，全年共解散债委会133家、变更主席行6家。开展“民法典下法律风险防控”主题征文，联合举办“第七届金融法律论坛”，为行业发展营造良好法治环境。

【金融消费者保护】　强消保化纠纷，提升消保工作合力。2021年，山东省银行业协会进一步畅通消保工作沟通机制。全年通过山东银行业“鲁众小保”平台受理投诉988件。压实机构消保主体责任。扩大省、市、县三级银行行长接待日公示范围。举办行长接待日22,721场，处理问题3,980个。拓展多元纠纷调解。凝聚省、市协会合力，综合运用诉调对接、律调对接、金融仲裁等多元模式调处纠纷案件，收到调解方赠送锦旗6面。深化金融知识普及。坚持集中化与常态化宣传相结合，集中开展“3·15”宣传周、普及金融知识万里行、金融知识普及月、金融知识进万家等集中宣教活动，常态化发布优秀金融知识宣教素材45篇，2021年全省银行业累计举办宣传活动10.50万场，触及消费者约7,949.60万人次。

【行业服务】　强服务提效能，助力行业改革发展。2021年，山东省银行业协会围绕建党百年宣传主题，大力开展红色金融史研究，深度挖掘北海银行、鲁西银行成长发展史，编发6.60万余字《山东银行业》“红色金融史”专刊。举办“赞歌献给党”主题征文活动，评选出122件优秀作品进行线上展播，营造山东银行业共庆建党百年浓厚氛围。助推监管政策落地，接续开展“内控合规管理建设年”“行业规范建设提升年”等集中宣传活动。讲好行业发展故事，联合16家主流媒体深入8地市24个区县开展山东银行业“传承红色金融基因”“金融助力乡村振兴”等基层行主题宣传，深度报道山东银行业在担当金融使命、服务乡村振兴中贡献的金融力量。坚持“服务监管，服务会员”，全年举办线上培训15期，联合四川大学举办线下高管培训1期，累计培训从业人员51万余人次。

（崔　红、于林丽、刘洪凯）

附表1

机构概况一览表

会长（或其他称谓的第一负责人）		专职副会长（或其他称谓的同级领导）	
益　虎		柳　林	
地址	山东省济南市经十路11666号奥体金融中心D栋11层	邮编	250014
网址	http：//www.sdba.org.cn/	联系电话	0531—8613591

附表2

内设部门及分支机构一览表

年度	内设机构（个）	下设分支机构（个）		员工人数（人）	
		地市级机构数	县区级机构数	员工总数（含非正式员工）	正式员工数
2017	5	0	0	21	8
2018	5	0	0	23	10
2019	5	0	0	21	10
2020	5	0	0	25	19
2021	5	0	0	25	20

山东省证券业协会

【第一负责人简介】 李玮，男，汉族，山东济南人，1962年4月出生，中共党员，博士研究生，正高级会计师；1983年8月参加工作，历任莱芜钢铁总厂财务处副处长、处长，莱芜钢铁股份有限公司财务部主任、副总经理，莱芜钢铁集团有限公司副总经理、总会计师、董事，鲁银投资集团股份有限公司总经理、董事长等职，为第十二届、第十三届全国人大代表；现任山东省鲁信投资控股集团有限公司党委书记、董事长，山东省证券业协会会长。

【综述】 山东省证券业协会是依据《社会团体登记管理条例》设立的山东省证券业自律组织，是非营利性社会团体法人。山东省证券业协会成立于2003年3月4日，其前身为山东省证券期货业协会，2009年3月正式更名为山东省证券业协会，接受山东证监局、山东省民政厅的业务指导和监督管理。自成立以来，山东省证券业协会紧密团结和依靠全体会员，严格落实《山东省证券业协会章程》规定，履行会员大会、理事会、常务理事会的各项决议，切实履行“自律、服务、传导”三大职能，在推进行业自律管理、反映行业意见建议、改善行业发展环境等方面发挥了积极作用。2013年，山东省证券业协会被山东省民政厅评为4A级社团组织。2015年11月28日，山东省证券业协会加入山东省社会组织总会，并成为其会员单位。截至2021年，山东省证券业协会共有会员单位596家，其中包括法人证券公司1家、证券分公司89家、证券营业部463家、证券投资咨询公司5家、私募投资基金管理机构38家。

【制度建设】 山东省证券业协会自成立以来，始终坚持党的领导，立足服务国家战略、推动行业发展、服务会员需求，建立了以会员大会、理事会、常务理事会、监事会为主体，权责清晰、分工明确的法人治理机构与组织架构，形成了互相制衡、有效运行的内部治理机制。协会坚持依法、合规、全面原则，持续健全会员管理、自律规则等自律管理制度以及人事管理、财务管理等内部制度，形成了以章程为统领，以自律管理、内部管理为两翼的制度体系。2021年，为进一步加强内部建设，山东省证券业协会在原有制度的基础上，制定了《山东省证券业协会例会工作制度》《山东省证券业协会网站管理办法》等制度，协会规范化运作水平进一步提升。

【行业自律】 山东省证券业协会在国家对证券业实行集中统一监督管理下，进行证券业自律管理，维护证券业的正当竞争秩序，促进证券市场的公开、公平、公正，推动证券市场的健康稳定发展。

一是切实做好投资者教育与保护工作。协会根据当年监管动态、资本市场热点问题，创新投资者教育形式，通过多种渠道、方式开展投资者保护常规与专项教育工作。2021年，山东省证券业协会克服疫情困难，通过知识竞赛、宣传征文、短视频征集、抖音话题挑战赛等形式组织“3·15”“5·15”、证券法宣传主题教育系列活动，取得了良好的教育宣传效果。

二是证券纠纷化解工作。山东省证券业协会积极探索并持续完善证券纠纷多元化解机制，打造多层次纠纷化解队伍，通过组织调研、举办专题培训等方式充分发挥证券经营机构、行业协会化解矛盾纠纷的合力作用，及时预防和化解证券纠纷，切实保护投资者合法权益。2021年，全年受理辖区投诉29件，和解率41.38%。

三是监管政策宣导及行业文化建设工作。山东省证券业协会借助协会官方网站、微信公众号等平台进行信息发布、组织综合及专题培训等方式，及时宣导中国证监会和山东证监局的监管政策、要求、处罚警示案例等，加强会员单位和投资者对监管政策的理解和认识，为辖区资本市场健康发展营造良好的舆论环境，推进辖区内行业文化建设。

【金融服务】 山东省证券业协会作为政府与会员的天然纽带，牢牢把握“服务会员、服务实体经济”宗旨，深刻洞悉会员需求，按照党的十九大及十九届历次全会、中央经济工作会议精神要求，通过考察调研、交流座谈、课题研究、组织培训等多种方式，引导、帮助会员单位进一步提升服务实体经济的能力。

一是开展调研、组织座谈活动，加强同会员单位的交流。2021年，协会对多家会员单位进行调研，广泛听取了大家对协会工作的意见和建议。通过举办“观澜读书会”活动，发挥协会沟通交流的平台价值，培育健康互助的资本市场文化，营造学习成长的良好氛围。

二是组织会员及从业人员培训工作。为促进证券经营机构合规经营。加强风险防范，推动证券公司业务发展，提升证券公司专业服务水平，2021年山东省证券业协会组织各类业务培训10次，培训从业人员达7,500人次，帮助从业人员及时掌握有关法律法规、监管要求与业务知识，提高了管理能力、综合素质与职业水平，更好适应行业创新发展的需要。

三是凝聚会员单位力量，开展行业热点问题课题研究。为了鼓励会员单位关注行业热点和重点问题，为行业监管提供参考意见，2021年山东省证券业协会继续开展证券行业调研课题申报工作，以课题研究为抓手，推动证券行业发展和行业规范。

（邢瀚允、赵丙煜）

附表1

机构概况一览表

会长（或其他称谓的第一负责人）		副会长（或其他称谓的同级领导）	
李 玮		袁西存、郑家文、林 鹏、刘华琦、李红英、张 庆、吴 倩、侯成伟（秘书长）	
地址	山东省济南市经七路86号1101室	邮编	250001
网址	http://www.ssfa.org.cn/	联系电话	0531—86131757

附表2

内设部门及分支机构一览表

年度	内设机构（个）	下设分支机构（个）		员工人数（人）	
		地市级机构数	县区级机构数	员工总数（含非正式员工）	正式员工数
2017	4	0	0	10	4
2018	4	0	0	8	4
2019	4	0	0	10	6
2020	4	0	0	13	9
2021	4	0	0	11	8

山东省期货业协会

【第一负责人简介】 刘庆斌，男，汉族，1969年12月出生，中共党员，高级经济师、注册会计师。1992年7月参加工作，1992年7月至1997年7月于济南第一机床厂任职工；1997年7月至2014年4月，历任济南市证券管理办公室科员，中国证监会济南证券监管办公室科员、副主任科员、主任科员，中国证监会山东监管局主任科员、副处长、处长，中国证监会期货监管部正处级干部、处长，中国证监会期货监管二部处长；2014年5月至今，历任鲁证期货股份有限公司党委书记、总经理，鲁证经贸有限公司董事长。2017年8月起担任山东省期货业协会会长，兼任中国期货业协会理事等职。

【综述】 山东省期货业协会是根据《社会团体登记管理条例》设立的山东辖区内期货行业自律组织，是非营利性的行业性社会团体法人。协会成立于2009年5月25日，注册地和常设机构所在地均为济南市，接受山东证监局、山东省民政厅的业务指导和监督管理，围绕“自律、服务、传导”三大职能开展工作。

【组织架构】 山东省期货业协会的职能是：负责组织山东辖内期货行业的调查研究、行业自律，反映会员诉求；提供业务培训、业务咨询、业务交流等行业服务，协助监管部门开展行业管理等。其宗旨是：遵守宪法、法律、法规和国家政策，遵守社会道德风尚；在国家对期货业实行集中统一监督管理的前提下，进行期货业自律管理；发挥政府与期货行业间的桥梁和纽带作用，为会员服务，维护会员的合法权益；坚持期货市场的公开、公平、公正，维护期货业的正当竞争秩序，保护投资者利益，推动期货市场健康稳定发展。

山东省期货业协会的会员为注册地在山东（不含青岛）的期货公司和证券公司、异地期货公司驻山东营业部、IB证券公司及其营业部、期货保证金存管银行、期货交割仓库、中介机构等；有关机构自愿申请加入山东省期货业协会，经理事会审议通过后正式成为协会会员。会员大会是协会的最高权力机构，由全体会员组成，每届五年；理事会在会员大会闭会期间领导协会开展日常工作，对会员大会负责；理事会每年至少召开一次会议；协会设会长一名、副会长若干名、监事一名、秘书长一名，协会设秘书处，作为协会日常办事机构。

【制度建设】 山东省期货业协会自成立以来，建立了脉络清晰、符合行业发展定位的制度体系，并根据行业发展与会员需求，持续健全完善各项制度，确保协会职能的有效发挥。山东省期货业协会制度体系包括管理制度、人事制度、财务制度、自律规则四个单元，覆盖山东省期货业协会内部管理、行业自律管理的方方面面。在山东证监局的指导下，经过充分征求会员意见，经理事会审议通过，协会制定发布了《山东辖区期货从业人员执业行为失信信息管理暂行办法》《山东辖区期货经营机构自律公约》等自律规则，以督导会员贯彻落实各项自律规则，促进辖区期货市场健康发展、同业间良性竞争。

【行业自律】 开展行业自律管理是山东省期货业协会的重要职能。2021年，山东省期货业协会以制度建设为保障、以理论培训为指导，通过自律管理保护会员正当利益，切实维护了市场和谐发展，促进了长效工作机制的建立。一是举办山东辖区期货经营机构合规培训，督促山东辖区期货经营机构规范业务运作，提升合规管理水平。二是在日常培训、座谈中，安排合规自律有关课程，持续强调严格监管、合规执业的重要性和必要性，促进辖区从业人员准确理解并自觉遵守各项法规政策。三是组织辖区期货经营机构开展居间人管理专项工作。四是组织期货经营机构做好投资者教育与保护工作，积极引导投资者理性投资，远离非法期货陷阱。

【金融服务】 作为期货市场与社会各界的重要桥梁和纽带，2021年，山东省期货业协会注重搭建交流平台，做好期货市场宣传、行业调研，促进行业间、市场间的业务交流与合作，提升期货服务实体经济发展质效。一是组织开展期货服务实体经济系列专题培训，提高产业企业利用期货工具进行风险管理的能力，更好地管理市场风险，促进产融结合，帮助产业企业健康发展。二是组织实体企业学习套期保值等期货及衍生品工具应用经验。三是组织从业人员学习期、现货知识和开展业务交流、产业基地调研等活动，提升期货经营机构服务实体经济的能力。

（季秋红、王海然、孙舒娃）

附表1

机构概况一览表

会长（或其他称谓的第一负责人）			
刘庆斌			

副会长（或其他称谓的同级领导）
高 军、张 艳、袁西存、季秋红、王海然（秘书长）

地址	山东省济南市经七路86号	邮编	250001
网址	http://www.sdfa.com.cn	联系电话	0531—86131789

附表2

内设部门及分支机构一览表

年度	内设机构（个）	下设分支机构（个）		员工人数（人）	
		地市级机构数	县区级机构数	员工总数（含非正式员工）	正式员工数
2017	1	0	0	6	1
2018	1	0	0	7	1
2019	1	0	0	8	2
2020	1	0	0	8	2
2021	1	0	0	8	2

山东省保险行业协会

【第一负责人简介】 胡伟，男，汉族，1968年10月出生，中共党员，大学本科学历，高级经济师；1990年9月参加工作，历任中国人民财产保险股份有限公司济宁市分公司办事处业务员，支公司副科长、科长、经理助理、副经理、经理，分公司副总经理，分公司党委书记、总经理；2010年12月，任中国人民财产保险股份有限公司济南市分公司党委书记、总经理；2011年2月，任中国人民财产保险股份有限公司山东省分公司党委委员、副总经理（2011年2月至2014年12月兼任济南市分公司党委书记、总经理）；2018年12月，任中国人民财产保险股份有限公司山东省分公司主要负责人；2019年2月，任中国人民财产保险股份有限公司山东省分公司党委副书记、副总经理（主持工作）；2020年5月至今，任中国人民财产保险股份有限公司山东省分公司党委书记、总经理，自2020年6月起兼任山东省保险行业协会会长。

董蓉，女，汉族，1976年7月出生，中共党员，研究生学历，硕士学位，中级经济师；2001年7月参加工作，历任济南保监办副主任科员，山东保监局副主任科员、主任科员；2009年3月任山东保监局统计研究处处长助理；2011年任山东保监局保险中介监管处副处长；2018年10月任山东银保监局保险中介监管处副处长；2019年4月任山东银保监局财产保险监管处副处长；2019年5月任山东银保监局财产保险监管处监管调研员；2019年6月任山东银保监局财产保险监管处二级调研员；2020年5月至2021年8月任山东省保险行业协会专职副会长（正处长级）；2021年7月至今，任山东银保监局财产保险监管处处长兼山东省保险行业协会专职副会长。

【综述】 山东省保险行业协会成立于1997年9月，是在山东省民政厅登记注册的社团法人，注册资金50万元。截至2021年12月，共有会员111家，其中省级财产险公司41家、人身险公司54家，市级保险行业协会16家。协会成立以来，已历任九届理事会。

【制度建设】 山东省保险行业协会在制度建设方面坚持依法合规的原则。一是具有较为完善的法人治理结构。协会建立了会员大会、理事会、会长办公会等工作机制，凡是协会和秘书处的重要事项，均按照章程规定的权限，由秘书长联席会、会长办公会、理事会、会员大会逐级审议通过，确保了公开、公平、民主办会宗旨的贯彻。二是修订了《山东省保险行业协会章程》，确立了专职副会长负责制的新管理体制，完善了协会内部治理架构，为协会的正常运行提供保证，为各会员单位的权利和义务提供保障。三是制定了《理事会议事规则》，建立理事会工作机制，发挥理事会的核心决策作用。四是制定了《山东省保险行业协会会员管理办法》，明确了会员分类、会籍管理、权利和义务等，规范了会员行为。五是制定了各项行业自律管理规则，为充分发挥行业自律职能奠定了制度基础。六是秘书处建立起以岗位责任制为重点的管理制度，形成了内部较为完善的制度体系。

【党建工作】 2021年，山东省保险行业协会以党支部标准化规范化建设为抓手，与山东银保监局财险处联合成立归属山东银保监局机关党委的财险处保协联合党支部，选优配强支部班子，建立省保协党小组，理顺党员组织关系，形成了组织体系健全、职能定位明晰、管理全面覆盖的组织架构，并制定党支部基本工作制度14项，为党支部规范化建设提供制度保障。协会将党史学习教育融入日常工作，成立青年理论学习小组，开展专业知识讲座，进行理论学习交流；并于七一前夕组织行业举办“奋斗百年路 启航新征程”山东保险业庆祝建党100周年暨清廉金融文化建设演讲比赛，深入推动全行业党史学习教育，加强行业清廉文化建设，展示从业人员良好的精神风貌和时代风采。全年共召开党员大会10次、支委会23次、组织生活会2次、支部学习25次、主题党日15次、党课4次、党支部的凝聚力和战斗力进一步加强。

【行业自律】 一是开展车险市场自律，深入推进车险高质量发展。制定《山东省车险市场自律检查方案（2021版）》，建立完善车险阈值监测机制，累计约谈24家省级机构，对339家次地市级机构采取自律措施。组织开展车险综合改革半年回溯分析，根据回溯结果，调整不同使用性质车型自主定价系数均值的自律监测值，引导行业车险精准定价。调整优化车险自律方案，对高赔付车型给予政策支持，推动解决营业车辆“投保难”问题，增加综合费用率监测指标，引导行业降费用、控成本。联合山东省机动车鉴定评估行业协会共同起草《事故车辆鉴定评估规范》并向山东省市场监督管理局申请山东省地方标准立项。二是制定《山东农业保险自律公约》，实现我省农险承保全部电子化，规范农险经营行为。三是根据行业发展需要适时修订《山东省人身保险新单回访自律公约》《山东省人身保险产品说明会自律公约》，组织各地市保险行业协会开展“产品说明会”“新单回访”自律检查；制定《山东省保险销售从业人员诚信信息管理自律公约》《山东省保险销售从业人员流动管理自律公约》《山东省保险销售从业人员销售能力资质分级分类执业管理自律公约》《山东省人身保险业讲师管理自律公约（试行）》《山东省机动车辆保险理赔人员从业管理自律公约》，加强对保险业讲师、销售从业人员、理赔查勘人员自律管理，配套建设上线“山东省保险从业人员信息系统”，破解长期以来存在的保险从业人员难以规范管理的问题。四是适时更新《山东省人身保险业销售宣传行为负面清单》，持续做好人身险销售误导综合治理工作。在制定地方性电子化回访标准的基础上，完成全省人身险公司电子化回访达标验收工作。组织开展人身险公司销售宣传行为负面清单线上测试，进一步提高从业人员合规意识。五是配合监管部门做好人身险销售行为可回溯管理，制定山东省人身保险“自保件”双录基本用语示例，组织全省“自保件”双录业务宣讲会，推动“自保件”双录工作顺利开展。

【金融服务】 2021年，山东省保险行业协会着力打造四个平台，服务行业转型发展。一是完善消费者权益保护平台。举办全省调解员线上培训班，统筹推进全省多元化纠纷化解工作。充分发挥“鲁众小保”消保维权渠道作用，全年共接收投诉1,084件，同比增长43.20%。统筹全省调解组织开展监管投诉转调解工作，全年共接收、分办各调解组织监管投诉转调解件2,016件，结案1,706件，结案率84.62%。组织开展全省保险公司线上反欺诈培训，提高从业人员反欺诈技能，上下联动组织行业对风险大数据开展筛查、打击。二是提升行业科技平台效能。召开“意外险业务风险预警系统及意外险改革分享交流会”暨系统培训会，优化提升已运行平台功能。升级交管综合服务平台，提升行业信息的准确性和出单效率。印发《车损险代位求偿理赔争议管理办法》和《车损险代位求偿理赔争议操作实务》，深挖车险理赔协查追偿系统使用潜力。优化中国银保信车险平台规则，调整车险投保手机号码校验规则，推动理赔实名、理赔拓展服务等功能上线。上线山东省保险行业综合管理系统，实现业务数据的业内共享。三是拓展行业宣传平台。精心打造“一网一刊一号（官网、《山东保险信息》、微信公众号）”综合信息宣传平台，为会员提供政策宣讲、活动展示、信息交流等综合服务。组织行业开展“3·15”保险消费者权益日、“7·8”全国保险公众宣传日、金融科普月、防范非法集资宣传月等活动，制作专题科普视频，强化消费者警示教育。与山东人民广播电台合作开展《保险新生活》科普知识宣传栏目，共播出节目30期。与凤凰网山东频道联合推出山东省首档保险科普类短视频栏目——“保”你有招，立足消费者经常遇到的保险案例及保险名词进行科普解读，推出视频节目24期，总点击量达5,500万次。四是搭建学术交流平台。举办行业学习贯彻中央和全省经济工作会议精神培训班、农业农村工作会议精神宣讲培训班、齐鲁保险大讲堂暨新能源汽车发展与保险理赔创新专题讲座，组织山东省人身保险公司职工职业技能竞赛，提高从业人员职业技能及专业知识水平；开展行业年度重点课题研究和主题征文活动，鼓励更多的理论骨干为行业发展建言献策；举办学术年会，回顾总结保险理论研究和学术交流工作情况，通报表彰主题征文获奖情况，开展清廉金融文化专题讲座。

（李法进、李晓、王 磊）

附表1

机构概况一览表

会长（或其他称谓的第一负责人）		副会长（或其他称谓的同级领导）	
胡 伟		董 蓉（专职）、魏成和、赵林增、邓 刚、郭 强、李 旭	
地址	山东省济南市经十路22068号山东出版智能产业大厦13楼	邮编	250002
网址	http://www.sdbx.org/	联系电话	0531—86197112

附表2

内设部门及分支机构一览表

年度	内设机构（个）	下设分支机构（个）		员工人数（人）	
		地市级机构数	县区级机构数	员工总数（含非正式员工）	正式员工数
2017	6	0	0	30	27
2018	6	0	0	26	26
2019	6	0	0	31	26
2020	7	0	0	35	30
2021	7	0	0	37	32

第四部分

政策性银行

国家开发银行山东省分行

【第一负责人简介】 况澜，男，1964年9月出生，重庆人，中共党员，高级工程师，研究生学历。1990年1月进入国家交通投资公司工作；1994年3月加入国家开发银行总行；2007年7月起先后担任国家开发银行湖北省分行副行长、风险管理局副局长、住宅金融事业部住宅评审局局长；2019年7月至今任国家开发银行山东省分行（简称开发银行山东分行）党委书记、行长。

【综述】 2021年，开发银行山东分行以习近平新时代中国特色社会主义思想为指导，坚持党建统领，将党史学习教育成果转化为业务可持续发展动力，聚焦主责主业，围绕山东省“七个走在前列”“八大发展战略”“九个强省突破”“十强现代优势产业集群”等工作部署，凝心聚力，积极作为，各项工作取得良好业绩。开发银行山东分行全年实现本外币授信承诺超过2,000.00亿元，人民币贷款发放863.00亿元，助力山东“三个走在前”。

第一，提高政治站位，服务国家区域战略和能源供应安全。一是融资融智支持黄河流域生态保护和高质量发展。将支持黄河流域生态保护和高质量发展作为重大政治任务，成立工作专班，加强系统谋划。在习近平总书记赴东营考察调研后，开发银行山东分行第一时间主动上门，对接东营市人民政府及黄河三角洲农高区，推动东营黄河滩区光伏电站规划合作贷款3,400.00万元项目快速落地。编制《山东黄河流域生态保护和高质量发展融资规划》《东营黄河三角洲生态保护和高质量发展研究》，策划推动一批重点项目，2021年发放黄河战略贷款212.00亿元。二是服务煤炭电力保供需求。面对能源电力供应紧张、煤炭保供稳价的严峻形势，开发银行山东分行快速行动，第一时间与山东能源集团、兖州煤业、华能山东发电等企业对接，短时间内实现紧急授信149.00亿元，发放煤炭保供专项贷款70.00亿元，全力保障国家能源供应安全。

第二，创新融资模式，推进市场化转型发展。开发银行山东分行坚持守正创新，积极探索以市场化方式支持地方发展的新路径。一是创新推进城市更新业务。在多轮次赴北京、上海等地调研的基础上，探索符合山东实际的市场化融资思路，确定了“三统筹”业务模式，推动济南明府城、潍坊寒亭老旧工业厂区等一批有影响力的城市更新项目落地实施。同时，坚持规划先行，通过为政府提供政策咨询，协助推动烟台、潍坊等地城市更新整体高起点规划，制订三年行动计划并纳入国家城市更新首批21个试点城市。二是大力推进“百县千亿”行动计划。成立15个工作组，加快项目开发评审，实现一批县域垃圾污水项目落地。其中，泰安市全域垃圾分类24.50亿元贷款项目成为开发银行在全国范围内首个落地的地市垃圾统筹一体化项目，鱼台县域水环境综合治理8.60亿元贷款项目是山东省首个银政合作推进的生态环保重大工程项目。

第三，持续巩固传统业务，支持交通能源重大项目建设。开发银行山东分行着力发挥开发性金融在关键时期的逆周期调节作用，保障全省交通基础设施和能源领域重大项目资金需求，发放相关领域贷款483.00亿元，服务地方经济稳增长。一是支持交通基础设施建设，不断加大对高速公路项目支持力度，全年发放贷款超百亿元；同时发放铁路贷款38.00亿元、轨道交通贷款126.00亿元。二是支持绿色低碳和清洁能源项目。全年发放绿色产业贷款326.00亿元，发放清洁能源贷款122.00亿元，支持绿色产业及核电、风电、光伏、抽水蓄能等新能源项目建设。三是助力打造对外开放新高地。发放贷款5.00亿元支持中欧班列“齐鲁号”规划运营，服务共建“一带一路”倡议，护航省内企业“走出去”。

第四，支持科技创新，服务民生改善。一是支持科技创新和先进制造业发展，发放科技创新和基础研究贷款15.00亿元、先进制造业和战略新兴产业贷款151.00亿元、制造业中长期贷款91.00亿元，重点支持了万华化学、浪潮信息等一批山东省装备制造领域重点龙头企业，促进产业技术改造和优化升级。二是助力乡村振兴，推动脱贫攻坚与乡村振兴有效衔接，借助山东农业大省优势，与省内产业龙头企业持续深化合作，与省交通厅探索开展农村公路建设融资合作，服务沂蒙革命老区振兴发展，全年发放乡村振兴贷款132.00亿元。三是支持保障性住房建设，发放各类保障性住房贷款66.50亿元，其中，向全省首个保障性租赁住房项目——济南新旧动能转换起步区租赁住房项目授信7.00亿元，发放首笔贷款1.30亿元。四是支持应急救灾。综合运用各类专项金融工具，积极应对疫情冲击，保障地方政府、重点企业应急资金需求，向日照发放疫情防控专项应急贷款3,000.00万元，向滨州发放雨洪风雹灾害应急贷款2,500.00万元。五是大力开展助学贷款业务，落实提额政策，全年发放贷款15.50亿元，发放额再创新高。六是支持小微企业，发放转贷款144.20亿元，支持小微企业和个体工商户超过5,000户（次）。

【计划资金管理】 2021年，开发银行山东分行严格落实宏观调控要求，主动服务和融入构建新发展格局，聚焦主责主业，助推山东高质量发展。积极争取总行规模资源倾斜，加大对实体经济支持力度，持续优化信贷结构，助力山东畅通双循环经济发展格局，重点服务黄河流域生态保护和高质量发展，助力巩固拓展脱贫攻坚成果同乡村振兴有效衔接，大力支持科技创新发展，加大绿色金融供给，推动冬春季节能源保供稳价金融服务，坚定不移保障和改善民生，积极转贷支持中小微企业发展。通过制订经营计划，落实管理清单化、责任化，加强综合平衡和动态调控，确保金融资源精准配置到各重点领域和薄弱环节。提升资金头寸预测准确性、及时性，提高流动性精细化管理水平，加强资金头寸日常调度及资金运作，动态掌握资金流量，提前做好计划安排，对于突发性的紧急资金需求，及时与总行沟通，保障各类用款需求。

【信贷项目及管理】 2021年，开发银行山东分行在积极发挥金融“输血造血”功能的同时，根据监管部门、总行规定、驻地实际，不断加强差异化信贷管理，审慎合规，做好信贷资产综合分析、发放支付审核、资产质量管理、担保管理、征信管理等贷后基础性管理工作，扎实支持实体经济；不断强化全面风险管理体系建设，扎实做好风险管理基础工作，充分利用各种风险管理手段和工具，主动、持续进行风险监控，及时识别、评估潜在风险，在打赢金融风险化解三年“攻坚战”的基础上，将风险“攻坚战”转为“持久战”，采取各种手段积极化解不良贷款，维护国有金融资产安全和权益，全面落实风险管理责任，服务山东经济社会高质量发展。

【金融债权维护】 2021年，开发银行山东分行继续按照依法合规原则开展不良化解工作，按照总行统一部署，通过债权转让、诉讼、应对破产等手段开展不良资产处置。落实总行“充分暴露风险，做实资产质量”要求，对存在难点的回收项目进行动态化管理，一手抓风险出清，一手抓核后回收，坚持两手抓、两手硬，力争颗粒归仓，最大限度保障开行权益。统一思想，夯实责任，明确任务，建立健全制度基础，强化风险识别预警，落实风险防控措施，制订不良项目化解计划，为全流程、全方位防范化解贷款风险、保障资产质量和维护金融债权提供机制保障、组织保障和人员保障。

【筹资工作】 开发银行作为中长期债券银行，信贷资金来源主要为发行金融债券，存款业务是筹资的重要补充方式。2021年，开发银行山东分行根据总行存款工作要求，重视做好存款方面的相关工作，提高筹资来源多元性，统筹兼顾，确保发展。

【电子化建设】 2021年，开发银行山东分行信息科技工作聚焦主动作为、真抓实干、迅速行动、强化落实，以运维保障、网络安全和信息化建设为重要抓手，创造性地打造有态度、有广度、有温度的科技赋能机制，办实事、送服务、解难题，力求“服务新发展、科技建新功”。一是主动担当，统筹新核心系统上线准备工作，成立“新核心系统推广领导小组和实施工作组”。搭建科技软硬件环境，全年先后组织六轮数百次业务条线验证演练并形成报告。二是圆满完成2021年度网络攻防应急演练和“建党100周年”网络保障任务以及人民银行组织的2021年“国家网络安全宣传周”活动，得到总行科技部的肯定。三是联合青岛分行首次构建了分行间IT合作机制，形成合作备忘录，共同应对数据异地备份缺失和系统开发难等风险，实现“互助、互备、互享”。四是信息安全教育培训常抓不懈。多形式、多渠道提升信息安全技术水平和安全防护意识，多视角、多维度开展外包人员安全教育，提高外包人员信息安全意识；并定期开展外包风险评估，严格外包管理。

（刘 娱）

附表1

机构概况一览表

行长（或其他称谓的第一负责人）		副行长（或其他称谓的同级领导）	
况 澜		刘万新、刘思嘉、王 强、徐文强	
地址	山东省济南市经十路11666号开行大厦	邮编	250002
网址	http://www.cdb.com.cn/	联系电话	0531—81928100

附表2

内设部门及分支机构一览表

年度	内设机构（个）	下设分支机构（个）		员工人数（人）	
		地市级机构数	县区级机构数	员工总数（含非正式员工）	正式员工数
2017	20	0	0	218	218
2018	21	0	0	223	223
2019	21	0	0	232	232
2020	21	0	0	240	240
2021	22	0	0	254	254

国家开发银行青岛市分行

【第一负责人简介】 石太峰，男，中共党员，1968年出生，北京大学经济法专业毕业，博士研究生学历、学位，高级经济师。1990年至1994年任职于化工部监察局；1994年进入国家开发银行工作；2008年至2019年，先后担任国家开发银行青岛市分行副行长、国际金融局副局长、加拉加斯代表处首席代表（正局级）；2019年7月起任国家开发银行青岛市分行（简称开发银行青岛市分行）党委书记、行长。

【综述】 2021年，开发银行青岛市分行坚持以习近平新时代中国特色社会主义思想为指导，认真贯彻党中央、国务院决策部署，积极落实总行党委工作要求，不断强化政治担当，扎实开展党史学习教育，切实加强党的领导和党的建设，充分发挥开发性金融优势和作用，全力服务国家战略和实体经济发展，各项工作取得显著成效，实现"十四五"良好开局。截至2021年底，开发银行青岛市分行管理资产2,723.53亿元，表内资产总额为2,220.96亿元；本外币贷款余额为2,041.39亿元（含转贷款45.50亿元），人民币非个人中长期贷款、外汇贷款余额均居地区同业第一位；不良贷款率为零，较好地实现了发展、风险与收益的统筹平衡。

一是不断提升党建工作质量。认真学习贯彻党的十九届六中全会精神，"一把手"带头宣讲，营造全员研学《中共中央关于党的百年奋斗重大成就和历史经验的决议》的良好氛围。扎实开展党史学习教育，加大集中学习研讨力度，以"精品化、视听化、现场化"打造一系列特色活动，精心组织"七一"主题党日和庆祝建党100周年活动，不断提高党史学习教育成效。认真做好"我为群众办实事"实践活动，积极服务革命老区、绿色金融、民生金融等领域发展。坚持全面从严治党向纵深发展，加强班子自身建设，强化支部书记"一岗双责"履职监督，层层压实管党治党责任，着力推进基层党建全面进步、全面过硬。筑好党建带群建大舞台，积极开展文化活动，关注员工实际需求，使员工获得感、幸福感、归属感日益增强。持续加强党风廉政建设，加强员工教育管理监督，巩固风清气正的良好政治生态。

二是牵头保障战略性重大项目融资需求。牵头发放银团贷款，支持轨道交通、机场、港口等重大基础设施项目建设，被青岛市委、市政府评为机场建设及转场工作先进集体。主动对接青岛市委、市政府工作部署，成为青岛市城市更新和城市建设总指挥部成员单位，积极宣介"开行方案"，推动完善政策体系，持续创新融资模式，融智、融制、融资，支持城市更新项目建设。

三是服务科技创新和制造业高质量发展。围绕集成电路、轨道交通装备、生物医药、新能源汽车、新材料等重点领域，积极调研对接客户融资需求，提高贷款评审和发放效率，助力加快新旧动能转换。支持关键核心技术攻关，增强项目研判能力和跟踪韧劲，积极推动企业纳入总行科技型企业名单，运用科技创新和基础研究专项贷款等产品，助力企业提升核心竞争力。

四是持续提升绿色金融服务能力。认真落实碳达峰、碳中和战略部署，加大绿色产业和清洁能源产业项目开发力度，实现绿色产业贷款和清洁能源产业贷款增速不低于各项贷款增速的目标，绿色贷款余额居同业首位。全力助推县（区）域垃圾、污水处理，下沉一线深入对接，加大贷款支持力度，支持一批农村垃圾、污水处理设施建设，助力打造绿色人居环境。积极创新融资模式，实现开发银行青岛市分行首个可再生能源电价补贴确权贷款项目落地。

五是倾心服务乡村振兴和社会民生。进一步健全支持乡村振兴工作机制，研究制订支持乡村振兴工作方案，加强与青岛市、县两级政府部门沟通对接，支持一批农村产业、基础设施升级和农村环境改善项目建设，助力打造乡村振兴齐鲁样板先行区。深化与地方商业银行机制合作，通过转贷款等方式加大金融服务力度，惠及民营和小微企业1,000余户。扎实做好生源地助学贷款工作，助学贷款受理人数和金额均创历史新高。

六是服务共建“一带一路”高质量发展。发放“一带一路”专项贷款，支持重点项目建设。深挖青岛企业外汇融资需求，服务本土企业“走出去”。积极支持上合示范区建设，实现项目贷款发放新突破，助力打造“一带一路”国际合作新平台。

【计划资金管理】 2021年，开发银行青岛市分行加强运行调度与经营分析，做好多情景预案，确保资源实现最优化配置。稳步推进利率改革创新，积极利用各类专项贷款利率优惠政策，有效发挥开发性政策工具的精准滴灌作用。做好资金统筹和头寸管理，合理丰富资金运用途径，进一步提高资金收益。同时，充分发挥开发性金融逆周期调节作用，加快资金支付进度，提高资金利用效率，增强对实体经济的推动作用。

【信贷项目及管理】 2021年，开发银行青岛市分行不断完善信贷管理长效工作机制，加强“贷前调查、贷时审查、贷后检查”，以“严审查、强管理、勤调度、深检查、优服务、重培训”的信贷管理工作措施，持续强化对薄弱环节风险把控。夯实全流程信贷管理模式，严抓信贷管理要点，规范合同审查、担保管理、贷款发放支付、资产质量分类等重点环节，信贷管理精细化水平显著提升。

【金融债权维护】 2021年，开发银行青岛市分行积极稳妥防控金融风险，持续优化全面、全员、全流程风险管控，资产质量保持优良。科学高效开展授信评审和审查审议，进一步完善规章制度体系，强化对重点领域的风险分析，不断提高风险预研预判能力。严把客户项目准入关口，加强客户准入精细化管理工作。

【筹资工作】 开发银行的信贷资金来源主要为发行金融债券，存款业务为重要的补充方式。2021年，开发银行青岛市分行根据总行存款工作要求，不断完善存款工作长效机制，拓宽存款来源，促进存款工作精细化管理水平的提升，优化资产负债结构。

【电子化建设】 2021年，开发银行青岛市分行优化信息科技治理体系，强化信息安全和科技风险管控，做好源头数据质量管理，有序开展信息科技基础设施完善，全面提升信息科技服务能力，为助推业务发展、提升内部管理和强化全面风险防控提供强有力的支撑。

（宋绍滨、郭 凯）

附表1

机构概况一览表

行长（或其他称谓的第一负责人）		副行长（或其他称谓的同级领导）	
石太峰		李国颂、李 杨、穆 岚、李相君	
地址	山东省青岛市东海路15号甲联通大厦17层	邮编	266071
网址	http://www.cdb.com.cn	联系电话	0532—81978277

附表2

内设部门及分支机构一览表

年度	内设机构（个）	下设分支机构（个）		员工人数（人）	
		地市级机构数	县区级机构数	员工总数（含非正式员工）	正式员工数
2017	18	0	0	135	135
2018	18	0	0	137	137
2019	19	0	0	143	143
2020	19	0	0	148	148
2021	20	0	0	151	151

中国农业发展银行山东省分行

【第一负责人简介】 江卫国，男，1964年1月生，江西省南昌市人，中共党员，高级经济师，硕士研究生学历。1983年参加工作以来，先后在江西省经济贸易委员会农业处、江西省人民政府农村工作办公室生产处、江西省委办公厅经济信息处工作；1995年到中国农业发展银行工作，历任中国农业发展银行江西省分行办公室副主任、开发信贷处副处长、人事教育处副处长，新余市分行行长、抚州市分行行长、江西省分行办公室主任；2005年12月任中国农业发展银行江西省分行党委副书记、副行长；2016年11月任中国农业发展银行云南省分行党委书记、行长，2020年9月起任中国农业发展银行山东省分行（简称农发行山东省分行）党委书记、行长。

【综述】 2021年，农发行山东省分行在山东省委、省政府和农发行党委的坚强领导下，在金融监管部门的指导和帮助下，坚持以习近平新时代中国特色社会主义思想为指导，深入学习贯彻党的十九大和十九届历次全会精神，深入开展党史学习教育，坚决推进创新转型，不断深化内部改革，切实加强合规管理，积极防控金融风险，各项工作取得显著成效。

一是党建引领，全面从严治党深入推进。坚持把党建作为“根”和“魂”，以习近平新时代中国特色社会主义思想为指导，深入学习贯彻党的十九届六中全会精神，把政治建设摆在首位，把稳改革发展的正确方向，推进党建与业务深度融合。把党史学习教育作为重大政治任务，学党史悟思想，办实事解难题，开新局促发展，传承伟大“建党精神”，坚决拥护“两个确立”。提炼农发行山东省分行党建理念“党建赋能、深耕‘三农’、金融工匠、齐鲁先行”，用理念引领方向、凝聚共识。

二是聚焦主业，信贷支农惠农成果丰硕。树立“四个走在前列”发展导向，锚定建设“大行强行”目标，2021年发放贷款1,068.60亿元，贷款余额首次突破4,000.00亿元，较年初增加475.00亿元，余额和增量创历史新高。实现粮棉油贷款累放累收449.00亿元，支持收购粮食市场份额占比达58.00%。办理系统首笔跨境资金集中运营业务，首笔债券承销业务实现突破。产业客户条线、基础设施客户条线、中长期、黄河流域生态保护、水利、农地、绿色、农村承包土地经营权抵押贷款和国际结算业务量等9项业务指标均居系统首位，业务大行地位不断巩固。

三是夯实基础，经营管理水平不断提高。全年累计处置清收不良贷款5.97亿元，不良贷款余额为6.05亿元，不良贷款率为0.15%，降至近十年最低水平，资产质量居全省大型银行机构首位。积极开展支农资金筹集，各项存款余额846.70亿元，日均存款余额925.40亿元，均居系统第二位。未发现存在案件风险，内控评价考评得分居系统首位。实现FTP利润45.30亿元，创历史最高水平，高居系统首位，财务可持续能力进一步提升。

四是深化改革，高质量发展动能持续增强。按照总行“八项改革”“八大工程”部署，积极推动改革向基层延伸落地。建立银政合作、政策宣讲、项目对接“三位一体”营销模式，与16个地市政府签订战略合作协议。优化办贷机制，实行项目、担保、区域、利率“四个差异化”办贷。深入推进计财运营改革，成为运营全国大集中第一批上线行，系统内首批开展多级账户业务试点。

【业务发展】 2021年，农发行山东省分行始终牢记“支农为国、立行为民”使命，聚焦“三农”主业，紧跟政策导向，持续加大金融支农力度，以服务乡村振兴齐鲁样板为总抓手，突出发挥“当先导、补短板、逆周期”作用，把优势业务打造为支柱业务、明星业务，擦亮更多农业政策性金融“山东品牌”。

一是巩固立行之本，全力保障国家粮食安全。主动发挥粮食收购资金供应主渠道作用，发放粮棉油贷款184.00亿元，支持省级储备粮增储5.49亿斤，支持收购粮食占全省市场份额的58.00%。推动建立省级粮食收购贷款信用保证基金4.00亿元，加大对市场化收购的支持力度。积极拓展“农地+”模式，发放农村土地类贷款51.00亿元，大力支持耕地占补平衡、未利用地开发、工矿废弃地复垦等项目，新增耕地1.20万亩。

二是聚焦“三农”主业，全力打造乡村振兴齐鲁样板。与山东省发展改革委联合建立全省乡村振兴重大项目库，累计支持项目357个、审批贷款1,592.00亿元。审批产业振兴贷款393.00亿元，支持50余个特色产业，打造品牌强农“山东样板”，助力“齐鲁灵秀地 品牌农产品”叫响全国。大力支持巩固拓展脱贫攻坚成果同乡村振兴有效衔接，积极参与“东西部协作”和“万企兴万村”，发放有效衔接帮扶贷款129.80亿元，贷款余额205.30亿元，均居全省金融系统首位。大力支持解决种子问题，种业贷款余额21.30亿元，支持袁隆平海水稻三产融合示范园、中国农创港国际种子研发等项目，为百余家种子研发企业搭建农业科技创新平台。

三是凸显政策属性，全力服务国家和全省重大战略。支持黄河流域生态保护和高质量发展战略。2021年累计发放黄河流域生态保护和高质量发展贷款314.90亿元，贷款余额为1,163.10亿元，发放额和余额均居系统首位。习近平总书记2021年10月视察的东营黄河三角洲农高区和东营垦利区杨庙社区项目均由该行贷款支持。支持“碳达峰碳中和”战略。大力推行绿色发展理念，打造“绿色银行”品牌，2021年绿色信贷余额为1,305.00亿元，居系统首位，支持治理矿山26座，保护湿地3,548.20亩，新增林地1.20万亩。支持城乡融合发展战略。推动新型城镇化建设，重点支持10个新型城镇化建设示范县及省级特色小镇建设。推动城乡融合发展，支持国家城乡融合发展试验区济青局部片区建设，推动保障性安居工程落地。与山东省住建厅联合举办全省城镇老旧小区改造工作现场观摩会，支持改造老旧小区93个、惠及34万人。

【信贷管理】　2021年，农发行山东省分行狠抓风险防控和合规管理，坚决补齐信贷管理短板。深入推进内控合规垂直管理，构建“三横三纵”网格化监督管理体系。统筹开展“规范建设提升年”“内控合规管理建设年”活动，积极配合山东银保监局“1+6”现场检查。加强法律诉讼管理，推行“1+1+8”法律审查机制。持续开展数据治理，开发“广义信贷标准化报表校验工具”，为基层减负。将洗钱风险纳入全面风险管理体系，进一步优化履行反洗钱义务的各项流程控制。建立重点项目联合办贷机制，打破条线限制，优化办贷流程。推行成熟项目放款前置审查机制，对放款条件成熟的项目，优先调查、优先审查、优先投放。做实贷后管理，制定差异化贷后检查与管理标准。组织开展案防专项治理行动，开展“市县行一把手讲案防”活动。

【风险防控】　2021年，农发行山东省分行认真落实新发展理念，努力平衡好“十大关系”，牢牢守住不发生系统性风险底线，在严防新增不良的基础上持续推进“双降”。大力宣贯风险合规文化理念，构建具有农发行山东省分行特色的“PACT”契约式全面风险管理机制。加强风险监测，全面梳理风险底数，制订风险企业处置预案。实行全口径风险管理，对不良贷款、视同不良贷款、关注类贷款进行整体考量、通盘处置，全年累计处置清收不良贷款5.97亿元，清收处置视同不良贷款1.70亿元，清收处置关注类贷款7.74亿元，清收风险基金2.01亿元。

【运营管理】　2021年，农发行山东省分行努力“开源节流”，平衡好减费让利和财务可持续的关系，落实各项重点改革任务。做好首年优惠政策过渡衔接，切实让利实体经济，2021年新发放普惠小微企业贷款加权平均利率为3.46%，较金融同业平均利率低213个基点。持续优化财务资源配置，激励性财务费用提升到50.00%以上，重点向政策性业务倾斜。稳步推进客户经理制试点，全力以赴推进运营全国大集中，上线手机银行，丰富银企直联、网上银行业务办理功能，持续推广C2B资金归集业务。接入农民工工资支付监管平台，系统内首批开展多级账户业务试点。办理系统首笔跨境资金集中运营业务，被国家外汇管理局山东省分局评为“2021年度外汇业务合规与审慎经营评估A级行”。

（刘凤彬、张　军、侯方宇）

附表1

机构概况一览表

行长（或其他称谓的第一负责人）		副行长（或其他称谓的同级领导）	
江卫国		吴辉家、薛　莹、马文荣、时祝华、孙晓东、许　静	
地址	山东省济南市经十路20908号	邮编	250002
网址	http://www.adbc.com.cn/	联系电话	0531—85189199

附表2

内设部门及分支机构一览表

年度	内设机构（个）	下设分支机构（个）		员工人数（人）	
		地市级机构数	县区级机构数	员工总数（含非正式员工）	正式员工数
2017	18	17	107	3,295	3,295
2018	18	17	107	3,189	3,189
2019	19	17	107	3,198	3,198
2020	19	17	107	3,121	3,121
2021	19	17	107	3,059	3,059

中国进出口银行山东省分行

【第一负责人简介】 白华峰，男，1972年3月出生，大学本科学历，中共党员，1989年参加工作。历任中国进出口银行优惠贷款部干部，圣彼得堡代表处代表（副处级），公司业务部副总经理，公司客户部副总经理。现任中国进出口银行山东省分行（简称进出口银行山东省分行）党委书记、行长。

【综述】 2021年，进出口银行山东省分行以习近平新时代中国特色社会主义思想为指导，贯彻落实党中央、国务院决策部署，立足山东省经济发展实际，充分发挥政策性金融逆周期调节作用，全力支持国家战略和实体经济发展。截至2021年末，进出口银行山东省分行本外币贷款余额合计1,411.02亿元，同比增长11.55%。

【经营管理】 2021年，在省委、省政府的大力指导和帮助下，进出口银行山东省分行以习近平新时代中国特色社会主义思想为指导，坚决贯彻党中央决策部署，聚焦山东省“八大发展战略”“九大改革攻坚”“十强现代优势产业集群”“七个走在前列”“九个强省突破”等重点工作部署，全力服务山东经济高质量发展，努力为山东省实现“十四五”良好开局作出积极贡献。

一是坚持全面贯彻新发展理念，服务经济高质量发展。全力服务外贸高质量发展。进出口银行山东省分行立足山东外向型经济的区位优势，积极落实前期抗疫情稳外贸联合工作方案，不断扩大外贸信贷投放范围，精准支持省内重点外贸企业发展，着力创新服务外贸新业态、新模式，取得了显著成效。截至2021年末，进出口银行山东省分行外贸产业贷款余额为1,015.99亿元，占比为72.00%，同比增长21.04%。

全力服务新旧动能转换。进出口银行山东省分行聚焦山东省内新一代信息技术、高端装备、生物医药、新能源等“十强”产业“雁阵形”集群，加强对行业重点项目和产业链核心企业的信贷支持力度，改造提升传统动能，培育壮大新动能。截至2021年末，进出口银行山东省分行制造业贷款余额为717.44亿元，同比增长15.65%；战略新兴产业贷款余额为284.03亿元。

全力服务黄河流域生态保护和高质量发展。进出口银行山东省分行立足“沿黄九市”及全省辐射区，以服务黄河流域综合立体交通网建设为重点突破，优选高质量合作项目，助推落地实施。截至2021年末，省内“沿黄九市”本外币贷款余额为504.70亿元，同比增长20.71%。

全力服务海洋强省建设。进出口银行山东省分行积极服务海洋强省建设行动，助力山东建设海洋高质量发展战略要地。截至2021年末，进出口银行山东省分行涉海领域贷款余额为52.59亿元，同比增长9.45%。

二是坚持服务高水平对外开放，激发高质量发展动力活力。全力服务“一带一路”建设。进出口银行山东省分行深度融入“一带一路”倡议，支持企业参与“一带一路”建设和海外工程承包业务。截至2021年末，“一带一路”贷款余额为543.88亿元，同比增长18.26%。

全力服务外贸集聚区和开放型平台建设。进出口银行山东省分行持续加大对山东自贸区、上合示范区、国家级经济技术开发区等开放平台的支持力度，与上合示范区签署战略合作协议，推动开放型经济建设，构建国内国际双循环通道。截至12月末，山东自贸区、上合示范区、国家级经济技术开发区贷款余额合计531.46亿元，同比增长21.82%。

三是坚持以客户为中心，提高金融综合服务水平。持续优化升级贸易金融服务。加强产品协同应用，精准对接供应链核心企业需求，综合运用信贷、贸金、衍生品等产品组合，为企业量身定制一揽子金融服务方案，业务规模稳中有升，业务结构持续优化。截至2021年末，实现贸金业务量384.00亿元，同比增长10.00%。

持续提升普惠金融服务。发挥政策性金融在普惠领域的引领和带动作用，切实服务好小微企业。加强与地方商业银行的合作，新增2个转贷平台。截至2021年末，进出口银行山东省分行银行类转贷平台9个，转贷款余额99.00亿元，新增12.00亿元，支持小微企业共计1,757户。

持续做好金融辅导工作。以服务企业为中心，不断优化融资环服务能力，切实提高企业融资可得性，为实体经济发展注入“金融辅导”新动能。截至2021年末，进出口银行山东省分行省级、市级2支辅导队累计为11家企业办理52.88亿元融资业务，企业融资成本显著降低，金融辅导工作全面提质增效。

【转贷业务贷后管理】 截至2021年末，山东省共有转贷项目75个，主要集中在教育、医疗、工业、农业等领域，贷款资金主要来源于日本、以色列、德国、法国、美国等政府及政策性金融机构。贷后检查主要以会谈、走访借款人及担保人为主，以提供财务报表、电话问询、网络信息查询等非现场检查方式为辅。

【风险化解与防范】 进出口银行山东省分行按照“一类一方、一户一策”原则，统筹推进风险项目的化解工作。截至2021年末，进出口银行山东省分行不良贷款率为1.33%，低于全行和山东省内平均水平。

（国 莹）

附表1

机构概况一览表

行长（或其他称谓的第一负责人）		副行长（或其他称谓的同级领导）	
白华峰		关海英、贾中园、杨海亮	
地址	山东省青岛市市南区东海西路2号甲	邮编	266071
网址	http://www.eximbank.gov.cn	联系电话	0532—80899999

附表2

内设部门及分支机构一览表

年度	内设机构（个）	下设分支机构（个）		员工人数（人）	
		地市级机构数	县区级机构数	员工总数（含非正式员工）	正式员工数
2017	8	0	0	77	71
2018	9	0	0	75	69
2019	9	0	0	79	74
2020	9	0	0	87	82
2021	10	0	0	90	85

第五部分

国有商业银行

中国工商银行股份有限公司山东省分行

【第一负责人简介】 赵桂德，男，1970年8月出生，吉林省吉林市人，中共党员，硕士研究生学历，高级经济师；历任中国工商银行吉林省分行党委委员、副行长兼营业部党委书记、总经理，中国工商银行内蒙古分行党委书记、行长；2019年11月担任中国工商银行股份有限公司山东省分行（简称工行山东省分行）党委书记、行长，第十二届山东省政协委员。

【综述】 2021年，在人民银行济南分行的指导帮助下，工行山东省分行秉持服务初心，扛起大行担当，坚决贯彻政策导向，持续提升供给能力，努力为全省高质量发展贡献全部力量。2021年，工行山东省分行本外币贷款增量破千亿元，创历史新高，余额突破9,000.00亿元，是省内唯一跨越这个关口的国有商业银行。在实际工作中，重点做好以下“四个坚持”。

第一，坚持服务实体，争当支持发展的“主力军”。围绕全省发展大局，制定出台投融资规划，体系化完善融资布局，系统性提高供给能力，为实体经济注入更多“金融活水”。2021年，工行山东省分行全口径融资累计投放6,057.00亿元，各项贷款累计投放4,379.00亿元，同比增长1,000.00亿元以上，排名四大国有银行首位，贷存比达109.00%。一是服务黄河流域生态保护和高质量发展。绿色贷款余额、增量排名可比同业“双第一”，“沿黄九市”公司贷款增量占比超过73.00%，余额突破3,200.00亿元，排名同业第一。二是支持科技自立自强。在省内首家成立科创企业金融服务中心，协助举办2021山东创新创业共同体第一届“揭榜挂帅”活动，科创企业贷款增量达百亿元，余额超800.00亿元。在人民银行总行易纲行长主持召开的座谈会上，工行山东省分行介绍了相关做法。三是推动新旧动能加快转换。制造业贷款净增110.00亿元，余额突破1,600.00亿元，余额、增量排名同业“双第一”；“十强产业”贷款净增353.00亿元，同比多增25.00%；项目贷款净增278.00亿元，同比多增24.00%。四是支持产业链转型升级。以“链长制”为抓手，围绕9大产业领域42条产业链，开展稳链、补链、固链、强链金融服务。已准入供应链核心企业超400户，服务客户数较年初增加684户，供应链融资余额增长55.00亿元。五是促进高水平对外开放。承办面向第130届广交会山东推介会，为山东企业“走出去”提供融资70.00亿元，外币公司贷款余额排名同业第一。

第二，坚持履行责任，争当贯彻政策的“领头雁”。认真贯彻人民银行济南分行工作要求，加大对重点领域的支持力度，推动各类政策加快落地、取得实效。一是助力打造乡村振兴“齐鲁样板”。成立“一把手”负责的领导小组，明确30条支持意见，出台六大类配套措施，实施城乡联动发展战略，推动涉农贷款增长12.00%，完成总行计划的148.00%，独家承销全国首批、山东省首单10.00亿元乡村振兴债券。二是着力支持小微企业。普惠贷款增长57.50%，高于各项贷款增速45个百分点，普惠贷款客户增长超1.30万户，新增小微首贷户数量排名工行系统第一，在人民银行济南分行金融服务小微企业能力竞赛中荣获一等奖。三是支持房地产市场平稳发展。坚持“房住不炒”定位，推动住房开发贷款较年初增长7.80亿元，个人按揭贷款增长422.00亿元，同比多增117.00亿元。四是加大减费让利力度。通过降低贷款利率、减免业务收费，全年向实体经济让利8.30亿元，让企业和群众得到更多实惠。五是大力支持能源保供。与省能源局和15家重点能源企业签订战略合作协议，累计投放保电专项贷款70.00亿元，排名同业第一，为全省电力供应安全提供了金融保障。六是支持改善营商环境。在工行济南分行创新设立“企业全链条政银服务专区”，为企业设立提供一站式服务，服务的对公客户总量超过50万户，居省内商业银行之首；为医保卡跨市、跨省“一卡通行”提供全方位的技术支持保障，走在了全国最前列。

第三，坚持人民至上，争当服务民生的“模范生”。坚守初心使命，贯彻以人民为中心的发展理念，着力解决基层和群众的“急难愁盼”问题，全力建设人民满意银行。一是创新完善体制机制。把《中国人民银行金融消费者权益保护实施办法》纳入党委中心组学习计划，邀请人民银行专家授课，组织工行省分行、市分行班子成员系统学习。建立行长消费投诉接待制度，组建工单集中处理团队，逐步建立起“消保审查+知识库维护+短信外拨”的工作体系，加大消费者权益保护力度。二是提升客户服务水平。在2020年“工银新春 暖心服务”活动基础上，2021年继续开展“暖心工行 智惠服务”活动，推出“十项服务新举措”，持续提升客户体验。开展“十大服务痛点治理”和“客户投诉深化治理年”活动，着力解决客户投诉问题。三是深化涉诈账户治理。完善风险告知提示、黑名单预警、全面上门尽调、定期电话回访、网银限额控制的“五位一体”新开账户风险管控机制，丰富智能风控系统功能，全年识别高风险账户1,744户，涉案账户同比降幅超过96.00%。

第四，坚持防控风险，争当安全稳定的“压舱石”。把安全作为发展的前提，搭建全面风险管理体系，全力防范化解风险，自觉维护经济金融稳定大局。加大不良贷款处置力度，2021年累计处置171.00亿元，排名可列同业和工行系统“双第一”，占四大国有银行处置总额的31.00%，占工行系统处置总额的9.00%，占工行系统核销资源的12.00%。落实监管要求，支持政府履行属地风险处置责任，工行山东省分行在96家债委会担任主席行，2021年累计化解、缓释风险贷款1500余亿元。2021年末，工行山东省分行不良贷款余额较年初减少35.00亿元，不良率较年初下降0.64个百分点，已连续三年实现“双降”，为全省防控金融风险作出了积极贡献。

【公司业务】 2021年，工行山东省分行既讲规律，也讲担当，不折不扣落实好党中央和总行党委决策部署。一是加大信贷总量投放。贯彻逆周期调节政策，人民币公司贷款净增量创近八年新高。还原处置因素，实际投向实体经济的公司贷款增量超过500.00亿元，创历史新高。二是提高服务实体的精准有效性。聚力支持“六稳”“六保”，制造业贷款余额、增量同业最多。聚焦新旧动能转换，“十强产业”贷款增量占比达到98.00%。聚焦全省重大项目，项目贷款占比提升2.50个百分点，达到45.80%。聚焦补链、固链、强链，供应链融资增量排名系统前列，“工银供应链”产品获山东省新旧动能转换优秀金融产品奖。三是推动负债业务高质量发展。2021年，人民币公司存款站上“两千亿”大关，时点增量创近十年最好水平，日均增量连续四年实现“百亿”增长。

【投行业务】 2021年，工行山东省分行密切跟进国家政策导向与山东发展战略，充分发挥工商银行投贷联动、行司联动的集团优势，全力支持实体经济高质量新发展。一是聚焦国企改革、产业链收购、资本市场再融资等领域，助力企业发展壮大与提质增效。二是加强产品创新，通过理财投资、债转股等各类金融产品满足客户多渠道融资、财务优化、资产盘活等多元化需求。三是积极支持新材料、新产业与新经济，联合集团子公司，积极为科创企业、高端制造企业提供“融智+融资+保荐”的全方位服务。

【个人业务】 2021年，工行山东省分行秉承“客户至上、服务为本”的理念，以建设“人民满意银行”为目标，全力打造山东“第一个人金融银行”。一是加强金融基础服务。推出“客户经理增配、客服经理笃行、远维经理提振”计划，配足配优服务力量，提升金融供给能力。二是加强线上服务创新。首创客户经理线上工作室，搭建e钱包支付缴费等新场景，积极适应居民生活线上化趋势。三是加快智慧零售转型。打造“双AI”引擎线上智能服务新模式，为居民高效精准提供金融服务，推进服务品质显著改善。四是提高民生领域服务效率。首创社保卡全流程自助发卡、线上补换卡等功能，推动落实“线上办、马上办、一次办”。2021年，实现市场竞争力、金融服务力、价值创造力和风险控制力“四力”的全面提升。

【中间业务】 2021年，工行山东省分行贯彻落实支持实体经济发展、服务社会民众的政策要求，严格执行规范融资收费、商业银行服务价格管理等规章制度，建立健全企业年金、资产托管等业务管理办法，多层次开展合规检查，强化整改落实，推动依法合规水平持续提升。坚持系统化思维，把组织推动措施向服务一线延伸，通过研发精准营销系统、强化基础业务考核等措施，提升客户服务能力，增强业务发展动能和效能。加快基层业务转型发展，推动个人结算、国际结算、信用卡、代理基金、电子商务等基础业务提速提质，实现中间业务稳定可持续发展。2021年，中间业务收入同比增加4.00亿元，增幅5.72%。

【国际业务】 2021年，工行山东省分行深入贯彻落实省委、省政府稳外资、稳外贸工作意见，支持外资外贸企业高质量发展。一是发挥综合服务优势，支持“十强”产业相关先进技术设备和大宗商品进口，满足进口企业贸易融资需求。二是注重提升中小型外贸企业服务工作，坚定支持出口外贸企业发展。三是坚持以服务实体经济为导向，持续提升外汇服务水平。四是积极引导企业树立风险管理理念，合理利用金融衍生工具规避市场风险，助力企业聚焦主业、稳健经营。五是狠抓合规经营管理，连续五年获得国家外汇管理局山东省分局综合评价A类评级。

【普惠金融】 2021年，工行山东省分行围绕“增量、扩面、提质、降本”的发展要求，强化顶层设计，加强资源保障，提升小微专营能力，圆满完成全年目标任务。一是加大信贷支持小微企业力度，助力疫情防控和复工复产。普惠贷款余额342.00亿元，较年初增加127.00亿元，贷款增幅达59.00%，高于各项贷款增速50.00个百分点，高于政府工作报告增速要求18.00个百分点；累计发放抗疫贷款16.00亿元，可比同业居第一位，信贷支持防疫抗疫企业居系统内第一位。二是科技赋能，集群营销，提高金融覆盖面。创建17个特色融资场景，年末普惠贷款客户30,500户，较年初增加10,500户，进一步提高金融服务的覆盖性。三是加强管理，提升发展质效。在前期50家小微分中心基础上，再增加30家支行小微中心，进一步提升小微服务能力；通过加强资产质量管控和存续期管理，普惠贷款质量进一步提升，普惠贷款不良率、不良额较年初“双降”。四是强化金融支持精准扶贫。精准扶贫贷款余额32.47亿元，较年初增加3.96亿元，增幅达13.89%，高于各项贷款增速4.00个百分点。

【住房金融】 2021年，工行山东省分行认真贯彻落实房地产市场宏观调控相关政策要求，把满足人民群众对美好生活的向往作为出发点和落脚点，坚持“房住不炒”定位，以高质量发展为主线，按照“因地施策、分类指导”原则，积极支持居民自住和改善型住房贷款需求，持续巩固省内“第一个人贷款银行”地位。2021年末，工行山东省分行个人住房贷款余额达3,171.00亿元，较年初增加305.00亿元，余额、新增均居同业首位；个人住房贷款不良额、不良率实现“双降”。

【信用卡业务】 2021年，工行山东省分行深入推进信用卡互联网业务发展，加强场景建设，加快业务转型，简化业务流程。一是深耕网点阵地营销，完善线上线下精准识别营销方法，提升信用卡服务能力。二是围绕支农支小、支持复工复产，加快数字化转型步伐，提高普惠金融服务水平，全面推动线上业务发展。三是全面推动e分期业务发展，适时承接从互联网行业回流的优质信贷业务，促进整体消费信贷业务发展。

【电子银行业务】 2021年，工行山东省分行积极推动“第一手机银行”战略落地。一是积极开展线上营销促活，利用“增长黑客”技术，推动三方支付业务加速发展，个人和企业移动端客户规模持续保持同业领先。二是强化“GBC”联动，实现获客活客，成功上线公益捐赠公示可追溯系统、校园消费、智慧食堂等项目，场景建设效果初显。三是持续开展客户安全宣传，切实保护金融消费者线上交易权益。

【风险控制】 2021年，工行山东省分行紧紧围绕资产质量攻坚战主线，加大资产质量管控力度，完善信用风险管理体系，认真落实总行资产质量要求和信贷风险管控思路，取得积极成效。一是资产质量攻坚战取得决定性胜利。不良额下降幅度在系统和同业均为最高，劣变及新发生逾期速度明显放缓，存量风险加快出清，新增风险得到有效控制。二是矩阵式、网格化的信用风险管控机制不断完善，前中后台对信用风险的联防联控不断强化，信贷管理体制机制更加畅通高效，为工行山东省分行“三步走”战略实施提供了有效助力。三是纵深推进“主动防、智能控、全面管”的全面风险管理体系，严格落实授信审批新规要求，发挥信用风险化解支持团队、不良资产清收处置团队作用，推动信贷经营能力持续提升。

（张全鑫）

附表1

机构概况一览表

行长（或其他称谓的第一负责人）		副行长（或其他称谓的同级领导）	
赵桂德		吴　进、刘爱峰、郑允弢、张冠军、陈　兵、张晓瑞、金　滨、邱　春	
地址	山东省济南市经四路310号	邮编	250001
网址	http://www.icbc.com.cn/	客服电话	95588

附表2

内设部门及分支机构一览表

年度	内设机构（个）	下设分支机构（个）		员工人数（人）	
		地市级机构数	县区级机构数	员工总数（含非正式员工）	正式员工数
2017	26	16	581	20,550	20,530
2018	27	16	580	20,354	20,335
2019	27	16	574	20,109	20,090
2020	27	16	571	19,631	19,612
2021	26	16	571	19,500	19,481

附表3

主要统计指标1

单位:亿元

项目	2017年	2018年	2019年	2020年	2021年	2021年同比增幅（%）
本外币资产总额	7,871.72	8,672.38	9,122.89	10,526.11	11,599.70	10.20
本外币存款余额	7,541.44	8,383.64	8,985.03	10,258.16	11,247.92	9.65
人民币存款余额	7,380.52	8,250.06	8,846.55	10,055.01	11,006.83	9.47
单位存款	3,474.16	3,807.72	3,751.98	4,091.82	4,412.37	7.83
储蓄存款	3,906.36	4,377.05	4,905.24	5,712.75	6,292.98	10.16
本外币贷款余额	6,530.33	6,859.38	7,587.58	8,283.29	9,285.14	12.09
人民币贷款余额	6,461.20	6,833.67	7,549.96	8,221.96	9,185.68	11.72
短期贷款	2,162.87	2,022.31	2,133.89	1,732.59	1,877.63	8.37
中长期贷款	4,298.33	4,837.07	5,416.06	6,489.36	7,307.43	12.61
票据融资	103.45	99.09	102.63	101.44	85.69	-15.53
利润总额	37.94	24.90	-99.74	5.85	6.91	18.12
不良贷款余额	222.30	314.15	310.05	201.33	166.69	-17.21
不良贷款占比（%）	3.40	4.58	4.09	2.43	1.80	-25.93

附表4

主要统计指标2

项目	2017年	2018年	2019年	2020年	2021年	2021年同比增幅（%）
单位结算账户（万户）	29.92	36.23	—	50.47	58.11	15.13
单位结算金额（亿元）	586,242.00	603,604.00	—	544,779.00	565,935.00	3.88
个人结算账户（万户）	4,993.72	6,576.93	7,385.29	7,933.72	8,246.34	3.90
个人结算金额（亿元）	89,516.14	91,125.56	78,137.88	77,486.02	88,836.16	14.64
信用卡发卡量（万张）	904.20	1,000.35	952.37	953.57	943.38	-1.07
信用卡消费额（亿元）	1,020.79	1,236.33	1,396.85	1,225.01	1,249.85	2.03
企业网银客户（万户）	20.80	27.10	—	50.97	62.70	23.00
个人网银客户（万户）	1,632.00	1,818.00	—	2,436.12	2,768.00	13.60
手机银行客户（万户）	1,306.00	1,818.00	—	2,436.12	2,768.00	13.60
现金自助设备（台）	4,803	4,682	4,264	3,611	3,308	-8.39
营业网点（个）	908	908	889	887	891	0.45
自助网点（个）	513	492	461	385	326	-15.32

中国工商银行股份有限公司青岛市分行

【第一负责人简介】　蔡谦，男，1977年3月出生，中共党员，硕士研究生学历，高级经济师。历任中国工商银行四川分行营业部党委委员、副总经理，中国工商银行金融业务部副总经理（其间，2019年1月至2020年1月挂职任中国雄安集团副总经理），2020年11月起任中国工商银行股份有限公司青岛市分行（简称工行青岛市分行）党委书记、行长。

【综述】　2021年，工行青岛市分行坚持“大格局、新视野、持久战”工作理念，紧扣高质量高效益发展主题，统筹做好常态化疫情防控、金融服务和经营发展工作，存款、贷款、中收、营收和利润等五大项核心指标全面实现总量和增量同业“双第一”，存款总规模历史上首次居国有银行首位，继续保持“第一信贷银行”的地位，交出了一份“好于同期，优于预期，快于计划，强于同业”的高质量高效益答卷。

一是经营整体保持稳中向好的发展态势。贷款总规模突破2,500.00亿元大关，余额达到2,456.00亿元，增量首次突破300.00亿元，达到366.00亿元，增幅18.00%，创历史新高。本外币存款总规模突破2,000.00亿元大关，增量近200.00亿元，均创历史新高。经营效益指标好于预期，拨备前利润、中收、营收的总量和增量均排名四行第一，中收历时五年重夺四行总量和增量“双第一”。

二是服务实体经济的精准性和直达性进一步提高。认真贯彻落实稳健货币政策，持续抓好信贷布局优化，引导金融活水更好浇灌实体经济。全力支持疫情防控、复工复产和稳企业保就业，着力加大对民营和小微企业、制造业、科技创新等重点领域的信贷投放，为实体经济持续健康发展营造了良好的货币金融环境。充分发挥“第一信贷银行”的示范引领作用，获评全省银行机构服务实体经济优秀等次和青岛市金融服务实体经济先进集体称号。

三是常态化疫情防控和金融保障工作到位。始终把疫情防控作为重大政治任务，动态优化疫情防控工作预案，主动用心用情做好疫情防控工作，坚持开展好“主动、全面、中频”核酸检测工作，创造性开展好疫情期间线上和线下金融服务工作，建立疫情防控贷款审批绿色通道，全力保障特殊时期金融服务，切实担起大行责任。

【公司业务】　2021年，工行青岛市分行聚焦“经略海洋”和区域全面经济伙伴关系协定（RCEP）等国家战略，先后与市委军民融合办、市海洋局、市社保局、市工信局、市商务局、科技局等单位签订战略合作协议，成功获得第二届跨国公司青岛峰会唯一金融合作伙伴资格，为服务全球400家跨国公司亮出工行名片。以“项目落地年”为契机，着力加大对绿色金融、普惠金融、制造业、战略新兴行业等重点领域的支持力度，服务实体经济质效进一步提高。

一是继续保持“第一信贷银行”的地位。按照青岛市委、市政府“大抓项目、抓大项目”的导向，聚焦金融服务“项目落地年”这一主线，全年对接重点项目400余个，对接融资合作金额近600.00亿元。人民币各项贷款增量首次突破300.00亿元大关，达到366.00亿元，创历史最高水平。

二是主动让利实体经济。加大对实体经济的减费让利力度，累计减费让利超15.00亿元。共对近1500户中小微企业实施了临时性延期还本付息支持，延期偿付的贷款本息合计249.00亿元，“真金白银”助力全市中小微企业发展，体现了“工行速度”和“工行温度”。

三是践行绿色金融理念。深入践行绿水青山就是金山银山理念，重点围绕能源保供、绿色发展、产业链合作等领域持续加大金融支持力度，积极为清洁能源、绿色城乡建设、绿色交通、工业节能环保改造等重点项目提供优质服务，绿色金融贷款增速达65.00%，余额居国有银行首位。

【个人业务】　2021年，工行青岛市分行积极践行“以人民为中心”的发展思想，坚持“客户至上”的工作思路，以“第一个人金融银行”战略为引领，主动提供优质的便民惠民服务，充分践行为民服务理念，优化客户体验，致力于打造“人民满意的银行”，擦亮“您身边的银行，可信赖的银行”金字招牌，更好实现金融为民、利民、惠民、安民。

一是坚守人民金融底色，大力实施“第一个人金融银行”战略。高度重视个人客户群体的维护和服务，聚焦六大重点客群，全面抓好个人客户“赚、借、花、管”四方面核心需求，加强个人客户“生、长、学、业、育、养、老”全生命周期管理，为广大群众实现美好生活提供安全、便捷、有温度的全方位金融服务。充分发挥“第一个贷银行”作用，助力民生改善，个人贷款余额突破1,100.00亿元大关，贷款增速13.00%，个人贷款余额和增量继续保持同业“双第一”。

二是大力推进数字人民币“赶超工程”，同业领先优势明显。开立个人钱包587万个，对公钱包超50万个，场景建设13万个，均稳居同业第一。首家开通社保数币钱包，在养老金发放、就业补贴等领域与社保部门开展创新合作，助力岛城“数字青岛”建设。

三是完善消保投诉工作机制，监管转办投诉压降成效显著。监管转办有效投诉笔数在同业中由第一位压降至第三位，顺利完成监管转办投诉治理百日攻坚专项工作压降目标。创新“非接触式”宣教模式，全力做好消保宣教工作。采用“线上+线下”的方式开展金融知识普及，先后组织开展了金融知识进万家、金融知识万里行、守住钱袋子、防范非法集资、金融知识普及月等主题宣教活动。

【机构业务】 2021年，工行青岛市分行聚焦核心领域、紧抓重点项目，补短板、强弱项、固优势，机构业务取得较好工作成效。

一是深化银军合作，助力军改服务。积极传承红色基因，在军队财务改革青岛片区试点工作中，高规格、高标准、高质量做好各项工作，全面助力资金收付改革平稳过渡，实现了预算单位零余额账户和收缴专户、支出专户开立的“2+1”营销成果，是系统内首个完成预算单位支付零余额账户开立的分行，获得军方好评，真正实现了以金融力量服务国防事业建设。

二是深化GBC联动，加强场景建设。在社保场景，与人社、医保、税务部门合作推动“社银一体化网点”建设，21家网点已开办社保医保近130项延伸服务。在政务场景，与青岛市政务合作全面升级，成为首家在“爱山东青e办”App上线数字人民币支付渠道的金融机构，成功试点市民中心食堂支付场景。在公积金场景，积极开展公积金归集扩面。通过数据筛选比对，确定营销清单，结合网格化营销模式，分解任务，按周调度，实现辖内目标客户营销全覆盖。与公积金中心实现结算互联，成功上线企业网上银行缴存公积金业务，企业通过网银即时办理签约、缴费和信息查询，简化业务办理流程，优化公积金业务办理模式。

【普惠业务】 2021年，工行青岛市分行始终坚持金融工作的政治性和人民性，针对民营小微、乡村振兴、绿色金融等领域强化服务措施，扩大服务小微客户的覆盖面，引导金融活水实现精准滴灌，进一步提升金融服务的精准性和直达性，争做人民满意银行。

一是坚持普惠共享，打造“普惠金融综合服务标杆银行”。坚持把缓解民营和小微企业“融资难融资贵”问题，作为普惠金融的突破点，确保普惠小微贷款“量增、价降、面扩、质提”。创新开发符合当地小微企业经营特色的“医保贷”“专利贷”“农担贷”“政银保”“睫毛贷”等普惠产品，满足各类企业的金融服务需求。充分运用“数字普惠+”模式，依托数字供应链业务开展“补链强链”行动，积极运用数字技术为制造业中小企业精准画像、有效增信、主动授信，将更多的优质金融资源向重点产业中小企业聚集。在2021年度青岛市金融机构服务乡村振兴考核评估结果中荣获优秀等次。

二是支持乡村振兴，为实现共同富裕贡献工行力量。紧跟青岛市建设“乡村振兴齐鲁样板先行区”的步伐，创新推出金融服务乡村振兴15条行动举措，搭建“县域网点+农村服务点+使者”的线下渠道和“兴农通”App等线上渠道的乡村振兴触达体系。加强与国家电网青岛分公司的合作，通过服务渠道共用、客户信息资源共享等实现“电力+金融”深入合作，共建“乡村普惠金融服务点”，共同服务支持乡村振兴，普惠型涉农贷款增速超66.00%。

【国际业务】 2021年，工行青岛市分行利用青岛在新发展格局中的“双节点”区位优势，紧跟国家“一带一路”倡议，发挥内外联动优势，服务“双循环”新发展格局，国际业务主要指标均创历史新高。

一是全力打造“境内外汇业务首选银行”。紧抓青岛加快推进上合示范区、山东自贸区青岛片区建设、打造国家面向RCEP成员国深度开放发展重要支点的机遇，国际结算量增幅16.00%，跨境人民币业务增幅91.00%，结售汇业务增幅68.00%，全年累计为山东自贸区青岛片区和上合示范区内企业提供融资额同比增幅达29.00%。与山东自贸区青岛片区管委联合启动“工行自贸金融创新实验室”组建工作，以金融力量助力青岛高水平对外开放。

二是坚持以金融数字化助力双循环。利用青岛在新发展格局中的“双节点”区位优势，国际业务主要指标实现两位数大幅增长。其中，国际结算量同比增长22.00%，跨境人民币业务同比增长27.00%，结售汇业务同比增长80.00%，外汇中收同比增长20.00%。作为唯一一家金融机构出席全国大宗商品仓单登记系统（青岛）暨航运贸易金融数字化综合服务平台启动仪式，并作为首批成员单位签约大宗商品区域链联盟，以金融科技创新助力外贸企业高质量发展。在第四届“进博会”期间，分行首家上线“清关云管家”，通过该平台为外贸企业办理国际结算超3.00亿美元。成功获得第二届跨国公司青岛峰会唯一金融合作伙伴资格，为服务全球400家跨国公司亮出工行名片。

【金融科技】 2021年，工行青岛市分行围绕“高质量高效益发展”要求，以“科技驱动、价值创造”为总原则，深入推进以金融科技创新驱动可持续金融发展，以金融科技全面赋能经营发展，推动科技与业务深度融合，以科技赋能助推高质量高效益发展。

一是科技赋能金融业务发展。创新研发GBC资金流量流向营销管理平台和“营销盒子”，加大对过程指标监测分析力度，构建起“一点切入、专业协同、矩阵联动、全盘受益”的营销模式。启动实施智慧信贷“2199工程”，涉及智慧尽调、智慧审批、智慧贷后、智慧监控等前中后台多个环节，推动信贷风险管理由人控、机控向数控、智控的全面升级。创新研发T-MAP靶向营销考核平台，实现“产品、机构、个人”三个维度的业绩展现，将营销工作由过去的分散式、点式平面营销转变为分层分类的立体式营销。

二是科技赋能数字化转型步伐。工行青岛市分行为客户提供“一站式”金融服务，运用区块链技术，创新研发以“营销盒子”“青碳行”App为代表的一批特色重点项目，助力实现“碳达峰 碳中和”目标。其中，“青碳行”App作为全国首个以数字人民币结算的碳普惠平台亮相国际服贸会，荣获“2021年青岛市优秀金融科技应用项目评选活动”一等奖。

三是科技赋能打造“金融+科技”新格局。以工商银行与海尔集团签订“战略合作协议”为契机，全面启动与海尔合作事项的“一号工程”，共同打造“工业互联网+金融”新生态，助力“世界工业互联网之都”建设。海尔工业互联网“智家金融台”项目荣获《亚洲银行家》“中国最佳商户服务”大奖和“青岛市金融创新奖”二等奖。

【风险管理】 2021年，工行青岛市分行坚持以稳定、安全及可持续的资产质量保障和巩固全行的高质量发展。实施风险资产经营“一把手”工程，实现了“全面启动和有效双降”的良好局面。不良贷款余额成功降至43.00亿元以内，不良率1.70%，是同业中唯一一家“不良额、不良率、逾期率、关注类”四下降的银行。强化全面风险管理，按照“主动防、智能控、全面管”的风险管理路径，压实内控案防主体责任，聚焦关键环节和重点领域，统筹经营发展与内部管理，实现了全行安全稳定经营。

一是资产质量管控创五年来最好水平。全年累计处置不良贷款金额28.00亿元，为五年来新高，是青岛区域内新处置不良贷款金额最高的金融机构，并被总行评为“2021年账销案存清收百亿攻坚战突出贡献奖”；同时，法人客户新劣变贷款额为近十年新低，是青岛区域内新劣变不良额最低的国有银行，为青岛市营造健康稳定的金融环境贡献了工行力量。

二是进一步夯实信贷管理基础。审批新规全面落地，按照“立足三年规划、面向更长周期、重塑信贷文化、筑牢风控基础”的总体定位，编制分行2021—2023投融资规划，推动信贷结构持续优化，切实发挥好工行青岛市分行高质量发展的“稳定器”和“压舱石”作用。

三是扎实开展“内控合规管理建设年”活动。制定了“重点领域自查自纠”“屡查屡犯问题集中整治”“合规文化教育宣导”三项活动方案，采取“1+N+19”的形式，全面推进“内控合规管理建设年”活动，实现了全年安全平稳运营。

（杨　杰、战依辰）

附表1

机构概况一览表

行长（或其他称谓的第一负责人）		副行长（或其他称谓的同级领导）	
蔡　谦		赵晓滨、孙　伟、李　霞、李　昆、鲁　瑞	
地址	山东省青岛市市南区山东路25号	邮编	266071
网址	http://www.icbc.com.cn/	客服电话	0532—85814361

附表2

内设部门及分支机构一览表

年度	内设机构（个）	下设分支机构（个）		员工人数（人）	
		地市级机构数	县区级机构数	员工总数（含非正式员工）	正式员工数
2017	30	1	19	3,488	3,488
2018	30	1	19	3,468	3,468
2019	30	1	19	3,441	3,441
2020	30	1	19	3,398	3,398
2021	30	1	19	3,257	3,257

附表3

主要统计指标1

单位:亿元

项目	2017年	2018年	2019年	2020年	2021年	2021年同比增幅(%)
本外币资产总额	1,459.67	1,636.84	1,820.35	2,095.97	2,489.52	18.78
本外币存款余额	1,353.24	1,514.85	1,717.18	1,958.51	2,121.77	8.34
人民币存款余额	1,317.49	1,478.29	1,680.49	1,888.47	2,072.98	9.77
单位存款	681.45	780.48	848.74	865.44	980.76	13.32
储蓄存款	671.79	734.37	845.46	969.19	1,049.72	8.31
本外币贷款余额	1,439.42	1,602.84	1,845.87	2,127.21	2,516.48	18.30
人民币贷款余额	1,422.65	1,575.15	1,806.00	2,090.02	2,455.86	17.50
短期贷款	292.10	263.04	237.22	333.63	442.62	32.67
中长期贷款	1,147.32	1,339.80	1,572.79	1,756.39	2,013.24	14.62
票据融资	24.31	26.01	27.44	35.01	78.04	122.90
利润总额	35.06	29.21	32.39	28.74	34.09	18.60
不良贷款余额	28.69	24.32	23.40	64.96	43.32	-33.32
不良贷款占比(%)	1.99	1.48	1.30	3.05	1.72	-43.56

附表4

主要统计指标2

项目	2017年	2018年	2019年	2020年	2021年	2021年同比增幅(%)
单位结算账户(万户)	6.98	7.25	8.05	8.83	9.66	9.40
单位结算金额(亿元)	61,219.03	64,268.20	76,402.29	70,768.93	80,139.50	13.24
个人结算账户(万户)	825.79	851.23	872.75	897.77	922.65	2.77
个人结算金额(亿元)	15,720.56	16,703.82	16,750.34	17,190.11	18,351.38	6.75
信用卡发卡量(万张)	137.65	148.62	154.32	155.19	156.69	0.97
信用卡消费额(亿元)	195.10	237.98	267.58	228.24	222.09	-2.70
企业网银客户(万户)	4.02	4.99	6.33	7.73	8.84	14.36
个人网银客户(万户)	252.50	279.30	271.20	316.00	373.80	18.29
手机银行客户(万户)	200.40	230.90	315.70	356.63	410.66	15.15
现金自助设备(台)	659	590	538	525	503	-4.19
营业网点(个)	123	122	122	124	124	0.00
自助网点(个)	92	67	62	54	48	-11.11

中国农业银行股份有限公司山东省分行

【第一负责人简介】 益虎，男，1962年12月生，1979年11月参加工作，历任中国农业银行东营市东营区支行行长，中国农业银行东营市分行党委书记、行长，中国农业银行山东省分行营业部党委书记、总经理，中国农业银行陕西省分行党委书记、行长，政协第十届陕西省委员会常委、政协第十二届山东省委员会委员；现任中国农业银行山东省分行（简称农行山东省分行）党委书记、行长，山东省人民政府参事。

【综述】 2021年，农行山东省分行坚持以习近平新时代中国特色社会主义思想为指导，明确“打造经营强行”新目标，确立“服务乡村振兴领军银行、服务实体经济主力银行”市场定位，全面加强党建工作，持续改进经营管理，主要经营指标继续保持同业前列。2021年末，本外币各项存款余额12,351.46亿元，同比增加912.16亿元。各项贷款余额8,495.20亿元，同比增加1,098.34亿元。不良贷款、不良率实现“双降”，各项监管指标全面达标。在全省银行机构服务实体经济评价中获得“优秀”等次，在全国金融系统唯一荣获第十届“母亲河奖”绿色贡献奖，省行连续五年荣获“省级文明单位”称号。

【公司业务】 2021年，农行山东省分行精准高效支持实体经济发展，对公贷款突破4,000.00亿元，对公贷款、人民币实体贷款增量均居四行首位、创近十二年来新高。主动对接山东省新旧动能转换、自由贸易试验区、黄河流域生态保护和高质量发展等重大战略，加大对重点客户、重大项目支持力度，全年投放固定资产贷款704.34亿元，创历史新高，增量居四行首位。对公有效账户三年翻一番，对公账户总量突破50万户大关，跃居四行首位。中国农业银行绿色金融研究院在山东成立，农行山东省分行设立绿色金融创新部，建立柔性团队和快办机制，全年新增绿色贷款161.00亿元，增速高于各项贷款平均增速36.60个百分点。

【投行业务】 2021年，农行山东省分行主动融入金融服务乡村振兴、绿色低碳发展和金融支持科技创新等国家战略部署，积极发挥投行战略交集优势，聚力打造“三农”底色鲜明的绿色金融优势品牌。债券承销连续四年市场第一，全年累计承销信用债222.10亿元、地方债660.72亿元，落地全国首单碳中和/乡村振兴双标超短融6.00亿元、全国农行首笔乡村振兴超短融10.00亿元。非标投资、黄金租赁业务连续保持同业、系统内“双第一”，创设全国农行首单绿色碳中和理财融资工具3.00亿元，成功破题行司联动产业基金。投资银行、对公理财稳居全国农行“第一梯队”，银团贷款余额656.47亿元。通过货币市场、资本市场以及商品市场，为客户提供直接融资额达1,005.93亿元。

【个人业务】 2021年，农行山东省分行积极践行零售业务“一体两翼”发展战略，个人金融业务保持稳步健康发展态势。扩户提质实现规模与质量“双提升”。全年新增个人有效账户411.34万户，总量达9,776.48万户；新增有效客户306.47万户，总量达4,998.95万户。个人存款增加716.34亿元，余额8,326.24亿元，连续八年四行增量第一。个人贷款增加543.31亿元，余额达到4,000.00亿元。私人银行达标客户、金融资产增量均居四行首位。

【中间业务】 2021年，农行山东省分行坚决贯彻落实党中央、国务院关于减费让利、减轻企业负担的重大决策部署，扎实推进小微企业和个体工商户支付手续费降费措施，3次调整印发服务价格目录，切实降低企业综合融资成本，持续提升金融服务质效，助力实体经济发展。建立中间业务服务收费常态化治理机制和“靶向治理”风险防控模式，将风险监测内植于业务管理流程中，持之以恒地扎实做好服务价格管理和收费行为管控，切实规范收费行为。出台《2021—2023年中间业务提升发展三年规划》，对标对表推进中间业务高质量发展。

【国际业务】 2021年，农行山东省分行对标“国家所需”，积极服务高水平对外开放、双循环新发展格局，为进出口企业提供国际结算、外汇交易、融资融信等优质服务，居系统内领先和同业主流地位。全年办理十大类重点外汇产品203.05亿美元，同比增长60.00%。将稳外资稳外贸作为支持实体经济的重要着力点，通过“跨境区块链”“鲁贸贷”“订单贷”等产品全力支持外贸外资企业发展。积极推广汇率风险中性理念，助力企业应对汇率波动风险，提升服务实体经济质效。

【普惠金融】 2021年，农行山东省分行健全服务体系，强化数字化转型，加大金融产品创新推广力度，普惠金融提升进位，监管全面达标。构建“普惠金融事业部+‘三农’金融事业部”双轮驱动的普惠金融服务体系，普惠贷款余额突破600.00亿元，人民银行和银保监会口径普惠型小微企业贷款增速分别达到54.24%和59.28%。提升普惠金融服务可得性，打造了“小微e贷”数字化产品体系，线上贷款增加78.45亿元。严格执行“七不准”“四公开”要求，降低小微企业融资成本，普惠贷款加权平均利率同比下降8个基点。

【住房金融】 2021年，农行山东省分行严格执行房地产调控政策，实施差异化政策和分类管理，促进房地产市场平稳健康发展。在规定限额内，优先满足首套刚需和合理性改善购房群体的按揭贷款需求。聚焦住房金融数字化转型，积极推广在线抵押登记、贷款自动审批、“一网通办”业务，不断优化办贷流程，为客户提供便捷金融服务。

【信用卡业务】 2021年，农行山东省分行信用卡业务保持稳中求进发展态势，品牌形象进一步彰显。信用卡新增有效客户70.76万户，发卡增量连续六年保持四行第一，累计发卡量居首位。实现信用卡消费额1,730.76亿元，同比增长5.97%；信用卡分期交易额292.91亿元，同比增长1.84%。新增聚合码商户49.42万户，信用卡类互联网高频场景商户1,934户。信用卡贷款余额430.80亿元，余额和增幅均居四行首位，信用卡不良率保持四行最低。

【电子银行业务】 2021年，农行山东省分行聚焦“掌银MAU、场景生态”两大领域，全行线上客户体系建设和场景金融生态打造继续保持高质量发展。“掌银发展工程”突破提升，个人掌银月活客户超过1,000万户，较年初增加372.31万户，增幅53.22%；月活客户市场份额36.51%、提升6.00%，增量市场份额57.95%、提升15.82%，月活客户存量、增量、增速、活跃度四项指标居四行首位。农行山东省分行微银行关注用户275.42万户，增加155.22万户。“农银智慧+”场景生态建设取得新成效。互联网高频场景项目达到1.53万个，带动掌银月活187.21万户。

【风险控制】 2021年，农行山东省分行压实风险管理责任，加快推进全面风险管理建设，强化风险预警和处置化解。新发生不良贷款逐年减少，不良贷款余额和占比连续三年“双下降”，资产质量得到进一步夯实。持续加强案防合规管理，推进运营风险集约化、智能化管控，柜面堵截风险事件6,167起。加强客户信息治理，获评“山东省反洗钱义务机构先进集体”。加强印章、保密管理，强化声誉风险和信访治理，总行和省信访局积案全部清零。抓牢常态化疫情防控、重要时期安保管理和重大安全隐患治理，巩固提升网络信息安全和业务连续性保障能力，实现安全生产无事故。

（郇长亮）

附表1

机构概况一览表

行长（或其他称谓的第一负责人）		副行长（或其他称谓的同级领导）	
益虎		檀树荣、马林、翟世勇、耿曙明、马景明、王哲、邵静河、付晓、张志强、毕吉宝、闵令民、刘序林	
地址	山东省济南市经七路168号	邮编	250001
网址	http://www.abchina.com/cn/	客服电话	95599

附表2

内设部门及分支机构一览表

年度	内设机构（个）	下设分支机构（个）		员工人数（人）	
		地市级机构数	县区级机构数	员工总数（含非正式员工）	正式员工数
2017	26	16	160	27,568	27,253
2018	26	16	161	26,476	26,170
2019	26	16	164	25,698	25,413
2020	26	16	160	24,979	24,699
2021	26	16	160	24,527	24,258

附表3

主要统计指标1

单位:亿元

项目	2017年	2018年	2019年	2020年	2021年	2021年同比增幅(%)
本外币资产总额	9,393.25	9,858.07	10,639.34	11,919.58	12,960.09	8.73
本外币存款余额	9,195.70	9,681.22	10,230.26	11,439.30	12,351.46	7.97
人民币存款余额	9,040.00	9,573.66	10,097.41	11,297.54	12,158.77	7.62
单位存款	3,486.96	3,548.93	3,450.20	3,687.69	3,832.60	3.93
储蓄存款	5,553.06	6,034.73	6,647.21	7,609.85	8,326.17	9.41
本外币贷款余额	5,753.29	6,162.40	6,751.91	7,396.86	8,495.20	14.85
人民币贷款余额	5,679.17	6,089.50	6,672.32	7,316.79	8,396.84	14.76
短期贷款	2,326.69	2,228.13	2,271.85	2,181.09	2,490.64	14.19
中长期贷款	3,352.48	3,861.37	4,400.47	5,135.70	5,906.20	15.00
票据融资	400.19	135.02	237.73	198.88	218.04	9.63
利润总额	—	—	—	—	—	—
不良贷款余额	—	—	—	—	—	—
不良贷款占比(%)	—	—	—	—	—	—

附表4

主要统计指标2

项目	2017年	2018年	2019年	2020年	2021年	2021年同比增幅(%)
单位结算账户(万户)	23.80	28.40	36.75	43.20	50.59	17.11
单位结算金额(亿元)	236,149.00	273,990.00	295,913.00	336,926.00	391,550.67	16.21
个人结算账户(万户)	7,401.00	9,533.00	10,171.00	9,495.22	9,776.48	2.96
个人结算金额(亿元)	—	—	—	—	—	—
信用卡发卡量(万张)	653.00	789.00	924.00	1,014.00	1,124.00	11.00
信用卡消费额(亿元)	1,318.00	1,483.00	1,651.00	1,633.00	1,730.00	6.00
企业网银客户(万户)	28.20	34.40	44.30	53.78	64.05	19.10
个人网银客户(万户)	1,498.00	1,707.00	1,953.00	2,222.00	2,529.00	13.82
手机银行客户(万户)	1,330.00	1,553.00	1,809.00	2,089.00	2,406.00	15.17
现金自助设备(台)	7,759	7,081	6,669	4,731	3,643	-23.00
营业网点(个)	1,418	1,375	1,337	1,324	1,321	-0.20
自助网点(个)	844	573	420	370	314	-15.00

中国农业银行股份有限公司青岛市分行

【第一负责人简介】 邵利洪，男，汉族，1972年9月出生，中共党员，经济学硕士，高级经济师。历任中国农业银行股份有限公司办公室秘书处副处级秘书，房地产信贷部个人住房业务处处长，住房金融与个人信贷部副总经理，零售银行业务部副总经理，统战工作部/工会工作部主任；2018年8月任中国农业银行监事。现任中国农业银行股份有限公司青岛市分行（简称农行青岛市分行）党委书记、中国农业银行监事。

【综述】 2021年，农行青岛市分行坚持以习近平新时代中国特色社会主义思想为指导，全面落实总行和金融监管机构各项工作部署，认真做好常态化疫情防控工作，围绕“三农”县域、绿色金融、数字经营三大战略，努力打造服务乡村振兴领军银行和服务实体经济主力银行，不断推动高质量发展。截至2021年末，各项存款余额2,129.00亿元，比年初增加131.00亿元；各项贷款余额1,982.00亿元，比年初增加275.00亿元；实现营业收入69.00亿元、净利润34.80亿元，均创历史新高。

【“三农”县域业务】 2021年，农行青岛市分行努力打造服务乡村振兴领军银行。与青岛市农业农村局签订战略合作协议，新出台服务乡村振兴“二十条”措施，倾斜政策和资源，推动服务乡村振兴人员、业务、金融建档、贷款投放、服务渠道“五个全覆盖”。建立深耕乡村、乡村“信息专员”机制和93个包村外拓团队，开展入村服务3万余次；建设“网点+惠农通服务点+掌银+场景”体系，满足居民日益多元的金融需求。“三资”管理平台带动开立乡镇财政账户33个、村集体经济组织账户578个。涉农贷款余额315.00亿元，县域贷款增速高于全行贷款增速2.90个百分点；普惠农户贷款增幅58.20%；惠农e贷余额增长45.50%。县域存、贷款五行份额分别比年初提高0.20%和1.00%。

【公司业务】 2021年，农行青岛市分行努力打造服务实体经济主力银行。主动对接国家和青岛市发展战略，对公有效客户新增1.70万个，法人贷款客户增加899个，法人贷款余额增长179.00亿元；支持青岛市政府直接融资，承销青岛市人民政府地方债59.10亿元，累计承销额保持同业首位。围绕省、市“项目落地年”重点建设项目，开展大客户大项目“攻山头”活动。新拓展36个总行核心客户在青企业、22个分行核心客户，新增重点机构账户220个。大力推进信贷结构调整，开通审查审批绿色通道，加快重点领域贷款投放。绿色贷款增速58.00%，制造业贷款增速35.80%，制造业中长期贷款增速71.50%，战略新兴行业贷款增幅207.00%。

【投行业务】 2021年，农行青岛市分行发挥行司合成优势，推进“商行+投行”转型，为企业提供多元化、综合化金融服务。注重通过银团业务为企业提供资金支持，实现银团投放56.00亿元。持续开展投行核心产品联动营销，抓住国企混改等业务机遇，成功拓展债券承销、并购贷款、理财融资等业务。落地分行“双首单”境外债承销——首单市属国有企业境外债承销1,000.00万美元、首单区级国企境外债承销1,000.00万美元。加大净值型理财转型销售力度，对公理财日均规模及收入均居同业首位。圆满完成青岛债首次柜台发行，分销规模居同业首位。

【个人业务】 2021年，农行青岛市分行以客户为中心，推动存款和财富管理业务协同发展。着力打造个人存款“标志性工程”，个人存款比年初增加116.00亿元。个人贵宾客户比年初增加3.60万户，推广私行客户“专属服务方案+联合团队营销”模式，私行客户比年初增加136户。积极服务消费升级，新增信用卡有效客户8.95万户，新增聚合码商户7.41万户，个人贷款增加101.00亿元。完成5个网点升格，推进5个网点迁址，实施16个网点的智能化升级改造，开展网点“服务升温工程”，提高业务效率和客户体验。加强消费者权益保护，注重客户信息保护，落实“断卡”行动要求。

【国际业务】 2021年，农行青岛市分行推进本外币一体化经营机制，积极服务新发展格局。响应“一带一路”倡议，实施企业“走出去”战略，积极利用涉外担保业务为企业在埃及、约旦、印度、阿联酋等项目提供支持，实现国际结算量345.00亿美元，跨境人民币结算量168.00亿元。全面做好外汇业务合规管理，荣获国家外汇管理青岛市分局《表扬函》，连续五年保持国家外汇管理局青岛市分局合规与审慎经营评估“A类行”称号。

【普惠金融】 2021年，农行青岛市分行普惠贷款客户比年初增加2,953户，增幅33.00%；普惠贷款余额比年初增加37.70亿元，增幅52.00%。民营企业贷款余额468.00亿元，较年初增加56.00亿元，增幅13.60%。普惠贷款加权利率下降22个基点，为270多户小微企业办理贷款“展期”、无还本续贷。大力推广“小微e贷”产品，连续三年获银保监局“青岛银行业小微企业金融服务先进单位”称号。

【网络金融】 2021年，农行青岛市分行发力转型创新，稳步推进31项数字化转型重点工作。农银e贷余额增幅48.00%。掌银月活客户数达158.30万户，比年初净增55.80万户，总量和增量均居同业首位。加快高频金融场景建设，互联网有效场景净增1,088户；获客净增7.50万户。积极推广应用数字化营销，实现数字化销售额615.00亿元。积极参与数字人民币试点推广，开立个人数字钱包537.70万户、对公母钱包7.50万户，均居同业首位。

【风险控制】 2021年，农行青岛市分行加强重点领域信用风险管理，九大类设限行业限额均控制在计划内，不良贷款率处于近几年低位。首创“信贷资金流向”监测模型，被青岛市人民政府作为提升信贷效率和智慧防控能力典型案例上报国务院。大力压降潜在风险贷款，关注类贷款占比下降1.30个百分点。加强“平安农行”建设，实施案件防控三年“利箭”计划和“内控合规管理建设年”活动，推进电信网络诈骗专项治理，全年未发生案件和责任事故。

（许嘉诚）

附表1

机构概况一览表

行长（或其他称谓的第一负责人）		副行长（或其他称谓的同级领导）	
邵利洪		兰卫东、范久顺、郭宝林、孙 鹏、左科华	
地址	山东省青岛市市南区山东路19号	邮编	266071
网址	http：//www.abchina.com/cn/	客服电话	95599

附表2

内设部门及分支机构一览表

年度	内设机构（个）	下设分支机构（个）		员工人数（人）	
		地市级机构数	县区级机构数	员工总数（含非正式员工）	正式员工数
2017	24	92	95	2,776	1,348
2018	24	126	53	2,651	1,288
2019	24	115	51	2,606	1,239
2020	24	80	77	2,549	1,169
2021	23	80	77	2,545	1,104

附表3

主要统计指标1

单位:亿元

项目	2017年	2018年	2019年	2020年	2021年	2021年同比增幅(%)
本外币资产总额	1,599.18	1,712.54	1,895.17	2,125.06	2,245.03	5.65
本外币存款余额	1,517.98	1,632.01	1,786.02	1,998.76	2,129.27	6.53
人民币存款余额	1,466.50	1,592.65	1,733.12	1,918.77	2,006.46	4.57
单位存款	602.95	682.49	723.36	744.32	716.80	-3.70
储蓄存款	863.56	910.15	1,009.76	1,174.46	1,289.66	9.81
本外币贷款余额	1,222.64	1,342.76	1,502.89	1,707.08	1,981.54	16.08
人民币贷款余额	1,160.80	1,295.94	1,452.88	1,633.24	1,882.38	15.25
短期贷款	351.16	349.09	373.25	350.56	367.98	4.97
中长期贷款	796.28	927.89	1,079.63	1,282.69	1,494.13	16.48
票据融资	12.87	18.47	32.96	19.63	20.27	3.26
利润总额	26.20	17.09	27.29	35.54	44.33	24.73
不良贷款余额	19.57	20.17	19.46	10.97	14.89	35.73
不良贷款占比(%)	1.60	1.50	1.29	0.64	0.79	23.44

附表4

主要统计指标2

项目	2017年	2018年	2019年	2020年	2021年	2021年同比增幅(%)
单位结算账户(万户)	7.68	8.62	9.41	9.54	10.34	8.40
单位结算金额(亿元)	—	43,502.62	50,841.80	57,358.90	68,111.00	18.80
个人结算账户(万户)	691.70	735.70	825.20	857.90	875.80	2.08
个人结算金额(亿元)	31,141.48	31,694.75	29,773.26	33,091.33	35,420.00	0.07
信用卡发卡量(万张)	81.73	94.31	104.20	115.08	127.62	10.90
信用卡消费额(亿元)	98.23	116.34	139.83	149.67	163.00	8.90
企业网银客户(万户)	6.90	8.29	9.40	10.78	12.33	14.40
个人网银客户(万户)	237.50	246.00	281.64	315.71	355.99	12.80
手机银行客户(万户)	200.85	235.53	272.02	306.78	347.50	13.30
现金自助设备(台)	1,305	742	635	500	464	-7.20
营业网点(个)	187	177	166	157	157	0.00
自助网点(个)	92	47	25	30	27	-10.00

中国银行股份有限公司山东省分行

【第一负责人简介】 徐效强，男，1965年12月出生，江苏南通市人，中共党员，南京大学高级工商管理硕士。历任中国银行江苏省南通分行副行长，中国银行东京分行信贷部部长，中国银行江苏省分行国际结算部总经理，中国银行江苏省南通分行党委书记、行长，中国银行江苏省分行党委委员、行长助理兼信贷风险总监，中国银行江苏省分行党委委员、副行长。2020年3月，任中国银行股份有限公司山东省分行（简称中行山东省分行）党委书记，2020年7月起，任中行山东省分行党委书记、行长。兼任政协第十二届山东省委员会委员、山东省金融消费权益保护协会会长、山东省金融学会副会长、山东省银行业协会副会长（第八届）。

【综述】 2021年，中行山东省分行深入贯彻习近平总书记对山东“走在前列、全面开创”“三个走在前”重要指示要求，积极融入山东“十四五”发展大局。围绕中总行“建设新时代全球一流银行”的战略愿景，切实履行“金融报国”责任担当，坚持激发活力、敏捷反应、重点突破，深入践行“1+6”治行理念，通过扎实推进新时代全面从严治党带动全面从严治行，不断深化发展、风控、管理、执行、文化和队伍建设，发挥全球化、综合化特色优势，认真落实“六稳”“六保”政策要求，全力做好金融抗疫，坚决维护地方金融生态稳定，为山东经济建设作出了积极贡献，充分展现国有银行责任担当。截至2021年末，中行山东省分行本外币资产总额、负债总额分别达到6,274.97亿元、6,273.01亿元，累计缴纳税款30.27亿元。本外币存款余额5,901.37亿元，新增564.91亿元，增幅10.59%。本外币贷款余额5,067.34亿元，新增561.97亿元，增幅12.47%。全年实现不良化解132.06亿元，年末不良贷款余额39.80亿元，不良率0.78%。

【公司业务】 2021年，中行山东省分行把服务实体经济放在更突出的位置，加大信贷投放力度，持续优化信贷结构，本外币对公贷款较年初新增433.34亿元，增幅16.56%。其中，中长期贷款增幅32.30%。为省级新旧动能转换重大项目发放贷款480.84亿元，“十强”产业贷款较年初新增118.51亿元，战略新兴产业贷款余额较年初新增182.03亿元，增幅392.14%。加大绿色信贷投放力度，绿色贷款较年初新增127.24亿元，贷款增速96.44%。激发科技金融活力，科技型企业授信客户较年初新增285户，授信新增50.48亿元，增幅10.90%。大力支持民营企业发展，民营企业新投放贷款1,267.07亿元，支持民营企业授信客户新增3,197户。积极推动制造业高质量发展，制造业贷款余额1,091.28亿元。抓实“双户双基”建设，服务企业新开立单位结算账户7.64万户。深入开展金融辅导，对接服务企业3,234户，新增近千户，为816户有融资需求的辅导企业发放贷款272.60亿元，辅导企业满意率达到99.00%。持续深化金融创新，创新“普汇通”业务便捷模式，为小微企业办理金融市场业务提供授信额度便利化渠道。积极响应国家“稳外贸、稳外资”政策，全年实现远期结售汇及期权业务交易量155.56亿美元，同比增长19.11%。

【投行业务】 2021年，中行山东省分行加大直接融资服务力度，完成地方债投资322.31亿元，同比增长72.50%；承销境内债21支，金额194.35亿元，同比增长17.90%，承销省内首单境外绿色美元债券、首单境外人民币债券；完成债券分销387.20亿元，同比增长9.40%。引导金融活水流向经济社会发展关键领域，中银集团投资山东省（不含青岛）企业发行债券238.00亿元。发挥中行全球化优势，承销海外债18支，金额52.93亿美元，增幅32.50%，市场份额居第一位。顺应资管新规要求，加快净值型理财推广，对公表外理财日均余额136.85亿元；实现2018年资管新规实施以来分行非标业务突破，投放23.22亿元，完成存量非标资产回表，做好业务存续期管理，切实防范金融风险，未出现逾期欠息情况。

【个人业务】 2021年，中行山东省分行持牌网点机构488家，各类自助银行588家，建设消费金融、普惠金融、养老金融等特色网点138家，投放智能柜台2,068台。服务个人客户1,943.71万户，本外币个人日均存款2,845.79亿元。积极推进社保卡跨行换卡，自主开发投产手机银行社保缴费、烟台批量查缴功能，便民惠民。推动财富金融服务扩面提质，打造多款低门槛爆款投资类产品，推出“银发专属”理财，以实际行动践行“共同富裕”战略要求。与省妇联、省侨联、省女企业家协会、省侨商联合会等开展战略合作，为企业家客户提供高质量金融服务。创新推出“启航贷”产品，累计投放1,247笔、3,300余万元，助力高校毕业生人生启航。发挥跨境金融传统优势，推广外籍人才“薪酬购汇”便利化，依托“跨境GO”App、跨境金融服务特色网点，打造线上线下场景生态，年末个人结售汇五大行市场份额61.11%。以助农服务点为阵地、福农卡为媒介，主动融入金融服务乡村振兴和农业农村现代化建设，在手机银行为章丘特色农产品开设销售专区，开辟科技惠农新通道，全年普惠金融宣传3,410场、惠及客户5.30万人，建成“中银书屋”50家、“孝文化”场景试点10家，福农卡持卡客户规模达200.60万人。

【国际业务】 2021年，中行山东省分行积极服务畅通国内大循环、促进国内国际双循环，服务山东省更高水平对外开放，以实际行动支持实体经济发展。全年实现国际收支量694.00亿美元、跨境人民币结算833.00亿元，跨境本外币业务规模与贡献度保持省内中资同业之首，结售汇市场份额持续领跑同业第一；个人外币存款、国际汇款与结售汇、跨境支付保持同业第一。全年累计服务进出口结算客户1.68万户，为92家驻鲁企业叙做44.00亿元跨境担保业务，支持“一带一路”沿线国家重大项目建设；个人业务覆盖逾30个国家和地区，个人跨境客户近30万户，境外个人客户5万余户。秉承国际业务专业优势，中行山东省分行服务全省162家企业赴上海参加第四届进口博览会，跨境对接现场签约金额逾4,000万美元；持续做好自由贸易试验区济南片区和烟台片区金融服务，为山东自贸区建设贡献金融力量。

【普惠金融】 2021年，中行山东省分行全力推动普惠金融事业发展。截至2021年末，普惠金融贷款余额347.96亿元，同比增长119.53亿元，全面完成监管要求。积极推进“百场千户”银企对接活动，全年累计举办60场银企对接会，服务客户1,104户，提供贷款资金支持83.50亿元。做优跨境撮合，全年累计组织超百家出口型中小企业与海外客户对接，积极参加中国国际进口博览会，多形式满足企业产业升级和海外投融资需求。在省内各分行成立普惠金融事业部，进一步扩展普惠客户服务物理渠道。加大对科技型企业支持力度，截至2021年末，累计支持科技型中小企业超1,400户、90.00亿元。推出“专精特新”贷，截至2021年末，服务中小型专精特新企业超550户、36.00亿元。做实减费让利，着力降低小微企业贷款利率标准，加强收费管理，综合融资成本下降超100个基点，其中累计减免各类费用1,702.00万元。创新普惠金融产品，为小微企业和个体工商户一站式线上融资服务，惠及客户3,000余户，2021年科技金融+线上业务新增贷款比例达65.00%。积极开展金融扶贫产品与服务模式创新，推出“农担贷”等助农金融产品。持续推动普惠涉农贷款和乡村振兴工作，截至2021年末，普惠涉农贷款余额962.00亿元，有效助推山东农业农村经济发展。

【住房金融】 2021年，中行山东省分行严格落实“房住不炒”政策要求，积极配合政府推动房地产市场平稳健康发展。优化业务流程，提高审批效率，提升客户体验，在符合监管部门、总行住房贷款规模管控要求下，全力满足居民合理置业需求，实现个人住房金融稳健发展。截至2021年末，个人住房贷款余额1,722.71亿元，当年投放338.98亿元，较年初新增124.73亿元，增长率7.81%；个人住房贷款不良额3.98亿元，较年初下降0.55亿元，不良率0.23%，较年初降低0.05个百分点，实现了不良额和不良率“双降”。

【信用卡业务】 2021年，中行山东省分行信用卡业务紧密融入社会消费升级趋势，持续加快数字化转型步伐，经营效益显著增长，客户质量不断优化，分期业务市场占比提升。2021年实现信用卡综合收益9.96亿元，同比增长6.16%；分期交易额146.19亿元，市场份额17.34%，较年初提升0.42%。紧跟冬奥国家战略，大力发行冬奥主题信用卡。全年新增信用卡客户7.88万户，实现冬奥卡发卡5.49万张。信用卡资产质量持续优化，不良额、不良率连续三年实现“双降”。截至2021年末，信用卡不良余额4.09亿元，较年初下降3,641.00万元；不良率2.08%，较年初下降0.21%。

【电子银行业务】 2021年，中行山东省分行坚持手机银行“1号工程”不动摇，扎实推进场景建设，加速推动数字化转型发展。一是量质并举，手机银行业务高质量发展。截至2021年末，手机银行登录客户数393.20万户，同比增长17.69%。二是加快平台建设，打造敏捷前台。“乐惠齐鲁”平台实现手机银行端和微信端界面统一，2021年平台累计参与客户超178万人次；微信银行陆续开展拓粉活动和粉丝互动项目，截至2021年末，“中国银行山东分行”微信公众号粉丝突破244万。三是强化场景效益，打造集约中台。围绕总行“中银乐知”服务品牌，着力推广集“平台+内容+服务”优势于一体的智慧校园服务。2021年新增K12智慧教育院校438所。

【风险控制】 2021年，中行山东省分行主动服务和融入新发展格局，坚定不移地支持山东省高质量发展。信贷业务结构持续优化，增长类授信、中长期贷款和绿色行业授信余额占比较年初分别提升6.76%、5.81%和96.44%；土地指标流转、城市更新、老旧小区改造、远洋捕捞、项目前期贷等业务实现创新突破。累计化解不良贷款132.05亿元，其中亿元以上不良大户19户，金额合计100.64亿元。对大额授信客户分层管理，有效防范大户集中度风险。全面加强内控合规管理体系建设，主动开展“夯基固本强内控”“合规季”等专项行动，与“规范建设提升年”“内控合规管理建设年”有机结合，在全行建立“六位一体”内控案防体系，加强员工异常行为排查，强化案件管控，提升监督检查能力，推动合规文化建设全员化、持续化、常态化。推动全面风险管理改革，建立健全全面风险管理体系，持续深化合规文化建设。连续十年保持国家外汇管理局山东省分局外汇业务合规与审慎经营评估“A级”评价，消费者权益保护工作被评为“A+”级。

（刘 学）

附表1

机构概况一览表

行长（或其他称谓的第一负责人）		副行长（或其他称谓的同级领导）	
徐效强		王魏、杨 青、景在伦、王 权、薛 冬、胡 冲	
地址	山东省济南市泺源大街22号中银大厦	邮编	250063
网址	http://www.boc.cn/	客服电话	95566

附表2

内设部门及分支机构一览表

年度	内设机构（个）	下设分支机构（个）		员工人数（人）	
		地市级机构数	县区级机构数	员工总数（含非正式员工）	正式员工数
2017	28	15	509	13,817	13,817
2018	27	16	487	13,686	13,686
2019	25	16	487	13,558	13,558
2020	25	16	477	13,504	13,504
2021	26	16	471	13,283	13,283

附表3

主要统计指标1

单位:亿元

项目	2017年	2018年	2019年	2020年	2021年	2021年同比增幅(%)
本外币资产总额	4,988.60	5,001.87	5,017.21	5,637.22	6,274.97	11.31
本外币存款余额	4,828.75	4,888.30	4,816.17	5,336.46	5,766.83	10.92
人民币存款余额	4,431.92	4,532.35	4,501.14	4,965.04	5,379.50	11.41
单位存款	2,387.33	2,361.52	2,126.72	2,207.34	2,402.57	8.86
储蓄存款	2,016.82	2,137.96	2,336.87	2,621.31	2,962.75	13.56
本外币贷款余额	4,258.29	4,211.38	4,212.53	4,394.54	5,067.34	12.47
人民币贷款余额	4,037.52	4,072.36	4,080.23	4,283.70	4,969.81	13.09
短期贷款	2,024.04	1,726.99	1,616.90	1,505.86	1,635.52	8.88
中长期贷款	2,164.45	2,248.82	2,463.33	2,777.84	32,22.91	16.03
票据融资	55.05	81.29	142.79	110.83	108.93	-1.71
利润总额	-50.93	-126.76	-87.30	8.70	-8.98	-203.22
不良贷款余额	118.91	144.44	134.62	117.59	39.80	-66.15
不良贷款占比(%)	2.79	3.43	3.09	2.61	0.78	-70.11

附表4

主要统计指标2

项目	2017年	2018年	2019年	2020年	2021年	2021年同比增幅(%)
单位结算账户（万户）	26.58	27.89	31.77	37.86	45.50	20.18
单位结算金额（亿元）	48,100.03	59,430.63	62,402.00	65,522.10	72,074.00	10.00
个人结算账户（万户）	3,576.13	3,678.03	3,780.74	3,849.74	3,973.54	3.22
个人结算金额（亿元）	3,324.39	3,357.18	3,333.54	3,408.22	4,218.61	23.78
信用卡发卡量（万张）	431.50	484.29	534.13	570.86	418.97	-26.61
信用卡消费额（亿元）	990.69	968.90	1,049.55	979.67	928.24	-5.25
企业网银客户（万户）	22.04	24.12	27.98	34.19	45.26	32.38
个人网银客户（万户）	945.21	1,045.70	1,127.90	1,190.84	1,210.49	1.65
手机银行客户（万户）	730.38	897.80	1,074.50	1,226.19	1,366.27	11.42
现金自助设备（台）	2937	2606	2390	1895	1479	-15.41
营业网点（个）	525	504	504	494	488	-0.81
自助网点（个）	249	219	180	143	111	-22.38

中国银行股份有限公司青岛市分行

【第一责任人简介】 俞群，男，浙江杭州人，1968年11月出生，中共党员，研究生学历。1990年8月进入中国银行工作，历任中国银行浙江杭州庆春支行行长，中国银行金华市分行行长，中国银行温州市分行行长，中国银行江西省分行行长助理、副行长，中国银行浙江省分行副行长等职。现任中国银行股份有限公司青岛市分行（简称中行青岛市分行）党委书记、行长。

【综述】 2021年，中行青岛市分行认真落实地方经济发展战略，不断强化集团“十四五”发展规划落地执行，大力发展“八大金融”，持续推进品牌建设工程、产品带动战略及EVA提升攻坚战，引导全行牢固树立“服务于地方经济，依托于地方经济，在支持地方经济发展过程中实现自身健康发展”的工作思路，主动对接青岛市重点战略，积极满足民营经济、小微企业、制造业、外贸外资、新旧动能转换、民生消费等重点领域金融需求，不断优化金融服务，激发企业发展动力，以信贷投放支持实体经济发展，以不良化解优化区域金融环境，以金融活水助力青岛攻势，全力服务青岛经济社会发展大局，各项工作取得了较好的成效。截至2021年末，中行青岛市分行本外币存款余额1,685.81亿元，较年初新增114.28亿元；本外币贷款余额1,530.70亿元，较年初新增202.35亿元。

【公司业务】 2021年，中行青岛市分行紧紧围绕政府、监管部门和总、分行党委各项部署，敏捷反应、狠抓执行，推动公司业务呈现稳中向好发展局面。一是提高站位支持实体经济，出台《中国银行青岛市分行“八大金融”行动方案》《中国银行青岛市分行中型客户拓展实施方案》，聚焦科技创新、绿色发展、高端制造、民营经济等重点领域，加大金融支持力度，全力服务区域经济发展。截至2021年末，科技型企业贷款余额75.05亿元，较年初新增17.95亿元，增幅31.44%；绿色行业贷款余额102.18亿元，较年初新增44.48亿元，增幅77.09%；制造业贷款余额259.20亿元，较年初新增56.72亿元，增幅28.01%；民营企业贷款余额342.45亿元，较年初新增64.63亿元，增幅23.26%。二是点面结合培育优质客群，加强对公客户分层分类营销，努力夯实客户基础。截至2021年末，对公有效客户19,468万户，较年初新增2,159户，增幅12.47%；新增人民币单位银行结算账户11,800户，新增市场份额29.67%。三是全力支持重点区域和重点项目建设，积极跟进重点园区建设的金融需求，提供全方位金融服务。全面梳理全市各类重点企业和300余个重点建设项目，落实专门机构和专人主动对接，加大精准服务力度。截至2021年末，中行青岛市分行本外币公司贷款余额944.27亿元，较年初新增152.66亿元，增幅19.28%。

【国际业务】 2021年，中行青岛市分行立足新格局，深入推进贸易融资振兴计划，充分发挥全球化、综合化经营优势，扎实推进国际业务持续健康发展。一是跨境贸易金融竞争力稳固提升，出台《中国银行青岛市分行外汇业务三年行动方案》，加大“稳外贸、稳外资”支持力度。截至2021年末，外币日均存款、贷款分别较年初增幅28.59%、33.07%；国际结算、跨境人民币结算、结售汇同比分别增长94.83%、136.39%和49.19%。二是品牌建设持续提升，全球现金管理业务优势明显，全年新增5家分行级重点客户现金管理平台项目，新上线2个“跨国公司跨境资金集中运营”项目，新增5户全球视通重点产品拓展；供应链金融增长迅速，累计叙做供应链融资57.58亿元，同比增长171.00%。三是积极参与产品创新和贸易便利化试点，成为青岛地区首家获得国家外汇管理局贸易便利化试点资格的商业银行，连续六年获得国家外汇管理局青岛市分局A级评价。四是持续深化产品线上化推广，已实现汇款、结汇、单证、保函等业务的线上化，全年累计实现在线汇款、外币结汇等在线业务20余万笔，业务量总计733.56亿元。

【普惠金融】 2021年，中行青岛市分行围绕“做强、做优、做实普惠金融高质量发展”的总体目标，久久为功、持续推动，实现普惠业务健康快速可持续发展。一是加强顶层设计，制定下发普惠金融业务工作方案、“一行一策”等文件，指导各行融入地方经济，加大信贷投放。截至2021年末，全行“两增两控”普惠贷款余额99.36亿元，较年初新增36.06亿元，增幅56.97%；普惠贷款户数新增1,933户，增幅41.25%。二是深化数字化转型，将线上业务打造为普惠业务发展的重要引擎，全年线上贷款新增额占到全部对公普惠贷款新增额的47.00%。三是加强品牌建设，举办“中小企业国际采洽会”等多起银企对接活动，在当地主流媒体频频发出“中行普惠好声音”；持续推广“惠过年”“随时惠”“专精特新普惠行”等一系列专项行动，优化升级多款产品服务方案，全力打造以“惠如愿”为核心的中银普惠金融品牌形象。四是强化服务意识，通过优化简化流程、精简上报材料、合并相关环节等措施，全年新增中小企业客户平均尽责时效3.85个工作日，审批时效2.01个工作日。

【个人业务】 2021年，中行青岛市分行主动融入区域经济发展，持续提升个人客户金融服务水平。一是深耕财富私行业务，制定《私行业务拓展年行动方案》，加强个人中高端客户营销拓展，成功举办“中银私享健康荟——名医面对面”“欢乐冰雪·燃动中国”“智造价值·助力共富”投资策略分析会等系列活动。截至2021年末，新增加权个人有效客户23.77万户，增幅10.38%。二是加强公私联动，聚焦场景批量营销，配合市退役军人事务局发放“荣军卡”6.50万余张；完善代发客群经营机制，强化“中行服务日”品牌影响力，全年累计代发资金量281.27亿元，同比增幅5.48%。三是大力发展个人经营和消费类贷款，持续推动消费金融产品创新，依托抗疫贷、烟商贷、税易贷等系列产品，构建起场景化服务模式，全力支持个体工商户经营发展。截至2021年末，个人经营类贷款新增7.14亿元，增幅51.12%；个人消费类贷款新增2.62亿元，增幅22.16%。四是加大科技投入，成功投产“E分享”线上系统，推广分期外拓PAD，实现汽车分期线上“预授信”及分期业务移动办公，大幅提高业务办理效率，客户满意度不断提升。

【风险控制】 2021年，中行青岛市分行严格落实监管部门要求以及总分行党委战略部署，稳字当头、稳中求进，全力推动服务业务高质量发展。一是强化全面风险管理，推进落实全面风险管理体系优化实施方案，优化市行本部和二级机构风险内控组织架构，强化风险识别、监测、报告、处置的前瞻有效性，细化风险偏好传导、限额管理、授权调整等管理工具的日常使用，深化风险管理人才队伍培养，为全行高质量发展保驾护航。二是加强资产质量管控，提升潜在风险识别能力，加强重点领域信用风险排查，避免局部领域风险积聚；密切跟踪客户经营情况及还本付息情况变动，对出现较为严重预警信号的客户，抓住时机，及早采取化解措施，全力维护信贷资产质量。三是推进不良清收攻坚工作，对亿元以上表内不良重点项目，所在机构“一把手”亲自挂帅、严抓落实，上下联动抓清收，按照既定方案推动各项进程。四是强化内控案防和反洗钱管理，深化内控案防立体化管控模式应用，充分发挥各支检查队伍的作用，开展“内控合规管理建设年”“合规深化年”案防专项治理活动，全年内控案防形势保持稳定，未发生案件及重大风险事件。细化反洗钱与制裁合规管控，协助公安破获一起全国诈骗案件并获得高度评价，连续五年获得人民银行反洗钱A级评价。

【服务民生】 2021年，中行青岛市分行主动担当社会责任，积极创新金融服务模式，加强金融应用场景建设，全力提升社会民生领域金融服务水平。一是落实数字青岛建设方案，率先在青岛区域内投产“数字智慧食堂”特色产品，助力学校构建食品安全数字防护网，有效解决校园食品安全监管的难题，得到师生家长的多方认可。二是加强数字人民币交通场景建设，推出“0元往返胶东机场”“一分钱乘地铁”“中大型商超满减”等活动，带动市民乘坐地铁出行12万余人次，带动市民商超消费10余万人次。三是加强跨境、体育、教育、银发等重点场景建设，满足市民金融、健身、文化、消费等一体化生活需求，先后支持青岛市体育惠民消费券发放工作、青岛市市直机关五人制足球联赛、第五届城市运动会、奥运冠军面对面等活动，为活力、时尚的国际大都市建设贡献中行力量，助力市民创造美好生活。

（赵志伟、刘 双、柴天昊）

附表1

机构概况一览表

行长（或其他称谓的第一负责人）		副行长（或其他称谓的同级领导）	
俞 群		隋春玲、郑文礼、刘 钝、郝连才、张益军、吴维彬	
地址	山东省青岛市市南区香港中路59号	邮编	266071
网址	http://www.boc.cn/	客服电话	95566

附表2

内设部门及分支机构一览表

年度	内设机构（个）	下设分支机构（个）		员工人数（人）	
		地市级机构数	县区级机构数	员工总数（含非正式员工）	正式员工数
2017	23	1	14	3,405	3,405
2018	23	1	12	3,358	3,358
2019	22	1	12	3,318	3,318
2020	23	1	12	3,277	3,277
2021	23	1	12	3,237	3,237

附表3

主要统计指标1

单位:亿元

项目	2017年	2018年	2019年	2020年	2021年	2021年同比增幅(%)
本外币资产总额	1,113.94	1,218.33	1,309.42	1,657.57	1,798.86	8.52
本外币存款余额	1,083.34	1,143.56	1,248.65	1,535.80	1,696.00	10.43
人民币存款余额	930.16	997.21	1,104.94	1,347.81	1,480.50	9.80
单位存款	392.89	431.32	476.28	598.17	655.02	9.50
储蓄存款	481.00	506.87	573.05	697.44	770.07	10.41
本外币贷款余额	951.20	1,027.21	1,069.07	1,328.35	1,527.27	14.97
人民币贷款余额	866.39	937.53	994.11	1,213.07	1,389.21	14.52
短期贷款	302.72	278.01	259.19	291.01	349.09	19.69
中长期贷款	555.37	647.62	713.05	893.42	1,008.90	12.93
票据融资	6.63	10.53	19.96	28.03	31.08	10.86
利润总额	-29.00	11.18	6.19	25.22	4.96	-80.33
不良贷款余额	62.87	62.51	29.07	17.25	45.47	28.22
不良贷款占比(%)	6.61	6.09	2.72	1.30	2.97	1.67

附表4

主要统计指标2

项目	2017年	2018年	2019年	2020年	2021年	2021年同比增幅(%)
单位结算账户(万户)	8.13	8.50	9.24	10.28	11.45	11.38
单位结算金额(亿元)	21,974.95	25,477.52	28,578.21	32,834.47	45,435.36	38.38
个人结算账户(万户)	—	—	—	732.19	668.70	-8.67
个人结算金额(亿元)	2,344.56	2,861.13	3,827.90	2,451.41	3,264.94	33.19
信用卡发卡量(万张)	13.32	11.21	11.88	6.05	3.20	-47.10
信用卡消费额(亿元)	141.15	140.21	150.47	136.68	137.26	0.40
企业网银客户(万户)	6.91	7.42	8.27	9.03	11.01	21.93
个人网银客户(万户)	200.32	222.63	246.85	265.75	278.04	4.62
手机银行客户(万户)	133.17	167.47	208.72	242.56	274.67	13.24
现金自助设备(台)	604	561	479	480	390	-18.75
营业网点(个)	98	108	108	108	108	0.00
自助网点(个)	0	0	0	0	0	—

中国建设银行股份有限公司山东省分行

【第一负责人简介】 杨军，男，1972年5月出生，中共党员，博士研究生学历，管理学博士学位，高级经济师。历任中国建设银行风险管理部副总经理兼市场风险管理部副总经理、总经理（总行部门总经理级），中国建设银行湖北省分行党委副书记、副行长，中国建设银行风险管理部总经理兼任建信租赁非执行董事、建行大学风险管理研修院副院长等职。现任中国建设银行股份有限公司山东省分行（简称建行山东省分行）党委书记、行长。

【综述】 2021年，在习近平新时代中国特色社会主义思想指导下，建行山东省分行认真贯彻国家宏观调控政策和央行货币政策，积极提升“三个能力①”，围绕“七个走在前列”“九个强省突破”，深入践行新金融行动，全力服务实体经济，倾力支持民营小微，维护区域金融稳定，努力为新时代现代化强省建设作出建行贡献。

截至2021年末，主要指标完成情况（本外币合计，未经审计）如下：实现拨备前利润190.00亿元；一般性存款日均余额10,070.00亿元，新增704.00亿元；各项贷款余额7,245.00亿元，新增915.00亿元；实现中间业务收入40.80亿元；不良贷款余额39.70亿元，不良率0.55%，逾期贷款余额60.10亿元，逾期率0.83%。

【公司业务】 截至2021年末，建行山东省分行对公日均存款再上新台阶，突破4,000.00亿元大关。对公贷款量质齐升，总量突破3,500.00亿元。重点领域贷款快速增长，贷款结构调整持续优化，绿色贷款新增210.00亿元、基础设施贷款新增308.00亿元，占比全面提升，网络供应链稳步推进。客户商户拓展效果显著，对公全量客户新增3.79万户。推进“卡脖子”关键核心技术攻关和自主创新，防范化解金融风险等方面，打造了集创融、智融、兴融三位一体的建行“科创桥”专属品牌。积极创新研发了“危废贷”“光伏贷”“大棚贷”等产品，为绿色信贷、乡村振兴发展注入“金融活水”。

【投行业务】 2021年，建行山东省分行大力发展投行业务，自主融资规模206.60亿元，联动子公司为客户提供融资163.45亿元。资管投行业务收入7.20亿元，创近四年新高。成功办理首单地方金融资产交易所资产挂牌；落地省分行首单北金所债权融资计划（革命老区）业务2.80亿元；承销发行银行间债券市场首单绿色债券与革命老区债券双标识的中期票据15.00亿元；成功运作全省首单并表ABN项目49.00亿元；联动建银国际为济南轨道交通发行境外美元债1.00亿美元；“龙智赢”资产管理平台规模13.15亿元，系统排名居全国首位。完成理财整改、回表工作。

【个人业务】 2021年，建行山东省分行聚焦数字经济和大财富管理，全面升级“分层、分群、分级”客户体系，加快构建“大财富、大消费”两个生态循环，持续强化“价值创造、数字经营、协同发展、消保合规”四大能力支撑。深耕“网点周边3公里”，探索“网点—商户—社区”三维联动经营模式，创建“龙商圈”综合商圈737个，发布商户8,485户，居系统首位。深入践行以人民为中心的发展思想，扎实提升消保服务水平，在济南、潍坊、烟台、临沂建设金融消费者权益保护中心。以“1+4”智慧平台为载体，建成首批省级金融教育示范基地，在全行形成金融知识宣教新格局。

【中间业务】 2021年，建行山东省分行积极贯彻落实国家减费让利政策，严格执行监管减费让利相关要求，加强与当地监管部门的政策衔接，扎实推进小微企业和个体工商户支付手续费相关优惠减免政策落实落细，切实降低小微企业、个体工商户等市场主体经营成本，助力实体经济高质量发展。坚持把合规经营作为中间业务发展的底线，提升为客户创造价值服务能力，推动中间业务稳健发展。

【国际业务】 2021年，建行山东省分行抢抓山东对外开放新机遇，高效服务新发展格局，建立与省委外办、省贸促会等常态化合作关系，借助“全球撮合家”平台，独家线上承办“中日韩对接合作发展山东行”等五场数字会展，为海内外客户实现云展览、云洽谈、云撮合6,500余次。推动贸易便利化和跨境人民币使用，与10余家海外分行合作搭建跨境资金供给平台，帮助客户拓宽融资渠道，降低融资成本。办理全国金融系统首笔“出口信保保单融资”场景下的信保买断业务和全省首笔对外承包工程类优质企业跨境人民币结算便利化业务。推进中欧班列系列产品创新，实现两段铁路电子提单落地。

【普惠金融】 2021年，建行山东省分行积极践行“数字、平台、生态、赋能”发展理念，扎实推进普惠金融战略，助力解决民营小微企业融资难、融资贵、融资繁。截至2021年末，民营企业信贷客户总量6.26万户、贷款余额1,527.00亿元。高效发展普惠信贷，对公普惠贷款余额与新增额、客户总量与客户新增量均位居同业首位。设立“创业者港湾”428家，为3,991户入湾企业提供授信38.62亿元，与全省12个国家级高新技术产业开发区签订合作协议。大力支持科创企业，全省普惠金融科技企业贷款余额31.85亿元，科技企业贷款客户1,590户。在2021年山东省金融服务小微企业能力竞赛中，荣获山东省金融服务小微企业能力竞赛一等奖。

【住房金融业务】 2021年，建行山东省分行立足“房住不炒”定位，积极探索住房租赁可持续发展模式。全年为15.20万户居民家庭发放个人住房贷款785.00亿元，助力房地产市场平稳健康发展。加大保障性租赁住房支持力度，投放住房租赁贷款14.31亿元，挂牌全国首笔市场化住房租赁REITs项目[②]，上线济南市全国首批保租房App。打造“泉城安居”项目，通过“一网一卡一专户”[③]精准服务济南20余万新市民及租赁企业。公租房系统全省实质性启用机构占比73.40%，同比提升60.00个百分点[④]；协助省住建厅开发“安居齐鲁”公租房微信公众号。菏泽、枣庄、东营、聊城等市的8个县区试点“城乡智居”智慧物业项目。立足山东省“十四五”规划，深耕“十大服务”场景[⑤]，签约项目34个，房源4,700余套。开展“惠安居”等客户权益活动，“安居联盟”品牌影响力持续扩大。

【信用卡业务】 2021年，建行山东省分行坚持创新驱动，积极推进信用卡业务转型发展。以预审批客户、房贷客户、代发客户、车主客户、高端客户和县域客户为重点客群，以建行生活和手机银行平台为抓手，实现“获客+活客”一体化经营。以购车、装修、分期通三个重点产品为基础，做大做强专项分期交易额。推动重点商户项目落实，大力开展特惠活动和特惠商圈建设，提升消费交易额，提高品牌知名度和市场影响力。运用数字化经营手段，大力推动数字化直营工作，促进业务创新发展。持续推进资产质量管控机制的运营与完善，进一步提升信用风险预警、管理能力，有效改善资产质量。

【电子银行业务】 2021年，建行山东省分行坚持以人民为中心的发展思想，聚焦“新金融深耕齐鲁沃土、新发展打造首选银行”的愿景，推进数字化经营，夯实手机银行线上金融服务和“建行生活”非金融服务“双子星”平台，外引内联完善网络金融生态，推动公私业务融合发展，有效衔接乡村振兴，渠道承载和客户经营效果不断增强，场景融合和生态拓展能力继续提升，善融电商兴农扶贫不断深入推进，网络金融业务实现高质量发展。

【风险控制】 2021年，建行山东省分行积极主动应对复杂形势，以增强“三个能力”为根本遵循，积极践行新金融理念，围绕全面协同的风险治理体系、主动嵌入的风险防控体系、智能高效的风险工具体系“三大体系”，着力打造“五个中心”，建立健全“八项机制”，风险防控能力不断增强。遵循“主动管控、加大处置、协调有序”总基调，加强过程性、预期性管控，资产质量各项指标系统进位，达到近七年最优水平。打造智慧风控山东样板，积极构建“齐鲁慧眼通”卫星遥感金融应用平台，在德州试点搭建了全省首个“信用+基层治理+应用”的农村信用体系平台。

注：

①增强服务国家建设能力、防范金融风险能力、参与国际竞争能力。

②建信瑞建济南泉世界壹品公寓REITs项目。

③一网：泉城安居平台；一卡：泉城安居卡；一专户：租赁企业资金专户。

④淄博、枣庄、东营、威海、日照、临沂、德州、聊城、滨州等9个地市实现辖内全应用。

⑤服务新旧动能转换、服务城市更新行动、服务创业创新、服务乡村振兴、服务人才兴鲁、服务科教兴鲁、服务健康山东、服务银发经济、服务数字山东、服务军警安居。

（季 宁、杨士慧、张家瑞）

附表1

机构概况一览表

行长（或其他称谓的第一负责人）		副行长（或其他称谓的同级领导）	
杨 军		肖鹏（党委副书记）、李建平、楚孔用、刘春龙、董强、王云鹏（纪委书记）	
地址	山东省济南市历下区龙奥北路168号	邮编	250099
网址	http://www.ccb.com/	客服电话	95533

附表2

内设部门及分支机构一览表

年度	内设机构（个）	下设分支机构（个）		员工人数（人）	
		地市级机构数	县区级机构数	员工总数（含非正式员工）	正式员工数
2017	26	16	529	20,465	20,045
2018	26	16	549	19,809	19,474
2019	26	16	569	19,337	19,336
2020	26	17	649	18,927	18,926
2021	27	17	709	18,907	18,906

附表3

主要统计指标1

单位:亿元

项目	2017年	2018年	2019年	2020年	2021年	2021年同比增幅（%）
本外币资产总额	7,710.31	8,240.71	8,872.67	10,076.30	11,167.40	10.83
本外币存款余额	7,379.42	7,916.76	8,307.23	9,365.79	10,070.25	7.52
人民币存款余额	7,217.25	7,780.90	8,170.70	9,233.87	9,933.25	7.57
单位存款	3,561.37	3,769.37	3,653.97	3,916.18	4,023.06	2.73
储蓄存款	3,655.88	4,011.53	4,516.73	5,317.68	5,910.19	11.14
本外币贷款余额	5,026.48	5,223.66	5,622.11	6,330.75	7,245.28	14.45
人民币贷款余额	4,901.55	5,117.35	5,535.41	6,271.70	7,173.17	14.37
短期贷款	1,707.21	1,652.22	1,632.24	1,736.07	1,791.56	3.20
中长期贷款	3,119.98	3,371.36	3,774.86	4,487.59	5,336.84	18.92
票据融资	74.36	90.77	128.31	48.04	116.88	143.29
利润总额	30.29	71.51	2.04	95.11	127.87	34.45
不良贷款余额	117.76	150.08	69.50	37.05	39.74	7.26
不良贷款占比（%）	2.34	2.87	1.24	0.59	0.39	-34.04

附表4

主要统计指标2

项目	2017年	2018年	2019年	2020年	2021年	2021年同比增幅（%）
单位结算账户（万户）	30.45	34.15	39.84	45.63	49.75	9.03
单位结算金额（亿元）	255,877.75	258,843.79	267,430.62	286,039.25	302,840.27	5.87
个人结算账户（万户）	8,451.88	8,846.54	9,620.28	9,926.42	9,999.59	0.73
个人结算金额（亿元）	50,639.00	51,678.69	60,799.77	66,879.75	68,325.34	2.16
信用卡发卡量（万张）	581.20	662.32	735.13	794.31	819.17	3.13
信用卡消费额（亿元）	1,680.50	1,860.00	1,912.37	1,780.83	1,739.91	-2.30
企业网银客户（万户）	30.20	36.72	44.23	50.92	55.78	9.54
个人网银客户（万户）	1,775.92	1,989.49	2,198.00	2,389.00	2,547.67	6.64
手机银行客户（万户）	1,693.23	1,932.24	2,167.00	2,382.00	2,566.15	7.73
现金自助设备（台）	5,452	4,936	4,757	4,359	3,833	-12.07
营业网点（个）	829	827	808	805	799	-0.75
自助网点（个）	1,017	912	831	734	608	-17.17

中国建设银行股份有限公司青岛市分行

【第一负责人简介】 郝子建，中共党员，大学本科学历，高级经济师；1986年参加工作，2013年11月至2015年5月，历任中国建设银行山东省分行党委委员兼烟台市分行党委书记、行长，中国建设银行山东省分行党委委员兼营业部党委书记、总经理；2015年5月至2016年7月任中国建设银行山东省分行党委委员、副行长；2016年7月任中国建设银行青岛市分行党委书记，2016年9月任中国建设银行青岛市分行（简称建行青岛市分行）党委书记、行长。

【综述】 2021年，建行青岛市分行深入贯彻党的十九届六中全会精神，坚决贯彻落实地方政府及建总行各项战略部署及工作要求，坚持党建引领，统筹疫情防控与业务发展，持续增强“三个能力”，扎实开展新金融行动，纵深推进“三大战略”，坚持“系统化+精细化+专业化+数字化”发展路径，以数字化经营赋能增效、上量提质，加快打造当地最具价值创造力银行，各项工作呈现良好的发展势头。

截至2021年末，建行青岛市分行本外币全口径存款日均余额1,893.92亿元，较上年新增192.14亿元，人民币各项贷款余额2,394.93亿元。实现拨备前利润50.05亿元，税前利润38.91亿元，持续稳定增长。全年纳税6.30亿元，同比增长15.70%，税收贡献持续增长。

【公司业务】 建行青岛市分行争做服务地方经济建设的主力银行，截至2021年末，人民币非贴贷款累计投放934.15亿元，余额较年初增长237.48亿元，同业四行第一。

一是支持区域重点项目。为2021年青岛市200个重点项目授信308.89亿元，为新旧动能转换十强产业贷款102.09亿元，为青岛地铁、蓝色硅谷城际轨道等基建项目贷款478.94亿元。

二是支持制造业升级。投放制造业贷款261.43亿元，增速39.38%；为43家独角兽、瞪羚、专精特新、单项冠军企业授信86.33亿元。

三是支持绿色城市建设。推动总行与青岛市人民政府签订《绿色城市建设发展战略合作协议》，绿色贷款新增75.47亿元，增速107.53%。

四是支持产业强链补链。网络供应链贷款余额53.09亿元，新增24.39亿元，增幅84.30%；服务核心企业平台74户，平台累计交易量75.38亿元，服务核心企业的上下游链条客户1,285户。

五是支持乡村振兴。加强与九联集团、东升集团等本地农业龙头企业合作，涉农贷款余额179.35亿元，新增19.04亿元，增速11.88%。为平度新河镇研发“道德银行”，为莱西搭建“上善莱西”平台，实现道德积分线上化管理及使用，并叠加数币支付，助力乡村基层治理。

【投行业务】 2021年，建行青岛市分行以市场为导向、客户为中心，积极探索资管投行业务发展新路径、新模式，在投行创收能力、融资服务、客户数量等方面均保持良好发展势头。

一是债券承销创历史新高。债券承销规模104.43亿元，突破百亿元大关，承销客户达到11户，均创历史新高。

二是综合融资亮点纷呈。加强与子公司联动，投行综合融资规模达到121.35亿元，新增44.95亿元。

三是财务顾问量质双升。实现财务顾问收入近2.00亿元，计划完成率160.21%，同比增幅68.60%，四行占比39.69%；其中新型财务顾问收入1.89亿元，在总收入中占比94.97%。

【个人业务】 2021年，建行青岛市分行以“用户+”新思维、“数字化”等新手段，积极打造零售金融“新生态”，构建与用户“新连接”。

一是打造手机银行增长极。围绕手机银行移动金融服务主渠道作用，采取“金融科技+大数据”双驱动，强化线上线下一体化推进，打造承担“销售、服务、回馈、共享”职能的集成线上经营平台，取得显著成效。手机银行活跃客户总量达到101.65万户，突破百万户，增量11.51万户，增速12.77%。

二是打造“建行生活”增长极。构建“中心+属地化”运营模式，创新运用“四新”策略，努力推进BC两端全覆盖、内外场景全链接。截至2021年末，完成注册用户77.66万户，场景月活跃率40.22%，在线商户1,987家，商户动销率70.25%，钱包转化率71.66%，在6家直属分行中实现“五项第一”，初步实现了“建行生活”业务、能力、品牌“三提升”。

三是打造财富管理增长极。围绕“客户财富增值”和“保有规模提升”两大核心目标，以投资顾问团队专业赋能为支点，扎实提升客户资产配置能力，体系化推进财富转型。

【国际业务】 2021年，建行青岛市分行紧密融入“一带一路”倡议，助推青岛全方位扩大开放。国际结算业务收入

1.49亿元，连续五年同业四行第一。

一是服务两区建设实现突破。为上合示范区企业开户297户，信贷余额13.51亿元。为自贸区企业开户1,319户，各项业务指标均为自贸区同业四行第一。国际结算量、代客结售汇业务量、跨境人民币结算量分别同比新增115.62%、152.73%、174.53%。

二是服务“稳外贸稳外资”成效显著。新增跨境快贷客户123户，累计投放2.39亿元，增速26.33%；推进“全球撮合家”平台，新增跨境撮合注册认证客户1,122户，超额完成总行计划，并联合海内外分行举办两次线上会展，为境内外企业提供信息发布渠道和综合服务解决方案。

【普惠金融】 纵深推进普惠金融战略，切实解决小微企业融资难、融资贵、融资慢问题。

一是把“普”做大。制定“集实行动”工作方案，围绕四类重点客群，上线山东省内首家小微企业“云电贷”业务，推动“拉卡拉商户云贷”“善系列”业务加快落地，加快“惠懂你”App推广应用。截至2021年末，普惠贷款余额178.82亿元，新增50.47亿元，贷款余额及新增连续四年同业第一。

二是把“惠”做实。为1.11万家小微企业发放优惠利率贷款423.00亿元；办理延长还款期限及续贷5,567笔，金额共计72.43亿元；累计办理小微企业无还本续贷52.90亿元。获得全市“小微企业无还本续贷业务先进单位”荣誉称号。

【住房金融】 2021年，建行青岛市分行紧跟中央及总行党委政策导向，将住房租赁战略作为全行协同推动的系统性工程纵深推进。

一是保障性租赁住房抢占市场先机。建立住房租赁贷款“绿色通道”，为13家租赁企业提供44.76亿元租赁贷款授信额度并投放租赁贷款13.36亿元；累计筹集租赁住房6,600余套；协助青岛市人民政府成功上线保障性租赁住房App，录入保障性租赁住房项目117个，房源超2万套，得到政府及企业高度认可。

二是住房租赁溢出效应明显。独家承建青岛市经济适用房完全产权差额收缴系统、维修资金系统、公租房租金收缴系统，为分行带来资金沉淀10.48亿元。独家协助青岛市人民政府成功申报第二批中央财政支持住房租赁市场发展试点城市并积极配合奖补资金监管工作，开立监管账户40户，承接奖补资金6.82亿元，全市20家银行同业位列第一。

【金融科技】 2021年，建行青岛市分行落实总行金融科技工作会议精神，明确“十大重点平台”工作目标，制定建行青岛市分行金融科技平台推进方案，建立任务型团队管理机制，加速释放科技平台效能。

一是打造智慧政务新模式。搭建“青岛市营商环境综合服务平台”，被青岛市人民政府作为“城市云脑”的重要组成部分；上线企业开办一体化平台，实现企业开办“一表填报、一网办结”，覆盖80.00%以上的市场主体，是全市访问量最大的行政许可类网办平台；在全辖智慧柜员机上线123项政务服务，输入跨省通办事项579项，让建行网点成为市民身边的政务服务大厅。

二是打造智慧交通新体验。“青岛地铁”在全国首先实现“公交+地铁一码通乘”，为85.79万用户提供方便快捷的交通服务。车主邦“智慧能链”与能链集团合作，实现金融服务对加油站场景“圈链群”，为9.20万用户提供智慧加油服务。“智慧停车”打造岛城首家“智慧停车”一体化服务平台，成功接入172家停车场据，开立账户98户，助力解决停车难、缴费慢问题。

三是打造智慧物业新平台。独家承建青岛智慧物业管理服务平台，是全国9个智慧物业试点城市中唯一1家与政府达成平台建设战略合作的分行。

四是打造智慧医疗新样板。独家承建市卫健委“互联网+医疗健康”惠民便民服务平台，实现85家医疗机构接入平台，提供基本医疗和公共卫生服务112项。

【信用卡业务】 2021年，建行青岛市分行以服务百万级客户美好生活为立足点，回归信用卡的本源，持续夯实客户营销基础，做好客户一体化经营。

一是打造高质量消费生态圈。加强特惠场景布局，重点加强三大商圈商业综合体购物、加油站、机场高铁场景布局，加快推进特惠场景平台统一、活动品牌统一，提升特惠商户引流及消费拉动成效。加强特惠活动品牌，围绕客户喜闻乐见、参与度高的行业，持续做好信用卡“6品牌”“车品牌”“名品牌”三大特惠品牌推广，打造品牌影响力。

二是加快分期特色化推进。以“根植网点、数据赋能、创新引领、价值创造”为主思路，加快推进依托网点的分期通、依托支行的装修分期和依托中心的购车、一般分期，实施专业化经营。

【风险控制】 2021年，建行青岛市分行将防范金融风险、维护金融安全贯穿经营管理全过程，确保各项业务可持续、高质量发展。

一是夯实资产质量基础。认真落实总行及监管部门防风险的各项工作部署，前瞻性加强潜在风险管控，深挖不良资产处置潜力，持续做好防范化解重大金融风险及价值创造能力提升，2021年末不良贷款额8.74亿元，较年初减少1.57亿元，不良率0.37%，下降0.15个百分点，逾期金额14.94亿元，较年初增加2.18亿元，逾期率0.63%，下降0.01个百分点。

二是夯实合规管理基础。持续推进人人尽责的合规管理体系建设，案件防控能力持续提升，梳理编制10期警示教育材料，加强全员警示教育；建立突击检查工作机制，对10个网点实施合规检查，提升合规质效。基础管理水平持续提升，制定“内控合规建设年”活动方案、屡查屡犯整治方案，调整优化299个评价指标，切实提升基础管理质效。反洗钱合规能力持续提升，人民银行反洗钱综合评价连续九年保持A类，有4份重点可疑交易报告被人民银行青岛市中心支行采纳。

（安 瑜）

附表1

机构概况一览表

行长（或其他称谓的第一负责人）		副行长（或其他称谓的同级领导）	
郝子建		刘从正、徐 海、管恩新、杜光宇、左 军、郭中华	
地址	山东省青岛市崂山区深圳路222号	邮编	266061
网址	http://www.ccb.com/qd/cn/index.html	客服电话	95533

附表2

内设部门及分支机构一览表

年度	内设机构（个）	下设分支机构（个）		员工人数（人）	
		地市级机构数	县区级机构数	员工总数（含非正式员工）	正式员工数
2017	23	2	102	3,187	3,187
2018	23	2	110	3,059	3,059
2019	24	2	118	3,092	3,092
2020	24	3	120	3,120	3,120
2021	24	3	120	3,218	3,218

附表3

主要统计指标1

单位：亿元

项目	2017年	2018年	2019年	2020年	2021年	2021年同比增幅（%）
本外币资产总额	1,375.89	1,523.41	1,712.86	1,984.03	2,389.88	20.46
本外币存款余额	1,199.48	1,384.38	1,441.84	1,731.41	1,852.21	6.98
人民币存款余额	1,113.96	1,326.40	1,382.15	1,651.89	1,767.04	6.97
单位存款	583.58	754.94	744.81	875.09	859.95	-1.73
储蓄存款	516.30	571.46	637.34	776.80	892.54	14.90
本外币贷款余额	1,365.49	1,432.66	1,721.15	1,996.65	2,410.57	20.73
人民币贷款余额	1,170.96	1,382.09	1,666.02	1,930.96	2,308.86	19.57
短期贷款	249.12	263.41	308.18	369.16	444.59	20.43
中长期贷款	916.81	1,103.55	1,310.32	1,549.00	1,852.97	19.62
票据融资	3.62	7.61	46.01	11.23	9.74	-13.27
利润总额	18.51	23.46	23.15	29.22	32.17	10.10
不良贷款余额	30.76	29.66	15.86	10.31	8.74	-15.23
不良贷款占比（%）	2.25	2.07	0.92	0.52	0.37	-0.15

附表4

续表

主要统计指标2

项目	2017年	2018年	2019年	2020年	2021年	2021年同比增幅(%)
单位结算账户（万户）	6.62	7.74	8.93	10.14	11.12	9.66
单位结算金额（亿元）	—	—	—	—	—	—
个人结算账户（万户）	—	—	—	—	—	—
个人结算金额（亿元）	—	—	—	—	—	—
信用卡发卡量（万张）	81.08	91.54	96.66	107.99	114.26	5.81
信用卡消费额（亿元）	161.85	200.00	216.90	201.08	204.23	1.57
企业网银客户（万户）	4.85	6.27	7.66	9.05	9.76	7.83
个人网银客户（万户）	211.72	235.48	258.42	286.50	285.62	-0.31
手机银行客户（万户）	202.11	220.30	255.16	291.52	325.04	11.50
现金自助设备（台）	805	717	609	508	471	-7.28
营业网点（个）	123	125	124	123	123	0.00
自助网点（个）	521	479	398	315	281	-10.79

交通银行股份有限公司山东省分行

【第一负责人简介】 于启春，男，汉族，1973年2月生，河北吴桥人，中南财经大学金融专业毕业，高级工商管理硕士；2012年进入交通银行工作，任北京市分行党委委员、副行长；2017年3月任交通银行股份有限公司山东省分行（简称交行山东省分行）行长，2017年8月任交行山东省分行党委副书记（主持工作）、代为履行行长职责；2017年12月任交行山东省分行党委书记；2018年3月任交行山东省分行行长。

【综述】 2021年，交行山东省分行准确把握新发展阶段、贯彻新发展理念、深度融入新发展格局，将金融工作放到“两个大局”的高度去认识、去实践，服务实体经济能力显著增强，风险管控取得积极成效，盈利能力持续提升，全行“十四五”规划确定的各项目标任务扎实推进，主要业务发展指标“稳中有进、稳中提质”的经营态势进一步巩固。2021年，交行山东省分行综合绩效考核排名系统内第十四位，获得交总行“2021年度经营管理优胜单位”荣誉称号，同比提升8位，较2019年末提升10位，较2018年末提升15位，创近年来最好成绩。

【公司业务】 2021年，交行山东省分行主动对接服务国家战略，以队伍建设为抓手，以项目制、专项行动为依托，持续提高服务实体经济能力和价值创造能力。一是不断增强服务实体经济能力。截至2021年末，交行山东省分行制造业贷款、民营企业新发放贷款占比、涉农贷款余额等指标均排名系统内第一位。二是坚持建系统、搭平台。2021年，通过项目制突破省、市、区县等各级政府资格类项目28个，与51家重点企业签订资金结算系统共建协议。三是全力推进优质客户与重点资产项目营销。梳理“100户战略客户”“100户中型客户”两个清单，完善综合服务方案，年内主办中型客户新增52户，增量排名系统内第三位；落地银团贷款牵头行项目10个，实现投放39.92亿元。四是加大代发业务源头拓展力度。打造优质代发客群专属产品服务体系，提升代发资金留存，年内代发个人客户净增5.16万户，增量排名系统内第五位，贡献度变化排名系统内第一位。

【投行业务】 2021年，交行山东省分行深耕当地市场，抢抓发展机遇，支持实体经济发展，实现投行业务的快速发展。一是积极推动债券业务发展，通过直接融资工具为省内企业类客户节约融资成本。2021年，累计为27户优质客户发行债券50支，承销金额211.14亿元。利用山东红色资源丰富的特点，为沂蒙老区客户成功发行全国首批、系统内首单革命老区红色债券，为建党百年献礼。二是注重转型发展，提升多渠道融资服务能力。积极协助客户对接各类外部机构，通过融资租赁、信托、保险债权计划、公司债、企业债等方式为37家企业解决多渠道融资需求，累计投放外部资产流转规模超过228.00亿元。三是积极参与山东省地方政府债投标，并连年担任主承销商角色。2021年，通过参与山东省人民政府一般债、专项债投标发行工作，累计中标超过156.00亿元。

【个人业务】 2021年以来，交行山东省分行个人业务多项业务指标取得了较好的业绩。一是个金资产业务稳健发展。截至2021年末，个人贷款较年初增幅30.81%，排名系统内第三位，个贷市场占比3.10%，较年初提升43个基点，排名当地17家金融机构第二位。二是客户经营持续深化。截至2021年末，实现贡献度变化有效客户系统内第三位、沃德客户第七位、私银客户第十位、信用卡活户计划完成率系统内第九位。四是消保服务优势持续巩固，风险合规管理进一步强化。2021年荣获人民银行消保评估A级、银保监消保评级一级，有5家网点获评中国银行业协会2021年“千佳”网点，排名当地同业首位；落实上级行2021年重大信息虚假专项整治行动方案要求，累计排查和自查总行下发可疑数据933笔。

【国际业务】 2021年，交行山东省分行贯彻新发展理念，聚焦跨境金融，注重新业态外贸场景融合，服务构建新发展格局，精准服务实体经济，确保国际业务良好发展。一是增强服务实体经济力度。利用离在岸一体化经营优势，通过跨境直贷、银团贷款、境外发债等产品，积极参与“走出去”企业境外布局和全球化业务发展；依托供应链产业链，通过鲁贸贷、国内证及跨境融资产品，积极满足境内外贸企业的低成本资金需求。二是加快数字化转型力度。推进人民币跨境支付数字通道，为全省73家企业投产CIPS标准收发器，市场占比第一位；丰富外贸场景金融产品，实现存、贷、汇、兑的全线上操作，大大提升客户体验。积极对接试点地区市场采购贸易平台系统，便利小微客户的收结汇业务。三是不断提升外汇服务水平。持续在全辖开展汇率风险中性理念和外汇衍生产品的宣讲，积极引导企业开展汇率避险。扎实推进贸易收支及跨境投融资外汇改革便利化的试点，为企业提供高效便捷的外汇结算服务。

【普惠金融】 2021年，交行山东省分行进一步提高政治站位，认真贯彻党中央、国务院和监管部门关于推进普惠金融发展和服务乡村振兴的决策部署，推动普惠金融和服务乡村振兴融合发展。一是加强客户拓展，依托数字化手段全面提升普惠客户触达和服务能力，聚焦小微、涉农、科创等重点领域，完善客户服务模式。二是加强产品创新，丰富完善普惠金融产品体系，实现线上标准产品与场景定制产品的“双轮驱动”，提升普惠金融的可得性、便利性。三是加强渠道搭建，围绕客户经理队伍融合发展、网点综合化转型，推进全行全员全渠道做普惠，提升经营机构普惠客户服务能力。截至2021年末，普惠涉农贷款余额较年初增幅达35.35%；降准口径贷款余额较年初增幅达39.64%。

【住房金融】 2021年，交行山东省分行个人住房贷款业务以提升行内、市场占比为目标，聚焦价值创造，提升净经营收入。一是推行差异化服务策略。继续加强与重点开发商合作，重点支持总行级、分行级重点开发商；各辖行积极对接，瞄准重点楼盘分层营销，提高高层走访营销频率。二是完善组织架构，加强队伍建设，加强客户经理实战培训，提高从业人员素质。三是严格执行监管政策，坚持“房住不炒”主基调，积极支持刚性及改善性购房需求。四是致力于流程优化及时效管控，提升客户体验。截至2021年末，交行山东省分行房贷同比增幅23.08%，市场占比较上年提升27个基点，市场占比提升至17家金融机构的第二位。

【信用卡业务】 2021年，交行山东省分行围绕信用卡业务价值创造和高质量发展，持续搭建用卡环境，提升信用卡业务的竞争力和贡献度。一是围绕“最红星期五”品牌，以商圈建设为中心，着力构建“场景获客+场景活客”相结合的最红生态圈。二是贯彻“全员营销、发卡增效”工作思路，加强与卡中心全面融合和深度融合，营造全行发展信用卡业务的良好局面。三是深化优质企业营销、场景营销等新经营模式，拓展数字化获客、资源合作获客等新获客方式。

【金融科技】 2021年，交行山东省分行高度重视金融科技工作，在确保全辖信息系统安全稳定运行的同时，大力推动分行数字化转型。一是确保信息系统安全稳定运行，全年系统可用率、网络可用率和重要业务系统运行率均达100.00%，做到全辖信息系统安全生产零事件。二是科技赋能，支撑业务发展。围绕社保代发、不动产、资金监管、地方公积金、财政支付等业务开展与政府、企业的系统对接，全年共研发特色业务40项。三是数据挖掘，为全辖经营发展提供数据支撑。全年开发24个数据分析系统，共计202张报表，有效提升数据运用能力；省内首家研发落地线上“鲁贸贷”；上线反洗钱反欺诈系统。四是持续创新，推动数字化转型。推广小微融资一件事、抵押登记一件事、电子亮证一件事、惠民就医、CIPS等10项创新产品，引领科技创新工作提质增效。

【风险控制】 2021年，交行山东省分行风险管理统筹发展与安全，做好重大金融风险防范化解工作，坚决打好资产质量攻坚战，压实资产质量管理责任，牢牢守住不发生系统性、区域性金融风险底线。一是坚持防控金融风险。坚持审慎稳健的风险偏好，不断提高主动识别风险的能力，持续强化稳健合规经营，着力防范化解重点领域经营风险，完善风险应急处置机制，守牢风险底线。二是坚决打好“资产质量攻坚战”。全面压实经营、审批、贷（投）后、清收保全的全流程管理责任，截至2021年末，分行资产质量整体向好，逾期、不良、高风险资产实现“三降”。三是强化内控案防和合规风险管控。以智慧案防系统、数字化内控系统为抓手，深入推进“内控合规管理建设年”活动，构建内控案防长效机制，严防案件发生；根植“合规创造价值、合规创造红利”的合规文化理念，持续提升合规文化宣传教育工作质效；深入履行审计职责，积极发挥内部审计对全行业务高质量发展的监督保障作用。

【授信业务】 2021年，交行山东省分行坚决贯彻中央关于服务实体经济的部署要求，紧扣“六稳”“六保”，不断加大对关系国计民生的重大项目、头部企业、普惠业务和个人贷款业务领域的投放，支持实体经济力度不断增强。一是严把审批准入关。严格执行全行统一授信政策。根据授信与风险纲要、行业投向指引要求，优化信贷结构，强化对产能过剩、房地产、政府类业务等重点领域和敏感行业的审批把关。二是聚焦产业集群及地域优势，着力打造区域经营特色。以习近平总书记视察山东重要指示要求为引领，抓住黄河流域生态保护和高质量发展、城市更新改造、自贸区和起步区“两区”建设等重大战略机遇。三是支持服务实体经济，对于重点领域、项目，如对于涉农贷款、城市更新项目、碳减排贷款和煤炭清洁高效利用专项贷款，建立绿色审批通道，加快业务审批促进项目投放。

（庞 洁）

附表1

机构概况一览表

行长（或其他称谓的第一负责人）		副行长（或其他称谓的同级领导）	
于启春		姚 桢、赵秀军、孙 亮、刘安奎、董 蕾	
地址	山东省济南市共青团路98号	邮编	250012
网址	http://www.bankcomm.com/	客服电话	95559

附表2

内设部门及分支机构一览表

年度	内设机构（个）	下设分支机构（个）		员工人数（人）	
		地市级机构数	县区级机构数	员工总数（含非正式员工）	正式员工数
2017	31	16	143	3,666	3,651
2018	31	16	141	3,601	3,586
2019	30	16	130	3,604	3,595
2020	27	16	127	3,585	3,577
2021	27	16	127	3,521	3,515

附表3

主要统计指标1

单位:亿元

项目	2017年	2018年	2019年	2020年	2021年	2021年同比增幅（%）
本外币资产总额	1,927.83	2,003.18	1,955.50	2,162.67	2,419.15	11.86
本外币存款余额	1,815.73	1,883.17	1,922.94	2,064.57	2,236.00	8.30
人民币存款余额	1,801.36	1,870.69	1,905.51	2,026.90	2,205.01	8.79
单位存款	1,277.79	1,296.55	1,274.65	1,341.05	1,434.51	6.97
储蓄存款	523.57	574.15	630.86	685.85	770.50	12.34
本外币贷款余额	1,145.81	1,227.25	1,350.78	1,587.61	1,875.30	18.12

续表

项目	2017年	2018年	2019年	2020年	2021年	2021年同比增幅（%）
人民币贷款余额	1,120.02	1,209.81	1,331.68	1,570.33	1,799.54	14.60
短期贷款	582.21	567.25	521.16	612.13	558.15	-8.82
中长期贷款	506.69	575.97	719.75	887.82	1,155.30	30.13
票据融资	29.26	64.11	87.22	57.51	83.53	45.24
利润总额	-9.55	-24.95	-44.00	-7.66	-12.53	-63.58
不良贷款余额	39.80	36.83	54.52	98.94	59.15	-40.22
不良贷款占比（%）	3.47	3.00	4.04	6.23	3.15	-43.82

附表4

主要统计指标2

项目	2017年	2018年	2019年	2020年	2021年	2021年同比增幅（%）
单位结算账户（万户）	4.55	4.95	5.69	5.98	6.75	12.88
单位结算金额（亿元）	2,248.38	2,305.14	2,353.74	2,461.00	2,594.85	5.44
个人结算账户（万户）	1,304.87	1,442.35	1,514.05	1,586.07	1,589.96	0.25
个人结算金额（亿元）	713.15	761.47	861.99	1,007.02	1,234.35	22.57
信用卡发卡量（万张）	433.28	481.00	478.00	487.00	493.00	1.23
信用卡消费额（亿元）	1,631.32	2,075.00	1,898.00	2,223.00	2,308.00	3.82
企业网银客户（万户）	2.52	2.56	3.36	3.41	4.56	33.70
个人网银客户（万户）	298.19	332.70	366.82	399.03	423.98	6.25
手机银行客户（万户）	148.92	187.11	219.61	219.93	220.03	0.04
现金自助设备（台）	794	669	544	431	406	-5.80
营业网点（个）	159	157	146	143	143	0.00
自助网点（个）	195	131	86	54	30	-44.44

交通银行股份有限公司青岛分行

【第一负责人简介】 董莹，女，汉族，1971年12月出生，山东济南人；华东师范大学经济管理专业本科毕业，山东大学工商管理硕士学位；1989年12月参加工作，历任交通银行济南分行财会处副科长、科长、副处长，交通银行济南分行预算财务处高级经理（计划财务会计处处长），交通银行烟台分行党委书记、行长；2008年1月起，任交通银行山东省（济南）分行党委委员、副行长；2020年7月起，任交通银行股份有限公司青岛分行（简称交行青岛分行）主要负责人（代为履行行长职责）；2020年12月至今，任交行青岛分行党委书记、行长。

【综述】 交行青岛分行成立于1988年2月，是交通银行总行直接管辖的直属行之一，现设有46个网点，其中综合类的中心直属支行18家、二级支行26家、社区支行2家，机构网点覆盖青岛地区全部区市。交行青岛分行坚持以习近平新时代中国特色社会主义思想为指导，全面贯彻党的十九大、十九届历次全会和中央经济工作会议精神，秉持服务实体经济、服务民生的宗旨，统筹推进疫情防控和经营发展工作，各项工作取得积极成效。截至2021年末，交行青岛分行各项人民币存款余额1,302.22亿元，各项人民币贷款余额951.18亿元，不良资产率0.21%，资产质量处于本地同业先进水平，综合竞争力在交行37家省直分行中排名第一位，绩效考核排名第六位，被总行授予“经营管理优胜单位”称号。2021年，交行青岛分行四方支行荣获山东省财贸金融系统

"五一劳动奖状"，公司部（资管部）荣获青岛金融"五一劳动奖状"。多名员工分别获得山东财贸金融系统"五一劳动奖章"、交通银行"五一劳动奖章"、交通银行"五一巾帼标兵"、青岛市"工人先锋号"等荣誉称号。

【公司业务】 交行青岛分行紧跟青岛市委、市政府"项目落地年"工作部署，聚焦"做大做强13条产业链"，以推动高质量发展为主题，全力投入青岛经济社会建设。一是积极支持青岛市重点企业发展，为青岛市制造业龙头企业提供信贷支持，制造业贷款余额较年初净增近30.00亿元；为战略新兴产业新增授信近40.00亿元。二是积极响应青岛市项目落地年号召，推动一批青岛市重点项目落地。三是积极支持航运贸易发展，为航运及贸易领域企业发展贡献金融力量，截至2021年末，累计投放贸易融资近50.00亿美元。四是主动服务民生企业，重点支持青岛当地各类水电气暖等公共事业单位发展，以低于平均水平的贷款利率，给予授信额度超60.00亿元。

【投行业务】 交行青岛分行积极发挥交银集团全牌照、综合化、国际化的特点，通过"商行+投行""表内+表外"等多元化方式，形成支持青岛经济建设的"叠加效应"。2021年，分行单列投行部（托管部），大力发展投行、托管业务。一是联合交银理财子公司等集团内外金融机构，为当地优质企业发行债券近70.00亿元，承销规模在当地国有银行排名第一位。二是联合交银投资，为当地某重点企业落地债转股项目。三是联合交银租赁，为青岛市重点企业提供融资租赁业务，同时，在自贸区设立了青岛市第二个单船SPV租赁公司。四是联合交银人寿、交银国信，为青岛市优质地产项目提供保险资金和信托贷款近40.00亿元。

【个人业务】 交行青岛分行坚持大零售数字化转型道路，紧抓关键能力建设，零售业务实现长足发展。一是积极搭建民生服务平台，为社保、医保、公积金、住房维修基金、琴岛通等领域，提供了设备、系统、人员等全方位支持，协助搭建了非税征缴等十几个民生平台，为135万名市民、58万名灵活就业人员提供了全方位的社保医保服务，并成功协助青岛市上线了国家医疗保障信息平台。二是聚焦特殊权益保护，提升老年金融服务。推进营业网点的适老化服务，通过提供舒适安全的环境（建设厅堂敬老角20余个）、打造关切的客户体验、助力老年人学习能力提升等六大举措提升各网点适老化服务水平，推进交银养老服务示范网点建设，营业部等5家支行挂牌"青岛分行交银养老服务示范网点"。三是推动网点综合化转型。交行青岛分行积极开展厅堂融合转型试点工作，营运人员协同营销能力不断提升，厅堂考核5项指标中，企业手机银行、个人手机银行、对公达标户、惠民贷有效额度客户等4项指标均超额完成全年任务。四是协助崂山区人民政府引进交银集团子公司"交银人寿"在青岛设立分公司，成为青岛市第36家外资金融机构，进一步满足客户资产配置需求，全面提升了当地金融业服务实体经济和社会民生能力的基础和保障。五是助力推进数字人民币推广。以数字人民币推广为契机，选取民生、教育、出行、生活消费、科技金融等领域为重点切入点，以税银征缴、水电暖缴费等分行特色业务为突破口，深入推动数字人民币场景生态建设，并成功落地数字人民币税银征缴特色场景。

【普惠业务】 交行青岛分行着力构建"标准化产品+集中化运营+数字化风控"的普惠金融经营体系，实现小微企业金融服务的"扩面降本"。一是丰富场景，着力构建金融生态体系，推动数字化转型，以场景切入获取高价值数据，形成数据应用闭环，缓解涉农主体"融资难"的瓶颈；二是优化服务，完善授信流程，以线上化、自动化的业务流程实现客户的批量拓展，缓解涉农主体"融资慢"难题，为实现乡村振兴提供有力支撑；三是创新产品，满足多种融资需求，打造线上"普惠e贷"产品，以大数据和图像识别等金融科技手段，为企业提供线上普惠融资服务，并创新"一村一品"定制化的"兴农e贷"产品。

【科技创新】 交行青岛分行全力推动金融创新，坚持科技赋能民生服务，为市民提供特色金融服务，全力打造"惠民便利银行"。一方面，加强金融科技应用，创新支付结算体系。交行作为人民币跨境支付系统（CIPS）标准收发器业务的战略合作机构，积极融入金融要素市场对外开放，积极打通人民币跨境清算"最后一公里"。在人民银行发起的"跨境人民币支付领域金融数据交换标准应用"试点推广中，首家将CIPS人民币跨境支付服务延伸至企业，成功为当地某重点企业财务公司上线CIPS标准收发器项目，并落地首笔跨境人民币交易。另一方面，着力打造"交银e办事"品牌，打造"e抵押"无纸化抵押登记新模式，为客户减负的同时，也保障了抵质押权证的真实性，有效防范道德风险和操作风险；在青岛市首家推出"惠民就医"产品，目前已在青岛某重点医疗机构上线应用，为青岛市参保居民提供"先诊疗，后付费"的信用就医服务，切实解决就医排队难、缴费难问题。

【风险管理】 交行青岛分行严格落实"全覆盖、全流程、专业化、责任制"要求，全面提升风险管理核心能力。一是搭建全面风险管理与内部控制委员会常务会周例会制度，提升决策效率和工作成果，压实经营主责任。二是做实贷投后管理，开展滚动排查，有效遏制了资产质量下迁。三是以内控合规建设年活动为契机，对重点问题、案件多发领域，开展高压高频、多管齐下的排查，有效遏制风险发生。

【文化建设】 2021年，交行青岛分行幸福家园建设成果丰硕。一是加强普惠性、基础性民生建设。依托“互助会”“送温暖”“大病困难慰问”，做好员工日常慰问工作，开展会员夏送清凉、冬送温暖慰问，异地单身员工中秋慰问，退休老同志中秋走访，提升全行员工幸福感。二是关心员工身心健康。为经营单位一线干部员工搭建线上就医问诊及心理咨询服务平台，举办“后疫情时代的情绪与压力管理”心理讲座，继续优化体检项目，提高体检标准，为全行员工及家属的身体健康保驾护航。三是丰富员工活动，强化团队建设。开展“春节居家秀”短视频征集活动、庆三八“遵规守法，幸福全家”女员工知识竞赛等线上文体活动，“五四”青年节组队参加青岛国际马拉松赛，“六一”儿童节开展“童心向党”员工子女才艺展示活动，积极参加总行“云春晚”和“交行好声音，礼赞迎国庆”线上庆祝活动，巩固家园文化氛围。

积极履行社会责任。冠名青岛市体育局主办的户外羽毛球推广（青岛站）活动，倡导市民强身健体，并被国家体育总局评为“全民健身周活动先进单位”；连续十七年冠名市政府办公厅、市纠风办主办的电台直播节目“行风在线”栏目；积极联系定点帮扶对象甘肃省天祝县，为其引进预计投资1.00亿元招商引资项目一个，寻找社会资源向其捐赠25.00万元，帮助销售涉农产品50.00万元，行内购置涉农产品15.00万元。

（马 芊）

附表1

机构概况一览表

行长（或其他称谓的第一负责人）		副行长（或其他称谓的同级领导）	
董 莹		贺 飚、徐芝清、程熙忠、彭建刚、孙响波	
地址	山东省青岛市市南区中山路6号	邮编	266001
网址	http://www.bankcomm.com/	客服电话	95559

附表2

内设部门及分支机构一览表

年度	内设机构（个）	下设分支机构（个）		员工人数（人）	
		地市级机构数	县区级机构数	员工总数（含非正式员工）	正式员工数
2017	24	1	44	1,318	1,301
2018	24	1	44	1,314	1,303
2019	25	1	49	1,314	1,307
2020	23	1	47	1,314	1,307
2021	24	1	46	1,304	1,301

附表3

主要统计指标1

单位：亿元

项目	2017年	2018年	2019年	2020年	2021年	2021年同比增幅（%）
本外币资产总额	1,019.65	1,085.78	1,229.59	1,308.65	1,417.85	8.34
本外币存款余额	916.01	1,023.72	1,105.11	1,197.98	1,302.22	8.70
人民币存款余额	890.55	1,004.98	1,082.19	1,175.54	1,272.17	8.22
单位存款	581.84	671.34	705.29	749.32	787.98	5.16
储蓄存款	308.71	333.64	376.89	426.22	484.19	13.60
本外币贷款余额	587.91	664.92	706.58	800.81	951.18	18.78
人民币贷款余额	583.15	660.60	699.46	792.43	927.66	17.07
短期贷款	146.78	165.28	190.28	222.89	230.29	3.32

续表

项目	2017年	2018年	2019年	2020年	2021年	2021年同比增幅(%)
中长期贷款	400.18	434.79	480.74	542.96	660.91	21.72
票据融资	34.25	58.80	27.94	26.10	36.16	38.54
利润总额	15.58	12.20	23.14	21.47	25.73	19.84
不良贷款余额	10.48	5.98	8.49	6.10	1.99	-67.38
不良贷款占比（%）	1.78	0.90	1.20	0.76	0.21	-72.37

附表4

主要统计指标2

项目	2017年	2018年	2019年	2020年	2021年	2021年同比增幅(%)
单位结算账户（万户）	2.70	3.14	4.00	3.46	3.36	-2.89
单位结算金额（亿元）	73,320.16	20,909.25	18,354.75	18,158.15	28,569.21	57.34
个人结算账户（万户）	591.95	329.89	291.04	280.09	274.14	-2.12
个人结算金额（亿元）	14,425.30	6,977.09	6,314.15	4,440.51	4,189.05	-5.66
信用卡发卡量（万张）	11.76	14.06	15.79	17.80	20.48	15.06
信用卡消费额（亿元）	322.01	382.00	350.48	422.43	441.34	4.48
企业网银客户（万户）	1.48	1.70	2.25	2.84	3.70	30.28
个人网银客户（万户）	158.39	137.22	155.00	162.00	221.00	36.40
手机银行客户（万户）	120.21	138.47	163.00	176.00	226.00	85.20
现金自助设备（台）	428	341	249	233	182	-21.89
营业网点（个）	44	44	49	47	46	-2.13
自助网点（个）	38	23	15	11	8	-27.27

中国邮政储蓄银行股份有限公司山东省分行

【第一负责人简介】　李晓良，男，湖南临湘人，1966年5月出生，中共党员，高级经济师，博士研究生学历；1987年7月参加工作，历任中国邮政储蓄银行四川省分行副行长，总行授信管理部副总经理（交流任职），中国邮政储蓄银行湖南省分行副行长（主持工作），中国邮政储蓄银行湖南省分行党委书记、行长，中国邮政储蓄银行陕西省分行党委书记、行长；2021年10月至今任中国邮政储蓄银行山东省分行（简称邮储银行山东省分行）党委书记、行长。

【综述】　2021年，面对复杂形势，邮储银行山东省分行坚持以习近平新时代中国特色社会主义思想为指导，深入贯彻落实集团公司、总行部署和监管要求，各项工作取得良好成效。截至2021年末，邮储银行山东省分行本外币各项存款8,222.00亿元、增长931.00亿元，分别排省内国有大行第四位、第一位；各项贷款3,653.00亿元、增长449.00亿元，均排省内国有大行第五位。

【公司业务】　2021年，邮储银行山东省分行坚持“开门办银行”理念，积极转变发展思路，以政银合作为着力点，积极探索顶点营销，推动公司业务从传统资产拉动模式向综合化、专业化服务模式转变。公司存款业务新增公司客户2.36万户，排邮储系统第二位；年日均余额同比增长50.28亿元，排邮储系统第四位，创近四年最好成绩。公司贷款同比增长100.51亿元，创近四年新高。获批邮储系统首笔整县分布式光伏项目——沂水项目。

【投行业务】　2021年，邮储银行山东省分行积极拓展债券承销业务，大力支持银团贷款发展，努力争取牵头行。全年债券承销额排邮储系统第四位；新增银团贷款牵头数量7笔；并购贷款余额排邮储系统第三位。

【个人业务】 2021年，邮储银行山东省分行围绕“以客户为中心”的发展理念，以AUM增长带动个金业务全面发展，做大做优客户规模，实现个金业务全面、均衡发展。个人客户资产、储蓄存款余额、客户数量及中高端客户数量，均排邮储系统前三位。在邮储银行总行2020—2021年个人金融业务跨年度营销活动中，荣获“最佳一级分行”第一名。

【中间业务】 2021年，邮储银行山东省分行坚持“为客户创造价值”的原则，加强理财队伍建设，提升投资者教育和资产配置能力，实现财富管理转型。代理保险业务，回归保障本源，累计销量排邮储系统第四位；基金业务，打造长期陪伴式服务，累计销量排邮储系统第三位，荣获邮储银行总行“2021年基金销售优秀单位”和“2021年基金定投优胜单位”；理财业务，稳妥推进净值型理财产品转型，理财保有量排邮储系统第一位；贵金属业务，紧抓客户需求，实物贵金属业务累计销售额排邮储系统第一位。

【国际业务】 2021年，邮储银行山东省分行积极响应支持国家战略，持续关注“走出去”企业跨境投融资需求，提供跨境贷款、衍生品、外币债券投资等多产品服务。落地邮储系统首笔“一带一路”项目贷款、首笔外币利率掉期衍生品业务。

【普惠金融】 2021年，邮储银行山东省分行认真贯彻落实“六稳”“六保”，坚持服务“三农”、中小企业定位，将“乡村振兴”“普惠小微”等作为“一把手”工程重点推进。农村地区基础金融服务覆盖面进一步扩大，设立助农取款点1万余个；积极参与城乡居民社保、医保收缴、非税收缴等工作，服务区域覆盖率超过90.00%，全年累计代发养老金733.00万笔。与山东省市场监督管理局联合开展“政银携手 百亿助小微”活动，普惠小微金融服务提质增效，普惠小微贷款净增137.57亿元；有贷款余额户数达到11.38万户，较年初增长1万户；发放利率同比下降38个基点，向小微企业直接让利2.59亿元。助力打造乡村振兴齐鲁样板，开发“网贷前置系统—乡村金融服务平台”，入围人民银行总行金融科技赋能乡村振兴示范项目；山东海鼎农牧产业链项目入选农业农村部金融助农八大模式。涉农贷款年增156.56亿元，计划完成率150.54%。在监管机构2020年度金融机构服务乡村振兴考核评估中被评为“优秀档”。

【住房金融】 2021年，邮储银行山东省分行严格落实国家房地产调控政策，保持住房贷款合理平稳投放，重点支持居民刚性和改善性住房需求。严控房地产区域市场风险，持续优化产品、客户、渠道结构，保持住房贷款稳健发展，住房贷款较年初增长163.35亿元。

【信用卡业务】 2021年，邮储银行山东省分行充分利用“网点、线上、邮银、直销”四大获客渠道，全力推动信用卡客户规模稳步提升，全年累计新增客户43.86万户，排邮储系统第三位。通过搭场景促消费打造邮储品牌，全年消费规模同比增长15.82%，居山东省内国有大行第一位。加大考核力度，打造标杆支行和项目，开展专项营销活动，促进场景分期业务发展，分期增幅居山东省内国有大行第一位。

【电子银行业务】 2021年，邮储银行山东省分行以收单、手机银行、快捷支付等战略性业务为抓手，推进金融与场景深度融合。商户收单业务新增7万户，排邮储系统第五位；联动存款达到73.20亿元，排邮储系统第四位。快捷支付绑卡账户新增79.20万户，排邮储系统第四位。

【风险控制】 2021年，邮储银行山东省分行完善“全面、全程、全员”的风险管理框架，压实三道防线责任，全年未发生案件、重大风险事件和安全生产责任事故。内控合规基础不断夯实。开展“内控合规管理建设年”，建立“警示牌”“警示签”“网格化”机制，制定屡查屡犯问题三年压降计划，低积分问题降幅达75.00%，派驻风险经理51人。获评总行2019—2020年度“金盾奖”内控风险管理优秀单位，连续三年获人民银行反洗钱A级单位。连续三年开展行业规范建设活动，参与“行业规范建设知识竞赛”获得优秀组织单位。强化信用风险全流程管理。完善大额授信风险客户三单管理机制，明确高风险业务“减退加固”责任，落实各级高管人员大额不良“包户”制。优化限额预警机制，实施差异化风险容忍度，科学设定机构、产品“红橙黄”预警指标和应对措施，加强资产质量限额过程管控。严格征信监督机制，推进授信审批动态分档管理、差异化授权和一站式审查审批，审批效率进一步提升。

（刘贝贝、张居正）

附表1

机构概况一览表

行长（或其他称谓的第一负责人）		副行长（或其他称谓的同级领导）	
李晓良		常　江、韩　勇、韩　电、许凤亮、赵可满、张　文、焦玉泉、赵　峰	
地址	山东省济南市经十路7000号汉峪金融商务中心四区6号楼	邮编	250102
网址	http://www.psbc.com/	客服电话	95580

附表2

内设部门及分支机构一览表

年度	内设机构（个）	下设分支机构（个）		员工人数（人）	
		地市级机构数	县区级机构数	员工总数（含非正式员工）	正式员工数
2017	23	16	107	12,001	11,260
2018	23	16	107	11,687	10,997
2019	24	16	107	11,443	10,751
2020	24	16	107	11,304	10,610
2021	24	16	110	11,123	10,452

附表3

主要统计指标1

单位：亿元

项目	2017年	2018年	2019年	2020年	2021年	2021年同比增幅（%）
本外币资产总额	5,484.49	6,046.06	6,671.27	7,831.29	8,906.28	13.73
本外币存款余额	5,265.16	5,721.09	6,259.52	7,290.39	8,221.73	12.77
人民币存款余额	5,261.48	5,720.14	6,258.53	7,289.28	8,219.54	12.76
单位存款	582.68	610.56	582.94	690.41	742.72	7.58
储蓄存款	4,678.80	5,109.58	5,675.59	6,598.87	7,476.82	13.30
本外币贷款余额	1,695.61	2,035.17	2,431.01	2,863.71	3,354.89	17.15
人民币贷款余额	1,682.22	2,030.02	2,431.01	2,833.91	3,326.26	17.37
短期贷款	564.83	683.81	802.84	895.98	1,091.08	21.78
中长期贷款	1,117.39	1,346.21	1,628.17	1,937.94	2,235.19	15.34
票据融资	121.71	206.61	333.25	341.10	298.53	-12.48
利润总额	23.62	29.65	40.10	44.74	49.51	10.66
不良贷款余额	6.33	8.44	9.15	11.08	11.48	3.64
不良贷款占比（%）	0.00	0.38	0.33	0.35	0.31	-9.09

附表4

主要统计指标2

项目	2017年	2018年	2019年	2020年	2021年	2021年同比增幅（%）
单位结算账户（万户）	5.23	5.65	5.98	6.86	7.30	6.41
单位结算金额（亿元）	17,090.61	20,568.33	20,093.18	20,993.72	24,520.62	16.80
个人结算账户（万户）	10,237.02	10,702.28	11,771.12	12,406.70	12,466.50	0.48
个人结算金额（亿元）	27,837.45	31,059.49	31,903.63	38,034.63	45,518.56	19.68
信用卡发卡量（万张）	40.50	55.20	60.90	55.90	55.80	-0.25
信用卡消费额（亿元）	290.78	414.69	533.44	575.03	672.96	17.03
企业网银客户（万户）	1.53	1.74	2.04	3.56	5.85	64.33
个人网银客户（万户）	1,436.85	1,642.83	1,818.75	1,963.32	2,011.44	2.45
手机银行客户（万户）	1,387.17	1,667.07	1,937.45	2,236.42	2,433.48	8.81
现金自助设备（台）	6,452	6,597	6,648	6,800	6,789	-0.16
营业网点（个）	2,681	2,678	2,671	2,665	2,657	-0.30
自助网点（个）	1,372	1,372	1,389	1,392	1,434	3.02

中国邮政储蓄银行股份有限公司青岛分行

【第一负责人简介】 李楠，男，1963年10月生，中共党员，大学本科毕业，高级会计师；2017年9月至今，任中国邮政储蓄银行股份有限公司青岛分行（简称邮储银行青岛分行）党委书记、行长。

【综述】 2021年，邮储银行青岛分行以习近平新时代中国特色社会主义思想为指导，在地方政府和监管部门的支持下，在中国邮政集团公司党组、总行党委的正确领导下，坚持稳中求进工作总基调，以推动高质量发展为主线，统筹做好疫情防控和经营发展，转型升级扎实推进，风险防控成效显著，管理效能充分释放，内生动力不断增强，与地方经济社会发展实现同频共振，经营业绩持续向好。2021年，邮储银行青岛分行资产规模达到719.00亿元，增长9.62%；负债规模达到714.06亿元，增长9.59%。

【业务发展】 2021年，邮储银行青岛分行在零售金融方面坚守零售战略定位。年末个人储蓄余额612.90亿元，新增56.75亿元；个人理财余额新增1.83亿元，全年代销保险1.44亿元；全年代销非货币基金2.85亿元，代销信托及资管计划4.85亿元。

公司金融方面，公司存款年日均余额40.96亿元，净增2.41亿元。公司贷款余额91.44亿元，净增13.77亿元。围绕机构和企业客户两类客群，全年新增公司客户3,741户。成功落地邮储银行青岛分行首笔牵头行+代理行外银团贷款项目，累计投放银团贷款7.50亿元。存量非金融企业债务融资工具和金融债承销规模累计达14.68亿元。

金融同业方面，全年办理贴现业务38.08亿元、转贴现业务49.10亿元、再贴现业务2.10亿元。抢抓优质同业资产，协助总行做好资管业务转型，以资源整合推进托管业务发展，全年新增推荐同业业务90.70亿元，新增推荐资管项目落地5.20亿元，新增纯托管项目6.60亿元。

普惠金融方面，支持小微企业发展，稳步推进普惠金融增量、扩面、提质、降本。小额贷款余额61.70亿元，净增15.15亿元。小企业法人贷款余额43.81亿元，净增4.72亿元。提前完成普惠性小微企业贷款“两增两控”指标。

助力乡村振兴战略实施方面，持续巩固拓展脱贫攻坚成果与乡村振兴有效衔接，严格落实“四个不摘”要求，加大“三农”支持力度，扶贫贷款余额3.70亿元，其中，涉农贷款净增15.96亿元。全面服务乡村振兴，累计建成信用村243个，评定信用户超过3500户。

抗疫金融服务方面，按照市委、市政府、监管部门以及中国邮政集团公司、总行工作要求，全力落实各项疫情防控措施，配合地方政府做好联防联控，做好人员防护和办公场所安全管理，加强防疫物资配备。办理小微企业无还本续贷12.21亿元，在辖内银行机构中排名靠前，赢得企业赞誉。

【风险管控】 2021年，邮储银行青岛分行积极做好案防工作。逐级签订案防责任书，压实案防责任，加强案件风险排查，推动防范非法集资宣传，不断压实案防主体责任。做好案件风险排查，统筹尽职检查项目，建立健全源头严防、过程严管、风险严控、违规严处的案防工作体系。获评总行2019—2020年度“金盾奖”先进单位称号。资产保全处置方面，年末不良贷款余额2.47亿元，不良率0.48%，不良率和信贷资产不良净增额均控制在限额以内，优于青岛市平均水平。深入推进“平安邮储”单位创建，压实安全生产责任，获得青岛市公安局“青岛市单位内部治安保卫成绩突出集体”荣誉称号。有序开展网点达标建设工作，完成4处网点“达标”和1处办公场所“双达标”创建工作。

【党建工作】 2021年，邮储银行青岛分行严格贯彻党中央、中国邮政集团公司党组和总行党委要求，确保各项工作政治方向正确、政治效果良好。加强政治建设，深化理论武装，通过党委会、党委理论学习中心组、党委读书会等各类形式组织专题学习，推动党史学习教育走深走实。认真组织开展“我为群众办实事”系列活动，形成67个“办实事”项目，制定92条工作措施，完成全部既定任务。持续巩固基层党组织建设，在全行党员中开展“三亮三比三评”主题实践活动，充分发挥基层党组织战斗堡垒作用和党员先锋模范作用。

党风廉政建设稳步推进。强化执纪监督，完成对机关15个党支部巡察工作，实现巡察100%全覆盖。加强作风建设，持续整治“文山会海”，发文数量控制在全年计划的91.45%，会议数量实现有效压降。认真落实“‘一月一事’，消灭最差”活动、基层联系点制度，分行班子成员带头调研，切实帮助解决基层实际问题。

完善职代会运作机制，畅通员工民主参与渠道，积极维护员工权益。关心员工切身利益，开展重大节日慰问，组织开展“冬送温暖，夏送清凉”等活动，开展女职工主题活动和系列文体活动。扎实推进“职工小家”建设，1家支行获评“2018—2020年全国邮政系统模范职工小家”，2家支行被总行评定为“职工小家”示范点。

（谭佳雯）

附表1

机构概况一览表

行长（或其他称谓的第一负责人）		副行长（或其他称谓的同级领导）	
李 楠		孙 皓、聂清礼、李云涛	
地址	山东省青岛市市南区延安三路222号	邮编	266071
网址	http://www.psbc.com/	客服电话	95580

附表2

内设部门及分支机构一览表

年度	内设机构（个）	下设分支机构（个）		员工人数（人）	
		地市级机构数	县区级机构数	员工总数（含非正式员工）	正式员工数
2017	18	12	0	1,170	1,153
2018	19	12	0	1,141	1,125
2019	21	12	0	1,175	1,147
2020	22	10	0	1,207	1,161
2021	22	10	0	1,207	1,163

附表3

主要统计指标1

单位:亿元

项目	2017年	2018年	2019年	2020年	2021年	2021年同比增幅（%）
本外币资产总额	485.67	517.99	570.55	657.30	719.16	9.41
本外币存款余额	464.91	486.78	530.50	602.91	651.32	8.03
人民币存款余额	463.19	486.01	529.69	601.57	650.39	8.12
单位存款	30.42	40.01	34.31	45.42	37.49	-17.46
储蓄存款	432.72	446.00	495.38	556.15	612.90	10.20
本外币贷款余额	317.60	395.00	418.25	448.75	489.69	9.12
人民币贷款余额	317.02	395.00	418.25	446.46	487.46	9.18
短期贷款	72.86	103.17	89.72	100.10	127.94	27.81
中长期贷款	214.16	245.85	252.13	274.91	294.18	7.01
票据融资	26.85	43.63	61.27	61.67	53.39	-13.43
利润总额	1.33	1.76	3.96	4.43	4.94	11.51
不良贷款余额	1.15	2.69	2.15	1.86	2.35	26.34
不良贷款占比（%）	0.36	0.68	0.51	0.42	0.48	14.29

附表4

主要统计指标2

项目	2017年	2018年	2019年	2020年	2021年	2021年同比增幅（%）
单位结算账户（万户）	0.56	0.59	0.66	1.06	1.35	27.36
单位结算金额（亿元）	1,664.00	1,887.00	1,827.00	2,187.00	1,829.00	-16.37
个人结算账户（万户）	825.80	839.74	984.59	992.31	994.44	0.21
个人结算金额（亿元）	2,714.14	2,738.13	2,637.42	2,729.47	3,192.18	16.95
信用卡发卡量（万张）	34,951.00	87,359.00	10.62	5.38	8.00	48.64
信用卡消费额（亿元）	11.69	20.57	37.07	43.41	62.04	42.92
企业网银客户（万户）	0.19	0.25	0.32	0.62	0.99	58.14
个人网银客户（万户）	117.96	135.08	148.90	159.60	162.35	1.72
手机银行客户（万户）	113.34	133.00	154.10	176.50	189.23	7.21
现金自助设备（台）	613	598	590	609	461	-24.30
营业网点（个）	266	266	262	261	261	0.00
自助网点（个）	14	12	11	1	0	-100

第六部分

股份制商业银行

恒丰银行股份有限公司

【第一负责人简介】 陈颖，女，汉族，湖北武汉人，毕业于中国人民大学，经济学博士，中共党员，山东省第十一次党代会代表、山东省十三届人大代表，中国妇女第十二次全国代表大会代表，山东省优秀企业家；历任中国银行业监督管理委员会国际部国际监管研究处处长、国际部（港澳台事务办公室）副主任、银行监管一部（负责国有大型银行监管）副主任、银行监管三部（负责外资银行监管）副主任，中国银行业监督管理委员会青岛监管局党委书记、局长，中国银行业监督管理委员会山东监管局党委书记、局长；现任恒丰银行股份有限公司（简称恒丰银行）党委书记、董事长。

【综述】 2021年，在山东省委、省政府坚强领导下，在监管部门大力支持下，恒丰银行坚持以习近平新时代中国特色社会主义思想为指导，努力推动高质量发展，深化供给侧结构性改革，统筹推进常态化疫情防控、服务实体经济、防范金融风险等各项工作，全行实现稳中有进、进中提质，资产质量进一步夯实，结构进一步优化，业绩进一步改善，全面开启建设“一流数字化敏捷银行”新征程。截至2021年末，全行资产规模达12,172.59亿元，其中贷款（含贴现）余额6,483.45亿元；负债规模达10,995.71亿元，其中存款余额6,698.62亿元。

【公司业务】 2021年，恒丰银行锚定五年发展战略目标，积极开展资产投放、稳存增存、特色经营等相关工作。资产投放方面，始终积极服务实体经济，在绿色金融、城市更新、专精特新等重点领域谋篇布局，主动融入国家供给侧改革，对公贷款余额同比增加225.00亿元，增幅4.90%，其中，绿色信贷余额同比增加151.60亿元，增速140.00%。负债管理方面，始终坚持存款立行这一根基，建立公司存款长效提升机制，强化过程管理。对公存款年日均余额同比增加706.00亿元，增幅12.28%。客户经营方面，对公有效客户同比增加4,429户，增幅18.19%，其中，对公价值客户达到4,582户，同比增加430户。

【个人业务】 2021年，恒丰银行深入推进“做大零售”战略，加快零售体系化建设，不断做大业务规模。一是坚持以客户为中心，上线全新客户关系管理系统，丰富客户标签，构建360度全景客户画像，为客户提供差异化、精准化服务，实现对476万个人客户的全生命周期管理。二是围绕“共同富裕”目标，聚焦客户多元化的财富规划需求，丰富理财及代销产品品类，优化储蓄存款产品体系，升级服务策略，财富管理业务实现加速发展。储蓄存款余额同比增长11.84%，个人理财保有量同比增长21.00%，代销基金销售规模同比增长128.00%，代销寿险销售规模同比增长125.00%。个人消费贷款（含按揭贷款）余额735.23亿元，同比增长47.94%；信用卡流通卡量86.98万张，同比增长35.22%。

【国际业务】 2021年，恒丰银行积极响应国家“稳外资、稳外贸”要求、RCEP战略和全行“建设一流数字化敏捷银行”新战略部署。一方面坚持“以客户为本，以敏捷行动为依托，为客户提供全方位、精细化的国际业务服务”理念，搭建了“绿树形”外汇业务管理机制；另一方面，与新加坡大华银行合作推动大华—恒丰“贸易直通车”项目，服务外贸客户“走进来、走出去”。2021年，恒丰银行共实现国际结算量1,197.16亿元人民币，同比增长77.18%；新拓了近20家代理行合作渠道，争取到近10家代理行调增调剂额度超百亿元，与2家外资行重启贸金授信额度。

【中间业务】 2021年，恒丰银行深入贯彻数字化和轻资本转型，着力发展中间业务，改善传统资产拉动型业务结构，全力提升综合金融服务能力。在做大信用证、保理、保函等传统贸易融资业务的同时，依托恒心工程推进支付结算、现金管理、供应链金融全面升级，推动线上化和场景化金融服务发展。优化引领业内的统一支付结算平台“恒丰付”系统，实现物流、农民工工资代发、出行、民生、政务等多场景爆发，2021年全年交易量突破万亿元大关，稳存增存优势凸显。交易银行业务持续稳健发展，实现中间业务收入5.69亿元。财富管理方面，推出净值型理财产品100余款，净值型理财规模占比提升至51.24%；引入头部基金、保险公司优质产品426款，满足客户多样化投资需求。财富管理业务非息净收入同比增长29.85%，信用卡业务非息净收入同比增长77.00%；托管方面，通过资源整合促进全行协同营销；业务结构优化效果明显，标准化产品比重显著上升；产品类型不断丰富，成功落地首单量化型股票基金托管产品、首单指数型公募基金托管产品，实现托管收入2.40亿元。

【电子银行业务】 2021年，恒丰银行全新上线手机银行4.0版，新版手机银行基于移动开发平台（mPaaS）架构应用，充分发挥移动开发平台效能，从页面、产品、功能等多方面入手，打造体验优先的线上开放平台。新版手机银行重点聚焦客户体验提升、生态场景搭建以及产品丰富创新等，持续优化高频业务流程，同时新增投资理财资讯、积分商城等模块，进一步提升了线上数字化经营能力。截至2021年末，手机银行客户250.91万户，同比增长21.65%；个人网银客户187.89万户，同比增长17.81%。

【风险控制】 2021年，恒丰银行董事会和党委会全面加强风险管理领导，风险治理体系不断完善。扩展经济资本在资源配置和绩效考核上的应用，深化全面风险管理体系，编制完成风险管理五年规划和行动方案。结合恒心工程上线，全面梳理完善了风险管理制度和流程。深入推进信用风险管理体制改革，动态化、差异化收放审批权限，全面深化“四严治贷”，信用风险管理水平显著提升。全口径授信业务稳定增长，授信结构逐步优化，资产质量稳步提升，不良贷款率同比下降0.54%，不良贷款拨备覆盖率同比上升0.94%。重塑市场风险管理体制，市场风险指标始终运行在限额内。流动性指标和银行账簿利率风险指标持续改善。

（刘 芃）

附表1

机构概况一览表

董事长		行长	
陈 颖		王锡峰	
地址	山东省济南市历下区泺源大街8号	邮编	250012
网址	http://www.hfbank.com.cn/	客服电话	95395

附表2

内设部门及分支机构一览表

年度	内设机构（个）	下设分支机构（个）		员工人数（人）	
		地市级机构数	县区级机构数	员工总数（含非正式员工）	正式员工数
2017	54	50	238	11,046	10,041
2018	67	50	250	10,560	10,344
2019	31	50	220	10,832	10,684
2020	30	50	219	11,340	11,079
2021	30	54	222	12,036	11,697

附表3

主要统计指标1

单位：亿元

项目	2017年	2018年	2019年	2020年	2021年	2021年同比增幅（%）
本外币资产总额	13,341.80	10,464.28	10,287.68	11,141.55	12,172.59	9.25
本外币存款余额	7,916.50	5,993.38	5,574.35	6,045.58	6,698.62	10.80
人民币存款余额	7,503.28	5,898.96	5,447.76	5,795.86	6,514.00	12.39
单位存款	6,318.70	4,759.38	4,326.25	4,569.45	5,135.26	12.38
储蓄存款	1,184.58	1,139.58	1,121.51	1,226.41	1,378.74	12.42
本外币贷款余额	4,609.20	5,503.41	4,187.82	5,239.76	5,731.74	9.39
人民币贷款余额	4,480.89	5,408.56	4,128.76	5,168.85	5,667.15	9.64
短期贷款	1,970.86	1,584.52	1,036.79	2,198.00	2,768.88	25.97
中长期贷款	2,049.21	3,824.04	3,091.97	2,970.85	2,898.27	-2.44
票据融资	220.43	246.67	244.63	308.81	751.71	143.42
利润总额	89.82	4.87	-8.96	45.31	63.39	39.90
不良贷款余额	89.68	1,635.61	149.67	148.35	137.77	-7.13
不良贷款占比(%)	1.86	28.44	3.38	2.67	2.12	-20.60

附表4

主要统计指标2

项目	2017年	2018年	2019年	2020年	2021年	2021年同比增幅(%)
单位结算账户(万户)	9.06	8.87	9.49	9.89	10.47	5.87
单位结算金额(亿元)	315,666.87	184,068.97	162,392.59	215,138.72	229,047.89	6.47
个人结算账户(万户)	313.39	324.03	358.49	406.73	436.11	7.22
个人结算金额(亿元)	12,695.30	14,584.45	15,766.18	20,234.38	23544.55	16.36
信用卡发卡量(万张)	2.17	2.91	49.81	17.45	24.40	39.83
信用卡消费额(亿元)	6.84	16.52	72.83	167.22	253.48	51.58
企业网银客户(万户)	5.63	6.22	7.28	7.66	8.43	10.05
个人网银客户(万户)	78.29	98.02	124.08	159.48	187.89	17.81
手机银行客户(万户)	98.80	125.75	160.83	206.26	250.91	21.65
现金自助设备(台)	1,086	1,111	1,010	825	798	-3.27
营业网点(个)	334	346	340	310	313	0.97
自助网点(个)	102	89	55	13	8	-38.46

中信银行股份有限公司济南分行

【第一负责人简介】 杜晓峰，男，1966年4月出生，中共党员，高级经济师，毕业于中国人民大学货币银行学专业；历任中国建设银行西安分行项目评估处副科长、贷款审查处科长，陕西省分行营业部信贷风险管理处/信贷经营处科长，中信银行西安分行公司银行部总经理，呼和浩特分行副行长，西安分行副行长，贵阳分行行长等职；2020年7月至今，任中信银行股份有限公司济南分行（简称中信银行济南分行）党委书记、行长。

【综述】 中信银行济南分行成立于1994年5月，是中信银行在山东省内设立的一级分行，目前管辖淄博、济宁、东营、临沂、滨州5家二级分行，下辖46家营业网点。2021年，中信银行济南分行深入学习贯彻习近平新时代中国特色社会主义思想，坚持服从国家发展大局、服务实体经济、服务人民生活，坚持“谋远谋好谋快，求新求实求进”，积极融入黄河流域生态保护和高质量发展的国家战略，为山东经济高质量发展作出积极贡献。2021年，中信银行济南分行深入践行中信集团“五五三”战略，全面落实中信银行总行“342强核行动方案”，以高质量发展为目标，围绕“财富管理、资产管理、综合融资”三大核心能力提速发展，筑牢“数字化转型、中信协同、风控体系、企业文化”四大发展支柱，不断做大资产负债规模、做优发展结构、做强业务特色、做实客户基础，开拓创新，构建高质量发展的新格局。截至2021年末，中信银行济南分行总资产规模1,075.50亿元，自营存款余额1,012.00亿元，各项贷款余额957.30亿元。

【公司业务】 2021年，中信银行济南分行以客户为中心，以创新为动力，在新兴领域培育先发优势，全面提升公司金融业务核心竞争能力。截至2021年末，中信银行济南分行对公时点存款725.00亿元，对公人民币一般性贷款余额391.20亿元。大力支持绿色信贷、战略新兴、乡村振兴等重点领域实体经济发展，金融支持新旧动能转换不断实现新突破，合作领域覆盖区域内各类企业和主流行业。强化与中信集团子公司的协同联动，为山东区域客户提供专业、综合的协同金融服务。交易银行品牌建设卓有成效，公司网银、现金管理、多银行资金管理系统、贸易融资规模等业务全面发展。发力普惠金融，强化责任担当。不断完善机制，加大科技赋能，持续业务创新，圆满完成外部监管及总行各项工作要求，普惠法人业务完成情况位居中信系统内前列，年内上线区域内首个全线上政府采购融资项目，成功实现“科创e贷”系统内首发上线及系统内首笔专精特新贷款投放，塑造金融科技赋能普惠小微的“样板间”。

【个人业务】 2021年，中信银行济南分行坚持客户、规模、效益、品牌的正向循环发展，不断提升零售价值。零售价值贡献持续提升。落实总行轻资本业务发展导向，持续做大财富产品销售。个人存贷款业务量价质均衡发展。截至2021年末，零售管理资产余额、个人存款月均余额、个人贷款余额三大指标均跻身可比同业前两名；个贷余额、增量连续蝉联股份制银行首位，在分行一般性贷款中占比超过52.00%，成为资产业务的“压舱石”。零售资产结构优化明显。信用贷款增量超15.00亿元，同比提升600.00%，成功落地系统内首笔“烟商贷”，并成为首批实现省级烟草数据直连的分行，普惠个贷增量超10.00亿元，产品结构进一步优化。持续深化消保管理体系。搭建完善消保管理体系，持续打造“有温度”的消保，2020年、2021年连续两年荣获总行“消保服务十佳分行”称号，获评2020年度银保监会和人民银行双监管消保评估双“A”等级。

【国际业务】 2021年，中信银行济南分行通过拓展新客户来源、推动创新产品、提高服务质效、优化客户体验等措施，开拓新的业务增长点，加快推进业务转型发展。深入贯彻“汇率风险中性”导向。帮助企业有效规避汇率波动风险，2021年全年外汇衍生品签约8.30亿美元，同比增长106.00%，外汇套保比率大幅提升。持续推进跨境人民币业务开展，2021年实现跨境人民币收付量126.70亿元，累计为8家大型优质企业备案跨境双向人民币资金池业务，排名均居省内股份制银行首位。抓实内控合规，在国家外汇管理局山东省分局2021年度银行外汇业务合规与审慎经营评估中第十一次获评省、市两级“A级银行”。

【金融市场业务】 2021年，中信银行济南分行深入落实强核发展要求，不断提升客户一体化经营能力，围绕“产品”和“客户”两条主线，做强交易销售，聚焦公募基金、券商资管等托管主战场产品，突破重点业务发展瓶颈，竭力为全行提供协同支持，综合贡献水平持续提升。在中信银行总行年度评选中，获得“金融市场业务条线优秀分行”“资产托管业务最佳进取分行”两个单项奖。

【数字金融业务】 2021年，中信银行济南分行围绕总分行新三年规划和总行“342强核行动方案”，加强数字化转型，整合现有业务资源，积极搭建线上线下一体化的批量获客渠道，勇于走在全行业发展的前沿。积极拓展各类行业的代收代缴电子化渠道，持续深化精细管理、优化营销体系、强化合规建设，推动数字金融业务全面发展。截至2021年末，中信银行济南分行拥有手机银行客户167万户、数字金融客户189万户。

【风险控制】 2021年，中信银行济南分行秉承稳健的整体风险偏好，坚守风险合规底线，坚持服务实体经济导向，积极响应国家产行业结构调整导向，持续加大对先进制造业、战略性新兴产业、绿色信贷支持力度，持续推进资产结构优化调整。以不良资产处置攻坚战活动为依托，坚持“清旧”“控新”两手抓，加强统筹调控，积极丰富风控手段、全力化解处置不良资产，资产质量取得实质性改善，不良贷款余额和不良贷款占比创近年来新低。持续推进风险管理体系建设，认真贯彻落实统一授信管理，风险管理三道防线强化协同，风险管理能力明显提升。

（纪 媛）

附表1

机构概况一览表

行长（或其他称谓的第一负责人）		副行长（或其他称谓的同级领导）	
杜晓峰		刘 畅、毕新宇、宋有华、康 超、陈福才	
地址	山东省济南市泺源大街150号中信广场	邮编	250011
网址	http：//www.citicbank.com/	客服电话	95558

附表2

内设部门及分支机构一览表

年度	内设机构（个）	下设分支机构（个）		员工人数（人）	
		地市级机构数	县区级机构数	员工总数（含非正式员工）	正式员工数
2017	23	6	43	1，568	1，563
2018	24	6	40	1，529	1，528
2019	23	6	40	1，544	1，544
2020	24	6	40	1，557	1，557
2021	24	6	40	1，558	1，558

附表3

主要统计指标1

单位:亿元

项目	2017年	2018年	2019年	2020年	2021年	2021年同比增幅(%)
本外币资产总额	942.60	879.13	937.02	1,102.65	1,084.01	-1.69
本外币存款余额	911.34	883.99	1,040.12	1,122.07	1,057.08	-5.79
人民币存款余额	877.64	858.92	998.61	1,093.83	1,033.94	-5.48
单位存款	637.07	594.56	640.10	715.15	707.21	-1.11
储蓄存款	153.78	200.73	261.05	294.43	281.64	-4.34
本外币贷款余额	705.63	791.25	855.72	929.10	957.27	3.03
人民币贷款余额	676.47	789.17	855.36	830.02	821.19	-1.06
短期贷款	249.53	228.28	239.54	230.07	195.55	-15.00
中长期贷款	426.94	508.68	545.28	599.95	625.64	4.28
票据融资	22.29	48.71	68.56	98.67	135.68	37.51
利润总额	-3.83	-26.06	-8.73	-7.36	5.19	-170.52
不良贷款余额	14.91	56.14	27.25	34.01	13.43	-60.51
不良贷款占比(%)	2.11	7.10	3.18	3.66	1.40	-61.75

附表4

主要统计指标2

项目	2017年	2018年	2019年	2020年	2021年	2021年同比增幅(%)
单位结算账户(万户)	2.03	2.02	2.45	2.98	3.56	19.46
单位结算金额(亿元)	416.40	392.40	498.60	532.70	549.60	3.17
个人结算账户(万户)	209.33	245.47	279.04	290.03	302.27	4.22
个人结算金额(亿元)	158.53	205.69	266.21	301.58	287.08	-4.80
信用卡发卡量(万张)	49.45	53.37	69.98	42.73	38.60	-9.67
信用卡消费额(亿元)	759.16	932.57	1,524.72	1,549.16	1,452.36	-6.25
企业网银客户(万户)	0.99	1.14	1.64	2.06	2.39	16.01
个人网银客户(万户)	98.74	126.10	144.37	159.17	173.27	8.86
手机银行客户(万户)	92.50	118.74	137.00	152.73	167.07	9.39
现金自助设备(台)	310	211	175	161	156	-3.10
营业网点(个)	42	40	40	40	40	0.00
自助网点(个)	175	108	88	80	78	-2.56

中信银行股份有限公司青岛分行

【第一负责人简介】 刘泽云，男，1971年7月出生，中共党员，财政部财政科学研究所财政学专业博士；1996年参加工作，获得中信银行总行贸清部、营业部、同业及投行管理部、风险管理部等多个部门重要岗位的工作历练；2006年4月起历任中信银行国际业务部总经理助理、副总经理，资产托管部副总经理（主持工作）、总经理，国际业务部总经理等职；现任中信银行股份有限公司青岛分行（简称中信银行青岛分行）党委书记、行长，阿尔金银行股份公司董事，中信金融租赁有限公司董事。

【综述】 2021年，中信银行青岛分行以习近平新时代中国特色社会主义思想为指导，认真贯彻中信集团、中信银行总行和监管部门部署，聚焦服务实体经济、防控金融风险和深化金融改革三大任务，继往开来，团结奋进，以钉钉子精神稳步推进各项工作，新三年发展规划实现良好开局。全年实现营业净收入34.33亿元，增速16.00%；实现净利润12.60亿元，营业收入及净利润均创新高。问题贷款余额18.40亿元，问题贷款率1.50%；不良贷款余额14.75亿元，不良率1.20%，均创近六年新低。综合融资规模2,197.00亿元，比年初增加453.00亿元，增速26.00%，自营存款年日均余额960.00亿元，核心存款比年初增加83.00亿元，增速13.00%。

【公司业务】 2021年，中信银行青岛分行服务实体经济信贷投放实现量增价降，制造业中长期、民营企业、绿色信贷、战略新兴产业、普惠、涉农贷款分别较年初增加11.00亿、44.00亿、46.00亿、58.00亿、17.00亿、46.00亿元。获评山东省金融服务小微企业能力竞赛三等奖、青岛市普惠金融“优秀创新成果奖”、青岛市金融支持乡村振兴优秀单位。坚决落实“房住不炒”政策要求，贯彻减费让利政策，普惠金融年化利率较2020年下降14个基点。2021年，中信银行青岛分行公司业务聚焦重点且实现新突破，普惠金融价值贡献稳步提升，授信余额比年初增加12.60亿元。机构业务围绕财政、医疗、教育等重点板块新增14项业务资格。投行服务迈上新台阶，年内实现债券承销规模152.00亿元。

【个人业务】 2021年，中信银行青岛分行始终把满足人民群众金融需求作为奋斗目标，2021年实现全口径个人理财销售1,694.00亿元；手机银行城市服务专区、出国金融累计服务客户分别超50万、1.30万人次；投放个人贷款超百亿元，服务2.20万人；校园管家服务商户24户、学生家长超3万人。2021年，中信银行青岛分行切实做好消费者权益保护工作，消费者保护工作排名较2020年提升2个位次，受理山东监管转办有效投诉较2020年减少6笔。在山东省“金消协杯”消保技能竞赛中取得第二名的好成绩。

【国际业务】 2021年，中信银行青岛分行积极融入山东自贸区及上合示范区建设，落实“稳外贸、促发展”要求，联合外汇局青岛市分局、中国出口信用保险公司，开展协助企业规避汇率风险的客户活动60余场。实现国际结算客户数同比增长745户，国际收支收付汇量141.00亿美元，同比增长23.00%，外汇资金交易量88.00亿美元，同比增长12.00%，国际收支收付汇量、结售汇量、跨境人民币收支量市场占有率保持股份制银行首位。获批青岛市首批合格境内有限合伙人（QDLP）、货物贸易便利化、区块链平台信保融资应用场景试点银行资格。

【中间业务】 2021年，中信银行青岛分行围绕轻资本转型战略，按照建设“九大能力”相关战略部署，持续加大中间业务的发展推动力度。全年实现非息收入9.07亿元，同比增长1.50亿元，增幅19.76%。非息收入占比26.40%，同比提高0.83个百分点。重点业务贡献持续增长，公司板块非息收入同比增长39.10%，金融市场板块非息收入同比增长40.10%，国际业务、托管收入创新高。切实降低企业融资成本，年内累计完成银承手续费、业务手续费等减免审批1.25亿元，累计承担企业抵押登记、押品评估等各类费用470.00万元，惠及客户1,300余户。

【风险控制】 2021年，中信银行青岛分行风险防控体系更加健全。从组织、政策、流程、技术、文化等多个维度推进全面风险管理体系建设，风控体系作用显现，风控能力得到有效提升。组建行业研究员团队，制定区域特色行业审查审批标准及营销指引。加强重点行业、重点领域授信的监测分析和风险管控，建立大额授信风险预警管控机制。推动专职审批人制度落地。完善授信不良责任认定和尽职免责办法，建立健全“敢贷、会贷、愿贷”的体制机制。二是内控合规工作取得明显成效。合规文化建设深入人心。洗钱风险管控扎实有力，强化科技赋能，研发“反洗钱工作平台”，先后荣获中信银行省级、总行级反洗钱竞赛一、二等奖。全年未发生案件及重大风险事件，获评中信银行总行2021年度“内控合规优秀分行”。

（孙燕琳、江增斌、张雨石）

附表1

机构概况一览表

行长（或其他称谓的第一负责人）		副行长（或其他称谓的同级领导）	
刘泽云		陈秋实、吴从勇、娄 勇、刘 浩	
地址	山东省青岛市市南区香港中路22号	邮编	266071
网址	http：//www.citicbank.com/	客服电话	95558

附表2

内设部门及分支机构一览表

年度	内设机构（个）	下设分支机构（个）		员工人数（人）	
		地市级机构数	县区级机构数	员工总数（含非正式员工）	正式员工数
2017	22	5	48	1,738	1,689
2018	22	5	48	1,677	1,641
2019	24	5	48	1,668	1,633
2020	23	5	48	1,681	1,649
2021	21	5	47	1,665	1,638

附表3

主要统计指标1

单位:亿元

项目	2017年	2018年	2019年	2020年	2021年	2021年同比增幅（%）
本外币资产总额	1,037.59	966.62	977.52	1,123.44	1,306.19	16.27
本外币存款余额	961.17	831.28	945.44	997.81	1,067.45	6.98
人民币存款余额	880.76	782.77	900.89	953.83	1,020.23	6.96
单位存款	575.90	510.91	604.61	642.77	642.12	-0.10
储蓄存款	160.22	215.11	268.09	294.53	294.49	-0.01
本外币贷款余额	841.37	873.25	831.13	938.30	1,078.42	14.93
人民币贷款余额	820.71	848.55	815.49	903.27	1,060.78	17.44
短期贷款	294.64	275.63	226.07	227.70	316.61	39.05
中长期贷款	507.94	529.57	589.04	675.30	743.99	10.17
票据融资	17.44	42.33	58.77	96.26	147.31	53.03
利润总额	6.47	-10.34	-0.35	14.74	9.61	-34.84
不良贷款余额	17.60	31.59	20.11	15.93	14.75	-8.00
不良贷款占比（%）	2.09	3.62	2.26	1.54	1.20	-28.34

附表4

主要统计指标2

项目	2017年	2018年	2019年	2020年	2021年	2021年同比增幅(%)
单位结算账户（万户）	3.62	3.69	4.11	4.47	4.98	11.40
单位结算金额（亿元）	33,444.00	19,866.00	20,186.00	21,806.00	25,569.00	17.30
个人结算账户（万户）	179.37	220.96	245.00	264.00	281.90	6.80
个人结算金额（亿元）	10,822.00	15,156.67	15,784.00	10,665.00	10,233.00	-4.10
信用卡发卡量（万张）	16.77	30.50	20.45	15.60	27.61	176.99
信用卡消费额（亿元）	226.00	307.00	486.00	368.00	657.00	178.53
企业网银客户（万户）	1.74	1.98	2.65	3.12	3.66	17.31
个人网银客户（万户）	115.43	148.30	169.00	185.17	198.94	7.40
手机银行客户（万户）	106.69	132.03	153.76	170.45	184.85	8.40
现金自助设备（台）	390	307	262	241	222	-7.88
营业网点（个）	53	53	53	53	52	-1.89
自助网点（个）	61	36	21	17	9	-47.06

中国光大银行股份有限公司济南分行

【第一负责人简介】　朱军，男，汉族，1965年8月出生，中共党员，大学本科学历，经济师职称；历任中国光大银行石家庄分行公司业务部兼国际业务部总经理，唐山分行行长，石家庄分行副行长等职；2018年5月，任中国光大银行股份有限公司济南分行（简称光大银行济南分行）党委书记；2018年10月，任光大银行济南分行行长。

【综述】　2021年，光大银行济南分行深入学习贯彻习近平新时代中国特色社会主义思想，深入开展党史学习教育，坚定"一流财富管理银行"战略目标，以"党建深化"和"管理提升"为抓手，强化战略导向和创新驱动，补弱固强，压旧济新，深化财富管理转型，突出科技赋能，以综合化金融服务推进新发展，多方面工作取得了可喜变化，按下了推动"跨越计划"的快进键，为公司发展再上新台阶迈出了坚实的一步。截至2021年末，光大银行济南分行资产总额629.35亿元，一般性存款余额583.60亿元，各项贷款余额509.50亿元。

【公司业务】　2021年，光大银行济南分行坚决贯彻脱虚向实、回归本源的监管要求，肩负起金融国家队责任，坚持防范风险，推进项目落地，着力FPA增长，拉动存款、中收双提升。光大银行济南分行全年累计借助金市、投行及撮合业务提升的客户资金沉淀量约262.00亿元，创造中间业务收入约2,348.00万元，业务规模同比增长显著。狠抓对公基础客群建设，发挥好部室的管理职能，加强探索和拓展获客渠道，强化过程指导，提高经营单位获客能力，客户基础得到有效提升，对公有效户年增长2,832户。坚持崇商文化，大力提升营业收入，年末实现对公营业收入120,622.00万元。

【个人业务】　2021年，光大银行济南分行持续加大市场营销力度，围绕夯实客户基础、队伍基础、服务管理基础，提升获客能力、客户服务能力和管理能力，进一步夯实业务发展基础，营造敢想、敢闯、敢拼、敢赢的零售业务发展氛围，深化财富管理银行转型，推动个人客户财富E-SBU生态链建设，财富管理创收能力增强，各项存款稳步增长。同时顺应市场变化，以网点转型和服务质量为抓手，致力于构建综合金融服务体系和平台，以AUM财富总量、代理理财、零售贷款、零售存款为四大工作重点，各项业务齐头并进、均衡发展，取得较好经营业绩。截至2021年末，AUM余额338.70亿元，零售信贷规模104.34亿元。

【国际业务】　2021年，光大银行济南分行按照总行部署，明确交易银行业务营销目标，优化产品结构，以控制风险为前提、以提升利润为中心、以创新产品为导向，围绕重点行业、重点客户、重点产品，加强营销组织和营销支持，加强外汇管理和合规管理，积极发展在线供应链金融，创新获客渠道和营销方式，在建筑行业制定特色普惠金融解决方案，通过现场宣讲、直接协助客户注册等多种措施，依托阳光供应链云平台，解决了民营中小客户的融资难题；做好农民工工资保函推广工作，发挥助推企业复工复产、服务普惠民生的重要作用；依托外币资金池，实现结算量与外币存款双赢。

【中间业务】 2021年，光大银行济南分行大力发展持有到期信托受益权业务、债券持有到期业务，加大对小微企业贴现支持，同时提供差异化服务，真正响应总行支持中小企业融资的号召。发债业务取得了实质性突破，发行只数和发行客户均得到了提高。大力发展托管业务，丰富该行中间收入来源。加强与省内同业机构交流，积极开展同业授信业务，拓展同业资金来源，实现合作共赢。加强对二级分行业务管理与指导，促进业务健康发展。

【数字金融业务】 2021年，光大银行济南分行持续推进数字化转型，落实普惠便民战略，统筹推进云缴费业务发展，扩大项目接入，促进财政非税线上收缴业务。技术业务赋能，围绕总行“手机银行+远程银行+物理网点”铁三角智慧协同发展模式，经营个人、企业手机银行等财富管理主平台，以及数字名片、企业微信、权益平台等线上营销平台，做大流量、做强黏性、做高月活。公私联动赋能，各条线统筹协调构建场景获客生态，积极开拓线上平台类项目，增强数字金融对零售业务、公司业务的营销拉动功能，批量引入优质客群。充分发挥非税云缴费等特色场景与平台优势，持续拓展业务的深度、宽度、密度。激活成果转化引擎，将总行级创新产品与当地企业、居民经营实际结合，探索催化分行电子化项目落地。同时，做好项目整体投入产出测算，谋求在存款、营收、客户等方面共同带动更大综合效益。

【风险控制】 2021年，光大银行济南分行始终把风险防控摆在前端，稳步抓好资产质量管控工作，强化授信后管理和风险预警，实行风险管理差异化授权，实现前倾后延闭环全流程管理。强化收息收贷管理，对重点关注客户和潜在风险客户进行逐户摸排，按户制定解决方案，实行销号制度，实现了贷款不良率、不良额“双降”。通过行业规范建设深化年、内控治理提升年、市场乱象整治“回头看”等系列工作，进一步完善内控体系、制度建设，强化稽核检查、合规意识，确保全行安全稳健发展。

（陈清磊）

附表1

机构概况一览表

行长（或其他称谓的第一负责人）		副行长（或其他称谓的同级领导）	
朱 军		管 弦、王正明、杨 林、辛 锋、黄 秦	
地址	山东省济南市经七路85号	邮编	250002
网址	http://www.cebbank.com	客服电话	95595

附表2

内设部门及分支机构一览表

年度	内设机构（个）	下设分支机构（个）		员工人数（人）	
		地市级机构数	县区级机构数	员工总数（含非正式员工）	正式员工数
2017	19	4	16	851	776
2018	21	5	16	879	804
2019	21	5	16	883	808
2020	21	6	17	898	831
2021	21	6	17	940	874

附表3

主要统计指标1

单位:亿元

项目	2017年	2018年	2019年	2020年	2021年	2021年同比增幅(%)
本外币资产总额	523.10	508.05	556.79	639.20	629.35	-1.54
本外币存款余额	472.84	488.44	540.31	613.87	583.61	-4.93
人民币存款余额	464.14	484.61	537.60	609.62	575.79	-5.55
单位存款	400.13	401.66	421.35	444.28	425.79	-4.16
储蓄存款	72.71	86.78	101.67	121.11	131.06	8.22
本外币贷款余额	387.90	416.07	447.09	467.81	509.51	8.91
人民币贷款余额	384.67	412.19	438.43	460.54	507.21	10.13
短期贷款	138.89	133.86	139.94	135.23	122.87	-9.14
中长期贷款	241.84	268.99	277.49	301.25	306.54	1.76
票据融资	4.78	7.88	19.13	23.27	23.04	-0.99
利润总额	1.46	-9.51	0.26	9.30	6.83	-26.56
不良贷款余额	7.38	20.21	9.91	9.97	6.62	-33.60
不良贷款占比(%)	1.90	4.86	2.22	2.13	1.30	-38.97

附表4

主要统计指标2

项目	2017年	2018年	2019年	2020年	2021年	2021年同比增幅(%)
单位结算账户(万户)	0.78	1.05	1.34	1.72	2.06	19.77
单位结算金额(亿元)	8,382.10	9,313.45	10,957.22	13,073.59	22,765.54	74.13
个人结算账户(万户)	96.50	105.04	117.60	135.51	126.54	-6.62
个人结算金额(亿元)	109.71	103.27	121.55	89.62	63.56	-29.08
信用卡发卡量(万张)	6.90	13.94	20.51	13.97	14.87	6.44
信用卡消费额(亿元)	608.00	734.00	870.40	933.40	973.80	4.33
企业网银客户(万户)	0.71	0.90	1.28	1.67	2.01	20.36
个人网银客户(万户)	66.98	72.89	79.95	86.47	91.15	5.41
手机银行客户(万户)	68.26	56.89	65.27	73.35	111.22	51.63
现金自助设备(台)	172	135	123	91	82	-9.89
营业网点(个)	27	29	29	30	29	-3.33
自助网点(个)	5	0	0	0	0	—

中国光大银行股份有限公司青岛分行

【第一负责人简介】 朱小庆，男，汉族，甘肃张掖人，1967年10月出生，中共党员；2009年5月至2015年2月任中国光大银行南宁分行党委委员、纪委书记、副行长；2015年2月至2016年4月任中国光大银行海口分行副行长；现任中国光大银行股份有限公司青岛分行（简称光大银行青岛分行）党委书记、行长。

【综述】 中国光大银行青岛分行成立于1994年，是光大系统内较早成立的分行之一，现有员工1,000余人，在东营、临沂、日照设有3家二级分行，全辖设有31家支行营业网点、24家社区银行网点。光大银行青岛分行紧紧围绕“服务实体经济、防范金融风险、深化金融改革”三大任务和“打造一流财富管理银行”的战略愿景，以“有情怀、有质量、有特色、有创新、有底线、有口碑、有活力、有责任”银行为标准，打响阳光品牌、做好集团联动，强化客户基础，狠抓风险管理，优化体制机制，主要指标实现新突破、政银合作取得新成绩、协同对接作出新贡献、队伍建设凝聚新力量、党建工作达到新高度，实现了更高质量的发展。截至2021年末，资产规模达612.63亿元，一般存款余额572.61亿元，贷款余额515.67亿元。

【经营发展情况】 坚持回归金融本源，履行社会职责使命，彰显央企担当。

光大银行青岛分行始终牢记金融服务实体经济的职责和使命，满足经济社会发展和人民群众需要，充分践行金融央企在当地的责任。

全力支持区域发展战略，立足辖区四地区域发展特点，准确把握区域经济工作的总体要求、主要目标、政策方向和重点任务，以城市发展的参与者和见证者身份，主动融入、服务于区域发展战略。2021年，围绕助力区域发展，持续优化配置布局、强化产融合作，累计为辖区四地优质企业及重点项目提供融资376亿余元。

公司业务方面，积极稳健开展制造业和民营企业信贷业务，加大对绿色经济信贷支持。光大银行青岛分行将服务实体经济作为信贷和投资业务的出发点和落脚点，全面提升服务质效。围绕战略性新兴产业、高端装备制造业及产业链供应链核心企业等方向和目标，通过额度提增、利率减让、考核激励等持续加大对先进制造业、优质民营企业信贷支持力度。

积极践行普惠金融，助力小微企业高效发展。光大银行青岛分行秉持“真做普惠，做真普惠”的理念，持续推进“三无三化”，积极培植首贷，持续落实延期还本付息和信用贷款支持“两项工具”政策，提升小微企业金融服务质效。

积极践履社会责任，彰显光大责任担当。光大银行青岛分行始终心怀“国之大者”，以建设“八有”银行为目标，在管理财富、服务民生方面履职尽责，以实际行动诠释金融央企的责任和担当。在助力乡村振兴方面，通过集中采购和发动员工自购，共购买3个县优质农产品24.00万元，以消费助力定点帮扶地区巩固脱贫攻坚。同时，聚力信贷支持，推动涉农产融合作。

【个人业务】 光大银行青岛分行借助养老理财产品在青岛地区独家销售机会，前两期合计销量超过18.00亿元，合计笔数超过1万笔，为岛城第三支柱养老体系建设提供了有力的支持。

电子银行业务方面，2021年，光大银行青岛分行持续推动云缴费平台发展，新增云缴费有效项目40项，服务1,066万人次，交易金额32.50亿元；信用卡累计发卡量突破223万张，透支、交易金额同业领先，在微信端搭建了面向全部客群的开放式特惠活动平台“阳光商街”，持续提供“便民、利民、惠民”的金融生活服务。

（盖小飞）

附表1

机构概况一览表

行长（或其他称谓的第一负责人）		副行长（或其他称谓的同级领导）	
朱小庆		纪新仕（纪委书记）、任 海、李 鹏、段成立	
地址	山东省青岛市市南区香港西路67—69号	邮编	266071
网址	http://www.cebbank.com/	客服电话	95595

附表2

内设部门及分支机构一览表

年度	内设机构（个）	下设分支机构（个）		员工人数（人）	
		地市级机构数	县区级机构数	员工总数（含非正式员工）	正式员工数
2017	25	4	26	1,046	953
2018	26	4	27	1,043	949
2019	27	4	27	1,047	971
2020	27	4	27	1,019	943
2021	24	4	27	1,015	939

附表3

主要统计指标1

单位:亿元

项目	2017年	2018年	2019年	2020年	2021年	2021年同比增幅（%）
本外币资产总额	810.11	788.16	570.08	612.69	612.63	-0.01
本外币存款余额	715.67	754.24	569.96	574.14	572.61	-0.27
人民币存款余额	694.57	734.78	549.42	561.67	562.12	0.08
单位存款	283.48	307.31	361.33	356.12	355.95	-0.05
储蓄存款	99.17	149.01	181.62	205.09	216.66	5.64
本外币贷款余额	428.47	434.43	398.64	460.79	515.67	11.91
人民币贷款余额	417.91	429.24	393.57	453.90	510.56	12.48
短期贷款	178.59	165.33	110.07	132.87	198.84	49.65
中长期贷款	236.75	249.95	252.68	254.59	290.33	14.04
票据融资	2.12	13.02	30.38	26.52	26.50	-0.08
利润总额	4.78	-0.81	-9.72	0.75	-9.26	-1,335.00
不良贷款余额	4.13	2.83	7.83	10.53	1.36	87.08
不良贷款占比（%）	0.96	0.65	1.96	2.58	0.26	89.92

附表4

主要统计指标2

项目	2017年	2018年	2019年	2020年	2021年	2021年同比增幅（%）
单位结算账户（万户）	1.21	1.57	2.04	2.34	2.55	8.24
单位结算金额（亿元）	9,381.23	11,562.74	10,748.40	14,956.97	14,829.22	-0.86
个人结算账户（万户）	237.90	296.33	346.91	385.60	412.55	6.53
个人结算金额（亿元）	6,356.43	6,603.72	6,163.01	5,759.26	6,214.95	7.33
信用卡发卡量（万张）	114.52	155.78	179.95	205.63	223.67	8.77
信用卡消费额（亿元）	398.02	574.00	707.93	742.90	779.00	4.86
企业网银客户（万户）	1.02	1.87	2.40	2.72	2.49	-8.46
个人网银客户（万户）	70.99	80.63	89.63	95.53	99.70	4.36
手机银行客户（万户）	54.38	77.87	90.97	102.60	110.80	7.99
现金自助设备（台）	312	257	128	115	106	-7.83
营业网点（个）	59	60	60	55	55	0.00
自助网点（个）	11	3	1	1	1	0.00

中国光大银行股份有限公司烟台分行

【第一负责人简介】 谢正玉，男，汉族，1971年4月出生，中共党员，大学本科学历；1993年8月在交通银行南京江宁支行参加工作，2001年5月调入中国光大银行南京分行，历任中国光大银行南京分行江宁支行副行长、行长；2015年4月任中国光大银行南京分行党委委员，同年8月任中国光大银行南京分行党委委员、行长助理；2016年12月任中国光大银行南京分行党委委员、副行长；2020年12月至今任中国光大银行股份有限公司烟台分行（简称光大银行烟台分行）党委书记、行长。

【综述】 2021年，光大银行烟台分行以习近平新时代中国特色社会主义思想为根本遵循，全面贯彻党的十九大、十九届历次全会精神和中央经济工作会议精神，全面贯彻落实新发展理念，主动融入和服务烟台市"1+233"新发展格局，倾力支持实体经济持续恢复和高质量发展，较好地履行了"管理财富、服务民生"的企业使命，综合竞争能力继续保持区域可比同业第一位。截至2021年末，光大银行烟台分行一般性存款余额434.93亿元，增幅11.68%，日均余额435.00亿元，增幅15.00%。各项贷款余额392.00亿元，增幅22.31%。实现营业净收入14.90亿元，增幅17.40%；经济利润6.93亿元，同比增幅83.33%。优化营商环境，全年减费让利近3,000.00万元，实现利税贡献1.55亿元。

【公司业务】 光大银行烟台分行坚守金融本源，牢记服务实体经济责任，落实行业规范建设提升年相关部署，增量扩面、提质降本，支持城市基础设施建设、先进制造业、普惠金融、涉农贷款和精准扶贫等重点领域。截至2021年末，光大银行烟台分行对公大资产余额站上600.00亿元台阶，新增70.00亿元。授信批复金额和笔数同比大幅增长，贷款余额新增72.00亿元；企业新发放人民币贷款利率下降36个基点。中长期制造业贷款新增21.00亿元，超额完成预算；完善绿色信贷组织体系建设，倾斜资源配置；推动科技贷、烟商贷、房抵快贷等普惠"名品"，持续下沉服务重心、扩大服务群体，超额完成普惠单列信贷计划、精准扶贫贷款和涉农贷款任务，普惠贷款融资成本下降91个基点。2021年光大银行烟台分行公司业务营业净收入7.90亿元，增幅20.70%，占总收入比重为53.00%。

【个人业务】 光大银行烟台分行零售金融业务聚焦财富管理特色建设，在巩固竞争优势的基础上，实现了效益、规模、质量、结构的高质量协调发展。光大银行烟台分行零售管理资产规模站上400.00亿元台阶，分行10家社区支行管理资产跨越60.00亿元关口；零售存款达到121.00亿元，增幅10.50%，结构性存款占比由21.40%压降至15.10%，实现结构优化；零售贷款以住房按揭、房抵助业贷款、工程机械贷款为支撑，实现增长5.30亿元，达到77.60亿元，增幅7.30%，其中房抵助业贷款增长2.50亿元，增量创七年来新高。信用卡业务持续探索发展新模式，"场景通""场景分期"、银联"云闪付"信用卡账单分期业务相继上线形成产能。2021年光大银行烟台分行零售业务营业净收入3.40亿元，增幅15.40%，占比23.00%；信用卡业务营业净收入3.30亿元，同比下降1.20%，占比22.00%。

【国际业务】 光大银行烟台分行以具有竞争优势的外汇交易产品、供应链金融、专业外汇团队为支点，大力支持企业贸易融资和结算需求。2021年光大银行烟台分行连续十年获评外汇业务合规与审慎经营A类行，国际结算量53.00亿美元，同比增长12.70%；表内外贸易融资余额162.00亿元，同比增长20.00%，其中，供应链金融发生额7.30亿元，同比增幅125.00%。

【中间业务】 光大银行烟台分行持续加快推进收入转型，着重发展轻资本特点明显的代理、理财、公募私募基金，国际结算、国内证、投资银行、居间等绿色中间业务，优化收入结构。2021年，光大银行烟台分行实现中间业务收入4.50亿元，占营业净收入的30.00%。其中，公司中间业务收入1.40亿元，增幅2.00%，占比31.00%；零售中间业务收入1.70亿元，增幅16.00%，占比38.00%；信用卡中间业务收入1.40亿元，增幅2.00%，占比31.00%。2021年光大银行烟台分行债券承销规模首次年度突破百亿元关口达到107.00亿元，市场占比19.00%，连续四年保持区域所有银行第一位；托管规模177.00亿元，增量113.00亿元，规模和增量均创新高。

【电子银行业务】 光大银行烟台分行突出金融科技赋能，区域内首家推出电子营业执照开户业务，高效服务企业开户92户；启动重点企业现金管理项目建设；签约落地"关保通"业务支持自贸区创新实践；上线批量付汇系统，高效服务企业跨境付汇；云缴费便民缴费项目新增26项，服务政府机构113家，上线灵活就业人员社保医保缴费、落地"医疗云"项目，取暖费归集突破11.00亿元，刷新纪录；手机银行权益活动、"1元购"等品牌活动打开市场，手机银行月活客户数20.60万户，同比增幅24.00%，快捷支付月活客户数9万户，同比增幅5.00%。

【风险控制】 光大银行烟台分行落实"三个治贷"和"两个一律"，要求完善全面风险管理体系，加强信用风险分层分级监测，提高风险预防预警、化解处置能力。光大银行烟台分行全年累计处置不良贷款1.49亿元，截至2021年末，不良贷款余额2.95亿元，不良率0.75%，较年初下降0.13个百分点，创四年来新低；关注贷款2.44亿元，关注率0.62%，较年初下降0.27个百分点。

【党建工作】 光大银行烟台分行积极落实党史学习教育和总行"党建深化年"各项部署，以增强治理能力为抓手，持续强化党的全面领导。全年组织党史学习教育培训和主题党日活动近900场，大力促进学习教育成效转化，倡导首问负责、主动过问和家访谈心，强调"一把手"监督、执行中央八项规定精神和支持实体经济导向。光大银行烟台分行加强执纪问责，大额不良、监管审计检查、各类监督举报和员工异常行为排查发现问题等领域问责40人次，经济处理17.80万元；对照"三个区分开来"，落实被问责任人员关心关爱措施36人次、普惠不良贷款尽职免责6人次。

（杨鸿远）

附表1

机构概况一览表

行长（或其他称谓的第一负责人）		副行长（或其他称谓的同级领导）	
谢正玉		林　燕、张清艳、陈　雄、陈相美、刘燕波	
地址	山东省烟台市芝罘区南大街111号	邮编	264000
网址	http://www.cebbank.com/	客服电话	95595

附表2

内设部门及分支机构一览表

年度	内设机构（个）	下设分支机构（个）		员工人数（人）	
		地市级机构数	县区级机构数	员工总数（含非正式员工）	正式员工数
2017	18	1	11	487	463
2018	18	1	12	488	464
2019	20	1	12	493	469
2020	21	1	12	501	477
2021	21	1	12	522	481

附表3

主要统计指标1

单位：亿元

项目	2017年	2018年	2019年	2020年	2021年	2021年同比增幅（%）
本外币资产总额	292.85	300.24	378.06	407.95	476.24	16.74
本外币存款余额	260.27	274.11	331.49	389.44	434.93	11.68
人民币存款余额	233.19	243.71	294.99	334.86	371.52	10.95
单位存款	172.79	166.37	197.83	227.19	251.74	10.81
储蓄存款	60.40	77.34	95.74	106.59	117.68	10.40
本外币贷款余额	201.23	218.03	252.36	320.49	391.99	22.31
人民币贷款余额	179.94	195.06	224.08	270.13	333.65	23.51
短期贷款	67.67	83.63	95.02	115.80	160.38	38.50
中长期贷款	107.30	105.57	121.40	140.47	160.52	14.27

续表

项目	2017年	2018年	2019年	2020年	2021年	2021年同比增幅(%)
票据融资	4.63	5.05	7.28	13.85	12.63	-8.81
利润总额	4.56	4.23	4.41	3.78	6.93	83.33
不良贷款余额	1.65	3.61	3.48	2.84	2.95	3.87
不良贷款占比（%）	0.82	1.66	1.38	0.89	0.75	-15.73

附表4

主要统计指标2

项目	2017年	2018年	2019年	2020年	2021年	2021年同比增幅(%)
单位结算账户（万户）	0.62	0.77	1.07	1.25	1.50	20.00
单位结算金额（亿元）	3,415.00	4,188.00	4,774.00	7,197.00	8,002.00	11.00
个人结算账户（万户）	87.72	87.63	109.65	117.10	120.10	2.56
个人结算金额（亿元）	5,323.03	5,521.30	6,546.04	6,845.02	7,020.38	2.56
信用卡发卡量（万张）	12.35	13.58	12.47	9.50	8.44	-11.00
信用卡消费额（亿元）	270.31	352.88	395.66	394.59	387.21	-1.80
企业网银客户（万户）	0.57	0.77	0.92	0.96	1.15	19.79
个人网银客户（万户）	39.20	46.50	57.80	58.20	61.20	5.15
手机银行客户（万户）	25.90	33.21	54.20	63.98	66.85	4.48
现金自助设备（台）	70	72	64	65	57	-12.30
营业网点（个）	12	13	13	13	13	0.00
自助网点（个）	21	17	15	7	4	-42.85

华夏银行股份有限公司济南分行

【第一负责人简介】 张志刚，男，汉族，1969年11月出生，中共党员，经济师；历任交通银行河南省分行分理处主任及下辖支行副行长、行长，华夏银行郑州分行纪委书记、副行长，华夏银行兰州分行党委书记、行长；现任华夏银行股份有限公司济南分行（简称华夏银行济南分行）党委书记、行长。

【综述】 华夏银行济南分行成立于1996年12月，目前管辖烟台、聊城、东营、临沂、潍坊、济宁、滨州和德州8家二级分行。2021年，华夏银行济南分行深入贯彻落实国家金融政策、监管工作要求和总行工作部署，立足新发展阶段，贯彻新发展理念，坚持稳中求进工作总基调，统筹推进疫情防控和经营发展，深耕转型战略，推动价值经营，强化风险防控，深化合规管理，持续提升综合化经营能力、特色化发展能力、规范化管理能力、市场化竞争能力，推动各项业务保持良好发展势头，较好完成年度发展目标。

【公司业务】 2021年，华夏银行济南分行积极融入主流经济，聚焦省内重大项目，争取各类业务资源，充分发挥综合金融优势，不断加大对实体经济的信贷支持力度，推动公司业务稳健持续发展。一是稳步推进“客户立行”“产品立行”“服务立行”系统化工程，持续深化客户开发，为3.79万户公司客户提供优质金融服务，机构客户服务广度及政府类平台资格获取取得新突破。二是紧跟山东省区域发展战略部署和产业结构调整步伐，重点支持“四新”经济，主动对接“十强”产业。2021年末，华夏银行济南分行信贷业务余额达到585.80亿元。三是积极践行“商行+投行+金融市场+交易银行”经营模式，充分运用投行、资管、托管结合传统的信贷、支付结算等业务，整体无缝地开展客户融资方案设计、产品形态选择和资金组织筹集，以一揽子综合金融服务方案满足客户多元化、跨市场的金融需求。截至2021年末，主动投资361.01亿元，债券承销131.20亿元，为71支政府引导基金提供托管服务，计划总规模672.18亿元。四是持续打造绿色金融特色业务，绿色信贷余额87.58亿元，绿色贷款占比21.27%，助力山东省内能源行业转型升级，实现高质量发展。

【个人业务】 2021年，华夏银行济南分行牢固树立"以客户为中心、以市场为导向"的经营理念，不断深化零售金融发展战略，升级客户服务体验，累计服务个人借记卡客户186.60万户、个人信用卡客户180.71万户。一是优化客户分层分类经营体系，助力客户财富保值增值，个人金融资产总量达493.67亿元，2021年销售理财产品823.00亿元。二是把握国家双循环战略、顺应居民消费升级需求，构建金融生态圈，完善消费场景搭建，满足客户衣食住行等全方位金融需求，全年信用卡新增发卡34.01万张，投放个贷37.30亿元，个人贷款余额达到146.22亿元，个人贷款在全部贷款中占比进一步提升。三是切实强化消费者权益保护工作，推进网点规范服务和消保服务内训双提升工程，目前辖内共有9家"全国文明规范服务百佳示范单位"和"全国文明规范服务千家示范单位"、8家全国五星级营业网点，连续多年在总行服务评比中名列前茅。

【国际业务】 2021年，华夏银行济南分行深入贯彻落实监管部门和总行各项决策部署，按照"抓发展、防风险、强合规、促转型"工作方针，大力发展轻资产、轻资本业务，加快推进结构调整、业务转型、线上化建设，实现贸易金融业务持续健康发展。一是持续推动客户分类服务营销，贸易金融客户总量保持稳定增长。二是积极响应人民币国际化政策，不断提升人民币跨境结算业务服务水平，加大对外向型经济的服务力度，完成跨境人民币量累计金额63.25亿元，同比增加21.14亿元，增幅50.20%。三是充分发挥外汇专业优势，积极推动全辖跨境资本业务发展。充分发挥与香港分行境内外联动的机制作用，用足用活济南自贸区外汇政策，实现跨境资本业务新提升。

【中间业务】 2021年，华夏银行济南分行积极调整业务结构，加快经营转型，深入挖掘中间业务增长点。一是持续推动信用卡业务营销，注重高收益客群增长，提升信用卡客户综合贡献度，实现信用卡中间业务收入约3.00亿元。二是持续推动资产托管规模增长，托管手续费收入同比增长超过20.00%。三是积极拓展信托、基金、保险代销业务，有效拓宽中间业务收入来源。四是不断深化市场化业务轻资产转型，强化商行、投行融合发展能力，持续推动投资银行业务快速发展，业务规模突破340.00亿元，同比增长超过50.00%。

【电子银行业务】 2021年，华夏银行济南分行持续加大对电子银行营销力度，尤其是疫情期间，大力推进网点、网银、手机银行的无缝融合，让客户足不出户尽享线上金融服务。全面推广以手机银行5.0为核心的渠道协同服务体系，以线上专属理财为抓手，发挥对全行客户的带动及维系作用；全面推广企业手机银行，推进业务线上化，优化业务结构，强化服务支持。截至2021年末，华夏银行济南分行移动银行客户数累计达111.67万户，较年初增加10.31万户，运用网银服务公司客户2.50万户、个人客户31.47万户。

【风险控制】 2021年，华夏银行济南分行继续深化风险管理机制改革，资产质量管控取得显著成效，全年继续保持稳健经营。加强授信业务全流程风险管控，落实贷前调查、贷中审查、贷后检查要求，新客户质量管控效果明显；促进风险偏好、信贷政策传导落实，信贷结构持续优化；完善风险处置保障机制，资产分类管理进一步加强；深入落实全面风险统筹管理要求，实现全年平稳运行。

（蒯祎樯）

附表1

机构概况一览表

行长（或其他称谓的第一负责人）		副行长（或其他称谓的同级领导）	
张志刚		张沛儒、李延伟、王　毅、杨晓丽、景　涛、宁金龙	
地址	山东省济南市经十路7000号汉峪金融商务中心六区3号楼	邮编	250001
网址	http://www.hxb.com.cn/	客服电话	95577

附表2

内设部门及分支机构一览表

年度	内设机构（个）	下设分支机构（个）		员工人数（人）	
		地市级机构数	县区级机构数	员工总数（含非正式员工）	正式员工数
2017	19	7	50	1,643	1,507
2018	20	8	56	1,649	1,556
2019	20	8	55	1,570	1,477
2020	20	8	54	1,493	1,409
2021	23	8	54	1,441	1,362

附表3

主要统计指标1

单位：亿元

项目	2017年	2018年	2019年	2020年	2021年	2021年同比增幅(%)
本外币资产总额	770.06	777.10	669.76	660.63	698.40	5.72
本外币存款余额	683.02	617.56	659.91	646.78	689.27	6.57
人民币存款余额	655.35	593.06	615.91	620.36	604.21	-2.60
单位存款	377.28	295.12	323.08	338.67	292.00	-13.78
储蓄存款	141.81	159.62	188.93	199.83	217.66	8.92
本外币贷款余额	637.76	663.41	652.99	603.32	585.80	-2.90
人民币贷款余额	605.99	642.58	625.91	587.76	539.05	-8.29
短期贷款	360.95	298.39	278.93	228.43	186.68	-18.28
中长期贷款	241.24	321.03	346.98	359.33	352.37	-1.94
票据融资	1.00	11.52	25.55	24.50	24.08	-1.71
利润总额	11.10	-1.37	-22.24	-10.81	-17.64	-63.18
不良贷款余额	8.43	20.06	20.33	18.46	8.06	-56.34
不良贷款占比（%）	1.32	3.02	3.11	3.06	1.38	-54.90

附表4

主要统计指标2

项目	2017年	2018年	2019年	2020年	2021年	2021年同比增幅(%)
单位结算账户（万户）	3.11	3.37	3.67	3.74	3.79	1.34
单位结算金额（亿元）	15,628.00	15,643.00	15,429.00	12,931.00	12,289.00	-4.96
个人结算账户（万户）	130.75	138.33	146.61	170.01	169.84	0.10
个人结算金额（亿元）	7,669.00	7,724.00	6,731.00	6,925.00	7,196.00	3.91
信用卡发卡量（万张）	20.61	34.75	12.79	9.69	34.01	250.98
信用卡消费额（亿元）	382.99	600.45	641.96	618.25	622.45	0.68
企业网银客户（万户）	2.04	2.27	2.49	2.48	2.50	0.81
个人网银客户（万户）	31.80	33.15	33.94	32.92	31.47	-4.40
手机银行客户（万户）	53.59	70.21	84.25	101.36	111.67	10.17
现金自助设备（台）	267	218	200	183	153	-16.39
营业网点（个）	50	56	55	54	54	0.00
自助网点（个）	69	65	63	60	56	-6.67

华夏银行股份有限公司青岛分行

【第一负责人简介】 王勇，男，汉族，1974年4月出生，陕西西安人，中共党员，陕西财经学院金融财政学院国际金融专业毕业，大学本科学历，硕士学位，经济师；1998年7月参加工作，历任华夏银行北京分行会计部总经理、个人业务部总经理、营销总监、副行长等职；现任华夏银行股份有限公司青岛分行（简称华夏银行青岛分行）党委书记、行长。

【综述】 2021年，华夏银行青岛分行在总分行党委的正确领导和全行员工的共同努力下，深入贯彻总行五年发展规划和年初工作会议精神，以党建为引领、以市场为导向，全面提升风险防控能力和客户服务能力，发展基础进一步夯实，向上向好态势全面巩固。主要经营指标：实现拨备前利润13.80亿元，中间业务净收入3.20亿元，一般性存款日均增量3.38亿元；个人金融资产总量增量45.70亿元；大力发展普惠金融，小微企业条线贷款增量5.07亿元，综合计划完成率169.00%。

【公司业务】 2021年，华夏银行青岛分行坚持融入主流经济，持续加大对本地重点项目、民生领域和战略新兴产业的金融支持力度。全年新增对公客户1,043户，公司客户数突破3.10万户，实现对公表内贷款余额312.00亿元。坚持绿色信贷基本原则，持续推进投融资结构绿色调整，积极开展绿色金融创新，绿色信贷业务余额50.60亿元，较年初增长54.00%。积极服务本地重点项目和主流客户，落地市场化业务规模超过100.00亿元，与绿色经济、制造业、战略新兴产业等领域多家头部企业实现首次合作，进一步深度融入主流经济。落地系统内和山东省首笔“世行转贷+项目运营期贷款”产品，系统内首笔二级资本债承销、机构客户定制私募股权理财产品等，有力促进地方经济发展，取得良好的社会效益。

【个人业务】 2021年，华夏银行青岛分行延续个人业务特色分行良好势头，对标同业、做强特色，以建设财富、联动、商贸、消费、普惠金融五大营销工程为主线，争做青岛地区最具竞争力的银行。强化“华夏服务，传递幸福”品牌建设，扎根社区，积极对接街道、居委会开展惠民系列活动，进一步提升品牌影响力；开展汽车服务、餐饮、观影、健康、儿童娱乐等主题商户活动，2021年卡均交易额大幅提升，提高了持卡人的满意度与忠诚度；加快助农服务点建设，覆盖平度、即墨、胶州、黄岛等县域地区，服务客户5,000余户，切实将普惠金融服务范围扩展至广大农村地区；针对中老年、中高端客户需求，推出“微信课堂”“网点沙龙”“财富讲座”贵金属展销会等特色服务，个人金融资产总量429.12亿元，同比增长45.71亿元；个人存款日均余额146.54亿元，较年初增长10.56亿元，余额排名当地可比同业第四位。全年新增信用卡VIP客户7万户，拉动中收1.50亿元。

【贸易金融业务】 2021年，华夏银行青岛分行贸易金融业务在分行党委的正确领导下，按照年初工作会议确定的发展思路，坚持以“创利”为中心，加快结构调整，突出重点产品，严守合规底线，各项工作较2020年有较大进步，整体呈向好趋势。年内实现国际结算量36.60亿美元，结售汇21.00亿美元，贸易金融有效客户数量达到789户，新增54户。同时，继续扎实推进贸易金融业务结构调整，转型发展起步良好。管会利润和非息收入都在系统内名列前茅。另外，年内贸金条线通过外汇柜台延伸、单一窗口和产品池等方式给业务赋能新技术，创新和服务能力大幅提高。

【中间业务】 2021年，华夏银行青岛分行大力推进中间业务发展，实现中间业务净收入3.29亿元。实现信用卡中间业务净收入1.53亿元；推进同业团队建设，大力发展债务融资工具承销、理财销售、同业投资等业务，投行和金融市场条线中间业务收入0.56亿元；贸易金融业务实现结构转型，主动退出高风险客户，培养新客户，贸易金融业务量和中间业务收入稳步增加，贸金条线实现中间业务收入0.62亿元。

【电子银行业务】 2021年，华夏银行青岛分行电子银行业务产品不断丰富，搭建电子银行综合金融服务平台，紧跟未来银行发展方向，大力发展移动金融业务。依托手机银行、直销银行平台，通过互联网应用场景衔接，构建“直销银行+生态圈”的客户服务体系，业务发展较快。公司网银客户余额达21,563户，同比增长2.78%；公司网银交易客户达15,611户，同比增长7.07%；新开公司客户开通网银比例达到97.60%，同比增长1.30%。

【风险管理】 2021年，华夏银行青岛分行扎实推进全面风险管理新体制有效运行，全面落实总行全面风险管理体制改革要求，实现了组织架构、部门职责、人员划转等多层次的整合优化，分行全面风险体制改革进入全面实质运转阶段，形成了覆盖信用风险、市场风险、国别风险、信息科技风险等各类风险类别的全面风险管理体系，通过全面风险管理评价实施细则、风险管理与内部控制委员会工作实施细则等制度，有效促进各条线、各层级风险管理责任落到实处。

（王　睿）

附表1

机构概况一览表

行长（或其他称谓的第一负责人）		副行长（或其他称谓的同级领导）	
王　勇		崔　巍、刘佳来、张卫华、李建航	
地址	山东省青岛市市南区东海西路5号甲	邮编	266071
网址	http：//www.hxb.com.cn/	客服电话	95577

附表2

内设部门及分支机构一览表

年度	内设机构（个）	下设分支机构（个）		员工人数（人）	
		地市级机构数	县区级机构数	员工总数（含非正式员工）	正式员工数
2017	20	1	31	854	854
2018	20	1	31	844	844
2019	20	1	31	813	813
2020	20	1	34	1,022	798
2021	21	1	32	835	783

附表3

主要统计指标1

单位：亿元

项目	2017年	2018年	2019年	2020年	2021年	2021年同比增幅（%）
本外币资产总额	443.44	441.28	429.74	468.49	479.82	2.42
本外币存款余额	354.92	360.99	381.11	438.79	444.77	1.36
人民币存款余额	332.30	348.11	372.69	431.23	423.61	-1.77
单位存款	258.19	245.73	252.63	294.60	289.25	-1.82
储蓄存款	96.73	115.26	128.48	144.19	155.52	7.86
本外币贷款余额	376.87	417.66	429.44	458.98	468.03	1.97
人民币贷款余额	353.13	403.30	420.12	453.46	462.65	2.03
短期贷款	180.59	175.29	168.34	174.87	145.79	-16.63
中长期贷款	196.28	228.01	261.10	284.11	322.24	13.42
票据融资	2.14	5.08	2.07	13.40	0.70	-94.78
利润总额	2.59	-2.02	-4.33	8.76	-3.57	-140.75
不良贷款余额	9.74	11.26	13.97	14.14	9.56	-32.39
不良贷款占比（%）	3.00	2.70	3.25	3.08	2.04	-33.77

附表4

主要统计指标2

项目	2017年	2018年	2019年	2020年	2021年	2021年同比增幅(%)
单位结算账户（万户）	2.27	2.50	2.60	2.35	2.41	2.60
单位结算金额（亿元）	10,247.79	11,914.00	9,028.41	9,856.78	6,023.00	-39.90
个人结算账户（万户）	84.00	95.77	107.24	118.16	125.55	6.25
个人结算金额（亿元）	4,174.00	4,337.00	4,510.00	4,682.00	4,954.00	5.81
信用卡发卡量（万张）	19.37	31.79	38.27	43.50	50.21	16.09
信用卡消费额（亿元）	310.66	330.22	357.36	322.88	346.21	7.23
企业网银客户（万户）	1.56	1.83	2.22	2.10	2.15	2.38
个人网银客户（万户）	18.56	19.15	19.39	18.80	18.30	-2.66
手机银行客户（万户）	34.03	43.62	52.70	76.16	84.59	11.07
现金自助设备（台）	217	199	123	84	75	-10.71
营业网点（个）	35	37	37	38	35	-7.89
自助网点（个）	26	26	20	0	0	—

中国民生银行股份有限公司济南分行

【第一负责人简介】 徐文华，男，浙江杭州人，中共党员，硕士研究生学历，经济师；历任中国民生银行杭州分行党委委员、行长助理、副行长，温州分行党委副书记（主持工作）、党委书记、行长；2018年10月起任中国民生银行股份有限公司济南分行（简称民生银行济南分行）党委书记、行长。

【综述】 2021年，民生银行济南分行按照总行战略部署，积极落实国家“六稳”“六保”工作任务，一手抓疫情防控，支持复工复产；一手抓经营管理，推进转型发展，在支持区域经济高质量发展的同时，各项业务呈现稳健发展的良好态势。截至2021年末，各项存款余额1,083.95亿元，其中储蓄存款余额315.83亿元，同比增加22.14亿元；各项贷款余额1,341.63亿元，同比增加108.12亿元；2021年共实现营业收入46.16亿元。

【公司业务】 2021年，民生银行济南分行紧跟总行政策导向，持续推动信贷投放，加大对实体经济支持力度。坚持规划先行，并配套建立重点项目跟踪机制，落实重大项目营销、开发、审批、投放的全流程管理；践行乡村振兴发展策略，积极梳理辖内相关客户，加大审批投放力度，多措并举开展涉农贷款推动工作；立足山东省制造业大省的区域优势，加大对制造业的服务支持力度；全面摸排辖内能源企业融资需求，开通绿色通道，促进“保供贷”项目落地。2021年，民生银行济南分行公司业务实现净收入31.44亿元，对公贷款969.27亿元，较年初增加57.10亿元，对公客户2.87万户，较年初增长0.33万户。

【个人业务】 2021年，民生银行济南分行持续深化“财富管理+资产业务”双轮驱动发展模式，强化客群细分经营、垂直化管理，提升专业服务能力，加强产品适配销售，做大零售业务。全面落地小微企业支持政策，大力推广无还本续贷服务，推出了免还本转期续贷、降低贷款利率、临时性延期还本付息、贷款展期、赠送小微红包等支持措施，以及利罚息减免、征信保护等救助措施，优化提升线上产品和服务功能，满足了小微企业融资需求。2021年，民生银行济南分行零售业务实现净收入14.59亿元；金融资产余额779.32亿元，同比增加86.79亿元；零售有效客户数20.88万户，同比增加1.10万户；零售贵宾客户数14.79万户，同比增加1.50万户；私人银行达标客户数1,151户，同比增加104户；个人贷款余额372.36亿元，同比增加51.17亿元，其中小微贷款余额180.99亿元，同比增加30.28亿元。

【国际业务】 2021年，民生银行济南分行主动顺应外贸发展新趋势，不断提升客户服务便利化水平，拓展国际业务基础客群。2021年，实现国际结算量26.80亿美元，同比增加4.59亿美元；扩大国际贸易融资产品运用，实现国际业务资产投放9.60亿美元，同比增加2.18亿美元。同时，该行持续推广国际贸易“单一窗口”平台应用，为进出口企业提供了报关报检、退税缴税、支付结算、贸易融资等全流程、线上化、一站式服务。2021年，民生银行济南分行新增“单一窗口”金融服务签约291户，同比增长13.00%，跨境结算5,042笔，结算量17.65亿元；税费支付5,565笔，金额47.08亿元。民生银行济南分行通过举办单一窗口进支行等推介活动，推广跨境线上化产品应用，有效带动国际业务发展。

【中间业务】 2021年，民生银行济南分行注重加强产品应用和产品推广，推动中间业务收入结构改善和业务多元化发展，盈利能力进一步提升。2021年承销融资发债137.86亿元。加快推动并购和资产证券化业务，新增并购业务投放94.24亿元，投资资产证券化规模39.46亿元；托管业务规模突破2,500.00亿元大关，达到2,643.00亿元。

【电子银行业务】 2021年，民生银行济南分行充分利用手机银行、远程银行以及银企直联平台、网络支付平台等电子银行产品，不断提升网络金融整体服务能力，促进网络金融与传统业务的深度融合，打造开放高效的创新平台，提高服务的便捷性和智能化水平。截至2021年末，民生银行济南分行零售线上平台用户数297.22万户，同比增加38.45万户；对公线上平台用户数19.14万户，同比增加4.15万户。

【风险控制】 2021年，民生银行济南分行落实总行授信审批体制改革，加强法人客户授信管理，压实法人客户授信经营主体责任。坚持全面摸排，落实“一户一策”管理方案，对问题资产进行分类管理，多维度制定具有针对性的风险策略，实现重点机构、重点项目专项督导，维持资产质量稳定。强化创新清收手段应用，持续拓宽清收处置渠道，紧盯重点大额项目进展，清收处置效果显著提高。截至2021年末，民生银行济南分行不良贷款占比0.83%，同比下降0.29个百分点。通过持续重塑合规风险文化活动，民生银行济南分行保持了零案件、零舆情的良好运行态势，全行合规经营理念进一步深入人心。

（李旭东、李文清、朱 琳）

附表1

机构概况一览表

行长（或其他称谓的第一负责人）		副行长（或其他称谓的同级领导）	
徐文华		韩咏军、陈 红、马 涛、刘长江	
地址	山东省济南市经十路12376号	邮编	250014
网址	http://www.cmbc.com.cn	客服电话	95568

附表2

内设部门及分支机构一览表

年度	内设机构（个）	下设分支机构（个）		员工人数（人）	
		地市级机构数	县区级机构数	员工总数（含非正式员工）	正式员工数
2017	27	7	48	1,899	1,763
2018	26	7	48	1,923	1,785
2019	27	7	48	1,921	1,783
2020	26	8	50	1,929	1,796
2021	25	8	51	2,013	1,863

附表3

主要统计指标1

单位:亿元

项目	2017年	2018年	2019年	2020年	2021年	2021年同比增幅(%)
本外币资产总额	1,106.26	1,115.86	1,178.58	1,233.72	1,337.30	8.40
本外币存款余额	991.97	1,044.19	1,121.93	1,141.89	1,083.95	-5.07
人民币存款余额	986.71	1,033.16	1,112.31	1,135.69	1,071.43	-5.66
单位存款	782.99	816.67	844.70	842.00	755.60	-10.26
储蓄存款	208.97	216.49	267.61	293.69	315.83	7.54
本外币贷款余额	883.49	877.14	1,020.71	1,233.51	1,341.63	8.77
人民币贷款余额	883.46	872.41	1,018.92	1,227.15	1,334.15	8.72
短期贷款	451.43	389.69	381.80	453.75	412.46	-9.10
中长期贷款	387.87	424.01	561.98	668.98	779.40	16.51
票据融资	40.17	25.07	42.77	79.20	76.28	-3.69
利润总额	6.33	-17.25	3.78	-1.13	18.24	1,714.16
不良贷款余额	17.71	12.26	14.74	13.81	11.15	-19.26
不良贷款占比(%)	2.00	1.40	1.44	1.12	0.83	-25.89

附表4

主要统计指标2

项目	2017年	2018年	2019年	2020年	2021年	2021年同比增幅(%)
单位结算账户(万户)	8.57	10.04	11.89	13.19	14.14	7.20
单位结算金额(亿元)	22,161.00	21,263.00	23,174.00	19,095.83	18,421.85	-3.53
个人结算账户(万户)	283.50	317.94	344.02	364.66	384.08	5.33
个人结算金额(亿元)	18,548.00	25,389.00	19,648.00	21,613.96	21,803.98	0.88
信用卡发卡量(万张)	55.69	62.47	100.19	27.15	18.05	-33.52
信用卡消费额(亿元)	855.12	1,220.93	1,608.46	1,753.92	2,031.13	15.81
企业网银客户(万户)	3.36	3.87	4.78	5.42	6.57	21.21
个人网银客户(万户)	93.40	117.80	131.80	146.90	162.20	10.40
手机银行客户(万户)	142.00	187.00	202.00	216.90	235.00	8.34
现金自助设备(台)	537	432	342	287	282	-1.74
营业网点(个)	170	138	128	130	132	1.53
自助网点(个)	76	66	34	11	10	-9.09

中国民生银行股份有限公司青岛分行

【第一负责人简介】 李真，汉族，1972年6月出生，中共党员，河南西峡人，在职研究生学历，经济学和工商管理硕士，金融从业27年；2020年11月至今，任中国民生银行股份有限公司青岛分行（简称民生银行青岛分行）党委书记、行长。

【综述】 民生银行青岛分行成立于2006年3月18日，是中国民生银行在山东省内设立的第二家一级分行，已在青岛、烟台、威海、日照4地市设立36家分支机构。民生银行青岛分行秉承“服务大众、情系民生”的企业使命，围绕“民营企业的银行、敏捷开放的银行、用心服务的银行”战略定位，坚定战略方向，用心服务客户，致力于建设成为特色鲜明、价值增长、持续创新、稳健经营的区域一流股份制银行。

【公司业务】 2021年，民生银行青岛分行公司业务紧跟总分行战略改革部署，坚决落实各项工作要求，踏实回归本源，抓好结算资金和机构存款，以客户为中心，以创利增收为导向，做真存款、真业务、真收入，配套产品、定价、风控等全方位举措，严守合规底线，提升综合服务能力，为民生银行青岛分行公司业务长远发展奠定基础。

【个人业务】 2021年，民生银行青岛分行将客群经营攻坚作为“一号工程”，将零售业务定位为战略业务，深化“以客户为中心”“为客户创造价值”的理念，搭建平台和财富管理体系，强化综合开发，加大标准化、精细化管理，采用资产投放加财富管理双轮驱动的模式，大力发展场景金融，实现消贷客群式经营，全力促进按揭贷款、非按揭消费贷款等产品健康协调发展。

【国际业务】 2021年，民生银行青岛分行深挖客户需求，强化产品优势，致力于打造“跨境+境内”“结算+融资”“线上+线下”的全方位交易银行产品体系，利用单一窗口金融服务、智能汇出汇款、汇入汇款自动解付、线上结售汇、线上开户等普适性国际结算产品，树立企业少跑路、数据多跑路，企业降成本、银行优服务的口碑，全年服务国际结算企业870家，为企业发放出口卖方信贷、买方信贷共计3.30亿美元。

【中间业务】 2021年，民生银行青岛分行不断吸收、培养富有创新意识和创新能力的中间业务金融人才。中间业务从办理传统的支付结算类、代理类和担保类业务，发展到提供各类理财业务、投行业务、汇率避险业务和贵金属业务等综合型金融服务，业务规模和质量均有明显提升，较好地满足了客户对支付结算、投资理财、风险管理等方面日益增长的金融消费需求。

【电子银行业务】 2021年，民生银行青岛分行严格按照监管要求，紧跟发展趋势，全面强化对制造业、小微普惠等国家重点扶持行业与客群的支持，坚持不懈打造多场景、多样化的行业解决方案，建成面向各类行业的差异化平台金融场景，稳步实现电子银行客户数及活跃客户数的增加，提升数字化获客活客能力。

【风险控制】 2021年，民生银行青岛分行严把授信准入关，加强贷后管理，落实主动退出机制，提高主动风险管控能力，通过不良资产集中化管理、专业清收、损失最小化，优化作业模式，强化清收考核精细化管理，配置专项激励费用，充分发挥资源的杠杆效应，大力压降逾期、不良限额指标，新增资产质量保持较好水平。

（鲁卢真、苏韩滨）

附表1

机构概况一览表

<table>
<tr><td colspan="2">行长（或其他称谓的第一负责人）</td><td colspan="2">副行长（或其他称谓的同级领导）</td></tr>
<tr><td colspan="2">李 真</td><td colspan="2">彭曙光、韩咏军、李加岭、李少波</td></tr>
<tr><td>地址</td><td>山东省青岛市崂山区海尔路190号民生大厦</td><td>邮编</td><td>266100</td></tr>
<tr><td>网址</td><td>http://www.cmbc.com.cn</td><td>客服电话</td><td>95568</td></tr>
</table>

附表2

内设部门及分支机构一览表

年度	内设机构（个）	下设分支机构（个）		员工人数（人）	
		地市级机构数	县区级机构数	员工总数（含非正式员工）	正式员工数
2017	25	4	33	956	902
2018	25	4	32	909	861
2019	26	4	32	898	875
2020	26	4	32	893	861
2021	26	4	32	945	902

附表3

主要统计指标1

单位：亿元

项目	2017年	2018年	2019年	2020年	2021年	2021年同比增幅（%）
本外币资产总额	417.70	663.87	911.71	710.72	656.13	-7.68
本外币存款余额	352.39	604.40	887.34	695.26	626.89	-9.83
人民币存款余额	308.88	536.88	838.85	657.77	609.16	-7.39
单位存款	249.39	457.39	726.34	544.13	492.12	-9.56
储蓄存款	59.49	81.05	108.79	108.27	116.02	7.16
本外币贷款余额	330.45	458.14	466.29	542.87	590.43	8.76
人民币贷款余额	330.45	390.11	441.91	508.90	569.13	11.84
短期贷款	159.36	146.34	136.69	200.84	195.17	-2.82
中长期贷款	161.86	228.85	280.61	270.09	338.42	25.30
票据融资	6.65	9.11	15.66	17.82	54.40	205.27
利润总额	3.10	-10.56	-6.22	-9.49	-0.28	-97.05
不良贷款余额	15.31	13.05	8.14	17.63	12.36	-29.89
不良贷款占比（%）	4.63	2.85	1.75	3.25	2.09	-35.69

附表4

主要统计指标2

项目	2017年	2018年	2019年	2020年	2021年	2021年同比增幅（%）
单位结算账户（万户）	2.20	3.00	3.00	3.90	4.46	14.35
单位结算金额（亿元）	53.59	128.01	183.26	293.10	305.36	4.18
个人结算账户（万户）	74.93	127.00	145.00	151.00	163.00	7.90
个人结算金额（亿元）	60.50	31.08	31.11	35.92	38.88	8.24
信用卡发卡量（万张）	15.38	29.32	14.28	6.52	5.06	-22.30
信用卡消费额（亿元）	217.70	539.43	388.05	442.57	413.67	-6.53
企业网银客户（万户）	2.09	2.50	3.16	3.50	4.10	17.14
个人网银客户（万户）	16.43	27.05	36.80	39.17	47.19	20.47
手机银行客户（万户）	72.91	84.21	92.66	97.13	104.71	7.80
现金自助设备（台）	220	136	135	115	121	5.22
营业网点（个）	37	36	36	36	47	30.55
自助网点（个）	143	82	12	15	6	-60.00

招商银行股份有限公司济南分行

【第一负责人简介】　辛亮，男，汉族，中共党员，1969年12月出生，大学本科学历，工程师；1989年参加工作，历任招商银行总行战略客户一部副总经理，招商银行北京分行党委委员兼总行战略客户一部总经理，招商银行北京分行副行长，招商银行乌鲁木齐分行党委书记、行长；自2019年2月起，任招商银行股份有限公司济南分行（简称招商银行济南分行）党委书记、行长。

【综述】　2021年，面对疫情的反复和内外部形势变化，招商银行济南分行在社会各界的关心指导下，继续发扬亮剑精神，沿着三年规划发展道路阔步前进，在服务地方经济、促进社会发展和内部考核方面，交出了一份靓丽的答卷。资产规模、盈利能力持续提升，客群基础和存贷款规模不断增长，存量风险有效化解，业务结构进一步优化，内部管理稳步提升，员工队伍建设得到加强，服务水平和社会形象再上新台阶。招商银行济南分行坚持“以客户为中心，为客户创造价值”的价值观，践行开放融合理念，以金融科技为手段，不断提升服务客户的能力，打造最佳客户体验银行，在服务山东省和济南市经济社会发展过程中贡献力量。

【公司业务】　结合山东省区域市场实际，2021年招商银行济南分行将基建项目贷款、制造业贷款、绿色信贷和新授信客户作为资产组织重点方向，有力支撑重点领域的信贷投放；以高质量获客为抓手，以名单制营销和精准画像为基础，推动对公客群数字化经营；建立了战略客户全周期管理方案，聚焦区域优势行业的头部企业、隐形冠军、单打冠军、新动能等优秀企业，“一户一策”做好深度经营；建立以客户为中心、以客户部门为主导、以项目制为核心的重点分类客群的体系化经营模式，推动“铁三角”作业模式持续优化。截至2021年末，招商银行济南分行对公高价值客户和价值客户规模同比大幅增长；对公存款增量、增速均位居当地股份制商业银行前列。

【个人业务】　招商银行济南分行以资产管理规模（AUM）为抓手，引领整体零售业务的均衡增长。2021年，面对资本市场波动，招商银行济南分行始终坚持为客户创造价值的初心，以金融科技为引擎、专业服务为保障，通过理财平台的搭建，以及资产配置体系的升级，推动零售AUM实现了快速增长。截至2021年末，招商银行济南分行AUM规模达到1,706.00亿元，同比增长23.00%，增幅创历史新高。AUM的增长，带动了客群、非利息净收入的不断增长，实现了效益、规模的均衡发展，显示出零售业务发展的强大韧性，同时彰显了招商银行济南分行在财富管理领域的领先优势。

【国际业务】　招商银行济南分行取得了2021年度外汇业务合规与审慎经营评估考核省、市双“A类银行”称号。通过搭建营销场景，名单制营销获客，不断夯实客群基础。以信用证“闪电开”和国际业务线上化为抓手，带动国际贸易融资发展。巩固衍生交易客户群，重点客户开通招银避险平台，强化招银避险品牌建设。打通跨境“居民、非居民”场景，跨境资本客户利用该行跨境金融离在岸一体化的优势，在客户境外流动性支持、债务转换、项目融资、并购融资等方面，提供综合化服务方案。

【中间业务】　2021年，招商银行济南分行批发条线，深入研究区域优势产业和行业，不断提升客户服务能力。票据业务在发挥传统优势基础上加快线上化推广；交易银行稳中拓新，结算、内外贸、金融市场等支柱业务均取得较好发展；积极探索创新型支付结算模式，企业App、智能通知存款、企业财资管理系统（CBS）成效显著。顺应投商行一体化经营路径，托管、对公财富管理、债券承销、结构化融资业务均有突破，并在部分业务上实现了模式创新。零售条线，打造客户的投资全旅程陪伴，实现盈利体验的升级，通过TREE体系向客户提供全面体系化资产配置服务，为客户提供投资框架下的全产品配置策略；深化数字化保险营销模式，提升客户保险产品体验；以首发权益产品为逆势布局抓手，积极探索非货币基金持仓客户数增长路径；多渠道、广覆盖，高比例推动理财产品配置，做好产品全流程服务。

【电子银行业务】　2021年，招商银行济南分行积极推动服务模式升级，加快“人+数字化”探索，用金融科技手段持续提升大财富管理的客户价值创造能力，在云架构转型、技术中台、数字中台、数字化服务能力、金融科技等领域开展创新，打造平民化的数字生态环境。招商银行济南分行不断推进运营体系的自动化和智能化，建设风险数据质量监控中台，大力推广公信力信贷产品，逐步构建智慧风控引擎，通过持续拓展企业数字化服务生态，为客户提供CBS、薪福通、发票云等一站式企业经营管理解决方案，聚焦饭票、交通出行、便民服务等场景，创设朝朝宝等灵活轻便的理财模式，实现与客户更深刻意义的连接。

【风险控制】 2021年，招商银行济南分行认真践行大财富管理体系的风险管理逻辑和要求，主动靠前站位、不断夯实管理基础，风险管理能力得到显著提升。一是以资产配置规划为导向，战略布局资产组织和结构调整；二是围绕资产端和产品端，打造“六全”大财富风险管理体系，全方位把牢风险底线，夯实质量管控和风险抵补能力；三是完善风险规程，整改排查，筑牢基础管理防线；四是深化开放融合，助力风险管理体系化能力的提升。年内不良贷款额、不良贷款率双降，为后续资产质量持续向好奠定了坚实的基础。

（王林新）

附表1

机构概况一览表

行长（或其他称谓的第一负责人）		副行长（或其他称谓的同级领导）	
辛 亮		綦 琨、于 冬、娄文杰、陈 伟、曲振宇	
地址	山东省济南市经十路7000号汉峪金融商务中心四区1号楼	邮编	250102
网址	http：//www.cmbchina.com/	客服电话	95555

附表2

内设部门及分支机构一览表

年度	内设机构（个）	下设分支机构（个）		员工人数（人）	
		地市级机构数	县区级机构数	员工总数（含非正式员工）	正式员工数
2017	20	7	50	2,119	1,649
2018	20	7	52	2,248	1,673
2019	23	7	53	2,202	1,692
2020	23	7	54	2,190	1,714
2021	23	7	54	2,291	1,713

附表3

主要统计指标1

单位：亿元

项目	2017年	2018年	2019年	2020年	2021年	2021年同比增幅（%）
本外币资产总额	689.62	796.09	887.59	1,068.89	1,319.46	18.99
本外币存款余额	640.53	704.42	808.23	984.13	1,233.46	20.21
人民币存款余额	626.85	692.25	798.37	970.78	1,216.01	20.17
单位存款	392.66	413.71	448.60	574.17	727.55	21.08
储蓄存款	205.25	252.17	320.42	361.81	440.31	17.83
本外币贷款余额	636.76	678.35	783.56	851.08	1,034.09	17.70
人民币贷款余额	631.60	674.37	780.42	848.53	1,025.68	17.27
短期贷款	269.03	251.02	227.82	137.11	166.41	17.60
中长期贷款	305.21	366.06	440.88	598.43	708.95	15.59
票据融资	57.36	57.29	111.72	112.99	150.32	24.83
利润总额	-34.29	6.30	13.04	16.77	14.77	-13.51
不良贷款余额	36.13	32.75	28.27	16.80	8.95	-46.73
不良贷款占比(%)	5.67	4.83	3.61	1.97	0.87	-55.84

附表4

主要统计指标2

项目	2017年	2018年	2019年	2020年	2021年	2021年同比增幅（%）
单位结算账户（万户）	3.33	4.26	4.84	5.37	5.91	10.06
单位结算金额（亿元）	39,142.10	34,402.20	37,682.18	43,494.57	58,920.10	35.47
个人结算账户（万户）	220.00	270.18	422.19	487.61	543.09	11.38
个人结算金额（亿元）	14,970.00	24,009.00	24,624.00	25,592.00	28,503.00	11.37
信用卡发卡量（万张）	22.90	23.36	21.37	20.87	28.81	38.05
信用卡消费额（亿元）	510.11	602.96	652.94	653.00	714.78	9.46
企业网银客户（万户）	2.61	3.48	4.44	4.77	5.14	7.76
个人网银客户（万户）	120.71	124.69	125.82	126.31	126.80	0.39
手机银行客户（万户）	126.12	195.67	296.29	363.10	417.30	14.93
现金自助设备（台）	384	365	333	289	246	-14.88
营业网点（个）	57	59	58	61	61	0.00
自助网点（个）	61	74	43	35	20	-42.86

招商银行股份有限公司青岛分行

【第一负责人简介】 沈世强，男，1973年10月出生，上海人，解放军信息工程大学信息技术应用与管理学士学历，中共党员，1993年参加工作；自2020年8月起至今，任招商银行股份有限公司青岛分行（简称招商银行青岛分行）党委书记、行长。

【综述】 招商银行青岛分行是招商银行设立的一级分行，成立于2000年5月。截至2021年末，招商银行青岛分行辖有日照、潍坊2家二级分行，在青岛地区设有38家支行。2021年，面对严峻复杂的客观环境，在总行和地方党委、政府及监管部门的正确领导和大力支持下，招商银行青岛分行深入贯彻总行“大财富管理”“开放融合”等各项战略部署，全体干部员工上下一心，攻坚克难，持续提升服务水平，继续加强精神文明建设和企业文化建设，积极履行企业社会责任，进一步树立了良好的企业形象。

【公司业务】 2021年，招商银行青岛分行进一步深入推进体制改革，强化战略客户专业化经营。根据辖区特点，在战略客户选择方面以客户属性为主，行业属性为辅。加强投商行一体化建设。形成新动能客户营销组织范式，分别在青岛、潍坊举办资本助航系列活动，与青岛市金融局、青岛交易所、头部券商深度绑定，共同为参会企业提供一站式跟踪服务。与市、区两级重点政府职能部门建立密切联系，建立区域商机采集及分层推动机制。充分运用总行“薪福通”等产品平台优势，帮助企业客户有效解决在数字化转型过程中遇到的各类痛点。

【个人业务】 2021年，在总行的战略指引下，招商银行青岛分行着眼于青岛地区实体经济不断升级的融资需求和居民财富持续高涨的配置需求，以“大财富管理”为主线，整合内外部资源，全方位多角度来解决客户的金融需求。全面焕新TREE资产配置体系，通过对活钱管理、保障管理、稳健投资和进取投资四类资产进行合理配置，为不同财富阶段和风险偏好的客户，全方位量身打造专业财富管理方案，做好“初心计划”分行端落地，积极向客户宣导招商银行青岛分行财富管理的价值理念和科学配置方法论，构建初心计划配套制度，释放客户经理能力，提升为客户服务的积极性。

【数字化运营】 2021年，招商银行青岛分行加强生态建设，加快向数字化运营模式转变。聚焦出行场景、教育场景、团费缴纳场景，为客户提供全方位数字化服务。通过小招智呼、OMO策略、AI协呼、网银App等线上手段做好客群经营。开发“云政通平台”，建成集客户商机发现、客户风险画像、智能风险管理等多功能于一体的智慧风控平台，荣获青岛市优秀金融科技应用项目评选活动二等奖。落地系统内首笔“市场采购贸易”线上收结汇业务并在多家分行复制推广。

【风险控制】 2021年，招商银行青岛分行面对尤为复杂的风险形势，一方面落实好各项疫情优惠政策，另一方面围绕总行预算目标和分行经营目标开展资产质量管控工作。严防风险、加大对不良资产处置力度，全面完成总行资产质量预算任务，不良贷款额和关注贷款率持续“双降”，资产规模持续提升，资产质量稳中向好，实现了质量、效益、规模协同发展。

【内部管理】 2021年，招商银行青岛分行扎实推进内部巡察，组织开展了对下属机构的常规巡察工作，现场检查覆盖所有经营机构，非现场专项排查17项，高度重视对检查发现问题的整改，建立屡查屡犯重点整治问题清单，加强合规宣导及合规督导官履职，提升全体干部员工合规意识。制定全面风险扎口管理工作方案，强化重点领域业务准入要求，形成全行统一风险管理策略。建立反洗钱、员工异常行为管理联动工作机制，在前中后台形成了内控合规工作齐抓共管的良好格局。组织梳理全行授权及审批事项，规范工作流程，定期回检，弥补基础管理工作中的短板。

【党建工作】 2021年，结合建党100周年重大节点，招商银行青岛分行抓好党建和党风廉政建设工作。认真开展“庆祝建党100周年系列活动”“党史学习教育”和“我为群众办实事”实践活动，形成“我为群众办实事”重点任务清单，促使各行、部不断提升服务质效。认真落实党中央、招商局集团、总行和监管部门党委关于党建和党风廉政建设工作的各项要求，贯彻落实民主集中制，“三重一大”事项坚持集体决策，严把选人用人政治关。严格落实中央八项规定精神，严守财经纪律，推动全行形成风清气正的工作氛围。

（高倩倩）

附表1

机构概况一览表

行长（或其他称谓的第一负责人）		副行长（或其他称谓的同级领导）	
沈世强		张　洪、郭志强、侯海滨	
地址	山东省青岛市海尔路65号	邮编	266000
网址	http://www.cmbchina.com/	客服电话	0532—829395555

附表2

内设部门及分支机构一览表

年度	内设机构（个）	下设分支机构（个）		员工人数（人）	
		地市级机构数	县区级机构数	员工总数（含非正式员工）	正式员工数
2017	22	2	33	1,567	1,444
2018	23	2	33	1,584	1,451
2019	24	2	33	1,572	1,465
2020	24	2	36	1,573	1,481
2021	24	2	37	1,584	1,494

附表3

主要统计指标1

单位:亿元

项目	2017年	2018年	2019年	2020年	2021年	2021年同比增幅（%）
本外币资产总额	573.65	698.16	717.67	882.37	1,066.61	20.88
本外币存款余额	541.85	659.94	675.79	841.40	1,025.98	21.94
人民币存款余额	495.25	633.97	650.60	814.55	990.76	21.63
单位存款	310.43	395.75	369.84	498.16	550.17	10.44
储蓄存款	184.82	238.22	280.76	316.39	398.32	25.90
本外币贷款余额	394.18	394.18	471.58	509.24	597.63	17.36
人民币贷款余额	393.35	393.35	464.54	505.81	597.12	18.05
短期贷款	138.21	89.71	95.88	71.89	65.81	-8.46
中长期贷款	238.84	287.36	335.06	383.51	435.24	13.49
票据融资	16.30	16.28	33.60	50.41	65.28	29.50
利润总额	2.43	15.43	15.86	13.73	13.33	-2.91
不良贷款余额	11.24	11.36	4.92	3.65	2.30	-36.99
不良贷款占比（%）	2.85	2.51	1.04	0.72	0.38	-47.22

附表4

主要统计指标2

项目	2017年	2018年	2019年	2020年	2021年	2021年同比增幅（%）
单位结算账户（万户）	3.50	4.30	5.64	6.87	8.39	22.13
单位结算金额（亿元）	7,300.00	7,960.00	8,231.00	9,961.98	15,192.90	52.51
个人结算账户（万户）	237.81	290.49	314.81	361.12	470.85	30.39
个人结算金额（亿元）	272.59	301.66	342.65	405.78	—	—
信用卡发卡量（万张）	48.50	63.00	28.00	15.00	—	—
信用卡消费额（亿元）	—	—	624.00	162.00	—	—
企业网银客户（万户）	2.30	3.40	4.92	5.81	6.44	10.84
个人网银客户（万户）	58.25	31.18	11.48	7.70	8.90	15.58
手机银行客户（万户）	114.34	150.40	197.98	222.52	274.86	23.52
现金自助设备（台）	281	227	199	187	170	-9.09
营业网点（个）	35	35	35	36	37	2.78
自助网点（个）	130	92	76	69	59	-14.49

招商银行股份有限公司烟台分行

【第一负责人简介】 王智华，男，汉族，1964年10月出生，山东荣成人，中共党员，大学本科学历；1981年参加工作，2009年9月任招商银行威海分行筹备组负责人，2010年1月任招商银行威海分行党委书记、行长；自2016年5月起，历任招商银行股份有限公司烟台分行（简称招商银行烟台分行）党委委员、纪委书记、副行长；2019年4月起代为履行招商银行烟台分行行长职务，2019年9月起任招商银行烟台分行党委书记、行长。

【综述】 2021年，招商银行烟台分行深入落实总行发展战略，结合区域特点打造以大财富管理价值循环链为核心的3.0模式，通过优质金融服务支持区域经济社会发展，取得了良好的工作成效。截至2021年末，全行人民币自营存款、一般性贷款分别达301.90亿元和219.11亿元，分别较2020年增长19.00%和17.65%。管理个人客户总资产规模达490.73亿元，较年初增加94.46亿元。批发客户融资总量342.73亿元，较年初增加70.36亿元。

【公司业务】 2021年，招商银行烟台分行围绕区域核心企业，着力打造投商行一体化服务模式，通过直接融资与间接融资相结合，融资融智并举，为核心企业提供综合金融解决方案。着眼区域产业，有效利用优质产品，充分延伸服务半径，由点及面服务供应链和产业网，巩固核心企业经营生态的同时，有效支持了上下游中小企业的经营发展。利用聚合支付系统、跨银行资金管理系统等金融科技工具，帮助企业有效提升了数字化现金管理能力，逐步树立起区域市场现金管理服务标杆的地位。全面开展“名单制”经营管理，组织跨条线、跨部门的全行性区域研究、行业研究，形成重点客户名单，在此基础上组织编制服务方案，主动上门推介，为客户提供一站式服务。紧跟市场趋势，整合招商银行集团资源，为区域上市、IPO企业提供资本市场全周期、全渠道服务。同时，聚焦批发类客群的零售金融属性，着力打破组织边界，围绕代发服务、财富管理服务、企业人事薪酬管理等重点领域，整合跨条线力量，提供一体化服务。

【个人业务】 2021年，招商银行烟台分行重点打造场景化金融服务，建立起涵盖政务便民、交通出行、智慧医疗、校企园区等在内的场景体系，年内新上线生活缴费接口14项，政务便民接口5项，有效丰富了手机银行App综合服务平台的资源。整合理财、基金、保险、贵金属等多元化产品，坚持以客户为中心的资产配置理念，加强市场投研，强化策略部署，有效保障了客户的资产保值增值需要。开展各类线上线下“泛金融”活动，让客户充分体验金融服务的敏捷便利。遵循“全客群”服务理念，致力于为客户提供全产品、全渠道、全周期的综合金融服务，一站式满足客户投融资、财务规划等财富管理需求。服务方面，落实投资者教育责任，通过线上线下多种方式开展投教服务，探索构建客户陪伴式服务体系，为客户全投资周期保驾护航。创新应用服务质量监测系统，配合健全的服务评审体系，为客户提供优质的厅堂体验。推动中台产品经理向“一专多能”的方向发展，从中台走向一线，与客户对接，以专业能力服务客户需求。

【国际业务】 2021年，招商银行烟台分行立足山东自贸试验区烟台片区建设发展，需要积极推动跨境人民币结算便利化和资本项目外汇收支便利化等相关政策的落地，积极开展跨境金融创新实践，率先破题合格境外有限合伙人（QFLP）外商投资股权投资，成功落地山东自贸区首批QFLP项目，为吸引境外投资开辟了新渠道。充分发挥金融科技效能，在国际结算、贸易融资和外汇交易三大板块实现了业务全流程线上处理，同时为重点企业提供定制化服务。成功获批贸易外汇收支便利化试点行资格，成为全市首家试点一级分行，为进一步提升外汇服务效率创造了良好条件。

【中间业务】 公司业务方面，借助投商行一体化专业优势，招商银行烟台分行逐步构建形成投融资顾问服务模式，充分发挥自身投研能力，在融资服务之外，为企业提供财富管理、财务规划、金融解决方案等综合服务。目前，招商银行烟台分行是区域多家政府类融资平台的财务顾问银行，同时也是区域多家核心企业的金融首问银行。零售业务方面，招商银行烟台分行对接招商系统内优质资源，同时推进平台化转型，引入优质资管机构、保险机构、银行同业的优质产品，围绕客户需求量身配置资源，充分满足客户的多维金融需求。

【风险控制】 截至2021年末，招商银行烟台分行不良贷款率0.30%，不良率继续大幅低于区域平均水平。招商银行烟台分行高度重视风险管理工作，通过开展多样的宣教活动提高全行风险管理意识，建立全员风险管理文化，通过风险前置，严格防范各类风险。高度重视内控合规工作，通过系统化管理，实现全年经营零案件、零风险、零事故。2021年，招商银行烟台分行连续六年获评人民银行烟台中心支行综合评价A级；连续二年在银保监系统消保评级中列当地股份制银行首位；连续十一年获评国家外汇管理局烟台市中心支局外汇业务合规与审慎经营A级行，同时获评2021年度山东省外汇管理考核A类行。

（曲岩岩）

附表1

机构概况一览表

行长（或其他称谓的第一负责人）		副行长（或其他称谓的同级领导）	
王智华		张世卿、王 胜	
地址	山东省烟台市开发区珠江路66号正海大厦	邮编	265599
网址	http：//www.cmbchina.com/	客服电话	95555

附表2

内设部门及分支机构一览表

年度	内设机构（个）	下设分支机构（个）		员工人数（人）	
		地市级机构数	县区级机构数	员工总数（含非正式员工）	正式员工数
2017	19	2	16	612	495
2018	20	2	17	662	515
2019	20	2	17	682	530
2020	20	2	17	669	538
2021	20	2	17	697	539

附表3

主要统计指标1

单位:亿元

项目	2017年	2018年	2019年	2020年	2021年	2021年同比增幅（%）
本外币资产总额	172.50	203.96	245.57	309.69	364.59	17.73
本外币存款余额	164.82	195.81	235.98	295.10	350.47	18.76
人民币存款余额	152.83	186.71	227.74	283.59	326.39	15.09
单位存款	95.45	112.31	132.81	185.39	208.60	12.52
储蓄存款	57.38	74.39	94.93	98.20	117.80	19.96
本外币贷款余额	131.29	141.48	166.08	204.09	246.14	20.60
人民币贷款余额	129.98	140.42	164.95	203.54	245.52	20.62
短期贷款	69.71	60.37	36.76	54.76	59.87	9.33
中长期贷款	56.55	74.03	118.21	130.93	158.63	21.16
票据融资	3.73	6.02	9.99	17.85	27.03	51.43
利润总额	2.04	1.32	1.88	3.33	3.43	3.00
不良贷款余额	0.82	0.92	0.85	0.54	0.75	38.89
不良贷款占比（%）	0.63	0.65	0.51	0.26	0.30	15.38

附表4

主要统计指标2

项目	2017年	2018年	2019年	2020年	2021年	2021年同比增幅(%)
单位结算账户（万户）	1.93	2.19	2.66	3.09	3.48	12.59
单位结算金额（亿元）	6,113.26	7,445.06	7,553.12	10,694.49	25,285.80	136.00
个人结算账户（万户）	91.32	100.24	120.61	135.09	152.33	12.70
个人结算金额（亿元）	8,034.80	7,762.91	6,567.37	6,750.27	7,497.13	11.10
信用卡发卡量（万张）	19.44	27.11	50.38	51.23	—	—
信用卡消费额（亿元）	286.44	365.33	274.51	280.86	—	—
企业网银客户（万户）	0.91	0.99	1.23	1.56	1.63	4.49
个人网银客户（万户）	8.96	10.74	10.30	7.49	6.44	-14.02
手机银行客户（万户）	47.35	67.06	93.88	104.61	136.90	30.80
现金自助设备（台）	137	121	99	88	83	-5.70
营业网点（个）	16	17	17	17	17	0.00
自助网点（个）	34	31	29	28	29	3.60

兴业银行股份有限公司济南分行

【第一负责人简介】 俞裕辉，男，1968年6月出生，福建福清人，1990年7月参加工作，中共党员，大学本科学历；历任兴业银行南平分行党委书记、行长，乌鲁木齐分行党委书记、行长；现任兴业银行股份有限公司济南分行（简称兴业银行济南分行）党委书记、行长。

【综述】 兴业银行济南分行是兴业银行在山东设立的省级管辖行，2001年7月正式开业。成立以来，兴业银行济南分行一直秉承“打造一流银行”的办行理念，在服务地方经济中迅速发展壮大，资产质量与综合效益屡创新高，各项业务取得长足发展，经营管理指标全面优化，产品服务功能日益完善，树立了全新、健康、优良的企业形象。目前，兴业银行济南分行已在潍坊、烟台、淄博、济宁、临沂、泰安、滨州、威海、东营、聊城、日照、菏泽等地市开设了12家二级分行，并设立了多家县域支行，初步形成了立足济南、辐射全省的服务网络和“省—分—支”三级管理的组织架构，拥有了一支创业精神饱满、专业素质过硬、富有朝气、奋发向上的职业团队。

2021年，面对外部经营环境的复杂变化，兴业银行济南分行严格贯彻国家金融政策，按照总行“稳中求进、稳中求新、稳中求精”的工作基调，大力推动“1234”战略、“2344”策略实施，全行各项业务均呈现稳健发展的良好势头，综合竞争力及品牌影响力持续攀升。

【公司业务】 2021年，兴业银行济南分行公司业务以“防疫情”“保安全”“稳发展”为主线，积极适应新常态，响应国家供给侧结构性改革号召，勇于创新，锐意进取，为抗击疫情、稳定金融环境、扶持实体经济、促进产业结构调整作出了较大的贡献。一是持续加大实体经济信贷支持力度。截至2021年末，兴业银行济南分行为山东省实体经济提供各项融资合计2,551.00亿元，为支持山东省新旧动能转换十强产业提供各项融资合计350.00亿元。二是积极助力黄河流域生态保护和高质量发展。截至2021年末，兴业银行济南分行绿色融资余额618.52亿元，绿色金融客户超过2,000户，获得总行评选的“绿色金融优秀分行”“支持黄河流域大保护优秀分行”等荣誉称号。三是加快数字化转型产品的推广应用。在场景生态圈建设方面，围绕医疗、烟草、住建、教育、交通五个重点方面持续发力，项目建设再创新高；在小微业务推动方面，借助线上融资产品的推广，服务小微企业能力大幅提升，获得总行“线上融资十佳分行”荣誉称号。四是打造金融服务乡村振兴新样板。利用行业调研积极培育特色产业集群，已实现合作客户超过1,200户。五是助力企业直接融资，为客户提供多元化融资渠道。近年来，该行债券承销金额和市场占有率均列山东省金融机构前列，为实体企业降低融资成本提供了新选择。

【个人业务】 2021年，兴业银行济南分行个人业务围绕“以客户为中心”的经营理念，不断提升服务水平，加大新产品的推广力度，加强品牌建设，各项指标均实现了快速发展。一是以网点组织架构改革为契机，全面提升各网点服务水平，积极打造精品服务网点。多次获得“山东省银行业文明规范服务示范单位”“中国银行业文明规范服务五星网点”“中国银行业文明规范服务千佳示范网点”等荣誉称号。二是加大新产品、新技术的推广，为客户提供更加便捷、满意的服务。针对个人客户推出的移动支付业务、“安愉人生”理财业务、“快速经营贷”等产品深受客户好评，其中，“安愉人生”是国内首个养老金融服务方案。三是加快网点建设，打造营业厅、综合支行、社区银行、自助银行等多元化服务网络。截至2021年末，兴业银行济南分行已在省内13个地市设立分支机构，对外营业网点总数在系统内排名第二位。

【国际业务】 2021年，兴业银行济南分行国际业务以产品为抓手，以服务为基础，继续保持良好发展势头。通过与兴业银行香港分行联动，为内地企业提供更加多元化融资渠道。2021年，获得兴业银行颁发的“跨境业务十佳分行”荣誉称号。

【中间业务】 2021年，兴业银行济南分行结合市场环境变化，不断加强产品创新力度，提高金融服务能力，进一步优化业务结构，夯实中间业务发展基础，中间业务收入占利润总额比重稳步提升。

【电子银行业务】 2021年，兴业银行济南分行电子银行业务以“科技兴行，服务客户”为发展理念，不断加大科技创新投入，致力打造现代化、电子化、综合化的服务保障体系。目前，已形成“在线兴业”网上银行、“无线兴业”手机银行、“热线兴业”电话银行、微信银行等多产品综合金融服务平台。截至2021年末，兴业银行济南分行企业网银客户达到3.27万户，个人网银客户达到53.30万户，手机银行客户达到240.31万户。

【风险控制】 2021年，面对严峻的风险形势，兴业银行济南分行发挥行业调研作用，完善沙盘作业，加强信用准入管理，增强尽职调查实效，从严做好贷款存续期管理，持续加大不良资产清收处置力度，风险管理工作更加全面有效。截至2021年末，不良贷款率较年初下降0.30个百分点，好于本地同类金融机构平均水平。

进一步夯实内控合规管理，深化合规文化建设。2021年，兴业银行济南分行积极开展“规范建设提升年”“兴航程”反洗钱等专项活动，完善多层级问责机制，持续强化对员工异常交易行为排查力度，合规经营理念更加深入人心。

（赵 翔）

附表1

机构概况一览表

行长（或其他称谓的第一负责人）		副行长（或其他称谓的同级领导）	
俞裕辉		杨 鹏、穆晓达、吴永林、任 波	
地址	山东省济南市经十路7000号汉峪金融商务中心六区1号楼	邮编	250001
网址	http：//www.cib.com.cn	客服电话	95561

附表2

内设部门及分支机构一览表

年度	内设机构（个）	下设分支机构（个）		员工人数（人）	
		地市级机构数	县区级机构数	员工总数（含非正式员工）	正式员工数
2017	20	12	13	2,252	1,903
2018	19	13	13	2,322	1,988
2019	21	13	13	2,255	2,009
2020	19	13	13	2,236	2,016
2021	19	13	13	2,335	2,122

附表3

主要统计指标1

单位:亿元

项目	2017年	2018年	2019年	2020年	2021年	2021年同比增幅(%)
本外币资产总额	1,708.28	1,833.73	1,862.66	2,051.97	2,144.38	4.50
本外币存款余额	1,472.23	1,575.52	1,636.48	1,806.66	1,854.86	2.67
人民币存款余额	1,434.31	1,538.23	1,612.07	1,776.13	1,821.22	2.54
单位存款	1,087.93	1,233.13	1,338.70	1,441.97	1,432.33	-0.67
储蓄存款	146.21	206.00	262.39	313.45	349.11	11.38
本外币贷款余额	1,083.61	1,412.98	1,593.72	1,678.27	1,825.05	8.75
人民币贷款余额	1,030.34	1,357.84	1,573.04	1,661.44	1,798.34	8.24
短期贷款	380.70	422.14	449.01	429.39	511.01	19.01
中长期贷款	634.43	857.30	1,025.80	1,135.33	1,143.28	0.70
票据融资	11.66	72.97	94.49	83.70	126.82	51.52
利润总额	-13.95	-10.84	-8.69	2.10	39.61	1,786.19
不良贷款余额	32.72	30.64	30.12	25.71	25.92	0.82
不良贷款占比(%)	3.02	2.17	1.89	1.53	1.42	-7.19

附表4

主要统计指标2

项目	2017年	2018年	2019年	2020年	2021年	2021年同比增幅(%)
单位结算账户(万户)	4.21	4.70	5.07	5.83	6.76	15.95
单位结算金额(亿元)	31,545.04	36,090.28	37,065.06	37,316.21	39,268.12	5.23
个人结算账户(万户)	213.20	403.41	449.24	450.56	468.29	3.94
个人结算金额(亿元)	13,417.10	17,025.49	16,871.88	16,044.7	16,271.31	1.41
信用卡发卡量(万张)	45.10	41.32	31.55	28.95	26.74	-7.63
信用卡消费额(亿元)	752.01	1,109.60	1,359.90	148.50	1752.00	16.18
企业网银客户(万户)	2.23	2.56	2.70	2.78	3.27	17.63
个人网银客户(万户)	53.52	53.52	53.52	53.53	55.30	3.30
手机银行客户(万户)	143.60	156.08	170.21	203.97	240.31	17.80
现金自助设备(台)	334	297	265	231	222	-0.04
营业网点(个)	112	111	116	115	116	0.80
自助网点(个)	19	11	6	2	1	-50.00

兴业银行股份有限公司青岛分行

【第一负责人简介】 彭光辉，男，中共党员，大学本科学历；历任兴业银行杭州分行嘉兴分行行长，杭州分行党委委员、行长助理、副行长等职；现任兴业银行股份有限公司青岛分行（简称兴业银行青岛分行）党委书记、行长，青岛市十七届人大代表。

【综述】 2021年，兴业银行青岛分行坚持以习近平新时代中国特色社会主义思想为指导，认真落实监管要求，深入贯彻总行“1234”战略，精准服务地方实体经济，全力支持绿色金融、海洋经济、普惠金融、乡村振兴等特色业务发展，坚决筑牢风险合规防线，高质量党建引领高质量发展，稳中有进。截至2021年末，兴业银行青岛分行本外币各项存款余额921.15亿元，本外币各项贷款余额631.52亿元，分别稳居辖内股份制银行第一、第二位，全年实现净营运收入23.09亿元，累计缴纳税款2.41亿元，获评人民日报社全国“企业党建优秀案例”、青岛市金融创新一等奖等，品牌影响力和美誉度节节攀升。

【公司业务】 聚焦青岛市“四新经济”发展战略和重点产业，兴业银行青岛分行紧紧围绕新发展理念，加快推进夯基础、调结构、促转型，扎实落实“六稳”“六保”，全力以赴助力地方实体经济恢复发展：碳金融创新引领，成立环境权金融中心，相继落地全国首单湿地碳汇贷、全国首单建筑节能改造保险项下“建筑减碳贷”、全国首个“零碳社区”贷款等，碳排放权配额质押贷款青岛市场占比85.00%；乡村振兴全力打造“兴业样板”，成立乡村振兴金融中心，与青岛市农业农村局签署战略合作，协调系统内首单“产业互联网+农业”模式“兴牛云贷”，从根本上解决了国内养殖行业融资难、担保难的历史性难题，相继落地青岛市首单农村集体经营性建设用地使用权抵押贷等，获评省级服务乡村振兴考核优秀等级；“蓝绿融合”铸就海洋发展品牌，与中国海洋大学签署战略合作协议，围绕十大海洋产业推出十大创新产品，“全球首单非金融企业蓝色债券”获评青岛市金融创新一等奖；科创金融特色鲜明，创设科技支行，联合崂山区人民政府、青岛巨峰科技创业投资有限公司打造孵化基地，辖内国家级专精特新“小巨人”企业合作覆盖率超70%，差异化优势日渐凸显。

【个人业务】 聚焦“财富银行”金色名片，兴业银行青岛分行充分发挥“商行+投行”优势，围绕客户日益增长的多元化财富管理需求，全力满足客户财富管理和融资需求，积极开展客户精细化分层管理和“兴旅程”客户生命全周期管理，深化推进数字化经营、织网工程线上线下场景生态圈建设等，社区支行新设5家增至15家，创建1家全国“千佳示范单位”，设立覆盖全网点的兴公益“惠民驿站”，全面打通客户服务“最后一公里”，成为“百姓家门口的红色金融管家”。

【国际业务】 2021年，兴业银行青岛分行聚焦“稳外贸”“稳外资”发展，大力推行单证通线上跨境业务系统，为众多国际贸易企业提供国际结算、贸易融资等一站式国际贸易金融服务，跨境结算量连续两年突破百亿美元；聚焦打造世界工业互联网之都，签约青岛市工业互联网企业综合服务平台，辖区已培育的工业互联网平台合作覆盖率达40.00%；聚焦现代供应链体系建设，落地全国首批供应链票据，系统内首家与中建云筑网系统对接，构建开放交互的供应链新模式，赋能普惠金融。

【中间业务】 2021年，兴业银行青岛分行深入践行总行“1234”战略，围绕“客户为本、商行为体、投行为用”的理念，加速向轻资本、轻资产、高效率的价值银行经营转型，逐步搭建起总分一体的投承联动机制，财务顾问、申报注册、承销发行、存续期管理的全流程服务，以及短期融资券、中期票据、定向工具、资产支持票据、理财直融工具等全谱系产品，有效满足了地区城市基建、资本运营、水务电力、交通运输等重点行业企业各类个性化融资需求。该行积极响应政府及监管部门关于支持疫情防控和复工复产的决策部署，持续完善客户沙盘，逐户对接宣传，以直接融资赋能更多中小微企业，以专业周到的服务与企业携手共克时艰。2021年，该行债券承销规模达222.00亿元，承销规模和只数稳居青岛全市场第一位，市场占有率高达28.00%，再创历史新高！

【智慧银行业务】 2021年，兴业银行青岛分行全面提速数字化转型：成立科技赋能专班，突破网点局限，深入经营一线，推进科技与业务共荣共进，以广覆盖的场景“新生态”有效打通服务客户“最后一公里”，相继突破智慧社区、智慧物业、智慧医疗、智慧交通等智慧城市建设重点领域；全面完成网点“智慧化”改造，以数据驱动、科技赋能推进农民工工资支付监管平台、房屋专项维修资金管理系统等“政银合作”项目，提升金融服务覆盖面、可得性和满意度；践行“二线服务一线，全行服务客户”的理念，创新打造机器人流程自动化（RPA）流程机器人项目群、区域特色智能报表项目、企金风险监测等流程优化与风险防控系统，开创办公“新局面”，2021年相继获评青岛信息化优秀解决方案、青岛市优秀金融科技应用项目等。

【风险控制】 2021年，兴业银行青岛分行加大力度清不良、防隐患、夯基础，稳步推进经营管理和风险管理双提升：紧密围绕总行“1234”战略，结合青岛当地市场，加快“回归本地主流市场、聚焦实体普惠客群、深耕区域重点行业、推广资金闭环产品”业务转型，从客户源头和产品源头做好风险防控；推进尽职调查、审查审批、放款、存续期的精细化管理，确保全流程风险管控；践行一把手挂帅、一户一策、一月一会“三个一”工程，全力推进不良处置工作；科技赋能丰富智能风控体系、助力业务风险防控、强化风险识别、精准监测操作风险，倾力打造智能风控；齐抓共管，从防范信息科技风险、完善运营管理体系、强化员工行为规范、抓实负面舆情管控等各个方面，聚力营造安全环境。近年来，该行持续保持重大风险案件“零发生”，案防、反洗钱、外汇等合规工作多次获评监管A级评价，消保、运营管理等监管考评持续保持辖区股份制银行前列。

（张 劲、盖真萍）

附表1

机构概况一览表

行长（或其他称谓的第一负责人）		副行长（或其他称谓的同级领导）	
彭光辉		步延进、刘方勃、司徒珑瑜、陈 坚	
地址	山东省青岛市崂山区同安路886号	邮编	266000
网址	http://branch.cib.com.cn/QingDao/	客服电话	95561

附表2

内设部门及分支机构一览表

年度	内设机构（个）	下设分支机构（个）		员工人数（人）	
		地市级机构数	县区级机构数	员工总数（含非正式员工）	正式员工数
2017	15	0	14	529	468
2018	15	0	14	551	461
2019	16	0	14	591	466
2020	16	0	14	608	492
2021	17	0	14	666	550

附表3

主要统计指标1

单位：亿元

项目	2017年	2018年	2019年	2020年	2021年	2021年同比增幅（%）
本外币资产总额	449.09	420.71	521.35	739.66	1,034.73	39.89
本外币存款余额	315.53	341.48	436.60	645.20	921.15	42.77
人民币存款余额	305.99	331.05	392.96	632.91	908.85	43.60
单位存款	203.99	183.15	276.60	394.92	539.80	36.69
储蓄存款	28.50	34.85	57.20	72.25	85.69	18.60
本外币贷款余额	206.55	256.47	354.23	472.01	631.52	33.79
人民币贷款余额	201.23	252.14	347.20	461.13	619.44	34.33
短期贷款	69.66	109.34	155.07	239.06	306.88	29.26
中长期贷款	119.48	120.70	158.01	176.51	213.09	20.72

续表

项目	2017年	2018年	2019年	2020年	2021年	2021年同比增幅（%）
票据融资	12.04	16.77	26.61	45.56	97.84	114.75
利润总额	2.44	-1.85	-3.68	4.82	8.38	73.86
不良贷款余额	2.02	16.74	22.19	7.60	4.99	-35.00
不良贷款占比（%）	0.98	6.53	6.26	1.61	0.79	-51.00

附表4

主要统计指标2

项目	2017年	2018年	2019年	2020年	2021年	2021年同比增幅（%）
单位结算账户（万户）	1.13	1.54	1.76	2.09	2.36	12.92
单位结算金额（亿元）	46,311.27	36,298.84	21,152.60	23,188.08	30,151.76	30.03
个人结算账户（万户）	41.38	47.57	54.83	62.15	65.50	5.39
个人结算金额（亿元）	2,147.16	2,287.55	2,509.78	2,672.19	3,126.43	17.00
信用卡发卡量（万张）	15.24	8.69	4.30	5.12	3.90	-23.83
信用卡消费额（亿元）	111.08	157.00	188.30	222.60	251.90	13.16
企业网银客户（万户）	0.41	0.41	0.79	0.91	1.24	36.26
个人网银客户（万户）	19.71	19.89	19.32	19.62	19.78	0.82
手机银行客户（万户）	43.17	53.12	59.81	66.41	69.89	5.24
现金自助设备（台）	85	73	57	55	66	20.00
营业网点（个）	23	22	22	24	29	20.83
自助网点（个）	19	14	8	0	0	—

广发银行股份有限公司济南分行

【第一负责人简介】 赵殿斌，男，研究生学历，高级经济师，高级投行分析师；金融从业28年，先后在工商银行各层级行工作；2015年起任广发银行总行投资银行部总经理；2018年起任广发银行股份有限公司济南分行（简称广发银行济南分行）党委书记、行长。先后获得“2016年广州市高层次专业人才”“2017年产业领军人才重点项目产业急需人才”“2018年度济南市市中区重点产业领军人才”等荣誉称号。

【综述】 2021年，广发银行济南分行在各级政府、监管部门的大力支持下，始终坚持以高质量党建引领高质量发展，坚决执行分行新“一二三四”发展举措，顺利迎接总行党委常规巡视和对行长的经责审计，KPI绩效考核综合得分1,074.80分，实现经营业绩、党建双排名第一位，系统内名列前茅，实现“新三年，大发展”的良好开局。

【服务大局】 2021年，广发银行济南分行牢记“金融央企”成员单位身份，持续加大服务山东实体经济发展力度。一是服务区域战略更加贴合。高标准明确未来五年发展要求。制订黄河流域高质量发展重点工作计划，结合“减费让利”等政策，为企业提供“高端体验”金融服务。年内对公信贷业务投放近2,500笔，敞口金额共计430.00亿元。二是支持外贸企业更加有效。为客户提供高效便捷的金融跨境金融服务，实现国际结算量19.14亿美元，同比增长17.00%；大力支持人民币国际化国家战略，充分利用外汇政策红利，拓宽境内企业融资渠道，辖内实现跨境人民币结算量29.52亿元。三是推进普惠金融更加有力。普惠小微贷款余额13.95亿元，较年初增加2.32亿元，增速超贷款平均增速8.59个百分点；捷算通卡活跃卡新增801张；普惠小微信用贷款占小微贷款比重由年初8.12%提升到19.78%，提升11.66个百分点。

【改革创新】 2021年，广发银行济南分行转型发展步伐更加坚定，各业务条线发展活力得到全面激发。一是客群基础不断夯实。充分发挥“税银通、E秒贴”等拳头产品拓客效能，通过开户费减免政策和开户奖励活动，全年新开公司结算账户1,500户，较年初增长16.37%。二是授信结构不断优化。引导优化信贷结构、强化风险防控，年内A-级以上优质客户占比保持在七成水平，对公授信抵质押覆盖率63.56%。加大对优质制造业企业的支持力度，共批复制造业授信186笔、敞口231.30亿元，同比增长36.77%。三是交银业务不断做大。有效利用境内外资金成本差异，实现平均收益点差110BP，较传统流贷提升3倍。票据直贴与转贴市场联动创收，成功向总行申请到“T+N”转卖授权，积极贴现建仓，持票规模达40.40亿元，同比增长127.00%，票据贴现134.00亿元，同比增长91.00%。四是金市业务领跑全行。广发银行济南分行托管业务联动集团资管公司推荐山东区域重大项目落地国寿资管、国寿投资推荐保债计划3笔，北金所业务3笔，债券承销业务4笔。以标准化的ABS、ABN项目作为主要业务开拓方向，利用券商、资管公司等良好的外部渠道落地一批资产业务。

【风险防范】 2021年，广发银行济南分行基本摆脱前期不良资产影响，风险防控由后手处置向先手预警方向转型。一是健全全面风险管理体制机制，弥补关键制度空白点，强化重点行业信用风险管理，加大重点领域风险排查和问题整改力度。二是有效管控信用风险。通过强化信用评级、押品管理，强化流程操作规范性。年内资产质量保持稳定，不良类贷款占比1.79%，逾期60天剪刀差99.40%。三是发挥风险预警作用。加强策略退出管理，退出低评级、弱担保客户。针对潜在风险客户“毫不手软”，做好压缩退出工作，年内累计新发生对公逾期欠息贷款9.35亿元；重点监测客户压降至12户、12.96亿元，压退风险敞口37.25亿元。

【内部管理】 合规基础不断巩固。坚持有章可循，健全内控制度，持续开展“立改废”活动。年内新制定制度13部、修订制度15部、废止制度44部，汇编广发银行济南分行有效规章制度81部。继续开展各级“一把手讲合规”活动。强化反洗钱工作，年内累计修订反洗钱制度5项，组织召开4次反洗钱工作会议，内部检查7次，参加反洗钱业务培训、宣传31次，对4,500户多风险客户重新进行尽职调查，处理可疑案例4,801笔，配合人民银行、公安、税务调查12次，涉及账户442户，未发现明显洗钱风险。强化内部检查，年内共开展31项内控检查、34项审计项目，共自查发现58个问题，员工行为管理方面问题较2020年明显减少，全年无案件。从严执纪问责，对违规问题抓早抓小实行全方位监督，遵循“关键少数”的原则，提高问责层级，降低对违规违纪现象的容忍度，年内共问责657人次，其中警告及以上109人次。

（郭经浩）

附表1

机构概况一览表

行长（或其他称谓的第一负责人）		副行长（或其他称谓的同级领导）	
赵殿斌		朱俊宏、范本宜、李宏伟、张建军、郑中华	
地址	山东省济南市经四路15号广发银行大厦	邮编	250001
网址	http://www.cgbchina.com.cn/	客服电话	95508

附表2

内设部门及分支机构一览表

年度	内设机构（个）	下设分支机构（个）		员工人数（人）	
		地市级机构数	县区级机构数	员工总数（含非正式员工）	正式员工数
2017	16	1	10	623	615
2018	16	1	10	594	594
2019	16	1	10	585	585
2020	17	1	10	625	617
2021	17	1	6	620	600

附表3

主要统计指标1

单位:亿元

项目	2017年	2018年	2019年	2020年	2021年	2021年同比增幅(%)
本外币资产总额	273.15	263.76	350.86	486.15	496.12	2.05
本外币存款余额	202.56	176.74	219.31	296.17	352.08	18.88
人民币存款余额	200.99	176.09	217.77	292.28	349.23	19.48
单位存款	181.94	143.49	185.04	247.26	293.26	18.60
储蓄存款	18.38	25.44	33.64	44.34	54.92	23.86
本外币贷款余额	270.23	276.12	370.72	493.06	503.44	2.10
人民币贷款余额	265.94	263.58	370.43	490.78	503.42	2.58
短期贷款	166.06	144.70	177.71	201.25	181.16	-9.98
中长期贷款	88.16	99.26	177.99	271.75	281.88	3.73
票据融资	9.71	16.91	9.26	17.78	40.38	127.09
利润总额	-5.45	-16.87	-23.96	-4.67	1.56	133.40
不良贷款余额	0.32	13.29	19.62	5.32	9.02	69.55
不良贷款占比(%)	0.12	4.81	5.29	1.08	1.79	65.74

附表4

主要统计指标2

项目	2017年	2018年	2019年	2020年	2021年	2021年同比增幅(%)
单位结算账户（万户）	0.41	0.41	0.44	0.46	0.51	11.00
单位结算金额（亿元）	74.55	61.80	62.98	66.16	86.99	31.00
个人结算账户（万户）	34.92	46.16	51.05	57.85	60.44	4.50
个人结算金额（亿元）	18.35	20.07	31.21	38.33	47.15	23.00
信用卡发卡量（万张）	147.98	201.60	240.30	259.70	296.20	14.10
信用卡消费额（亿元）	895.39	1,640.75	1,692.30	1,642.10	1,765.30	7.50
企业网银客户（万户）	0.25	0.26	0.34	0.39	0.54	38.46
个人网银客户（万户）	111.85	147.43	178.68	214.28	284.22	32.64
手机银行客户（万户）	103.20	165.66	227.35	275.97	333.88	20.98
现金自助设备（台）	109	91	70	51	45	-11.76
营业网点（个）	25	26	24	19	20	5.26
自助网点（个）	36	43	41	3	3	0.00

平安银行股份有限公司济南分行

【第一负责人简介】 曾勇，男，汉族，1974年11月出生，中共党员，北京大学光华管理学院高级管理人员工商管理专业硕士；1998年参加工作，金融从业23年，具备丰富的业务拓展与风险管理经验，有较强的组织领导能力与较高的业务管理水平；2020年6月任平安银行股份有限公司济南分行（简称平安银行济南分行）党委书记，2021年1月任平安银行济南分行行长。

【综述】 2021年，平安银行济南分行依托平安集团“金融+科技”的强大平台，不断强化行业规范建设，积极探索特色化发展之路，整体经营情况呈现稳健发展态势。截至2021年末，平安银行济南分行本外币各项贷款余额411.02亿元，较年初增加23.62亿元，增幅6.10%；本外币各项存款余额376.72亿元，较年初增加83.92亿元，增幅28.67%；实现营业收入15.84亿元，同比增加1.23亿元，同比增长8.42%。

【公司业务】 2021年，平安银行济南分行以坚持服务实体经济为己任，持续加大对山东省新旧动能转换重点项目、优质制造业、绿色金融等领域的支持力度，依托“金融+交易”平台，不断深化银企业务合作。分行作为平安集团团体综合金融委员会山东分会的会长单位，全面落实1+N+n综合金融战略，牵头集团驻济南产险、养老险、寿险、租赁等机构，综合运用债券承销、综合金融、资产托管、结构化融资等业务模式，联动支持山东实体经济发展。实现复杂投融395.00亿元，增幅105.00%，列全行第七位；债券承销规模突破200.00亿元，列全行第四位，当地同业第三位，创历史新高。

【个人业务】 2021年，平安银行济南分行积极创新零售发展模式，以科技引领为驱动，践行使命担当，在总行既定战略框架下，逐步探索出一系列服务实体经济、防控金融风险、履行社会责任的策略打法和经营举措。截至2021年末，管理客户资产620.00亿元，同比增长136.00亿元，增幅28.00%；实现零售个人存款123.00亿元，同比增长26.85%；实现零售客户数422万户，同比增长94.00%。高效聚合科技动能，通过网点三公里场景、开放银行、商户拓展等维度，提高金融服务覆盖面，先后协助地方上线“临沂四中智慧校园项目”“潍坊奎文区智慧市场监管项目”“北京菜多富数字农业科技”项目全面落地后，将惠及4,000余名学生家长、1万余家商户。依托互联网数据采集技术丰富“银税互动”平台小微融资产品线，实现“平台化获客、数据化审批、标准化融资”，当年累放金额、贷款余额均居当地股份制银行首位，按照小微企业贷款“两增两控”指标要求，实现小微信贷增量计划达成358.50%。坚定不移以客户为中心，做实消费者权益保护，强化消保“一把手”责任制，分管行领导亲自督办监管转办投诉，提高全行消保工作的管理站位，修订完善消保内控制度20项，搭建AI预警督导机制，建立智能咨诉系统与投诉热力图，做到“事前审查、事中监控、事后督办”全流程留痕和问题整改追踪，在2021年山东省“金消协杯”金融消费者权益保护知识技能竞赛中，斩获团体三等奖及优秀个人奖。

【国际业务】 2021年，平安银行济南分行积极利用离岸金融优势，大力发展全球授信、内保外债、离岸敞口外债、离岸债券投资、跨境银团等离岸跨境业务，累计办理离岸贷款4.76亿美元，其中跨境银团0.50亿美元，敞口离岸贷款1.08亿元，内保外债0.86亿美元，离岸贸易融资2.32亿美元；累计实现离岸结算量9.22亿美元，有效提高了平安银行济南分行跨境资产经营能力及跨境双轻创收能力。

在岸国际业务方面，实现在岸结算及投放量21.50亿美元，同比增长74.85%。累计办理进口开证52笔，约合14.63亿美元；累计办理进口代付13笔，金额5.86亿美元。

【中间业务】 2021年，平安银行济南分行积极发展中间业务，进一步实现规模与效益的双突破。在规模方面，平安银行济南分行投行业务规模达249.30亿元，同比增长151.02%，创历史新高；其中债券承销规模201.75亿元，同比增长174.49%；非债业务规模47.55亿元，较上年同期实现翻番；托管规模净增额178.00亿元，同比增长79.80%。在效益方面，平安银行济南分行零售业务实现中间收入1.54亿元，同比增长6.70%；对公中间收入占比提升至37.00%，实现票据贴现收入5,266.76万元，同比增长112.17%。在发展特色业务方面，成功落地某项目收益票据4.50亿元，为平安银行全行首单产品，解决企业在建项目资金需求；成功落地首单ABN项目，以山东某集团应收账款作为底层资产发行支持票据15.00亿元，满足客户年底出表降负债需求。

【电子银行业务】 2021年，平安银行济南分行发挥平安集团科技金融优势，致力于各类政府交易结算平台构建工作。积极发展省级平台业务，服务产权流转和现货交易。作为鲁清所第一家合作的全国性银行，接入省内合规交易市场13家，并为山东产权交易中心、国企阳光采购平台、山东能源招标平台等搭建招投标账户体系。平安银行济南分行电子银行业务仍在持续增长，未来业务发展潜力较好。

【风险控制】 2021年，平安银行济南分行持续加强风控文化建设，不断完善风险管理体系，强化风险防控，严守资产质量生命线，突出抓好重点领域的风险化解工作，加大不良贷款处置力度，巩固风险防控成果，全面提升风险管理的效率和水平。截至2021年末，该行各项不良贷款余额3.74亿元，较上年末减少1.56亿元；不良贷款率0.91%，较上年末下降0.46个百分点，不良贷款余额和不良贷款率连续三年实现“双降”，资产质量指标持续改善。

（孙文超、张 睿、林 颖）

附表1

机构概况一览表

行长（或其他称谓的第一负责人）		副行长（或其他称谓的同级领导）	
曾 勇		孙丰娟、李 军、蒋 鑫、杨 光	
地址	山东省济南市经十路13777号中润世纪广场17号楼	邮编	250014
网址	http://bank.pingan.com/	客服电话	95511

附表2

内设部门及分支机构一览表

年度	内设机构（个）	下设分支机构（个）		员工人数（人）	
		地市级机构数	县区级机构数	员工总数（含非正式员工）	正式员工数
2017	17	5	16	708	657
2018	17	6	14	751	724
2019	17	6	18	732	719
2020	19	6	20	788	778
2021	20	6	24	843	835

附表3

主要统计指标1

单位：亿元

项目	2017年	2018年	2019年	2020年	2021年	2021年同比增幅（%）
本外币资产总额	354.40	338.81	333.17	387.50	414.36	6.93
本外币存款余额	297.75	217.71	270.35	292.79	376.72	28.67
人民币存款余额	287.67	215.99	268.19	291.52	375.53	28.82
单位存款	266.42	173.98	201.93	195.29	252.48	29.28
储蓄存款	31.33	43.73	68.41	96.23	123.05	27.87
本外币贷款余额	358.84	355.97	338.25	387.40	411.02	6.10
人民币贷款余额	357.95	350.68	317.66	377.31	405.10	7.37
短期贷款	159.44	140.86	120.48	87.90	90.12	2.53
中长期贷款	199.35	215.11	217.76	264.73	287.14	8.46
票据融资	0.05	0.00	0.01	24.68	27.84	12.80
利润总额	-40.09	-26.79	-33.95	-4.84	9.70	300.41
不良贷款余额	9.32	26.46	8.88	5.31	3.74	-29.57
不良贷款占比（%）	2.60	7.43	2.62	1.37	0.91	-33.58

附表4

主要统计指标2

项目	2017年	2018年	2019年	2020年	2021年	2021年同比增幅（%）
单位结算账户（万户）	0.74	0.79	0.53	0.64	0.76	18.75
单位结算金额（亿元）	44.74	71.16	69.56	77.36	54.57	-29.46
个人结算账户（万户）	108.18	116.65	141.30	160.23	171.56	7.07
个人结算金额（亿元）	8.03	8.58	9.30	10.15	1,165.50	11,382.76
信用卡发卡量（万张）	134.15	268.56	370.51	416.49	458.20	10.01
信用卡消费额（亿元）	664.17	1,449.06	2,094.57	2,319.22	2,567.30	10.70
企业网银客户（万户）	0.67	0.65	0.68	0.76	—	—
个人网银客户（万户）	39.70	—	83.00	83.07	101.07	21.67
手机银行客户（万户）	62.20	25.50	103.00	105.01	114.68	9.21
现金自助设备（台）	69	72	75	88	102	15.91
营业网点（个）	24	23	24	27	31	14.81
自助网点（个）	31	4	0	0	0	—

平安银行股份有限公司青岛分行

【第一负责人简介】 王珺，女，1967年出生，山东龙口人，中共党员，硕士研究生学历，从事金融行业工作29年；1990年10月参加工作，曾就职于山东省青岛市市南区审计局；1993年2月入职中国平安保险（集团）股份有限公司，2012年入职平安银行股份有限公司青岛分行（简称平安银行青岛分行），担任销售总监，并先后兼任公司业务发展一部主管、对公综拓/投资银行部总经理、投资银行部总经理等职；2015年8月，任平安银行青岛分行行长助理；2019年5月起，任平安银行青岛分行党委书记、行长。

【综述】 截至2021年末，平安银行青岛分行本外币资产总额670.42亿元；本外币总存款余额537.71亿元，同比增长19.47%；本外币总贷款余额657.67亿元，同比增长16.66%。目前下辖烟台、日照、威海、青岛自贸区4家二级分行，25家支行，11家社区支行。2021年实现各项税收4.64亿元，其中青岛地区纳税3.80亿元，纳税总额一直保持青岛市排名前50强，为推动地方经济发展、支持地方财力作出了积极贡献。

【公司业务】 2021年，面对新冠疫情、中美贸易战升级等重重不利因素，平安银行青岛分行坚决贯彻政策指导精神，充分践行自身社会责任，加强支持实体经济发展，特别是通过内部资金转移定价补贴、竞赛激励等形式大力鼓励制造业企业信贷投放，取得了良好效果。截至2021年末，单位贷款余额195.27亿元，其中制造业企业贷款74.57亿元，民营企业贷款87.00亿元，绿色贷款6.29亿元；单位存款余额356.84亿元，较年初增加56.37亿元，公司条线付息率1.84%，较年初降低38个基点。

【个人业务】 2021年，平安银行青岛分行坚持零售转型战略不动摇，秉承“专业让生活更简单”的宗旨，以客户为中心，以“五位一体”作战模式为核心，以“AARRRR”模型为统一方法论，推动“五个三”业务突破矩阵及中后台四个基础工程不打折扣全面落地，打造有温度、卓越的零售金融服务能力，让最优质的金融产品服务普惠万家。截至2021年末，储蓄存款余额为95.09亿元，零售贷款余额462.39亿元。

【国际业务】 2021年，平安银行青岛分行秉持发展与风控并重的原则，确保外汇业务合规及贸易融资风险控制，国际业务稳健发展，业务规模和经营收益同比稳中有升。2021年借力所辖地市外贸规模再创新高，根据监管机构要求及总分行战略导向，重点支持外向型实体企业、优质出口型贸易企业，为企业纾困解难；积极拓展跨境投融资业务，为优质企业丰富境外融资渠道；并依托总行离岸金融牌照和全账户体系优势，为辖区内企业提供低成本的外债贷款、海外代付等产品，实现银企共赢。

【中间业务】 在交易银行领域，平安银行青岛分行持续推进国际证/国内证等双轻产品，加快资产流转速度，通过线上化、模型化、自动化，积极打造经营模式轻、操作标准化、集约程度高、科技属性强的票据一体化、新型供应链、财资管理等新型金融服务。

在投资银行领域，平安银行青岛分行依托综合金融优势积极探索客户“商行+投行+投资”的复杂投融资模式，在债务融资工具承销、结构化融资、并购、银团、资本市场等业务条线积极作为，并引入兄弟公司协同险资投资、证券承销等工具，满足客户不断增长的复杂投融资需求，一站式服务降低客户对于多元化金融服务的获得成本，有效支持了企业生产经营。

【电子银行业务】 在电子银行业务方面，平安银行青岛分行通过科技驱动加快对公业务经营模式向生态模式升级，对客户的经营逻辑从线下到线上，从单一客户到生态客群，从封闭服务到开放服务迭代，平安银行青岛分行通过数字口袋、数字财资平台、开放银行重塑对公用户的价值评价与分层经营。

平安银行青岛分行依托平台、数据、互联、交易场景、交易标的、交易需求服务等方面延伸业务的广度和深度，给予每一用户一个“数字账户”，通过统一入口、数字证、数字分为用户提供贷款、理财、票据、保险、供应链金融、头条资讯、代发工资、企业专区、员工专区、行业专区等的综合金融服务。

【风险控制】 2021年，国家陆续出台管控措施，促进共同富裕和经济高质量发展。平安银行青岛分行紧跟政策主线，加强对不良资产的处置和重点领域风险管控，扎实做好“贷款三查”，助力区域经济健康发展。一是坚持不良资产早暴露、早化解，应核尽核。通过核销、现金收回等多种手段强化清收处置。二是聚焦重点领域风险管控。持续加强房地产、影子银行、政府平台、债券市场、网络金融等领域业务的风险排查，坚持合规经营。三是坚持风险引领，服务实体经济、重大项目和胶东一体化发展。风险条线坚持做实行业规划，重点支持民营企业、制造业、基础设施、现代农业、海洋经济等胶东本地企业发展。

（宋钦娟）

附表1

机构概况一览表

行长（或其他称谓的第一负责人）		副行长（或其他称谓的同级领导）	
王 珺		陶 然、谷 辉、纪小倩、赵学军、李伟杰	
地址	山东省青岛市崂山区苗岭路28号金岭广场2号楼	邮编	266100
网址	http://bank.pingan.com/	客服电话	95511—3

附表2

内设部门及分支机构一览表

年度	内设机构（个）	下设分支机构（个）		员工人数（人）	
		地市级机构数	县区级机构数	员工总数（含非正式员工）	正式员工数
2017	15	3	16	612	598
2018	16	3	16	686	675
2019	15	3	18	670	664
2020	15	3	19	736	702
2021	16	3	21	758	754

附表3

主要统计指标1

单位:亿元

项目	2017年	2018年	2019年	2020年	2021年	2021年同比增幅(%)
本外币资产总额	362.49	395.62	491.73	576.76	670.42	16.24
本外币存款余额	256.79	310.54	410.35	450.10	537.71	19.47
人民币存款余额	221.61	228.25	348.36	421.35	532.41	26.36
单位存款	156.94	148.38	233.25	274.95	354.83	29.05
储蓄存款	44.41	53.36	57.22	83.74	91.89	9.74
本外币贷款余额	278.10	341.80	350.80	563.75	657.67	16.66
人民币贷款余额	245.02	284.32	282.37	538.80	653.05	21.21
短期贷款	76.30	89.49	64.67	219.82	222.56	1.25
中长期贷款	167.52	193.48	216.75	277.75	378.08	36.12
票据融资	0.00	0.15	0.95	41.23	52.41	27.10
利润总额	-1.56	-12.91	-21.93	-6.38	8.48	-232.92
不良贷款余额	1.58	14.99	15.24	3.59	5.01	39.57
不良贷款占比（%）	0.57	4.39	4.34	0.64	0.76	19.64

附表4

主要统计指标2

项目	2017年	2018年	2019年	2020年	2021年	2021年同比增幅(%)
单位结算账户（万户）	2.50	6.06	1.06	1.14	1.52	33.33
单位结算金额（亿元）	10,821.00	9,761.45	6,721.48	5,417.64	14,923.87	175.47
个人结算账户（万户）	83.32	91.16	101.98	116.82	127.90	9.48
个人结算金额（亿元）	3,389.00	6,998.50	8,083.56	4,089.94	3,430.12	-16.13
信用卡发卡量（万张）	23.51	27.80	22.13	37.71	38.76	2.78
信用卡消费额（亿元）	324.45	543.04	661.39	1,234.70	1,298.20	5.14
企业网银客户（万户）	0.50	0.60	0.68	0.72	0.76	5.56
个人网银客户（万户）	37.07	52.31	71.59	86.94	100.70	15.83
手机银行客户（万户）	40.45	59.30	71.12	74.11	76.91	3.78
现金自助设备（台）	106	114	102	97	104	7.22
营业网点（个）	30	31	32	36	36	0.00
自助网点（个）	4	4	4	3	3	0.00

上海浦东发展银行股份有限公司济南分行

【第一负责人简介】 陆炜，男，汉族，1973年7月出生，宁夏青铜峡市人，中共党员，上海财经大学国际金融专业毕业，大学本科学历。1994年7月参加工作，1994年7月至2002年8月，历任上海浦东发展银行杨浦支行会计，空港支行信贷科综合业务科科员、副科长、科长；2002年8月至2006年3月，任上海浦东发展银行地区总部风险管理部中小客户审查科科长、风险管理部总经理助理；2006年3月至2016年1月，任上海浦东发展银行上海分行授信审查部总经理、公司银行大客户部总经理、公司银行业务管理部总经理、资金财务部总经理；2016年1月至2017年8月，任上海浦东发展银行总行授信管理部副总经理；2017年8月至2021年12月，任上海浦东发展银行上海分行党委委员、副行长；2021年12月至今，任上海浦东发展银行股份有限公司济南分行（简称浦发银行济南分行）党委副书记、副行长（主持工作）。

【综述】 2021年，浦发银行济南分行认真贯彻省委、省政府关于金融支持实体经济发展的部署要求，围绕“做强特色、补齐短板、夯实基础、挑战极限”的经营主线，统一思想、积极作为，发展基础持续向好，管理能力不断提升，整体经营呈现持续向好态势。截至2021年末，本外币存款余额554.47亿元，同比减少9.38亿元，降幅1.93%；本外币贷款余额639.53亿元，同比减少42.83亿元，降幅6.28%；不良贷款余额14.30亿元，同比下降12.81亿元，不良贷款占比2.24%，同比下降43.58%；实现账面利润3.28亿元，同比扭亏增盈3.76亿元。

【公司业务】 2021年，浦发银行济南分行深化落实公司客户分层分类经营策略。2021年末公司有价值客户13,519户，较年初增加1,436户；新增批复授信客户140户，批复敞口金额254.00亿元。机构客户经营取得一定突破，新增机构客户665户，获得13个机构业务资质。在合意资产投放不足的情况下，新增贷款重点投向重点业务、重点客群。2021年末，浦发银行济南分行战略客户贷款余额190.00亿元，较年初增加4.00亿元。将绿色金融列为重点突破客群，绿色信贷余额51.68亿元、较年初净增7.66亿元；加快普惠业务发展，普惠贷款余额40.67亿元，较年初净增4.94亿元，超额完成年度监管目标和年度发展目标；成功落地兖州煤业、山东黄金等多笔并购贷款业务。

【零售业务】 2021年，浦发银行济南分行着力提升零售客户线上化、差异化、生态化服务能力，零售业务转型发展、健康发展的模式逐步建立。2021年零售基础客户新增11.47万户，零售中高端客户净增5,779户，私行客户净增75户；信用卡客户新增26.98万户，系统内综合排名第一位，始终保持领先地位。零售存款余额195.89亿元，较年初新增13.91亿元，增量排名在系统内第七位，余额排名在股份制银行业上升至第五位；资产管理规模（AUM）日均新增30.72亿元，较2020年末提升15个位次。

【风险管理】 浦发银行济南分行持续加强风险管控和清收处置，新增风险得到有效控制，存量风险逐步出清。2021年累计处置不良贷款27.83亿元，实现现金清收6.15亿元，不良、逾期和关注类贷款均控制在计划之内。全年预算口径风险成本列支5.50亿元，低于年度预算7.86亿元，同比减少5.81亿元，降幅51.41%，风险成本控制对实现盈利起到至关重要作用。同时，严把授信准入关口，新增客户保持较高质量。做实做细风险基础管理，加强非现场监控和预警管理，开展各项现场与非现场检查，督促检查发现问题的整改落实，提升风险经营管理能力。

【科技运营】 2021年，浦发银行济南分行强化运营管理和科技支撑。加快数字赋能，开拓数智运营新局面。实施运营三级联动对接机制，形成运营差异化服务方案；推行网点智慧管理，提升运营人员服务意识和服务能力。提升科技支撑能力，对接政府平台，完成国库集中支付、浦惠税贷、济南市预售房资金监管、山东省住建厅建筑工程工资监管等多个项目，与移动公司在数据深入合作中有重大突破。

【合规内控】 2021年，浦发银行济南分行强化合规内控管理，深入开展“整改提升年”活动。加强重点领域问题整治，加大对违纪违规和监管关注领域的问责惩处力度，全行合规意识、风险意识大幅增强。监管评价逐步改善，在2020年度人民银行监管评级中被评为B，在山东银保监局监管评价中被评为二级。

【党建工作】 2021年，浦发银行济南分行认真履行管党治党主体责任，充分发挥党委“把方向、管大局、保落实”的重要作用。深入开展党史学习教育，把党史学习教育与做好经营管理工作紧密结合。扎实开展“我为群众办实事”实践活动，年内138项“我为群众办实事”项目清单已完成137项。持续推进抓党建促发展“党建领航工程”，推动党建与中心工作深度融合。严格落实全面从严治党“四责协同”工作机制，细化责任清单，推动责任落实。深入开展党委巡察及“回头看”，做好巡察发现问题的整改落实，有效发挥巡察利剑作用。积极开展文明创建活动，下辖潍坊分行荣获“省级文明单位”称号，泰安分行营业部、潍坊分行营业部成功创建全国千佳文明服务规范网点，提升了服务质量，树立了良好的品牌形象。

（廖　峰）

附表1

机构概况一览表

行长（或其他称谓的第一负责人）		副行长（或其他称谓的同级领导）	
陆　炜		李广富、管瑞宁、李建亮	
地址	山东省济南市历下区黑虎泉西路139号	邮编	250001
网址	http://www.spdb.com.cn/	客服电话	95528

附表2

内设部门及分支机构一览表

年度	内设机构（个）	下设分支机构（个）		员工人数（人）	
		地市级机构数	县区级机构数	员工总数（含非正式员工）	正式员工数
2017	26	10	27	1,444	1,179
2018	23	11	27	1,416	1,279
2019	23	11	27	1,316	1,228
2020	23	11	27	1,251	1,184
2021	24	11	29	1,223	1,177

附表3

主要统计指标1

单位：亿元

项目	2017年	2018年	2019年	2020年	2021年	2021年同比增幅（%）
本外币资产总额	910.70	833.20	752.38	724.77	679.43	-6.26
本外币存款余额	819.06	596.89	604.80	565.38	554.47	-1.93
人民币存款余额	807.69	584.53	596.73	556.54	547.16	-1.69
单位存款	694.67	451.83	441.27	375.76	352.16	-6.28
储蓄存款	113.02	132.70	155.46	180.78	195.00	7.87
本外币贷款余额	810.30	788.88	651.17	682.36	639.53	-6.28
人民币贷款余额	805.54	786.07	642.73	679.91	638.80	-6.05
短期贷款	382.72	312.36	235.77	230.83	191.76	-16.93
中长期贷款	405.61	438.01	388.65	422.49	427.56	1.20
票据融资	17.21	35.70	18.31	26.59	19.48	-26.74
利润总额	-40.46	-34.92	-61.08	-0.48	3.28	783.33
不良贷款余额	46.15	58.38	46.86	27.11	14.30	-47.25
不良贷款占比（%）	5.70	7.40	7.20	3.97	2.24	-43.58

附表4

主要统计指标2

项目	2017年	2018年	2019年	2020年	2021年	2021年同比增幅(%)
单位结算账户（万户）	2.36	2.46	2.54	2.53	2.48	-2.11
单位结算金额（亿元）	20,711.19	26,032.60	26,451.70	25,357.10	26,232.50	3.45
个人结算账户（万户）	179.39	247.56	267.41	399.28	348.92	-12.61
个人结算金额（亿元）	5,601.00	13,121.00	13,215.00	14,327.00	13,956.00	-2.59
信用卡发卡量（万张）	169.95	260.69	318.15	329.36	375.15	13.90
信用卡消费额（亿元）	820.65	1,343.47	1,672.30	1,709.55	1,762.94	3.10
企业网银客户（万户）	1.47	1.81	2.17	2.45	2.79	13.88
个人网银客户（万户）	114.70	164.10	187.50	201.40	206.50	2.53
手机银行客户（万户）	137.60	205.90	250.00	229.30	249.30	8.72
现金自助设备（台）	230	209	200	156	174	11.54
营业网点（个）	65	65	63	63	63	0.00
自助网点（个）	49	34	28	20	16	-20.00

上海浦东发展银行股份有限公司青岛分行

【第一负责人简介】 张湧，男，1972年出生，历任上海浦东发展银行天津分行公司金融部副总经理（主持工作），公司金融业务一部总经理，滨海新区业务部总监兼总行直接股权投资基金业务部副总经理，天津分行副行长、行长；现任上海浦东发展银行股份有限公司青岛分行（简称浦发银行青岛分行）党委书记、行长。

【综述】 浦发银行青岛分行成立于2003年3月，经营区域覆盖青岛、烟台、威海三地。开业以来，浦发银行青岛分行坚持党建统领，认真贯彻总行发展战略，积极参与地方经济建设，不断探索金融创新途径，努力提升客户服务水平，各项业务持续健康发展，赢得了社会各界和广大客户的良好口碑。截至2021年末，浦发银行青岛分行本外币各项存款余额773.00亿元，本外币贷款余额达到861.00亿元，不良贷款率0.55%；全年实现营业收入25.75亿元。浦发银行青岛分行连续四年被总行评为“十佳分行”，2021年列第五位，多项工作考核系统排名靠前。

【公司业务】 2021年，浦发银行青岛分行公司条线以全行第三名的综合成绩连续三年荣获总行“公司板块十佳分行”称号。公司本外币存款日均增量、营业收入增量列系统内第六位，营业收入完成率列系统内第五位，在岸中间业务收入完成率列系统内第一位，有价值客户和高价值客户高速增长，连续三年超额完成总行计划。贷款投放持续增长，制造业中长期贷款投放增速位于青岛辖内同业首位；完成青岛市首批柜台债分销工作。投资银行方面，创新及首单业务频频落地，业务拉动成效显著：债务融资工具承销额创历史新高，保持辖内第二的市场地位，落地山东省金融机构承销的首单公募资产支持商业票据；围绕双碳目标，落地国内首单生态修复领域的碳中和挂钩贷款及全行首单全国碳市场配额质押贷款业务；联动集团内子公司浦银租赁，落地山东首单跨境船舶融资租赁业务。小企业方面，作为系统内首家一级分行与两家税务局直连模式的银税贷业务的分行，形成了覆盖青烟威三地公司和零售客户的银税互动服务模式，并取得良好成效；在山东省金融服务小微企业能力竞赛中获得二等奖，在青岛银保监局小微企业服务评价中荣获“青岛市小微企业金融服务先进单位”称号。

【个人业务】 2021年，浦发银行青岛分行紧跟总行战略经营导向，推动零售体机制改革，秉承“合规至上 业绩第一”的经营理念，落实“以客户为中心”的发展理念，积极推动渠道建设，全力打造批量获客新模式，实施专业化、集约化、一体化自上而下的经营模式，坚持分层分类经营，持续提升机构和人员产能。截至2021年末，浦发银行青岛分行零售存款余额135.65亿元，同比增长9.00%；个人金融资产余额346.84亿元，同比增长9.00%；个人贷款余额196.66亿元，同比增长10.00%。个人客户总量达到175.25万户，同比增长16.00%。全年实现零售业务收入6.95亿元，零售中间业务收入2.84亿元。

【国际业务】　浦发银行青岛分行具有离岸业务牌照，致力于服务“走出去”的跨境客户，不仅具备深厚的跨境金融行业经验，而且凭借众多国际平台，对企业跨境金融服务需求具有更深刻的洞察与理解，为正在“全球布局、跨国经营”的企业，提供覆盖投融资、并购发债、资金管理、汇率避险等一揽子跨境综合金融产品和服务。截至2021年末，浦发银行青岛分行离在岸国际结算量超过147.00亿美元；离岸客户数近300户，离岸国际业务量57.00亿美元，离在岸结算、存贷款、客户领域多项指标居系统前十位，在岸外币投放余额及离岸高价值客户列系统内第二位，贸易融资使用额度同比实现翻番。为多家企业提供跨境贸易融资及外汇避险产品服务，助力外贸企业客户拓展国际市场。并且荣获“2021年度执行外汇管理规定情况考核A级行”称号。

【中间业务】　截至2021年末，浦发银行青岛分行银行承兑汇票余额321.00亿元，同比增长43.00亿元，增幅16.00%；信用证余额96.80亿元，同比增长40.00亿元，增幅71.00%。通过商票保证/保贴方式，借助核心企业增信提升商票流动性，2021年办理商票保证保贴30.00亿元。投资银行业务在发债、组合融资等领域不断开拓市场，从债券承销业务来看，截至2021年末，共主承销债券31支，承销金额156.14亿元，列同业市场第二名。从组合融资业务来看，截至2021年末，浦发银行青岛分行组合融资业务规模近40.00亿元，联动体系内浦银租赁为辖内客户满足融资需求，集团协同效应作用明显。交易银行现金管理业务保持良好发展态势，公司理财继续保持系统内领先，实现销售收入超过3,000.00万元，系统内排名第四位；年度新增亿联控股、绿叶制药、威高集团等近50个集团资金管理重点项目；全年交易银行轻型化产品替代表内投放取得显著成效。金融市场稳健经营，收益稳步增长，资产质量保持良好，分行私募基金托管业务数量再创新高，全年落地达到60笔，年内成功落地山东省首笔绿色股权投资基金——山东绿色发展股权投资基金合伙企业（有限合伙），为山东绿色经济发展作出自己的贡献；业务“浦银通”已覆盖辖区所有具备发行资格的客户。

【电子银行业务】　2021年，浦发银行研发打造了个人手机银行11.0版App，进一步体现了“无界·有我”的零售业务理念，巩固了浦发银行移动金融的领先形象。截至2021年末，浦发银行青岛分行手机银行客户数112.60万户，全年新增21.18万户，手机银行月活客户数33.90万户。网银客户数67.39万余户，当年新增1.28万户。当年电子银行（网银、手机银行、微信银行以及自助银行）累计交易笔数超过848.00万笔，累计交易额2,578.00亿元。

【风险控制】　2021年，浦发银行青岛分行深入贯彻落实“前瞻精准、慎行知止”风险观和15项行为准则，推动“内控优先、合规为本”的合规文化建设，构建智数风控体系，强化风险支撑和授信引领，结合区域环境和分行战略，重点开展芯片、医药制造、化工、物流等9类行业的研究并在全行范围内进行宣讲，以此来发现和识别客户、规避和防控风险，守牢合规底线，连续三年实现不良贷款额和不良贷款率“双降”，资产质量保持稳定。年内审批对公授信金额2,221.00亿元，较同期基本持平，特别是在科技金融和先进制造领域给予重点支持，有力地推动了辖区内实体经济发展。

（李婉君）

附表1

机构概况一览表

行长（或其他称谓的第一负责人）		副行长（或其他称谓的同级领导）	
张 湧		李重民、孙保进、姜辉胜	
地址	山东省青岛市崂山区海尔路188号	邮编	266000
网址	http://www.spdb.com.cn/	客服电话	95528

附表2

内设部门及分支机构一览表

年度	内设机构（个）	下设分支机构（个）		员工人数（人）	
		地市级机构数	县区级机构数	员工总数（含非正式员工）	正式员工数
2017	19	3	23	753	673
2018	21	3	23	725	654
2019	21	3	23	759	696
2020	22	3	23	820	760
2021	22	3	26	878	817

附表3

主要统计指标1

单位：亿元

项目	2017年	2018年	2019年	2020年	2021年	2021年同比增幅（%）
本外币资产总额	560.00	541.00	706.00	771.00	919.00	19.20
本外币存款余额	488.00	441.00	543.00	707.00	773.00	9.33
人民币存款余额	461.00	409.00	523.00	678.00	719.00	5.98
单位存款	407.00	333.00	421.00	557.00	586.00	5.20
储蓄存款	54.00	76.00	102.00	121.00	133.00	9.55
本外币贷款余额	344.00	456.00	575.00	708.00	861.00	21.66
人民币贷款余额	328.00	445.00	568.00	684.00	810.00	18.37
短期贷款	125.00	158.00	199.00	250.00	281.00	12.53
中长期贷款	188.00	204.00	265.00	327.00	371.00	13.59
票据融资	15.00	83.00	105.00	107.00	157.00	46.59
利润总额	5.27	5.12	2.05	9.97	11.53	15.57
不良贷款余额	2.10	2.50	5.42	5.47	4.75	-13.16
不良贷款占比（%）	0.61	0.55	0.93	0.77	0.55	-28.57

附表4

主要统计指标2

项目	2017年	2018年	2019年	2020年	2021年	2021年同比增幅（%）
单位结算账户（万户）	—	2.04	2.40	2.30	3.50	52.17
单位结算金额（亿元）	—	—	—	—	—	—
个人结算账户（万户）	70.06	85.15	100.23	118.77	136.74	13.10
个人结算金额（亿元）	2,095.21	2,311.96	2,049.19	2,081.97	2,578.48	23.80
信用卡发卡量（万张）	49.78	75.57	92.48	94.30	110.34	17.01
信用卡消费额（亿元）	232.52	380.37	465.01	493.95	515.29	4.32
企业网银客户（万户）	1.15	1.47	1.59	1.96	2.36	20.73
个人网银客户（万户）	39.30	49.40	57.20	63.10	67.40	6.80
手机银行客户（万户）	43.80	60.40	76.20	91.40	100.90	10.40
现金自助设备（台）	93	82	80	73	72	-1.40
营业网点（个）	31	31	31	32	34	6.30
自助网点（个）	52	45	42	37	37	0.00

浙商银行股份有限公司济南分行

【第一负责人简介】 张强，男，1966年出生，河北唐山人，中共党员，硕士研究生学历，济南市政协委员；1987年参加工作，2008年加入浙商银行，历任浙商银行西安分行党委委员兼计划财务部总经理，杭州分行行长助理，西安分行行长助理、副行长；2015年1月任浙商银行股份有限公司济南分行（简称浙商银行济南分行）党委书记、行长。

【综述】 2021年，面对复杂严峻的经济金融形势，浙商银行济南分行深入贯彻党中央、国务院，省委、省政府，央行以及监管部门和总行党委各项决策部署，紧紧围绕“两最”总目标和“上规模、调结构、控风险、创效益”十二字经营方针，强化党建统领，以服务实体经济为中心，以客户需求为导向，发挥自身优势，赋能区域重大战略，不断提升普惠金融、绿色金融服务效能，统筹抓好疫情防控与全面风险管理，实现“大零售、大公司、大投行、大资管、大跨境”五大业务板块齐头并进、协同发展，不断凝聚助推地方经济社会高质量发展的强大合力。

【公司业务】 2021年，浙商银行济南分行聚焦主责主业，深化区域经济形势分析及特色行业研究，结合重点行业、重点企业、重点项目，整理形成炼化、轮胎、铝等区域特色产业调研报告及服务方案，出台“专精特新”“服务乡村振兴”等专项政策，开辟绿色通道，不断提升信贷支持精准度。积极响应“碳中和、碳达峰”目标，全年绿色贷款新增9.90亿元，同比增长29.42%，完成“两个不低于”指标；民营企业贷款新增9.58亿元，同比增长7.31%。梳理对接国家级“专精特新”企业265家、省级“专精特新”企业2,615家，累计授信近12.00亿元。

浙商银行济南分行聚焦信息技术、高端装备、新能源新材料、现代物流、高端化工等“十强”产业，持续推进平台化产品和服务模式迭代，大力推广供应链金融。通过区块链输出方式，与山东高速集团联手搭建“高金云信”平台，实现与山东能源集团“融信通”平台对接合作，累计带动供应链投放1.08亿元，依托产业链服务拓展上下游中小客户集群用信项目13个，累计发生额20.15亿元。

【国际业务】 2021年，浙商银行济南分行立足区域特点，积极拓展跨境投融资、自贸区离岸等跨境金融业务，依托与浙商银行香港分行、上海自贸区“双平台”联动优势，落地全行首笔自贸区全功能型跨境双向人民币资金池业务，累计办理内保类业务存量余额超过3.00亿美元、自贸区分账核算单元（FTU）境外债券投资交易业务1.17亿美元，助力境内优质实体企业打通境内外两个市场。紧跟政策指引，为全辖85家企业办理汇率避险业务16.96亿美元。

【普惠金融】 2021年，浙商银行济南分行深入贯彻落实普惠金融相关政策，依托全行矩阵型、穿透式、三层级的经营管理体系，围绕小微企业、制造业、“三农”、创业创新群体等重点领域，提升专业化经营能力。截至2021年末，浙商银行济南分行单户1,000.00万元以下普惠型小微贷款余额（不含贴现）50.79亿元，同比增长19.80%，超额完成年度普惠信贷计划。全年为595户小微企业办理延期无还本续贷7.69亿元，获评山东省无还本续贷优秀组织单位，累计减费让利超过2,000万元，全力支持小微企业复工复产。

【零售业务】 2021年，浙商银行济南分行持续加大获客场景创新应用，积极推动“物管通”平台功能迭代升级，落地“物管通”有效项目42个，带动优质户提升484户、个人金融资产1.34亿元。整合浙银（山东）美术馆、碑帖艺术博物馆、泉城书房、健身馆、科技减压馆等资源，打造“果然·共享”私行客户综合权益服务体系。获评泉城“百姓信赖理财银行”，并获得“2021年齐鲁金融理财师大赛”年度十强网红、百佳金融理财师、优秀团队等荣誉称号。

【金融市场业务】 2021年，浙商银行济南分行顺应监管要求与行业发展趋势，坚持回归本源，联合金融市场强化“投、托、销、撮”一体联动，与公司、零售业务互动更加密切。全年非金融企业债务融资工具承销金额14.50亿元，信用风险缓释工具创设金额7.00亿元，荣获山东省直接债务融资产品金融创新奖，并获山东省级财政银行类最高奖励。与省内城商行、农商行等同业机构紧密合作，累计办理同业资产池项下商票转贴现76.00亿元，票据经纪业务累计成交31.24亿元，两项均排名浙商银行系统内第一位。资产托管规模同比增加82.29亿元。资管及资本市场业务同比增加5.09亿元。

【风险控制】 2021年，浙商银行济南分行秉承“审慎稳健”的风险偏好，坚持“小额分散”的授信原则和实质风险可控、灵活务实的评审策略，狠抓源头管控，层层压实管控责任，综合运用行业研究成果，加大对制造业、战略性新兴产业、能源电力、双碳产业等重点领域的授信力度，不断提升统筹管理各类风险的能力。严控信用风险新增的同时，不断加快风险处置化解。强化预警及临期业务管理，规范预警化解处置决策流程以及化解方案。进一步明确客户经理、部门负责人临期时限管理要求，扩大经营部门负责人现场检查覆盖面。深入开展地方政府相关企业授信业务地方政府隐性债务专项排查，严防房地产业务与地方政府债务风险，确保风险可控。

【内控合规】 2021年，浙商银行济南分行严守合规底线，坚持守正创新，持续深化“内控优先、合规为本”的理念，深入开展“行业规范建设提升年”“内控合规管理建设年”等系列活动，强化员工合规意识，加强关键岗位履职监督，完善内控合规考评机制，有效提高内控案防管理质效，实现全年无重大案件、重大操作风险事件和重大违规事件发生。坚持全流程管控机制，夯实个人金融信息保护，全年妥善处理客户投诉154笔，切实维护消费者合法权益。扎实推进反洗钱工作，严密管控账户风险，上报大额报告363份、处理反洗钱可疑案例9,294笔，对4,130户异常账户采取管控措施，为区域行业稳定发展不断筑牢风险防线。

【社会责任】 2021年，浙商银行济南分行秉承“源于社会、回馈社会”的理念，深入推进“一行一校”“致敬城市守护者”等公益项目。积极协调当地政府启动临朐县九山镇八一希望小学综合教学楼建设工作，与浙商银行苏州分行共同出资修建绿茵操场，持续开展“营养餐”、开学季、安全教育、护眼行动等公益活动，邀请知名艺术家赴学校开设绘画、声乐、扎染等艺术课堂，将电脑设备、绿植、坐姿矫正器、学习用品、运动服装及训练器械等一批爱心物资陆续送往学校，不断改善学校教学条件。坚持每年开展“夏日送清凉”公益赠饮活动，累计向建筑工人、环卫工人、园林工人、交警、快递小哥等城市守护者捐赠特标水超过21,000瓶。践行“为群众办实事”，建设完善泉城书房浙商银行济南分行分馆及数字阅读空间，并在支行网点探索设立读书区，配备图书、电子读本等设施，努力带给市民更加便捷的学习、阅读体验，助力打造书香泉城。

（乔秀燕、张艳艳、于雪燕）

附表1

机构概况一览表

行长（或其他称谓的第一负责人）		副行长（或其他称谓的同级领导）	
张 强		迟英明、礼雁冰、金红子、杜长峰、鹿悦军	
地址	山东省济南市历下区草山岭南路801号	邮编	250101
网址	http://www.czbank.com/	客服电话	95527

附表2

内设部门及分支机构一览表

年度	内设机构（个）	下设分支机构（个）		员工人数（人）	
		地市级机构数	县区级机构数	员工总数（含非正式员工）	正式员工数
2017	27	5	5	663	603
2018	31	6	6	704	657
2019	27	6	6	679	654
2020	28	6	6	691	674
2021	29	6	6	686	669

附表3

主要统计指标1

单位:亿元

项目	2017年	2018年	2019年	2020年	2021年	2021年同比增幅(%)
本外币资产总额	474.59	533.88	589.71	652.69	631.83	-3.20
本外币存款余额	387.07	409.79	483.21	623.45	622.61	-0.13
人民币存款余额	343.50	367.65	435.18	582.47	556.14	-4.52
单位存款	325.00	311.38	363.59	476.26	467.53	-1.83
储蓄存款	17.41	33.25	50.62	81.87	59.34	-27.52
本外币贷款余额	239.62	288.01	337.65	339.08	408.75	20.55
人民币贷款余额	187.85	256.87	315.43	323.19	392.52	21.45
短期贷款	105.34	129.08	120.33	150.24	117.26	-21.95
中长期贷款	82.51	114.91	159.07	111.07	129.92	16.97
票据融资	0.18	7.82	32.64	16.61	75.70	355.75
利润总额	-1.42	-1.34	8.77	-2.33	-1.8	-22.75
不良贷款余额	4.68	4.71	3.41	2.07	9.55	361.35
不良贷款占比(%)	1.95	1.63	1.01	0.61	2.34	283.61

附表4

主要统计指标2

项目	2017年	2018年	2019年	2020年	2021年	2021年同比增幅(%)
单位结算账户(万户)	0.33	0.51	0.79	0.94	1.15	22.34
单位结算金额(亿元)	8,952.35	9,747.17	15,525.00	19,782.76	19,080.98	-0.04
个人结算账户(万户)	20.27	34.22	39.61	38.33	38.96	0.02
个人结算金额(亿元)	1,443.59	1,587.90	2,148.40	5,710.42	5,835.03	0.02
信用卡发卡量(万张)	12.48	18.63	19.63	20.24	20.73	2.42
信用卡消费额(亿元)	17.96	65.70	87.56	72.99	60.48	-17.14
企业网银客户(万户)	0.33	0.47	0.67	0.81	0.96	18.61
个人网银客户(万户)	4.40	7.38	8.87	9.61	9.98	3.85
手机银行客户(万户)	4.78	8.35	10.52	12.01	14.14	17.76
现金自助设备(台)	20	27	40	41	41	0.00
营业网点(个)	10	13	13	13	13	0.00
自助网点(个)	0	0	0	0	0	—

渤海银行股份有限公司济南分行

【第一负责人简介】 郑涛，男，1973年7月出生，汉族，中共党员，研究生学历，硕士学位，经济师。1996年7月在中国农业银行天津市分行参加工作，2009年3月入职深圳发展银行天津分行，历任天津分行公司银行部总经理、天津分行公司业务总监，2014年8月任职平安银行天津分行行长助理，2017年7月调任平安银行济南分行行长助理，2021年5月入职渤海银行任济南分行党委书记，2021年8月起任渤海银行股份有限公司济南分行（简称渤海银行济南分行）党委书记、行长。

【综述】 2021年，渤海银行济南分行坚持以习近平新时代中国特色社会主义思想为指导，深入学习习近平总书记“七一”讲话精神、党的十九届六中全会精神等，积极开展党史学习教育，严格落实分行党委主体责任和班子成员“一岗双责”，把管党治党工作与分行业务发展同部署、同落实、同考核。

渤海银行济南分行积极推进渤海银行“四五”规划落地，以“客户为先、奋斗为本、敏捷为要、创新为魂、合规是命”为核心价值观，以聚焦生态、共生共赢、专业赋能、无处不在、智慧引擎为五大战略方向，以“渤观约取、海润万物”的生态银行模式，构建生态获客系统，突出综合金融服务，坚持协同价值创造，向零售银行、交易银行、轻型银行转型。

2021年，渤海银行济南分行始终以客户为中心，致力于打造“客户最佳体验的现代财资管家”，加强金融消费者权益保护，荣获“3·15诚信金融品牌”称号。

【公司业务】 2021年，渤海银行济南分行积极服务山东，锚定“走在前列、全面开创”“三个走在前”新发展格局，年末，支持山东新旧动能转换十强产业表内外融资余额23.35亿元；积极支持黄河流域生态保护和高质量发展，储备相关项目240.00亿元。

渤海银行济南分行将中央关于金融工作要求落实在行业及客户选择、风险偏好、资源配置等方面，反映出鲜明政治态度。2021年，对制造业、民营企业贷款力度支持进一步加大，聚焦产业升级、优质稳健的制造业。2021年末，制造业贷款余额105.82亿元，较年初新增18.19亿元；民营企业授信客户325户，较年初增长23户。

2021年，渤海银行济南分行紧抓“流量银行、投资银行、交易银行”三大转型发展方向，资产、负债稳步增长。明确普惠金融的核心地位，加大普惠金融领域信贷投放力度，确保小微贷款增速远高于各项贷款平均增速，全年小微信贷计划完成率106.00%。

【国际业务】 2021年，渤海银行济南分行以客户、产品、渠道和服务为基础搭建组织架构，业务涵盖境内外、本外币、离在岸、内外贸等多种业务场景，发挥其轻资产、低风险属性，建立以客户为中心的全生态网络思维，将金融服务延伸至包括其上下游在内的多个相关方，研究和挖掘客户整体生态的金融和服务需求，利用线上线下渠道和大数据等信息场景提供创新服务。2021年，完成国际结算业务量46.50亿美元，业务范围涵盖跨境汇款、信用证、保函外债和贸易融资等业务。

【个人业务】 渤海银行济南分行坚持“客户至上”理念，2021年末，资产余额228.20亿元，较年初增长23.50亿元，储蓄存款余额59.20亿元，较年初增长15.40亿元。渤海银行济南分行积极响应国家养老政策号召，携手当地主流媒体，针对中老年客户，联合发行“芳华蓬渤”主题借记卡；不断强化金融消费者权益保护工作，2021年，渤海银行济南分行消费者权益保护工作系统内排名领先。

2021年末，渤海银行济南分行零售贷款余额110.41亿元，较年初增加16.95亿元。持续强化科技赋能，完善消费金融体系，服务社会民生，在人民银行济南分行和济南市大数据局的支持下接通“泉城链”平台，线上个人信用类消费贷款产品“渤银e贷泉城贷”顺利上线；通过技术进步对原有消费贷款产品进行迭代，集合了抗疫勇士贷、线上信用贷、摩登时贷等产品优势，上线渤海银行拳头产品“渤银e贷金领贷”，满足广大客户金融服务需求，提升服务中高端客户能力。

【中间业务】 渤海银行济南分行坚持以“以投行和资管为特色的综合型银行”为转型发展方向。2021年，分行积极贯彻落实国家“畅通金融服务实体经济渠道，扩大直接融资规模”政策要求，加大承销债券力度，本年累计承销债券35.30亿元。完成系统内及山东省首单公募“双创债”发行，实现系统内首笔并表型非金融企业资产支持票据（ABN）落地，通过投承托联动，为广大客户直接融资提供更大支持，有力支持实体经济发展。

2021年，依托持续丰富的存款、理财和代理信托、代理保险、贵金属等产品，分行零售营业收入多元化发展，代销业务收入占比稳步提升。

【电子银行业务】 2021年，渤海银行济南分行以“两个结合、两个赋能”为引领，坚定执行总行金融科技转型发展战略，搭场景、建平台、拓渠道，为客户提供综合金融产品服务及信息管理一体化行业解决方案。

2021年，渤海银行济南分行实现金融科技绑卡动账客户36,228户，微信关注客户新增94,523户，手机号码支付客户新增12,724户，新客户手机银行使用率85.60%；积极开展助农服务，实现农民工工资支付监管平台多个项目代发。以科技赋能，为客户提供更加便捷的线上服务。

【风险管理】 2021年，渤海银行济南分行践行“全面、主动、敏捷、到位”风险管理文化理念，全面实施统一授信，牢牢守住风险底线，不断提升服务质量，落实各项信贷政策，信贷结构持续调整优化。

渤海银行济南分行坚持以“行业规范建设”为主线，统筹推进重点工作，统筹打赢风险攻坚战、巩固治乱成果、回归主业本源、实现高质量发展等各项工作，形成一体推动、一体落实的有效工作机制。

（刘向真）

附表1

机构概况一览表

行长（或其他称谓的第一负责人）		副行长（或其他称谓的同级领导）	
郑 涛		徐庆吉、季惠芳、刘 楠	
地址	山东省济南市经十路9777号鲁商国奥城	邮编	250011
网址	http://www.cbhb.com.cn/	客服电话	95541

附表2

内设部门及分支机构一览表

年度	内设机构（个）	下设分支机构（个）		员工人数（人）	
		地市级机构数	县区级机构数	员工总数（含非正式员工）	正式员工数
2017	25	4	6	484	449
2018	24	4	5	472	449
2019	26	4	5	449	433
2020	27	4	5	462	450
2021	27	4	8	496	489

附表3

主要统计指标1

单位：亿元

项目	2017年	2018年	2019年	2020年	2021年	2021年同比增幅（%）
本外币资产总额	292.73	313.23	322.26	356.95	434.31	21.67
本外币存款余额	277.20	293.55	313.84	340.24	392.76	15.44
人民币存款余额	265.51	291.81	299.77	315.11	351.18	11.45
单位存款	248.87	270.49	221.06	224.40	240.32	7.09
储蓄存款	16.64	21.29	30.23	43.86	59.28	35.16
本外币贷款余额	232.07	245.23	293.78	361.31	409.92	13.46
人民币贷款余额	227.45	241.28	274.03	328.40	368.29	12.15
短期贷款	75.29	66.71	96.43	130.68	98.58	-24.56
中长期贷款	152.15	174.57	167.47	184.85	199.37	7.86
票据融资	1.65	0.80	10.13	12.87	69.36	438.93
利润总额	8.01	4.77	-3.09	4.08	2.30	-43.64
不良贷款余额	1.70	8.31	14.86	6.91	10.00	44.65
不良贷款占比(%)	0.72	3.30	5.06	1.91	2.44	27.75

附表4

主要统计指标2

项目	2017年	2018年	2019年	2020年	2021年	2021年同比增幅（%）
单位结算账户（万户）	0.31	0.31	0.33	0.45	0.51	13.33
单位结算金额（亿元）	—	—	—	—	—	—
个人结算账户（万户）	45.55	59.02	62.75	67.15	73.49	9.44
个人结算金额（亿元）	—	—	—	—	—	—
信用卡发卡量（万张）	0.84	1.17	1.83	2.68	3.90	45.52
信用卡消费额（亿元）	0.87	1.50	2.56	2.71	2.93	8.12
企业网银客户（万户）	0.26	0.27	0.28	0.41	0.47	14.60
个人网银客户（万户）	16.08	18.10	19.48	21.46	24.34	13.42
手机银行客户（万户）	13.99	16.06	17.52	19.74	22.60	14.49
现金自助设备（台）	36	36	36	36	39	8.33
营业网点（个）	15	15	14	14	16	14.29
自助网点（个）	0	0	0	0	0	—

第七部分

其他银行类金融机构

一、农村金融机构

山东省农村信用社联合社

【第一负责人简介】 孙开连，男，汉族，1967年9月生，山东龙口人，西安交通大学管理学博士；1987年10月入党，1989年8月参加工作；历任淄博市体改委主任科员，淄博证券交易自动报价系统副总经理，威海市国资委副主任，威海市委组织部副部长，威海市环翠区区长、区委书记，威海经济技术开发区党工委书记、管委会主任，德州市委常委、德州市人民政府副市长、德州经济技术开发区党工委书记；2015年5月任山东省农村信用社联合社（简称省联社）党委副书记、主任，2018年7月起任省联社党委书记、理事长。

【综述】 省联社成立于2004年6月，根据省政府授权，履行对全省110家农商银行的管理、指导、协调、服务职能。截至2021年末，省联社下辖办事处1家、审计中心13家、市联社1家、农商银行110家，共有营业网点4,843个、从业人员6.90万余人。

2021年，省联社党委坚持以习近平新时代中国特色社会主义思想为指导，深入贯彻党中央、国务院重大决策部署，认真落实省委、省政府具体工作要求，严格执行各项监管规定，坚持"123456"总体工作思路，深入强化"五大"经营发展理念，扎实做好"六个坚定不移"，攻坚克难、真抓实干，各项工作延续2018年以来良好态势：党的建设持续加强，服务"三农"和实体经济有力有效，改革发展转型纵深推进，市场份额持续增加，不良贷款占比降至省联社成立十七年来最低水平，主要监管指标全面达标，风险化解取得标志性成果，高质量发展取得明显成效，全系统在持续健康发展的轨道上迈出新的坚实步伐。截至2021年末，全省农商银行系统本外币各项资产总额3.05万亿元，较年初增加2,894.00亿元，增幅10.50%；本外币各项存款余额2.43万亿元，较年初增加2,280.80亿元，增幅10.38%；本外币各项贷款余额1.64万亿元，较年初增加1,750.90亿元，增幅11.93%；各项收入1,294.70亿元，较上年增加143.80亿元，增幅12.49%；上缴各项税金98.60亿元，较上年增加8.50亿元，增幅9.39%。2018年以来累计纯新增贷款2.61万亿元，不良率仅为0.24%。

【服务"三农"和实体经济】 2021年，全省农商银行始终坚守支农支小市场定位，聚焦重点领域，加大信贷投放力度，为经济增长和民生改善加油助力。

一是积极服务乡村振兴。持续推广五大系列、60多款信贷产品，选派4,435名业务骨干到乡镇、村（居）挂职；新增金融服务样板村621个，总数达5,187个。全年累计发放乡村振兴贷款2,568.90亿元，余额较年初增长20.86%；累计发放脱贫人口小额信贷20.90亿元、富民生产贷117.50亿元，省内占比分别达到85.85%和60.72%；年末涉农贷款余额8,613.20亿元，省内占比达到26.62%，较年初增加591.10亿元。

二是积极服务小微企业和个体工商户。全年培植首贷企业5.30万户、贷款283.50亿元；组建235支辅导队对接服务企业5,766家，发放贷款2,520户、339.00亿元，居全省金融机构首位。年末小微企业贷款余额7,526.90亿元，较年初增加833.80亿元，增长12.46%；个体工商户贷款余额1,472.20亿元，较年初增加311.70亿元，增长26.86%。

三是积极服务城镇居民家庭。支持城镇居民家庭合理消费，改善生活。全年累计发放住房按揭贷款69.92万户、2,527.00亿元，综合消费贷款58.28万户、1,184.00亿元；新增一卡通用智慧社区1,682个，总量达到4,192个，可为55.98万名居民提供存款、贷款、便民缴费、支付结算为一体的综合金融服务。

四是积极服务黄河流域生态保护和高质量发展。制定出台指导意见，明确16项重点任务，强化督导推动；沿黄21家农商银行累计发放贷款7,816.00亿元，同比增加1,312.00亿元。

五是积极服务绿色经济发展。全年推出创新绿色信贷产品11款；年末绿色贷款户数、余额分别达到2.82万户、215.00亿元，较年初分别增加1.90万户、88.00亿元。

【深化改革】 2021年，省联社系统向改革要动力、靠改革激活力，持续推动省联社、派出机构和农商银行改革进程。

一是持续推进省联社改革。聚焦全面履职，增设理事会消费者权益保护专门委员会，完善法人治理架构；强化发展引领，完成全省农商银行"十四五"规划和信息科技"十四五"规划编制。聚焦科学履职，坚持靠制度管人管事，立改废行业管理制度139个；坚持过程管控，召开调度会11次、督办重大任务826项。聚焦精准履职，不断完善信贷、资金等条线差别化管理要求，提高管理精细度；对109家机构营销工作进行现场指导培训，组织信贷、资金、审计等业务条线291人到省联社跟班学习。

二是持续推进派出机构改革。全面实施“三张清单”履职管理，派出机构全年办理督办事项549项、协调服务事项158项、自选动作事项1,792项；加强对派出机构的工作督导，进一步修改调度考核办法。

三是持续推进农商银行改革。进一步完善公司治理机制，修订公司治理制度9项；加强董事会建设，规范高管层履职，做实监事会监督功能，累计更换董事275名、引入独立董事70名；推进“三项机制”改革制度化、规范化、常态化，淘汰中层管理人员669名，机关向一线分流人员1,073名，新增一线营销人员721名。

【转型发展】 2021年，全省农商银行坚持以推动高质量发展为主题，不断提高存款业务竞争力，夯实信贷基础，巩固资金业务转型成果。

一是存款量增质优。持续扩大存款规模、优化结构、控制成本。截至2021年末，存款市场占有率达到18.59%，较年初提高0.02个百分点；新增市场占有率达到18.80%，同比提高1.94个百分点；基础客户进一步巩固，全年新增个人存款客户207.58万户，新增5.00万元以上客户77.28万户；行业客户进一步拓展，全系统行业客户沉淀资金1,732.90亿元，较年初增长9.24%。

二是信贷基础不断夯实。持续强化营销、深化转型、优化服务。全年累计发放各项贷款16,651.00亿元，同比增加2,443.00亿元；客户基础进一步巩固，深入推进农户、个体工商户、小微企业、城镇社区“四张清单”营销，全系统贷款客户达到405.50万户，较年初增加30.80万户，增长8.22%；信贷结构进一步优化，大力拓展零售类贷款，新增占比达到71.50%，余额8,832.00亿元、占比达到53.75%；严格控制大额贷款，大额贷款占比较年初下降4.09个百分点；整体贷款利率较年初下降0.29个百分点，全年减息让利46.38亿元。

三是资金业务规范成效明显。持续规范资金业务，加强合规和资产安全管理，严格控制新增投资范围和投资杠杆，拓宽资金安全运用渠道，提升收益水平。全系统自营业务综合收益率同比提升0.37个百分点，全年新增投资收益率同比提升0.51个百分点。

【建强“六大平台”】 2021年，省联社加强资源整合，建强“六大平台”，有效发挥“小法人、大平台”体制优势，进一步提升对农商银行的服务能力。

一是持续建强创新研发平台。加大产品创新力度，加强同业创新跟踪研究，吸收借鉴40个功能点；挖掘系统内特色创新成果，推广基层创新项目8个；优化服务渠道类产品，推出4个版面手机银行。

二是持续建强信息科技平台。核心业务系统运行更加安全高效，优化完善功能200余项。投产上线项目206项，同比增加50项；优化系统107个，新上线系统8个，上线特色业务项目111个。

三是持续建强资金清算平台。全年累计清算各类业务20.74亿笔、25.27万亿元，同比分别增长37.87%、3.35%；差错业务自动处理率80.04%，同比提升34.67个百分点。

四是持续建强教育培训平台。完善内训师选拔、培养机制，省、市、县三级内训师分别达到1,363名、546名、1,802名。全系统组织集中培训2,488次、视频培训3,598次、现场培训3,440次、线上培训409次，累计培训120万人次。

五是持续建强法律服务平台。加强法律人才队伍建设，分批组织公司律师到省联社轮训。强化涉诉案件处置应对，组织开展诉讼案件摸排、风险评估和维权指导。加强普法教育，法律培训和普法宣传累计覆盖10万余人次。

六是持续建强电子商务平台。加强智e购商城运营，新增注册用户19.50万户，总量达298.34万户；入驻商户8,654家，布放商品14.16万件，全年累计交易47.57万笔、1.86亿元。

【党建工作】 2021年，省联社坚持党建统领地位，以党史学习教育为抓手，坚持和加强党的全面领导，全面加强党的建设，进一步筑牢全系统的“根”和“魂”。

一是思想政治建设持续加强。围绕深入学习贯彻党的十九大和十九届历次全会精神、及时跟进学习习近平总书记最新讲话精神和重要指示要求，省联社党委集体学习31次、理论中心组学习研讨11次；深入开展中华优秀传统文化、革命文化、社会主义先进文化、廉政文化专题教育，突出抓好农信“大挎包”精神特色教育，为全系统持续注入强大精神动力。

二是党史学习教育扎实推进。成立由党委书记任组长的领导小组，组建6个巡回指导组，督导各派出机构、农商银行分别成立47个、279个指导组，层层督导、一体推进；扎实开展“我为群众办实事”实践活动，分别建立“为群众”“为基层”“为员工”办实事三张清单，1,035件“急难愁盼”事项全部完成；创新“我与书记面对面”视频沟通机制，解决职工问题44项。

三是干部队伍建设不断强化。全面规范农商银行领导班子成员交流任职年限、职级管理和县级机构主要负责人职级晋升管理；完善管理人员能上能下制度，突出能者上、庸者下、劣者汰的用人导向；选优配强各级领导班子，健全完善“五步工作法”，组织调整省联社管理干部71名，跨市交流干部21名；遴选储备711名优秀年轻干部，组织3期专题培训；选派4名优秀年轻干部到高风险机构、国有企业挂职锻炼。

四是基层党建基础逐步夯实。抓实支部建设“系列工程”，过硬党支部占比达到65.50%，选树过硬党支部示范点220家、示范品牌支部30家；深入开展党建共建，与1.80万家合作单位、客户开展党建共建项目2.70万个，建立基层党组织、在职党员“双报到”工作联系点2,403个；开展“两项”监督，抓早抓小，防微杜渐；实施员工关心关爱，开展员工家访4.88万人次，帮扶救助困难职工277人；改造基层偏远网点1,300余个，建设职工食堂2,502个，配备职工宿舍1,972间。

五是全面从严治党力度进一步加大。全年巡察机构党委27家，实现一届任期内巡察全覆盖；举办警示教育700余场，覆盖20余万人次；组织纠治“四风”明察暗访2次。

（罗旭东、褚建军）

附表1

机构概况一览表

党委书记、理事长（或其他称谓的第一负责人）		党委副书记、副理事长、主任（或其他称谓的同级领导）	
孙开连		王继东	
地址	山东省济南市历下区转山西路1号	邮编	250014
网址	http://www.sdnxs.com	客服电话	96668

附表2

内设部门及分支机构一览表

年度	内设机构（个）	下设分支机构（个）		员工人数（人）	
		地市级机构数	县区级机构数	员工总数（含非正式员工）	正式员工数
2017	17	18	107	74,274	73,649
2018	20	18	107	72,520	71,907
2019	16	26	99	70,986	70,433
2020	16	26	99	69,691	69,132
2021	16	26	99	69,131	68,523

附表3

主要统计指标1

单位：亿元

项目	2017年	2018年	2019年	2020年	2021年	2021年同比增幅（%）
本外币资产总额	21,510.67	22,639.98	24,557.90	27,564.86	30,458.10	10.50
本外币存款余额	16,589.63	17,936.26	19,687.02	21,981.11	24,261.87	10.38
人民币存款余额	16,564.59	17,907.12	19,649.91	21,951.90	24,230.31	10.38
单位存款	3,238.84	3,547.03	3,523.59	3,630.07	3,633.70	0.10
储蓄存款	12,966.40	13,720.45	15,137.78	17,166.76	19,393.13	12.97
本外币贷款余额	10,440.49	11,702.39	13,031.89	14,679.67	16,430.61	11.93
人民币贷款余额	10,419.01	11,684.13	13,017.04	14,661.88	16,405.94	11.90
短期贷款	6,347.78	6,601.44	6,730.99	7,168.38	7,614.11	6.22
中长期贷款	3,526.54	4,209.17	5,046.30	5,923.99	6,545.95	10.50
票据融资	553.62	873.52	1,170.91	1,507.09	2,145.88	42.39
利润总额	163.03	160.97	153.69	139.89	162.48	16.15
不良贷款余额	—	—	—	—	—	—
不良贷款占比（%）	—	—	—	—	—	—

附表4

主要统计指标2

项目	2017年	2018年	2019年	2020年	2021年	2021年同比增幅（%）
单位结算账户（万户）	58.00	62.00	70.00	76.45	81.63	6.78
单位结算金额（亿元）	—	—	—	137,771.74	163,452.59	18.64
个人结算账户（万户）	15,855.00	17,889.00	18,870.00	17,485.63	17,800.80	1.80
个人结算金额（亿元）	—	—	—	114,827.61	127,721.10	11.23
信用卡发卡量（万张）	7,567.00	8,275.00	9,395.85	9,824.46	10,232.30	4.15
信用卡消费额（亿元）	—	—	—	21.87	21.43	-2.01
企业网银客户（万户）	26.56	33.73	46.23	58.84	69.55	18.99
个人网银客户（万户）	475.96	888.44	1,263.87	1,693.70	2,268.14	33.92
手机银行客户（万户）	703.18	922.17	1,263.87	1,693.70	2,268.14	33.92
现金自助设备（台）	12,944	12,991	12,048	10,735	9,542	-11.11
营业网点（个）	5,043	4,983	4,952	4,862	4,843	-0.39
自助网点（个）	—	28	757	1,085	861	-20.65

山东省农村商业银行名录

序号	单位名称	单位地址	单位电话
001	济南农村商业银行股份有限公司	山东省济南市转山西路1号	0531—67721316
002	莱芜农村商业银行股份有限公司	山东省济南市莱芜区鲁中东大街28号	0531—76292801
003	山东章丘农村商业银行股份有限公司	山东省济南市章丘区明水汇泉路2550号	0531—83215885
004	山东平阴农村商业银行股份有限公司	山东省济南市平阴县锦水河街龙山小区22号	0531—87875331
005	山东济阳农村商业银行股份有限公司	山东省济南市济阳县城开元大街华宇舜苑小区	0531—84230779
006	山东商河农村商业银行股份有限公司	山东省济南市商河县商中路488号	0531—84882268
007	青岛农村商业银行股份有限公司	山东省青岛市崂山区秦岭路6号	0532—85933797
008	山东张店农村商业银行股份有限公司	山东省淄博市张店区柳泉路256号	0533—3588017
009	山东临淄农村商业银行股份有限公司	山东省淄博市临淄区齐兴路88号	0533—7161272
010	淄博博山农村商业银行股份有限公司	山东省淄博市博山区沿河西路57号	0533—4177092
011	淄博淄川农村商业银行股份有限公司	山东省淄博市淄川区松龄东路29号	0533—5181578
012	山东周村农村商业银行股份有限公司	山东省淄博市周村区新建中路57号	0533—6403756
013	山东桓台农村商业银行股份有限公司	山东省淄博市桓台县城镇南大街380号	0533—8215069
014	山东高青农村商业银行股份有限公司	山东省淄博市高青县青城路58号	0533—6973789
015	山东沂源农村商业银行股份有限公司	山东省淄博市沂源县城鲁山路1号	0533—3238790
016	枣庄农村商业银行股份有限公司	山东省枣庄市薛城区民生路766号	0632—3832609
017	山东滕州农村商业银行股份有限公司	山东省滕州市善国南路76号	0632—5564059
018	东营农村商业银行股份有限公司	山东省东营市东营区南一路282号	0546—8201721
019	山东广饶农村商业银行股份有限公司	山东省东营市广饶县城花苑路285号	0546—6445111
020	山东垦利农村商业银行股份有限公司	山东省东营市垦利区中兴路187号	0546—2526009
021	山东利津农村商业银行股份有限公司	山东省东营市利津县津三路276号	0546—5623359
022	烟台农村商业银行股份有限公司	山东省烟台市高新区科技大道57号	0535—6651502
023	山东莱州农村商业银行股份有限公司	山东省莱州市光州西路356号	0535—2211630
024	山东龙口农村商业银行股份有限公司	山东省龙口市港城大道707号	0535—8515199
025	山东莱阳农村商业银行股份有限公司	山东省莱阳市龙门西路497号	0535—7210780
026	山东蓬莱农村商业银行股份有限公司	山东省蓬莱市南关路160号	0535—5959227
027	山东招远农村商业银行股份有限公司	山东省招远市魁星路199号	0535—8113427
028	山东栖霞农村商业银行股份有限公司	山东省栖霞市跃进路427号	0535—5213141
029	山东海阳农村商业银行股份有限公司	山东省海阳市海阳路208号	0535—3235013
030	山东长岛农村商业银行股份有限公司	山东省烟台市长岛县乐园大街132号	0535—3213893
031	潍坊农村商业银行股份有限公司	山东省潍坊市北宫东街5007号	0536—8668896
032	山东寿光农村商业银行股份有限公司	山东省寿光市银海路19号	0536—5222195
033	山东青州农村商业银行股份有限公司	山东省青州市驼山中路3188号	0536—3260352
034	山东安丘农村商业银行股份有限公司	山东省安丘市青云大街631号	0536—4225721
035	山东诸城农商行股份有限公司	山东省诸城市密州东路43号	0536—6095216
036	山东高密农村商业银行股份有限公司	山东省高密市康成大街（东）2088号	0536—2328777
037	山东昌邑农村商业银行股份有限公司	山东省昌邑市北海路136号	0536—7210146
038	山东临朐农村商业银行股份有限公司	山东省潍坊市临朐县龙泉南路31号	0536—3165331
039	山东昌乐农村商业银行股份有限公司	山东省潍坊市昌乐县昌盛街571号	0536—6271016
040	济宁农村商业银行股份有限公司	山东省济宁市建设路31号	0537—2339307
041	山东曲阜农村商业银行股份有限公司	山东省曲阜市大成路南首	0537—4494113

续表1

序号	单位名称	单位地址	单位电话
042	山东兖州农村商业银行股份有限公司	山东省济宁市兖州区建设东路271号	0537—3415455
043	山东邹城农村商业银行股份有限公司	山东省邹城市东滩路1669号	0537—5217697
044	山东微山农村商业银行股份有限公司	山东省济宁市微山县夏镇奎文东路	0537—8226910
045	山东鱼台农村商业银行股份有限公司	山东省济宁市鱼台县湖凌二路北首	0537—6218155
046	山东金乡农村商业银行股份有限公司	山东省济宁市金乡县青年路9号	0537—8728904
047	山东嘉祥农村商业银行股份有限公司	山东省济宁市嘉祥县建设南路42号	0537—6838404
048	山东汶上农村商业银行股份有限公司	山东省济宁市汶上县中都大街88号	0537—7211194
049	山东泗水农村商业银行股份有限公司	山东省济宁市泗水县泉兴路中段	0537—4221008
050	山东梁山农村商业银行股份有限公司	山东省济宁市梁山县水泊中路118号	0537—7328027
051	山东东平农村商业银行股份有限公司	山东省泰安市东平县稻香街1号	0538—2851069
052	泰山农村商业银行股份有限公司	山东省泰安市财源大街36号	0538—6271756
053	岱岳农村商业银行股份有限公司	山东省泰安市岱岳区财兴街90号	0538—8227099
054	新泰农村商业银行股份有限公司	山东省新泰市青龙路879号	0538—7211196
055	肥城农村商业银行股份有限公司	山东省肥城市泰临路078号	0538—3301001
056	山东宁阳农村商业银行股份有限公司	山东省泰安市宁阳县七贤路944号	0538—5687169
057	山东威海农村商业银行股份有限公司	山东省威海市海滨中路56号	0631—5286018
058	山东文登农村商业银行股份有限公司	山东省威海市文登区世纪大道86号	0531—8458375
059	山东荣成农村商业银行股份有限公司	山东省荣成市成山大道中段8号	0631—7552900
060	山东乳山农村商业银行股份有限公司	山东省乳山市胜利街101号	0631—6620656
061	日照市东港农村商业银行股份有限公司	山东省日照市海曲中路55号	0633—8258008
062	日照岚山农村商业银行股份有限公司	山东省日照市岚山区岚山西路	0633—2681809
063	山东莒县农村商业银行股份有限公司	山东省日照市莒县振兴东路18号	0633—6222813
064	山东五莲农村商业银行股份有限公司	山东省日照市五莲县城沿河路382号	0633—5229017
065	山东邹平农村商业银行股份有限公司	山东省滨州市邹平县城鹤伴一路35号	0543—4351140
066	山东博兴农村商业银行股份有限公司	山东省滨州市博兴县博城五路522号	0543—2328606
067	滨州农村商业银行股份有限公司	山东省滨州市滨城区黄河六路363号	0543—5169180
068	山东惠民农村商业银行股份有限公司	山东省滨州市惠民县南关大街207号	0543—5330167
069	山东阳信农村商业银行股份有限公司	山东省滨州市阳信县阳城四路667号	0543—8232090
070	山东无棣农村商业银行股份有限公司	山东省滨州市无棣县院前街71号	0543—6360358
071	德州农村商业银行股份有限公司	山东省德州市德城区大学西路1576号	0534—2235680
072	山东乐陵农村商业银行股份有限公司	山东省乐陵市阜新路399号	0534—6808837
073	山东禹城农村商业银行股份有限公司	山东省禹城市汉槐街181号	0534—7223365
074	德州陵城农村商业银行股份有限公司	山东省德州市陵城区陵州路272号	0534—8225013
075	平原农村商业银行股份有限公司	山东省德州市平原县平安东大街476号	0534—4253283
076	夏津农村商业银行股份有限公司	山东省德州市夏津县新市街3号	0534—3211520
077	武城农村商业银行股份有限公司	山东省德州市武城县振华街西首84号	0534—6213728
078	山东齐河农村商业银行股份有限公司	山东省德州市齐河县齐鲁大街215号	0534—5325306
079	山东临邑农村商业银行股份有限公司	山东省德州市临邑县开元大街61号	0534—4432741
080	山东宁津农村商业银行股份有限公司	山东省德州市宁津县福宁大街西首	0534—5222434
081	山东庆云农村商业银行股份有限公司	山东省德州市庆云县中心街北首	0534—3326277
082	山东聊城润昌农村商业银行股份有限公司	山东省聊城市冠县冠宜春东路145号	0635—5685908
083	聊城农村商业银行股份有限公司	山东省聊城市东昌府区军需南路2号	0635—8430087

续表2

序号	单位名称	单位地址	单位电话
084	山东临清农村商业银行股份有限公司	山东省临清市古楼东街26号	0635—2425828
085	山东阳谷农村商业银行股份有限公司	山东省聊城市阳谷县谷山北路64号	0635—6211078
086	山东莘县农村商业银行股份有限公司	山东省聊城市莘县振兴街92号	0635—6118038
087	山东茌平农村商业银行股份有限公司	山东省聊城市茌平区振兴路西首1412号	0635—4219196
088	山东东阿农村商业银行股份有限公司	山东省聊城市东阿县曙光街中段	0635—3265123
089	山东高唐农村商业银行股份有限公司	山东省聊城市高唐县官道南路108号	0635—3906066
090	山东临沂兰山农村商业银行股份有限公司	山东省临沂市解放路215号	0539—8221560
091	山东临沂河东农村商业银行股份有限公司	山东省临沂市河东区府前街	0539—8385071
092	罗庄农村商业银行股份有限公司	山东省临沂市罗庄区湖东路78号	0539—8268035
093	山东郯城农村商业银行股份有限公司	山东省临沂市郯城县人民路269号	0539—6223077
094	山东兰陵农村商业银行股份有限公司	山东省临沂市兰陵县城顺和路中段	0539—5261997
095	莒南农村商业银行股份有限公司	山东省临沂市莒南县城新建北段	0539—8283826
096	山东沂水农村商业银行股份有限公司	山东省临沂市沂水县城鑫华路42号	0539—2234902
097	山东蒙阴农村商业银行股份有限公司	山东省临沂市蒙阴县新城东路156号	0539—4272979
098	山东平邑农村商业银行股份有限公司	山东省临沂市平邑县楼河路85号金融大厦	0539—4216019
099	山东费县农村商业银行股份有限公司	山东省临沂市费县县城钟山路168号	0539—5228089
100	沂南农村商业银行股份有限公司	山东省临沂市沂南县城朝阳路34号	0539—3262005
101	临沭农村商业银行股份有限公司	山东省临沂市临沭县沭新东街31号	0539—6213707
102	菏泽农村商业银行股份有限公司	山东省菏泽市人民路809号403室	0530—5365117
103	曹县农村商业银行股份有限公司	山东省菏泽市曹县青岛路中段	0530—3316969
104	定陶农村商业银行股份有限公司	山东省菏泽市定陶区青年路中段	0530—2217001
105	山东成武农村商业银行股份有限公司	山东省菏泽市成武县永昌路69号	0530—8622756
106	单县农村商业银行股份有限公司	山东省菏泽市单县向阳路中段063号	0530—4657171
107	山东巨野农村商业银行股份有限公司	山东省菏泽市巨野县前进路82号	0530—8211597
108	山东郓城农村商业银行股份有限公司	山东省菏泽市郓城县东门街中段	0530—6528719
109	山东鄄城农村商业银行股份有限公司	山东省菏泽市鄄城县鄄四路中段014号	0530—2426283
110	山东东明农村商业银行股份有限公司	山东省菏泽市东明县五四路东段	0530—7212727

二、城市商业银行

齐鲁银行股份有限公司

【第一负责人简介】 王晓春，女，1960年3月出生，研究生学历，高级经济师；历任人民银行山东枣庄分行综合计划科科员、副科长、科长，人民银行山东省分行综合计划处副处长，人民银行济南分行货币信贷管理处副处长、处长，山东银监局政策法规处处长，山东银监局副局长、党委委员，齐鲁银行股份有限公司（简称齐鲁银行）执行董事、董事长、党委副书记，现任齐鲁银行党委书记。

【综述】 2021年是中国共产党百年华诞，是“十四五”开局之年，也是全面建设社会主义现代化国家新征程的起步之年。站在“两个一百年”的历史交汇点，齐鲁银行以习近平新时代中国特色社会主义思想为指导，在省、市党委、政府和人民银行、监管部门的支持下，在全行干部员工的共同努力下，迎来了发展史上最具有里程碑意义的大跨越。2021年6月18日，齐鲁银行股票在上交所A股主板鸣锣挂牌；8月20日，总行迁址CBD中央商务区。齐鲁银行连续三年获得全省金融企业绩效评价“AAA”优秀等级，服务实体能力、发展质效、品牌价值均得到较大提升，高质量发展取得丰硕成果。

【公司业务】 2021年，齐鲁银行积极应对内外部环境剧变和疫情挑战，坚决响应国家“双碳”战略，强化政银关系搭建，加速交易银行转型升级。齐鲁银行成为省高院唯一一家法院诉讼退费备付金账户开户行；中标聊城市公共资源交易中心遴选合作银行；通过流程再造，整合对公中台系统，统一服务渠道，打破以往“以需定建”的系统开发模式，初步形成“大中台、敏前台、稳后台”交易银行服务体系；顺利完成永续债、小微金融债、二级资本债发行；出台“碳易（E）贷”业务管理办法，实现碳排放权质押融资，绿色金融迈出新步伐。

【个人业务】 2021年，齐鲁银行持续推进零售业务转型，坚持以客户为中心，践行市民银行初心。获批“三代社保卡”发卡资格，发行医保电子凭证，创新推出齐鲁乡村振兴卡；挂牌成立老年大学齐鲁银行分校；强化“萌小齐”儿童金融品牌；着力打造“泉心财富，全心为您”的财富管理品牌；升级“齐鲁市民贷”“齐鲁无忧贷”，实现申请、审批、放款全流程线上化服务与管理；不断强化区域特色获客能力，在德州、东营发行地方主题信用卡；围绕微信、支付宝、云闪付及京东等支付平台开展线上营销活动，丰富客户权益、增强用卡黏性。

【国际贸金业务】 2021年，齐鲁银行贸易金融持续发力。首开先河落地海外发债增信备用信用证，“泉境通”特色产品获评济南片区优秀创新案例；陆续获得澳门国际银行、韩国产业银行等境外银行直接授信；与境内同业由传统结算业务扩展至保函、福费廷、代付及发债等多维度合作；境外代理行授信业务拓展取得突破进展。

【中间业务】 2021年，齐鲁银行强化征收代理银行职责。与山东省税务局协同合作，有序推进灵活就业人员社保费、医保费征收代扣工作；制定社平差额批量补缴流程，与济南市社保局共同实现社保抚恤金线上直连跨行发放；制定养老金资金发放保障机制，保障社保待遇资金安全高效发放。

【互联网金融部】 2021年，齐鲁银行电子渠道交易数量和客户规模再创新高。全行个人网上银行客户数为66.93万户、企业网上银行客户数为10万户；2021年交易量达783.90万笔、交易额15,704.75亿元；个人手机银行客户规模达到199.34万户、企业手机银行客户6.17万户，全年交易量1,448.09万笔、交易额6,972.15亿元；开通运行智能柜台（含高速存款设备）395台、自助设备359台，全面覆盖网点常见、高频个人产品及服务项目；齐鲁银行手机银行荣获中国金融认证中心颁发的“中国数字金融金榜奖—手机银行最佳智能服务奖”。

【风险控制】 2021年，齐鲁银行以“稳中求进”为总基调，以“高质量发展”为目标，充分发挥风险管控职能，审慎应对内外部风险，全面提升风险管理能力。以“风险攻坚深化年”活动为抓手，建立“311”风险业务排查机制；完善市场风险及流动性风险管理架构；开展授信业务飞行检查、重视柜面业务风险防范，有效规避操作风险；扎实开展“规范建设提升年”“内控合规管理建设年”活动，合规管理和法律风险防控进一步强化；投产关联交易智慧管理平台、分支机构风险管理评价平台，优化预警系统模型，完善集中放款系统功能，不断强化风险科技赋能，全面风险管理体系日趋完善。

（隋文栋、张 娜）

附表1

机构概况一览表

行长（或其他称谓的负责人）		副行长（或其他称谓的同级领导）	
王晓春（党委书记）、黄家栋（董事长、党委副书记）、张 华（行长、副董事长、党委副书记）、李九旭（监事长、党委副书记）		张常平（市纪委、市监委驻齐鲁银行纪检监察组组长）、葛 萍、陶文喆、胡金良、徐嫣冉、刘振水、吴 刚	
地址	山东省济南市经十路10817号	邮编	250014
网址	http://www.qlbchina.com/	客服电话	400—609—6588

附表2

内设部门及分支机构一览表

年度	内设机构（个）	下设分支机构（个）		员工人数（人）	
		地市级机构数	县区级机构数	员工总数（含非正式员工）	正式员工数
2017	21	8	122	3,315	2,969
2018	22	10	128	3,422	3,097
2019	22	12	136	3,685	3,300
2020	21	12	147	3,836	3,526
2021	22	14	156	4,179	3,552

附表3

主要统计指标1

单位：亿元

项目	2017年	2018年	2019年	2020年	2021年	2021年同比增幅（%）
本外币资产总额	2,335.23	2,622.67	3,027.85	3,534.83	—	—
本外币存款余额	1,612.59	1,802.73	2,023.34	2,370.10	2,826.96	19.28
人民币存款余额	1,597.24	1,791.55	2,019.66	2,360.75	2,809.85	19.02
单位存款	1,022.26	1,125.51	1,201.39	1,374.03	1,655.70	20.50
储蓄存款	535.76	655.15	816.66	984.49	1,169.31	18.77
本外币贷款余额	982.25	1,152.75	1,355.43	1,655.98	2,086.51	26.00
人民币贷款余额	966.91	1,142.53	1,353.67	1,651.11	2,077.55	25.83
短期贷款	322.50	415.18	476.41	582.97	740.64	27.05
中长期贷款	572.52	648.99	774.89	942.60	1,189.45	26.19
票据融资	58.02	58.04	72.26	91.34	111.06	21.59
利润总额	23.51	25.30	26.61	27.51	—	—
不良贷款余额	15.19	18.93	20.33	24.06	—	—
不良贷款占比（%）	1.55	1.64	1.50	1.45	—	—

附表4

主要统计指标2

项目	2017年	2018年	2019年	2020年	2021年	2021年同比增幅(%)
单位结算账户（万户）	7.22	8.19	9.41	10.24	11.36	10.94
单位结算金额（亿元）	24,513.09	28,507.38	31,822.00	37,697.79	48,512.50	28.69
个人结算账户（万户）	385.79	520.20	578.40	619.15	658.92	6.42
个人结算金额（亿元）	9,720.43	11,448.07	11,624.67	12,653.77	15,270.77	20.68
信用卡发卡量（万张）	4.95	11.58	26.36	43.80	50.63	15.59
信用卡消费额（亿元）	12.56	55.42	92.69	143.11	159.61	11.53
企业网银客户（万户）	5.56	6.84	8.16	9.00	10.00	11.11
个人网银客户（万户）	69.30	75.01	78.54	79.39	66.93	-15.69
手机银行客户（万户）	71.56	93.82	128.64	173.91	205.51	18.17
现金自助设备（台）	475	443	402	390	358	-8.21
营业网点（个）	131	139	149	160	171	6.88
自助网点（个）	128	134	145	154	164	6.49

莱商银行股份有限公司

【第一负责人简介】 岳隆杰，男，汉族，1966年3月生，山东省淄博市人，中共党员，本科学历，高级经济师，1985年参加工作；历任山东银行学校教员，人民银行淄博市分行科员、副主任、主任，淄川区支行党委书记、行长，淄博市中心支行副行长，东营市中心支行党委书记、行长，济宁市中心支行党委书记、行长等职；2012年1月至2013年7月，任人民银行济南分行营业管理部党委副书记、副主任；2013年7月至2013年9月，任莱芜市人民政府党组成员（挂职），人民银行济南分行营业管理部党委副书记、副主任；2013年9月至2015年6月，任莱芜市人民政府副市长（挂职）、党组成员，人民银行济南分行营管部党委副书记、副主任；2015年6月至2016年1月，任莱商银行股份有限公司（简称莱商银行）党委书记；2016年1月至今，任莱商银行党委书记、董事长。

【综述】 莱商银行的前身是2005年7月经中国银行业监督管理委员会批准设立的莱芜市商业银行，2008年更名为莱商银行。多年来，莱商银行坚持走规范发展、改革创新、文化兴行、品牌竞争之路，逐步成长为一家区域性品牌银行。莱商银行注册资本30亿元，设有职能部室20个，在济南、徐州、菏泽、济宁、泰安、临沂、聊城、日照8个地市设有1家营业部、8家分行，共有营业网点112个，在职员工2,200余人；在天津武清、山东东营、河南方城和山西五台共发起设立4家村镇银行。此外，莱商银行也是德州银行、山东省城市商业银行合作联盟和齐商银行的股东。

截至2021年末，莱商银行本外币资产总额1,663.00亿元、本外币各项存款余额1,312.00亿元、本外币贷款余额1,019.00亿元，发展速度居山东城商行前列。良好的经营业绩使莱商银行社会公信力不断提升，先后被授予“全国五一劳动奖状”“全国守合同重信用企业”“中国银行业文明规范服务示范单位”“中国银行业星级服务机构”“中国银行业理财机构最佳收益奖”“山东服务业50强”“山东省企业文化优秀品牌”等荣誉称号，被《金融时报》评为“2021年度服务乡村振兴优秀中小银行”。

【公司业务】 截至2021年末，莱商银行本外币对公存款余额821.43亿元，较年初增加116.44亿元，增速16.52%；对公日均存款767.77亿元，较年初增加63.37亿元，增速9.00%。对公类（含个人经营）表内贷款余额827.65亿元，较年初增加153.76亿元，增长22.82%；银行承兑汇票余额245.15亿元，较年初减少23.61亿元，下降8.79%；国内信用证余额79.75亿元，较年初增加29.88亿元，增长59.93%。

【个人业务】 截至2021年末，莱商银行储蓄时点存款

490.97亿元，较年初增加96.57亿元，增幅24.48%。其中活期储蓄存款148.36亿元，占比30.22%，较年初增加18.86亿元，增幅14.57%；定期储蓄342.61亿元，占比69.78%，较年初增加77.71亿元，增幅29.34%；自营零售贷款余额128.64亿元，较年初增加60.23亿元，增幅88.04%。

【贸易金融业务】 2021年，莱商银行实现国际结算业务量23.85亿美元，同比增长24.98%；办理代客结售汇16.38亿美元，同比增长10.49%，其中网银渠道客户自助结汇4.34亿美元，同比增长18.05%；开立国内信用证86.60亿元，同比增长52.03%；办理国内证福费廷88.68亿元，同比增长62.35%；办理线上供应链融资23.52亿元，同比增长52.77%。截至2021年末，莱商银行国内外贸易融资表内余额折人民币41.87亿元，同比下降24.42%；表外余额折人民币102.09亿元，同比增长49.58%。

【中间业务】 2021年，莱商银行实现中间业务收入17,457.04万元，较同期增加1,082.60万元，增幅6.61%，其中国内结算业务收入11,183.02万元，较同期增加2,975.95万元；国际结算业务收入1,280.36万元，较同期增加1.30万元。国内结算业务收入方面，国内信用证业务收入8,842.15万元，较同期增加2,830.72万元；国际结算收入方面，信用证业务收入1,116.13万元，较同期减少41.14万元；全年实现结售汇损益1,858.68万元，较同期增加69.01万元。

【电子银行业务】 截至2021年末，莱商银行特约商户存量达到29,861户，较年初增加16,546户；全行累计收单交易1,488万笔，收单资金252.00亿元。全行特约商户存量达到12,896户，较年初增加3,573户，特约商户累计收单交易688万笔，累计交易额95.00亿元。年末全行共有个人网银27.24万户、企业网银4.71万户、个人手机银行86.87万户、企业手机银行0.17万户。全行共布设ATM机255台、智能柜台（立式+便携式）264台、高速现金出纳机89台、助农终端107台。共有支付宝签约73.65万户，全年交易金额70.32亿元；财付通签约82.85万户，全年交易金额138.53亿元。

【风险控制】 2021年，莱商银行党委、董事会及经营层高度重视全面风险管理工作，坚持将防范化解金融风险作为重点工作来抓。建立健全由董事会、监事会、高管层、全面风险管理部门、各类风险管理主控部门、审计部门及各分支机构组成的全面风险管理体系；印发《莱商银行全面风险管理办法》等20余项制度；建设上线信用风险、操作风险等管理信息系统，并在总分支各层级设置风险报告员，切实将风险防范化解责任传导至每一个条线、岗位及员工，逐步形成“全员参与、全面覆盖、全程管理、全力防范”的全面风险管理体系。

（吕 梁）

附表1

机构概况一览表

党委书记、董事长		行长	
岳隆杰		段 伟	
地址	山东省济南市莱芜高新区龙潭东大街137号	邮编	271100
网址	http://www.lsbankchina.com/	客服电话	400—669—6629

附表2

内设部门及分支机构一览表

年度	内设机构（个）	下设分支机构（个）		员工人数（人）	
		地市级机构数	县区级机构数	员工总数（含非正式员工）	正式员工数
2017	15	8	88	1,870	1,868
2018	15	8	91	1,961	1,862
2019	15	8	93	2,111	1,880
2020	16	8	94	2,368	2,087
2021	20	8	100	2,625	2,252

附表3

主要统计指标1

单位：亿元

项目	2017年	2018年	2019年	2020年	2021年	2021年同比增幅(%)
本外币资产总额	1,024.31	1,196.96	1,319.21	1,506.30	1,662.79	10.39
本外币存款余额	675.01	756.52	940.75	1,099.40	1,312.40	19.37
人民币存款余额	670.96	753.42	937.82	1,095.80	1,307.22	19.29
单位存款	479.94	508.33	651.78	700.60	815.49	16.54
储蓄存款	191.02	245.09	286.04	395.20	491.73	24.43
本外币贷款余额	462.11	621.52	693.12	877.05	1,019.37	16.23
人民币贷款余额	453.64	614.62	686.58	872.23	1,016.63	16.56
短期贷款	327.38	402.05	419.92	541.67	576.01	6.34
中长期贷款	111.31	205.23	261.65	322.49	435.14	34.93
票据融资	9.20	3.89	4.12	6.47	5.01	-22.63
利润总额	5.82	6.03	7.34	5.53	5.52	-0.04
不良贷款余额	19.15	17.77	16.86	16.82	19.29	14.75
不良贷款占比（%）	4.14	2.86	2.43	1.92	1.89	-0.02

附表4

主要统计指标2

项目	2017年	2018年	2019年	2020年	2021年	2021年同比增幅(%)
单位结算账户（万户）	4.68	5.13	5.67	6.26	6.92	10.54
单位结算金额（亿元）	296.87	344.31	383.10	401.84	389.87	-2.98
个人结算账户（万户）	205.66	224.15	251.50	276.36	295.87	7.06
个人结算金额（亿元）	81.11	99.48	104.10	128.69	147.57	14.67
信用卡发卡量（万张）	0.39	0.43	0.53	0.56	0.63	12.50
信用卡消费额（亿元）	0.69	0.71	0.63	0.58	0.55	-5.17
企业网银客户（万户）	2.41	2.92	3.40	4.09	4.71	15.16
个人网银客户（万户）	20.37	22.22	24.70	26.41	27.24	3.14
手机银行客户（万户）	27.57	35.44	49.75	66.99	86.87	29.68
现金自助设备（台）	305	353	343	334	344	2.99
营业网点（个）	99	102	104	105	112	6.67
自助网点（个）	134	136	133	131	143	9.16

青岛银行股份有限公司

【第一负责人简介】 郭少泉，男，1962年出生，南开大学高级管理人员工商管理硕士、北京大学高级管理人员工商管理硕士，高级经济师；2009年11月加入青岛银行股份有限公司（简称青岛银行），担任党委书记；自2010年1月起，任青岛银行董事长。

【综述】 青岛银行成立于1996年11月，为山东省首家上市银行、全国第二家“A+H”上市城商行。截至2021年末，青岛银行本外币存款总额突破3,000.00亿元、本外币总资产突破5,000.00亿元，是山东省资产规模最大的区域性法人银行，也是长江以北地区城商行中的佼佼者。

青岛银行以“创·新金融，美·好银行”为愿景，以打造“科技引领、管理精细、特色鲜明的新金融精品银行”为战略目标，基本形成“治理完善、服务温馨、风管坚实、科技卓越”的发展特色。业务发展立足青岛、辐射山东，已在济南、烟台、威海等山东省主要城市设有16家分行。目前共有2家子公司，分别为青岛青银金融租赁有限公司与青银理财有限责任公司。

【公司业务】 2021年，青岛银行的公司银行业务聚焦客群建设，全面推进战略客户经营模式。围绕“双基战略”深耕客群，不断完善基础产品和基础服务；深化综合服务，产品应用场景进一步丰富；拓宽营销渠道，抢抓源头获客，开展总对总营销；抓住对公业务数字化转型历史机遇，启动“对公线上营业厅”和“对公业务智能管理平台”两个平台建设，持续提高管理支撑能力，助推公司银行业务高质量发展。截至2021年末，公司存款余额2,028.00亿元，较上年末增长194.00亿元，增幅10.60%。

【个人业务】 2021年，青岛银行继续以金融科技为手段，加大智慧网点、零售智能营销系统建设，加大移动金融优化建设。持续利用大数据、人工智能等科技手段，深挖个人客户需求；通过代发服务、社区金融、惠农金融、厅堂营销等途径，持续提升个人客户服务能力；进一步拓展线下线上市场，不断扩大客群基础、提升零售资产、壮大业务发展规模。2021年，全行零售客户新增量、中高端客户新增量均创单年最高水平。

【国际业务】 2021年，青岛银行坚持“专业赢得尊重”的服务理念，致力于打造综合性的跨境金融服务体系，积极服务区域性外贸经济，实现与客户的共成长。2021年，全行新增国际结算类业务客户496户、现金管理业务签约客户934户、供应链金融业务核心企业52户，年末累计已批复核心企业达到61户。

【中间业务】 2021年，青岛银行大力拓展财富管理、信用卡等中间业务，手续费及佣金收入均有较快增长。建立多层次产品体系，持续优化产品供给策略，提升远程线上的客户服务能力，推动客群数量、资产规模及业务收入的稳健提升，实现与客户的双赢。2021年，全行手续费及佣金净收入19.55亿元，比上年增加2.64亿元，增长15.58%。

【电子银行业务】 2021年，青岛银行将电子银行业务作为创新发展的重要突破口，围绕“提升客户体验”，持续优化手机银行、网上银行等线上服务渠道，加强金融科技应用、强化开放合作，推动产品和服务快速更新迭代，全面增强渠道服务能力；持续优化手机银行建设，秉承“安全可靠，便捷好用”的初心，不断重构产品与服务；年末全行存量手机银行用户达386.74万户，月活客户数量达到115.46万户。

【风险控制】 2021年，青岛银行不断完善信贷制度体系，优化信贷管理流程，前瞻预判风险趋势，专业审贷模式日渐成熟，行业与客户集中度管理进一步加强。统一授信和信用风险并表管理系统正式上线，实现授信业务的总行管控和一体化运行；持续加强资产质量全面管控，强化对逾期贷款、不良贷款等风险贷款的综合整治，坚持将逾期60天以上贷款、逾期30天以上公司类贷款全部纳入不良管理。截至2021年末，全行不良贷款率1.34%，同比下降0.17个百分点。

（常伟臣）

附表1

机构概况一览表

董事长		行长	
郭少泉		王 麟	
地址	山东省青岛市崂山区秦岭路6号青岛银行大厦	邮编	266061
网址	http://www.qdccb.com/	客服电话	400—66—96588

附表2

内设部门及分支机构一览表

年度	内设机构（个）	下设分支机构（个）		员工人数（人）	
		地市级机构数	县区级机构数	员工总数（含非正式员工）	正式员工数
2017	25	13	115	3,913	3,545
2018	30	14	120	4,176	3,781
2019	31	14	127	4,450	4,058
2020	34	15	132	4,653	4,231
2021	34	16	156	5,081	4,447

附表3

主要统计指标1

单位:亿元

项目	2017年	2018年	2019年	2020年	2021年	2021年同比增幅(%)
本外币资产总额	3,026.88	3,103.26	3,652.09	4,488.92	5,108.16	13.79
本外币存款余额	1,901.02	2,072.34	2,409.53	3,002.42	3,368.25	12.18
人民币存款余额	1,891.43	2,065.48	2,387.87	2,973.76	3,302.39	11.05
单位存款	1,061.35	1,146.59	1,457.36	1,797.24	1,956.98	8.89
储蓄存款	521.98	568.71	647.72	891.93	1,110.34	24.49
本外币贷款余额	981.59	1,301.87	1,762.42	2,067.47	2,452.05	18.60
人民币贷款余额	978.95	1,300.30	1,748.62	2,048.29	2,405.12	17.42
短期贷款	334.87	433.17	516.66	553.24	680.15	22.94
中长期贷款	614.35	798.35	1,168.54	1,422.70	1,548.37	8.83
票据融资	29.51	67.73	62.50	72.15	176.40	144.49
利润总额	26.47	24.10	26.82	25.63	24.90	-2.85
不良贷款余额	16.59	21.17	28.52	31.26	32.62	4.35
不良贷款占比(%)	1.69	1.68	1.65	1.51	1.34	-11.25

附表4

主要统计指标2

项目	2017年	2018年	2019年	2020年	2021年	2021年同比增幅（%）
单位结算账户（万户）	9.00	10.93	12.73	14.79	17.97	21.50
单位结算金额（亿元）	28,239.41	32,870.69	35,481.44	33,976.88	39,073.41	15.00
个人结算账户（万户）	373.94	373.47	424.43	455.09	521.76	14.65
个人结算金额（亿元）	26,216.50	23,056.83	30,917.84	24,874.35	31,092.93	25.00
信用卡发卡量（万张）	2.49	18.06	112.44	203.71	300.16	47.35
信用卡消费额（亿元）	4.11	11.79	180.65	354.53	550.16	55.18
企业网银客户（万户）	7.47	8.89	11.73	13.49	16.69	23.72
个人网银客户（万户）	69.78	72.35	73.29	73.74	74.03	0.39
手机银行客户（万户）	111.31	156.42	235.62	301.57	386.74	28.24
现金自助设备（台）	482	472	450	423	407	-3.78
营业网点（个）	127	134	141	153	166	8.50
自助网点（个）	101	102	107	105	103	-1.94

齐商银行股份有限公司

【第一负责人简介】　李大鹏，男，汉族，1975年1月出生，大学本科学历、工学硕士学位，工程师，1997年8月参加工作；2015年6月至2017年7月，任中国邮政储蓄银行山东省分行公司业务部总经理兼金融市场部总经理；2017年7月至2018年7月，任中国邮政储蓄银行山东省分行公司业务部总经理；2018年7月至2019年9月，任中国邮政储蓄银行淄博市分行党委书记、行长；2019年9月至2020年7月，任中国邮政储蓄银行山东省分行公司金融部总经理；2020年10月至今，任齐商银行股份有限公司（简称齐商银行）党委书记、董事长。

【综述】　齐商银行成立于1997年8月，2009年2月经中国银监会批准更名为齐商银行，注册资本金38.88亿元，现有在职员工2,900余人。齐商银行下设24个管理部室、1个专营机构、1个营业机构，下辖西安、济南、滨州、东营、潍坊、济宁、威海、临沂8家异地分行，103家传统支行和9家小微、社区支行，并在临沂市控股发起设立了1家村镇银行。2021年以来，齐商银行立足新发展阶段、贯彻新发展理念、融入和服务新发展格局，大力实施“大零售战略”“强总行战略”和“金融科技战略”，实现了规模、质量、效益的协调发展。截至2021年末，全行本外币资产总额1,834.34亿元，较年初增加441.56亿元；本外币各项存款余额1,405.30亿元，较年初增加304.77亿元；本外币各项贷款余额1,136.65亿元，较年初增加249.10亿元；全年实现经营利润6.32亿元，净利润4.85亿元。

【公司业务】　2021年，齐商银行的公司业务稳健发展，年末单户授信1000万元以下（含）小微企业贷款余额166.15亿元，全面完成“两增两控”监管指标和“普惠小微贷款余额占比提升2个百分点”任务目标，服务实体经济能力进一步增强。年内，持续推进“人才贷”“创业担保贷”“线上场景贷”“技改贷”等重点项目，创新研发推出“烟商贷”“流水贷”“齐创信用贷”“齐银e信”等符合小微企业金融需求的产品以及“林权抵押融资”等“接地气”的融资模式，不断扩大提升小微、“三农”客户群体融资的可得性、覆盖面和满意度。推出“齐银技改贷”“齐银碳达贷”“碳配额质押贷”等多项产品，助力企业加快改造升级步伐，为企业发展注入金融活水。

【个人业务】　2021年，齐商银行在财富管理方面，通过深耕以“金达”系列理财产品、代理代销产品为主的多层次综合财富管理服务，不断丰富财富管理产品线，成为老百姓身边真正的“个人金融专家”。截至2021年末，全行累计销售理财产品249.60亿元，理财客户数达12万户；累计发行信用卡18.80万张，当年实现发卡9.20万张，超过上年全年发卡量2倍。

【国际业务】 2021年，齐商银行的国际业务始终秉持“合规发展”的经营理念和“中小企业主办行”的市场定位，着力为客户提供优质、高效、专业的国际结算及贸易融资服务。截至2021年末，齐商银行拥有境内外代理行424家，遍布全球63个国家和地区，极大满足了客户业务拓展和跨境结算便利化需求。积极应对复杂多变的内外部环境，注重强化内控管理，防范各类风险，外汇业务保持稳健发展，连续多年被国家外汇管理局评为“外汇业务合规与审慎经营”A级行。国际业务已经成为齐商银行对接境内外同业和客户的重要桥头堡和展示合规经营的主要窗口。

【中间业务】 2021年，齐商银行持续开展零售客户精准营销，加强客户分层管理，强化与基金公司、保险公司等金融机构合作力度，不断丰富零售产品类型，为客户提供专属资产配置方案，打造齐商银行财富管理品牌形象。完善客户投资理财配置需求，引导分支行深入开展各类活动，提升网点产能，提高产品交叉营销水平及综合金融服务能力，在做大客户金融资产的同时，积极提升存款沉淀。

【电子银行业务】 2021年，齐商银行互联网渠道客户数量突破103.55万户，同比增长25.56%，微信银行绑卡用户数超27.48万户；网络渠道业务办理替代率超95.24%，居全省城商行第三位。聚焦收单场景，自主研发上线移动应用收单App—齐商聚财，切入客户的生活应用场景，以支付为入口，赋能商户、精准营销，打造数字化营销新阵地。

【风险管理】 2021年，齐商银行持续完善全面风险管理架构。一是健全全面风险管理政策体系，确保信用风险、市场风险、操作风险、流动性风险、声誉风险、信息科技风险等重要风险得到全程、全面防范控制。二是建立健全风险偏好、风险限额管理体系，优化风险偏好量化指标偏好值，定期组织风险监测分析，对出现接近预警值和风险限额的业务及时做出风险预警。三是建立全面风险管理评估机制。对各类主要风险从内在风险水平、风险管理能力、风险发展趋势等方面进行风险评估，形成风险评估报告。四是多措并举，加强重点风险防控工作。通过实施授信“白名单”制度，严守授信“十个严禁”红线等，提升信用风险管控能力。通过有效发挥派驻风险经理职能作用，强化风险指标监测及限额管理等，有效防控市场风险、信息科技市场风险。通过运用“内控合规及操作风险管理系统”等，有效管控操作风险。通过坚持流动性优先原则，科学调度配置资产负债结构，保障备付率水平，有效防控流动性风险。通过强化舆情监测，拓展宣传渠道，提升社会形象，加大舆情事件处置力度，有效管控声誉风险。

（韩秀玉、公晓璐）

附表1

机构概况一览表

行长（或其他称谓的负责人）		副行长（或其他称谓的同级领导）	
李大鹏（党委书记、董事长）、赵晓东（党委副书记、行长）		王 强、王 涛、曹志坚、孙高荣、马慧玲、邹 倩、薛 云、汪 波	
地址	山东省淄博市张店区中心路105号	邮编	255025
网址	http://www.qsbank.cc/	客服电话	0533—96588

附表2

内设部门及分支机构一览表

年度	内设机构（个）	下设分支机构（个）		员工人数（人）	
		地市级机构数	县区级机构数	员工总数（含非正式员工）	正式员工数
2017	22	8	125	2,981	2,799
2018	24	8	126	3,011	2,816
2019	23	8	118	2,911	2,756
2020	23	8	124	3,042	2,802
2021	26	8	120	2,923	2,923

附表3

主要统计指标1

单位:亿元

项目	2017年	2018年	2019年	2020年	2021年	2021年同比增幅(%)
本外币资产总额	1,045.63	1,068.70	1,244.07	1,392.78	1,834.34	31.70
本外币存款余额	763.35	818.51	1,019.18	1,100.53	1,405.30	27.69
人民币存款余额	758.10	815.55	1,015.01	1,096.74	1,398.82	27.54
单位存款	505.96	520.12	680.24	672.72	853.98	26.94
储蓄存款	252.14	295.43	334.77	424.02	544.84	28.49
本外币贷款余额	547.34	601.90	764.77	887.55	1,136.65	28.07
人民币贷款余额	538.62	596.33	759.63	882.63	1,131.22	28.16
短期贷款	362.39	362.84	408.34	369.79	469.38	26.93
中长期贷款	176.23	233.49	351.29	512.84	661.84	29.05
票据融资	37.32	38.52	37.88	42.15	50.44	19.67
利润总额	7.52	6.73	7.28	7.40	6.32	-14.59
不良贷款余额	11.96	13.16	14.22	14.01	19.58	39.76
不良贷款占比(%)	2.18	2.19	1.86	1.58	1.72	0.14

附表4

主要统计指标2

项目	2017年	2018年	2019年	2020年	2021年	2021年同比增幅(%)
单位结算账户(万户)	5.24	5.93	6.08	6.24	6.41	2.72
单位结算金额(亿元)	13,193.00	16,415.00	18,062.00	20,106.00	31,920.00	58.76
个人结算账户(万户)	99.52	105.79	114.16	124.24	122.19	-1.65
个人结算金额(亿元)	5,395.00	5,458.00	4,354.00	4,515.00	7,243.00	60.42
信用卡发卡量(万张)	1.12	1.45	4.87	9.60	18.80	95.83
信用卡消费额(亿元)	5.04	6.20	8.49	17.41	34.34	97.24
企业网银客户(万户)	2.84	3.27	3.71	4.01	4.35	8.48
个人网银客户(万户)	14.64	16.13	20.25	24.72	32.39	31.03
手机银行客户(万户)	27.91	43.25	57.55	71.24	90.26	26.70
现金自助设备(台)	402	360	322	282	269	-4.61
营业网点(个)	133	133	126	124	120	-3.23
自助网点(个)	31	29	26	19	29	52.63

烟台银行股份有限公司

【第一负责人简介】 吴明理，男，1963年1月出生，中共党员；1979年11月在人民银行蓬莱县支行参加工作，历任人民银行烟台市分行计划科科员，经济技术开发区支行副行长，烟台市分行副行长，威海市中心支行副行长；2001年10月任人民银行威海市中心支行党委书记、行长；2007年4月任人民银行烟台市中心支行党委书记、行长；2017年2月任人民银行济南分行纪委副书记兼纪检监察一处处长；2018年7月任烟台银行股份有限公司（简称烟台银行）党委书记，2018年12月至今，任烟台银行党委书记、董事长。

【综述】 2021年，面对错综复杂的内外部经济环境，在烟台市委、市政府的坚强领导下，在监管部门和股东的大力支持下，烟台银行坚持稳字当头，围绕总行董事会确定的发展目标，解放思想、勇于担当，以监管政策变化为指导，不断调整经营思路和发展方向，有效推动了各项经营指标的持续稳定增长。截至2021年末，全行本外币资产总额为1,230.50亿元，较年初增加65.88亿元，增长5.66%；本外币各项存款余额为909.86亿元，较年初增加50.36亿元，增长5.86%；本外币各项贷款余额为610.04亿元，较年初增加92.79亿元，增长17.94%；全年利润总额3.20亿元。

【公司业务】 2021年，烟台银行聚焦重大项目、重点项目及重点企业，支持烟台市“九大片区”中的3个片区，累计信贷投放15.00亿元；支持省、市重大项目、重点项目及企业8个，信贷投放9.82亿元；认真贯彻疫情防控措施，全力支持企业复工复产，共支持574家企业复工复产，信贷投放金额合计约129.42亿元；办理普惠小微贷款延期还本业务308户、金额合计18.23亿元；深入开展金融辅导工作，共对接企业229户，制定融资服务方案合计179份，融资服务方案的成果转化率为100%，为辅导企业提供融资合计约42.68亿元，辅导企业的总体满意率为100%。

【个人业务】 2021年，烟台银行围绕“回归本源，夯实基础”的发展内涵，不断调整产品与客户结构，加强服务过程精细化管理，稳步推进零售业务健康发展。截至2021年末，个人存款规模540.27亿元，较年初增加53.12亿元。推进财富管理体系建设，组建理财经理队伍，启动代销理财系统、财富营销管理系统及积分系统建设，满足个人业务产品引进、营销推介及客户权益等更高层次的业务发展需要。

【国际业务】 2021年，烟台银行坚持贯彻“产品打市场”的营销策略，调整、优化产品和业务结构，高效服务提升客户体验，实现了国际业务逆势较快增长，较好地服务了外贸企业。截至2021年末，共办理汇款、信用证、保函、托收等国际结算业务和各类贸易融资业务8,760笔、国际结算量达12.50亿美元；开立国际、国内信用证41.03亿元；开立外币保函1.68亿元；表内外贸易融资业务量达53.57亿元；代理行网络遍布全球40余个国家和地区的200多家银行，构建起国际结算、贸易融资、外汇资金、外汇会计、代理行服务等完善的产品体系。

【中间业务】 2021年，烟台银行以提高服务质量、提升服务能力为目标，以创新产品为竞争力，不断推动中间业务的发展。截至2021年末，全行实现中间业务收入1.27亿元。

【电子银行业务】 2021年，烟台银行持续把互联网技术与电子银行业务应用场景有效融合，以“数字化、多样化、网络化、智能化”为发展思路，推动电子银行业务数字化转型升级。截至2021年末，全行电子银行客户达168.90万户，较年初增加15.80万户，增长11.3%；全行个人电子银行客户渗透率95.32%，电子银行业务分流率91.99%，实现电子银行中间业务收入484.31万元。

【风险控制】 2021年，烟台银行坚持“审慎、稳健、可控”的风险偏好主基调，坚持风险为本、风控优先，推进风险分层、分级管理。根据风险偏好、风险状况以及市场和宏观经济变化，组合采用风险分散、风险对冲、风险转移、风险规避和风险补偿等风险管理策略，有效控制和管理经营管理中面临的各类主要风险，并在行内充分传导应用，力争风险与收益合理平衡。持续优化完善全面风险管理组织架构、制度流程、计量工具及信息系统，不断推动风险全面、全程和全员管理，有效识别、计量、监测和报告经营管理中面临的各类风险，全面提升风险管理水平，确保审慎经营、稳健发展、风险可控。

（郄丽宁）

附表1

机构概况一览表

党委书记、董事长		行长（或其他称谓的同级领导）	
吴明理		王建光	
地址	山东省烟台市芝罘区海港路25—18号	邮编	264000
网址	http://www.yantaibank.net/	客服电话	400—831—1777

附表2

内设部门及分支机构一览表

年度	内设机构（个）	下设分支机构（个）		员工人数（人）	
		地市级机构数	县区级机构数	员工总数（含非正式员工）	正式员工数
2017	16	1	20	1,976	1,769
2018	18	2	20	1,968	1,837
2019	18	2	21	1,905	1,784
2020	18	2	20	1,932	1,820
2021	19	2	22	1,861	1,798

附表3

主要统计指标1

单位:亿元

项目	2017年	2018年	2019年	2020年	2021年	2021年同比增幅（%）
本外币资产总额	872.30	861.72	1,039.18	1,164.62	1,230.50	5.66
本外币存款余额	597.70	601.94	662.51	859.50	909.86	5.86
人民币存款余额	591.24	598.82	658.84	856.23	906.93	5.92
单位存款	306.21	280.48	267.91	347.74	365.23	5.03
储蓄存款	237.99	263.22	296.78	402.15	433.76	7.86
本外币贷款余额	338.38	382.59	463.38	517.25	610.04	17.94
人民币贷款余额	333.46	380.79	462.62	515.46	606.84	17.73
短期贷款	217.07	205.46	262.17	248.72	326.71	31.36
中长期贷款	111.53	158.33	187.08	232.20	247.71	6.68
票据融资	4.64	15.11	12.81	33.67	31.55	-6.30
利润总额	6.63	4.90	3.51	3.40	3.20	-5.88
不良贷款余额	7.31	13.87	13.35	12.43	11.65	-6.28
不良贷款占比（%）	2.16	3.65	2.88	2.40	1.93	-19.58

附表4

主要统计指标2

项目	2017年	2018年	2019年	2020年	2021年	2021年同比增幅（%）
单位结算账户（万户）	7.45	7.89	8.89	8.99	9.35	4.00
单位结算金额（亿元）	6,624.52	9,218.87	6,812.97	8,448.66	10,404.72	23.15
个人结算账户（万户）	169.65	202.45	223.60	191.97	189.02	-1.54
个人结算金额（亿元）	1,084.06	1,973.62	1,848.48	1,895.40	2,203.65	16.26
信用卡发卡量（万张）	0.00	0.00	0.00	0.00	0.00	—

续表

项目	2017年	2018年	2019年	2020年	2021年	2021年同比增幅（%）
信用卡消费额（亿元）	0.00	0.00	0.00	0.00	0.00	—
企业网银客户（万户）	1.36	1.60	1.76	1.88	2.01	6.91
个人网银客户（万户）	5.14	5.52	5.67	5.75	5.79	0.70
手机银行客户（万户）	31.47	43.34	53.99	61.63	67.62	9.72
现金自助设备（台）	156	154	154	144	153	6.25
营业网点（个）	85	82	83	83	85	2.41
自助网点（个）	12	12	11	3	3	0.00

潍坊银行股份有限公司

【第一负责人简介】　颜廷军，男，汉族，1969年6月出生，中共党员，本科学历，经济师；1989年4月参加工作，曾在中国农业银行安丘县支行、安丘市农村信用合作社联合社工作；2001年4月至2021年1月，在潍坊市农村信用合作社联合社工作，历任审计员，稽核大队副大队长，监察保卫部经理，综合部经理，党委委员、副主任，党委副书记、主任（2011年4月至2013年2月，挂职山东省联社监察保卫部副部长；2013年2月至2017年2月，兼任寿光农商行党委书记、董事长）；2021年1月至2021年6月，任潍坊银行股份有限公司（简称潍坊银行）党委书记；2021年6月至今，任潍坊银行党委书记、董事长。

【综述】　2021年，在山东省委、省政府和潍坊市委、市政府的坚强领导下，潍坊银行以“外塑品牌、内抓质量”为工作主线，扎实推进思想认识、工作作风、经营理念、风险管理、队伍建设“五个转变”，深入服务地方经济。截至2021年末，全行资产总额2,016.72亿元，同比增加285.97亿元、增长16.52%；存款1,508.21亿元，同比增加190.11亿元、增长14.44%；贷款1,020.21亿元，同比增加207.60亿元、增长25.55%。全年实现净利润11.64亿元，同比增加3.64亿元、增长45.56%；缴纳税金9.63亿元，同比增加2.11亿元、增长28.06%；资产质量居全省城商行前列，主要监管指标持续达标。

【公司业务】　2021年，潍坊银行大力支持地方经济发展。全年新增资金投放283.66亿元，其中新增贷款207.60亿元，同比多增44.85亿元。其中，新增新旧动能转换重点项目库企业贷款85.36亿元，同比增长49.02%；新增“5+5”现代优势产业集群贷款63.87亿元，同比增长80.98%。发挥金融市场业务优势，通过投资企业债券、结构化融资向潍坊区域新增投放76.06亿元；扎实布局供应链金融，试点落地供应链票据业务，“链赢通”产品获潍坊市金融创新成果三等奖；金融市场与公司、科技条线加速融合，发挥了“1+1>2”的作用，全年办理投贷联动业务84户，金额181.01亿元；落地全省城商行首笔“银联贷记—对公标记化”业务。

【个人业务】　2021年，潍坊银行加强产品优化和创新。上线大额存单转让和理财产品转让系统，新开发“周周享”“惠农存·周周乐”存款产品，全面开展代理保险业务，满足不同客群业务需求；强化存款营销，构建零售新场景，开展存量客户精细化维护活动；优化产品与服务，上线运行理财双录管理系统平台，推进信用卡业务稳健发展与精细化管理。

【电子银行业务】　2021年，潍坊银行持续强化互联网移动端营销支撑。顺利完成新版手机银行上线工作，成为山东省城商行联盟首家上线的成员行，新版手机银行实现客户服务、运营管理与科技创新的深度结合，全力打造安全、易用、个性、敏捷的移动金融服务平台，有效提升移动端客户服务能力；为提升移动端用户活跃度，相继开展了多项互联网营销推广活动，有效拓宽了移动端金融服务覆盖面。

【国际业务】　2021年，潍坊银行克服全球多变局势及人民币双向波动的不利影响，多措并举、内外并重，实现贸易金融业务稳健发展。全年累计完成贸易结算量50.69亿美元，同比增长22.81%；加大国内证及福费廷业务的推动力度，做好“国际+国内”协同发展，助力国际国内双循环新发展格局；大力推广跨境人民币业务，成功上线外汇网银信用证/修改通知功能、汇出汇款功能、外汇牌价网站实时查询功能；完成电子国内信用证信息交换系统二期升级，开发完成货物贸易外汇监测系统银行联机接口，系统服务水平更加完善。

【中间业务】 2021年，潍坊银行持续推动业务协调发展，逐步提高中间业务收入占比，降低利差收窄对盈利的弱化影响。全年实现中间业务收入2.90亿元、净收入1.37亿元，其中代理业务收入方面尤其突出，实现中间业务收入0.64亿元、理财业务收入0.73亿元。

【风险控制】 2021年，潍坊银行优化信贷结构及业务流程，强化授信政策研判和授权管理、投向管理，把好授信准入关口。加强贷后管理，建立贷款客户风险分级分类管理机制；加大不良贷款清收处置力度。跟踪分析重点行业、领域并及时研究风控策略；深化智慧风控体系建设，建立信用风险内部评级系统、风险监测与预警系统等智慧风控平台；完善风险管理机制，建立12项日常工作机制，优化风险偏好及限额体系；完善制度约束和规范体系，全年组织新增、修订制度175个，废止167个；持续开展运营、安保、消保等工作，全年安全运营无事故。

（朱 焱）

附表1

机构概况一览表

行长（或其他称谓的负责人）		副行长（或其他称谓的同级领导）	
颜廷军		马 杰、王 丙、朱毅达、曹田友、李子刚、冯怀春、刘春萍、王远军	
地址	山东省潍坊市奎文区胜利东街5139号	邮编	261041
网址	http://www.bankwf.com/	客服电话	400—61—96588

附表2

内设部门及分支机构一览表

年度	内设机构（个）	下设分支机构（个）		员工人数（人）	
		地市级机构数	县区级机构数	员工总数（含非正式员工）	正式员工数
2017	12	5	88	2,410	2,410
2018	23	5	93	2,356	2,356
2019	23	6	100	2,487	2,487
2020	23	6	102	2,615	2,615
2021	25	6	116	2,746	2,746

附表3

主要统计指标1

单位：亿元

项目	2017年	2018年	2019年	2020年	2021年	2021年同比增幅（%）
本外币资产总额	1,137.00	1,250.25	1,422.45	1,730.75	2,016.72	16.52
本外币存款余额	803.00	860.93	1,047.78	1,318.01	1,508.21	14.44
人民币存款余额	786.50	855.61	1,042.52	1,312.32	1,484.96	13.16
单位存款	467.99	484.46	581.33	712.28	758.22	6.45
储蓄存款	318.51	371.15	461.19	600.04	726.74	21.12
本外币贷款余额	485.20	550.69	650.15	812.62	1,020.21	25.55
人民币贷款余额	475.53	540.19	642.80	809.83	1,016.62	25.53
短期贷款	279.93	290.21	330.85	351.94	436.89	24.14
中长期贷款	195.60	249.98	311.95	457.89	579.73	26.61
票据融资	24.94	24.90	30.16	41.84	29.73	-28.94

续表

项目	2017年	2018年	2019年	2020年	2021年	2021年同比增幅（%）
利润总额	9.33	9.42	10.38	10.23	14.94	46.04
不良贷款余额	6.14	11.07	11.83	9.93	13.02	31.12
不良贷款占比（%）	1.27	2.01	1.82	1.22	1.28	4.92

附表4

主要统计指标2

项目	2017年	2018年	2019年	2020年	2021年	2021年同比增幅（%）
单位结算账户（万户）	5.00	7.21	6.36	6.97	7.06	1.30
单位结算金额（亿元）	363.74	420.94	296.69	376.86	380.62	0.10
个人结算账户（万户）	350.24	376.23	337.06	348.57	383.08	9.90
个人结算金额（亿元）	315.00	363.87	361.52	479.10	574.68	19.95
信用卡发卡量（万张）	0.94	0.99	1.03	4.90	3.28	-33.06
信用卡消费额（亿元）	3.30	3.16	2.89	5.37	4.19	-21.97
企业网银客户（万户）	2.80	3.25	3.92	4.51	5.06	12.20
个人网银客户（万户）	49.93	53.19	60.14	60.65	63.62	4.90
手机银行客户（万户）	50.00	60.78	71.04	88.47	110.19	24.55
现金自助设备（台）	412	436	624	450	461	2.40
营业网点（个）	92	97	106	108	122	12.96
自助网点（个）	25	24	26	26	15	-42.30

临商银行股份有限公司

【第一负责人简介】　汲长虹，男，汉族，山东莒南人；2019年5月至2019年12月，任临沂市人民政府副秘书长（正县级），临商银行股份有限公司（简称临商银行）创新发展领导小组组长、临时党委书记；2019年12月至今，任临商银行党委书记，临商银行创新发展领导小组组长、临时党委书记。

【综述】　2021年，在临沂市委、市政府的正确领导和人民银行临沂市中心支行、临沂市银保监局的支持下，临商银行党委带领全行干部员工以高质量创新发展为核心，抓班子、带队伍，讲政治、顾大局，抓业务、促发展，主要经营指标得到优化提升，高质量发展成果丰硕。截至2021年末，全行总资产1,294.48亿元，各项存款余额1,024.60亿元，各项贷款余额858.37亿元；全年实现营业净收入34.30亿元；辖93家分支机构，横跨鲁浙两省，共有员工2,100余人。

【公司业务】　2021年，临商银行认真落实“六稳”“六保”政策及中央、省、市经济工作会议要求，紧跟临沂市经济工作中心，统筹抓好企业复工复产、项目建设、乡村振兴等改革发展稳定各项工作，不断改进金融服务，提升金融供给水平。2021年累计投放信贷资金800多亿元，新增贷款128.00亿元，其中累计为249户供应链金融核心企业及其1,534户上下游中小企业投放信贷资金85.80亿元；新增普惠小微贷款58.00亿元，新增制造业贷款25.00亿元，新增绿色贷款8.40亿元，分别增长了37.00%、10.00%和94.00%，余额分别达到215.00亿元、275.00亿元和17.00亿元；帮助1.40万余户大中小企业满足阶段资金需求，支持奔腾激光、方圆模具等一批优秀企业成长为行业隐形冠军；围绕临沂“工业强市”发展战略，主动对接全市战略企业、新旧动能转换企业，推出大额授信业务会商机制，全年召开会商会议10余次、审议授信业务60余笔；认真传导央行“两项政策工具”，全年累计发放信用贷款67.00亿元、办理延期还本付息89.00亿元，信用贷款投放额占临沂市金融法人机构的50%。

【个人业务】 2021年，临商银行持续深化零售转型，深入贯彻国家惠农金融政策，下沉资金、网点，推进新型普惠金融服务站建设，实现了站内取款、转账、查询、各类缴费等业务的办理，累计建设新型普惠金融服务站3,100余家，有效提高了金融服务的覆盖面；完成潍坊高密、寿光支行和河东郑旺社区支行开业，打通“三农”金融服务的“最后一公里”。加快金融产品创新，以数字化转型为主线，加强线上产品研发、场景搭建，为企业提供综合金融服务，上线了平安普惠贷、智慧农贸、精品茂、网贷平台、绿色票据、山能供应链金融平台、垂直电商平台、大数据平台建设及数据治理等30余个系统和产品。

【国际业务】 2021年，临商银行实现国际业务结算量23.60亿美元，其中中间业务收入3,506.00万元，同比增长22.00%（剔除美元汇率下降因素，实际增长27.00%）；出口结算量8.00亿美元，同比增长45.00%；累计开立资金账户22户，资本金结算量共计1.15亿美元，同比增长270.00%。积极构建“双循环”格局，上线国内证福费廷业务，累计结算量8.10亿元，国内证福费廷及国内证福费廷转卖双重组合实现收入1,000.00万元。积极推进货贸直联工作，成功实现与国家外汇管理局货物贸易系统直连对接，成为临沂市第一家、山东省第二家货物贸易主体名录嵌入国际结算业务系统进行管理的法人银行。贯彻落实跨境人民币国际化和便利化，成功推进与人民银行跨境人民币收付信息管理系统直联对接。大力推广“鲁贸贷”业务，累计发放融资1,000余万美元，有效支持中小外贸企业发展。

【中间业务】 2021年，临商银行持续推进中间业务创新，优化收入结构，在稳步发展资金结算、银行卡产品等传统中间业务的同时，重点加快电子银行、理财等中间业务创新步伐。银行卡方面，截至2021年末，累计发行借记卡267.91万张，较年初增加4.32万张，实现借记卡手续费收入600.68万元；累计发行公务卡1.56万张，实现公务卡手续费收入145.65万元。持续推进代客理财、代理保险业务和贵金属业务，全年共实现理财业务收入747.00万元，惠商宝业务手续费收入136.00万元，代理保险业务手续费收入44.70万元，代理贵金属业务手续费收入141.70万元。

【电子银行业务】 2021年，临商银行电子银行客户数量快速增长，交易笔数、交易金额再创新高。全年手机银行用户新增22.98万户，同比多增2.21万户，存量用户达74.95万户；网上银行用户新增0.90万户，存量用户达19.26万户；短信平台用户新增28.57万户，存量达152.78万户；微信银行用户新增3.15万户，存量用户达17.41万户；电子银行渠道资金交易笔数达1,167万笔、金额12,716.00亿元，电子替代率指标高质量提升达到90.50%，为分流柜面业务、提升运营成本作出了贡献。

【风险控制】 2021年，临商银行抓实“控险提质”主线、构建全面风险管理体系，各类风险有效管控，经营质量稳固提升。制定了《全面风险管理办法》《战略风险管理办法》，对照监管部门要求，完成问题整改评估机制、全面风险管理机制等12项机制建设，提高风险识别和管控能力。狠抓不良清收化解，出台《临商银行不良资产管理办法》和《不良资产转让管理办法》，开展5,000.00万元以上大额贷款专项审计，全年累计清收化解不良贷款43.20亿元，其中打逃清收7.70亿元、贷款核销19.80亿元、续作和土地化解及银政合作处置15.50亿元，资产质量有效改善，移出了山东省人民政府高风险机构名单。强化问题整改，聚焦问题多发环节和重点风险领域，组织屡查屡犯问题集中治理，对近五年来8次监管检查及外部审计的信贷、公司治理、内控、财务等425项问题，明确整改责任、措施和时限，目前已整改391项，整改率92.00%。

（牛雅静）

附表1

机构概况一览表

<table>
<tr><td colspan="2">党委书记</td><td colspan="2">行长（或其他称谓的同级领导）</td></tr>
<tr><td colspan="2">汲长虹</td><td colspan="2">周曙光、庄 依、刘健铭、徐 毅、徐 建、韩 伟、王震江、刘建军、葛 磊、赵鹏飞（挂职）</td></tr>
<tr><td>地址</td><td>山东省临沂市兰山区北京路37号</td><td>邮编</td><td>276000</td></tr>
<tr><td>网址</td><td>http://www.lsbchina.com/</td><td>客服电话</td><td>400—69—96588</td></tr>
</table>

附表2

内设部门及分支机构一览表

年度	内设机构（个）	下设分支机构（个）		员工人数（人）	
		地市级机构数	县区级机构数	员工总数（含非正式员工）	正式员工数
2017	25	3	86	2,133	2,045
2018	25	3	87	2,171	2,084
2019	25	3	86	2,152	2,139
2020	25	3	85	2,076	2,064
2021	25	3	86	2,183	2,157

附表3

主要统计指标1

单位：亿元

项目	2017年	2018年	2019年	2020年	2021年	2021年同比增幅（%）
本外币资产总额	774.82	819.02	882.97	1,078.42	1,294.48	20.03
本外币存款余额	643.29	608.74	744.47	897.00	1,024.60	14.23
人民币存款余额	637.89	598.81	742.76	893.63	1,020.04	14.15
单位存款	425.80	439.85	479.02	557.47	604.44	8.43
储蓄存款	215.41	231.84	264.34	331.92	415.60	25.21
本外币贷款余额	485.03	456.07	569.99	707.41	858.37	21.34
人民币贷款余额	474.56	441.05	567.39	703.46	853.74	21.36
短期贷款	345.90	349.54	348.14	410.35	496.02	20.88
中长期贷款	97.23	125.34	154.64	197.36	266.56	35.06
票据融资	29.87	43.18	63.79	95.00	90.55	-4.68
利润总额	7.81	4.58	5.67	5.69	6.11	7.38
不良贷款余额	21.43	16.85	13.86	11.93	22.46	88.26
不良贷款占比（%）	4.42	3.70	2.43	1.69	2.62	55.03

附表4

主要统计指标2

项目	2017年	2018年	2019年	2020年	2021年	2021年同比增幅（%）
单位结算账户（万户）	2.70	3.10	3.50	4.18	4.93	17.94
单位结算金额（亿元）	223.30	234.75	247.57	335.38	503.33	50.08
个人结算账户（万户）	205.87	382.23	427.76	459.04	496.23	8.10
个人结算金额（亿元）	78.85	81.12	79.32	90.53	110.11	21.63
信用卡发卡量（万张）	1.21	1.31	1.43	1.47	1.56	6.12
信用卡消费额（亿元）	5.29	5.38	5.38	4.30	3.89	-9.53
企业网银客户（万户）	1.77	2.15	2.63	3.29	4.03	22.49
个人网银客户（万户）	12.90	13.93	14.74	15.08	15.22	1.00
手机银行客户（万户）	14.78	20.67	30.99	51.95	74.95	44.27
现金自助设备（台）	236	262	293	309	264	-14.56
营业网点（个）	89	90	91	90	93	3.00
自助网点（个）	8	10	10	10	10	—

威海市商业银行股份有限公司

【第一负责人简介】 谭先国，男，汉族，1966年10月出生，山东文登人，中共党员，研究生学历；1993年7月参加工作，先后获得过“山东省优秀青年企业家”“山东省十大杰出青年企业家”“山东省优秀企业家”“山东省劳动模范”“全国五一劳动奖章”“全国劳动模范”“山东省金融高端人才”等荣誉和称号；现任威海市商业银行股份有限公司（简称威海市商业银行）党委书记、董事长，第十三届全国人大代表。

【综述】 2021年，威海市商业银行各项业务平稳健康发展，主要呈现以下七大特点：一是规模平稳增长。年末资产总额达到3,045.21亿元，较2020年末增加369.19亿元，增长13.80%，各项业务指标均保持良好增长态势。二是质量保持稳定。年末资本充足率达到14.59%以上，各项监管指标持续全面达标，业务发展更加科学稳健。三是效益不断提升。全年实现净利润18.92亿元，同比增加2.43亿元，增长14.77%。四是合规程度进一步提高。按照监管部门要求和部署，积极开展“行业规范建设提升年”活动，开展制度学习月、制度考试月、制度修订月、制度执行月等“制度系列月”活动，巩固合规建设成果、夯实合规工作基础。五是转型加快推进。全面启动数字化转型，按照“数据标准化、标准线上化、线上智慧化”的“三化”理念，制定了数字化转型三年规划，全力打造“客户体验一流、创收创利一流”的“智慧数字银行”；启用了新数据中心、上线了CBUS5.0智慧银行系统、设立了数字银行部，科技支撑能力不断提升。六是服务精准有效。响应国家“碳达峰、碳中和”战略，采纳“赤道原则”，成为山东省首家“赤道银行”，绿色金融实现了新突破。积极搭建“智慧平台”，充分放大“房e贷”“快e贷”“税e融”“政e融”等特色产品优势，并在“商车贷”的基础上开发“商车宝”专属App，通过线上化、平台化模式更加精准地服务实体经济。七是品牌影响扩大。连续多年被评为“全国十佳城市商业银行”，在山东省人民政府组织的地方金融企业绩效评价中获评最高级别AAA级，管理模式、业务创新、党建工作、企业文化等多次获得山东第一、全国最好的成绩，品牌形象大幅提升。

【公司业务】 2021年，威海市商业银行聚焦高端客户，充分依托股东优势、规模优势、网点优势，强化协同联动营销机制，不断提升综合服务能力。积极推进数字化转型，深化模式创新，围绕“强总行”“强总部”目标，持续提升供给能力。通过“总对总”平台搭建、名单制管理、链条式营销、战略客户管理、科技赋能等手段，持续推动公司业务规模和效益稳定增长。

【零售业务】 2021年，威海市商业银行聚焦“数字化”驱动的“两端型零售银行”发展战略，坚持以客户为中心，加快推进数字化转型进程，积极打造生活类服务场景。更加重视对零售客户服务水平的提升，通过强化公私联动、科技赋能、平台搭建等措施，推动零售业务可持续发展。

【金融市场业务】 2021年，威海市商业银行继续深耕细作金融市场业务，不断优化资产负债结构，大力支持实体经济发展；依托原有牌照优势，获批开展人民币与外汇衍生产品业务、银行间黄金询价业务，综合化金融服务能力得到进一步提升。

【国际业务】 2021年，威海市商业银行积极为涉及跨境交易及国内贸易的对公客户提供广泛的金融服务，其中国际结算服务包括汇款、托收、信用证、保函及跨境人民币结算等业务。截至2021年末，威海市商业银行有22家分支行可对外提供国际结算服务，建立代理行关系的银行共计216家，覆盖了德国、美国等30个国家和中国香港等地区。

【中间业务】 威海市商业银行开展的中间业务主要包括支付结算类中间业务、代理类中间业务、承兑及担保类业务、顾问咨询业务、融资租赁服务类等七大类中间业务。近年来，威海市商业银行在中间业务领域辛勤耕耘，相关收入总量持续、稳健增长，有力改善了全行的收入结构。

【电子银行业务】 威海市商业银行开展的电子银行业务包括网上银行、手机银行、直销银行、微信银行、电话银行、短信银行等线上金融服务。截至2021年末，威海市商业银行手机银行客户规模突破195万户。在电子银行营销宣传方面，《“数字化智慧+信贷平台”整合营销案例》荣获第四届（2021）中国金融年度品牌案例大赛“整合营销年度案例奖”。

【风险控制】 威海市商业银行建立了覆盖全员、全流程、全机构及各类风险形态的全面风险管理体系，形成了前、中、后台整体联动和相互制约的风险管理体制；建立了有效平衡风险与回报的内控和运行机制。这些组织架构和风控机制，对全行业务持续稳健发展起到了重要的保障作用。

（张家恩、谭芳芳）

附表1

机构概况一览表

行长（或其他称谓的负责人）		副行长（或其他称谓的同级领导）	
谭先国（董事长）、孟东晓（行长）、张仁钊（监事长）		刘昌杰、陶遵建、邢志强、张晓东、卢继梁、张文斌	
地址	山东省威海市宝泉路9号	邮编	264200
网址	http://www.whccb.com/	客服电话	96636

附表2

内设部门及分支机构一览表

年度	内设机构（个）	下设分支机构（个）		员工人数（人）	
		地市级机构数	县区级机构数	员工总数（含非正式员工）	正式员工数
2017	24	14	89	3,126	3,015
2018	24	15	91	3,073	3,023
2019	25	15	97	3,092	3,038
2020	26	17	97	3,096	3,049
2021	28	17	99	3,151	3,108

附表3

主要统计指标1

单位：亿元

项目	2017年	2018年	2019年	2020年	2021年	2021年同比增幅（%）
本外币资产总额	2,044.98	2,031.22	2,246.36	2,676.02	3,045.21	13.80
本外币存款余额	1,200.96	1,157.84	1,422.01	1,774.81	2,038.34	14.85
人民币存款余额	1,186.46	1,147.04	1,404.27	1,755.62	1,994.02	13.58
单位存款	797.74	700.20	827.27	1,024.09	1,133.78	10.71
储蓄存款	388.72	446.84	577.00	731.53	860.24	17.59
本外币贷款余额	665.19	751.96	924.52	1,202.93	1,432.93	19.12
人民币贷款余额	663.14	750.77	920.67	1,202.59	1,425.00	18.49
短期贷款	321.99	342.60	365.63	371.27	358.16	-3.53
中长期贷款	299.04	340.57	484.16	754.87	976.52	29.36
票据融资	39.18	66.04	66.61	75.27	87.96	16.86
利润总额	19.58	11.50	18.14	19.51	22.15	13.53
不良贷款余额	9.78	13.70	16.68	17.74	21.09	18.88
不良贷款占比（%）	1.47	1.82	1.80	1.47	1.47	0.00

附表4

主要统计指标2

项目	2017年	2018年	2019年	2020年	2021年	2021年同比增幅（%）
单位结算账户（万户）	3.61	4.12	4.62	4.75	4.82	1.47
单位结算金额（亿元）	—	—	—	—	—	—
个人结算账户（万户）	230.38	261.25	293.17	394.41	474.66	20.35
个人结算金额（亿元）	—	—	—	—	—	—
信用卡发卡量（万张）	—	1.62	6.10	9.90	14.02	41.62
信用卡消费额（亿元）	—	3.54	10.54	20.13	41.02	103.78
企业网银客户（万户）	2.16	2.86	3.78	4.74	5.09	7.38
个人网银客户（万户）	23.16	28.04	34.15	40.64	49.27	21.24
手机银行客户（万户）	47.80	75.69	107.00	135.93	195.87	44.10
现金自助设备（台）	269	261	267	267	265	-0.74
营业网点（个）	122	114	118	119	121	1.68
自助网点（个）	129	122	124	122	124	1.64

日照银行股份有限公司

【第一负责人简介】 王森，男，山东日照人，1962年10月生，中共党员，大学文化程度，高级经济师，工商管理硕士学位；1979年11月参加工作，历任日照市城市信用社中心社党委委员、副主任，日照市商业银行党委委员、副行长、监事长，日照银行股份有限公司（简称日照银行）党委委员、行长等职务；2014年12月至今，任日照银行党委书记、董事长。曾获得“全国企业文化建设功勋人物”“全国企业文化创新优秀管理者”“山东省金融高端人才”“山东省优秀企业家”等荣誉称号。

【综述】 日照银行是一家由国有股份、企业法人股份及自然人股份共同组成的具有独立法人资格的股份制商业银行。截至2021年末，辖9家分行、100家支行、1家营业部、1家小企业信贷中心，注册资本39.35亿元，从业人员3,000余人。截至2021年末，全行资产总额2,467.00亿元、存款余额1,806.00亿元、贷款余额1,349.00亿元；全年实现净利润12.00亿元，稳居山东银保监局辖内13家城商行第一方阵，在日照市存款市场份额连续十三年保持同业第一位，达到29.72%的新高度；累计上缴全口径税收列全市企业前三位、金融企业第一位。

【公司业务】 2021年，日照银行坚持服务地方经济和实体企业的市场定位，抓实优质客户拓展、信贷精准投放、结构优化调整、服务效能提升等各项工作，推动本行公司业务向轻资本、综合化转型提升。截至2021年末，全行对公存款987.72亿元，较年初增长88.52亿元；大中型公司类表内外授信余额1121.78亿元，表内授信余额占比62.00%；制造业贷款余额179.15元，增速40.31%；绿色信贷余额49.63亿元，增速58.36%；压降银行承兑汇票成效显著，票贷比25.37%；公募类直融产品余额占比由年初的9.90%提升至50.54%；打造“621”数字供应链金融服务体系，推出“黄海之链”供应链金融服务平台，实现产业数字化与金融数字化的深度融合。

2021年，日照银行实现了全国首单电子仓单质押权利登记等20余项“首单”突破，为1,638家产业链企业办理供应链金融融资234.01亿元；投行资管业务全年实现标准化产品发行90.60亿元，在具有银行间债务融资工具承销资质的143家金融机构排名第四十八位，在山东银保监局辖区排名第一位。

【普惠金融业务】 2021年，日照银行践行普惠金融发展理念，与小微企业共克时艰、相伴前行。全行普惠型小微企业贷款增速46.90%，高于全部贷款增速21.60个百分点；普惠贷款平均利率5.86%，较年初下降0.10个百分点；全年累计为企业减费让利7,704.00万元；服务日照市小微企业市场主体突破5,000户，达到5,360户，较年初增加1,779户；创新推出"政银园投"投贷联动模式，已在高新区试点落地；服务小微企业做法获评"全国金融服务中小微企业优秀案例"。

【个人业务】 2021年，日照银行加快个人业务高质量发展。年末个人金融资产1,158.06亿元，较年初新增247.15亿元；储蓄存款808.93亿元，较年初新增174.71亿元；日照辖区新增储蓄占全市银行业新增储蓄的37.58%，连续五年居全市首位；个人消费贷款187.01亿元，较年初新增51.94亿元；零售客户规模实现新突破，达到323.25万人；深耕农村市场，金融惠民服务站达到1,502家，惠农存款贡献287.47亿元。

【国际业务】 2021年，日照银行积极落实"稳外资、稳外贸"工作要求，全年服务外资外贸客户1,000余户；实现国际结算量58.83亿美元，同比增加19.03亿美元，保持山东省城商行前列；实现跨境人民币业务量69.16亿元，同比增加42.28亿元；投放日照市首笔"鲁贸贷"、日照市首笔跨境金融区块链服务平台出口信保融资。

【中间业务】 2021年，日照银行通过加大资源整合、增强创新能力、完善中间业务定价机制、规范中间业务收费标准等方式，不断增强综合化金融服务对中间业务的拉动作用。全年实现中间业务收入6.18亿元，占全部营业收入的比例为10.10%。

【电子银行业务】 2021年，日照银行积极运用金融科技，因地制宜打造惠民利民产品服务，形成智慧农业、智慧教育、智慧社区（园区）等标准化场景金融服务能力；打造简版手机银行、简版网银等平台，制定"个人碳账户"综合服务方案；积极联合相关单位打造"数字乡村"综合服务平台，建设一批数字乡村试运行村。截至2021年末，全行网络金融客户达到161.57万户，电子渠道动账交易替代率97.00%，电子渠道销售理财、基金金额占比99.90%。

【风险控制】 2021年，日照银行加强投资业务的风险分类和穿透管理，年末表内外低评级投资占全部非金融企业债券投资比例34.39%，较年初下降21.95个百分点；净稳定资金比例126.11%，较年初提高5.18个百分点，全行流动性更加充裕；消费者满意率100%，在日照市12345政务热线考评中继续名列前茅，在山东银保监局辖区城商行中投诉件数继续保持低位，在法人银行机构消费者权益保护监管评价中获得2A级，是日照市唯一获此评级的银行业金融机构；圆满完成全年不良贷款和不良资产处置任务，舆情风险管控有效，安保责任落实有力。

（法明明）

附表1

机构概况一览表

行长（或其他称谓的负责人）		副行长（或其他称谓的同级领导）	
王森（党委书记、董事长）、杨宝峰（党委副书记、行长）、王 雷（监事长）		毕坤传、袁玲玲、孙艺祥、陈 迎、张茹茹、王惠斌	
地址	山东省日照市烟台路197号	邮编	276826
网址	http://www.bankofrizhao.com.cn/	客服电话	400—68—96588

附表2

内设部门及分支机构一览表

年度	内设机构（个）	下设分支机构（个）		员工人数（人）	
		地市级机构数	县区级机构数	员工总数（含非正式员工）	正式员工数
2017	22	8	66	2,198	2,051
2018	22	9	76	2,366	2,220
2019	23	9	84	2,624	2,405
2020	23	9	89	2,971	2,599
2021	22	9	96	3,448	2,984

附表3

主要统计指标1

单位:亿元

项目	2017年	2018年	2019年	2020年	2021年	2021年同比增幅(%)
本外币资产总额	1,238.40	1,472.83	1,658.59	2,086.66	2,467.23	18.24
本外币存款余额	890.66	1,021.58	1,207.02	1,573.60	1,805.65	14.75
人民币存款余额	884.13	1,017.02	1,201.38	1,562.46	1,794.54	14.85
单位存款	565.90	624.48	719.24	892.90	984.81	10.29
储蓄存款	318.23	392.54	482.14	669.56	809.73	20.94
本外币贷款余额	568.87	698.23	827.08	1,068.99	1,348.83	26.18
人民币贷款余额	562.74	692.52	824.07	1,061.53	1,343.31	26.55
短期贷款	294.69	351.76	380.37	521.59	667.72	28.02
中长期贷款	245.20	321.46	420.02	496.30	612.28	23.37
票据融资	19.42	16.42	21.63	42.60	62.64	47.02
利润总额	8.19	8.56	10.53	10.53	10.67	43.16
不良贷款余额	18.08	14.69	14.27	13.85	19.72	42.38
不良贷款占比(%)	3.18	2.11	1.73	1.30	1.46	0.16

附表4

主要统计指标2

项目	2017年	2018年	2019年	2020年	2021年	2021年同比增幅(%)
单位结算账户(万户)	8.93	10.69	12.72	12.73	13.83	8.64
单位结算金额(亿元)	17,420.00	19,373.00	24,526.00	30,068.09	46,903.72	55.99
个人结算账户(万户)	222.51	302.6	359.37	421.06	479.02	13.76
个人结算金额(亿元)	4,167.00	5,181.00	5,893.00	8,950.00	11,334.26	26.64
信用卡发卡量(万张)	1.32	1.91	2.06	2.23	12.89	478.03
信用卡消费额(亿元)	4.14	4.85	6.18	5.77	12.25	112.3
企业网银客户(万户)	4.00	5.17	6.95	8.04	9.17	14.05
个人网银客户(万户)	17.62	19.20	20.70	24.91	29.48	18.35
手机银行客户(万户)	22.50	31.24	50.09	80.81	117.44	45.33
现金自助设备(台)	249	261	260	255	267	4.71
营业网点(个)	74	85	93	98	110	12.24
自助网点(个)	50	50	45	42	43	2.38

东营银行股份有限公司

【第一负责人简介】 高传星，男，汉族，1970年出生，山东广饶人，中共党员；历任垦利县农村信用合作社主任，广饶县农村信用合作联社副主任，广饶农村合作银行行长、董事长，广饶农村商业银行股份有限公司董事长；2013年1月，任山东省农村信用社联合社东营办事处党委副书记、副主任（主持工作）；2014年1月，任山东省农村信用社联合社东营办事处党委书记、主任；2016年5月起任东营银行股份有限公司（简称东营银行）党委书记；2016年6月起，任东营银行董事长、党委书记。

【综述】 2021年，东营银行坚持以习近平新时代中国特色社会主义思想为指导，坚决贯彻稳中求进的工作总基调，始终坚持审慎稳健的发展理念，贯彻实施“一二三四五”的总体发展思路，全力服务地方经济发展，取得了良好发展业绩。截至2021年末，全行员工1,895人，总资产达到1,513.77亿元，较年初增长18.64%；各项存款达到1,184.17亿元，较年初增长18.86%；贷款余额达到826.25亿元，较年初增长27.50%；不良贷款率1.49%，较年初降低0.14个百分点，各项业务呈现良好发展态势。

【公司业务】 2021年，东营银行公司业务积极融入区域经济发展，做好“银政企”融合文章，服务全省新旧动能转换战略，为55个新旧动能转换项目授信29.52亿元；全力落实党中央、国务院关于碳达峰、普惠金融、小微企业等顶层设计和战略部署，发力绿色金融，发展普惠金融，支持小微企业；创新碳排放权质押贷款产品，发放国内首笔核能供热项目绿色贷款；全年累计投放绿色信贷资金20.82亿元，年末普惠型小微企业贷款余额达到99.81亿元；积极运用“两项直达”货币政策工具，稳步发展涉农业务，年末全行涉农贷款余额达到207.05亿元，较年初增长25.93%。

【个人业务】 2021年，东营银行个人业务坚持产品创新、营销推进、机制建设工作思路，不断夯实零售基础，实现业务突破。积极开展全员营销，大力推进零售负债资产代理业务一体化发展；丰富产品体系，创新福运存单、宝贝存单、团圆存等6款储蓄产品；提升客户体验，组织营销活动2,400余场，全员营销储蓄的氛围空前浓厚；推进线下零售资产业务发展，全面梳理个贷产品体系，深化品牌含义，打造完成以“盈”为主题的零售资产产品品牌；深挖公积金数据，创新普惠新模式，深化与市公积金中心合作，推出“积金惠企”“积金惠民”专属贷款产品。

【国际业务】 2021年，东营银行国际业务持续打造特色品牌优势，增强科技赋能，加强产品创新，积极推进上线供应链系统，大力推广跨境供应链业务。全年累计办理跨境供应链融资2.48亿美元；坚持“总分支联动”与“本外币一体化”营销策略，全年跨境人民币业务同比增长187.38%；全年累计实现结算量48.09亿美元，结售汇量28.45亿美元，结售汇总量在全省城商行排名中居第一位。

【中间业务】 2021年，东营银行坚持多元化发展道路，积极拓展中间业务种类，不断满足客户差异化金融需求。积极开展品牌贺岁金等贵金属产品营销，拓展合作保险产品种类；大力发展国际业务、资金业务，积极发展跨境人民币结算、信用证等业务；借助债券、票据等工具，不断丰富资金来源；加大资金运作力度，推进理财业务自主投资和净值化转型；不断拓展收入渠道，中间业务收入占总收入比重稳步上升。

【电子银行业务】 2021年，东营银行电子银行业务紧跟互联网金融发展趋势，积极拥抱金融科技，不断丰富手机银行、微信银行、网上银行等电子渠道功能，上线东银云商城、视频银行，线上业务覆盖面显著提升，“线上+线下”的融合发展模式更加成熟；自主研发电子医保凭证、社保卡系统，成为省内首批三代社保卡发卡的城商行、首家上线电子医保凭证的地方性银行。

【风险控制】 2021年，东营银行牢固树立审慎合规理念，狠抓风险管控，全年保持安全稳健运行。大力推进风险管理体系建设，制定年度风险政策纲要，完善全面风险评估报告机制；上线客户风险监测预警系统，做好风险监测及限额管理；完善分行风险总监派驻制，风险管理机制更加健全；突出抓好信用风险、流动性风险、声誉风险、操作风险、信息科技风险等具体风险防控工作；组织“行业规范建设提升年活动”“内控合规管理建设年活动”，全年制定、修订内控管理制度109项，完成业务连续性管理、资本管理等审计项目29个，全行合规管理水平显著提高。

（巩克禄）

附表1

机构概况一览表

董事长		行长	
高传星		陶文军	
地址	山东省东营市东营区府前大街87—1号	邮编	257000
网址	http://www.dyccb.net/	客服电话	400—62—96588

附表2

内设部门及分支机构一览表

年度	内设机构（个）	下设分支机构（个）		员工人数（人）	
		地市级机构数	县区级机构数	员工总数（含非正式员工）	正式员工数
2017	16	5	16	1,336	1,336
2018	18	5	19	1,386	1,386
2019	18	6	21	1,561	1,561
2020	22	7	20	1,781	1,675
2021	21	6	21	2,041	1,895

附表3

主要统计指标1

单位:亿元

项目	2017年	2018年	2019年	2020年	2021年	2021年同比增幅（%）
本外币资产总额	882.18	1,037.80	1,091.94	1,275.97	1,513.77	18.64
本外币存款余额	590.40	690.66	819.22	996.30	1,184.17	18.86
人民币存款余额	587.21	682.65	810.02	989.30	1,180.36	19.31
单位存款	315.93	359.03	415.13	468.60	567.74	21.16
储蓄存款	273.95	323.62	394.88	520.70	612.12	17.56
本外币贷款余额	362.59	430.69	532.02	648.05	826.25	27.50
人民币贷款余额	350.72	414.32	519.59	636.02	812.14	27.69
短期贷款	273.72	272.31	288.89	362.30	448.55	23.81
中长期贷款	77.00	132.89	219.57	273.72	363.59	32.83
票据融资	11.13	4.27	4.78	10.91	18.14	66.27
利润总额	9.65	8.52	5.33	6.32	4.91	-22.31
不良贷款余额	5.21	8.35	10.90	10.60	12.31	16.13
不良贷款占比（%）	1.44	1.94	2.05	1.63	1.49	-8.59

附表4

主要统计指标2

项目	2017年	2018年	2019年	2020年	2021年	2021年同比增幅（%）
单位结算账户（万户）	2.95	3.93	4.84	6.37	7.32	14.91
单位结算金额（亿元）	158.67	288.95	358.11	328.40	403.30	22.81
个人结算账户（万户）	165.05	138.64	150.12	187.76	208.75	11.18
个人结算金额（亿元）	66.01	70.42	85.99	101.08	116.19	14.95
信用卡发卡量（万张）	0.88	1.15	1.39	1.43	0.10	-93.01
信用卡消费额（亿元）	2.71	2.96	3.69	2.74	1.90	-30.66
企业网银客户（万户）	1.99	2.58	3.37	3.83	4.37	14.10
个人网银客户（万户）	22.71	23.86	24.27	24.35	24.27	-0.33
手机银行客户（万户）	16.91	23.46	30.50	42.67	54.46	27.63
现金自助设备（台）	208	246	259	261	21	-91.95
营业网点（个）	71	81	96	102	116	13.73
自助网点（个）	1	2	0	0	18	—

德州银行股份有限公司

【第一负责人简介】 牛洪春，男，汉族，1963年8月出生，中共党员，大学学历，高级审计师；曾任乐陵市财政局党组书记、局长，乐陵市人民政府党组成员、市长助理兼乐陵市财政局党组书记、局长，乐陵市人民政府党组成员、副市长，德州市财政局党组成员、副局长，德州市财政局局长、党组书记；2016年4月起，历任德州银行股份有限公司（简称德州银行）党委副书记、董事长，党委书记、董事长，党委副书记、监事长；2021年3月起，任德州银行党委书记、董事长。

【综述】 2021年是中国共产党成立100周年，是“十四五”规划全面开局之年，德州银行坚持党建引领，按照“党史学习教育、不良资产处置、零售普惠队伍转型为重点，敢于工作创新是手段，干部人才队伍管理是关键，促进银行高质量发展为目的”的工作思路，在推动盈利提升、风险化解、转型发展、合规内控等重点工作方面付出了艰辛的努力，取得了突出成绩。截至2021年末，德州银行资产总额677.69亿元，较年初增加74.09亿元、增长12.27%，预算达成率100.40%；各项存款余额578.87亿元，较年初增加50.40亿元、增长9.54%；各项贷款余额396.35亿元，较年初增加67.46亿元、增长20.51%；资本充足率、流动性比例、拨备覆盖率、成本收入比等主要指标符合监管要求并实现新提升。

【公司业务】 2021年，德州银行存贷款规模实现有效突破，年末对公贷款余额176.59亿元，较年初增加32.36亿元、增长22.43%，增速同比提升9.21%；对公存款余额210.74亿元，较年初增加25.33亿元、增长13.66%，增速同比提升10.45%；对公存款、贷款增量在城区均列第一位。全行收益水平明显提升，全年实现贷款利息收入10.41亿元，同比增加2.51亿元；金融市场业务部门正确研判宏观形势，整体收益率较年初上升30个BP，实现账面浮盈1.28亿元、利差收入8.76亿元。

【个人业务】 2021年，德州银行持续强化网点营销功能，推进“全员营销”，在多渠道主动压降存款成本及费用支出的同时，实现储蓄存款大幅提升，年末储蓄存款余额367.46亿元，较年初增加24.99亿元；克服网贷规模压缩和房地产贷款集中度管理不利影响，年末个人贷款余额增加11.85亿元、增长12.13%；个人贷款增量、个人普惠贷款和网络贷款增量达到历史最高水平。

【国际业务】 2021年，德州银行国际业务快速增长，全年实现国际结算量13.14亿美元，同比增长44.40%；贸易融资投放4.84亿元，同比增长57.00%；国内信证结算量3.97亿元，同比增长318.00%；成功上线CIPS标准收发器、电子信用证系统；全行扎实践行社会责任，先后获得“金融辅导全省工作表现突出基层单位”“外汇管理业务A级行”“场景金融创新优秀案例奖”等荣誉称号。

【中间业务】 2021年，德州银行推出德财富定开宝理财产品，全年实现理财中间业务收入2,645.00万元，为客户兑付理财收益1.68亿元；荣获普益财富“金誉奖”，现金宝收益名列全国第四位、省内第一位；上线缴费通、智慧食堂、权益平台等场景化项目，试水云闪付App党费交纳，云闪付新增绑卡量居全省城商行首位。

【电子银行业务】 2021年，德州银行通过科技赋能，积极打造“智慧助老”服务体系。上线简版手机银行和语音互助功能，老年客户可根据朗读内容引导办理各项业务，有效提升了老年客户使用手机银行的便利性和使用体验；积极推进自助渠道适老化改造，通过字体放大、UI重构、界面增强、计时延长、差异化语音等方式提升老年人自助机具使用体验；搭建新平台、优化新功能，为网点营销助力；搭建全新的ATMP端，智慧柜员机新增17项新功能、优化4项存量功能；积极推广银行卡、手机银行、网上银行、微信银行，积极拓展特约商户。截至2021年末，全行累计发行借记卡1,419,666张，同比增加5.14%；借记卡存款余额75.97亿元，其中活期存款58.38亿元、定期存款17.59亿元；公务卡累计发卡量6,033张，存款174.10万元，有效拓宽了利润创收渠道。

【风险控制】 2021年，德州银行深入推行机关作风与效能建设，公文流转更顺畅，业务流程进一步精简高效，客户服务满意度不断提升；顺利完成董事会、监事会换届，修订完善“三会”议事规则，明确了各治理主体职责边界，运行机制进一步健全；制定“十二项工作机制”，积极推进审慎监管会议“两本台账”整改；积极开展“内控合规管理建设年”和“规范建设提升年”活动，通过制度修订、评估自纠、问题整改等措施，激发合规经营的内生动力，推动合规文化持续厚植建设；修订完善《德州银行员工违规行为处理办法》，从制度层面加强业务约束、强化合规内控。

（孙 晶）

附表1

机构概况一览表

行长（或其他称谓的负责人）		副行长（或其他称谓的同级领导）	
牛洪春（党委书记、董事长）、赵鸣翠（党委副书记、行长）、王伟芳（党委副书记、监事长）		郑亚林、杜成金、吴玉华、杨宏韬、徐圣颖、刘风焕、镡方东、姜忠洲、王树志、朱建丽	
地址	山东省德州市经济技术开发区三八东路1266号	邮编	253000
网址	http://www.dzbchina.com/	客服电话	400—849—6588

附表2

内设部门及分支机构一览表

年度	内设机构（个）	下设分支机构（个）		员工人数（人）	
		地市级机构数	县区级机构数	员工总数（含非正式员工）	正式员工数
2017	24	3	64	1,364	979
2018	24	3	64	1,340	959
2019	25	3	64	1,337	961
2020	21	3	63	1,315	946
2021	21	3	61	1,260	888

附表3

主要统计指标1

单位：亿元

项目	2017年	2018年	2019年	2020年	2021年	2021年同比增幅（%）
本外币资产总额	465.48	491.34	544.88	603.60	677.69	12.27
本外币存款余额	375.10	417.88	459.58	528.47	578.87	9.54
人民币存款余额	374.61	416.91	458.87	527.91	578.23	9.53
单位存款	152.37	174.78	160.60	185.70	211.41	13.84
储蓄存款	198.02	224.10	279.19	342.47	367.46	7.30
本外币贷款余额	217.61	245.06	293.70	328.89	396.35	20.51
人民币贷款余额	216.76	244.17	293.25	328.14	395.86	20.64
短期贷款	119.86	107.31	98.68	115.73	133.80	15.61
中长期贷款	59.01	84.07	118.79	146.31	180.75	23.54
票据融资	36.33	50.88	74.88	66.85	79.80	19.37
利润总额	2.36	1.66	2.47	2.09	3.32	58.85
不良贷款余额	5.95	7.69	8.00	7.88	7.64	-3.05
不良贷款占比（%）	2.74	3.14	2.72	2.40	1.93	-19.58

附表4

主要统计指标2

项目	2017年	2018年	2019年	2020年	2021年	2021年同比增幅（%）
单位结算账户（万户）	3.12	3.75	4.58	5.05	5.50	8.91
单位结算金额（亿元）	4,889.83	5,460.11	5,926.11	6,700.67	8,771.09	30.90
个人结算账户（万户）	129.94	127.37	134.44	140.86	154.55	9.72
个人结算金额（亿元）	2,004.23	2,269.13	2,031.78	2,156.27	2,136.75	-0.91
信用卡发卡量（万张）	0.50	0.54	0.56	0.59	0.60	1.69
信用卡消费额（亿元）	1.04	1.10	0.96	0.62	0.51	-17.74
企业网银客户（万户）	1.52	1.98	2.65	3.20	3.73	16.56
个人网银客户（万户）	10.85	11.85	12.79	10.58	11.29	6.71
手机银行客户（万户）	16.73	21.42	28.30	36.01	44.42	23.35
现金自助设备（台）	219	210	199	183	171	-6.56
营业网点（个）	64	64	64	63	61	-3.17
自助网点（个）	19	14	11	5	4	-20.00

济宁银行股份有限公司

【第一负责人简介】 杜强，男，汉族，中共党员，1968年出生，在职研究生，管理学博士，高级经济师；历任济宁市公共汽车公司党委副书记、总经理，济宁市民用航空管理局党组副书记、副局长兼济宁曲阜机场有限公司党委副书记、总经理，济宁北湖省级旅游度假区管委会党工委委员、副主任，济宁市人民政府投融资管理中心党组副书记、副主任，济宁市城建投资有限责任公司董事长，济宁经济技术开发区党工委副书记、管委会主任，济宁银行股份有限公司（简称济宁银行）党委副书记、行长等职；2019年5月起，任济宁银行党委书记、董事长。

【综述】 2009年12月，济宁市商业银行更名为济宁银行。截至2021年末，济宁银行资产总额1,385.66亿元，同比增长20.82%；存款余额1,040.89亿元，同比增长20.98%；贷款余额778.70亿元，同比增长21.36%。济宁银行共有90家分支机构，其中分行7家，分布在菏泽、枣庄、泰安、淄博、临沂、日照、聊城。2021年，济宁银行获评山东省财政厅地方金融企业绩效评价优秀AAA等次；在中国银行业协会“陀螺”官方评价中列全国城商行第十八位，继续保持2,000.00亿元以下城商行第一位；先后荣获“卓越竞争力价值成长银行”“最具科技竞争力中小银行”等称号。

【公司业务】 2021年，济宁银行认真落实济宁市委、市政府“制造强市”“助企攀登”部署要求，充分发挥地方法人银行优势，深度支持地方经济发展；创新推出了“专精特新贷”“科技成果贷”“单项冠军贷”“瞪羚企业贷”“仓单质押贷”“碳中和+绿色信贷”等特色金融产品，有力提升了对实体经济的支持力度。截至2021年末，济宁银行本外币单位贷款余额382.61亿元，同比增长21.63%，其中制造业企业贷款余额56.48亿元、攀登企业贷款余额19.62亿元、绿色贷款余额28.47亿元、表内外贸易融资余额41.03亿元，有效支持政府重点基础设施项目建设。

【个人业务】 近年来，济宁银行零售信贷业务围绕推进零售金融业务转型升级、加快系统平台智能化建设，将数字元素注入金融服务全流程，突出科技赋能在服务小微企业和提升客户体验中的便捷作用，切实满足客户的融资需求。2021年，济宁银行依托“小微融·税e贷”“房产儒E贷”“个人住房按揭贷款”等业务服务社会，彰显金融担当。截至2021年末，济宁银行本外币个人贷款余额350.99亿元，同比增长27.44%。

【国际业务】 2021年，济宁银行继续加快国际业务数字化转型发展。省内率先对接了CIPS标准收发器，完成了跨境结算的本外币独立双渠道建设；作为省内第一家法人银行与中国（山东）国际贸易单一窗口实现系统对接，依托“单一窗口”推出了涵盖协议签订、预约开户、收结汇、售付汇等功能的“跨境儒E付”跨境结算线上产品体系；在现有跨境人民币产品的基础上，整合资源推出了包括商贸通、资本通、担保通、融资通在内的“儒意跨境本币通”跨境人民币产品体系。

【电子银行业务】 2021年，济宁银行持续做好电子银行业务日常运维、网点指导及业务管理相关工作。各分支机构前台对客户要求能够及时受理、对客户疑问能够第一时间排查，确保前、中、后台优质电子银行业务稳健、合规发展，全年各项业务指标实现大幅增长。

【风险控制】 2021年，面对疫情、经济环境等诸多不利因素，济宁银行始终保持防范化解金融风险定力，不断健全全面风险管理体系，持续强化内部控制成效。截至2021年末，全行不良贷款余额同比减少0.08亿元，不良贷款率同比下降0.24%，资产质量持续向好。

（吴 凡）

附表1

机构概况一览表

<table>
<tr><td colspan="2">行长（或其他称谓的负责人）</td><td colspan="2">副行长（或其他称谓的同级领导）</td></tr>
<tr><td colspan="2">杜 强（董事长）、陈振勇（行长）</td><td colspan="2">梁汝亮、张衍珍、刘志刚、贾广东、杜爱民、焦春华、官 振</td></tr>
<tr><td>地址</td><td>山东省济宁市金宇路6号济宁银行大厦</td><td>邮编</td><td>272000</td></tr>
<tr><td>网址</td><td>http://www.jn-bank.com/</td><td>客服电话</td><td>400—677—0537</td></tr>
</table>

附表2

内设部门及分支机构一览表

年度	内设机构（个）	下设分支机构（个）		员工人数（人）	
		地市级机构数	县区级机构数	员工总数（含非正式员工）	正式员工数
2017	23	6	21	1,563	1,397
2018	27	7	24	1,629	1,535
2019	27	7	24	1,606	1,529
2020	27	7	24	1,594	1,537
2021	27	7	31	1,746	1,634

附表3

主要统计指标1

单位：亿元

项目	2017年	2018年	2019年	2020年	2021年	2021年同比增幅（%）
本外币资产总额	617.41	767.02	956.96	1,146.92	1,385.66	20.82
本外币存款余额	457.10	550.47	703.23	860.39	1,040.89	20.98
人民币存款余额	455.78	554.33	702.02	859.40	1,040.27	21.05
单位存款	202.37	244.78	290.36	331.31	396.61	19.71
储蓄存款	253.02	304.61	410.37	524.76	643.54	22.64
本外币贷款余额	284.78	407.25	509.56	641.67	778.70	21.36
人民币贷款余额	284.23	406.42	508.19	639.93	776.47	21.34
短期贷款	143.00	252.11	314.51	346.33	386.25	11.53
中长期贷款	110.93	124.78	159.62	241.55	344.90	42.79
票据融资	29.84	29.23	33.94	51.80	45.21	-12.72
利润总额	6.68	7.00	7.35	7.54	10.43	38.33
不良贷款余额	5.19	7.99	8.36	8.26	8.18	-0.97
不良贷款占比（%）	1.82	1.96	1.64	1.29	1.05	-18.60

附表4

主要统计指标2

项目	2017年	2018年	2019年	2020年	2021年	2021年同比增幅（%）
单位结算账户（万户）	5.59	6.69	7.18	8.21	7.71	-6.09
单位结算金额（亿元）	113.87	130.21	141.19	119.07	125.37	5.29
个人结算账户（万户）	172.69	189.92	207.17	272.69	253.27	-7.12
个人结算金额（亿元）	133.26	137.94	139.02	153.38	162.89	6.20
信用卡发卡量（万张）	—	—	—	—	—	—
信用卡消费额（亿元）	—	—	—	—	—	—
企业网银客户（万户）	3.16	4.26	5.47	5.90	6.22	5.42
个人网银客户（万户）	26.22	28.97	31.58	33.18	34.77	4.79
手机银行客户（万户）	25.79	39.88	59.62	76.35	96.33	26.17
现金自助设备（台）	329	328	308	292	278	-4.79
营业网点（个）	71	76	80	80	90	12.50
自助网点（个）	59	59	49	42	31	-26.19

泰安银行股份有限公司

【第一负责人简介】 王希娟，女，汉族，1963年8月出生，山东肥城人，中共党员；历任中国银行业监督管理委员会泰安监管分局党委委员、副局长，党委书记、局长；中国银行保险监督管理委员会泰安监管分局主要负责人，泰安市人民政府副秘书长；2019年11月起任泰安银行股份有限公司（简称泰安银行）党委书记。

【综述】 泰安银行成立于1986年，至今已有30多年的发展历史，先后经历了城市信用社、泰安市城市信用社股份有限公司、泰安市商业银行、泰安银行等发展阶段。2007年8月16日，泰安市商业银行成立，2015年11月12日更名为泰安银行。截至2021年末，全行资产总额904.2亿元、各项存款余额700.56亿元、贷款余额501.57亿元；全年实现拨备前利润10.98亿元。

【公司业务】 2021年，泰安银行公司业务部门服务水平不断提升。全行围绕建设小而美区域性精品银行目标，主动研究省、市“十四五”规划和双循环经济形势，以助力市场主体作为首要任务，在服务实体经济上做文章；落实差异化政策，主动抓好政策落实，在支持重点项目、制造业企业、小微企业、民营企业等方面积极作为；持续加大对重点企业和签约企业金融支持力度，重点围绕新旧动能转换项目沙盘，密切关注“两新一重”，新一代信息技术、高端装备制造、新能源、新材料及生物医药等战略新兴产业，明确重点客户和优势项目，持续加大信贷投放力度，共为泰安市新旧动能转换企业及项目提供信贷资金66.50亿元；主动把握制造业产业转型发展和金融服务模式创新特点，积极支持创新驱动、生态环境领域重点制造业项目建设，致力于做大做强核心企业和核心产业，进而带动其上下游产业链企业整体升级，共为泰安市制造业企业投放贷款余额77.10亿元。截至2021年末，泰安银行各项公司贷款余额369.20亿元，同比增加82.80亿元、增长28.90%；近三年累计增加203.40亿元，增长122.70%，新增贷款金额在辖区金融机构排名第一位。

【个人业务】 2021年，泰安银行零售业务部门开拓创新、蓬勃发展。积极完成个人存款产品利率调整、存款结构调整等工作，引导负债端成本下行；本着“回归本源、立足当地、服务当地”的定位，持续进行金融基础数据相关系统改造、数据治理；及时制订住房按揭贷款等季度压降计划，调整按揭利率、首付款等信贷政策并跟进规模调控；进一步加速信贷结构调整，推动风险控制和内部管理水平的提升；适时调整营销策略，重点发力线上贷款，着力优化模型。在农村金融方面，充分利用“乡村振兴主题卡”优势加大县域市场银行卡发卡力度，“乡村振兴主题卡”发卡量突破10万张，极大提升了金融服务乡村振兴效率和水平。在产品创新方面，积分商城新增“积分+现金”混合支付方式；上线柜面及电子渠道，便利灵活就业人员社保代收费业务；完成支付宝、微信一键绑卡，统一支付平台2.0系统升级，公务卡制卡云服务平台上线等系列工作，为零售业务创新发展注入活力；积极推动移动支付便民工程建设，获得2021年度山东银联“云闪付业务突出贡献奖”、中国银联支付学院“银联卡国际业务全国先进培训单位”等荣誉称号。

【国际业务】 2021年，泰安银行秉持“以客户为中心，以市场为导向”的服务理念，全力提升客户金融服务体验，满足客户多元化、多层次的金融服务需求，不断提升银行服务外向型经济能力，其国际业务部门依托灵活、高效、自主决策的独特优势，努力为泰安当地外贸企业提供便捷、优质、高效的服务。泰安银行是SWIFT一级会员单位，可为客户提供便捷、快速的清算、收付汇服务；积极发挥外汇交易中心直接会员单位的优势，为企业提供优惠的结售汇报价、降低企业结售汇成本；充分发挥本土银行优势，积极践行本外币一体化服务的经营方针，为进出口企业提供专属、便捷、定制化全方位、综合化服务。全年，泰安银行累计完成结算量44.88亿元，其中跨境人民币结算7.32亿元，办理贸易融资26.17亿元。

【中间业务】 2021年，泰安银行金融市场业务部门积极响应国家政策指引和金融监管要求，以合规经营、防控风险为基调，在确保金融市场业务稳健发展的基础上，认真研究、探索中小银行金融市场业务综合化、多元化的经营方式。各项业务开展时要兼顾安全性、流动性和效益性原则，充分发挥“保流动、保调节”作用；积极开展省内债券产品投资业务，向政策银行申请开展转贷业务，大力支持地方实体经济发展；票据交易系统成功升级到5.0版本；积极运用央行再贴现政策，对小微企业贴现实行优惠利率，助力普惠金融服务。

2021年，泰安银行资产管理业务部门遵循资管新规的监管导向，以合规转型为出发点和落脚点，抓住资管新规过渡期的“窗口期”，积极落实理财产品净值化转型，进一步拓宽资产投资渠道，全面实现了资管业务的合规转型。泰安银行发行的“金紫薇”系列理财产品具有种类丰富、投资期限多样、安全稳健、购买方便等特点，自面市以来累计发售4,400余期（次），为9.40万余客户实现理财收益26.50亿元，资产管理规模和收益稳居泰安市各银行机构前列。

【电子银行业务】　泰安银行电子银行业务系统是为广大客户精心打造的移动金融综合服务平台。2021年，泰安银行的手机银行、个人网银平台完成了无障碍改造，新增语音读屏、页面放大、调整配色等功能，可为老年客户及有视力障碍的特殊客群提供暖心服务，加强了场景服务的关怀属性；企业网银新增跨行代发工资、财政零余额账户线上付款等新功能，配合新一代票据管理系统切换工作，实现电子票据业务升级改造，丰富了企业电子银行线上业务场景；为进一步优化实体经济发展环境，将减费措施落到实处，确保让利成效显著，下调电子银行UK工本费、企业数字证书工本费、跨行汇款手续费等收费标准；完成电子渠道“黑名单”接入改造、电子渠道安全防控措施升级改造、银企直连及手机令牌国密改造等工作，进一步提升了电子渠道的安全防控能力；利用官方微信等宣传阵地，多渠道开展宣传活动，在山东省委网信办组织的优秀网络辟谣作品征集活动中荣获全省平面类作品二等奖，在“5.15打击和防范电信诈骗宣传日”活动中获得“先进单位”称号。

【风险控制】　2021年，泰安银行以建立预防为主的主动性全面风险管理机制为目标、以精细化内控管理为基础、以风险管理为主干、以合规管理为前提、以全面风险管理体系建设为抓手，在各类风险管理体系建设的同时，全面推进内部管控精细化、流程化、专业化建设，为各业务条线引入先进管理理念和科学技术手段，强化意识培养、体系建设和量化考评体系建设；适应金融变革和发展转型的需要，持续推进“以风控促管理，以管理强风控”的精细化管理。

（戚桂状）

附表1

机构概况一览表

党委书记		行长、副行长（或其他称谓的同级领导）	
王希娟		姜鲁荣、李成山、张　波、冯金辉	
地址	山东省泰安市长城路3号	邮编	271000
网址	http://www.taccb.com/	客服电话	400—658—6588

附表2

内设部门及分支机构一览表

年度	内设机构（个）	下设分支机构（个）		员工人数（人）	
		地市级机构数	县区级机构数	员工总数（含非正式员工）	正式员工数
2017	20	2	65	1,456	1,002
2018	20	2	70	1,440	1,026
2019	22	2	75	1,393	1,049
2020	23	2	76	1,395	1,101
2021	23	2	78	1,381	1,155

附表3

主要统计指标1

单位：亿元

项目	2017年	2018年	2019年	2020年	2021年	2021年同比增幅（%）
本外币资产总额	538.69	537.17	652.98	813.87	904.20	11.10
本外币存款余额	401.14	432.47	521.35	613.45	700.56	14.20
人民币存款余额	401.01	432.17	521.33	613.42	700.25	14.16
单位存款	150.65	145.33	164.26	182.66	203.74	11.36
储蓄存款	212.71	248.56	294.06	349.93	417.81	19.40
本外币贷款余额	215.42	246.42	327.66	410.16	501.57	22.28
人民币贷款余额	215.42	245.01	327.59	410.16	501.57	22.28
短期贷款	118.06	119.14	150.85	186.17	245.41	31.82
中长期贷款	87.78	117.19	161.14	189.28	199.68	5.49
票据融资	8.59	8.18	15.61	29.50	39.63	34.36
利润总额	5.85	5.26	6.10	5.80	4.42	-23.73
不良贷款余额	4.44	11.56	6.21	6.13	9.63	57.14
不良贷款占比（%）	2.06	4.69	1.89	1.49	1.92	28.50

附表4

主要统计指标2

项目	2017年	2018年	2019年	2020年	2021年	2021年同比增幅（%）
单位结算账户（万户）	2.08	2.34	2.69	2.74	2.83	3.28
单位结算金额（亿元）	111.34	123.00	146.84	128.16	131.36	2.50
个人结算账户（万户）	90.40	107.52	121.47	133.82	143.84	7.49
个人结算金额（亿元）	38.61	43.76	46.46	51.40	60.43	17.57
信用卡发卡量（万张）	0.11	0.12	0.13	0.14	0.17	21.43
信用卡消费额（亿元）	0.15	0.26	0.23	0.19	0.18	-5.26
企业网银客户（万户）	1.10	1.30	1.58	1.72	1.86	8.14
个人网银客户（万户）	9.37	12.03	14.52	20.45	24.48	19.71
手机银行客户（万户）	22.30	27.78	39.43	52.52	63.50	20.91
现金自助设备（台）	250	266	213	182	154	-15.38
营业网点（个）	67	72	77	78	80	2.56
自助网点（个）	74	63	21	8	7	-12.50

枣庄银行股份有限公司

【第一负责人简介】　陈大章，男，汉族，中共党员，1964年5月出生，山东沂南人，研究生学历，高级经济师；2010年荣获中国银监会系统“标兵”称号；2018年1月至2018年4月，任枣庄银行股份有限公司（简称枣庄银行）党委副书记、董事长；2018年4月至今，任枣庄银行党委书记、董事长。

【综述】　2021年，枣庄银行紧紧围绕“服务地方、服务民生、服务中小”的市场定位，深入践行普惠金融，加大转型创新力度，提升服务实体经济水平，各项业务稳健发展。连续三年被山东省公安厅授予“单位内部治安保卫突出集体”；被枣庄市精神文明建设委员会授予“市直文明单位”；被枣庄市总工会评为“枣庄市全员创新企业”。截至2021年末，全行资产总额339.69亿元、负债总额290.63亿元、各项存款219.37亿元、各项贷款193.86亿元；全年经营利润2.05亿元、净利润0.35亿元，上缴税收1.03亿元。

【公司业务】　2021年，枣庄银行立足本土，积极履行服务地方、服务中小、服务居民的责任使命，始终将支持地方经济作为自身发展的依托点和着力点，紧紧围绕全市经济发展战略，为地方经济提供优质的金融服务。疫情期间，通过提高小微信贷投放积极性、明确尽职免责认定标准和免责条件、提高不良容忍度等措施，积极助力企业复工复产活动；用好人民银行支小再贷款金融政策，全年累计使用人民银行支小再贷款5.60亿元、转贷款4.00亿元，其中小微企业贷款占比69.99%；落实延期还本付息政策，为158户企业办理普惠小微企业延期还本付息贷款6.46亿元；围绕枣庄市经济工作重心，全年累计为“工业强市、产业兴市”三年攻坚行动名单内企业发放贷款35.00亿元，其中投向枣庄辖区工业贷款余额41.33亿元，超额完成枣庄市金融领域四季度重点任务冲刺目标，圆满完成2021年枣庄市委、市政府“工业强市、产业兴市”重点工作任务；积极响应监管部门号召，建立贷款审批“绿色通道”，简化授信流程，加快尽调、审批、授信等金融服务速度；组建9支金融辅导队，为企业开展“一对一”服务，全年累计配对企业180户，辅导对接260次，其中实地蹲点辅导170次，累计提供授信额度8.52亿元，充分发挥了地方城商行“毛细血管”作用，有力提升了地方经济发展质效。

【个人业务】　2021年，枣庄银行立足大零售发展战略，积极承担“普之于城、惠之于民”的社会责任，为零售客户提供多元化金融产品和服务。进一步丰富银行卡卡种，推出“石榴卡”系列银行卡，打造“心服务、新形象”的银行品牌形象；创新“银行+合作公司+服务站”的模式，固定每周一天为“金融服务进村庄”日，累计为农户开卡6万余张；建立助农网点232家，打造乡村振兴“样板村”8家，其中A级3家，不断延伸服务链条，持续助力乡村振兴；上线智慧柜员机、移动展业等特色零售金融服务，进一步提升智慧银行服务水平。切实满足个人融资需求，有效践行普惠金融社会责任。研发“个人按揭、消费、经营贷款”等业务产品，全年累计发放个人贷款1,769户、金额9.42亿元，其中普惠个人经营贷款470户、金额3.50亿元。

【中间业务】　2021年，枣庄银行认真落实监管新规要求，积极转型理财业务。全年累计发行“榴花理财”系列自发理财产品51期、总募集金额64.44亿元，年末枣庄银行理财产品余额18.37亿元。全年实现理财客户收益8,053.41万元、理财业务收入1,716.01万元；全年枣庄银行所发行理财产品均正常申购、赎回，未发生风险事件。

【电子银行业务】　2021年，枣庄银行致力为客户提供更加便捷安全的移动支付金融体验。推出网银专用浏览器，客户无须下载各种控件，全面解决网银使用过程中的各种问题，为网银安全保驾护航。增加手机银行IP地址归属地查询功能，加强对重点地区移动支付交易环节用户风险提示；网银登录交易增加MAC地址短信校验功能，增加网银手机号码支付批量转账业务，增设全渠道“人工+智能”24小时在线客服功能；对手机银行App及网银开展无障碍改造，为老年人提供智能语音、智能搜索、使用辅助等多项智能化服务，打造有温度的银行。

【风险控制】　2021年，枣庄银行加大不良贷款处置力度。全年超额完成处置不良资产6.21亿元，完成率104.19%。加强贷前调查，加强对信贷客户经理合规合法制度培训，加大违规行为处罚力度，提高人员的底线意识及责任意识；充分发挥放款审核中心在贷中审查的作用，建立各岗位分离制约的管理模式，确保贷中审查落到实处；通过贷后检查，及时了解客户的风险状况，防范新增授信业务风险，提高风险管控水平。

在流动性管理方面，枣庄银行注重加强对流动性资金缺口管理，提高每日资金监测频率，保障流动性资金备付充足；定期、不定期开展压力测试，不断优化压力测试情景，增强压力测试数据的准确性；进一步完善流动性应急处置预案，修订流动性应急处置预案制度，确保应急预案始终具有有效的风险应对能力。2021年，枣庄银行完成了流动性风险管理系统投产上线，进一步满足流动性风险管理需求，切实提升流动性风险管理的精度和深度。

在市场风险防范方面，枣庄银行密切关注宏观经济、货币市场资金供求、关键利率走势等经济、金融数据，通过与业内专业机构进行交流等方式增强预判能力，并适时调整业务策略；以票据业务合规管控为重点，加强与人民银行、银行同业间的沟通交流，严格交易对手准入机制；以完善业务品种为重点，强化同业机构合作，积极探索利率风险管理工具应用场景，持续完善市场风险管理框架与制度建设、市场风险管理系统建设；持续关注市场动态与政策变化，针对市场变化及时调整投资策略，做好风险把控。在信息科技风险防范方面，枣庄银行完成一代个人征信报送系统、票据池系统、智能存款系统、金融基础报送平台、金审2.0系统、业务风险预警模块、外部数据平台、数字化营销管理系统的上线，信息科技治理机制逐步完善，管理水平不断提高；全行应用系统覆盖面持续扩展、信息安全基础不断夯实、基础设施和生产运行环境安全稳定、信息科技风险纳入全行风险管理体系，这些工作深入推动了全行精细化管理水平、业务创新水平和客户服务水平的提升。

在声誉风险防范方面，枣庄银行强化声誉风险管理责任，成立工作联系小组，实时监测敏感信息，持续加大监测力度，准确把握网络舆情；加强与枣庄市委宣传部、市委网信办等部门汇报沟通，积极争取声誉风险防控主动权；定期举行集中取款流动性和声誉性风险应急演练，以练促改；深入与媒体合作交流，加大政策宣传力度，展示银行正面形象。

（郭 庆）

附表1

机构概况一览表

党委书记、董事长		副行长（或其他称谓的同级领导）	
陈大章		沙雪斌、孙东光、王文彪、张德安、王广振、马云飞、刘 磊、颜海龙	
地址	山东省枣庄市薛城区光明大道1666号	邮编	277100
网址	http://www.zzbank.cc/	客服电话	400—68—96196

附表2

内设部门及分支机构一览表

年度	内设机构（个）	下设分支机构（个）		员工人数（人）	
		地市级机构数	县区级机构数	员工总数（含非正式员工）	正式员工数
2017	17	3	27	818	741
2018	17	3	27	774	717
2019	20	3	27	758	721
2020	28	3	27	767	738
2021	26	3	27	918	825

附表3

主要统计指标1

单位：亿元

项目	2017年	2018年	2019年	2020年	2021年	2021年同比增幅（%）
本外币资产总额	222.94	232.81	241.20	322.43	339.69	5.35
本外币存款余额	165.17	164.26	181.81	207.94	219.37	5.50
人民币存款余额	165.17	164.26	181.81	207.94	219.37	5.50
单位存款	78.31	76.52	83.81	103.71	105.98	2.19
储蓄存款	77.79	71.93	75.00	104.23	113.39	8.79

续表

项目	2017年	2018年	2019年	2020年	2021年	2021年同比增幅（%）
本外币贷款余额	139.42	103.12	140.92	157.95	193.86	22.74
人民币贷款余额	139.42	103.12	140.92	157.95	193.86	22.74
短期贷款	94.81	67.57	86.38	92.79	122.39	31.90
中长期贷款	12.65	9.55	45.62	60.13	60.07	-0.10
票据融资	7.34	25.84	8.82	5.03	10.49	108.55
利润总额	1.69	1.42	1.05	1.03	0.48	-53.40
不良贷款余额	3.58	3.76	4.80	2.69	4.61	71.38
不良贷款占比（%）	2.57	3.65	3.41	1.70	2.38	40.00

附表4

主要统计指标2

项目	2017年	2018年	2019年	2020年	2021年	2021年同比增幅（%）
单位结算账户（万户）	0.84	1.01	1.15	1.21	1.32	9.09
单位结算金额（亿元）	30.76	47.55	46.94	54.11	37.52	-30.66
个人结算账户（万户）	44.46	47.85	51.96	56.10	61.26	9.18
个人结算金额（亿元）	23.31	23.28	25.89	30.03	30.57	1.80
信用卡发卡量（万张）	—	—	—	—	—	—
信用卡消费额（亿元）	—	—	—	—	—	—
企业网银客户（万户）	0.41	0.54	0.68	0.77	0.89	15.58
个人网银客户（万户）	8.15	9.39	10.09	11.06	13.75	24.32
手机银行客户（万户）	8.44	10.79	13.27	17.27	22.42	29.82
现金自助设备（台）	132	134	123	121	118	-2.48
营业网点（个）	30	30	30	30	30	—
自助网点（个）	44	45	40	39	43	10.25

北京银行股份有限公司济南分行

【第一负责人简介】 房旭，男，中共党员，1970年出生；2010年9月入职北京银行，历任北京银行股份有限公司济南分行（简称北京银行济南分行）行长助理、副行长，北京银行公司银行部副总经理，北京银行济南分行常务副行长等职务；现任北京银行济南分行党委书记、行长。2017年获评“济南市优秀企业家”称号，2019年获评“影响济南年度经济人物”称号。

【综述】 北京银行济南分行是北京银行设在山东的省级管辖行，辖聊城、潍坊两家二级分行和分行营业部、大明湖支行等22家支行、6家小微支行、15家社区支行。

【公司业务】 2021年，北京银行济南分行公司业务取得优异成绩。一是客户倍增成效显著。公司客户较年初新增3017户，服务客户能力显著增强。通过银政渠道、场景金融、以客荐客等多种方式，大力推动公司客群增长；采取开户流程优化、休眠客户激活等多种服务保障措施，均取得积极成效。这些举措为北京银行济南分行高质量发展奠定了客户基础。二是金融合作生态打造取得积极进展。北京银行济南分行作为主承销商积极参加山东省地方债承销，累计承销39.30亿元；主办“产融结合·京彩同行”服务实体经济高质量发展论坛，进一步密切政府、同业和客户之间的联系。三是产品创新不断取得突破。先后开展首笔永续信托理财非标投资、首笔增资型并购贷款，创新实施“联合牵头+财务公司”银团模式等创新产品。

【个人业务】 2021年，北京银行济南分行个人业务进一步发展。一是深耕线上转型，聚焦场景营销。通过深度拓展教育市场，加大学校及幼儿园挖潜力度；积极推进“党建+金融”融合模式，率先在党建领域探索数字化转型，实现党费自助交纳、党内公示等功能，提升企业、街道等党建工作效率。二是以直播推广手段扩大私域流量，提升品牌影响，创新推出“京彩直播间”合作企业带货模式。三是教育金融品牌影响持续扩大。济南市历下区协同育人基地申证成功，承办济南市历下区国际教育理解认知活动，连续四年承办山东赛区21世纪杯英语大赛，实现优质家长客群的持续引流和转化。四是做实“康养金融”，提升适老化金融服务水平，提高对特殊群体关爱关心。

【交易银行业务】 2021年，北京银行济南分行交易银行业务再创佳绩。一是线上场景支付结算屡创佳绩。商品房预售资金监管工程上线，全年累计营销客户37户、沉淀资金12亿元，开户数系统内居第一位；成功中标济南市教育局校外培训机构资金监管项目，全年累计开立教培资金监管账户180余户。二是跨境投资规模再创新高。全年累计办理跨境投资共计39.90亿元、发生额同比增幅40.80%，跨境投资余额59.14亿元，业务规模系统内排名第一位。三是跨境结算线上转型持续发力。与山东省口岸办公室合作，接入（山东）国际贸易单一窗口金融服务系统，成为系统内首家接入地方单一窗口跨境结算服务的分行；推出系统内首家微信公众号国际信用证预约功能，试点“e”单证网银结算功能，办理系统内异地分行首笔线上开证业务。

【同业业务】 2021年，北京银行济南分行进一步加大ABS等轻资本业务投放力度，年内共落地资产证券化产品7.81亿元，占年内投放15.00%；持续做好持牌金融机构资管产品营销和储备工作，年内新发生托管规模64.36亿元。

【风险控制】 2021年，北京银行济南分行积极落实风险防控举措。一是不良资产处置取得明显进展，资产质量明显改善。二是加大重点领域风险管控。严控异地授信、严格集团管理、严防大额风险；优化调整政信类业务结构、加强房地产业务管控、对亿元以上产能过剩企业准入实施名单式管理。三是积极开展高强度风险排查。制订多维度年度排查计划，持续加大风险排查和预警力度，夯实重点领域风险管控。四是通过科技赋能，提升全行精细化管理水平。

（张胜利、季 玮）

附表1

机构概况一览表

行长（或其他称谓的第一负责人）		副行长（或其他称谓的同级领导）	
房 旭		蔡向阳、田 宏、廖 瑾、苗振华、赵苏娅	
地址	山东省济南市经十路11890号	邮编	250014
网址	http://www.bankofbeijing.com.cn/	客服电话	0531-59612345

附表2

内设部门及分支机构一览表

年度	内设机构（个）	下设分支机构（个）		员工人数（人）	
		地市级机构数	县区级机构数	员工总数（含非正式员工）	正式员工数
2017	13	3	17	564	510
2018	13	3	18	656	600
2019	15	3	20	671	612
2020	15	3	21	700	627
2021	17	3	22	779	714

附表3

主要统计指标1

单位:亿元

项目	2017年	2018年	2019年	2020年	2021年	2021年同比增幅(%)
本外币资产总额	592.53	678.80	746.24	848.37	915.12	7.87
本外币存款余额	419.44	452.86	478.07	484.91	528.80	9.05
人民币存款余额	409.48	440.02	466.25	482.21	524.38	8.75
单位存款	373.49	396.50	415.15	415.03	447.05	7.72
储蓄存款	35.99	43.52	51.10	67.18	77.33	15.11
本外币贷款余额	549.36	651.87	723.16	823.45	888.67	7.92
人民币贷款余额	536.08	635.20	707.32	822.19	885.87	7.75
短期贷款	204.34	214.74	203.78	276.01	383.64	38.99
中长期贷款	286.48	389.03	435.47	448.42	460.34	2.66
票据融资	45.25	31.43	68.07	97.76	41.89	-57.15
利润总额	3.64	-1.13	6.77	-0.84	16.20	2,028.57
不良贷款余额	4.20	2.59	9.39	10.12	7.92	-21.74
不良贷款占比(%)	0.76	0.40	1.30	1.23	0.89	-27.64

附表4

主要统计指标2

项目	2017年	2018年	2019年	2020年	2021年	2021年同比增幅(%)
单位结算账户（万户）	0.32	0.36	0.41	0.52	0.70	34.62
单位结算金额（亿元）	385.00	443.00	450.00	455.00	1,051.02	130.99
个人结算账户（万户）	29.16	35.92	43.37	49.59	66.54	34.18
个人结算金额（亿元）	245.00	271.21	334.50	549.36	689.25	25.46
信用卡发卡量（万张）	7.22	8.84	11.96	14.51	17.70	21.98
信用卡消费额（亿元）	23.42	31.07	37.82	46.44	50.97	9.75
企业网银客户（万户）	0.18	0.19	0.21	0.29	0.49	68.97
个人网银客户（万户）	16.96	11.70	13.87	14.07	14.06	—
手机银行客户（万户）	9.58	12.38	17.65	25.36	36.40	43.53
现金自助设备（台）	106	109	107	98	94	-4.08
营业网点（个）	40	41	47	45	43	-4.44
自助网点（个）	16	15	6	1	1	—

天津银行股份有限公司济南分行

【第一负责人简介】 李国红，男，1968年10月出生，汉族，天津人，中共党员，高级政工师，高级经济师；1986年12月参加工作，1993年6月加入中国共产党，现任天津银行股份有限公司济南分行（简称天津银行济南分行）党委书记、行长。

【综述】 天津银行济南分行成立于2010年5月28日。自成立以来，该行牢固树立“服务地方经济、服务中小企业、服务市民百姓”和“质量第一、效益优先”的发展理念，全面推动“改革+创新”双轨发展，紧紧围绕服务实体经济、防范化解金融风险和深化金融改革创新三大任务，不断深化改革、加强创新、健全管理和内控机制，持续提高防范风险的能力。截至2021年末，该行共设有东营、泰安、烟台3家二级分行以及13家一类支行。

天津银行济南分行及辖属分支机构先后荣获山东省文明单位、全国金融系统五四红旗团委、省级文明规范示范单位、省级青年文明号、微笑服务窗口、支持实体经济贡献奖、星级服务网点、济南市文明单位等荣誉。未来发展中，天津银行济南分行将本着根植济南、服务山东的理念，在齐鲁大地倾力打造精品银行和特色银行服务品牌。

【公司业务】 2021年，天津银行济南分行深入贯彻新发展理念，实行“改革+创新”双轨发展战略，积极承担社会责任、调整信贷结构、推动业务创新，实行“双一工程”，加强公司业务精细化管理。一是完善改革，彻底摒弃规模粗放扩张方式，突出效益导向，提高综合竞争力；二是严格把控异地贷款、限制性行业贷款，逐步调整信贷结构，强化风险控制；三是加强业务创新，落地首笔“天银E链”保理业务、首笔国内订单融资业务、首笔自营福费廷业务、首笔电子商业承兑汇票贴现业务，利用优质资产扩大业务范围，实现“1+N”的客户发展；四是按照“四个一批”进行客户分层管理，按照“四位一体”强化“协同客服机制”建设，进一步加强提质增效、精细化管理。

【个人业务】 2021年，天津银行济南分行以储蓄存款、个人综合性金融资产增长及风险防控为主要目标，落实“改革+创新”双轨战略，推动“十大工程3.0”重点工作落地实施，搭建“线上+线下”互联互通立体服务网络，提供多样化金融服务。推动深层次产品创新，落实普惠金融贷款服务，创新获客及活客渠道，持续推出“商超e贷”“银税e贷”等金融产品，以“精准滴灌”方式服务小微客群。深化“智慧小二”金融支付场景建设，创新服务模式，提升服务能力水平，持续深入打造“市民银行”，提高社会影响力、公信力。通过实际行动，为个人客户、小微企业及个体工商户提供更加便捷融资服务，支持实体经济发展。

【国际业务】 2021年，天津银行济南分行国际结算业务的主要品种为跨境汇款、进口信用证，贸易融资主要以国内信用证及国内信用证福费廷业务、备用信用证为主。该行始终秉承“合规经营”的发展理念，以服务实体经济为政策导向，不断提升国际业务服务水平。随着中国经济全球化进程的不断加快，该行也在积极推动跨境人民币业务发展，为人民币国际化持续贡献力量。

【中间业务】 2021年，天津银行济南分行紧密围绕提质增效的经营发展思路，致力于丰富中间业务产品、完善产品体系，为客户提供全方位金融服务。通过推广信用证、银行承兑汇票、保函、保理、订单融资等交易银行产品，为公司客户提供多种融资途径；通过做好“海鸥财富”管理，保险、信托、基金等代销业务优中选优，信用卡产品创新、推广及促分期等方式，满足个人客户多样化金融需求。

【电子银行业务】 2021年，天津银行济南分行不断突出智能化导向，积极构建“线上+网点”零售服务渠道。线上不断升级迭代服务渠道，以上线新一代移动门户为突破口，结合收款码、生活缴费等多个系统板块，为客户提供便捷、安全、丰富的一站式服务；同时以此为基础，优化手机银行、微信银行、网上银行等电子渠道功能。线下推动服务渠道职能积极转型，重塑轻型、旗舰、综合智能化网点体系，搭建智能网点平台、无纸化平台、超级柜台客户等移动展业客户端等系统。通过线上线下服务渠道有效结合，打通移动端、网银端以及智能网点业务交互，构建起线上线下互联互通立体服务网络，大幅提升网点所在区域金融服务触达能力，实现“最后一公里”金融服务。

【风险控制】 2021年，天津银行济南分行始终致力于深化金融体制改革、增强金融服务实体经济能力，秉承发展愿景，全面推动“改革+创新”双轨发展战略和“十大工程（3.0）”落地实施；进一步提高风险认知水平，重视风险防范，积极做好存量不良资产处置和严控不良资产新增工作，切实做到业务发展和风险化解同步进行。结合总行

“四位一体”协同客户服务模式，顺利完成风险经理团队建设工作；进一步明确信贷投放政策，强化风险管理理念，搭建全方位、多层次、职责边界清晰的风险治理架构；做好贷前调查、贷后管理、押品管理和征信管理工作，持续优化流动性风险限额配置、流动性压力测试及流动性风险管理报告，不断完善流动性风险管理体系，切实提高全流程风险管理水平。

（邢淑娟、刘 梁、李 博）

附表1

机构概况一览表

行长（或其他称谓的第一负责人）		副行长（或其他称谓的同级领导）	
李国红		陈文毅、张慧佚、宋剑峰、刘亚军	
地址	山东省济南市经十路20999号	邮编	250001
网址	http：//www.bankoftianjin.com	客服电话	956056

附表2

内设部门及分支机构一览表

年度	内设机构（个）	下设分支机构（个）		员工人数（人）	
		地市级机构数	县区级机构数	员工总数（含非正式员工）	正式员工数
2017	10	3	12	593	554
2018	10	3	13	587	574
2019	11	3	15	541	538
2020	11	3	15	459	456
2021	11	3	13	391	389

附表3

主要统计指标1

单位：亿元

项目	2017年	2018年	2019年	2020年	2021年	2021年同比增幅（%）
本外币资产总额	448.91	395.27	337.62	279.30	264.27	-5.38
本外币存款余额	281.42	239.27	242.62	161.60	158.61	-1.85
人民币存款余额	280.02	225.30	215.27	141.96	132.29	-6.81
单位存款	247.50	209.29	197.78	114.19	101.31	-11.28
储蓄存款	16.88	13.50	17.49	27.77	30.98	11.56
本外币贷款余额	349.08	317.91	263.18	222.38	220.30	-0.94
人民币贷款余额	347.63	300.31	237.99	201.70	196.76	-2.45
短期贷款	248.22	153.06	105.83	100.41	90.11	-10.26
中长期贷款	98.07	143.75	130.78	97.67	96.30	-1.40
票据融资	1.34	3.40	0.29	2.92	9.96	241.10
利润总额	11.32	1.65	4.45	2.83	-1.69	-159.72
不良贷款余额	4.84	9.41	7.67	8.11	7.94	-2.10
不良贷款占比（%）	1.41	2.96	2.91	3.65	3.60	-1.37

附表4

主要统计指标2

项目	2017年	2018年	2019年	2020年	2021年	2021年同比增幅（%）
单位结算账户（万户）	0.38	0.35	0.31	0.38	0.37	-2.63
单位结算金额（亿元）	2,005.74	2,144.15	1,684.99	1,283.51	1,107.79	-13.69
个人结算账户（万户）	7.37	8.64	10.27	11.81	13.79	16.77
个人结算金额（亿元）	214.15	210.12	221.52	277.63	303.99	9.49
信用卡发卡量（万张）	1.33	1.50	1.58	3.60	4.26	18.33
信用卡消费额（亿元）	3.23	3.29	2.45	2.39	2.41	0.84
企业网银客户（万户）	0.25	0.28	0.32	0.42	0.45	7.14
个人网银客户（万户）	2.80	5.19	6.56	8.24	9.24	12.14
手机银行客户（万户）	2.78	5.61	7.19	8.79	10.72	21.96
现金自助设备（台）	53	40	46	46	41	-10.87
营业网点（个）	17	16	18	18	16	-11.11
自助网点（个）	—	—	—	—	—	—

河北银行股份有限公司青岛分行

【第一责任人简介】 单东明，男，汉族，1970年3月出生，天津人，中共党员，在职硕士研究生学历，经济师；曾先后担任河北银行公司银行部总经理助理、副总经理，天津分行副行长、党委委员、纪委书记，唐山分行副行长、党委委员、纪委书记等职务；多次获得河北银行“先进工作者”等荣誉称号。现任河北银行股份有限公司青岛分行（简称河北银行青岛分行）党委书记。

【综述】 截至2021年12月31日，河北银行青岛分行共有员工180人，其中本科以上学历166人，占全行人数的92.22%；下设分行营业部、胶州支行、莱西支行、京口路支行、开发区支行、即墨支行、敦化路支行、大尧三路社区支行、书院路社区支行、绍兴路社区支行、台东一路社区支行、平度支行等12个营业网点。

【业务发展】 2021年，河北银行青岛分行始终围绕高质量发展目标，以党建工作为引领，坚持把队伍建设放在首位，最大限度激发团队活力；以业务发展为重点，坚持规模增长和效益提升并重，统筹推进零售、对公、小微业务齐驱并进；以风险管控为核心，严控风险和不良新增，亲力亲为抓清收，全面推动分行业务高质量发展。小微业务在完成全年任务的基础上，不良率和不良额双双下降，存款扭转下降势头，对公、个人中收业务超额完成任务。一是中间业务收入增长显著，全年中收实现3,466.00万元，其中政务中收2,295.00万元，居全行业务部门第一位，零售中收总额完成全年任务；二是2021年是小微业务发展较为曲折和困难的一年，河北银行青岛分行攻坚克难，上半年小微贷款余额新增2.90亿元，超额完成总行规定目标；三是不良清收效果显著，全年清收超过3,700.00万元，人均清收系统内排名第二位。

截至2021年末，河北银行青岛分行两项存款时点余额38.75亿元，较年初增长1.60亿元；对公扭转大额流失的不利局面，填补6.00亿元高成本到期亏空，年末稳定在18.15亿元；储蓄时点20.60亿元，较年初增长3.53亿元，日均增长4.43亿元；贷款总额74.31亿元，较年初下降3.62亿元，其中对公贷款余额12.39亿元，较年初下降8.35亿元（低收益、风险不良户）；贴现较年初增长2.21亿元；个贷余额40.92亿元，较年初下降0.10亿元，考核口径较年初增长0.97亿元；小微贷款余额为18.75亿元，较年初增长2.62亿元，考核口径较年初增长2.81亿元，任务完成率100.53%。

【内部管理】 合规经营既是监管和市场的外在要求，也是银行自身可持续发展的内在需要。2021年，河北银行青岛分行积极构建合规管理体系，牢固树立合规意识，在建立完善的合规体系的保障下，合规工作有序开展。

一是确立了“支行自查—条线检查—合规职能部门抽查—分行领导督察”的四位一体检查机制。二是制定了合规考核体系，以考核激励激发全行主动合规积极性。三是健全合规文化培训体系。2021年共开展合规类培训78场次，通过定期下发题库、开展全员法律合规知识考试、定期发布合规案例等方式，对全行员工进行案例警示教育。四是开展重点领域专项整治工作。认真分析屡查屡犯问题领域，针对问题较为集中的贷款“三查”问题，开展为期两个月的专项整治。五是定期学习最新监管信息。由河北银行青岛分行合规人员通过各种媒介收集监管部门处罚案例信息，每月整理合规案例，通过OA文件、专题会议宣导等方式学习。为检验学习成果，每季度组织法律合规专项测试，强化各项制度及业务操作的学习规范，鼓励先进、鞭策后进的机构及个人，在河北银行青岛分行形成学、赶、超氛围。六是设立举报电话和举报邮箱，畅通违规违纪行为举报渠道；通过多种渠道对违规行为进行监督，如在工位醒目位置张贴“除贷款利息外不收取任何其他费用”的警示贴纸，与客户签订不收取其他费用的“知悉函”，向客户发放印有举报电话的“廉洁服务卡”，定期对客户进行电话回访等，严格执行违规违纪行为处罚规定。

（秦梦怡）

附表1

机构概况一览表

行长（或其他称谓的第一负责人）		副行长（或其他称谓的同级领导）	
单东明、陈　瑜		陈志鹏、温宏亮	
地址	山东省青岛市市南区香港中路61号乙远洋大厦A座	邮编	266071
网址	http://www.hebbank.com/	客服电话	0532—66985080

附表2

内设部门及分支机构一览表

年度	内设机构（个）	下设分支机构（个）		员工人数（人）	
		地市级机构数	县区级机构数	员工总数（含非正式员工）	正式员工数
2017	8	1	4	194	161
2018	8	1	5	192	165
2019	8	1	5	194	178
2020	8	1	5	203	191
2021	8	1	5	180	168

附表3

主要统计指标1

单位：亿元

项目	2017年	2018年	2019年	2020年	2021年	2021年同比增幅（%）
本外币资产总额	78.79	65.33	77.27	75.91	72.03	-5.11
本外币存款余额	25.94	28.88	30.46	37.15	38.75	4.31
人民币存款余额	25.92	28.87	30.41	37.02	35.27	-4.73
单位存款	21.18	22.51	19.89	19.92	16.14	-18.98
储蓄存款	4.74	6.34	10.52	17.09	19.14	12.00
本外币贷款余额	78.97	64.42	79.98	77.89	72.33	-7.14
人民币贷款余额	77.89	64.14	79.98	77.89	72.33	-7.14
短期贷款	35.85	13.49	16.44	13.30	8.32	-37.44
中长期贷款	42.04	50.65	63.55	64.59	64.01	-0.90

续表

项目	2017年	2018年	2019年	2020年	2021年	2021年同比增幅（%）
票据融资	0.50	—	—	0.04	2.22	5,450.00
利润总额	0.13	-2.08	-2.33	1.23	-1.87	-252.03
不良贷款余额	1.95	0.41	4.10	4.23	3.35	-20.80
不良贷款占比（%）	2.47	0.64	5.13	5.42	4.5	-16.97

附表4

主要统计指标2

项目	2017年	2018年	2019年	2020年	2021年	2021年同比增幅（%）
单位结算账户（万户）	0.0991	0.1028	0.1144	0.1347	0.1507	11.88
单位结算金额（亿元）	—	—	—	—	—	—
个人结算账户（万户）	4.4418	5.0873	6.0917	7.1930	8.3310	15.82
个人结算金额（亿元）	4.74	6.34	10.51	17.07	20.60	20.68
信用卡发卡量（万张）	0.04	0.06	0.08	0.31	0.50	61.29
信用卡消费额（亿元）	0.48	0.46	0.47	0.87	2.39	174.71
企业网银客户（万户）	0.0211	0.0139	0.0227	0.1212	0.1350	11.39
个人网银客户（万户）	1.81	1.82	1.85	3.65	4.91	34.52
手机银行客户（万户）	2.57	3.19	4.19	5.84	6.55	12.16
现金自助设备（台）	26	26	28	27	25	-7.41
营业网点（个）	12	13	13	13	12	-7.69
自助网点（个）	12	13	13	13	12	-7.69

三、村镇银行

2021年山东省村镇银行概况

2021年，山东银保监局全面贯彻落实党中央和中国银保监会关于金融工作的会议精神和各项部署，坚持党建统领，恪守监管职责，坚持稳中求进工作总基调，围绕法人监管与并表监管持续发力，推动山东辖区（不含青岛，下同）村镇银行规范建设全面提升、重点风险有效防控、市场定位更趋牢固，进一步向高质量发展迈进。

一、总体概况

2021年，山东辖区村镇银行坚持扎根县域、坚守定位、专注农小、做精做优，在完善农村金融组织体系、激活农村金融供给市场、优化城乡金融资源配置等方面作出了积极贡献。截至2021年末，辖区共设立村镇银行118家，机构数量全国第一，实现了县域全覆盖；共设立分支机构459家，拥有正式员工8,420人。从发起序列看，涵盖了包括国有、股份制、城商、农商、外资银行五大类别省内外38家发起行，合计注册资本108.77亿元，其中省内主发起行18家、占比47.37%。

二、业务发展情况

2021年，面对大型银行下沉服务重心带来的竞争压力以及疫情等外部复杂环境影响，辖区村镇银行牢牢坚守“支农支小”市场定位，积极调整发展方向，支持国家乡村振兴战略，主要业务规模保持稳定增长，整体发展稳中有进。

一是资产结构持续优化，信贷投放符合监管导向。截至2021年末，辖区村镇银行资产总额1,631.52亿元，较年初增加164.33万元、增幅11.2%。其中，各项贷款余额1,074.26亿元，较年初增加162.78亿元、增幅17.86%，较全辖银行业平均水平高4.65个百分点。存放同业占总资产比例16.92%，较年初降低1.52个百分点。从贷款结构看，中长期贷款占各项贷款比例36.97%，较年初上升0.61个百分点；信用贷款占比9.95%，较年初上升3.07个百分点。从贷款投向看，制造业贷款较年初增幅9.50%，增幅同比上升6.96个百分点，服务实体经济力度进一步提升。

二是负债规模稳步增长，存款稳定性进一步增强。截至2021年末，辖区村镇银行负债总额1,494.85亿元，较年初增加155.00万元、增幅11.57%。其中，各项存款余额1,328.17亿元，较年初增加121.18亿元、增幅10.04%。从存款结构看，储蓄存款与单位存款“一增一减”，个人储蓄存款余额1,029.48亿元，较年初增加160.36亿元，余额占各项存款比例77.51%，呈逐年上升趋势；单位存款276.88亿元，较年初减少38.57亿元，占比进一步下降，负债结构更趋稳定。

三是坚守支农支小市场定位，落实普惠金融政策。2021年，辖区村镇银行贷款投向呈现“农、小、散”的特征，农户和小微企业贷款合计占比92.80%，持续保持在90.00%以上；户均贷款34.47万元，较年初下降4.92万元；单户500万元以下贷款占比85.03%，较年初提升1.21个百分点，定位指标进一步提升。普惠型涉农贷款626.26亿元，占各项贷款比例58.30%；普惠型小微企业贷款余额683.08亿元，较年初增幅高于各项贷款平均增幅3.51个百分点，户数较年初增加4.37万户；各项贷款不良率有效控制在3.00个百分点以内，年化利率同比下降0.09个百分点，整体完成普惠型小微企业贷款“两增两控”目标，以实际行动服务当地实体经济。

四是整体盈利同比增加，主要监管指标保持达标。2021年，在让利实体经济的大背景下，辖区村镇银行积极降低企业融资成本，加大融资支持力度，利息净收入呈现“价减量增”的特点。存贷利差同比下降0.23个百分点，但生息资产较年初增加157.86亿元，规模效应导致利息净收入同比增加5.48亿元。整体实现净利润8.64亿元，同比增加6.92亿元，增速较快。统算资本充足率14.68%、拨备覆盖率258.80%、流动性比例90.32%，主要监管指标持续达标。

三、风险控制情况

2021年，山东银保监局积极担当作为，创新监管举措，强化各方工作联动，压实村镇银行风险管理主体责任，抓实主发起行风险处置牵头责任，严守各类风险底线。全年辖区村镇银行信用风险得到有效防控，未发生流动性风险事件，整体风险管理能力和水平进一步提升。

一是信用风险总体可控。截至2021年末，辖区村镇银行整体逾贷比90.58%，持续控制在100%以内。不良贷款余额12.73亿元，较年初增加0.83亿元；不良贷款率1.19%，较年初下降0.12个百分点，较辖区银行业平均不良率低0.22个百分点。本年新形成不良贷款20.42亿元，同比减少4.26亿元；本年累计处置不良贷款19.1亿元，同口径处置规模较上年有所增长。

二是重点风险得到有效防范。一是守好重点机构风险处置成果。年内，对“头部机构”与“尾部机构”实施名单制监管，动态掌握发展状况，及时平稳化解风险。重点关注机构发展稳步向好，未出现风险反复。二是严防流动性风险。督导村镇银行加强资产负债期限匹配管理，严格落实负债管理办法，定期进行流动性压力测试，制定专项应急预案并强化演练。落实主发起行流动性风险兜底责任，推动续签流动性支持协议，强化主发起行对村镇银行的指导、帮扶作用。

三是内控合规及公司治理水平进一步提升。2021年，围绕银保监会“内控合规管理建设年”以及山东银保监局“规范建设提升年”两个主题，认真做好“股权和关联交易专项整治”“经营用途贷款违规流入房地产领域专项排查”等各项重点工作。推动村镇银行提高依法合规经营意识，强化合规经营理念，进一步规范内控制度建设并强化制度执行。督导强化党建引领，积极探索党建与公司治理有机融合方式；持续完善“四会一层”运行机制，提升董监高履职质效；全力推进股东股权管理取得积极进展，股权托管全部完成。

（贾玉叶）

附表1

村镇银行主要业务指标

单位:亿元

项目	2017年	2018年	2019年	2020年	2021年	2021年同比增幅(%)
法人村镇银行（家）	—	—	—	118	118	—
村镇银行分支机构（家）	—	—	—	440	459	4.32
村镇银行正式工作人员（人）	—	—	—	8,059	8,420	4.48
合计实收资本	96.44	99.14	101.68	104.74	108.77	3.85
各项贷款余额	516.07	609.18	741.63	911.49	1,074.26	17.86
其中：涉农贷款余额	449.57	500.75	599.24	717.56	811.55	13.10
农户贷款余额	209.60	270.87	355.91	480.35	584.06	21.59
小微企业贷款余额	404.40	453.28	536.77	651.79	780.38	19.73
各项存款余额	711.65	824.50	992.30	1,206.99	1,328.17	10.04
其中：个人存款	424.47	510.85	664.96	869.12	1,029.48	18.45
单位存款	285.53	312.88	326.40	337.15	297.83	-11.66
不良贷款占比（%）	1.36	2.62	1.91	1.31	1.19	-9.16

附表2

山东省（不含青岛）村镇银行名录

序号	单位名称	单位地址	单位电话
1	济南高新北海村镇银行股份有限公司	山东省济南市高新区世纪大道15612号理想嘉园2号楼沿街商铺	0531—66771588
2	济南槐荫沪农商村镇银行股份有限公司	山东省济南市槐荫区张庄路263号	0531—55706870
3	山东历城圆融村镇银行股份有限公司	山东省济南市历城区二环东路3218号	0531—88722929
4	济南长清沪农商村镇银行股份有限公司	山东省济南市长清区灵岩路2098号	0531—55615979
5	平阴蓝海村镇银行股份有限公司	山东省济南市平阴县翠屏街文翠嘉园3号楼101号商业房1—3层	0531—58719968
6	济阳北海村镇银行股份有限公司	山东省济南市济阳区银河路23—5号	0531—81179990
7	山东商河汇金村镇银行股份有限公司	山东省济南市商河县花园街1号	0531—58717778
8	章丘齐鲁村镇银行股份有限公司	山东省济南市章丘区明水铁道北路1529号2幢	0531—83117111
9	淄博淄川北海村镇银行股份有限公司	山东省淄博市淄川区吉祥路4号	0533—5178789
10	淄博博山北海村镇银行股份有限公司	山东省淄博市博山区水河路7号	0533—4916000
11	山东临淄汇金村镇银行股份有限公司	山东省淄博市临淄区临淄大道759号	0533—7877999

续表1

序号	单位名称	单位地址	单位电话
12	山东周村青隆村镇银行股份有限公司	山东省淄博市周村区正阳路财富广场（正阳路与电厂路交会口西南角）	0533—6238816
13	桓台青隆村镇银行股份有限公司	山东省淄博市桓台县中心大街兰香园29号楼	0533—8228527
14	山东高青汇金村镇银行股份有限公司	山东省淄博市高青县城文化路36号	0533—6991888
15	沂源博商村镇银行股份有限公司	山东省淄博市沂源县南麻镇鲁山路与军民路路口	0533—3227337
16	山东滕州中银富登村镇银行有限责任公司	山东省滕州市善国北路42号	0632—3598166—601
17	东营融和村镇银行股份有限公司	山东省东营市经济技术开发区辽河路175号2幢107、108室	0546—7905768
18	东营莱商村镇银行	山东省东营市东营区南一路282号	0546—8036788
19	东营河口中成村镇银行股份有限公司	山东省东营市河口区河兴路208号	0546—8879577
20	垦利乐安村镇银行股份有限公司	山东省东营市垦利区景苑路10号	0546—2779766
21	山东利津舜丰村镇银行股份有限公司	山东省东营市利津县津二路中段银座花园小区西门	0546—5028618
22	广饶梁邹村镇银行股份有限公司	山东省东营市广饶县傅家路与正安路交叉口101号	0546—6686789
23	山东芝罘齐丰村镇银行股份有限公司	山东省烟台市芝罘区胜利路372号附1号	0535—3030116
24	烟台福山珠江村镇银行股份有限公司	山东省烟台市福山区福海路133—216号	0535—6319002
25	牟平胶东村镇银行股份有限公司	山东省烟台市牟平区工商大街579—7号	0535—3453388
26	山东莱山齐丰村镇银行股份有限公司	山东省烟台市莱山区迎春大街253号	0535—3025511
27	龙口中银富登南山村镇银行股份有限公司	山东省龙口市南山工业园南山中路3号	0535—8808508—610
28	莱阳胶东村镇银行股份有限公司	山东省莱阳市龙门西路瑞豪都市名家小区2号楼103号临街商铺（1—2层）	0535—7757600
29	莱州珠江村镇银行股份有限公司	山东省莱州市文化东街672号	0535—2750000
30	蓬莱民生村镇银行股份有限公司	山东省烟台市蓬莱区南关路257号S3号楼	0535—5952008
31	山东招远中银富登村镇银行有限责任公司	山东省招远市天府路386号	0535—2722888—611
32	栖霞中银富登村镇银行有限公司	山东省栖霞市霞光路311号	0535—3148008
33	海阳珠江村镇银行股份有限公司	山东省海阳市海阳路181号	0535—3107730
34	潍坊市潍城区北海村镇银行股份有限公司	山东省潍坊市潍城区月河路月河楼商业街B区1号楼	0536—8300299
35	潍坊市寒亭区蒙银村镇银行股份有限公司	山东省潍坊市寒亭区惠贤北路与泰祥街交叉口西北角	0536—2201506
36	潍坊市奎文区中成村镇银行股份有限公司	山东省潍坊市奎文区梨园街道樱北花园商业楼15—22号	0536—8051761
37	山东临朐聚丰村镇银行股份有限公司	山东省潍坊市临朐县朐山路5184号新天地商业15幢5196号	0536—3790066
38	昌乐乐安村镇银行股份有限公司	山东省潍坊市昌乐县昌盛街与方山路交叉路口东北角	0536—2186118
39	青州中银富登村镇银行有限公司	山东省青州市范公亭东路泰丰休闲广场A区3201号	0536—2139000—675
40	山东诸城中银富登村镇银行有限责任公司	山东省诸城市兴华东路39号	0536—2160601
41	寿光张农商村镇银行股份有限公司	山东省寿光市广场街164号	0536—2230369
42	安丘北海村镇银行股份有限公司	山东省潍坊市安丘市市南区金融街西首金融中心3号楼	0536—4393300
43	高密惠民村镇银行有限责任公司	山东省潍坊市高密市朝阳街道康成大街东1567号	0536—2331806
44	昌邑北海村镇银行股份有限公司	山东省潍坊市昌邑市北海路181号	0536—7225668
45	济宁儒商村镇银行股份有限公司	山东省济宁市任城区建设北路34号	0537—2290361
46	济宁蓝海村镇银行股份有限公司	山东省济宁市太白湖新区荷花路101号	0537—2030778
47	济宁高新村镇银行股份有限公司	山东省济宁市吴泰闸路13号	0537—3238707

续表2

序号	单位名称	单位地址	单位电话
48	微山北海村镇银行股份有限公司	山东省济宁市微山县商业街北首滨湖春天小区西门	0537—3188908
49	鱼台青隆村镇银行股份有限公司	山东省济宁市鱼台县建设路北滨湖孝贤居小区1号楼(102—106)	0537—6588788
50	山东金乡蓝海村镇银行股份有限公司	山东省济宁市金乡县金曼克大道南首路西1巷5号	0537—8973111
51	嘉祥中银富登村镇银行有限公司	山东省济宁市嘉祥县呈祥大道14号	0537—6866299
52	汶上中银富登村镇银行有限公司	山东省济宁市汶上县中都大街商务楼3—006号	0537—7217222
53	山东泗水齐丰村镇银行股份有限公司	山东省济宁市泗水县泉鑫路3号	0537—4160999
54	山东梁山民丰村镇银行有限责任公司	山东省济宁市梁山县水泊西路中段（财政局对面）	0537—5109665
55	曲阜中银富登村镇银行有限公司	山东省曲阜市春秋路24号	0537—4695566
56	兖州中成村镇银行股份有限公司	山东省济宁市兖州区青州路维多利亚花园东门右侧商业楼	0537—5179910
57	山东邹城中银富登村镇银行有限责任公司	山东省邹城市欧兰路218号	0537—5219179
58	泰安沪农商村镇银行股份有限公司	山东省泰安市长城路中段名仕尚座A8	0538—8067677
59	宁阳沪农商村镇银行股份有限公司	山东省泰安市宁阳县金阳大街501号	0538—5047688
60	东平沪农商村镇银行股份有限公司	山东省泰安市东平县汇河街御景苑9号楼(顺街一二层)	0538—6066017
61	山东新泰齐丰村镇银行股份有限公司	山东省新泰市金斗路6号	0538—5016000
62	山东肥城民丰村镇银行有限责任公司	山东省肥城市泰临路南、桃园西街西	0538—5066887
63	威海富民村镇银行有限责任公司	山东省威海市渔港路38号	0631—5355378
64	山东文登中银富登村镇银行有限责任公司	山东省威海市文登区文山东路29号	0631—8536999—611
65	山东荣成汇丰村镇银行有限责任公司	山东省荣成市成山大道东段198号商业02	0631—7587978
66	乳山天骄村镇银行股份有限公司	山东省乳山市世纪大道100号	0631—6872879
67	日照蓝海村镇银行股份有限公司	山东省日照市东港区海曲东路35号	0633—8091666
68	日照沪农商村镇银行股份有限公司	山东省日照市天津路55—18号	0633—2166677
69	日照九银村镇银行股份有限公司	山东省日照市岚山区岚山西路619号	0633—2687619
70	五莲中银富登村镇银行有限公司	山东省日照市五莲县罗山路28号	0633—2157002—613
71	莒县金谷村镇银行股份有限公司	山东省日照市莒县银杏大道356号	0633—6221813
72	莱芜珠江村镇银行股份有限公司	山东省济南市莱芜区龙潭东大街戴花园19号沿街楼	0531—75662720
73	莱芜中成村镇银行股份有限公司	山东省济南市钢城区艾山街道逯家庄社区府前大街69号	0531—76653355
74	临沂河东齐商村镇银行股份有限公司	山东省临沂市河东区滨河东路与东夷大街交会处	0539—8088901
75	山东沂南蓝海村镇银行股份有限公司	山东省临沂市沂南县正阳路南段上上城沿街房	0539—2659075
76	山东郯城汉源村镇银行股份有限公司	山东省临沂市郯城县郯东路169号	0539—2659795
77	沂水中银富登村镇银行有限公司	山东省临沂市沂水县正阳路西段	0539—2252566
78	山东兰陵村镇银行股份有限公司	山东省临沂市兰陵县兰陵路与文峰路交会处克拉国际写字楼	0539—5208826
79	费县梁邹村镇银行股份有限公司	山东省临沂市费县县城中山路与政通路交叉口(东北角)	0539—5227818
80	山东平邑汉源村镇银行股份有限公司	山东省临沂市平邑县仲子路53号	0539—4689605
81	山东莒南村镇银行有限公司	山东省临沂市莒南县县城天桥路18号	0539—7393326
82	山东蒙阴齐丰村镇银行股份有限公司	山东省临沂市蒙阴县新城路81号	0539—7951098
83	临沭民丰村镇银行有限责任公司	山东省临沂市临沭县常林大街与苍山路交会处	0539—7199905
84	德州陵城圆融村镇银行股份有限公司	山东省德州市陵城区南环路加州锦城24号沿街楼	0534—6126629
85	宁津胶东村镇银行股份有限公司	山东省德州市宁津县文昌路领秀城社区南门东侧4—7号临街商业楼（1—2层）	0534—5222032

续表3

序号	单位名称	单位地址	单位电话
86	庆云乐安村镇银行股份有限公司	山东省德州市庆云县迎宾路999号	0534—3787678
87	临邑中银富登村镇银行有限公司	山东省德州市临邑县城区迎曦大街鑫都御景苑A区一号	0534—4226226—611
88	齐河胶东村镇银行股份有限公司	山东省德州市齐河县晏婴路126号	0534—5660576
89	平原圆融村镇银行股份有限公司	山东省德州市平原县富民大街琵琶湾商业街3号	0534—2166893
90	夏津胶东村镇银行股份有限公司	山东省德州市夏津县中山南路德兴商业街C4—03号临街商业楼（1—4层）	0534—3262296
91	武城圆融村镇银行股份有限公司	山东省德州市武城县向阳路利城金岸沿街楼101—104号	0534—5070898
92	乐陵圆融村镇银行股份有限公司	山东省乐陵市阜盛东路107号乐福家园西北角沿街楼	0534—2117887
93	禹城胶东村镇银行股份有限公司	山东省禹城市开拓路名仕嘉园小区大门东侧101—104号临街商业楼（1—3层）	0534—7280927
94	聊城沪农商村镇银行股份有限公司	山东省聊城市东昌府区兴华东路67号	0635—5083338
95	阳谷沪农商村镇银行股份有限公司	山东省聊城市阳谷县谷山路65号	0635—2959288
96	莘县青隆村镇银行股份有限公司	山东省聊城市莘县通运路中段燕塔公园片区C区4号楼16室	0635—7697693
97	茌平沪农商村镇银行股份有限公司	山东省聊城市茌平区枣乡街3000号	0635—2980913
98	东阿青隆村镇银行股份有限公司	山东省聊城市东阿县香江路66号	0635—3288088
99	山东冠县齐丰村镇银行股份有限公司	山东省聊城市冠县振兴路与兴华路交会处西北角	0635—2917006
100	高唐青隆村镇银行股份有限公司	山东省聊城市高唐县南湖路中段西侧16号	0635—2960000
101	临清沪农商村镇银行股份有限公司	山东省临清市古楼新村2988号中央帝景A区12号	0635—2976707
102	滨州河海村镇银行股份有限公司	山东省滨州市黄河二路369号	0543—5169888
103	山东惠民舜丰村镇银行股份有限公司	山东省滨州市惠民县城南关街157号	0543—8922666
104	阳信河海村镇银行股份有限公司	山东省滨州市阳信县信德路909号	0543—8230888
105	无棣中成村镇银行股份有限公司	山东省滨州市无棣县海丰十四路157号	0543—5076008
106	山东沾化青云村镇银行股份有限公司	山东省滨州市沾化区富国路571号	0543—7310266
107	山东博兴新华村镇银行股份有限公司	山东省滨州市博兴县博城二路78号	0543—2318997
108	邹平浦发村镇银行股份有限公司	山东省邹平市鹤伴一路968号	0543—4338096
109	山东邹平青隆村镇银行股份有限公司	山东省邹平市长山镇范公路302号	0543—4668686
110	菏泽牡丹北海村镇银行股份有限公司	山东省菏泽市牡丹区黄河路匹克花园	0530—5523336
111	曹县中银富登村镇银行有限公司	山东省菏泽市曹县磐石街道田庄社区清江路南侧	0530—3258606—658
112	单县中银富登村镇银行有限公司	山东省菏泽市单县文化路巴黎城AO1号（单县广播电视台南邻）	0530—4619000—612
113	山东成武汉源村镇银行股份有限公司	山东省菏泽市成武县吕台路和伯乐路交会东北角1—6A#	0530—8696366
114	巨野中银富登村镇银行有限公司	山东省菏泽市巨野县麒麟大道与光明路交叉口东南角	0530—8200567—666
115	郓城北海村镇银行股份有限公司	山东省菏泽市郓城县金河路东段路北	0530—6850057
116	鄄城牡丹村镇银行有限责任公司	山东省菏泽市鄄城县人民路与鄄五路交叉口东南角（人民路86号）	0530—2350166
117	定陶河海村镇银行股份有限公司	山东省菏泽市定陶区万泰国际商贸城1栋101—105	0530—6271999
118	东明中银富登村镇银行股份有限公司	山东省菏泽市东明县工业路中段（东明新华书店大门南侧1—2楼）	0530—6256099—611

2021年青岛市村镇银行概况

截至2021年末，青岛市村镇银行的资产、负债余额分别为168.64亿元、153.24亿元，较年初分别增长13.98%、15.89%，监管指标总体平稳；村镇银行板块不良率为1.92%，拨备覆盖率为202.72%。

一、存款保持较快增长

截至2021年末，全市村镇银行各项存款余额142.04亿元，比年初增加21.78亿元、增长18.12%；7家村镇银行存款余额实现正增长，其中6家村镇银行存款增幅高达13.3%～68.41%，存款稳定性进一步增强。

二、同业资产比重有所下降

截至2021年末，全市村镇银行存放同业38.28亿元，比年初增加1.78亿元、增长4.88%；存放同业占总资产比例22.70%，比年初下降1.97个百分点。

三、支农支小贷款持续增长

截至2021年末，全市村镇银行涉农贷款余额76.51亿元，比年初增加5.88亿元、增长8.32%；普惠型小微企业贷款余额81.15亿元，比年初增加8.37亿元、增长11.50%，高于各项贷款增速1.67个百分点；普惠型小微企业贷款户数1.07万户，首次突破万户大关，较年初增加0.20万户、增长19.64%。

四、不良处置保持较高水平

2021年，全市村镇银行板块累计处置不良贷款1.52亿元，同比多处置0.26亿元、增幅20.63%，不良处置目标完成率120.63%。

（刘金文、李月明）

附表1

村镇银行主要业务指标

单位：亿元

项目	2017年	2018年	2019年	2020年	2021年	2021年同比增幅（%）
法人村镇银行（家）	—	—	—	8	8	0
村镇银行分支机构（家）	—	—	—	44	43	-2.27
村镇银行正式工作人员（人）	—	—	—	724	723	-0.14
合计实收资本	10.08	10.17	10.27	10.38	10.46	0.77
各项贷款余额	62.29	69.73	78.19	88.41	97.09	9.83
其中：涉农贷款余额	51.47	55.62	63.61	70.63	76.51	8.32
农户贷款余额	29.84	34.17	38.68	44.21	46.43	5.02
小微企业贷款余额	56.23	62.81	71.32	81.03	89.12	9.98
各项存款余额	80.63	84.40	104.75	120.25	142.04	18.12
其中：个人存款	37.58	43.40	57.05	72.84	89.29	22.59
单位存款	42.99	40.93	47.62	46.99	52.61	11.33
不良贷款占比（%）	0.90	0.85	0.93	1.45	1.92	32.41

附表2

青岛市村镇银行名录

序号	单位名称	单位地址	单位电话
1	青岛即墨惠民村镇银行股份有限公司	青岛市即墨区鹤山路878号	0532—66091729
2	青岛西海岸海汇村镇银行股份有限公司	青岛市黄岛区车轮山路88号	0532—85185887
3	青岛莱西元泰村镇银行股份有限公司	青岛莱西市青岛路39号	0532—83961915
4	青岛平度惠民村镇银行股份有限公司	山东省平度市红旗路27号	0532—88337771
5	青岛胶州中成村镇银行股份有限公司	青岛胶州市澳门路457号新城市花园小区网点楼459号网点	0532—83982999
6	青岛城阳珠江村镇银行股份有限公司	青岛市城阳区正阳路160—12	0532—67762856
7	青岛崂山交银村镇银行股份有限公司	青岛市崂山区深圳路156号1号楼	0532—66070831
8	青岛黄岛舜丰村镇银行股份有限公司	青岛市黄岛区珠江路1389号	0532—83138988

四、外资银行

汇丰银行（中国）有限公司济南分行

【第一负责人简介】　薛洁，2011年加入汇丰银行（中国）有限公司济南分行（简称汇丰中国济南分行），就职于工商金融服务部，任工商金融服务部副总监，负责济南及山东省内除青岛、潍坊、日照、威海、烟台以外的11个地市的工商业务工作；2012年9月起，任汇丰中国济南分行副行长；2015年2月经山东银监局批复同意，任汇丰中国济南分行行长，全面负责该分行工作。

【综述】　汇丰银行（中国）有限公司（简称汇丰中国）是首批本地注册的外资法人银行，于2007年4月2日正式开业，总行位于上海，由设于中国香港特别行政区的香港上海汇丰银行有限公司全资拥有。截至2021年末，汇丰中国实体网点总数为163家，覆盖中国大陆57个主要城市。汇丰中国济南分行是进驻济南的首家外资银行，于2009年7月21日正式开业，业务区域覆盖济南及周边地区，面向中外资企业和个人客户提供全面的本外币银行服务。

【经营管理】　2021年，汇丰中国济南分行的各项业务运转良好；在人才培养、企业社会责任等方面，汇丰中国济南分行力求全面发展。作为第一家入驻济南地区的外资银行，汇丰中国济南分行在产品与服务方面丰富和活跃了当地的金融市场。对公业务方面，该行客户以大型国企、上市公司和世界500强为主。近年来，该行积极推进跨境资金集中运营业务，业务种类日趋多样化、银企合作产品逐渐增多；个人业务方面，精选和引进海外成熟的金融产品，为客户提供优质的银行金融服务。在发展业务的同时，汇丰中国济南分行注重风险控制，强调合规经营，确保各项业务健康可持续发展。

【风险控制】　2021年，汇丰中国济南分行在总行风险管理架构下，严格落实各项风险控制操作规范。汇丰中国拥有全面风险管理架构，董事会及其下属专门委员会积极承担监控银行风险管理有效性的最终责任。2021年，汇丰中国进一步提升了风险识别、计量和管理水平。在股东、董事会（及其下设委员会）、监事、高级管理层和内外部审计的领导和积极参与下，汇丰中国采取了积极有效的措施，构筑了有力的风险管理机制和架构，帮助银行应对全球政治经济不确定性及潜在的国内经济形势变化所带来的挑战。在进一步完善的风险管理制度基础上，汇丰中国优化了风险管理架构及人员配置，对风险管理系统进行了升级，加强风险管理业务培训，从而保持了稳健的财务状况。风险管理的持续优化，使银行进一步履行了对监管的承诺，集团所有分支机构推行统一和稳健的风险文化、提升风险意识、助力日常经营管理和决策，确保经营活动与银行可承受的风险水平相适应。

（孙艳秋）

附表1

机构概况一览表

行长（或其他称谓的第一负责人）		副行长（或其他称谓的同级领导）	
薛 洁		王翠达	
地址	山东省济南市经十路11001号中国人寿大厦南楼09层02、03单元	邮编	250001
网址	http://www.hsbc.com.cn	客服电话	0531—55598666

附表2

内设部门及分支机构一览表

年度	内设机构（个）	下设分支机构（个）		员工人数（人）	
		地市级机构数	县区级机构数	员工总数（含非正式员工）	正式员工数
2017	10	0	0	32	32
2018	10	0	0	28	28
2019	10	0	0	29	29
2020	9	0	0	26	26
2021	8	0	0	19	19

汇丰银行（中国）有限公司青岛分行

【第一负责人简介】 郑昕，女，1983年10月生，南开大学金融学硕士；2008年7月加入汇丰银行，历任汇丰中国济南分行工商金融业务部副总监、汇丰中国北京分行工商金融业务部总监、汇丰银行工商金融业务部香港亚太区总部高级经理等职；自2021年9月8日起，任汇丰银行（中国）有限公司青岛分行（简称汇丰银行青岛分行）行长。

【综述】 香港上海汇丰银行有限公司于1865年在中国香港和上海成立，是汇丰集团的创始成员。汇丰银行（中国）有限公司（简称汇丰中国）由香港上海汇丰银行有限公司全资拥有，作为首批本地注册的外资法人银行，于2007年4月2日正式开业。汇丰中国目前拥有员工约7,000人，其中约99%是本地人才。汇丰中国已在内地50多个城市设立了150多个服务网点，是内地网点最多、地域覆盖最广的外资银行。

汇丰中国于1992年1月在青岛设立代表处，1993年2月升格为分行。紧随汇丰中国本地注册之后，汇丰银行青岛分行于2007年4月取得了对本地居民提供人民币零售业务的资格，并从此全面开展外汇业务和人民币业务。截至2021年末，汇丰银行青岛分行在青岛拥有1家分行和2家同城支行，是青岛地区占市场份额最大的外资银行之一。

【经营管理】 2021年，汇丰银行青岛分行经营稳健，资产信贷质量良好。依托集团对中国内地市场的深入了解和丰富的国际金融服务专业经验，汇丰银行青岛分行大力助推本地金融发展，不断提升数字化平台的服务能力，努力为本地客户提供全面优质的金融服务，不断满足客户对国际化金融服务的需求，并致力于凭借环球服务网络帮助本地企业探索国际化道路。同时，汇丰银行青岛分行将继续坚持稳健经营原则，切实落实各项监管要求，确保各项业务健康可持续发展。

（安 源）

附表1

机构概况一览表

行长（或其他称谓的第一负责人）		副行长（或其他称谓的同级领导）	
郑 昕		孙翠霞	
地址	山东省青岛市香港中路76号颐中皇冠假日酒店8楼711—714房间、718房间、911房间、918房间及1209房间	邮编	266071
网址	http://www.hsbc.com.cn/	客服电话	0532—80978088

附表2

内设部门及分支机构一览表

年度	内设机构（个）	下设分支机构（个）		员工人数（人）	
		地市级机构数	县区级机构数	员工总数（含非正式员工）	正式员工数
2017	12	1	4	134	134
2018	12	1	4	140	140
2019	12	1	3	140	140
2020	12	1	2	143	134
2021	9	1	2	161	142

渣打银行（中国）有限公司青岛分行

【第一负责人简介】 王磊，男，拥有27年丰富的金融从业经验，熟悉银行各业务岗位操作，具备较高的业务素质和风控能力；自2021年4月起，任渣打银行（中国）有限公司青岛分行（简称渣打银行青岛分行）行长，全面负责渣打银行青岛分行治理，致力于企业银行和个人银行等业务的全面发展。

【综述】 早在1993年，渣打银行（中国）就在青岛设立代表处。渣打银行青岛分行自2006年12月开业以来，各项业务发展稳定，经营状况良好。渣打银行青岛分行在青岛拥有1家分行、4家支行，是在青岛网点最多的外资银行。

渣打银行青岛分行的业务范围包括个人银行业务、小微企业金融服务、商业银行业务、全球性企业及金融机构业务。作为一家国际性银行，渣打银行青岛分行充分利用本行优势，在财富管理、小微企业服务、人民币国际化、“一带一路”以及帮助企业“引进来、走出去”等领域深耕运作，积极为企业和居民客户提供高质量的金融服务。

【经营管理】 2021年，渣打银行青岛分行经营稳健、业绩斐然，不良贷款利率一直控制在较低水平，并在以下几个方面发挥经营优势。

一是利用特色国际网络优势及产品，支持青岛企业“走出去”。渣打银行青岛分行通过境内团队与中国香港客户经理团队、债券团队共同合作，作为联合全球协调人和债券交割方，帮助境内企业在中国香港完成第三次债券成功发行，充分体现了客户对渣打银行青岛分行境内外协作效率的认可。

二是大力支持中小企业发展。支持中小企业发展一直是渣打银行的策略性业务重点，具有“真正服务小微企业、提供无抵押的流动资金贷款、成为企业的第一家融资银行”三大主要特色。渣打银行青岛分行在开展中小企业业务方面，积极响应政府及监管政策要求，在开展中小企业的融资业务中贯彻 “助小微、促升级、防风险、惠民生”之主旨。在借鉴集团经验的基础上，结合本地需求，以客户为中心，提供一站式全方位的金融服务。

三是积极参与财富管理中心建设。青岛是全国唯一以财富管理为主题的金融综合改革试验区。渣打银行青岛分行积极响应青岛市人民政府提出的“把青岛建成区域性金融中心”的目标，以客户为中心，充分考量市场风险与客户需求，不断丰富产品线和提升自身产品的开发能力，致力于满足客户资产配置需求。

四是支持地方政府推进实施可持续发展战略。渣打银行青岛分行在ESG、绿色信贷方面，积极支持当地政府及企业发展绿色金融、实施可持续发展战略，积极为相关企业和项目提供融资支持。

渣打银行青岛分行将继续积极推动优化资源配置，引领分行三大事业部（企业和金融机构业务部、商业银行部、个人金融部）在优先发展的领域发展客户，拓展新的增长点。同时，渣打银行青岛分行将可持续发展战略全面融入公司管理、业务推广、服务当地社区等日常运营当中，其核心即渣打（中国）的品牌承诺——“一心做好，始终如一（Here for good）”。渣打银行青岛分行会继续开展以“看得见的希望”“保护环境”“关心艾滋行动”“金融知识教育”等主题的公益活动，做有责任心的企业，不断回馈社会、促进可持续经济发展。

【风险控制】 2021年，渣打银行青岛分行不断健全各项工作机制、不断加强内控制度建设、严格执行各项内控制度。坚决落实各项内控合规规定，加强对基层机构负责人、客户经理、理财经理和业务经理等重要岗位的跟踪管理。以合规为基础、以提升内控管理水平为核心，稳步落实风险管理体系建设目标，努力建立和完善案防工作长效机制。要求所有员工都必须遵守渣打（中国）制定的员工行为准则。消费者权益保护工作也是工作的重点，渣打银行青岛分行秉承“公平对待客户”的原则，深入领会监管精神，积极听取消费者反馈意见并及时加以改进。

（宋 柏）

附表1

机构概况一览表

行长（或其他称谓的第一负责人）		副行长（或其他称谓的同级领导）	
王 磊		曲云龙	
地址	山东省青岛市香港中路9号香格里拉中心办公楼27层	邮编	266071
网址	https://www.sc.com/cn/	客服电话	400—888—8083

附表2

内设部门及分支机构一览表

年度	内设机构（个）	下设分支机构（个）		员工人数（人）	
		地市级机构数	县区级机构数	员工总数（含非正式员工）	正式员工数
2017	11	1	4	51	51
2018	11	1	4	49	49
2019	11	1	4	46	46
2020	10	1	4	48	48
2021	10	1	4	51	51

东亚银行（中国）有限公司青岛分行

【第一负责人简介】 张勇，对外经济贸易大学EMBA硕士，在银行业担任高级管理人员达25年之久；担任东亚银行（中国）有限公司青岛分行（简称东亚银行青岛分行）行长前曾担任过北京分行行长1年、哈尔滨分行行长5年，深谙内地银行业经营环境和市场法则，拥有丰富的专业知识和管理经验，所在银行机构为数以百计的国内企业提供总金额超过百亿元人民币的融资支持；积极参加各项有建设性的社会活动，注重以自身社会影响力为中国的经济与社会建设贡献力量。

【综述】 东亚银行青岛分行于2006年12月正式开业。截至2021年末，东亚银行青岛分行个人银行服务包括了各类账户服务、个人网银、本外币理财产品销售、信用卡业务、个人住房按揭贷款等业务品种。企业银行业务包括各类账户服务、支付结算业务、结售汇业务及各类对公授信业务品种（包括房地产开发贷款、商业抵押贷款、定期贷款、循环贷款、银团贷款、酒店贷款、国际结算及贸易融资、承兑汇票、银行保函以及其他经批准的业务）。

【经营管理】 东亚银行青岛分行自开业以来，各项业务发展稳定，经营状况良好。积极利用自身境外集团的平台资源优势，运用境内外联动的跨境产品，更好地服务于企业的跨境投融资需求；对资源配置进行分类分策略管理，按照国内外市场经济状况、政治因素、不良经验总结等因素，以及不同行业的风险和发展情况，制定了不同的行业导向指引；针对境内外市场利率汇率走势及预期，推出金融衍生业务系列产品，满足了客户的外汇避险和节约财务成本需求，更好地服务客户。

在贸易融资业务方面，东亚银行青岛分行依托便捷的境内外网络优势，结合青岛港口城市区域特点，通过单笔贸融业务可同时带动存款、贷款、中收业务；针对贸融客户的上下游优质企业，进行联合营销，一方面可以监控资金流，另一方面更好地拓展了有效客户基础。

【风险控制】 2021年，东亚银行青岛分行认真学习贯彻总行提出的“全面风险管理”理念，将“强内控、防风险”作为各项业务发展的首要条件，继续着力加强信用风险防范化解，强化“贷款三查”，做实资产分类，提升操作风险及案件防控工作水平，全面加强员工行为管理和内控合规建设，确保分行业务合规稳健发展。总体表现为：各项业务风险管控良好，信用风险、影子银行风险、流动性风险、市场风险、案件与操作风险、房地产风险、声誉风险、贷款集中度风险等均维持较低水平。

在信贷风险防控方面，东亚银行青岛分行在大力推进业务落地的同时，加强信贷监控力度及操作风险管理，妥善处理业务发展与防控风险的关系；针对公司贷款，定期进行客户贷后走访，通过考察客户现场情况、审阅客户财务报表、外部司法查询、贷款卡查询等信息，综合了解借款人经营状况和财务情况，把控风险；对于零售贷款，考虑到其风险特征及大环境影响，主要采取脱期法，依据贷款逾期时间长短直接划分风险类别，并根据不同贷款模式，设置不同的风险防控机制，从而综合加强信贷风险防控。

2021年，东亚银行青岛分行认真贯彻落实监管机构及总行各项案件风险防控工作要求，狠抓案件风险防控工作落实，进一步落实案件防控工作责任、健全案件管理体系、优化案件管理流程；落实强制休假制度，对强制休假员工工作进行一定程度的检查，以发现员工可能的工作疏漏和风险隐患；强化内部管理和控制，提高员工对案件风险防控工作重要性认识；定期组织开展员工行为管理培训、操作风险管理培训、基础合规与反洗钱培训，保证了银行的稳健经营及可持续发展。

（张贵康）

附表1

机构概况一览表

行长（或其他称谓的第一负责人）		副行长（或其他称谓的同级领导）	
张 勇		孙善功、隋 青	
地址	山东省青岛市香港西路67号甲	邮编	266071
网址	http：//www.hkbea.com.cn/	客服电话	95382

附表2

内设部门及分支机构一览表

年度	内设机构（个）	下设分支机构（个）		员工人数（人）	
		地市级机构数	县区级机构数	员工总数（含非正式员工）	正式员工数
2017	17	1	0	99	91
2018	16	1	0	81	78
2019	18	1	0	71	68
2020	17	1	0	67	57
2021	16	1	0	51	51

企业银行（中国）有限公司青岛分行

【第一负责人简介】 李炳稷，男，1969年5月出生，毕业于韩国东国大学；1995年进入韩国中小企业银行工作，曾就职于韩国中小企业银行退溪路分行、信贷企划部、企业客户部、企业营销部、人力开发部、江南古城站分行、人事部、天安企业成长分行、天安商区分行等部门和机构；2021年3月起，担任企业银行（中国）有限公司青岛分行（简称企业银行青岛分行）行长。

【综述】 企业银行青岛分行前身是韩国中小企业银行青岛分行，成立于2003年7月15日，现地址位于青岛市崂山区苗岭路36号国际发展中心一层、二层网点，是中国加入世界贸易组织后第一家落户青岛的外资银行，也是青岛第一家韩国独资银行，2009年6月22日转制为外商独资银行分支机构。2010年1月15日，企业银行（中国）有限公司城阳支行作为该行辖属的第一家支行正式开始对外营业；2013年12月19日，企业银行（中国）有限公司青岛经济技术开发区支行正式开始对外营业。

企业银行青岛分行秉承“审慎经营”的理念开展各类外汇业务及人民币业务。2021年，企业银行青岛分行及辖属2家支行在总行的领导下，严格遵守监管法律法规，积极配合当地监管机构有效地开展各项工作。

【经营管理】 2021年，企业银行青岛分行在李炳稷行长的带领下，继续努力开展业务、拓宽服务领域、提高服务质量。致力于对小微企业的贷款扶持；通过人民币业务、外币业务服务的不断完善，在维护原有客户的基础上不断增加新业绩；不断开发新产品，利用个人住房贷款、保单融、高新技术企业贷款、政府采购贷款、“奥齿泰”个人经营性贷款、种植牙采购贷款等产品，加大宣传力度、扩展服务领域。

截至2021年末，企业银行青岛分行资产总额、负债总额、各项贷款及各项存款较年初均实现增长，经营状况持续改善。资产总额为197,223.85万元，同比增加23,568.97万元，增幅为13.57%；各项贷款余额为197,973.49万元，同比增加54,110.96万元，增幅为37.61%；不良贷款为64.89万元、较年初增加64.89万元，不良贷款率为0.03%、较年初上升0.03个百分点；负债总额为184,201.52万元，同比增加22,023.56万元，增幅为13.58%；各项存款余额为162,567.70万元，同比增加2,020.70万元，增幅为1.26%；全年利润为3,022.33万元，同比增加1,545.41万元，增幅为104.64%。

【风险控制】 2021年，企业银行青岛分行秉承韩国母行的优秀经营理念，不断加强合规经营。通过合规审核、合规检查、内部监察等形式，加强业务风险防范，并不断加强内外部监管法规和业务流程的培训，将合规经营理念落实到位。首先，企业银行青岛分行合规部对下辖支行的业务定期开展合规性检查和评估、现场检查及非现场监测，并就发现的问题整理合规检查报告，跟踪整改落实情况。同时，企业银行青岛分行不断加强对贷款业务、账户开立、信用证押汇等业务的合规审核工作。其次，企业银行青岛分行通过每季度业务合规性和内控管理风险排查的方式，对信贷、对账、外汇、重要岗位管理、理财业务、印鉴管理、重空管理等业务进行风险排查，有效防范风险。最后，企业银行青岛分行通过日、月、季监察，特命监察，突击监察，对所辖支行实施季度监察等形式，加强风险防范。

（唐冰华、吴 静）

附表1

机构概况一览表

行长（或其他称谓的第一负责人）		副行长（或其他称谓的同级领导）	
李炳稷		刘金迪	
地址	山东省青岛市崂山区苗岭路36号国际发展中心一、二层	邮编	266061
网址	http://www.ibkcn.com/	客服电话	400—606—9000

附表2

内设部门及分支机构一览表

年度	内设机构（个）	下设分支机构（个）		员工人数（人）	
		地市级机构数	县区级机构数	员工总数（含非正式员工）	正式员工数
2017	8	1	2	72	62
2018	8	1	2	68	58
2019	8	1	2	66	56
2020	8	1	2	68	58
2021	8	1	2	68	58

企业银行（中国）有限公司烟台分行

【第一负责人简介】 沈钟勋，男，1972年7月20日出生，毕业于韩国建国大学经营学科；1997年进入韩国中小企业银行工作，2008—2015年，历任企业银行（中国）有限公司烟台分行部长、天津总行经营战略部部长；2021年1月19日起，任企业银行（中国）有限公司烟台分行（简称企业银行烟台分行）行长。

【综述】 企业银行烟台分行前身为韩国中小企业银行烟台分行，成立于2006年8月16日；于2009年6月1日随着中国法人成立转制为企业银行（中国）有限公司烟台分行；地址位于山东省烟台市芝罘区北马路75号三水大厦5号楼303室，辖内设烟台经济技术开发区支行，上级机构为企业银行（中国）有限公司，总部位于中国天津。

截至2021年末，企业银行（中国）有限公司已在全国范围内拥有天津、青岛、沈阳、烟台、苏州、深圳、武汉、北京等8家一级分行机构，以及部分分行辖属8家支行级机构，机构分布在全国主要经济中心城市及其周边，网点布局注重覆盖实体制造业企业集中和发达地区。

【经营管理】 企业银行烟台分行的经营范围涵盖对个人及企业的人民币及外汇业务，包括吸收公众存款、发放贷款，办理票据承兑与贴现；提供信用证服务及担保，办理国内外结算；从事银行卡业务，提供保管箱服务等。服务区域主要为烟台、威海等周边地区。2021年，各类业务继续向内陆地区延伸，包括江苏、重庆在内的异地区域，亦是其业务的辐射范围。

企业银行烟台分行与本地众多中、外资企业建立了良好的、稳固的业务往来关系。2021年，企业银行烟台分行在存、贷款领域均有新业务开展。存款业务方面，分、支行营业部开展了大额存单业务及结构性存款业务，进一步完善了存款产品品种，为不同客户群体提供多样化的存款服务；贷款业务方面，分、支行充分利用作为外资银行在政策、体制和制度等方面的优势，结合制造企业产业链构成，打造产业链融资服务模式；通过对核心制造企业的上下游企业提供融资服务、满足小微企业短期融资需求、帮助小微企业扩大生产规模，实现银企双赢的工作目标；针对疫情期间推出“金融困难窗口商谈”政策，为中小微企业因企施策、制定延期还本付息政策，为山东省外资外贸企业复工复产贡献外资银行的力量。

截至2021年末，企业银行烟台分行资产总额为19.13亿元，同比下降13.45%；负债总额为17.93亿元，同比下降14.60%；贷款余额为19.20亿元，同比增长12.59%；存款余额为17.67亿元，同比下降15.45%。2021年，企业银行烟台分行实现账面经营利润1,975.95万元，净利润同比增长1,356.42万元，增幅较大。

【风险控制】 企业银行烟台分行在努力提高自身经营管理的同时也非常重视风险控制。内控管理方面，企业银行烟台分行强化合规管理和文化建设，认真梳理规章制度，细化操作流程，提高规范化经营管理水平；在信用风险管控方面，严格授信条件，严格落实贷款“三查”，加强业务审查和放贷审核，防范信用风险和操作风险。

2021年，企业银行烟台分行严格按照山东银保监局、烟台银保监分局和人民银行济南分行、烟台市中心支行各项工作要求，结合各类文件指示精神，切实做好各项工作。“行业规范建设提升年”“内控合规管理建设年”等各项工作贯穿全年。企业银行烟台分行成立以分行行长为组长的工作小组，由合规负责人担任副组长，结合企业银行（中国）有限公司各项工作安排，切实落实好监管部门各项工作要求。

2021年，企业银行烟台分行落实监管要求，开展各项自查及整改工作，各项工作开展顺利、有序，效果显著。先后开展了存量信贷业务自查、涉赌涉诈及电信诈骗账户管理自查、非现场数据质量全面自查、员工行为专项排查、高管轮岗及履职回避自查、案件风险防控自查、“巩固治乱象深化强监管”“清理银行乱收费、降低企业负担”、资产分类专项自查等系列自查。通过各类自查工作开展及规范化建设，企业银行烟台分行在合规文化建设、落实监管要求、规范合规操作、科学有效管理等方面的水平得到极大提升。

（赵雪君）

附表1

机构概况一览表

行长（或其他称谓的第一负责人）		副行长（或其他称谓的同级领导）	
沈钟勋			
地址	山东省烟台市芝罘区北马路75号三水大厦5号楼303室	邮编	264001
网址	http：//www.ibkcn.com/	客服电话	400—606—9000

附表2

内设部门及分支机构一览表

年度	内设机构（个）	下设分支机构（个）		员工人数（人）	
		地市级机构数	县区级机构数	员工总数（含非正式员工）	正式员工数
2017	5	0	1	49	42
2018	5	0	1	53	46
2019	5	0	1	55	48
2020	5	0	1	55	48
2021	5	0	1	57	50

韩亚银行（中国）有限公司青岛分行

【第一负责人简介】 姚计锁，男，1970年出生，中共党员；1993年9月参加工作，先后任职于建设银行、邮政储蓄银行等机构，历任会计运营、个人金融、信贷管理、风险管理四个业务条线工作岗位，跨省、市、县三个机构层级，具有六年基层网点、十二年支行和二级分行、十年省级分行的工作及管理经验；2021年9月16日至今，任韩亚银行（中国）有限公司青岛分行（简称韩亚银行青岛分行）行长。

【综述】 韩亚银行青岛分行为韩国独资银行，前身为青岛国际银行，成立于1996年6月26日。2007年12月，经中国银行业监督管理委员会批准，青岛国际银行改制为韩亚银行青岛分行，营运资金1亿元等值人民币。该分行下辖青岛城阳支行和青岛经济技术开发区支行，有正式员工69人。韩亚银行青岛分行位于青岛市市南区香港中路12号丰合大厦C区，毗邻青岛市人民政府，地处青岛金融区域中心。主要经营业务包括存款、贷款、人民币结算、贸易融资、国际结算业务及理财产品等。服务对象面向包括中国居民在内的所有客户群体。

【经营管理】 韩亚银行青岛分行自2015年开始推行本土化改革，聘请优秀中国金融人才担任分行长，全面实行本土化。截至目前，韩亚银行青岛分行客户结构发生了较大变化，中资客户业务占比达百分之六十以上，改变了原来以韩资客户为主的单一客户结构，为银行的稳健发展奠定了良好的客户基础。韩亚银行青岛分行秉承合规优先、风险为本理念，不断优化授信业务结构，提升资产质量，不良贷款率为零，在稳健经营的同时实现了净利润的持续增长。

截至2021年末，韩亚银行青岛分行资产总额为49.32亿元，同比增加1.05亿元；负债总额为47.53亿元，同比增加0.88亿元；各项存款余额为38.12亿元，同比减少1.58亿元；各项贷款余额为36.27亿元，同比减少1.05亿元；利润总额（税前账面利润）为7,607.24万元。2021年，韩亚银行青岛分行整体经营平稳，资产及负债规模稳步提升，盈利能力较为稳定。

【风险控制】 2021年度，韩亚银行青岛分行始终坚持以“保证国家有关法律法规及规章的贯彻执行，保证银行发展战略和经营目标的实现，保证风险管理的有效性，以及业务记录、会计信息、财务信息和其他管理信息的真实、准确、完整和及时性”为内部控制管理目标，在内部控制体系的完善、内部控制职责的履行、内部控制措施的改进、内部控制保障的提升以及内部控制的评价和监督等方面，均开展了相应的工作并取得较大成效。

（于金平）

附表1

机构概况一览表

行长（或其他称谓的第一负责人）		副行长（或其他称谓的同级领导）	
姚计锁		薛佳蕾、于以宁	
地址	山东省青岛市市南区香港中路12号丰合大厦C区	邮编	266071
网址	http://www.hanabank.cn/	客服电话	400—885—1111

附表2

内设部门及分支机构一览表

年度	内设机构（个）	下设分支机构（个）		员工人数（人）	
		地市级机构数	县区级机构数	员工总数（含非正式员工）	正式员工数
2017	6	1	3	80	80
2018	6	1	3	80	80
2019	6	1	2	76	76
2020	6	1	2	73	73
2021	6	1	2	69	69

韩亚银行（中国）有限公司烟台分行

【第一负责人简介】 杨涛，男，1968年出生，本科学历；1995年进入交通银行莱阳支行工作，2001年起历任交通银行莱阳支行信贷科科长、副行长、行长，2012年任交通银行牟平支行行长，2013年任交通银行烟台分行党委委员、行长助理；2015年10月任韩亚银行（中国）有限公司烟台分行（简称韩亚银行烟台分行）行长。

【综述】 韩亚银行烟台分行前身为青岛国际银行烟台分行，于2007年12月24日改制成立，是在烟台设立的首家外资银行，也是山东银保监局辖属范围内成立的首家外资银行。韩亚银行烟台分行设置信贷部、国际结算部、营业部、综合部、风险部、合规部、市场部及韩国部8个部门。截至2021年末，共有员工36名，包括1名韩国人和35名中国人。主要经营外汇业务和人民币业务，包括：吸收公众存款；发放短期、中期和长期贷款；办理票据承兑与贴现；买卖政府债券、金融债券，买卖股票以外的其他外币有价证券；提供信用证服务及担保；办理国内外结算；买卖、代理买卖外汇；从事外币兑换；从事同业拆借；从事银行卡业务；提供保管箱服务；提供资信调查和咨询服务；经中国银保监会批准的其他业务。

【经营管理】 作为烟台地区第一家外资银行，韩亚银行烟台分行以本土化战略统领全局，紧紧围绕“服务地方经济、服务当地百姓”的工作中心，努力创新金融服务、大力提升服务水平、鼎力支持地方经济发展、不断提高对当地经济社会发展的贡献度，实现了与地方经济的共同发展。

2021年，韩亚银行烟台分行积极参与烟台自贸区建设，整合“跨境融资”“韩元清算”和“关税保函”三大产品，形成韩亚特色的自贸区金融服务方案。截至2021年末，韩亚银行烟台分行资产总额为19.81亿元，同比减少1.65亿元，下降7.68%。其中贷款14.46亿元，同比增加1.70亿元，增长13.36%；负债总额为18.41亿元，同比减少1.67亿元，下降8.33%；存款总额为17.88亿元，同比减少1.76亿元，下降8.97%；净利润为3996.56万元，同比增加265.90万元，增长7.13%；不良资产率为0。

2021年，韩亚银行烟台分行注重加强业务培训，每周至少组织一次业务培训，内容除了与业务相关的管理规定外，还包括系统操作及案例分享，为业务办理的合规性、准确性、及时性及风险防控等方面打下了坚定的基础。

2021年，韩亚银行烟台分行强化内部管理，注意防范经营风险。严格按照政府、监管部门和总行的疫情防控要求，购置和配备口罩、手套、消毒液、防护服等防疫用品，落实每日两次消毒、访客登记、通行码验证等防疫措施，积极配合当地政府和监管部门的各项防疫举措，较好地履行了疫情防控的工作职责。

（段 霄）

附表1

机构概况一览表

行长（或其他称谓的第一负责人）		副行长（或其他称谓的同级领导）	
杨 涛			
地址	山东省烟台市开发区长江路161号天马中心1号楼1501号、1502号、1508号、4号楼123号	邮编	264006
网址	http://www.hanabank.cn/	客服电话	400—885—1111

附表2

内设部门及分支机构一览表

年度	内设机构（个）	下设分支机构（个）		员工人数（人）	
		地市级机构数	县区级机构数	员工总数（含非正式员工）	正式员工数
2017	6	1	1	37	37
2018	8	1	0	34	34
2019	8	1	0	35	35
2020	8	1	0	36	36
2021	8	1	0	36	36

瑞穗银行（中国）有限公司青岛分行

【第一负责人简介】 李忠，本科学历，拥有27年银行工作经验；先后在第一劝业银行上海分行、瑞穗银行（中国）有限公司营销部门任职；2015年11月，任瑞穗银行（中国）有限公司青岛分行（简称瑞穗银行青岛分行）副行长；2019年4月，任瑞穗银行青岛分行行长。

【综述】 瑞穗银行（中国）有限公司（简称瑞穗中国），是日本瑞穗银行股份有限公司的全资子公司，总部位于上海。2007年6月，作为首批外资银行之一和首家日资银行，完成了本地法人注册。截至2021年末，瑞穗中国已拥有14个营业网点，注册资本95.00亿元人民币。

2008年4月，经中国银监会核准，瑞穗银行青岛分行成立，2008年4月28日正式开业，营业地址位于青岛市香港中路59号青岛国际金融中心44楼。瑞穗银行青岛分行可为山东地区对公客户提供各种本外币金融服务，包括存款、贷款、票据承兑与贴现、信用证服务及担保，办理国内外结算、提供资信调查和咨询服务等。

【经营管理】 自2008年开业以来，瑞穗银行青岛分行已经与山东地区众多中外资企业建立了银企业务往来关系，作为“支持客户与社会持续发展，协助解决各项课题的最佳合作伙伴”，瑞穗银行青岛分行为客户在中国事业发展所需要的融资和资金运用、资金管理的效率化、公司设立、事业发展计划的探讨、战略合作、企业并购重组、全球化业务发展等各领域，提供全面的综合性金融支持。

2021年，瑞穗银行青岛分行以“提高客户满意度为首要任务，同时提高员工满意度，从而实现瑞穗的可持续发展，成为扎根于中国的顶尖外资金融机构”为目标，制定了“扩大可持续盈利的资产负债结构、加强个性化的提案型营销、挑战新业务领域”等业务战略重点，构建了“继续加强能确保稳健经营的公司治理体制、构建支撑成长的业务基础、强化中国相关商业信息的关系、确立稳定的财务和收益基础、能够实现高客户满意度和高员工满意度的人事制度和企业文化”等配套的经营基础、财务和人才战略、组织文化，旨在扩大业务规模的同时，坚持稳健的管理体制，从而实现审慎经营。

2021年，瑞穗银行青岛分行继续强化与山东省人民政府、青岛市及各区政府部门的交流，协同瑞穗中国总行参加了“中日韩对接合作发展山东行”“2021跨国公司（济南）高层对话会暨中日产业创新发展交流大会”“第二届跨国公司领导人青岛峰会”等政府部门组织的十余场商务活动，为山东省经济发展和山东地区企业的对外交流合作作出了突出贡献。2021年，瑞穗银行青岛分行继续积极向中外资企业客户提供全方位的咨询服务。契合青岛市“十四五”规划的方针，利用在山东省经营多年积累的经验和资源，为日资企业在山东省的未来发展提供更为深入的咨询服务。特别是企业搬迁金融支持方面，有效促进了银企的多方位合作，为地方经济发展和企业客户的经营贡献了力量。

【风险管理】 2021年，瑞穗银行青岛分行继续坚持业绩考核与风险管理并重的方针，持续强化信用风险、操作风险、案件风险等各项风险管控。信用风险防控方面，瑞穗中国总行按照监管部门的要求及市场形势的不断变化，自2021年1月起，修订了《流动资金贷款管理办法》《授信客户现场检查管理办法》《授信工作三查管理办法》等行内制度，完善了法人层面的各项风险管理制度，进一步有效地控制信用风险。操作风险防控方面，瑞穗银行青岛分行在2021年引入了瑞穗中国总行的“授信业务管理系统”，将授信业务从合同准备阶段、额度设定、业务实行、记账处理等全流程实现电子化操作，对加强授信业务操作的规范性、提高授信相关统计数据质量起到了积极的作用。案件风险防控方面，积极落实风险防控主体责任、完善内控管理、强化案防培训。2021年瑞穗银行青岛分行组织各部门开展了“内控合规管理建设年”排查、“跨境赌博、电信网络诈骗等违法违规活动提供支付结算服务的风险排查”“员工履职回避自查”等排查活动，提升了行员的案防责任意识，提高了全行整体的工作效率和风险抵御能力，从源头上遏制了案件风险的发生，为建立“合规创造价值”的企业合规文化起到了积极的促进作用。

自开业以来，瑞穗银行青岛分行未发生不良贷款或其他风险事件。

（陈雪萍）

附表1

机构概况一览表

行长（或其他称谓的第一负责人）		副行长（或其他称谓的同级领导）	
李 忠		大塚智	
地址	山东省青岛市香港中路59号青岛国际金融中心44楼	邮编	266071
网址	https：//www.mizuhobank.com/china/cn/index.html	客服电话	0532—80970001

附表2

内设部门及分支机构一览表

年度	内设机构（个）	下设分支机构（个）		员工人数（人）	
		地市级机构数	县区级机构数	员工总数（含非正式员工）	正式员工数
2017	7	0	0	52	49
2018	7	0	0	50	45
2019	7	0	0	50	46
2020	7	0	0	50	45
2021	7	0	0	49	44

南洋商业银行（中国）有限公司青岛分行

【第一负责人简介】 陶伟，男，汉族，1973年5月出生，山东淄博人，本科学历，中共党员；1995年9月参加工作，历任中国银行淄博分行开发区支行副行长，中银香港青岛分行企金部组主管，南洋商业银行（中国）有限公司青岛分行［简称南商（中国）青岛分行］客户经理、高级客户经理、主管、副行长（营销），南洋商业银行（中国）有限公司北京分行副行长（营销）；2019年2月至今，任南商（中国）青岛分行行长。

【综述】 南洋商业银行（中国）有限公司起源于中国香港，是中国信达资产管理股份有限公司全资拥有的外商独资商业银行，是中国信达集团打造跨境综合金融服务的一个重要组成部分。南洋商业银行有限公司于1949年12月14日由庄世平先生创办于中国香港。自成立以来，南洋商业银行有限公司始终秉承"以客为先、以礼待人"的服务宗旨和"信誉第一、服务至上"的服务原则，以立足中国香港、背靠祖国大陆、面向世界，服务各地客户为己任。经过七十余年的发展，南洋商业银行有限公司已成为一家具有相当经营规模和实力的银行集团，在中国香港拥有42家分行，在内地拥有37家分行。

南商（中国）青岛分行的前身为香港宝生银行青岛分行，于1994年11月18日正式成立并对外营业。中银香港集团重组合并后，原宝生银行青岛分行于2002年5月1日更名为中国银行（香港）有限公司青岛分行。自2009年8月1日起，中银香港原内地分支行均改制并入南洋商业银行（中国）有限公司，中银香港青岛分行亦改制为南洋（中国）青岛分行。2016年5月30日，南洋商业银行有限公司并入中国信达，成为中国信达资产管理股份有限公司的全资附属机构。

多年来，南商（中国）青岛分行坚持以客户为中心，立足改革转型，积极创新发展，在巩固发展传统银行业务的同时，积极打造特色跨境金融业务品牌。通过高效协同，逐渐成长为在中国内地和中国香港同时具备深度综合金融服务能力的商业银行。

【党建工作】 自2019年6月9日成立党支部以来，南商（中国）青岛分行积极推进党建工作，取得显著成效。一是不断完善党支部组织架构，健全基层组织；二是加强党建制度建设和规范党员管理；三是持续深入开展主题教育，通过自学、集中研讨、在线学习、调查研究和问题整改等方式，确保主题教育全覆盖、常态化、重创新、有实效。

【风险防控】 2021年是"内控合规管理建设年"元年，南商（中国）青岛分行根据监管要求和总行统一部署，周密制定活动方案、加强组织领导、深入自查自纠，通过加强业务合规培训，做好专项整治与常态化工作衔接，以深化合规文化、健全长效机制。时刻保持案防高压态势，对操作风险、案件风险、声誉风险等传统风险领域，有针对性、具体化地定期重申、强调。通过组织员工观看学习案防政策、观看案件警示教育片、通报典型案例等形式，以案为鉴、以案明纪，筑牢员工拒腐防变的思想防线。同时，通过开办"业务大讲堂"及"法规天天学"等培训活动，加强对员工的合规培训及业务培训，不断提升员工的专业能力和服务水平。

【经营管理】 2021年，受新冠疫情局部反复、房地产市场降温、汛期洪灾频发、限产限电等因素影响，青岛多数经济指标同比有所回落，经济下行压力较大。南商（中国）青岛分行继续按照国家宏观经济政策及监管机构的指导，在扩大信贷投放服务实体经济的同时，有效调整对公信贷资产结构，审慎选取优质信贷项目，切实防控潜在的信用风险，提升对公信贷资产质量；个人业务方面，充分利用好"快易贷""法人透支""法人按揭"等适用于公司类业务产品，以产品为切入点，锁定目标客户，带动收入增长。全年南商（中国）青岛分行公司业务稳步发展、稳质增存。

展望2022年，国内外形势仍存在很多不稳定性、不确定性因素，经济形势更趋复杂严峻。受疫情反弹影响，生产供给、消费需求都受到了阻碍，继续加快推进投资进度对冲外贸回落风险、加大扩内需支持力度以及稳地产将是我国经济平稳恢复的重要保障。南商（中国）青岛分行作为一家具备红色基因的外资银行，将始终围绕"牢记红色基因使命，回归商业银行本源，回归外资银行初心"的理念，凭借外资银行境内外一体化特色业务和集团协同的综合金融服务优势，为客户提供具有南商特色的一揽子金融服务。在继续推进业务提升、夯实资产质量的同时，积极探索管理提升的有效突破，实现行稳而致远。

（王 蕾）

附表1

机构概况一览表

行长（或其他称谓的第一负责人）		副行长（或其他称谓的同级领导）	
陶 伟		李 飒	
地址	山东省青岛市连云港路17号1层网点，1号楼22层、23层、24层	邮编	266071
网址	http://www.ncbchina.cn/	客服电话	0532—66707676

附表2

内设部门及分支机构一览表

年度	内设机构（个）	下设分支机构（个）		员工人数（人）	
		地市级机构数	县区级机构数	员工总数（含非正式员工）	正式员工数
2017	11	3	0	70	38
2018	11	3	0	63	34
2019	10	2	0	66	23
2020	10	2	0	60	20
2021	11	2	0	62	20

日本山口银行股份有限公司青岛分行

【第一负责人简介】 川田正博，男，1969年生，1992年3月于松山大学法学部毕业；1992年4月进入山口银行工作，先后任职于日本山口银行西新川分行、名古屋分行、松山分行，历任松山分行行长助理、益田分行行长助理、青岛分行行长助理、山口银行床波分行行长；2017年8月至今，任日本山口银行股份有限公司青岛分行（简称山口银行青岛分行）行长。

【综述】 日本山口银行股份有限公司（以下简称山口银行）位于山口县下关市，是一家经营稳健的地方银行，其母公司为日本山口金融集团，在日本东证一部上市，下设银行、证券、咨询、资产管理等公司。该行除了在青岛、大连和韩国的釜山设有分行外，在中国香港还设有代表处。山口银行于1985年11月在青岛设立代表处，1992年升格为山口银行青岛分行。

受益于中国的改革开放和经济的迅速发展，山口银行青岛分行的客户除部分中国企业外，多数都是从日本来中国投资的日资企业。因此，山口银行青岛分行的经营活动不仅仅局限于当地，还积极地向上海、北京以及其周边地域辐射，努力开拓新客户，扩大在中国的业务范围。山口银行青岛分行经营业务范围主要包括：对各类客户的外汇业务以及对除中国境内公民以外客户的人民币业务；吸收公众存款，可以吸收中国境内公民每笔不少于50万元人民币的定期存款；发放短期、中期和长期贷款；办理票据承兑与贴现；代理发行、代理兑付、承销政府债券；买卖政府债券、金融债券，买卖股票以外的其他外币有价证券；提供信用证服务及担保；办理国内外结算；买卖、代理买卖外汇；代理收付款项及代理保险业务；从事同业拆借；提供保管箱服务；提供资信调查和咨询服务；经国务院银行业监督管理机构批准的其他业务。2011年6月起，山口银行青岛分行开始办理人民币跨境结算业务，对日本和中国的境内外客户提供人民币计价的结算业务。

山口银行青岛分行定期举办山口县中小企业产品项目推介会以及以投资贸易为目的的中小企业经济信息交流会；作为推动社会经济循环的一环，每年举办“山口银行杯”日语演讲比赛，优胜团队的师生由山口银行总行赞助赴日本研修一周，2021年举办的是第19届比赛。

【经营管理】 2021年，山口银行青岛分行注重精细化管理和流程管理，所有事项均按照规定流程办理，分工清晰、职责明确，注重细节和痕迹化；在符合制度要求的基础上，加强人性化管理。经营方面，自成立以来，一贯坚持普惠金融服务，着重支持中国境内的各类中小企业发展，客户行业主要包括机械、化工、汽车配件、电子等制造业，以及农业、物流、服务业等，主要为客户提供人民币存贷款、结算、结售汇、外汇买卖等金融服务。不断强化营业力度、推进业务发展，迅速应对客户的需求，保证提供优质的金融服务；秉持与客户共同发展的理念，在合理适当的贷款利率之外，从不提高贷款利率、不收取不合理的费用或者变相收费，有效减轻了企业客户的财务负担，促进了中小企业的良好发展。

【风险控制】 2021年，山口银行青岛分行持续加强各项制度建设，始终做到有章可依、有规可循；不断确保内部控制制度的有效性，操作规章落实到位，内控贯穿于各业务环节和流程；针对外籍员工人数多的状况，积极开展合规培训，加强本地化学习，并定期开展考试，测试评估学习效果；注重科技系统改造升级，优化系统操作和风险控制；突出合规管理，以合规为先，形成了良好的合规文化、合规氛围；定期或不定期开展内部检查、聘用毕马威会计师事务所实施外部审计；实施信用风险和流动性风险等各种风险的全面管理，加强反洗钱管理，设置专职反洗钱人员、开发反洗钱软件，努力做好反洗钱和反恐怖融资工作。2021年，山口银行青岛分行开展了“内控合规管理建设年”活动，不断修订内控制度、完善内控管理体系，努力预防、化解风险，积极稳妥地开展各项经营活动，多年来未有风险案件和不良资产发生。

（姬广伟、金奉爱）

附表1

机构概况一览表

行长（或其他称谓的第一负责人）		副行长（或其他称谓的同级领导）	
川田正博		大野浩嗣、姬广伟	
地址	山东省青岛市香港中路76号颐中假日皇冠酒店2楼	邮编	266071
网址	ybk2@ymfgqd.com	客服电话	0532—85766222

附表2

内设部门及分支机构一览表

年度	内设机构（个）	下设分支机构（个）		员工人数（人）	
		地市级机构数	县区级机构数	员工总数（含非正式员工）	正式员工数
2017	5	1	0	26	26
2018	5	1	0	25	25
2019	5	1	0	29	29
2020	5	1	0	30	30
2021	6	1	0	30	30

华侨永亨银行（中国）有限公司青岛分行

【第一负责人简介】 邹仁杰，女，1996年毕业于东北财经大学投资经济管理系，至今已有超过30年的银行从业经验；1988年至1998年，先后在建设银行青岛分行及华夏银行青岛分行担任企业发展部客户经理、支行副行长、支行行长、公司业务部总经理等职，从事业务发展和行政管理工作；2010年加入华侨永亨银行（中国）有限公司［原华侨银行（中国）有限公司］；2010年12月至2018年1月任华侨永亨银行（中国）有限公司青岛分行（简称华侨永亨银行青岛分行）行长；2018年1月至2019年10月担任华侨永亨银行（中国）有限公司珠三角地区总部业务总经理；2019年11月28日至今，任华侨永亨银行青岛分行行长。

【综述】 华侨永亨银行青岛分行前身为1997年设立的华侨银行青岛代表处，2011年升格为青岛分行，并于2011年9月18日开业；2016年更名为华侨永亨银行（中国）有限公司青岛分行，并于当年7月18日正式对外营业。华侨永亨银行青岛分行未开展个人业务，现有员工18人。开业以来，华侨永亨银行青岛分行无违规行为、无风险事件、无不良贷款，顺利通过历年人民银行、银保监局、公安局等外部监管机构的各项检查。

【经营管理】 2021年，华侨永亨银行青岛分行营销策略，主要是依托青岛及山东半岛地区的港口区位优势以及母行在新加坡和中国香港市场的海外优势，结合本机构信贷资源及现有业务产品，推动中资客户“走出去”，在新马泰等东南亚国家为中资客户提供全面的服务；为中资客户在海外资本市场融资提供便利，如海外发债、IPO、海外并购贷款等，培育一批能与华侨永亨银行建立稳定合作关系的客户群体，为今后业务发展打下基础。同时，依托华侨银行集团资源，将现有产品与客户需求相结合，全方位营销，围绕客户做深做透，致力于向客户提供更多业务选择，增加客户对华侨永亨银行的认知度、提升华侨永亨银行青岛分行在山东地区的品牌效应。

截至2021年末，华侨永亨银行青岛分行资产总额为90,871.12万元，负债总额为67,416.96万元，各项存款余额为39,218.04万元，各项贷款余额为91,320.38万元。2021年，华侨永亨银行青岛分行实现净利润1,326.50万元。

【风险控制】 截至2021年末，华侨永亨银行青岛分行各项存贷款均为对公业务，未涉及个人贷款及现金业务。华侨永亨银行青岛分行自开业以来未发生不良贷款或其他风险事件。

（孙 伟）

附表1

机构概况一览表

行长（或其他称谓的第一负责人）		副行长（或其他称谓的同级领导）	
邹仁杰		—	
地址	山东省青岛市市南区香港中路9号 香格里拉办公楼24层2402—2407	邮编	266071
网址	http://www.ocbc.com.cn/	客服电话	400—894—0089

附表2

内设部门及分支机构一览表

年度	内设机构（个）	下设分支机构（个）		员工人数（人）	
		地市级机构数	县区级机构数	员工总数（含非正式员工）	正式员工数
2017	5	1	0	25	21
2018	4	1	0	24	20
2019	4	1	0	23	19
2020	4	1	0	23	19
2021	4	1	0	22	18

韩国釜山银行股份有限公司青岛分行

【第一负责人简介】 林男圭，男，1971年出生，韩国籍，大学本科学历，1998年入职韩国釜山银行股份有限公司（简称釜山银行）；1998年至2013年，先后在釜山银行多家分行负责外汇业务；2013年至2019年，在釜山银行多家分行负责贷款业务并晋升为副行长；2019年4月，任韩国釜山银行股份有限公司青岛分行（简称釜山银行青岛分行）检查总负责人；2019年11月至今，任釜山银行青岛分行行长。

【综述】 釜山银行是一家韩国地方性股份制商业银行，1967年10月设立于韩国港口城市釜山。2012年，韩国釜山银行战略性地将自己的第一家海外分行设立在各方面条件均十分优越的青岛。釜山银行青岛分行在总行“内实经营”的发展方针指引下，充分发挥总行与地区紧密结合的优势，通过内部信息共享等方式，深入挖掘客户金融需求，为客户量身打造金融产品，持续为客户提供多样化的国际结算服务、贸易融资产品以及外币、人民币存贷款和结算服务。

【经营管理】 韩国釜山银行成立54年来，专注为客户提供优质的金融服务。釜山银行一直秉承着“携手地区走向世界，心系顾客创造未来”的经营理念，努力确保新的成长动力和灵活应对金融环境变化的能力。韩国釜山银行已突破地方性银行的局限，正成长为以银行业务为核心的具有国际竞争力的综合性金融集团，并树立了“成为全球超一流的地区金融集团”的经营目标。为此，韩国釜山银行通过增强经营能力、风险管理能力，积极推进内部革新，强化社会责任经营，增强应对未来的能力，并按照战略计划积极稳妥推进各项工作。

釜山银行青岛分行长期致力于支援中小企业的发展，客户主要集中在制造业领域的中小企业。根据这一特点，釜山银行青岛分行在现有经营范围内，不断努力开发新的业务品种，在发放常规流动资金贷款之外，积极开拓贸易融资领域。釜山银行青岛分行可为客户提供信用证项下的各类业务、进出口押汇、托收等结算融资服务。

为了给客户提供更方便、更快捷的金融服务，釜山银行青岛分行于2015年积极申请并于同年末获准开展人民币业务。针对绿色产业、新兴产业以及高科技产业中小而强的企业，釜山银行青岛分行不断加大支持力度，逐步探索出一套有效的信用评价和风险管理的体系，对各项业务进行风险控制。2020年以来，面对疫情的严重冲击，釜山银行青岛分行积极制定应对政策，支持企业客户渡过难关。2021年，釜山银行青岛分行资产质量继续保持良好水平，内部控制持续完善，全面完成了总行各项既定目标。

（郇 静）

附表1

机构概况一览表

行长（或其他称谓的第一负责人）		副行长（或其他称谓的同级领导）	
林男圭		—	
地址	山东省青岛市崂山区香港东路195号8号楼1403/1404室	邮编	266000
网址	http://www.busanbank.co.kr	客服电话	0532—86679021

附表2

内设部门及分支机构一览表

年度	内设机构（个）	下设分支机构（个）		员工人数（人）	
		地市级机构数	县区级机构数	员工总数（含非正式员工）	正式员工数
2017	8	1	0	17	17
2018	8	1	0	19	19
2019	8	1	0	18	18
2020	8	1	0	20	20
2021	8	1	0	20	20

第八部分

非银行类金融机构

一、证券公司

中泰证券股份有限公司

【第一负责人简介】 李峰，男，汉族，1971年12月出生，中共党员，经济学博士；历任潍坊经济开发区管委会副主任，潍坊高新技术产业开发区管委会副主任，潍坊市委组织部副部长，山东省领导干部考试题库管理中心主任，诸城市委副书记、市长、市委书记，潍坊市人民政府党组成员，日照市副市长，山东省财政厅党组成员、副厅长；现任中泰证券股份有限公司（简称中泰证券）党委书记、董事长。

【综述】 中泰证券作为省属国有重要骨干企业和山东省本土券商，自2001年成立以来，在省委、省政府的正确领导下，在监管部门的关心厚爱下，立足山东、服务全国，逐步发展成为全国大型综合类上市券商和综合性证券控股集团，2020年6月在上交所上市（股票代码600918）。中泰证券目前在全国28个省（自治区、直辖市）设有44家分公司、280多家证券营业部，员工8,500多人；旗下子公司涵盖期货、基金、资管、投资、区域股权市场等金融业务领域，并在香港、新加坡等地设有海外子公司或办事处。截至2021年末，中泰证券服务客户750多万，累计为800多家企业提供股债融资服务，管理客户资产和融资服务规模双双超过万亿元。

2021年以来，中泰证券提出永葆落实中央决策部署和省委、省政府工作要求的决心、永葆服务实体经济的初心、永葆向券商第一方阵迈进的雄心、永葆市场化改革的恒心，以党建为统领，以客户为中心，深入实施区域突破、人才强企、转型提升和金融科技四大战略，将改革创新、风控合规作为两大支撑，努力推动高质量发展再上新台阶。2021年，中泰证券实现营业收入131.50亿元，同比增长27.03%；利润总额42.99亿元，同比增长31.27%；净利润32.99亿元，同比增长27.82%。

【财富管理业务】 中泰证券建立了包括经纪、资管、基金等在内的大财管体系，打造以投顾为核心，集专业交易、产品销售、综合金融服务为一体的国内一流财富管理平台。2021年，中泰证券财富管理业务实现营业收入43.88亿元，同比增长30.86%；获得基金投资顾问业务试点资格，上线“齐富投”基金投顾品牌；打造以“中泰量化30”为代表的产品线，2021年累计实现产品销售规模1,400多亿元，同比增长57.00%，“中泰量化30”总体销售规模129.00亿元，单只产品销售规模63.00亿元，打破了单只产品销售记录。

【投行业务】 中泰证券成立了山东、北京、上海、深圳、青岛五大投行总部，建立了一支850人的投行专业团队。2021年完成了35单股权主承销项目的发行，行业排名第十位，较2020年提升12个位次，定增家数行业排名第六位，完成债券与资产证券化产品684单，行业排名第十二位。2021年，中泰证券保荐主承销的普联软件IPO项目，是山东省第一家纳斯达克回归A股的IPO项目；联合主承销的维远股份IPO项目，是山东省融资规模最大的化工企业IPO项目，也是山东省近五年来融资规模最大的IPO项目；联合主承销的潍柴动力定增项目，是2021年资本市场的标杆项目之一。

【服务山东市场】 中泰证券锚定“走在前列、全面开创”“三个走在前”总遵循、总定位、总航标，积极履行作为省属重要骨干企业和本土券商的政治责任，提出了深耕山东的区域突破战略，以山东省资本市场服务中坚的战略定位，以根据地式服务的创新举措，全面深耕山东市场。与省内14个地级市和10多个县级市签订战略合作协议，派出了10余名干部挂职市地方金融监管局。与胶东5个市财政局签约，共同服务胶东经济圈一体化发展。制订助推省内沿黄区域高质量发展行动计划，通过“六大发力点”和“六大行动计划”积极服务黄河流域高质量发展。举办金融助推山东绿色低碳发展论坛，发布《“碳达峰、碳中和”行动计划》，从加强绿色低碳融资等10个方面为山东省绿色低碳发展贡献中泰证券力量。在诸城打造服务乡村振兴、县域经济的中泰证券样板。发挥国有经济引领带动作用，入股省新动能基金，发起设立潍坊、威海、枣庄等多只上市基金，引导社会资本向“四新”企业集聚。聚焦“专精特新”企业，联合省工信厅等实施“泰山登顶”计划和北交所上市专题培训活动，帮助中小企业解决“卡脖子”技术。2021年，中泰证券股权业务在省内市场占比26.56%，债券业务占比25.95%，跨境股债占比分别为100%、

62.00%，累计为省内企业融资1,400多亿元，无论股权、债券还是跨境业务，省内市场排名都稳居行业首位。

【改革创新】 中泰证券按照更市场、更开放、更灵活的原则，推出了组织架构、干部任免、薪酬体系、考核机制等一系列改革组合拳。2021年初，实施了自2007年整合天同证券以来力度最大的一次改革，将总部53个一级部整合压缩到41个，对75名干部进行了调整。坚持薪酬与考核目标市场化"双对标"，在积极推进薪酬体系改革的基础上，出台对标考核实施方案，全面推动机构和员工刚性考核，同步优化了《员工考核管理办法》，激发了员工干事创业的主动性。按照国家和全省国企改革的统一安排部署，积极实施国企改革三年行动，推动党建、公司治理、经营管理等全面提质增效。通过改革，进一步激发了动力、释放了活力、增强了免疫力、提高了竞争力。

【金融科技】 中泰证券大力实施金融科技战略，持续加大科技投入和IT团队建设，强化科技研发能力。自主研发的XTP系统行业领先，2021年交易量突破9万亿元，已经成为优质量化私募的资产聚集平台。数字化转型与流程管理项目入选国务院国资委"国有重点企业管理标杆创建行动"标杆项目名单，成为唯一一家入选标杆项目的山东省国有企业。齐富通App功能日益完善，客户体验不断提升，连续七年获得"十佳券商App"称号。

（滕春强、孟呈祥）

附表1

机构概况一览表

董事长（或其他称谓的第一负责人）		其他领导（或其他称谓的同级领导）	
李 峰		—	
地址	山东省济南市经七路86号	邮编	250001
网址	https://www.95538.cn/index.html	客服电话	95538

附表2

内设部门及分支机构一览表

年度	内设机构（个）	下设分支机构（个）		员工人数（人）	
		地市级机构数	县区级机构数	员工总数（含非正式员工）	正式员工数
2017	44	246	72	7,899	7,566
2018	46	257	68	7,798	7,486
2019	48	257	68	7,718	7,425
2020	48	264	67	7,758	7,457
2021	41	263	66	8,771	8,505

附表3

主要统计指标

单位：亿元

项目	2017年	2018年	2019年	2020年	2021年	2021年同比增幅（%）
资产总额	1,322.38	1,359.63	1,466.13	1,745.10	2,046.90	17.29
负债总额	981.00	1,031.99	1,116.07	1,400.80	1,675.30	19.60
营业收入	81.69	70.25	97.09	103.52	131.50	27.03
投资收益	14.33	22.60	24.78	20.89	32.25	54.38
利润	23.77	14.08	28.33	32.75	42.99	31.27
净利润	18.96	10.70	22.94	25.81	32.99	27.82

中信证券（山东）有限责任公司

【第一负责人简介】　冯恩新，西安工程大学棉纺专业学士、中国人民大学商品学专业硕士、国民经济学专业博士，高级经济师；曾任西安工程大学教师，北京市财政局债务管理处及综合计划处副处长，华夏证券北京东四证券营业部副总经理，光大证券债券业务总部副总经理，中信建投证券机构销售交易部副总经理、经纪业务管理委员会市场营销部行政负责人、经纪业务管理委员会机构管理部行政负责人、湖北分公司筹备组组长、湖北分公司总经理、北京安立路中心营业部总经理；2019年1月任中信证券江苏分公司总经理，现任中信证券（山东）有限责任公司［简称中信证券（山东）公司］董事长兼总经理、法定代表人。

【综述】　中信证券（山东）公司是国内龙头券商中信证券的全资子公司，注册地为青岛市崂山区，注册资本24.94亿元。中信证券（山东）公司前身为1988年经中国人民银行总行批准、中国人民银行青岛市分行出资800.00万元设立的“青岛证券公司”，历经多年、多次增资改制、扩股、更名，至2013年9月，中信证券（山东）公司股东变为中信证券1家，2014年4月，正式更名为“中信证券（山东）有限责任公司”。中信证券（山东）公司立足青岛，辐射山东、河南两省，拥有70家证券分支机构。除证券经纪、证券投资基金代销、代销金融产品、融资融券等主营业务外，依托中信证券股份有限公司资源，中信证券（山东）公司可为政府、企业提供债权、股权融资等金融服务，可为上市企业的股权托管、高端客户的财富管理及资产配置等提供优质的服务与资源。近几年，中信证券（山东）公司在聚合服务资源、拓展营销渠道、客户分级分类服务等方面做了有益探索，财富管理转型取得积极进展。截至2021年底，中信证券（山东）公司总资产321.62亿元，净资产75.99亿元，2021年实现营业收入23.06亿元，净利润6.74亿元。2014年至2021年，累计纳税32.89亿元。中信证券（山东）公司多次获评“山东省服务业先进单位”“山东省纳税先进单位”“青岛市文明单位”“青岛市金融发展突出贡献单位”等荣誉称号。

【经纪业务】　2021年，公司严格贯彻“促强项，补短板”的指导思想，坚持“以客户为中心”的服务理念，深化财富管理转型。持续做好客户开发工作，通过多渠道开发和流失户激活，全年新开户17.80万户，净增有效户6.80万户；通过落实多业务覆盖促进客户转化，全年新增有效产品客户10万户，为各项业务的开展储备了充足的客户资源；做大财富客户规模，财富客户数较2020年度提升24.00%，财富客户资产增长34.00%；继续扩大产品销售优势，借助中信证券平台全谱系的产品体系，以投资者适当性为基础，为客户推介与其风险收益特征相匹配的产品，权益类产品销量稳步增长，保有量创历史新高；融资融券余额增长迅速，日均两融余额增长60.00%，资金类业务成为重要收入增长点；期权经纪业务收入提升明显；注重业务渠道拓展，以销售优势为抓手，充分挖掘与公募、私募机构的合作机会，在非代销落户、券源出借等方面取得历史性突破，构建起包括产品落地、融资融券等的业务合作生态。以此为基础，将青岛总部证券营业部成功打造为山东省多项指标排名第一的明星营业部；加强专业队伍建设，年度内新聘内训师81人（淘汰65人），在扩大规模的同时不断提升内训师专业性。报告期内高起点塑造的内训师队伍，对推动相关业务发展发挥了重要作用。

【风险控制】　中信证券（山东）公司高度重视合规风控工作，不断完善公司治理、合规风控和制度建设，形成了以董事会、监事、经营管理层、合规总监（兼任首席风险官、首席反洗钱合规官）、合规风控及法律事务部、稽核审计部、各部门和分支机构负责人及各部门和分支机构合规人员为主干的多层级合规风控和全面风险管理体系，各层级各履其责，有效提升了合规风控、全面风险管理、反洗钱业务管理效能。2021年，中信证券（山东）公司修订（或制定）涉及客户投诉、廉洁从业、反洗钱管理的制度8项，对分支机构合规检查、内部稽核83家次，组织分支机构开展合规及反洗钱自查10余次，以客户为中心、合规运营、严格风险控制已成为中信证券（山东）公司所有工作的出发点、落脚点。

（张兰辉）

附表1

机构概况一览表

董事长（或其他称谓的第一负责人）		其他领导（或其他称谓的同级领导）	
冯恩新		—	
地址	山东省青岛市市南区东海西路28号龙翔广场1号楼东5层 山东省济南市经七路156号国际财富中心15层	邮编	266071 250001
网址	http://sd.citics.com	客服电话	95548

附表2

内设部门及分支机构一览表

年度	内设机构（个）	下设分支机构（个）		员工人数（人）	
		地市级机构数	县区级机构数	员工总数（含非正式员工）	正式员工数
2017	10	58	11	2,308	2,205
2018	10	59	11	2,407	2,368
2019	9	59	11	2,571	2,564
2020	9	59	11	2,602	2,595
2021	11	59	11	2,835	2,743

附表3

主要统计指标

单位:亿元

项目	2017年	2018年	2019年	2020年	2021年	2021年同比增幅（%）
资产总额	168.27	169.01	197.74	276.60	321.62	16.28
负债总额	111.13	108.60	133.41	207.34	245.62	18.46
营业收入	13.97	11.88	13.19	18.06	23.06	27.69
投资收益	1.59	0.06	3.03	1.33	1.04	-21.80
利润	6.01	4.50	5.24	7.15	9.01	26.01
净利润	4.60	3.29	3.92	5.35	6.74	25.98

二、保险公司

中国人民财产保险股份有限公司山东省分公司

【第一负责人简介】 胡伟，男，汉族，1968年10月出生，中共党员，大学本科学历，高级经济师；1990年7月参加工作，历任中国人民财产保险股份有限公司济宁市分公司办事处业务员，支公司副科长、科长、经理助理、副经理、经理，分公司副总经理；2008年2月任中国人民财产保险股份有限公司济宁市分公司党委书记、总经理；2010年12月任中国人民财产保险股份有限公司济南市分公司党委书记、总经理；2011年2月任中国人民财产保险股份有限公司山东省分公司（简称人保财险山东分公司）党委委员、副总经理（2011年2月至2014年12月兼任中国人民财产保险股份有限公司济南市分公司党委书记、总经理）；2018年10月至今任人保财险山东分公司主要负责人。

【综述】 中国人民财产保险公司是中组部直管的中央企业，成立于1949年，人保财险山东分公司是其设立在山东的一级分公司，在山东省15个市（不含青岛）设有二级分公司，设有县区级经营机构260余家，“三农”营销服务部400余个，“三农”保险服务站近千个，“三农”保险服务点2.3万余个，员工近万人，协保人员2万余人。公司始终紧跟省委、省政府决策部署，深度融入山东八大战略布局，践行“人民保险、服务人民”的使命，扎实推进“卓越保险战略”，业务遍及全省各地，覆盖社会生产和人民生活的各个领域，为全省经济发展、社会稳定和民生建设提供了重要支持和保障，先后荣获“山东省优秀企业”“社会责任企业”“全省五一劳动奖状”等称号。

【经营管理】 2021年，人保财险山东分公司积极履行金融国企的政治责任和社会责任，围绕服务国计民生和经济社会发展大局，积极参与山东省新旧动能转换工程落地，为重大标志性项目提供全面风险保障。先后为高铁高速、国电核电、交通航空等国家重大工程项目，量身制定了一揽子风险管理方案，提供保险保障额度超过万亿元，有力保障了新旧动能转换重点项目的有序推进。2021年，公司努力克服疫情和经济环境等因素带来的诸多挑战，保持了持续健康的发展态势，全年实现保费收入237.24亿元，所有条线均实现高质量发展，为520万辆机动车、4万多家企事业单位、5,000余万城乡居民和职工提供风险保障金额超70.00万亿元，处理赔案600万件，上缴税收25.00亿元。

【业务拓展】 2021年，人保财险山东分公司继续扎实推进“温暖工程”，深入贯彻落实“行业建设规范提升年”要求，推进转型发展，努力实现企业商业价值与社会责任的高度统一。

一是坚持党建引领，实现发展转型新合力。以习近平新时代中国特色社会主义思想为指导，不断增强“四个意识”、坚定“四个自信”、做到“两个维护”，深化党建一体化建设，将传承中国人民保险红色血脉与弘扬“沂蒙精神”红色基因紧密结合，全面加强和改进基层党的建设，推动以客户为中心的转型，经营管理持续优化，实现了党建引领。

二是积极做好疫情风险保障。创新推出各类专项保险产品和服务，“护身福”疫苗险为30万新冠疫苗接种者提供风险保障200.00亿元；开办冷链货运附加新冠货损保险，为货物进口全流程保驾护航；乡村振兴保涵盖疫情防控应急救助责任，为部分重点区县提供应急救助费用补偿；开通95518家庭坐席，确保客户服务热线7×24小时全天候值守、第一时间响应；大力推广小额案件线上化无接触理赔模式，全年线上化理赔40多万件；乡镇重要路段、关口设立的交通安全劝导站全部升级为防疫站，筑牢疫情防控安全线。

三是始终致力于保障改善社会民生。大病保险参保人群6,100万人，累计赔付近百万人次；在非大病社保领域，为边缘易致贫户、严重困难户提供风险保障2,300.00亿元，累积支付赔款近亿元，40多万人次受益。参与承办职工、居民长期护理保险项目，承办13个地市惠民保业务，覆盖人群1,200万人；率先实施民生综合保险试点工作，保障内容涵盖洪涝、台风、雪灾等13种自然灾害及居民人身伤亡和房屋救助损失责任，全年为各级政府提供105.00亿元风险保障。

四是持续加大保险创新力度。倾力打造业内领先的“卓越数智云平台”，创新应用物联网、大数据、云计算和移动互联等先进技术，构建起集指标监测、过程管控、风险预警、大灾指挥等多项功能于一体的智能化“风险管理+作战指挥中心”；创新银保合作新模式，聚焦“专精特新”和

"绿色低碳"等重点领域，持续实现"政银保"项目新突破。为120余家高端装备、新材料、创新型科技型企业提供80.00亿元的风险保障；出口信用保险服务3000多家出口企业，提供风险保障金额200.00亿元；积极参与工程保险和担保制度改革试点，通过投标保证保险、履约保证保险等产品，为中铁、中建、中核等5,000多家企业释放保证金超过22.00亿元。

五是深度参与社会治理。积极推广电梯"保险+服务"新模式，承保电梯17万余台，提供风险保障1,500.00亿元；为千余家企业免费提供双重预防体系建设服务；为全省2.60万所学校提供7,500.00亿元校园安全保障；积极研发智慧综治服务系统，推动产品服务升级，赋予综治保险新的活力。

六是全面助力乡村振兴。积极服务农业特色优势产业发展，提供风险保障超过50.00亿元；开办全省首款地方财政补贴型玉米收入保险，加快推进传统种植险向保收入、保价格转变；创新专属扶贫保险产品，为100多万临贫、易贫人群提供风险保障2,300.00亿元。

【员工培训】 2021年，人保财险山东分公司聚焦"赋能"与"服务"，围绕"服务卓越保险战略、服务改革发展转型、服务基层能力建设"，以线上培训工具、平台为抓手，多层级多维度开展政治能力、经营能力、销售能力、服务能力、创新能力提升主题培训，以更加新颖的培训内容、灵活的培训形式，持续赋能公司创新变革与干部队伍建设，为卓越保险战略和"十四五"规划开好局起好步。

【客户服务】 2021年，人保财险山东分公司深化"以客户为中心"发展理念，升级客户服务管理，以优质服务赢得客户、获取客户；持续推进"车生活、家庭生活、健康管理"服务生态圈建设，以"保险+科技+服务"引领保险业发展新业态、开创新领域；积极推进线上化2.0体系建设高质量发展，车险线上化率突破98.00%，理赔线上化率达88.00%，搭载"山东人保财险"微信公众号，建设"智惠山东"线上服务生态圈，为客户提供"千人千面"的全方位、一站式、产品化的增值服务。

（陈 勐、高 鹏）

附表1

机构概况一览表

总经理（或其他称谓的第一负责人）		副总经理（或其他称谓的同级领导）	
胡 伟		唐光立、刘 明、崔建生、李志恒、黄 海、于 航	
地址	山东省济南市经十路8000号龙奥金座2号楼	邮编	250011
网址	http://www.epicc.com.cn/	客服电话	95518

附表2

内设部门及分支机构一览表

年度	内设机构（个）	下设分支机构（个）		员工人数（人）	
		地市级机构数	县区级机构数	员工总数（含非正式员工）	正式员工数
2017	23	16	262	9,426	8,883
2018	25	16	267	9,478	8,975
2019	22	16	262	9,540	9,107
2020	22	16	262	8,927	8,654
2021	18	16	252	8,591	8,346

附表3

主要统计指标

项目	2017年	2018年	2019年	2020年	2021年	2021年同比增幅（%）
总资产（亿元）	34.77	39.15	43.49	48.78	54.09	10.88
签单数量（万件）	844.19	1,030.92	1,159.37	1,378.94	1,743.15	26.41
保费收入（亿元）	189.55	192.48	208.87	223.04	237.24	6.37
处理赔案（万件）	263.31	338.91	398.94	497.56	547.57	10.05
赔付支出（亿元）	119.84	138.41	134.69	146.87	166.23	13.18

中国人寿保险股份有限公司山东省分公司

【第一负责人简介】 魏成和，男，汉族，1962年11月出生，中共党员，高级经济师，山东大学经济学院保险专业研究生合作导师；1980年11月参加工作，2002年至2009年，先后担任中国人寿保险股份有限公司张家口分公司、保定分公司、大连分公司总经理；2010年至2014年，担任中国人寿保险股份有限公司河北省分公司副总经理；2014年至2018年，担任中国人寿保险股份有限公司吉林省分公司总经理；2018年至今，任中国人寿保险股份有限公司业务总监，中国人寿保险股份有限公司山东省分公司（简称中国人寿山东省分公司）党委书记、总经理。

【综述】 中国人寿山东省分公司下设16家分公司（不含青岛）、131家县区级机构，业务范围涵盖人寿保险、健康保险、意外伤害保险等各类人身保险业务。2021年总资产2，203.90亿元，实现保费收入463.65亿元，全年共理赔服务达110万人次。

【经营管理】 2021年是党和国家历史上具有里程碑意义的一年，中国人寿山东省分公司顺应时代召唤、抢抓发展机遇、战胜严峻挑战，以良好的经营发展成果，实现了“十四五”持续超越扎实起步、稳健开局。

党的建设巩固加强。一是党史学习教育走深走实。立足学党史、悟思想、办实事、开新局，全省系统各级党组织累计开展集中学习研讨800余次。通过党建培训、团青活动、外出学习、大讨论等形式，推进各级党员、群众积极参与党史学习教育。结合“促强帮弱”联系点机制，为社会、客户、基层、职工办实事解难题300余项。二是庆祝建党百年活动有声有色。丰富活动形式，组织全省系统文艺会演、八段锦比赛，拍摄“16+1”党建专题片、布置党建专题展，营造浓厚的庆祝氛围；对全省系统“光荣在党50年、40年、30年”老同志和“两优一先”进行了荣誉表彰。

服务大局坚定有力。一是在落实决策上领衔。深度融入服务“六稳”“六保”和黄河流域生态保护，强化机制建设，加大创新力度，定期追踪督导，积极服务地方社会经济发展，年度纳税额达7.00亿元，新增就业创业5万人。树立中国人寿大厦（山东）优质品牌形象，累计有73家知名企业入驻大厦，人员超过6,000人，助力山东新旧动能转换的能力日益增强。二是在保障民生上领航。全力支持健康中国建设，积极应对人口老龄化服务需求，扎实开展大病、长期护理、银龄安康、学生平安等利民惠民项目。2021年新增承保1.05亿人次，各类赔付共计110.41亿元。大病保险服务项目增加至13个，参与惠民保共保项目6个，健康服务能力持续增强。三是在乡村振兴上领跑。完善帮扶机制，选派乡村振兴干部20人，投入资金、物资110余万元，充分激发乡村振兴内生动力。积极推进扶贫保险向特惠保险的转化，菏泽、威海、烟台、济南、济宁率先开展特惠保险业务，承保帮扶人群超过150万人次。

改革创新持续深化。一是加强房产管理，通过整合、出租、退租、减租等形式，盘活存量房产，有效降本增效。二是提升投入产能。在加大精准投入力度的基础上，强化评估分析，推动高效产出。坚持将发展成果惠及更多干部员工，全省人均工资同比增长5.12%。三是增强能力素质。深入开展“学思践悟、成长成才”大讨论活动，中国人寿山东省分公司50多名领导干部和青年骨干走上讲台、畅谈体会，各分公司也开展了各具特色的大讨论专题活动。

【业务拓展】 2021年，中国人寿山东省分公司高质量发展稳步推进。一是市场拓展破浪前进。坚持高质量发展，2021年实现总保费463.65亿元，同比增长1.44%，全省首年标保、首年期交、十年期、大短险等关键业务指标规模均居系统第三位。二是行业竞争保持优势。市场份额20.13%，稳居市场主导地位，11家分公司实现大个险双领先。三是综合经营齐头并进。寿代产保费同比增长1.50%。国寿广发联名卡荐卡同比增长162.00%，寿代养老保障业务规模21.05亿元。

【员工培训】 2021年，中国人寿山东省分公司将党史学习教育作为各级干部员工培训的重要内容，通过组织高级管理干部培训班、骨干员工培训班、县区公司经理论坛、“一把手”党性专题教育培训班等各类培训10余期，累计培训6,000余人次，推动各级干部员工从党的历史中汲取精神力量，增强干事创业的自觉性和主动性。全省系统各级单位累计邀请党史专家学者宣讲50余次，同时充分用好用活当地红色资源，各级组织党员干部到烈士陵园、革命纪念馆、党史馆等开展主题党日活动90余次，推动广大党员干部传承红色基因、赓续红色血脉。

【客户服务】 2021年，中国人寿山东省分公司始终坚持“以客户为中心”的理念，围绕客户需求变化，用实际行动提升客户服务体验。一是理赔服务快捷温暖。全面完成理赔省级集中，全年共理赔服务达110万人次，出险支付时效由年初的53.90天缩减到年底的48.70天，为13,702位客户提供了“重疾一日赔”服务；为48.21万客户提供线上理赔服务，同比增长75.88%；在37家医院开通“绿色驻点”理赔服务，全力打造理赔服务品牌。二是客户服务综合推进。推动实现柜面服务焕新升级常态化，着力打造“环境好、业务好、服务好、功能好、管理好”的五好柜面标杆。开展“向客户送关爱”活动，为客户提供有温度的“保险+”服务。开展“适老服务体验提升”活动，推动全省柜面100%开辟“敬老窗口”，提供更全面更温馨的服务。客户增值服务活动资源融合、多类开展，吸引100余万人次线上参与“国寿客户节”活动。

（王婷婷）

附表1

机构概况一览表

总经理（或其他称谓的第一负责人）		副总经理（或其他称谓的同级领导）	
魏成和		胡 斌、徐明光、赵舒兰、王清涛、刘子强、王晓晨、刘 宁	
地址	山东省济南市经十路11001号中国人寿大厦	邮编	250012
网址	http://www.e-chinalife.com/sd/index.html	客服电话	95519

附表2

内设部门及分支机构一览表

年度	内设机构（个）	下设分支机构（个）		员工人数（人）	
		地市级机构数	县区级机构数	员工总数（含非正式员工）	正式员工数
2017	16	16	131	6,522	5,701
2018	16	16	131	6,535	5,763
2019	17	16	131	6,594	5,842
2020	17	16	131	6,545	5,862
2021	17	16	131	6,566	5,914

附表3

主要统计指标

项目	2017年	2018年	2019年	2020年	2021年	2021年同比增幅（%）
总资产（亿元）	1,375.01	1,530.25	1,756.97	1,975.50	2,203.90	11.56
签单数量（万件）	645.09	683.70	590.10	668.83	767.46	14.75
保费收入（亿元）	376.67	408.38	426.54	457.04	463.65	1.45
处理赔案（万件）	61.46	80.03	123.44	120.49	110.41	-8.40
赔付支出（亿元）	131.22	144.76	94.79	106.64	110.30	3.43

泰山财产保险股份有限公司

【第一负责人简介】 朱华建，男，汉族，研究生学历，管理学博士学位，正高级会计师；历任山东省商业综合公司财务科办事员、副科长、科长，山东银座鞋业财务总监，渤海集团财务部副部长，银座奥森热电财务总监，山东世界贸易中心财务部部长，北京银座合智房地产开发公司财务总监，山东省商业集团总公司驻北京办事处主任、财务管理中心主任助理、财务管理中心副主任，山东省国资委财务监督处处长，国泰租赁党委副书记、总经理等职；现任泰山财产保险股份有限公司（简称泰山保险）党委书记、董事长。

【综述】 泰山保险是经原中国保险监督管理委员会批准成立的首家注册地在山东的全国性保险法人机构，由山东高速集团等16家省管企业发起设立，注册资本20.30亿元。泰山保险于2010年12月29日获准开业，2010年12月31日注册成立，2011年1月18日揭牌开业。主要经营范围：财产损失保险；责任保险；法定责任保险；信用保险和保证保险；短期健康保险和意外伤害保险；上述业务的再保险业务；国家法律、法规允许的保险资金运用业务；经保险监督管理机构批准的其他业务。

2021年，泰山保险坚定不移贯彻落实山东省委、省政府和省国资委决策部署，忠实履行国企职责，按照稳中求进、进中求好、好中求快的经营策略，持续推广民生险种，积极履行惠民生的社会职责，首次成功获得威海普惠型健康险“威你保”的主承资格；积极参与社会治理工作，协助地方政府解决社会治理当中的痛点和难点问题；在风险可控的前提下，稳健推进农民工工资保证保险、投标合同履约保证保险等产品。“数字化产品中心”项目荣获中国人民银行金融科技发展三等奖，车险自主定价系统获国家版权局《计算机软件著作权登记证书》。

【经营管理】 2021年，泰山保险实现保险业务收入25.05亿元，同比增长5.48%，总资产达到58.00亿元，同比增长24.70%，资产负债率68.54%；偿付能力充足率316.72%；国际著名信用评级机构惠誉评级为“BBB+”，评级展望为“稳定”，在国内同类型保险机构中居于前列。泰山保险坚持依法合规经营，坚决守住风险底线，持续加强内部控制，不断完善风险防范体系，治理能力和风险防范能力得到不断加强，在银保监会公司治理现场评估中获得B级的良好成绩，荣获银保监会分类监管风险评级A类称号。

【业务拓展】 2021年，泰山保险保持战略定力，始终把转型创新作为推动高质量发展的主攻方向，车险和非车险占比由81∶19优化至65∶35，非车险保险收入同比增长37.70%，业务占比提升了近10.00个百分点。其中，意健险同比增长76.00%，信保险同比增长65.60%，农险同比增长24.50%，转型创新取得了新成效。完成报备新产品121个，开发了首版次软件保险、首台套保险等创新险种，实现保费收入8,917.00万元，保费贡献度达9.80%。获得威海普惠型健康险“威你保”主承资格，参与共保省内“惠民保”业务扩大到9市。农险新一轮遴选位居全省行业第四。服务全省重点部署工作扎实有效。为山东省委选派万名“四进”干部、基层党建工作队、第一书记量身定制保障方案，自发向留守儿童捐献“希望小屋”，赢得了良好口碑，树立了良好的企业形象。瞄准新旧动能转换保险金融需求，努力为省内新旧动能转换关键领域提供优质的综合保险服务，累计提供风险保障199.00亿元。农险业务为47.61万户农户提供了45.47亿元的风险保障。支持小微企业发展持续深化。充分发挥保险融资增信功能，为小微企业和新型农业合作主体融资增信超18.00亿元。权属子公司山东泰山民间资本管理有限公司荣获省应急转贷平台授予的“最佳机构合作奖”，全省仅有两家机构获此奖项。

【员工培训】 2021年，泰山保险坚持实施人才强企战略，紧紧围绕“人才兴司”的总体要求，本着利用内外资源、采取多种手段、注重实用技能、逐步提高素质的原则，科学制订培训计划，落实培训内容，提高培训的系统性和有效性。建立起包括全员培训、营销培训、新员工培训、干部培训、条线培训在内的多层次、多维度线上线下同步培训体系。同时，积极开展各种荣誉奖项评选，创新培训方式方法，激发各级机构、培训管理人员、兼职讲师工作热情，各业务部门认真梳理监管部门的新政策、新规定、新办法，持续加大培训考试力度，逐步夯实培训管理基础，提升培训管理水平。

【客户服务】 2021年，泰山保险秉承“诚信重如泰山”的服务理念，用实际行动践行国企担当。聚力“泰山车管家”项目，整合有效资源，为广大客户提供专属定制服务，累计服务企业417家，服务客户1万余人次；打造“保险+生活”服务生态，内涵驱动增值服务体系不断完善，累计服务客户近2万人次；聚合风险防范力量，灾害提前预警，利用新媒体、短视频、公众号、短信平台等多种形式，发布灾害提示45万余人次，切实做到防患于未然；强化应急处置，在“台风烟花”等灾害天气发生期间，推出“四快速赔”，建立绿色通道，第一时间开展施救、援助，累计支付赔款超3000.00万元；通过“956123短号码升级”“视频定损+自动理算”“微信公众服务平台”，助推理赔服务数字化转型升级。2021年先后获得“中国客户服务节最佳幸福团队”“中国客户服务节优秀服务品牌”“客户口碑奖”“健康保险杰出理赔服务创新奖”等多个奖项，持续打造泰山保险理赔服务品牌。

（王文君、刘国梁、姜 敏）

附表1

机构概况一览表

总经理（或其他称谓的第一负责人）		副总经理（或其他称谓的同级领导）	
朱华建		思勇明（主持经营）	
地址	山东省济南市高新区舜华路1173号	邮编	250101
网址	http://www.taishanpic.com.cn/	客服电话	400—607—7777

附表2

内设部门及分支机构一览表

年度	内设机构（个）	下设分支机构（个）		员工人数（人）	
		地市级机构数	县区级机构数	员工总数（含非正式员工）	正式员工数
2017	16	38	91	1,499	1,485
2018	14	40	104	1,949	1,924
2019	19	42	118	2,290	2,259
2020	20	45	119	2,430	2,391
2021	20	48	123	2,414	2,385

附表3

主要统计指标

项目	2017年	2018年	2019年	2020年	2021年	2021年同比增幅（%）
总资产（亿元）	38.42	39.24	44.81	46.16	58.00	25.65
签单数量（万件）	112.78	131.53	232.94	242.95	199.05	-18.07
保费收入（亿元）	15.52	17.39	22.71	23.75	25.05	5.47
处理赔案（万件）	10.91	14.74	20.15	26.45	32.49	22.84
赔付支出（亿元）	8.13	8.81	11.38	12.86	14.50	12.75

中国平安财产保险股份有限公司山东分公司

【第一负责人简介】 郭强，男，汉族，1971年10月出生，中共党员，毕业于河北工学院，大学本科学历；1993年8月参加工作，1996年加入中国平安财产保险公司股份有限公司河北分公司，先后担任中国平安财产保险股份有限公司河北分公司车险部核保经理，天津分公司车险部经理，内蒙古分公司总经理助理，深圳分公司副总经理，山西分公司总经理，河南分公司党委书记、总经理；2020年8月任中国平安财产保险股份有限公司山东分公司（简称平安产险山东分公司）党委书记、总经理，全面主持山东分公司各项工作。2009年荣获深圳市人民政府“金融创新奖”，2010年荣获平安产险“超越丰碑奖”，2011年荣获平安产险“三级平安勋章”，2012年荣获“中国年度十大保险经理人”称号。

【综述】 平安产险山东分公司于1993年成立，在山东省15个市（不含青岛）设有142家分支网点机构，拥有员工3400余名，提供就业岗位近6万个。公司围绕“十四五”经济社会发展主要目标，强化风险管理和保障功能，积极服务新旧动能转换、产业链现代化、国家治理体系和治理能力现代化、乡村振兴等国家重大战略部署，提升保险保障水平和服务能力，满足人民群众的保险需求。

【经营管理】 2021年，平安产险山东分公司紧跟党和政府重大决策部署，以“金融＋科技”为依托，坚持数据驱动、科技赋能、生态经营，实现业绩稳健增长。2021年累计实现保费收入109.70亿元，提供风险保障30.83万亿元；累计赔付77.08亿元，综合赔付率69.79%；累计承保1，625.46万件，服务车辆406.42万辆，实现纳税16.85亿元，累计为189万农户提供超300.00亿元农业生产风险保障。坚持以人民为中心的理念，创新理赔服务新模式，“五心服务、暖心理赔”，为客户提供“暖心、安心、省心”的理赔服务。

坚持“保险+服务+科技”战略，服务山东省新旧动能转换、自贸区等重大战略。独家承保济南穿黄隧道北延工程、首席承保山东裕龙岛炼化一体化工程等重大战略项目。针对高端装备、智能制造、5G、大数据等新业态，创新非车产品，结合企业特征制定保险产品和专属风险保障方案，满足科技型企业在初创期、成长期、成熟期等不同发展阶段的风险保障需求。累计为山东省超60家企业提供76.45亿元首新保险风险保障。同时，为高新技术企业推出产品研发责任保险、产品责任保险、产品保证保险、关键研发设备保险等14款特色专项产品。开发专利全生命周期保险专属产品，已为24家企业提供了891.00万元的保险保障。

坚持支持小微企业发展。连续十二年专注小微产品创新和研发，填补小微企业保障盲区。目前有小微专属产品115款，服务小微客户14.30万家。助力解决小微企业融资难融资贵的问题，2021年为41，838户有生产经营用途需求的小微企业客户的106.65亿元融资金额提供了保证保险增信服务，助力解决小微企业复工复产的资金需求，确保小微业务稳健增长。

支持精准扶贫及乡村振兴战略。平安产险山东分公司开展“乡村文明100行动”，先后在临沂市费县薛庄镇、滨州市沾化区富源街道开展乡村试点，积极探索“保险+党建”“保险+保障”“保险+产业”“保险+科技”等模式，通过党建共建，共同打造党建基地、致富基地。农险方面累计为189万农户提供300.00亿元农业生产风险保障，用保险能力、科技能力构建全方位、高标准、多层次的乡村振兴风险保障体系。

科技赋能，持续推动数据化转型。在防灾减灾及灾害预警服务方面，自主开发了鹰眼系统（DRS）；在安责险风控方面，创新“安责险风控云平台”，构建“线上云平台+线下风控”双线服务，推进事前预防、事中防控和事后救援的全过程风险管理；在“警保联动”中，利用风控模型，聚焦全省重大伤亡事故省/国道TOP50路段，识别事故多发、高发路段，推动“道路改造”项目。

【员工培训】 2021年，平安产险山东分公司聚焦岗位核心技能，通过多元化、多维度的培训方式，搭建人才梯队，逐步形成复合型人才培养体系。一是借助知鸟线上App，采用远程直播、线上考试、课程推送等功能，赋能业务一线，助力转型发展。2021年全年推送293期线上考试，覆盖超8万人次，参考覆盖率高达96.20%，人次同比提升30.50%；推送必修课程63期，覆盖62，960人次，其中自主设计研发课件48个，多个部门形成系列课程，分享经验，复制优秀，为人才发展奠定良好基础。二是围绕中层干部、潜才、四级机构负责人、中后台员工四大核心人群，匹配线下精选课程，激活培训资源，赋能人才发展，致力培养高素质、高绩效的复合型人才，实现重点人群技能提升。

【客户服务】 2021年，平安产险山东分公司深入推进数智化转型。2021年，山东平安好车主App注册用户突破550万户，月活跃用户超过138万户，累计绑定车辆用户突破521万户，为车主用户提供了一站式车服务平台；与全省14,446家车生态网点深度连接，打造车主生态圈，依托线上服务平台，根据用户画像、智能推荐个性化服务，为用户提供洗车、加油、保养、买车险、办理赔等70余种便捷高效的服务；2021年12月24日，平安产险山东分公司正式发布“3+3尊享服务礼遇”方案，围绕客户在理赔、用车等方面的痛点，全面升级订制6项客户服务举措，专属定制有温度的一站式服务体验及尊享礼遇。

践行社会责任，汇聚爱心力量。2021年，平安产险山东分公司紧跟集团“平安守护者”行动号召，围绕教育公益、交通安全、应急救援、乡村振兴、金融知识普及等内容全辖范围内开展“平安守护者”行动，利用“益行关爱”“三村晖”等线上公益平台，构建线上+线下公益模式，开展80余次公益项目，为近10万名留守儿童送去爱心物资。同时，2021年，公司加深与公安、消防等部门通力合作，落地开展“平安泉城 网安天下”“122全国交通安全日”等主题项目，为社会稳定发展贡献平安力量。

平安产险山东分公司将持续秉承“以人民为中心，为人民谋幸福”的初心，紧跟监管政策导向，坚持“专业化、精细化、集约化”发展，以客户需求为导向，全方位提升公司数据化智慧经营水平，为山东经济发展贡献平安力量。

（徐春杰）

附表1

机构概况一览表

总经理（或其他称谓的第一负责人）		副总经理（或其他称谓的同级领导）	
郭 强		王国全、余为政、赵 明、邱 杨	
地址	山东省济南市经十路北侧、省博物馆东侧 华润中心写字楼49层、51层、52层	邮编	250014
网址	http://www.pingan.com/	客服电话	95511

附表2

内设部门及分支机构一览表

年度	内设机构（个）	下设分支机构（个）		员工人数（人）	
		地市级机构数	县区级机构数	员工总数（含非正式员工）	正式员工数
2017	20	11	66	2,588	2,465
2018	20	11	67	2,546	2,412
2019	23	11	67	2,433	2,316
2020	24	17	123	3,931	3,769
2021	22	17	124	3,669	3,605

附表3

主要统计指标

项目	2017年	2018年	2019年	2020年	2021年	2021年同比增幅（%）
总资产（亿元）	57.66	75.17	154.06	154.58	161.27	4.33
签单数量（万件）	431.12	518.92	661.67	1,249.74	1,625.46	30.06
保费收入（亿元）	51.87	64.05	76.35	116.92	109.70	-6.18
处理赔案（万件）	35.27	44.73	61.10	89.65	90.77	1.25
赔付支出（亿元）	19.23	23.77	32.32	67.79	77.08	13.70

中国平安人寿保险股份有限公司山东分公司

【第一负责人简介】 李旭，男，汉族，1966年生，中共党员，1991年7月参加工作，曾就职于赫章县人民政府、贵州省财政厅；1996年12月加入中国平安人寿保险股份有限公司，历任中国平安人寿保险股份有限公司贵州分公司人事行政部负责人、贵州分公司总经理助理、四川分公司副总经理、贵州分公司总经理、重庆分公司总经理、青岛分公司总经理；2021年8月起，任中国平安人寿保险股份有限公司山东分公司（简称平安人寿山东分公司）党委书记、总经理。先后获得2004年度平安集团“优秀经理”、2012年度“三级平安勋章”、2015年度“全国保险系统劳动模范”等多项荣誉称号。

【综述】 平安人寿山东分公司是中国平安人寿保险股份有限公司在山东省境内设立的省级分支机构，致力于为客户提供简单、便捷、高效的金融服务。个险业务及银保业务范围覆盖除青岛之外的山东省各地市。自成立以来，平安人寿山东分公司秉承“金融+科技”的战略指引，根植齐鲁大地精心耕耘。在保持平稳、可持续发展的基础上，有效增强了社会风险抵御能力，彰显了企业和行业价值，为助力山东省经济社会高质量发展作出了积极贡献。

【经营管理】 2021年，平安人寿山东分公司依托集团“金融+科技”双驱动战略，在合规经营、防范风险的前提下，提升营业部课自主经营能力，推动内含价值及规模持续、健康、稳定增长。全年新单保费收入51.86亿元，同比增长1.40%；赔付支出23.46亿元；个险代理人规模44，917人。

【业务拓展】 2021年，平安人寿总部持续推进寿险改革转型，通过“产品+渠道”双轮驱动，运用科技赋能，打造数字寿险新模式。在平安人寿总部的统一规划下，平安人寿山东分公司坚持推进、落实各项改革举措，以高质量发展为总体方向，以数字化为发展引擎，以客户需求为导向，以消费者权益保护为核心，持续严抓合规内控管理建设，严密布局渠道、产品、运营和资源四大模块。

秉承“保险姓保”理念，聚焦保障、丰富产品种类，不断对主力保障型产品进行优化升级，夯实保障型产品平台，持续推动机构搭建多产品经营体系，建立机构产品功能组平台。

升级队伍管理模式，优化队伍结构，实现人力发展量质并举。结合“线上+线下”的方式开展增员活动，推进创新队伍培养的“远程培训+线上学习”模式，帮助队伍提升专业技能。

【员工培训】 2021年，平安人寿山东分公司持续优化人才培养体系。关注重点人群及关键岗位，分层分级设计并实施培训项目，充分满足各层级干部、各类员工职业生涯发展的技能提升需求。积极引入内外部优质课程，借助自主研发的线上学习平台，通过课程与电子书推送、在线考试、直播培训等方式，为全员主动学习提供优质资源及便利条件。

根据行业发展变化，代理人队伍的培训主动求变求新，围绕课程、师资、平台不断升级迭代。通过对代理人的分层经营，分层培训，分层管理，让培训更聚焦，贴近不同层级的受众需求，提升代理人队伍的专业技能和培训体验。为落实消费者权益保护工作，开展代理人合规培训，进一步提升队伍素质，促进山东省保险业持续健康发展。

【客户服务】 2021年，在客户服务方面，平安人寿山东分公司一直倾力深研客户服务手段，坚定服务至上理念，贯彻高质量发展经营。

理赔服务。2021年，在理赔服务方面，自4月起平安人寿山东分公司陆续在济南、淄博、德州、莱芜4家机构上线“快赔”服务，实现免录入免等待，缩短理赔时效。11月在全辖开展“就诊即报案”项目，从源头缩短理赔时效。通过专业高效的服务，让更多客户享受到“简单便捷、友善安心”的服务体验。

基础服务。一是创新续保服务举措。借助“口袋E”App为客户提供专业、有实效的服务，推动代理人通过线上一对一方式向客户提供续期交费提醒服务，提升客户服务体验。二是持续推动、不断升级“智慧客服”项目。依托平安金管家App，通过业务流程和管理模式创新，打破了时空的限制，真正实现了千人千面的个性化精准服务。三是细化适老服务，面向老年客户提供便民服务设施及临柜申请业务的人性化服务，在全辖柜面配置自助服务电脑等智能设备，通过现场宣教指导，方便老年客户线上办理业务。

增值服务。2021年以来，平安人寿山东分公司持续践行“有温度的保险”理念，在送去保障的同时深耕健康管理服务，依托平安金管家App推出在线问诊、就医绿通等多项特色健康管理服务。

2021年，平安人寿山东分公司客服节以“平安相伴，暖心同行”为主题，通过丰富多元的增值服务和主题活动，培养少儿综合素质能力，帮助客户学习基础急救常识，与客户共享健康平安生活。

（张路瑶）

附表1

机构概况一览表

总经理（或其他称谓的第一负责人）		副总经理（或其他称谓的同级领导）	
李 旭		薛 军、逯星火、智 勇、张 胜、毕英杰、董大旺、李邦海、任志华	
地址	山东省济南市市中区胜利大街56号	邮编	250002
网址	http://www.pingan.com/	客服电话	95511

附表2

内设部门及分支机构一览表

年度	内设机构（个）	下设分支机构（个）		员工人数（人）	
		地市级机构数	县区级机构数	员工总数（含非正式员工）	正式员工数
2017	17	8	97	1,599	1,577
2018	17	8	97	1,649	1,624
2019	17	8	97	1,681	1,670
2020	17	8	97	1,689	1,683
2021	17	15	189	3,228	3,223

附表3

主要统计指标

项目	2017年	2018年	2019年	2020年	2021年	2021年同比增幅（%）
总资产（亿元）	744.12	906.89	1,061.08	1,212.27	1,324.51	9.26
签单数量（万件）	97.37	110.33	108.82	367.43	237.50	-35.40
保费收入（亿元）	68.88	68.15	61.30	51.14	51.86	1.40
处理赔案（万件）	—	31.75	37.84	33.79	38.97	15.34
赔付支出（亿元）	11.63	15.18	19.32	19.74	23.46	18.84

中国平安财产保险股份有限公司青岛分公司

【第一负责人简介】 刘浩，男，1968年9月出生，中共党员，研究生学历；先后担任中国平安财产保险股份有限公司山东分公司副总经理、新疆分公司总经理、江西分公司总经理；现任中国平安财产保险股份有限公司青岛分公司（简称平安产险青岛分公司）总经理。2020年9月，获得“经济抗风浪 金融显担当”保险领军人物称号；2020年12月，获得“青岛市金融高端人才”荣誉称号；2021年1月，获评青岛市崂山区杰出成就奖。

【综述】 平安产险青岛分公司是中国平安财产保险股份有限公司设在山东半岛地区的省级分公司。平安产险青岛分公司成立29年来，业务发展突飞猛进，经营管理水平稳步提升，大项目承保能力持续加强。2021年，平安产险青岛分公司实现保费收入36.75亿元，为岛城客户提供风险保障7.65万亿元。与中国兵器工业集团、中国船舶集团、山东核电、山东电建、山东海运、青岛地铁、国信集团、海尔集团、青岛特钢、中集来福士、中玻集团、南山集团、中国联合水泥等行业翘楚均保持良好的业务合作关系。

截至2021年末，平安产险青岛分公司经营的主险已超过1000种，经营业务范围涵盖车险、企财险、工程险、责任险、货运险、农业保险、短期健康险与意外险等所有法定产险业务及国际再保险业务，在助力社会风险管理和保障体系建设、推动实体经济发展、完善新技术和支持创新战略等方面切实发挥“保险姓保”职能，充分发挥了保险业的社会稳定器作用。

近几年，平安产险青岛分公司在市委、市政府、青岛银保监局的正确领导下，在广大客户的信任与支持下，先后获得“青岛市纳税50强”“青岛市最佳车险理赔服务产险公司”“山东省消费者满意单位”“全国优质服务公众满意单位”等多项殊荣。

【经营管理】 2021年，疫情尚未离去，行业改革持续深化，平安产险青岛分公司迎难而上，共克时艰，坚持以客户为中心，持续提升数字化能力，提升优质服务供给，全方位驱动生产方式和管理方式变革。

坚持数字化转型。一是强化前端客户与队伍协同融合，不断提升客户服务体验。二是强化线上平台运维能力，建设内部实现业务和管理线上化，外部推动技术成果输出。

坚持丰富产品供给。赋能青岛产业发展，以“15个攻势”和“13条产业链”重点项目为抓手，精耕客群和行业板块，加强产品创新，参与RCEP青岛实验基地建设，纵深推进“一带一路”；围绕青岛海洋中心城市建设，以全球再保及检验技术资源，支持青岛海洋产业发展。推动住宅工程质量安全综合保险在青岛创新落地。

坚持普惠金融发展。一是推进产业资金融通，为自贸区、上合示范区企业提供定制化多场景创新保险服务。二是通过“科技+服务+保险”模式，建设具有风险分析、险情预警、出险检测、理赔情况等功能的智慧管理系统，提升社会治理现代化水平。

坚持加强制度建设。以“内控合规管理建设年”活动为抓手，推动上下全面树立合规意识，深化合规风控意识建设，将合规意识有机融入业务经营管理过程，入脑入心；健全风控管理体系，建立“常规+专项”自查自纠机制，完善管理规范与留痕监控体系，通过系统化、智能化等手段防范违规风险。

【业务拓展】 在平安集团“金融+科技”“金融+生态”战略指引下，平安产险青岛分公司全面推进以客户为中心的数据化转型，持续提供有温度的保险服务。2021年，实现保费收入36.75亿元，纳税总额达4.43亿元，为青岛市66万个人客户和3.80万企业客户提供风险保障7.65万亿元。

积极服务“双循环”发展新格局。一是支持“一带一路”工程、地铁、工业互联网建设工程等青岛市经济建设工作重点项目。二是支持实体经济发展，向高精尖企业推广首台（套）、新材料保险；向小微企业推广免核低费保险产品，服务客户数达2.26万户，同比增加87.00%；积极发展建筑业保证保险、安全责任险等新型业务。三是支持社会治理与乡村振兴，承保灾害民生、综合治安、残疾人意外等保险项目；推动青岛市政策性农险提标扩面增品和以奖代补政策落实，同时在青岛市各区县落地“乡风文明100行动”项目，以“党建+保险”模式，促进农民增收、农业发展。四是支持对外开放，加快推动盖“关税保”、跨境电商综合责任保险、远海保赔险、海洋工程保险落地。

科技转型助力业务快速恢复。一是升级“双好”平台生态体系，涵盖用车养车、保险服务、便民生活多场景，好车主率先实现保单服务标准化、推出先赔后治等特色理赔服务，好生活推出健康体检、闪电送药、免费问诊等便民服务。二是企业宝App目前已为超1万家企业提供理赔、风控、财税、车辆托管、法律咨询、企业贷款等线上增值服务。三是“爱农宝”小程序及“AI农宝”App实现了农险承保、理赔线上化；推出智慧农业平台帮助政府实现土地、生产、灾害等智能化管理。四是搭建“互联网+交通分析平台”，通过大数据、人脸识别、人工智能等技术，解决热点景区预约通行、交通事故快处快赔、拥堵路段智能调节等难题。

推动提升高质量发展保险温度。一是车险强化精细化管理。经营数据监测预警体系逐步由人工转为智能化系统监控；理赔推出的四新模式，支持客户自助报案、线上选择维修厂、自助智能定损等；查勘派工智能调度最大化提高到勘时效。二是增加非车险普惠产品供给。一方面依据不同群体需求设计场景化产品，如随车人员类、货物类、产品责任险、装修保、施工保、复学复业保等组合产品；另一方面根据承保车特征、人特征、投保特征三大类24个客群标签开展客户画像研究，为客户推荐适合的保险产品，如孝心保、育儿宝产品，弥补传统销售的不足。

【员工培训】 平安产险青岛分公司非常注重对员工个人成长的培养，利用自身平台、资源，通过“线上+线下”多种方式的培训促进员工综合技能提升。2021年，平安产险青岛分公司在进一步加大对潜才骨干、管理培训生、新入职员工培养的同时，也在着力强化预备干部梯队能力提升。根据人才画像、遵循员工自身发展意愿，在线上平台进行远程直播、必修课推送、在线考试、话术通关、知识竞答、话题讨论，在线下进行面授传统培训。从多个维度保证员工的学习、成长需求，保障平安产险青岛分公司在“线上化、数据化、平台化、智能化、生态化”支撑下的“精、新、强、快”的顺利转型。

【客户服务】 2021年，平安产险青岛分公司着力打造“车+生活”的双生态经营模式，从与车相关的服务开始向车主周边服务覆盖，打造完善的线上服务体系，依托好车主、好生活两大App，实现车险、非车险的保险业务全流程线上操作，人工客服与AI客服联手为客户提供精准、高效、快捷的保单查询、电子发票、保单批改等服务，进一步节约客户时间，减少到店客户流量。进一步升级拓展服务项目，与头部加油站合作，为广大车主提供优惠、便捷的线上加油支付服务，年服务车主20余万人。引入优质洗美店，借助平台流量优势，为客户提供优质、低价的汽车洗护服务，年服务订单量12万余单，好评率达90.00%以上，为车主享实惠，为商家促营收。从生活服务出发，围绕健康、宠物、旅游、出行、居家、运动六大场景，结合保险、金融、健康服务，提供健康测评、体检优惠、宠物健康、宠物用品等多方位项目，为平台10万余用户及家庭提供"保险保障+生活服务"的一站式服务，并提供深度产品解读，严选特惠保险产品。

（王 超）

附表1

机构概况一览表

总经理（或其他称谓的第一负责人）		副总经理（或其他称谓的同级领导）	
刘 浩		霍逢光、王 淳、谢有强	
地址	山东省青岛市崂山区苗岭路28号平安银行大厦	邮编	266071
网址	http://www.pingan.com/	客服电话	95511

附表2

内设部门及分支机构一览表

年度	内设机构（个）	下设分支机构（个）		员工人数（人）	
		地市级机构数	县区级机构数	员工总数（含非正式员工）	正式员工数
2017	17	7	59	2,244	2,026
2018	17	7	59	2,345	2,140
2019	13	7	59	2,106	1,992
2020（青岛地区）	17	1	8	813	768
2021（青岛地区）	19	1	8	736	724

附表3

主要统计指标

项目	2017年	2018年	2019年	2020年（青岛地区）	2021年（青岛地区）	2021年同比增幅（%）
总资产（亿元）	76.19	88.07	94.25	47.61	55.03	15.60
签单数量（万件）	504.18	606.25	858.26	442.70	484.82	9.50
保费收入（亿元）	59.70	67.23	67.30	37.00	36.75	-0.70
处理赔案（万件）	53.66	76.03	97.03	62.08	52.09	-16.10
赔付支出（亿元）	26.37	32.70	35.84	16.42	20.75	26.40

中国平安人寿保险股份有限公司青岛分公司

【第一负责人简介】 何伟杰，男，1977年生，籍贯河北省石家庄市，中共党员，西南财经大学保险学专业本科毕业，经济学学士；2000年7月加入平安人寿，历任平安人寿沧州中心支公司副总经理（主持工作）、平安人寿廊坊中心支公司副总经理（主持工作）、平安人寿河北分公司副总经理、平安人寿总部销售策划团队副总经理等职务；2021年12月起，任平安人寿青岛分公司副总经理（主持工作）。

【综述】 中国平安人寿保险股份有限公司青岛分公司（简称平安人寿青岛分公司）是中国平安人寿保险股份有限公司在山东省设立的第一家二级机构。2021年根据监管属地管理要求，中国平安人寿保险总公司对青岛分公司进行管辖范围调整，目前仅管辖青岛1个地市业务。2021年，平安人寿青岛分公司通过8,042名寿险代理人和36个营销服务网点为超过163万名客户提供了保险保障服务；实现总保费收入56.78亿元，同比下降2.76%，其中新业务规模保费12.94亿元；期末保户储金及投资款124.16亿元，年度净增4.80亿元。

【经营管理】 2021年，习近平总书记多次强调“高质量发展”意义重大，李克强总理在政府工作报告中指出要准确把握新发展阶段，深入贯彻新发展理念，加快构建新发展格局，推动高质量发展，为全面建设社会主义现代化国家开好局起好步。平安人寿青岛分公司与时俱进，以客户为中心，贯彻落实党和国家经济金融政策，推动平安人寿青岛分公司可持续发展，向高质量发展全面转型。在产品方面，积极响应国家政策导向，对现有保障产品责任及服务进行升级，不断进行保障类产品创新开发；根据国家养老第三支柱发展的战略导向，积极推动年金类产品经营。同时，继续延续平安人寿青岛分公司产品对新冠疫情的责任扩展，践行企业社会责任。全年，保障型产品的保费收入实现快速增长，其中普通型寿险新单保费收入6.83亿元，健康险新单保费收入5.12亿元，意外险新单保费收入0.39亿元；上述三类纯保障型产品新单保费合计12.34亿元。

【业务拓展】 2021年，平安人寿青岛分公司通过个险、银保、电销等渠道积极为广大客户提供优质服务。全年个险渠道实现保费收入48.39亿元，银保渠道实现保费收入3.01亿元，电销渠道实现保费收入5.24亿元，同比增长1.56%。

【员工培训】 2021年，平安人寿青岛分公司持续完善分层级员工培训体系。对普通员工、基层主管、中高级经理等各层级人员进行细分，总计提供9大类面授培训。在培训内容设置上，以调研为基础，以学员需求为导向，充分满足员工职业生涯发展各阶段的职业素养提升诉求和培训需求。在人才培养方式上，采取“双动力”培养模式，即HR培养与直线部门自培养相结合。HR负责通用技能培训，直线部门负责专业技能培训。面对新冠疫情的反复，平安人寿青岛分公司充分借助线上学习平台，通过课程配送、在线考试、直播培训等方式，有力提升员工培训的及时性、丰富性和全面性，有效满足疫情下员工持续学习的需求。

【客户服务】 在两年多疫情反复中，平安智慧客服表现出色，真正实现了全国一个平台下一盘棋，不论是哪个城市的平安客户，服务需求都没有因为疫情而停滞，真正兑现了服务不打烊的承诺。以“平安金管家”手机App为入口，2021年全年70余万笔业务实现了客户自主操作完成，占比91.30%。作为智慧客服线上人工平台的空中门店是通过远程视频连线方式为客户服务，2021年全年空中门店共受理业务8.50万件，其中服务其他城市平安客户8,397件，全年累计接待客户5.90万人次。在健康管理服务方面，升级老客臻享健康服务计划及“平安臻享run健康+”3.0，健康服务覆盖全部主力重疾客户，打造“健康、亚健康、小病、慢病、大病”五大场景，渗透到客户整个生命周期的不同阶段。2021年，平安人寿青岛分公司服务权益覆盖客户31.30万户。

在理赔环节，2021年平安人寿青岛分公司坚持从客户需求出发，不断扩充完善理赔服务体系，优化客户体验，致力于为客户带来有温度的理赔服务。随着重大疾病发病率的逐年提升，深度优化重疾先赔服务流程，开通代理人“口袋e”端申请通道，向更多符合重疾赔付的客户，提供理赔绿色通道，解客户燃眉之急。同时持续提升销售队伍的理赔服务意识，全面引导业务队伍深入学习相关专业知识，熟练掌握理赔业务技能，树立保险专业形象。另外，为解决客户理赔时效长、手续烦琐、治疗资金压力大等理赔难点、痛点，平安人寿青岛分公司打造了以“闪赔”“智能预赔”为代表的理赔服务体系，做到“想客户所想，急客户所急”。未来，平安人寿将继续坚持以人民为中心，以客户需求为导向，主动为客户寻找理赔的理由，依托数字化赋能，为客户提供更简单、更高效、更温暖的理赔服务体验。

（刘永山）

附表1

机构概况一览表

总经理（或其他称谓的第一负责人）		副总经理（或其他称谓的同级领导）	
何伟杰		马健、胡海梅、王孟、胡月明、张校铭	
地址	山东省青岛市香港中路61号甲远洋大厦B座5—6层	邮编	266071
网址	http://www.pingan.com/	客服电话	95511

附表2

内设部门及分支机构一览表

年度	内设机构（个）	下设分支机构（个）		员工人数（人）	
		地市级机构数	县区级机构数	员工总数（含非正式员工）	正式员工数
2017	16	0	23	766	762
2018	16	0	24	754	752
2019	16	0	24	752	751
2020	18	0	24	690	687
2021	14	0	24	619	618

附表3

主要统计指标

项目	2017年	2018年	2019年	2020年	2021年	2021年同比增幅（%）
总资产（亿元）	284.00	319.58	363.59	401.65	425.80	6.01
签单数量（万件）	22.55	24.41	20.18	67.12	41.91	-37.56
保费收入（亿元）	50.43	59.13	62.05	58.39	56.78	-2.76
处理赔案（万件）	3.59	4.15	4.71	3.66	4.12	12.00
赔付支出（亿元）	8.80	10.62	10.27	9.83	10.90	10.96

中国太平洋财产保险股份有限公司山东分公司

【第一负责人简介】 赵林增，男，汉族，1964年9月出生，河北廊坊人，经济师、政工师，亚洲（澳门）国际公开大学工商管理硕士学位，1984年7月参加工作，1985年8月加入中国共产党；1996年10月起，历任中国太平洋保险股份有限公司廊坊分公司党委书记、副总经理，党委书记、总经理；2003年3月起，历任中国太平洋财产保险股份有限公司石家庄分公司党委委员、总经理助理，党委委员、副总经理、首席核赔人；2007年1月，任中国太平洋财产保险股份有限公司河北分公司党委书记、总经理；2014年3月，任中国太平洋财产保险股份有限公司山西分公司党委书记、总经理；2020年4月任中国太平洋财产保险股份有限公司山东分公司（简称太平洋产险山东分公司）党委书记、总经理。

【综述】 太平洋产险山东分公司是太平洋产险系统在山东省的管辖公司，承保以人民币和外币计价的各种财产保险、短期健康保险和意外伤害保险业务，承保业务涉及电力、汽车、农业、机械、化工、电子、水利、建筑、桥梁、公路、航天航空、船舶以及高科技产业等各行各业、各个领域。太平洋产险山东分公司下辖151家支公司、11家营销服务部，分支机构遍布全省。2021年，太平洋产险山东分公司实现保费收入69.80亿元，累计提供风险补偿39.40亿元。

【经营管理】 2021年，太平洋产险山东分公司加快推进高质量发展进程，积极应对新冠疫情、车险综改等压力挑战，坚持精准经营、精确管理，巩固高质量发展成果、聚力体系化能力建设，开启可持续发展的新局面。

一是坚持党建引领，打造风清气正人才生态。坚持“抓党建就是抓队伍，抓队伍就是抓业务”，层层压实党建主体责任，发挥干部人才队伍在高质量发展中的核心作用，推进党建与经营融合发展。全面加强党的领导，发扬党内民主集中。认真落实党委议事规则、前置程序及“三重一大”决策制度，2021年召开党委会21次、总办会12次，党委把方向、管大局、促落实作用进一步增强。夯实基层组织建设，凝聚经营发展合力。太平洋产险山东分公司党委下设17个基层党委、60个党支部。按照“支部建在连上”要求，对支部架构进行优化，实现支部与业务紧密融合。2021年，有1家中支党委、2名党员获得集团“两优一先”荣誉称号。创建基层党建品牌，发挥示范引领作用。有两个党支部获评“集团百强基层党建品牌”，一个党支部主题党日获评“中国太保百个主题党日优秀案例”。

二是深化协同发展，推动客户经营能力建设。认真落实协同发展战略，从构建协同机制、创新协同渠道、丰富协同场景、做实协同项目着手，夯实协同发展基础，以精细化管理为方法，全面提升客户经营能力，打造太保服务品牌。发挥“协同委员会”工作机制作用，升级个人客户协同模式，切实提高“产险推荐模式”产能。获得“2021年度全国协同发展指标五星协同机构”最高荣誉。以扩大战略客户生态圈为引领，推动团体客户重点协同突破。提升理赔客服质效，筑牢消保防线。在行业协会车险理赔综合服务评价中排名行业前三位。完善全流程消保工作机制。2021年，在消保监管自评工作系统中排名第二位，获评总公司消保投诉工作优秀机构称号。

三是着力锻长补短，增强可持续发展竞争力。坚持“做强长板、补齐短板”的思路，进一步巩固品质管控、资源配置、客户经营、协同发展能力，进一步提升机构对标、精细化管理、政策执行力，实现数字与能力“双对标”。着力提升精细化管理能力，在费用有效精准投放、理赔案件管理、精准定价等环节，拿出“绣花针”功夫，在精准精细上做实功见实效；着力提升专业能力，完善专业人才培育体系、专业赋能支持体系，解决高速发展和能力提升不协调、不同步问题；着力提升基础管理能力，在业务规划、业务分析、业务管理、业务推动上全面夯实基础能力，应对经营发展波动性；着力提升降本增效能力与服务一线、支持一线、保障一线能力。

四是强化风险防控，筑牢稳健发展坚实根基。坚持把合规经营当作红线底线、生命线，持续强化基础管理和风险管控，实现稳增长与防风险动态平衡。优化基础管理链条。推动总公司“一体化”风控转型项目落地应用，主动前置风控合规；开展“零处罚”“风险与内控自查”“风险合规月”等活动，中心支行合规风控能力得到进一步增强。全面开展合规自查。成立3个专项检查组，完成对16家中支机构承保、销售、理赔、财务等全领域环节的合规检查，以查促改、以改促管，提升基础管理规范化水平。紧跟监管升级步伐。按照监管要求，开展“行业规范建设提升年”“内控合规管理建设年”、案件集中清理专项行动，新制修订制度流程13个，风险防控能力进一步提升，公司反洗钱工作连续三年获人民银行济南分行A级最高评价。

【业务拓展】 2021年，太平洋产险山东分公司在严控业务风险前提下，积极履行社会责任，服务民生、服务“三农”、服务实体经济，有效发挥经济减震器和社会稳定器作用。

服务民生：为支持山东省服务社会医疗保障体系建设，太平洋产险山东分公司积极参与承保各类民生保险项目，2021年为省内2,434万人提供保险保障，累计保额1.40万亿元，赔款4.20亿元；积极推广脱贫、防贫业务，突出保险保障优势，自2018年以来，脱贫、防贫业务参保人数达到161万人，累计保额4,569.00万元，赔款近6,000.00万元，持续发挥了脱贫、防贫攻坚任务的助推和保障作用。

服务“三农”：在农险经办地区建立了基层服务体系。在开展业务的县级行政区域设立分支机构，乡镇设置“三农”服务站点，为农村林区牧区基层提供保险服务，实现341个乡镇、6000余个行政村保费服务站点全覆盖，支持乡村振兴；通过产品创新推动农业高质量发展，在全省105个县域开展政策性农业保险，产品覆盖农、林、牧、渔各领域，创新收入保险、“保险+期货”、“农业保险+”等保险服务模式，2021年为全省146万户参保农户提供总额116.00亿元的风险保障。

服务实体经济：2021年，太平洋产险山东分公司积极拓展各类重大项目。承保中国华电集团一揽子业务，累计保额899.00亿元；承保中核集团核保险项目，累计保额562.00亿元；承保晨鸣集团财产险、货运险等一揽子业务，累计保额299.00亿元；承保中化弘润一揽子业务，累计保额196.00亿元；承保山东省供电公司一揽子业务，累计保额188.00亿元；承保山东重工一揽子业务，累计保额144.00亿元。

【员工培训】 2021年，太平洋产险山东分公司着眼能力建设，围绕经营目标，组织开展相关培训工作。积极落实集团、总公司培训推广工作要求，组织落地相关项目，强化培训针对性、有效性。利用太保学习平台，组织各类主题线上培训，线上考试，直播（云）课堂等，快速高效赋能全辖各系列干部员工，助力高质量发展。为推进创新发展，加强产学研合作，与山东大学经济学院共同举办创新专题培训班，探索在职在学创新人才联合培养模式，通过整合各方资源，推动创新科技成果共享转化，增强可持续高质量发展动力。

【客户服务】 一是压实消保责任，保障消费者权益。2021年，太平洋产险山东分公司始终坚持“以人民为中心”的发展思想，积极践行“太保服务”战略要求，落实监管消费者权益保护工作部署，太平洋产险山东分公司与16家中支机构分别成立由一把手担任主任的消保事务委员会，建立自上而下的消费者权益保护工作管理体系，先后出台15项消费者权益保护制度，构建纵向到底、横向到边、上下贯通、协调高效的消费者权益保护工作机制。消费者权益保护考核在总公司评价中取得二级A评级，系统内排名全国第二位，获评集团太保服务荣誉及总公司2021年度消保投诉工作优秀机构称号。

二是履行主体责任，积极开展金融宣传。聚焦“一老一少”重点人群，常态化开展消费者金融知识教育宣传，线下成立近300人的党员志愿者服务团队，共计开展“进军营”“进企业”“进校园”“进社区”“进农村”等490多场次宣传活动，发放宣传单页近8万册，触达客户超5万人。线上结合业务过程中典型问题通过官微发布“以案说险”原创消费者风险提示23篇，触达40余万客户。

三是升级门店服务，云上门店客户畅行。太平洋产险山东分公司积极展开疫情期间门店防控部署，创新“云门店”线上服务模式，通过“太平洋产险身边门店”小程序，将实体门店服务迁移至云端，融合线上、线下服务内容，为客户提供更便捷、更智能、更有温度的太保服务，让客户足不出户完成保险业务的咨询及办理，做好门店一站式服务。通过新技术新工具，提高服务效率，强化服务创新，防疫服务两不误。

四是推动电子单证，倡导绿色服务理念。2021年，太平洋产险山东分公司继续秉持安全、便捷、高效的服务理念，持续深化推广车险电子保单及投保单覆盖，为客户提供更加全面的保险服务和更加标准有序的合同保障。截至2021年末，太平洋产险山东分公司全辖车险全险种电子保单覆盖率达到99.99%，个人客户电子投保单覆盖率达98.06%。经测算，2021年节省车险保单印刷用纸约33万张，进一步实现了低碳环保、节能增效的绿色服务理念。荣获总公司单证电子化“推动组织奖”称号。

五是深化太保服务，传递公司品牌文化。太平洋产险山东分公司组织开展各项“太保服务”品牌活动，不断提升服务能力和服务水平，通过多样化的活动形式与客户沟通交流，为客户提供有温度的身边服务和精致服务，传递“责任、智慧、温度”的太保服务品牌形象。开展“3·15消费者权益保护日”“金融知识普及月”“客户节”等节点性服务活动，常态化开展“长辈服务”、“服务官接待日”、官微“会员日”等系列主题活动，提升“太保服务”品牌传播广度和深度。多措并举推动服务适老化，线下在各门店开通“老年人服务专窗”绿色通道，配置适老化工具和设施，线上在官微推出“长辈服务”菜单，实现一键拨打服务电话功能，为老年客群提供长辈专属服务关怀体验。凭借高标准、高品质、有温度的服务，太平洋产险山东分公司济南门店顺利通过中国质量万里行促进会全国保险行业“顾客满意度AAA达标单位”复查，同时，查勘服务获得质量万里行A级最高评价。

（张 谦、赵 荣）

附表1

机构概况一览表

总经理（或其他称谓的第一负责人）		副总经理（或其他称谓的同级领导）	
赵林增		李 宁、韦 慧、徐 冰、李昆明、李宏宇、徐文锋	
地址	山东省济南市经十路13777号中润世纪广场15栋	邮编	250014
网址	http://www.property.cpic.com.cn/xccbx/	客服电话	95500

附表2

内设部门及分支机构一览表

年度	内设机构（个）	下设分支机构（个）		员工人数（人）	
		地市级机构数	县区级机构数	员工总数（含非正式员工）	正式员工数
2017	27	16	153	2,885	2,611
2018	27	16	152	2,988	2,704
2019	28	16	150	2,976	2,698
2020	28	16	150	2,918	2,627
2021	23	16	151	2,748	2,559

附表3

主要统计指标

项目	2017年	2018年	2019年	2020年	2021年	2021年同比增幅(%)
总资产（亿元）	12.98	13.25	15.31	20.06	26.03	29.76
签单数量（万件）	2,107.93	2,515.92	3,466.61	4,554.00	7,316.18	60.65
保费收入（亿元）	47.38	52.70	59.98	66.91	69.82	4.35
处理赔案（万件）	34.36	38.15	45.90	59.49	77.94	31.01
赔付支出（亿元）	23.05	25.86	27.29	37.84	39.41	4.15

中国太平洋人寿保险股份有限公司山东分公司

【第一负责人简介】 邓刚，男，1973年11月出生，汉族，厦门大学工程硕士；1993年3月参加工作并加入中国共产党；2007年起，历任中国太平洋人寿保险股份有限公司巴音郭楞中心支公司总经理，乌鲁木齐中心支公司党委书记、总经理，新疆分公司党委书记、总经理；2020年5月起，任中国太平洋人寿保险股份有限公司山东分公司（简称太平洋寿险山东分公司）党委书记、总经理。

【综述】 太平洋寿险山东分公司是中国太平洋人寿保险股份有限公司在山东地区的分支机构。2021年，太平洋寿险山东分公司共实现保险业务收入162.63亿元，同比增长1.01%。公司现下辖16家中心支公司、129家支公司、105家营销服务部，拥有员工近3,000名，39,000余名营销人员。主要经营指标在省内寿险市场继续保持领先地位。

太平洋寿险山东分公司致力于提供基于客户全生命周期的风险保障解决方案，产品覆盖人寿保险、年金保险、健康保险、意外伤害保险等多个领域。围绕客户需求，全力打造责任、智慧、温度的“太保服务”品牌，在“保险+健康管理”方面，持续完善以“太保蓝本”“生命银行”为代表的健康服务体系。不断加快人工智能和大数据等新技术应用，推进投保、核保、理赔、客服等运营服务全流程的数字化、智能化，提升客户服务体验和运营效能。太平洋寿险山东分公司坚持诚信经营，认真履行保险责任，切实保障保险消费者的合法权益，连续三年获得AA级服务评价。

【经营管理】 2021年，太平洋寿险山东分公司认真贯彻集团、总公司的工作要求，秉持长期主义理念，积极践行“长航行动”，牢牢把握高质量发展主线，在“市场第一、客户首选、行业领先、员工幸福”发展愿景引领下，坚持以客户为中心，聚焦“基层、基础、基本”，转型突破、创新发展，实现整体经营稳定、市场份额提升、期缴大幅增长的经营成效，助推太平洋寿险山东分公司健康稳健发展。

【业务拓展】 2021年，太平洋寿险山东分公司个险业务聚焦队伍升级、打造客户经营平台、落实全家全险推动、深化培训科技赋能、推进机构战略落地，取得良好成效。新单期缴保费系统内排名第一位，山东市场排名第三位，市场份额占比小幅提升。核心队伍持续沉淀，队伍收入稳中提升；基础管理持续夯实，队伍活动改善向好；连优高优持续增长，绩优组织不断壮大；存量客户持续深耕，高客经营渐成体系；基础赋能持续深入，强训实战效果彰显。

2021年，太平洋寿险山东分公司团政业务中心努力克服疫情的持续影响和监管环境的变化，紧紧围绕“客户是中心，效益是重心，价值是核心”的经营要求，聚焦团险传统业务，深挖潜、促转型；聚焦团险创新业务，扩价值、创利源；聚焦政保存量项目，优损益、固大盘；聚焦政保新增项目，抓重点、求扩面；聚焦协同联动业务，搭平台、快发展；聚焦管理赋能工作，夯基础、强队伍。

2021年，太平洋寿险山东分公司银保条线坚持价值导向，坚持合规经营，聚焦重点渠道，聚焦重点机构，聚焦“产品+服务”，聚焦人网产能，深化精细管理，强化满期协同，探索银保塑形新模式。

【员工培训】 2021年，太平洋寿险山东分公司围绕总公司“长航行动”指导思想，全面落实太保人才观，推进“百舸千帆·齐鲁英才”人才培养项目，将人才发展项目作为新三年战略规划的首要项目。

聚焦人才发展，打造高素质、高潜力的“齐鲁英才”梯队。聚焦核心关键，根据职位类别和人才成熟度，开展分层分类培养。聚焦项目分类，持续做好新员工线上及线下培训、T-MBA泰山学堂人才培养计划、青年员工轮岗计划、管培生人才引进计划、见习总监跟岗计划等。

【客户服务】 2021年，太平洋寿险山东分公司坚持以客户为中心，积极践行“服务体验最佳”目标愿景，用行动书写“责任、智慧、温度”的太保服务。

一是聚焦电子化应用，提升客户服务速度。太平洋寿险山东分公司积极践行数智战略，探索客户服务关键环节的电子化应用，进一步加大电子化投保、电子化信函、电子化回访、电子化保单等多个客户服务触点的电子化应用占比；同时持续打造太平洋保险“不打烊的营业厅”，让部分客户可实现足不出户，即可完成保单一站式管理；提升“云柜面”视频交互服务效能，打破实体柜面的地域限制，满足客户线上面对面、随时随地业务办理需求，提升客户服务速度和体验。

二是聚焦客户关键旅程，多维渠道彰显温度。太平洋寿险山东分公司从客户视角出发，围绕客户理赔服务关键旅程，全面布局多维渠道，构建智能应用和管家服务协同加持的“先、简、快、暖”理赔体验。通过AI技术及大数据模型，围绕“让数据多跑路，让客户少跑腿”理念，推出从报案至赔付全流程理赔管家服务，为客户提供保险顾问服务、出险理赔服务。同时全辖营业门店配置26台智能机器人，“慧保全”移动保全办理，配备门店管家服务，为客户提供主动、精准、高效的门店服务体验。

（潘志勇）

附表1

机构概况一览表

<table>
<tr><td colspan="2">总经理（或其他称谓的第一负责人）</td><td colspan="2">副总经理（或其他称谓的同级领导）</td></tr>
<tr><td colspan="2">邓　刚</td><td colspan="2">唐德亮、李　哲、庄　岩、张　剑、马希梅、王　凯</td></tr>
<tr><td>地址</td><td>山东省济南市经十路13777号中润世纪广场14栋</td><td>邮编</td><td>250014</td></tr>
<tr><td>网址</td><td>http://www.cpic.com.cn</td><td>客服电话</td><td>95500</td></tr>
</table>

附表2

内设部门及分支机构一览表

年度	内设机构（个）	下设分支机构（个）		员工人数（人）	
		地市级机构数	县区级机构数	员工总数（含非正式员工）	正式员工数
2017	18	16	129	2,940	2,927
2018	21	16	129	3,069	3,057
2019	17	16	129	3,076	3,063
2020	17	16	129	3,012	2,995
2021	16	16	129	2,881	2,829

附表3

主要统计指标

项目	2017年	2018年	2019年	2020年	2021年	2021年同比增幅（%）
总资产（亿元）	35.34	42.05	48.01	50.09	55.09	9.98
签单数量（万件）	619.61	586.70	584.42	538.49	473.08	-12.15
保费收入（亿元）	134.15	150.78	158.93	161.00	162.63	1.01
处理赔案（万件）	8.32	12.20	14.83	15.06	26.00	72.64
赔付支出（亿元）	12.40	14.80	16.25	19.01	24.87	30.83

华泰人寿保险股份有限公司山东分公司

【第一负责人简介】 刘永谋，男，1972年出生，中共党员，山东大学EMBA；曾任吉林通用机械集团副总经理、团委书记，吉林省经贸委处长助理等职；2001年加入平安保险公司，2015年任华泰人寿保险股份有限公司山东分公司（简称华泰人寿山东分公司）总经理，现任华泰人寿保险股份有限公司总经理助理兼山东分公司党委书记、总经理。曾荣获山东省企业家协会、山东省企业联合会等六部门授予的“山东省优秀企业家”称号；获得中国保险行业协会评定的“2018年度营销管理（人身保险）核心人才”、《中国保险报》和中保网授予的“2019年中国保险年度经理人”等荣誉称号。

【综述】 华泰人寿保险股份有限公司是一家总部设在北京的全国性寿险公司，2005年正式开业，已开设20家省级分公司及400余家分支机构和营业网点。其主要股东华泰保险集团股份有限公司，在坚持业务稳步发展的同时，依靠内生式资本积累，逐步发展为集财险、寿险、资产管理于一体的金融保险集团；另一主要股东美国安达集团，曾被《福布斯》杂志评为130家全球业绩最佳企业之一。

华泰人寿山东分公司秉承“专业品质、恒久保障”的经营理念，坚持合规经营，在全省14个地市设立了分支机构，内外勤综合人力已达3,800余人。2018年，华泰人寿山东分公司被中国人民银行济南分行评为2018年度A类机构；2019年上半年，被中国人民银行济南分行评为2018年度反洗钱A类机构；2020年上半年，在中国人民银行济南分行关于2019年度山东省金融机构综合评价情况的通报中，被评为A类机构，并连续三年被山东银保监局评为监管评级A类机构。2021年，在中国人民银行济南分行关于2020年度山东省金融机构综合评价中，获评A级单位。2021年下半年，在山东省银保监局、省财贸金融工会及省保险行业协会联合举办的山东省保险行业“清风养正气，廉洁促发展”人身险公司职工职业技能竞赛决赛中，华泰人寿山东分公司获得“团体二等奖”和“综合柜员岗项目一等奖”荣誉称号。

华泰人寿山东分公司积极履行社会法人职责，努力回馈社会。积极开展“小小铅笔”爱心公益活动，关注留守儿童；积极响应国家精准扶贫号召，帮扶贫困群众；配合交警部门宣传交通安全知识，为小学生捐赠荧光衣；通过开展多种形式的社会公益活动，做一名称职的社会公益法人。

【经营管理】 华泰人寿山东分公司2021年规模保费收入7.25亿元，同比下降4.17%。万张保单投诉量中位数为1.48件/万张，亿元保费投诉量中位数为9.79件/亿元。

【业务拓展】 华泰人寿山东分公司以个险业务为主营渠道，收展、多元、综拓为辅助渠道，各项业务齐头并进，有序发展。

一是个险营销渠道围绕团队、绩优和平衡三个指标进行绩效考核。形成人有指标、做有路径、奖有标准、学有典范的管理环境。该渠道在2021年的各项指标皆名列华泰系统前茅。二是收展渠道紧紧围绕“队伍建设、基础管理、客户挖掘”三大核心，2021年全年开拓新单630.60万元。三是多元渠道围绕“渠道开拓、团单增长、项目突破”三大重点，立足交叉、渠道和直销多轮齐转，2021年呈现了思路有新意、发展有新奇、业务有新绩的良好局面。四是综拓渠道为集团新开产寿协同业务渠道，2021年综合保费收入2,431.13万元。

【员工培训】 2021年围绕“组织发展”主线，完善培训体系化建设，推广智能化微课的应用，支持提升中支机构的培训自主化能力。

2021年，华泰人寿山东分公司层面共计举办各类培训班20期，培训1,800余人次，为业务发展奠定了坚实的基础。

对内勤、中高层及红专人才等员工，进行了针对性的培训，共计110人次，10课时。

【客户服务】 华泰人寿山东分公司致力于“专业服务、客户至上”的客户服务理念，严格履行反洗钱法定职责、积极进行反欺诈、非法集资宣传，切实保护消费者权益。通过设立公司微信服务公众号、定期组织客户服务节及优质客户健康体检活动、移动投保创新服务项目等形式，不断优化公司服务流程、提升客户服务体验。

（徐星文、王建群）

附表1

机构概况一览表

总经理（或其他称谓的第一负责人）		副总经理（或其他称谓的同级领导）	
刘永谋		—	
地址	山东省济南市经十东路8000号龙奥金座3号楼17层	邮编	250011
网址	http://www.life.ehuatai.com/	客服电话	95509

附表2

内设部门及分支机构一览表

年度	内设机构（个）	下设分支机构（个）		员工人数（人）	
		地市级机构数	县区级机构数	员工总数（含非正式员工）	正式员工数
2017	13	13	46	350	350
2018	13	13	52	411	411
2019	13	14	55	403	403
2020	13	14	55	375	371
2021	13	14	44	305	302

附表3

主要统计指标

项目	2017年	2018年	2019年	2020年	2021年	2021年同比增幅（%）
总资产（亿元）	0.94	1.18	1.49	1.67	1.96	17.37
签单数量（万件）	5.66	6.00	7.16	4.10	3.12	-23.90
保费收入（亿元）	1.95	2.04	2.05	1.05	0.85	-19.05
处理赔案（万件）	0.44	0.55	0.75	0.67	0.66	-1.50
赔付支出（亿元）	0.26	0.32	0.36	0.41	0.48	17.07

太平财产保险有限公司山东分公司

【第一负责人简介】 刘其森，男，汉族，1968年12月出生，中共党员，大学本科学历；从事保险工作20余年，历任中国平安财产保险股份有限公司亳州中心支公司总经理，合肥中心支公司总经理，安徽分公司党委委员、副总经理，浙江分公司副总经理兼浙江信保总经理等职；2015年5月起，任太平财产保险有限公司安徽分公司党委书记、总经理；2020年7月起，任太平财产保险有限公司山东分公司（简称太平财险山东分公司）党委书记、总经理。

【综述】 太平财险山东分公司隶属于保险央企中国太平保险集团，设立于2003年7月，下设威海、潍坊、淄博、滨州、济宁、烟台、济南、临沂、德州、日照、东营、聊城、菏泽、枣庄、泰安、莱芜等16家中心支公司和63家支公司，服务网络遍布山东省，主要经营车险、财产险、农险等业务。2021年，太平财险山东分公司坚决落实集团“央企情怀、客户至上、创新引领、价值导向”的战略要求，以稳中求进为工作总基调，以坚持价值成长为主线，以服务国家战略为根本，以专业化经营为举措，强化党建引领、加快变革创新、提高管理能力、提升发展质效，保持了良好的发展态势。

【经营管理】 2021年，太平财险山东分公司努力向高质量发展目标迈进。一是以党建工作为统领，引领高质量发展。太平财险山东分公司高度重视党建工作，将党建和业务有机结合，做到双促进、双提升。二是以精细化管理为抓手，推动公司高质量发展。太平财险山东分公司2021年承保盈利，综合成本率优于市场，各项经营指标均有提升，实现规模效益双丰收。三是以合规内控为根基，保障公司高质量发展。太平财险山东分公司不断修订完善内控制度，加大问责处罚力度，持续构建合规内控长效机制。

【业务拓展】 2021年，太平财险山东分公司坚决落实集团“央企情怀、客户至上、创新引领、价值导向”的战略要求，以人民为中心、服务国家战略、服务乡村振兴。一是坚持以人民为中心。承办惠民保项目，为超57.10万人次提供超1.10万亿元的医疗保障。二是服务“一带一路”。承保中铁十局曼谷露天电缆系统改造项目，提供风险保障2.73亿元；参与承保“一带一路”重点建设项目华能撒希瓦尔燃煤电厂，提供风险保障24.50亿元。三是服务乡村振兴。承保小麦、水稻、玉米共计74万亩，惠及14万多农户，提供风险保障4.00亿元。积极开展省级特色奖补险种10个，为多个地市1.50万农户提供风险保障2.00亿元。

【员工培训】 2021年，太平财险山东分公司按照疫情防控要求，通过线上线下各种形式组织开展全方位培训，进一步优化了新人岗前培训制度和新人试用期培训管理制度。为帮助全体干部员工树立价值成长导向，在通过组织培训帮助干部员工成长的同时，实施了学习提升计划，并组织开展了优秀管理经验分享，在企业内部形成了良好的学习氛围，切实提升了干部员工的综合素质。全年共举办各类干部管理能力提升培训11期，覆盖821人次；新引进干部培训3期，覆盖6人次；举办各类新人培训16期，覆盖454人次；举办各类岗位专业技能培训136期，覆盖3,311人次；举办各类绩优销售培训28期，覆盖778人次。

【客户服务】 2021年，太平财险山东分公司强抓理赔管理，全力提升服务水平，积极开展保险消费者权益保护工作。一是强抓赔案管理。快赔快定，提高结案时效和赔款支付时效。二是完善消保工作机制。建立消保工作委员会机制，统筹制订、审查消费者权益保护工作计划、方案和任务。三是加强投诉管理。从投诉的源头开始，监控并分析投诉处理情况，通过追根溯源，持续改善服务流程。

（邓 玥）

附表1

机构概况一览表

总经理（或其他称谓的第一负责人）		副总经理（或其他称谓的同级领导）	
刘其森		闫 雁、赵 磊	
地址	山东省济南市市中区英雄山路129号祥泰广场1号楼19层	邮编	250002
网址	http://www.etaiping.com/	客服电话	95589

附表2

内设部门及分支机构一览表

年度	内设机构（个）	下设分支机构（个）		员工人数（人）	
		地市级机构数	县区级机构数	员工总数（含非正式员工）	正式员工数
2017	17	16	78	4,030	3,041
2018	19	16	78	4,595	2,834
2019	19	16	78	4,837	2,525
2020	15	16	78	5,546	2,045
2021	15	16	78	2,173	1,357

附表3

主要统计指标

项目	2017年	2018年	2019年	2020年	2021年	2021年同比增幅（%）
总资产（亿元）	2.65	4.89	5.43	8.68	4.13	-52.40
签单数量（万件）	128.64	171.36	245.40	540.51	282.77	-47.70
保费收入（亿元）	18.96	21.38	21.96	26.28	20.95	-20.30
处理赔案（万件）	19.45	24.46	24.27	25.02	29.81	19.20
赔付支出（亿元）	7.31	9.52	9.68	11.42	13.93	21.90

太平人寿保险有限公司山东分公司

【第一负责人简介】 乔宁，男，汉族，中共党员，1964年2月出生，毕业于中共中央党校，本科学历；1980年12月至2004年6月，曾在中国农业银行任职；2004年6月至2021年3月，历任太平人寿河北分公司总经理，江苏分公司总经理，总公司市场总监、首席风险官等职务；2021年3月起任太平人寿保险有限公司山东分公司（简称太平人寿山东分公司）党委书记、总经理。

【综述】 太平人寿山东分公司于2003年7月28日在济南正式开业，服务网络覆盖全省（除青岛）。截至2021年末，辖内共设有16家中心支公司、62家支公司、16家营销服务部；开业至今，累计实现总保费收入1,066.90亿元，为613.40万人次提供风险保额达5.21万亿元，累计赔偿给付保险金130.93亿元。太平人寿山东分公司在新发展理念的指引下，积极践行“共享太平”发展理念，贯彻落实集团新时代发展战略，开启高质量发展新篇章，为创造安全、健康、富裕的美好生活贡献力量。

【经营管理】 2021年，在太平集团和太平人寿总公司的正确领导下，太平人寿山东分公司立足高质量发展目标，持之以恒做好疫情防控，精准施策确保各项工作的稳步推进。一是深入拓展传统保险业务。2021年实现原保险保费收入141.28亿元（新会计准则，下同），同比增长0.75%，市场排名居第六位；新单保费31.43亿元，续期保费109.85亿元。二是销售队伍保持稳定。通过岗前培训、衔接训练等，不断夯实新人的业务品质和销售技能。2021年期末营销员人数为44,347人，同比增长4.49%；13个月留存率为62.87%，同比增长10.81个百分点；25个月留存率为34.78%，同比增长3.03个百分点。三是合规管理持续强化。在业务早会、新人岗前培训等会议和制式培训课程中加入合规课程，将监管政策和合规要求宣导列为会议会报的工作常态。同时，通过开展“低级错误”治理、销售误导专项整治、巡视巡查稽核问题整改等活动，合规经营的专业性不断提高。

【业务拓展】 太平人寿山东分公司始终坚持以客户为中心的经营思路，在产业布局上，充分利用资源优势，推动健康管理、养老产业两大领域齐头并进。在创新驱动上，依托太平人寿总公司多年积累的线下优势持续发力，在数字化转型方向逐渐形成了以提升客户体验和管理效率为根本出发点，前后端有效联动、线上线下一体，产品、队伍、客户和场景高度联结，业务运行、营销推动、客户服务和科技应用深度融合的发展模式。

【员工培训】 太平人寿山东分公司坚持集中培训和日常培训、业务培训与文化培训并重，面授培训和在线培训互为补充，全员培训与重点提高相结合，为广大员工创造了良好的学习提升平台和人才梯队培养路径。一是采用“卓越经理人”项目创新干部培育模式，进一步完善太平人寿山东分公司人才梯队建设。二是实施“新锐百日计划”，通过条线轮岗、一线专岗实践等环节，进一步完善人才储备体系。三是通过持续开展“职工大讲堂”、线上学习，打造学习型组织，鼓励全员终身学习，强化员工个人成长。

【客户服务】 太平人寿山东分公司借助优势平台，整合优质健康医疗资源，构建多元化、个性化、精细化的客户服务平台。2021年，深耕健康服务领域，搭建疾病从预防到健康养老一站式服务平台，通过健康关爱季和《VIP客户健康绿皮书》发布等系列活动，向客户家庭传递健康生活的理念；通过"康养体验"服务推出高端、候鸟式"康"+"养"融合的养老体验活动，为客户打造高品质医疗健康养老生活。2021年举办线上线下活动2300余场，服务客户60余万人次。

（李炳宪）

附表1

机构概况一览表

总经理（或其他称谓的第一负责人）		副总经理（或其他称谓的同级领导）	
乔 宁		曾 青、柳 涛、赵 琳、孙 华、刘 敬、程宝昌	
地址	山东省济南市经十路11616号奥体金融中心C栋济南太平金融大厦	邮编	250000
网址	http://www.cntaiping.com/	客服电话	95589

附表2

内设部门及分支机构一览表

年度	内设机构（个）	下设分支机构（个）		员工人数（人）	
		地市级机构数	县区级机构数	员工总数（含非正式员工）	正式员工数
2017	17	16	78	3,041	3,041
2018	19	16	78	2,835	2,834
2019	19	16	78	2,526	2,525
2020	15	16	78	2,046	2,045
2021	15	16	78	1,929	1,928

附表3

主要统计指标

项目	2017年	2018年	2019年	2020年	2021年	2021年同比增幅（%）
总资产（亿元）	36.32	52.54	65.54	69.72	81.68	17.15
签单数量（万件）	63.67	101.06	124.48	106.31	186.89	75.80
保费收入（亿元）	103.77	117.48	135.46	140.23	141.28	0.75
处理赔案（万件）	5.07	8.73	12.91	11.35	14.55	28.25
赔付支出（亿元）	2.77	5.05	8.23	9.10	12.12	33.19

三、信托公司

山东省国际信托股份有限公司

【第一负责人简介】　万众，男，1973年9月15日生，江苏六合人，1996年7月毕业于山东经济学院国际贸易系，2002年毕业于天津财经学院，管理学硕士，高级经济师；1996年参加工作，历任山东省国际信托股份有限公司（简称山东国信）基金贷款管理部项目经理、基金投资部经理、信托业务二部经理、公司副总经理，鲁信实业集团有限公司（简称鲁信集团）总经理、董事长，山东国信党委副书记、总经理；现任鲁信集团副总经理，山东国信党委书记、董事长。

【综述】　山东国信初创于1987年3月，是经中国人民银行和山东省人民政府批准设立的非银行金融机构。2007年6月，获中国银监会批复同意换发新的金融许可证，名称变更为“山东省国际信托有限公司”。2015年7月，完成股份制改造工作，正式更名为“山东省国际信托股份有限公司”。2017年12月8日，山东国信在中国香港联合交易所主板成功挂牌上市，实现了内地信托公司香港上市“零”的突破，成为内地信托登陆国际资本市场第一股和港股信托第一股。山东国信致力于成为受人尊敬的基于资产配置的专业财富管理机构，拥有一大批优质的企业合作伙伴和忠诚的高净值客户资源，形成了规范的公司治理体系，综合实力不断增强，盈利手段日益丰富，具有很好的社会信誉和品牌影响力。

【公司经营概况】　2021年，面对全球疫情反复影响下复杂多变的国内外环境、日趋激烈的市场竞争以及艰巨繁杂的改革任务等多重考验，山东国信始终坚持稳中求进总基调，推动业务转型发展，完善全国财富网络布局，深入开展三项制度改革。

一是构建可持续发展业务体系。首先，积极拥抱资本市场，实现标品与非标双轮驱动。成立资本市场事业部，重点布局固收、组合投资、TOF、资产证券化、证券服务五大条线，截至2021年末，山东国信投向证券市场的业务规模为511.56亿元，占比30.19%，跃居公司信托资产第一大投向，形成良好的增长效应。其次，顺应本源需求，保持家族信托和慈善信托行业先导地位。成立养老金、教育金、嫁妆金等家族信托产品，推进家族信托信息系统建设，实现产品线上推介和家族信托客户全生命周期线上管理。积极开展慈善信托业务，截至2021年末，累计成立慈善信托项目11个，存续规模约人民币7,500.00万元，慈善项目遍及山东、福建、江苏、云南等多个省，有力助推了助学、济困、扶贫等公益事业的发展。最后，扎实稳妥做好固有资金运用，积极开展多元化投资，不断优化资产配置，主动培育业务转型新引擎，与信托业务协同效应持续提升。

二是强化自主营销体系建设。深入推进财富管理业务变革，设立财富管理事业部，持续加强自主营销体系建设，2021年度自主营销规模为161.70亿元，同比增长45.70%，构建“配置导向”的财富管理体系。有序推进网点和营销体系建设，省外新设北京、上海、西安、东莞、大连5个财富中心，省内在济南、青岛等地增设4个财富中心，构建“一条线营销网络”。积极开展消费者权益保护公益宣传工作，经常性开展金融知识宣讲活动，不断提升投资者教育工作实效。

三是深化体制机制改革。2021年，山东国信以组织管理体系优化、业务创新改革、职业经理人制度改革、薪酬绩效管理体系改革为着力点，通过业务和管理双提升，助推山东国信实现转型升级高质量发展新格局。山东国信组织架构改革有序推进，成立三大事业部，管理制度及内部岗位设置全部完成。整合功能相似或存在交叉的中后台部室，新设信息科技部、信托业务管理部，增强中后台服务支撑的科学性和统筹性。推进职业经理人制度及薪酬绩效管理体系改革，设置职业经理人岗位，员工实行双轨制管理，优化薪酬激励结构，加大对战略性业务的支持力度。

（陈　磊）

附表1

机构概况一览表

董事长（或其他称谓的负责人）		副总经理（或其他称谓的同级领导）	
万　众（党委书记、董事长） 方　灏（党委副书记、总经理）		王　萍、穆　彤、王　平、周建藻、贺创业、牛序成、齐观义（拟任）、林冠蔚（拟任）、田志国、孙波涛、崔　方	
地址	山东省济南市解放路166号	邮编	250013
网址	http://www.sitic.com.cn/	客服电话	0531—86566888

附表2

内设部门及分支机构一览表

年度	内设机构（个）	下设分支机构（个）		员工人数（人）	
		地市级机构数	县区级机构数	员工总数（含非正式员工）	正式员工数
2017	13	0	0	199	199
2018	14	0	0	221	221
2019	12	0	0	229	229
2020	12	0	0	235	235
2021	14	0	0	359	350

附表3

主要统计指标

单位：亿元

项目	2017年	2018年	2019年	2020年	2021年	2021年同比增幅（%）
本外币资产总额	129.02	136.12	145.72	206.84	190.62	-7.84
本外币负债总额	37.54	40.71	47.62	105.09	84.11	-19.96
营业收入	16.34	16.95	18.87	23.06	17.78	-22.90
投资收益	1.68	1.07	1.38	1.46	2.72	86.30
利润	11.19	11.27	8.78	7.33	4.65	-36.56
净利润	8.95	8.72	6.64	6.28	4.68	-25.48

四、资产管理公司

中国华融资产管理股份有限公司山东省分公司

【第一负责人简介】　郜明，男，汉族，1970年10月出生，天津人，中共党员，工商管理硕士学历，高级经济师。1992年7月参加工作；2017年5月至2019年1月，历任中国华融资产管理股份有限公司天津市分公司党委委员、副总经理，党委副书记、副总经理；2019年6月任中国华融资产管理股份有限公司山东省分公司（简称华融山东省分公司）党委副书记（主持工作），2019年11月任华融山东省分公司党委副书记、副总经理（主持工作），2020年11月任华融山东省分公司党委书记、总经理。

【综述】　中国华融资产管理股份有限公司（简称中国华融，股份代号：2799）前身为资产管理公司，成立于1999年11月1日。2012年9月28日，经国务院批准，公司整体改制为股份有限公司。2015年10月30日，中国华融在香港联交所主板上市。

2021年，中国华融山东分公司坚决落实党中央、国务院和银保监会及中国华融党委要求，全面履行管党治党责任，积极推进党建、回归主业、防化风险、严格管理等工作。2021年，实现营业收入10.93亿元，实现净利润4.26亿元。

【不良资产收购与处置】　2021年，中国华融山东分公司加强与各家银行联系，加大考核和奖励力度，做实资产尽调，完善定价机制，全年累计收购不良资产包29个，收购债权150.93亿元。

2021年，中国华融山东分公司积极开展不良资产的推介营销，依托华融交易中心、山东金融产权交易中心等平台积极推介资产，加强与机构投资者的联系，探索批量资产转让，积极与地方政府接洽沟通债权回购事宜，加大诉讼执行力度。2021年，累计处置回收现金36.06亿元。

【债转股股权管理】　2012年初，中国华融与财政部签订了原有的政策性股权资产买断协议。为做好股权资产的管理和处置工作，2021年，中国华融山东分公司主要做好以下两方面的工作：一是加强股权资产的日常管理；二是认真执行中国华融《对股权企业重大事项的内部决策程序》，对股权企业股东会、董事会、监事会会议议题严格按权限履行审批程序，依据授权进行表决，维护了股权权益。

【资产管理业务】　2021年，中国华融山东分公司认真落实监管要求，积极落实“回归本源、突出主业”工作要求，发挥金融救助功能，创新业务开展模式，发挥专业优势，积极介入破产重整、法拍资产收购、国企主辅剥离等项目，大力开展问题企业重组等资产管理业务。全年实施重组类项目投放规模19.94亿元。

【内部管理和队伍建设】　2021年，中国华融山东分公司进一步加强内部管理和员工队伍建设，增强风险意识，完善合规管理，促进了内部管理工作水平的提高。一是认真抓好抓实党建工作，制订全年党建活动计划，加强党员队伍思想和作风建设，为各项工作的开展提供坚实保障。二是加强廉政建设，为业务健康发展保驾护航。领导班子发挥领导带头作用，严格执行中央八项规定，厉行勤俭节约，反对铺张浪费。三是全力加强整章建制工作，根据公司有关规定及业务发展的实际需要，积极开展后期评价工作，加强对公司文件制度的学习和解读，全面提升内部管理水平。四是加强内部管理和队伍建设，优化部门设置，加强业务培训和案例指导，完善选人用人机制，提升内部管理水平和员工素质。

（黄　昇）

附表1

机构概况一览表

总经理（或其他称谓的第一负责人）		副总经理（或其他称谓的同级领导）	
郜　明		徐翀旻、王丙亮（总经理级）、颜慧卿、崔建魁（风险总监、总经理助理）	
地址	山东省济南市经三路89号	邮编	250001
网址	http://www.chamc.com.cn/	客服电话	—

附表2

内设部门及分支机构一览表

年度	内设机构（个）	下设分支机构（个）		员工人数（人）	
		地市级机构数	县区级机构数	员工总数（含非正式员工）	正式员工数
2017	12	0	0	65	65
2018	12	0	0	72	72
2019	12	0	0	66	66
2020	12	0	0	66	66
2021	12	0	0	63	63

中国长城资产管理股份有限公司山东省分公司

【第一负责人简介】 刘芳，女，1974年9月出生，中共党员，经济师。1995年6月河北经贸大学货币银行学本科毕业，1995年6月入职中国农业银行总行；1995年6月至1999年10月，历任中国农业银行总行稽核部科员、财务稽核副主任科员；1999年10月至2007年4月，历任中国长城资产管理公司资金财务部副主任科员、管理处主任科员、财务处副处长；2007年4月至2011年11月，历任中国长城资产管理公司人力资源部员工考核处高级副经理、高级经理；2011年11月至2014年7月，历任中国长城资产管理公司天津办事处高级经理、党委委员、风险总监（总经理助理级）；2014年7月至2018年6月，历任中国长城资产管理公司资金营运事业部总经理助理、副总经理、副总经理（主持工作），兼任金融市场交易中心（二级部）总经理；2018年6月至2021年5月，任中国长城资产管理股份有限公司资金管理部总经理；2021年5月至今，任中国长城资产管理股份有限公司山东省分公司（简称长城山东分公司）党委书记、总经理。

【综述】 中国长城资产管理股份有限公司（简称长城公司）成立于2016年12月11日，由财政部、全国社会保障基金理事会和中国人寿保险（集团）公司共同发起设立。长城公司前身是国务院1999年批准设立的中国长城资产管理公司。长城山东分公司是长城公司在山东省设立的分支机构。

2021年，长城山东分公司坚持以习近平新时代中国特色社会主义思想为指导，全面贯彻党的十九大及十九届历次全会精神，坚持“稳中求进、守正创新、强基提质、共促发展”总基调，全力推进“创新发展”“化险攻坚”“能力提升”三大工程，在合规经营的前提下，解放思想，勇于创新，做优增量，活化存量，不断夯实内部管理、廉政建设、队伍建设等各项基础工作，加快推动长城山东分公司高质量发展。截至2021年末，长城山东分公司资产总额144.48亿元，实现营业收入5.90亿元。

【不良资产收购与处置】 在资产收购方面，长城山东分公司持续聚焦主责主业，坚持“逢包必调，适包必竞”的同时，更加注重收购的质量，全年收购资产包26个（含单、两户），涉及债权本金55.43亿元。在资产处置方面，灵活做好存量资产的拆分、组合和处置，加快滚动循环，提升资本效率。充分发挥长城点金网营销主渠道作用，积极对外推介资产。全年处置资产350户，债权本金合计78.83亿元。

【资产管理】 长城山东分公司紧紧围绕服务供给侧结构性改革和实体经济转型升级，将非金收购和实质性重组作为主业“第二战场”，坚决贯彻落实“回归本源、聚焦主业”的监管要求，不断创新发展思路、调整业务发展模式，努力推动业务高质量增长和结构进一步优化，结合新旧动能转换等省情，主动对接地方政府与问题企业，在收购非银行金融机构债权、进行资产整合上下功夫。截至2021年末，收购重组类业务规模16.71亿元，在积极参与化解区域金融风险的同时，较好地支持了地方经济建设。

【内控管理】 2021年，长城山东分公司持续加强制度建设，先后出台和修订印发了多项制度办法，从制度层面进一步完善内部控制；扎实开展“内控合规管理建设年”活动，成立了领导小组，制定了《活动实施方案》；开展了业务领域道德风险排查和整改等多个专项行动；制定了长城山东分公司《经营管理违规行为问责管理办法实施细则》及其配套文件，成立了问责委员会和积分管理领导小组，建立内部问责制度体系，加强屡查屡犯问题治理；强化审计监督，全年重点开展了不良资产收购处置及管理情况审计、以各类业务费用支出为重点的财务审计、内生不良资产风险化解项目审计、部分非金终结项目审计，对于审计发现的突出问题，研究和剖析成因，及时提出审计建议，形成“审计—整改—提升”的闭环，有效发挥审计监督对加强管理的促进作用。

（薛　杰）

附表1

机构概况一览表

总经理（或其他称谓的第一负责人）		副总经理（或其他称谓的同级领导）	
刘　芳		李西方、王　斌、张　满	
地址	山东省济南市经七路168号	邮编	250001
网址	http://www.gwamcc.com/	客服电话	0531—82079792

附表2

内设部门及分支机构一览表

年度	内设机构（个）	下设分支机构（个）		员工人数（人）	
		地市级机构数	县区级机构数	员工总数（含非正式员工）	正式员工数
2017	7	0	0	69	69
2018	7	0	0	74	74
2019	7	0	0	72	72
2020	7	0	0	70	70
2021	12	0	0	73	73

中国信达资产管理股份有限公司山东省分公司

【第一负责人简介】　邓立新，男，中共党员，四川成都人，1968年1月出生，本科毕业于南开大学金融专业，研究生毕业于西南财经大学货币银行学专业，高级经济师；1989年8月至1999年8月，历任中国建设银行四川省分行科长、办公室副主任、铁道支行副行长、资金计划处副处长（主持工作）、党委办公室和办公室主任等职（1994年9月至1997年7月在西南财经大学学习，获经济学硕士学位）；1999年8月至2010年7月任中国信达资产管理公司成都办事处党委委员、副主任，党委书记、主任（2008年11月至2011年7月，兼幸福人寿重庆市分公司党委书记、总经理）；2010年7月至2011年7月，任中国信达资产管理股份有限公司（简称中国信达）重庆市分公司党委书记、总经理；2011年3月至2011年7月主持中国信达四川省分公司全面工作，2011年7月至2019年4月任中国信达四川省分公司党委书记、总经理；2019年4月至9月主持中国信达资产管理股份有限公司山东省分公司（简称信达山东省分公司）全面工作，2019年9月至今任信达山东省分公司党委书记、总经理。

【综述】　中国信达资产管理股份有限公司前身为中国信达资产管理公司，成立于1999年4月，是经国务院批准成立的首家金融资产管理公司。2010年6月，中国信达资产管理公司整体改制为股份有限公司。2013年12月12日，中国信达在香港联合交易所主板上市（股票代码01359.HK），成为首家登陆国际资本市场的中国金融资产管理公司。信达山东省分公司作为33家分公司之一，深刻把握党和国家赋予金融资产管理公司的职责使命，坚决贯彻落实党中央和中国信达党委的决策部署，认真按照“相对集中、突出主业”要求，秉承中国信达“专业经营、效率至上、创造价值”高质量发展理念，充分发挥不良资产处置核心功能，聚焦不良资产主责主业，有效防范化解金融风险，不断提升服务实体经济质效，坚定维护金融安全。

2021年，信达山东省分公司坚持以习近平新时代中国特色社会主义思想为指导，站位政治高度，积极贯彻落实党的金融方针，紧密围绕监管要求、中国信达导向和信达山东省分公司的任务目标，坚持稳中求进的总基调，以党史学习教育为契机，以落实巡视整改为抓手，着力推进党建与经营双发展、深融合，重点在“化解金融风险、服务实体经济、支持供给侧结构性改革”等方面做好主业发展工作。

截至2021年底，信达山东分公司资产总额为336.59亿元，负债总额为173.03亿元，资产负债率51.40%；实现营业收入20.98亿元，营业支出12.78亿元，实现税前利润8.20亿元。

【不良资产收购与处置】 信达山东省分公司自1999年成立后，累计接收建设银行、国家开发银行等政策类不良资产246.00亿元，商业化收购各类银行不良债权1,618.41亿元，累计处置1,009.74亿元，有力支持了山东省实体经济的发展。2021年，信达山东省分公司积极加快不良资产收购和处置，全年累计实现不良资产收购投放38.77亿元，收购债权资产原值178.41亿元；全年处置不良资产41.92亿元，处置债权原值145.74亿元，实现处置回收57.19亿元。

【债转股股权管理】 截至2021年末，信达山东省分公司债转股股权37.13亿元，其中政策性债转股31.15亿元，商业化债转股5.98亿元。

【资产管理】 截至2021年末，信达山东省分公司资产结构进一步优化，收购经营类资产194.44亿元，占比为60.24%；固定收益类资产89.99亿元，占比为27.88%；股权类资产38.38亿元（含政策性股权），占比为11.89%。回归主业态势进一步突显。

【内控管理】 信达山东省分公司坚持以合规经营为出发点，以防控风险为重点，以提升业务质量为目标，加强检查监督，提高全体员工依法合规经营意识和案防制度执行力，全面开展、推进“内控合规管理建设年”，做好内控合规管理工作，以“内控合规管理建设年”活动为抓手，动态完善风险管控策略，持续建设全面风险管理体系，充分增强风险管控能力，提升风险管理的精细化和专业化水平，确保各类风险有效管控。

（赵利国、陈 凯、姚星名）

附表1

机构概况一览表

<table>
<tr><td colspan="2">总经理（或其他称谓的第一负责人）</td><td colspan="2">副总经理（或其他称谓的同级领导）</td></tr>
<tr><td colspan="2">邓立新</td><td colspan="2">吴新明、刘 欣、胡蔚萱、蔡群英、张 卿、张福明</td></tr>
<tr><td>地址</td><td>山东省济南市经十路11001号中国人寿大厦南楼29、30层</td><td>邮编</td><td>250021</td></tr>
<tr><td>网址</td><td>http://www.cinda.com.cn/</td><td>客服电话</td><td>0531—87080335</td></tr>
</table>

附表2

内设部门及分支机构一览表

年度	内设机构（个）	下设分支机构（个）		正式员工数（人）	
		地市级机构数	县区级机构数	本部正式员工	分支机构正式员工
2017	10	0	0	63	57
2018	11	0	0	68	62
2019	11	0	0	65	59
2020	11	0	0	74	68
2021	12	0	0	75	69

中国东方资产管理股份有限公司山东省分公司

【第一负责人简介】 吴江，男，湖北黄冈人，1978年10月出生，中共党员，博士研究生学历，毕业于中国社会科学院研究生院国民经济专业，从事金融工作15年；2007年7月至2011年4月，先后任中国东方资产管理公司投资管理部项目管理二处高级职员、投资业务部项目投资处高级职员、投资业务部项目投资处经理；2011年4月至2011年12月外派至中国东方资产管理公司加华基金公司工作；2011年12月至2012年12月，任中国东方资产管理公司投资业务部项目投资处经理、投资（投行）部业务一处高级经理；2012年12月至2013年8月外派至中国东方资产管理（国际）控股有限公司工作；2013年8月至2016年8月任中国东方资产管理公司股权投资部助理总经理；2016年8月至2017年4月任东银发展有限公司副总经理；2017年4月至2018年9月任宁波金融资产管理股份有限公司总经理；2018年10月至2020年4月任邦信创业投资有限公司董事长、总经理；2020年4月至2021年7月任中国东方资产管理公司主业经营管理部副总经理；2021年7月至今任中国东方资产管理股份有限公司山东省分公司（简称中国东方山东省分公司）党委书记、总经理。

【综述】 中国东方资产管理股份有限公司（简称中国东方）是由财政部、全国社保基金理事会共同发起设立的国有大型非银行金融机构。中国东方前身为中国东方资产管理公司，成立于1999年10月，是国务院及中国人民银行批准成立的四大国有资产管理公司之一。中国东方自成立以来，始终以保全国有资产、化解金融风险、促进国企改革为使命，将依法合规经营作为生命线，累计管理处置各类不良资产超过万亿元，为国家金融系统的稳定作出了积极的贡献。中国东方山东省分公司前身为中国东方资产管理公司青岛办事处，成立于2000年4月22日，是中国东方在山东省设立的省级派驻机构。2021年，中国东方山东省分公司坚持以习近平新时代中国特色社会主义思想为指导，深入贯彻落实中央经济工作会议精神，按照监管机构的相关要求，在中国东方党委的正确领导下，全体员工攻坚克难，迎难而上，以党建工作为统领，聚焦主题教育，突出主责主业，坚守合规理念，主业发展迈上新台阶，不断推动公司实现高质量可持续发展。

【不良资产收购与处置】 2021年，中国东方山东省分公司坚持收购与处置双线作战，主业发展和结构调整并行的经营方向，维持不良资产包市场参与度，提高尽调质效，推动处置前移；积极探索单户不良业务机会，努力推动处置类不良生息转化，业务结构持续优化，业务发展基础持续巩固，初步构建了高质量、可持续发展的主业基础。此外，中国东方山东省分公司加强与山东省各区市政府及政府平台合作，紧紧围绕山东省发展环境特点，立足资产管理公司职能定位，加快区域不良资产出清，化解区域性潜在金融风险，维护地区金融稳定，减轻企业发展负担，较好地支持了地方经济建设。2021年，中国东方山东省分公司新增金融不良资产业务项目共计12个，投资金额共计16.39亿元，涉及债权金额36.52亿元；实现现金回收35.18亿元，涉及债权金额78.28亿元。

【债转股股权管理】 截至2021年末，中国东方山东省分公司政策性债转股企业共计8家，累计转股债权本金15.89亿元。中国东方山东省分公司按照政策性债转股的管理要求，通过“三会”方式对转股企业进行管理，共向债转股企业委派董监事38名，参与2021年转股企业“三会”会议18次，有效维护股东权益并支持转股企业发展；中国东方山东省分公司按照党中央、国务院和中国东方的部署和要求，积极投入市场化债转股的研究和实践。

【资产管理】 自成立以来，中国东方山东省分公司始终以保全国有资产、化解金融风险、促进国企改革为使命，累计接受中国银行、建设银行等政策类、可疑类、损失类等各类不良资产共计457.00亿元，已累计处置420.00亿元，累计为债务企业减免债务350亿余元。从2008年起，中国东方山东省分公司开始了商业化转型之路，积极参与地方金融不良和非金不良风险化解工作，以商业化收购不良资产方式累计投放金额近164.00亿元，化解省内不良债权本金超过430.00亿元，运用投行手段通过各种渠道投资金额超过144.00亿元。截至2021年底，中国东方山东省分公司资产规模115.92亿元，对应债权本金超过300.00亿元。

【内控管理】 2021年，中国东方山东省分公司突出合规经营理念，加强合规管控力量，加大内控培训力度，健全内控评价机制，积极执行内控合规的各项工作要求：建立前置审批制度，风险部门提前介入，纪检部门持续跟踪，妥善处理业务开拓与风险管控之间的关系，高度重视道德风险的防范；高质量开展“内控合规管理建设年”活动，持续开展内部审计、案件防控、扫黑除恶、非法集资、反洗钱、消费者权益保护等专项活动；新设投后管理团队，提高存量项目管理质效和投后管理专业化水平；不断加强人才队伍建设，严格执行重要岗位轮岗、强制休假制度，建立健全差异化晋级和人才培训机制，不断构建多层级决策授权机制，努力营造合理容错的良好环境。

（李 宇、梁 悦）

附表1

机构概况一览表

总经理（或其他称谓的第一负责人）		副总经理（或其他称谓的同级领导）	
吴 江		李淑荣、弓利民、马 群、王建英（副督导员）	
地址	山东省青岛市市南区香港中路6号B座三楼	邮编	266071
网址	http://www.coamc.com.cn/	客服电话	0532—58760797

附表2

内设部门及分支机构一览表

年度	内设机构（个）	下设分支机构（个）		员工人数（人）	
		地市级机构数	县区级机构数	员工总数（含非正式员工）	正式员工数
2017	6	0	0	54	52
2018	6	0	0	51	49
2019	6	0	0	51	49
2020	6	0	0	54	52
2021	6	0	0	55	53

五、银联公司

中国银联股份有限公司山东分公司

【第一负责人简介】 刁云涛，男，山东菏泽人，大学本科学历，高级经济师；历任中国人民银行济南分行跨境办处长、营业管理部副主任、调查统计处处长、货币信贷处处长；2017年11月任中国银联股份有限公司山东分公司（简称中国银联山东分公司）党组副书记、副总经理（总经理级）；2019年2月至今任中国银联山东分公司党组书记、总经理。

【综述】 2021年，中国银联山东分公司在人民银行济南分行的指导支持下，立足山东实际，坚守“支付为民”的初心，联合各成员机构不断夯实银行卡业务发展基础，提升发卡用卡质量与水平，持续优化受理环境，深入推进移动支付便民工程建设，推动银联与银行移动支付产品协同发展，切实提升了全省移动支付便民惠民水平。

一是银行卡清算业务稳健发展。2021年全省（不含青岛，下同）实现银行卡清算交易9.26亿笔，金额为3.49万亿元，与2020年基本持平，在全国分别居第四位和第七位。

二是发卡活卡呈现良好势头。全省银联信用卡发卡占比保持在80.00%以上，银联卡月均活卡量2,435万张，居全国第三位。截至2021年末，全省联网活动商户215.60万户，活动POS终端259.80万台，在全国各省中位居前列。

三是云闪付用户发展取得积极进展。2021年，作为银行业统一移动支付App的“云闪付”在用户规模和活跃度上都呈现持续增长态势。截至2021年末，全省云闪付App累计绑卡用户1,914万户，2021年新增绑卡用户450.60万户。云闪付App支付日均活跃用户数26.10万户。

四是移动支付便民工程扎实推进。2021年全省实现移动支付交易2.67亿笔，同比增长16.30%。移动支付活卡量稳健攀升，月均活动（每月至少完成1笔交易）卡量8,905万张，月均活跃（每月至少完成30笔交易）卡量318万张，同比分别增长24.40%和21.80%，移动支付交易质量持续提升。截至2021年末，全省1,280个零售餐饮连锁领域品牌、2.60万家门店支持银联移动支付；银联移动支付已覆盖15个城市公交、75个县域公交、99所高校、4.10万台自助售货机、330个无感停车场、118家景区、3,100家酒店、4万余家定点药店和机构；云闪付App各类水电煤暖类公共事业缴费已上线260项，基本覆盖全省各地市公共缴费项目，移动支付场景建设更加成熟。

【业务拓展】 2021年，中国银联山东分公司积极发挥平台优势，强化金融科技创新应用，持续推进普惠金融进程。一是联合省商务厅、省文旅厅开展了“惠享山东消费年·约惠春夏消费季”活动及山东省第五届文化惠民消费季活动，与10地政府开展惠民消费券发放活动26次，联动银行等多方共同出资超过1.50亿元，直接带动消费金额近8.00亿元。二是加大“乡村振兴卡”发行推广力度，全省发行“乡村振兴卡”近800万张，进一步优化农村金融服务，推动农村普惠金融提档升级。三是立足山东实际，基于区块链技术创新搭建涉农票据秒贴支持系统，涉农企业原来需要2天才能办结的传统票据融资业务压缩至目前线上的15分钟办结，积极服务小微企业发展，助力乡村振兴战略落地。四是会同成员机构推进信用卡手续费封顶和二维码手续费激励措施，从源头降低支付成本，助力激发市场活力，推动普惠便民政策落到实处。

【规范市场】 中国银联山东分公司坚持发展与规范并重，不断提升产业发展规范化程度。一是加强反洗钱典型案例宣传，不断稳固风险防控基础。组织开展了“5·15”全国公安机关打击和防范经济犯罪宣传、“金融知识普及月”宣传、“打击治理电信网络诈骗和跨境赌博集中宣传月”等系列活动。二是持续做好受理市场规范工作，业务开展合规性不断提高。运用数据模型定期监测各机构交易情况和非标准类商户交易金额占比，对异常数据、异常交易及时发现并督促做好整改工作。三是积极推广风险监测产品，构筑支付交易安全“防火墙”。向银行提供高风险商户识别、预警和辅助决策的解决方案，助力识别传统欺诈、创新业务欺诈、非真实交易、交易异动等收单风险。

【内控管理】 中国银联山东分公司坚持以岗位风险防控为基础，以制度建设为主线，不断提升内控管理科学化精细化水平。一是完善制度建设，构建廉洁风险防控长效机制。定期开展岗位廉洁风险排查和警示案例教育，强化合规意识和风险意识。进一步规范内部审批流程，强化市场营销的过程管控和精细化管理。二是不断完善生产网络安全防控体系，保障生产系统安全稳定运行。实施生产网络集中运营，建立健全运行简报制度，从受理侧和发卡侧推动中国银联山东分公司承兑率提升到90.00%，不断提升交易质量。

（杨　猛、刘泽宇）

附表1

机构概况一览表

总经理（或其他称谓的第一负责人）		副总经理（或其他称谓的同级领导）	
刁云涛		李　洁、冯　雷	
地址	山东省济南市历下区草山岭南路801号	邮编	250101
网址	http://cn.unionpay.com/shandong/	客服电话	95516

附表2

内设部门及分支机构一览表

年度	内设机构（个）	下设分支机构（个）		员工人数（人）	
		地市级机构数	县区级机构数	员工总数（含非正式员工）	正式员工数
2017	6	—	—	45	41
2018	6	1	—	46	42
2019	6	3	—	50	46
2020	6	3	—	50	47
2021	6	4	—	72	53

附表3

主要统计指标

项目	2017年	2018年	2019年	2020年	2021年	2021年同比增幅（%）
入网特约商户（万家）	147.20	133.70	154.19	158.31	215.60	36.19
POS终端（万台）	186.30	175.70	213.66	224.65	259.80	15.65
POS机交易笔数（亿笔）	10.44	10.42	9.89	9.09	8.28	-8.91
POS机交易金额（亿元）	29,300.00	34,200.00	29,953.00	33,161.00	31,790.00	-4.13
ATM交易笔数（亿笔）	1.29	1.03	0.64	0.46	0.46	0.00
ATM交易金额（亿元）	2,331.00	2,603.00	1,590.00	1,304.00	1,585.00	21.55
借记卡发行（万张）	2,091.00	3,830.00	5,069.00	5,874.00	3,235.00	-44.93
信用卡发行（万张）	723.00	1,172.00	1,059.00	997.00	795.00	-20.26

注：1.表中POS交易业务笔数为清算交易笔数，包含线下银联手机闪付、二维码、实体卡交易。
　　2.表中借记卡/信用卡发卡量为银联卡品牌发卡量，不含VISA、万事达等国际卡品牌双币卡。

中国银联股份有限公司青岛分公司

【第一负责人简介】 赵玉东，男，汉族，山东青岛人，1970年5月生，中共党员，经济学学士；1993年参加工作，历任中国人民银行青岛市分行计划资金处办事员、科员、副主任科员；青岛市银行卡网络服务中心办公室副主任、业务开发部经理，青岛市银行卡网络服务中心总经理助理；中国银联股份有限公司青岛分公司助理总经理、副总经理、总经理；中国银联股份有限公司山西分公司总经理；现任中国银联股份有限公司青岛分公司（简称中国银联青岛分公司）总经理。

【综述】 2021年，中国银联青岛分公司联合青岛市银行卡产业各方落实责任、攻坚克难，创新发展、合作共赢，积极撬动市场资源，夯实受理环境发展基础，开拓创新并巩固优势场景，持续提升市场竞争力，努力提升对成员机构、商户和持卡人的服务水平。

【经营管理】 2021年，中国银联青岛分公司多措并举巩固拓展卡基业务，加快推进云闪付App转型发展。优化与辖内银行的沟通联系机制，针对银联卡推广、移动支付市场拓展开展业务合作。推动青岛市辖内区域性银行卡产品升级，针对性开展卡基营销。扎实开展云闪付App本地专区运营和建设工作，大力推广云闪付小程序，打造涵盖交通、餐饮、旅游、民生等小额高频支付领域的本地专属服务聚集地。

持续深耕便民场景，建立联合营销工作机制，着重推进移动支付特色场景建设。立足于落实“双循环战略”，提振国内消费和现阶段青岛市场发展实际需要，在人民银行青岛市中心支行的指导和支持下，构建了各家商业银行共同参与的场景共建、联合营销工作机制，持续深耕交通、医疗、政务、缴费、校园等移动支付便民场景。

扎实推进受理能力建设，细化商户拓展运营工作。推动重点受理场景建设，配合收单机构和商户完成统一收银台、扫码付系统、自助收银通道等系统改造，依托网格化建设做好本地商户运营工作。持续深化堡垒商圈建设，加强与品牌商户合作，2021年建成胶东机场银联刷脸支付示范商圈。

大力发展线上业务和创新业务，谋求业务长远发展。持续推进与大型互联网企业线上支付业务合作。与海尔集团合作成立物联网支付联合实验室，探索建立以物联网设备为载体的新型支付模式，并基于海尔的生态场景开展业务试点。积极推广银联火眼、天擎、优客计划、云直通等多项云计算产品，建设松立停车等行业服务性平台项目。

巩固营销体系，揽聚多方资源，创新开展营销传播。积极做好与政府部门的沟通协调，巩固政府消费券官方发放平台定位，形成政府搭台、共同出资、多方传播的营销模式。持续在线下零售场景开展“周六二重惠”等主题营销，开展有价票券、笔笔返券、任务抽奖等分层营销活动。建立与知名品牌厂商的常态化合作机制，借力青岛市头部商户营销热点开展云闪付推广合作。

【风险防控】 2021年，中国银联青岛分公司继续加强风险管控工作。一是注重日常各项跨行业务的风险防控。根据反洗钱、防范电信网络诈骗等监管要求，加强对各收单机构、各类产品的交易监测和分析，确保转接的各项业务不出现涉赌、涉诈、二清等系统性风险事件。二是围绕套现套码等问题加大受理市场业务规范力度。对疑似违规的套现套码商户进行全面梳理排查，督促收单机构限期整改，对整改不合格的商户予以关停，确保业务、商户、交易的真实性，引导规范辖内收单业务，维护各发卡银行利益。三是主动承担社会责任。参与由人民银行青岛市中心支行、金融消保协会、青岛市公安局等单位组织的公益宣传活动，向广大市民宣传金融知识、支付安全常识，普及反诈拒赌知识，提高人民群众识别防范金融犯罪的意识，全力配合各司法机关做好各类涉案交易的协查工作。

（邱　阁）

附表1

机构概况一览表

总经理（或其他称谓的第一负责人）		副总经理（或其他称谓的同级领导）	
赵玉东		吴　坚、傅　蔚	
地址	山东省青岛市市南区香港中路6号B座5层	邮编	266071
网址	http://cn.unionpay.com/qingdao/	客服电话	0532—85919288

附表2

内设部门及分支机构一览表

年度	内设机构（个）	下设分支机构（个）		员工人数（人）	
		地市级机构数	县区级机构数	员工总数（含非正式员工）	正式员工数
2017	5	0	0	39	36
2018	5	0	0	40	38
2019	5	0	0	42	41
2020	5	0	0	42	40
2021	5	0	0	41	38

附表3

主要统计指标

项目	2017年	2018年	2019年	2020年	2021年	2021年同比增幅（%）
入网特约商户（万家）	122.56	125.01	128.00	93.90	95.63	1.84
POS终端（万台）	254.79	258.53	264.21	97.36	58.98	-39.42
POS机交易笔数（亿笔）	3.30	3.21	3.15	2.55	1.89	-25.88
POS机交易金额（亿元）	18,235.88	16,924.35	15,614.20	11,375.64	7,992.81	-29.74
ATM交易笔数（亿笔）	0.24	0.19	0.18	0.21	0.18	-14.29
ATM交易金额（亿元）	442.00	387.00	366.00	243.30	199.82	-17.87
借记卡发行（万张）	5,610.00	6,060.00	6,321.00	6,093.00	6,356.00	4.32
信用卡发行（万张）	1,025.00	1,233.00	1,301.00	1,289.00	1,456.00	12.96

六、财务公司

中国重汽财务有限公司

【第一负责人简介】 黄震，男，1975年7月出生，江西赣州人，中共党员，上海铁道大学会计专业毕业，硕士研究生学历，高级会计师、高级经济师、国际注册高级财务总监、高级国际财务管理师；1997年7月参加工作，历任山东潍柴进出口有限公司副总经理、财务总监，山东重工集团有限公司财务管理部副部长，山东重工集团财务有限公司委派财务总监、副总经理，山东重工集团财务有限公司党支部副书记、职工董事、总经理；曾荣获2013年度“山东省青年金融领军人物百强”称号；现任中国重汽财务有限公司（简称重汽财务公司）党支部副书记、董事长、总经理，兼任中国财务公司协会理事、山东省金融学会理事、山东省银行业协会财务公司委员会主任。

【经营概况】 2021年，重汽财务公司以服务集团主业为目标，以提升金融服务质效为主线，不断加强风险管控，深化产融结合，强化科技赋能，稳健开展各项业务，重汽财务公司资产质量和运营效益保持较好水平。截至2021年末，重汽财务公司资产总额440.36亿元，2021年实现营业收入17.17亿元，同比增长17.93%；实现利润总额7.40亿元，同比增长27.37%，经营效益稳中有升，主要指标均满足监管要求。

【信贷业务】 2021年，重汽财务公司充分发挥“内部银行”职能，强化融资服务功能，积极满足集团整车制造、发动机、新能源汽车和装备先进、技术领先的制造企业信贷资金需求，产融结合效果显著。2021年，累计发放贷款255.61亿元，截至年末，成员单位在重汽财务公司贷款207.11亿元，占其贷款总量的80.59%，集团融资主渠道和金融中枢职能显著。

【产业链金融】 2021年，重汽财务公司加大对上游供应端的支持，全面深入市场、主动服务，支持集团生产经营。2021年，办理供应商保理业务13.01亿元，截至年末，保理业务余额10.68亿元，存量客户61家，其中中小微企业56家，占比92.00%，有效缓解了中小微企业融资难、融资贵问题，支持供应链企业渡过疫情难关。全力推广最高额保证合同业务，极大简化了保理客户业务办理手续，提高放款审批效率，实现“当天申请、当天放款”的优质、便捷金融服务。

【资金业务】 2021年，重汽财务公司根据安全性、流动性、效益性的资金管理要求，加强与金融机构的沟通与交流，拓展业务市场，丰富业务品种，强化内控管理。全年实现资金业务收入6.92亿元，同比增长10.38%，实现了资金业务零风险的目标；完成了收益凭证和国债逆回购等新业务的落地，优化了产品结构，拓展了投资渠道；对资金业务相关制度和流程进行梳理，加强内控管理。

【票据业务】 2021年，重汽财务公司充分发挥票据结算优势，稳健开展票据业务，保障上下游产业链客户资金需求。2021年办理经销端票据业务243.70亿元，集团销售回款占比24.00%，促进车辆销售15.50万台，提升了集团销售回款效率。全年签发银行承兑汇票4.21万张，金额340.00亿元；贴现票据0.93万张，同比增长13.41%，金额79.75亿元，充分发挥票据作为结算工具的便利性，服务支持产业链业务更快、更好发展。

【外汇业务】 2021年，重汽财务公司积极开展本外币资金池业务，创新外币业务，不断优化集团内部支付结算功能。2021年，首次同时通过本外币两个资金池向成员单位发放跨境人民币贷款9.00亿元，高效协助集团内成员单位解决切实问题，有效提高了境内外资金调剂的便利性。2021年，跨境双向人民币资金池净流入/出额度由原来的44.32亿元和8.86亿元均调整为59.08亿元，更好地满足了成员单位跨境人民币结算的业务需求，有效地支持了人民币国际化的进程。

【资金集中】 2021年，重汽财务公司利用银财直联将资金纳入重汽财务统一归集平台，提升资金归集效率。2021年末，重汽财务公司全口径资金集中度为50.89%。2021年，累计完成人民币结算3,725.27万笔，同比增长6.63%，结算金额16,428.24亿元，同比增长14.89%；美元结算9,654笔，结算金额35.58亿美元，同比增长41.19%，通过内部结算平台，大幅提升了集团资金的周转效率，实施对集团成员单位账户资金的动态监控，有效预警和控制资金风险。

【业务创新】 2021年，经中国外汇交易中心正式批准，重汽财务公司成为银行间外币对市场会员，是山东省辖内首家获得外币对市场会员资质的财务公司，标志着重汽财务公司在全面发展和业务创新方面实现了新的突破。为集团成员单位量身定制了跨境流动性管理、海外财资集中管理及外汇敞口风险管理的综合性解决方案，且在短时间内落地实施并实现常态化管理。

【风险管理和内部控制】 2021年，重汽财务公司不断夯实合规管理基础，将内控合规管理贯穿各项重点工作，开展了“内控合规管理建设年”活动。一是加强制度梳理与优化，建立制度管理标准，落实标准化、可执行的制度管理要求；二是风险管理的“二三道防线”协同合作，在公司范围内开展覆盖全部业务、管理条线的合规检查，督促跟踪问题整改并严肃问责；三是建立积分管理标准，通过积分量化衡量考核员工活动综合表现，促进员工合规行为习惯培养；四是开展合规培训、合规征文、合规承诺书签署等文化活动，增强员工合规意识，不断营造合规文化氛围。强化内部审计监督及整改，完成审计项目28项，不断加强审计的全面监督和严肃整改。

【人力资源管理】 2021年，重汽财务公司不断优化员工结构，促进员工队伍向年轻化、专业化转型，员工平均年龄31岁，本科及以上学历占比97.00%，高级职称3人；不断加强员工培训力度，从业务、技能、监管、文化等角度出发，组织内、外部培训40次，进一步提升了员工队伍的整体素质。引进金融从业经验丰富的高管人员，提高公司管理水平和专业素质。截至2021年末，重汽财务公司共有齐鲁金融之星2人，济南市会计领军人才2人。

【信息化建设】 2021年，重汽财务公司在保证信息科技安全平稳运行基础上，重点在核心业务系统优化提升、网络安全加固、应用系统发展与机房管理等方面开展工作，不断提升信息科技对业务发展的支持水平，增强科技风险防控能力。全年完成30项核心业务系统优化提升，不断提高业务效率；开展核心业务系统网络安全等级保护测评，加强核心业务系统防护；完成统一监管报送系统建设，提高监管报送数据信息化水平；实施同城数据灾备、超融合私有云项目，提升数据安全和资源保障能力。

【企业文化建设】 2021年，重汽财务公司积极开展企业文化建设，提高员工归属感。对内组织“新春诗词大会”“大峰山主题党日活动”等10余场特色文化活动，增强团队凝聚力；对外树立先进典型，宣传金融文化品牌，增强员工集体荣誉感。2021年，公司2人获评“集团企业文化之星”称号，1人荣获集团“青年管理标兵”称号，2人获评人民银行济南分行“数据质量工作优秀个人”，1人荣获人民银行济南分行“金融统计工作先进个人”称号，并获得山东省“青年文明号”荣誉称号；重汽财务公司积极参与银保监局课题研究，其中“以财务公司为载体，打造互联互通、高度集成的产业链金融服务平台”研究课题获银监系统课题评审省内三等奖。

（玄甲红）

附表1

机构概况一览表

总经理（或其他称谓的第一负责人）		副总经理（或其他称谓的同级领导）	
黄　震		金　艳、戴国林	
地址	山东省济南市高新区华奥路777号中国重汽科技大厦	邮编	250101
网址	http://www.cnhtc.com.cn	客服电话	0531—58062526

附表2

内设部门及分支机构一览表

年度	内设机构（个）	下设分支机构（个）		员工人数（人）	
		地市级机构数	县区级机构数	员工总数（含非正式员工）	正式员工数
2017	7	—	—	57	57
2018	8	—	—	66	66
2019	7	—	—	62	62
2020	7	—	—	60	60
2021	7	—	—	73	73

附表3

主要统计指标

单位：亿元

项目	2017年	2018年	2019年	2020年	2021年	2021年同比增幅(%)
本外币资产总额	316.58	303.54	377.05	540.43	440.36	-18.52
本外币负债总额	273.18	257.11	327.61	486.62	381.09	-21.69
营业收入	10.29	10.99	12.74	14.56	17.17	17.93
利润	4.00	5.12	5.36	5.81	7.40	27.37
净利润	3.01	3.90	4.02	4.36	5.42	24.31
上交税金	1.32	1.53	2.60	1.59	2.72	71.07

山东钢铁集团财务有限公司

【第一负责人简介】　王勇，男，汉族，1976年9月出生，1997年7月参加工作，中共党员，山东大学软件工程领域硕士，正高级会计师；现任山东钢铁集团有限公司资金中心副总经理、山东钢铁集团财务有限公司董事长。

【综述】　山东钢铁集团财务有限公司（简称山钢财务公司）成立于2012年2月10日。股东单位为山东钢铁集团有限公司（简称山钢集团）、山东钢铁股份有限公司、山东金岭矿业股份有限公司。2021年，山钢财务公司秉承“依托山钢，服务企业”的宗旨，坚持以融助产，累计实现营业收入5.57亿元，利润总额3.73亿元，账面净利润3.41亿元，完成山钢集团考核目标。截至2021年末，山钢财务公司资产总额188.41亿元，负债总额149.04亿元，所有者权益39.36亿元，均实现正增长。各项存款余额148.05亿元，各项信贷资产余额125.76亿元。贷款损失准备金余额3.14亿元，贷款拨备率2.50%。一般风险准备金率1.34%，资本充足率21.19%，流动性比例67.22%，实现“三无两安全”目标。不良资产率和不良贷款率均为零，各项指标符合监管规定。

【业务拓展】　山钢财务公司始终秉承“依托山钢，服务企业”的宗旨，密切关注成员企业业务需求，按照差别化信贷政策，为成员企业提供更多全方位、定制化的金融服务产品，助推山钢集团实现高质量发展。

一是资金管理能力持续加强。山钢财务公司与银行协商包销债券额度149.00亿元，助力集团和成员单位发行债券3次，共计22.00亿元，有力支持了山钢集团债券市场融资；有效利用持有的高等级信用债券，通过银行间市场债券质押回购业务，成功以2.5%—3.10%的年化利率融入资金85.00亿元；积极融入非标融资127.40亿元，按时偿还各类借款及利息等费用800余亿元，确保了全集团资金链安全稳固。

二是扩大信贷规模，全力满足成员单位融资需求。山钢财务公司充分发挥金融服务平台作用，积极开展自营贷款、委托贷款、银团贷款、贴现、承兑、担保和代开信用证等信贷业务，全年累计为集团和成员单位办理各类信贷业务达282.26亿元，年末信贷业务余额125.76亿元，同比增长18.71%。

三是提质增效水平持续提高。2021年末，山钢财务各项存款余额和年内日均存款余额双双突破100.00亿元；积极推进债券成本降低，累计融入低息债券510.00亿元；深入开展高息负债向低息负债的置换工作，有效减少资金成本2.30亿元；结算业务实现突破，金额超过1.00万亿元，且保持零差错；拓宽保险代理范围，代理投保资产余额693.77亿元，保额1,046.76亿元，实缴保费2,865.09万元，赔付到账1,521.22万元，赔付率达53.10%，代理费收入429.95万元，净收入240.67万元。

四是创新驱动能力持续提升。2021年，山钢财务公司深入开展多元化担保创新业务，办理关税保函近8.00亿元，降低资金成本1,700余万元；通过银行间市场债券质押回购业务，累计融入低成本资金85.00亿元；与齐鲁银行进行票据质押式回购业务，共计融入资金23.95亿元；成功落地省内首单“可持续发展”绿色债10.00亿元；开展银团贷款业务，累计办理4笔银团贷款业务，合同金额共计55.82

亿元，其中山钢财务公司承贷金额1.32亿元；开展跨境双向人民币资金池业务，促进了跨境贸易便利化，累计为集团及成员企业完成境内外人民币资金划拨22.02亿元，办理量在省辖财务公司中名列榜首；开展委托代开信用证业务，为成员单位累计办理信用证3.82亿元。

【内控管理】 2021年，山钢财务公司组织开展了“规范建设提升年”和“内控合规管理建设年”活动，进一步健全内控合规制度，全年共梳理各项规章制度203项。梳理岗位职责、业务流程，组织编制《内部控制与风险管理手册》。开展防范非法集资、金融知识普及月、反洗钱、扫黑除恶等宣传教育活动。执行风险预警会议制度，建立风险应急预案。严格把控信贷审批关键环节风险，组织召开信贷审查委员会会议10次，审批商讨成员单位评级授信以及同业授信等重大事项；完成信贷业务、投资业务、同业业务审批共计185笔。按照年度审计计划，对营业部等7个部门的业务办理、岗位设置、内控管理及银行业市场乱象整治等方面开展客观独立的稽核审计，发挥风险防范和内控合规的第三道防线作用。

（赵党党、段晓民）

附表1

机构概况一览表

董事长（或其他称谓的第一负责人）		总经理（或其他称谓的同级领导）	
王 勇		张云庭（代理总经理）	
地址	山东省济南市高新区舜华路2000号 舜泰广场4号楼2层、20层、21层	邮编	250101
网址	—	客服电话	0531—67606532

附表2

内设部门及分支机构一览表

年度	内设机构（个）	下设分支机构（个）		员工人数（人）	
		地市级机构数	县区级机构数	员工总数（含非正式员工）	正式员工数
2017	9	0	0	45	39
2018	9	0	0	42	36
2019	10	0	0	46	41
2020	10	0	0	54	50
2021	10	0	0	55	55

附表3

主要统计指标

单位：亿元

项目	2017年	2018年	2019年	2020年	2021年	2021年同比增幅（%）
本外币资产总额	144.70	156.45	163.40	156.01	188.41	20.77
本外币负债总额	109.55	119.17	124.93	117.73	149.04	26.59
营业收入	4.07	3.80	3.83	5.20	5.57	7.12
利润	3.08	3.53	3.57	3.67	3.73	1.63
净利润	2.09	2.64	2.64	2.79	3.41	22.22
上交税金	1.69	1.62	1.56	1.21	0.93	-23.14

山东省商业集团财务有限公司

【第一负责人简介】 徐峰，男，1974年12月出生，山东泰安人，汉族，中共党员，硕士学位，高级会计师；1994年9月参加工作，历任山东银座汽车有限公司财务总监，衍生事业部总经理、党委委员；现任山东省商业集团财务有限公司（简称鲁商财务公司）总经理。

【综述】 鲁商财务公司，由鲁商集团100%出资成立，是山东省第8家获批设立的财务公司，注册资本20.00亿元人民币，于2012年4月28日正式开业。

鲁商财务公司紧紧围绕“建设一流财务公司”的目标，严格遵循国家的金融方针、政策及有关法律法规，依托集团，以优化资源配置、提高资金使用效率为目的，稳健经营、合规运作、风险可控、健康发展，为鲁商集团、成员单位提供专业、优质、高效、集约化的金融服务，实现协作共赢，为促进鲁商集团高质量发展发挥了积极作用。

【公司经营】 2021年，鲁商财务公司紧紧围绕“依托集团、服务集团”的宗旨，以鲁商集团“转型年”战略为指引，强化金融创新，提升服务质效，高质量完成各项工作。截至2021年末，鲁商财务公司资产总额87.44亿元，负债总额63.63亿元，所有者权益总额23.81亿元。2021年累计实现营业收入1.95亿元，累计实现利润总额1.82亿元，净利润1.32亿元，上缴税金6,706.00万元。

【业务拓展】 2021年，鲁商财务公司以创新为抓手，为成员单位提供了各项优质服务。

一是持续减费让利，进一步提高服务实效。鲁商财务公司在提高服务实效上狠下功夫，全年为成员单位减费让利6,458.00万元。减费方面，承担银企直联资金池业务手续费，免除日常结算业务手续费，共计为成员单位节省手续费支出127.00万元；积极拓展票据业务，打通票据直贴、再贴、转贴等多个渠道，共为成员单位节省财务费用3,086.00万元。让利方面，执行利率差异化政策，切实保障成员单位的资金收益，共为成员单位增加存款利息收入3,245.00万元。

二是加快转型创新，积极推动新业务落地。首先，投资业务方面，积极探索新的投融资渠道，新增理财产品投资业务，金额1.00亿元；新增银行间债券买断式回购和票据质押式回购业务，融入资金3,489.00万元。其次，充分利用金融牌照优势，向人民银行成功申请办理涉农再贴现业务，循环使用额度达8.00亿元。截至2021年末，共计为6家涉农供应商等办理票据再贴现业务6笔，金额1.45亿元。再者，关税保函业务顺利落地。2021年8月，鲁商财务公司关税保函1.00亿元额度经海关顺利备案，银座汽车第一批平行进口车由天津口岸顺利通关。最后，积极探索锁汇产品，合理规避汇率风险，全年累计锁汇2.90亿美元和3,650.00万欧元，获得反平收益1,796.00万元。通过跨境双向人民币资金池归集资金25.60亿元，境外调出资金6.61亿元。

【内控管理】 2021年，鲁商财务公司牢固树立“内控优先、合规为本”理念，进一步完善制度机制，强化工作举措，建立健全内控合规长效机制。一是以“内控合规管理建设年”“规范建设提升年”和重大信息虚假专项排查工作为抓手，强化从业人员合规意识、风险意识、危机意识，构建风清气正的清廉金融文化。二是将常态化的强内控、促合规与阶段性的补短板、除顽疾相结合，聚焦内控合规管理薄弱领域精准发力，强化自查和检查发现问题的整改问责，助推新业务落地和鲁商财务公司平稳运行，2021年行业监管评级较2020年提升一级，达到2A级。

（庞 磊）

附表1

机构概况一览表

<table>
<tr><td colspan="2">总经理（或其他称谓的第一负责人）</td><td colspan="2">副总经理（或其他称谓的同级领导）</td></tr>
<tr><td colspan="2">徐 峰</td><td colspan="2">周卫民、高肖飞、朱华彬</td></tr>
<tr><td>地址</td><td>山东省济南市历下区鲁商国奥城2号楼308室</td><td>邮编</td><td>250000</td></tr>
<tr><td>网址</td><td>—</td><td>客服电话</td><td>0531—66690225</td></tr>
</table>

附表2

内设部门及分支机构一览表

年度	内设机构（个）	下设分支机构（个）		员工人数（人）	
		地市级机构数	县区级机构数	员工总数（含非正式员工）	正式员工数
2017	9	0	0	39	39
2018	9	0	0	41	41
2019	9	0	0	48	48
2020	9	0	0	49	49
2021	9	0	0	48	48

附表3

主要统计指标

单位：亿元

项目	2017年	2018年	2019年	2020年	2021年	2021年同比增幅（%）
本外币资产总额	52.30	75.42	85.00	71.94	87.44	21.55
本外币负债总额	43.73	61.78	61.46	48.16	63.63	32.12
营业收入	1.57	1.85	2.82	2.21	1.95	-11.76
利润	1.40	1.36	1.78	1.96	1.82	-7.69
净利润	1.03	1.06	1.29	1.31	1.32	0.76
上交税金	0.38	0.37	0.52	0.91	0.67	-26.37

山东重工集团财务有限公司

【第一负责人简介】　吴汝江，1960年出生，中南财经政法大学毕业，高级经济师；历任工商银行潍坊市分行科长、办公室主任、副行长、行长、党委书记，工商银行山东省营业部（原济南市分行）总经理、党委书记，民生保险经纪公司董事长，民生典当有限公司董事长，山东重工集团财务有限公司（简称山重工财务公司）筹备组副组长、总经理；现任山东重工集团有限公司金融总监，山重工财务公司党支部书记、董事长，山推工程机械股份有限公司董事。

【综述】　山重工财务公司成立于2012年6月11日，是经中国银监会批准设立的非银行金融机构，注册资本金16.00亿元人民币，股东包括山东重工集团有限公司、潍柴动力股份有限公司、潍柴重机股份有限公司、山推工程机械股份有限公司、陕西法士气特齿轮有限责任公司。山重工财务公司的宗旨是“依托集团、服务集团，为集团战略发展提供金融支持”，致力于成为一家综合性、专业化、行业领先的金融服务商。

【业务拓展】　山重工财务公司以“市场化”和“精细化”为核心，对外积极创新业务产品、开拓客户市场，对内深化精细管理、完善管理机制，取得了丰硕成果。截至2021年末，山重工财务公司存款余额393.00亿元，同比增长15.56%；贷款余额181.12亿元，同比降低8.16%；实现营业收入6.32亿元，同比增长3.44%；利润总额5.65亿元，同比增长32.62%。

成员单位信贷业务方面，针对成员单位的经营状况，制定了优先支持、适度支持和限制准入的“一户一策”信贷政策，对接融资需求，制定服务方案，集中优势资源，通过贷款和票据业务加大对潍柴、雷沃、山推、中通、亚股、陕重汽、汉德等核心企业的支持，发挥融资主渠道作用。截至2021年末，集团成员单位各项贷款余额达137.33亿元，其中，整车整机企业贷款占比达62.40%，绿色新能源企业贷款占比达11.17%。山重工财务公司对成员单位主动进行让利，降低企业融资成本，年内让利超过4,000.00万元。

产业链业务方面，将产业链业务作为市场化经营的核心，开展产业链攻坚活动，责任层层落实到人。山重工财务公司围绕核心成员单位，以产业链协同机制和名单制客户为抓手，按月对接采购、财务、法务等关键部门，推荐优质客户，实现精准营销。截至2021年末，产业链贷款余额达37.97亿元，占信贷资产余额的20.97%。

资金业务方面，以资金“三性”管理为核心，进一步提升资金管理水平。山重工财务公司以流动性为基础，保证日常支付需求，持续完善资金计划管理体系，提高资金计划的准确性和有效性，实现了公司流动性平稳运行。山重工财务公司以安全性为底线，保证交易资产安全，严格开展授信管理，投资业务品种由山重工财务公司投资管理委员会及董事会进行审定，确保业务合规开展。山重工财务公司以市场化为导向，大力开展资金交易业务，围绕“交易达成”的核心理念，积极主动开展资金交易，全年资金交易业务发生额901.76亿元，资金交易业务平均收益率达到3.13%。

票据业务方面，针对集团板块衔接紧密、关联交易额大、票据结算为主的特点，梳理关联交易图谱，利用财务公司银行承兑汇票解决关联交易。2021年，山重工财务公司银行承兑票据开票规模达101.43亿元，同比增长15.30%。在满足成员单位关联交易的基础上，还通过自建票据池，提供“票据质押—票据承兑—票据托收”的一揽子票据服务，为成员单位办理票据入池343.27亿元，新开票据274.36亿元，减少存放银行保证金82.31亿元。

国际业务方面，以服务企业集团和核心成员单位的国际化为导向，持续提升国际业务的服务范围和服务能力。通过扎实开展跨境资金集中管理，办理成员单位集中收付汇业务，发挥“一个账户，集中收付”的优势，全年办理外汇收付款7,739.00万美元，同比增长5.25%。积极协调工商银行、中国银行一级机构，将外汇交易清算层数由4层减至1层，时间缩短至1小时；增加英镑交易币种，实现主要外汇交易币种全覆盖；第一时间承接新纳入成员企业结售汇需求，实现企业服务全覆盖。全年累计办理即期结售汇业务8.15亿美元。

【风险管理】　2021年，山重工财务公司制度管理水平不断提升，全年新立项制度7项、修订制度90项，进一步强化基础规范和前端风险防控，提升制度规范的适用性和有效性。山重工财务公司连续六年开展“风险合规管理年”活动，提升二道防线职能作用，不断强化全员合规意识，实现自觉践行合规文化氛围，风险合规管理机制进一步巩固。持续优化全面风险管理体系，推进法人治理、信用、流动性、市场、信息科技、操作风险在内的六大风险管理体系运行与日常经营管理紧密结合。

（王　晨）

附表1

机构概况一览表

<table>
<tr><td colspan="2">董事长（或其他称谓的第一负责人）</td><td colspan="2">总经理（或其他称谓的同级领导）</td></tr>
<tr><td colspan="2">吴汝江</td><td colspan="2">魏然、单忠、董辉</td></tr>
<tr><td>地址</td><td>山东省济南市历下区燕子山西路40—1号</td><td>邮编</td><td>250014</td></tr>
<tr><td>网址</td><td>http://www.shigfc.com.cn</td><td>客服电话</td><td>0531—82623870</td></tr>
</table>

附表2

内设部门及分支机构一览表

年度	内设机构（个）	下设分支机构（个）		员工人数（人）	
		地市级机构数	县区级机构数	员工总数（含非正式员工）	正式员工数
2017	10	0	0	56	56
2018	10	0	0	58	58
2019	10	0	0	57	57
2020	10	0	0	56	56
2021	10	0	0	60	60

附表3

主要统计指标

单位：亿元

项目	2017年	2018年	2019年	2020年	2021年	2021年同比增幅（%）
本外币资产总额	238.64	264.32	321.51	370.40	426.85	15.24
本外币负债总额	213.60	239.39	293.83	340.95	393.99	15.56
营业收入	4.51	6.55	6.11	6.11	6.32	3.44
利润	2.57	3.26	4.12	4.26	5.65	32.63
净利润	1.92	2.44	3.09	3.20	4.24	32.50
上交税金	0.99	1.24	2.31	1.83	2.23	21.86

山东黄金集团财务有限公司

【第一负责人简介】 吴晨，男，1975年3月出生，江苏灌云人，汉族，中共党员，硕士研究生学历，毕业于山东大学经济学院政治经济学专业；2000年7月参加工作，先后在中国人民银行济南分行、山东银监局任职；2013年起任山东黄金集团财务有限公司（简称山东黄金财务公司）总经理。

【综述】 山东黄金财务公司于2012年11月经中国银监会批准筹建，2013年7月31日正式开业，是山东省黄金行业第一家获中国银监会批准建立的、为集团成员单位提供金融服务的非银行金融机构，也是集团首家持牌金融机构。公司注册资本金30.00亿元，2013年4月19日由山东黄金集团有限公司和山东黄金矿业股份公司一次性足额实缴货币出资10.00亿元人民币，其中山东黄金集团出资7.00亿元人民币、占出资额的70.00%，山东黄金矿业股份有限公司出资3.00亿元、占出资额的30.00%；2018年9月7日由原股东一次性足额实缴货币出资20.00亿元人民币（含美元500.00万元），各股东持股比例不变。

山东黄金财务公司建立了以股东会、董事会、监事会、经营层为主体的现代金融企业法人治理结构。股东会为最高权力机构；董事会统筹公司的决策运作，下设战略发展委员会、风险管理委员会和审计（稽核）委员会；监事会是股东会领导下的常设监察机构，执行监督职能。"三会"依照议事规则和决策程序定期召开会议履行职责。经营层通过办公会形式集体研究、决策，履行各项管理职能，形成了权责明确、相互制约、科学决策、协调运转的体制和机制。根据经营管理需要，设立综合管理部、计划财务部、营业管理部、信贷管理部、投资银行部、信息技术部、风险管理部、审计稽核部、票据部9个职能部门。截至2021年末，山东黄金财务公司有职工41人，其中本科学历23人、硕士研究生以上学历17人，中高级技术职称26人。

【业务拓展】 2021年，山东黄金财务公司深挖金融服务潜能，忠实履行财务公司职责使命，在资金保障、降本增效等重点工作上精准发力，积极发挥内部银行职能。一是资金归集成果显著。山东黄金财务公司落实集团资金保障专班相关工作要求，多措并举，实现可归集资金集中度的快速提升并保持在高位水平，境内成员企业开户归集覆盖率达到100%，可归集资金集中度年末达到99.70%的历史新高。二是加大信贷支持力度，电票规模实现突破。以副牵头行、参加行形式参与邮储银行6.00亿元银团贷款，承贷金额1.00亿元，金融服务再添新途径，加大电票承兑业务宣传，成员单位用票意识大幅提升。全年电票承兑28.74亿元，同比增长86.00%，办理贴现7.03亿元，同比增长70.00%。三是重启即期结售汇申办工作，在集团的大力支持下，通过业务调研、制度汇编等多方面筹备措施，于10月取得外汇交易中心会员资格，即期结售汇业务顺利获批。

【内控管理】 2021年，山东黄金财务公司按照"内控合规管理建设年"活动要求，制定活动方案及工作要求，分4个阶段持续巩固完善现有合规内控体系和规范建设成果基础，进一步提升内控合规文化意识、公司治理质量、风险管理能力及服务集团质效。2021年新增修订24项管理制度，废止4项制度，进一步优化完善了管理制度体系。开展2021年风险识别和评估活动，形成全面风险管理报告。

（孟庆娟）

附表1

机构概况一览表

总经理（或其他称谓的第一负责人）		副总经理（或其他称谓的同级领导）	
吴晨		王德英、李玉星、修新鲁	
地址	山东省济南市经十路2503号	邮编	250100
网址	—	客服电话	—

附表2

内设部门及分支机构一览表

年度	内设机构（个）	下设分支机构（个）		员工人数（人）	
		地市级机构数	县区级机构数	员工总数（含非正式员工）	正式员工数
2017	9	0	0	36	36
2018	9	0	0	35	35
2019	9	0	0	45	45
2020	9	0	0	42	42
2021	9	0	0	41	41

附表3

主要统计指标

单位：亿元

项目	2017年	2018年	2019年	2020年	2021年	2021年同比增幅（%）
本外币资产总额	58.25	87.57	69.99	70.77	85.41	20.74
本外币负债总额	44.94	53.00	35.35	36.64	50.54	38.05
营业收入	1.95	2.70	2.32	2.04	1.99	-2.45
利润	1.51	1.68	0.10	0.47	1.00	112.77
净利润	1.13	1.27	0.07	0.35	0.74	117.43
上交税金	0.51	0.48	0.90	0.30	0.05	-83.33

山东能源集团财务有限公司

【第一负责人简介】　李士鹏，1978年2月出生，中共党员，毕业于中国石油大学，工程硕士，高级会计师；熟悉国家有关产业政策、经济法律法规，专业知识丰富，长期从事资金管理工作，具有多年企业集团财务和资金管理经验；现任山东能源集团财务有限公司（简称山东能源财务公司）董事长。

【综述】　山东能源财务公司于2013年12月24日经中国银监会批准成立，是一家由山东能源集团有限公司控股的非银行金融机构，注册资本为人民币30.00亿元，注册地为济南。山东能源财务公司现设立综合管理部、营业部、计划财务部、信贷管理部、风险管理部、审计稽核部等6个职能部门，负责山东能源财务公司的经营管理。

2021年，山东能源财务公司紧跟山东能源集团战略方向，主动理思路、补短板、强特色，以风险防控为基础、以服务集团主业为根本，挖掘金融潜力，全力助推集团实现高质量发展。全年实现营业收入5.80亿元，利润总额3.77亿元。截至2021年末，公司资产总额313.92亿元，资本充足率26.01%，流动性比例为78.12%，不良资产率、不良贷款率均为零，各类风险指标均符合监管要求。

【业务拓展】 2021年，山东能源财务公司聚焦成员单位的融资难题和集团资金安全，向内求协同、向外谋增量，实现全方位亮点突破。

一是实现资金全流程管理。以集团《资金管理办法》为抓手、以共享系统上线为契机，通过逐户分析、分类施策、专人督促等方式，对20家二级公司共计402家成员单位进行了逐户核查，全面了解成员单位的账户情况、资金构成、未归集资金等，形成了贯穿账户从开立到使用、资金流入到流出的全方位、多层次资金监控体系。二是形成特色化的信贷服务模式。持续推进"速贷通""保易通""票易通""信易通"等7款"通系列"特色产品，利用金融牌照为企业增信，为成员单位办理代开国内和国际信用证业务，2021年成功开立进口信用证390.00万美元，累计办理代开国内证、国际证21.00亿元人民币，综合资金成本仅为3.60%，整体融资成本低于同期银行贷款50个BP；牵头组成银团贷款业务，以少量内部资金和优质金融信用撬动大量外部银行低息贷款，2021年发放银团贷款2笔，累计使用自身9.50亿元资金吸引银行40.10亿元贷款。三是"一升一降"主动让利成员单位。2021年，将对成员单位的贷款利率再次下调，保持在2.70%—3.50%的区间，处于外部银行和财务公司系统中的最低水平，低于基准利率85—165个BP，直接让利成员单位，有效帮助成员单位降低外部融资成本。四是外拓渠道高效开展资金运作。提前制定应急预案、强化日间资金调度、合理安排信贷投放、与同业机构密切沟通，办理了首笔固定收益类有价证券投资业务、首笔与商业银行的同业拆入业务，成功打通了外部投、融资渠道，搭建起资金管理的"蓄水池"。2021年上半年，在成员单位外部贷款接续困难时，通过同业拆借、票据转贴等外源渠道，帮助成员单位获取了23.50亿元的外部资金，缓解了成员单位的资金紧张状况；在下半年资金较为充裕时，积极办理短期同业定期、约期存款、拆借及债券投资等150.00亿元，达到开业以来外部创利的最好水平。

【内控管理】 2021年，山东能源财务公司通过不断健全制度体系、规范服务标准，促进山东能源财务公司实现制度化、规范化、精细化管理。一是开展制度"废改立"工作。组织开展"规范建设提升年""内控合规管理建设年"等活动，结合集团"制度落实年"要求，梳理近年来的全部内部制度182项、整理外部监管政策汇编，分门别类开展"后评价"和"废改立"工作，持续提升制度管理的科学性、有效性，切实发挥合规管理"第一道闸门"的作用。二是量身定制"风险清单"。持续收集金融机构的风险事项，筛选其中多发、易发的难点问题，精准制定风险管理策略和防控措施，定期进行更新修订、组织全员学习落实。最新版《风险清单》覆盖了山东能源集团42类重点业务品种、40个关键岗位的209项风险点，有效指导各个环节的具体操作，成为全体员工开展一线风控的有力工具。三是充分发挥内审作用。提高对高风险业务流程及关键岗位规范的评估力度和审计频度，确保将最新监管规定及合规审慎要求内嵌到制度、流程和系统中；建立整改验收工作机制，对前期自查及内审检查发现的问题进行持续跟踪、二次评估，形成"发现问题—风险提示—跟踪评估—整改到位"的良性工作闭环，切实提升合规管理质效。

（万洪娜）

附表1

机构概况一览表

董事长（或其他称谓的第一负责人）		副总经理（或其他称谓的同级领导）	
李士鹏		王立春	
地址	山东省济南市经十路10777号能源大厦10层	邮编	250014
网址	—	客服电话	0531—62355562

附表2

内设部门及分支机构一览表

年度	内设机构（个）	下设分支机构（个）		员工人数（人）	
		地市级机构数	县区级机构数	员工总数（含非正式员工）	正式员工数
2017	6	0	0	27	21
2018	6	0	0	43	37
2019	6	0	0	41	35
2020	6	0	0	37	35
2021	6	0	0	38	35

附表3

主要统计指标

单位：亿元

项目	2017年	2018年	2019年	2020年	2021年	2021年同比增幅（%）
本外币资产总额	178.24	178.72	180.94	195.84	313.92	60.29
本外币负债总额	152.79	151.02	136.54	150.25	267.65	78.14
营业收入	4.02	5.52	6.39	6.94	5.80	-16.43
利润	2.50	3.51	4.31	4.03	3.77	-6.45
净利润	1.93	2.60	3.28	3.21	2.53	-21.18
上交税金	0.76	1.16	1.41	1.39	1.46	-5.04

海尔集团财务有限责任公司

【第一负责人简介】　秦琰，中共党员，拥有近20年经济及财务、资金管理相关从业经验；历任海尔集团物流推进本部财务主管，海尔集团全球采购中心财务经理、审计经理、财务总监，海尔智能健康控股有限公司CFO，海尔集团金融控股有限公司CFO，海尔集团财务有限责任公司（简称海尔财务公司）副总经理（主持工作）；2018年11月起，任海尔财务公司总经理。

【综述】　海尔财务公司自成立以来，始终秉承“立足集团、服务集团”的理念，以支持集团实体经济发展为己任，以集团市场可持续发展为宗旨，承接集团生态品牌战略，以“聚焦物联网金融战略，建立数字金融新生态”为战略目标，立足首要职能，有效控制风险，不断创新金融产品，实现稳健运营目标。

2021年，海尔财务公司立足集团产业链，为集团产业提供专业化金融服务，提升集团内部资金、资源使用效率，全年累计实现营业收入20.40亿元，利润总额19.83亿元。截至2021末，公司资产规模达706.99亿元。

【信贷业务】　2021年，海尔财务公司在集团成员单位信贷业务开展方面，以支持实体产业发展为重点，以加强信贷管理为导向，以各项信贷业务制度的落实为基础，满足集团成员单位资金需求，全年共为74家集团成员单位提供金融服务。截至2021年末，海尔财务公司人民币贷款余额256.42亿元，同比减少2.62亿元；外币流动资金贷款余额2.64亿美元，同比减少2.31亿美元。根据集团战略及产业发展实际需求，2021年本、外币流动资金贷款业务全年投放折人民币169.75亿元（其中人民币157.76亿元，外币1.88亿美元），无不良贷款。

【产业链金融业务】　2021年，海尔财务公司不断提高金融服务水平，为集团上下游产业链客户提供优质的供应链金融服务，在防范金融风险的同时，创新业务模式，累计为637家客户提供了367.78亿元的信贷服务，有效助推了集团产业发展。海尔财务公司作为海尔上下游产业链的“金融服务商”，为顺应市场要求，不断提高金融产品数字化竞争力，基于公司构建的智能风控中台，推出了全线上信用类产品“融e贷”，实现秒批秒放。同时，为更好地服务用户，提升用户体验，海尔财务公司打造了供应商数字化客户平台，客户可在平台实现在线认证签约、保理、票据拆分等功能。

【资金业务】　2021年，海尔财务公司深入了解集团企业资金需求，合理安排资金头寸，实现了集团企业资金需求的有效满足和资金运营效率最大化的双赢。一方面，在资金短缺的情况下，通过银行间市场债券正回购、拆借及票据融资等方式，及时低成本融入资金，全年累计融资9,207.00亿元，充分保证了集团各项业务顺利进行；另一方面，在资金盈余的情况下，通过银行间市场逆回购、债券投资、同业存款、理财等业务，累计投放841.00亿元，在确保集团流动性充足的同时，有效提高了资金运营效率。

【票据业务】　2021年，海尔财务公司持续创新推进集团票据全流程精细化集中管理。其中，集团托管票据526.00亿元，100%到账，零风险；赋能集团49家单位出票，100%出票合规；内部票据清算率100%；票付通支付203.00亿元；集团票据账户登记管理209个客户；票据信息披露及时无误；实现逾期票据100%清理，赋能全国17个省74个市的190家中小微企业，共盘活了221笔714.00万元的票据资产。

【外汇业务】 2021年，海尔财务公司管理外汇风险资金规模24.15亿美元，约占集团外汇敞口总量80.00%，实现财务公司牌照内赋能集团全量，帮助小微企业获取授信，通过衍生品业务降低换汇成本，赋能产业。通过效率赋能提升客户黏性，外汇交易内部各节点流程由串联到并联，打通大额资金付款到账、购汇、付汇出境全路径，通过优化流程提升资金清算效率，实现资金占用从“T+3”到“T+0”的提升，帮助客户提高资金使用效率，赋能集团产业。

【资金集中】 2021年，海尔财务公司实现了归集资金2,151.81亿元，同比增长11.90%；结算量3.37万亿元，同比增长42.00%，结算笔数359.12万笔，同比增长13.39%；期末结算账户3,173户，存款余额421.84亿元。在加强资金集中管理方面，海尔财务公司主要采取了以下四方面的措施：（1）渠道建设方面，搭建了本外币共13个归集渠道，其中人民币完成12家银行10个归集渠道的搭建；外币打通境内3家银行归集渠道和境外2家银行2个归集渠道。（2）集团制度和资金管理系统方面，提出集团账户管理内控规范的优化建议，融入优化集团新资金管理系统，实现现汇按预算时时直连财务公司在线支付的流程，并设置落地审核规则，闸口不合理支付。（3）在强化账户监控及资金清理方面，继续推进结算全员并联每月清理外部银行账户资金的机制，监督账户及时签约归集。（4）在账户信息共享方面，通过搭建银财直连平台和财企直连平台，直连了12家银行，并与集团系统直连，银财渠道的共享，为集团节约了搭建银企直连渠道的成本，账户及交易数据的实时共享，提高了集团对账户及资金的运用管理效率，降低了资金管理风险。

【业务创新】 2021年，为加强人民币跨境业务管理，提高成员单位人民币跨境支付的效率，降低跨境支付清算的成本，保障人民币跨境业务真实合规运行，海尔财务公司积极响应国家金融基础设施搭建要求，积极推进接入人民币跨境支付清算系统CIPS标准收发器。接入CIPS标准收发器对集团产业客户来说，提升了跨境支付的效率，降低了手续费，实现了降本增效。对海尔财务公司来说，提升了与集团产业客户的黏度，增强了服务美誉度，真正发挥了CIPS服务实体经济的作用，并开启了跨境人民币清算数字化转型之路。

【内控管理】 2021年，海尔财务公司紧跟监管政策，强化全面风险管理体系建设，审议了公司各类风险政策、同业主动授信准入标准、外汇交易业务限额管理等19项议案，提高海尔财务公司全面抵御风险的能力。同时，细化资产分类，提升资产质量，建立准确审慎的资产风险分类体系，确保资产风险分类准确审慎。在覆盖全部资产的基础上，通过“五级十档”的分类方式，对风险资产分类规则进行细化，进一步保障了资产分类的精准性。在确保海尔财务公司现行信贷资产业务风险分类标准符合监管规定的前提下，实现强化信用风险管理、严控新增不良贷款的目标。

（马玉华）

附表1

机构概况一览表

总经理（或其他称谓的第一负责人）		副总经理（或其他称谓的同级领导）	
秦 玫		温淑惠、赵晓燕	
地址	山东省青岛市崂山区海尔路178—2号裕龙国际中心	邮编	266061
网址	http://www.haierfin.com/	客服电话	0532—88932211

附表2

内设部门及分支机构一览表

年度	内设机构（个）	下设分支机构（个）		员工人数（人）	
		地市级机构数	县区级机构数	员工总数（含非正式员工）	正式员工数
2017	13	0	0	156	156
2018	13	0	0	157	157
2019	13	0	0	151	151
2020	13	0	0	150	150
2021	13	0	0	150	150

附表3

主要统计指标

单位：亿元

项目	2017年	2018年	2019年	2020年	2021年	2021年同比增幅(%)
本外币资产总额	763.52	662.97	674.76	756.57	706.99	-6.55
本外币负债总额	652.02	534.26	531.65	601.19	537.73	-10.56
营业收入	26.53	25.64	25.41	22.26	20.40	-8.37
利润	18.96	21.75	22.65	20.71	19.83	-4.24
净利润	14.27	16.44	17.20	15.51	15.03	-3.09
上交税金	6.28	6.71	7.37	6.72	6.14	-8.63

海信集团财务有限公司

【第一负责人简介】 王纪铭，女，汉族，中共党员；历任交通银行青岛市南一支行行长，青岛分行党委委员、副行长；先后获得青岛市金融系统先进工作者、山东省金融系统省级“青年岗位能手”、全国金融系统优秀思想政治工作者、全国金融系统先进女职工、全国金融“五一劳动奖章”等荣誉称号；现任海信集团财务有限公司（简称海信财务公司）总经理。

【综述】 2021年，海信财务公司统筹疫情防控和经营发展，在强化风险管理和完善合规建设的前提下，做精做久各类业务，经营质效持续提升。截至2021年末，公司资产总额284.32亿元，负债总额243.20亿元；全年累计实现营业收入6.16亿元，利润总额4.89亿元，净利润3.67亿元。2021年末，公司资本充足率19.49%，流动性比例109.72%，各项监管指标均符合监管要求。

2021年，海信财务公司继续秉承“立足于集团，服务于集团”的基本宗旨，根据成员单位生产经营过程中的难点和痛点，精准施策，综合运用信贷、资金、外汇、结算等多种金融服务方式，全方位满足成员单位金融需求，让利成员单位，协助集团降本增效，推动集团产业特别是制造业持续稳健高质量发展。此外，海信财务公司持续深化延伸产业链金融服务业务，助推产业链中小微企业稳定发展。

【信贷业务】 海信财务公司紧紧围绕集团战略，积极推动集团产业转型升级。根据成员单位多样化需求，提供自营贷款、票据贴现、贸易融资、保函、商票保贴等综合融资服务。截至2021年末，公司各项贷款余额178.39亿元，比年初增加35.96亿元，增幅为25.24%，充分发挥了金融服务平台作用，助力成员单位持续健康发展。

【产业链金融业务】 2021年，海信财务公司立足于产业链企业实际需求，不断丰富业务品种，拓展产业链金融服务范围，为其提供全方位的金融支持。全年新增供应商备案470户，为765户供应商发放票据贴现及应收账款保理贷款共计156.45亿元，业务余额74.89亿元，其中中小微企业业务余额57.81亿元，占比77.19%，有效推动了集团产业链中小微企业的稳定发展。

【票据业务】 2021年，海信财务公司联合集团成员单位持续推广电票付款方式，积极推动成员单位加入商业承兑汇票推广自律机制。全年累计签发电票646.65亿元，累计为成员单位办理票据贴现46.91亿元，有效缓解了成员单位经营资金周转压力，降低了短期融资成本，提高了资金周转效率。

【投资业务】 2021年，海信财务公司进一步完善投研体系建设，提升投资分析能力。通过产品净值及底层资产跟踪、交易对手舆情跟踪等措施加强投后管理，切实防控投资风险。全年投资业务均按期收回本金和投资收益，未发生风险事件，存量投资业务运行正常，均为标准化产品，符合监管要求。

【外汇业务】 2021年，海信财务公司持续加强美元流动性管理，利用跨境资金池实现集团境内外美元资金合理调配；积极拓展同业交易对手，拓宽低成本美元同业拆借渠道。汇率管理方面，积极引导集团坚持汇率风险中性原则，督导成员单位科学管理外汇敞口，协助集团取得了良好的汇率管理成果。代客结售汇业务方面，全年累计办理成员单位即期结售汇业务2.74亿美元，有效满足了成员单位外币资金需求。

【资金管理】 2021年，海信财务公司致力于保障集团资金安全，一是严格把控成员单位银行开户关卡；二是梳理并持续跟进成员单位银行账户销户情况，精简账户，提高账户管理效率；三是及时协助成员单位办理银行账户下挂，实现对成员单位银行账户的查询及归集，提升账户监控范围和资金集中度。截至2021年末，实现全口径资金集中度79.90%。

【内控管理】 2021年，海信财务公司严格落实监管要求，扎实推进各项内控管理工作。一是定期进行制度和流程梳理，确保各项业务有据可依、规范开展；二是以“内控合规管理建设年”活动为契机，持续健全风险管理体系；三是强化内审工作力度，对各部门开展专项审计，及时跟踪审计整改情况，确保整改到位；四是通过内控合规培训持续增强全员风险防控意识。

（高 静、孙兆宁）

附表1

机构概况一览表

总经理（或其他称谓的第一负责人）		副总经理（或其他称谓的同级领导）	
王纪铭		吴大鹏、舒 鹏、杜 翔	
地址	山东省青岛市东海西路17号海信大厦15楼	邮编	266071
网址	http://www.hisense.cn/	客服电话	0532—80878426

附表2

内设部门及分支机构一览表

年度	内设机构（个）	下设分支机构（个）		员工人数（人）	
		地市级机构数	县区级机构数	员工总数（含非正式员工）	正式员工数
2017	8	0	0	42	42
2018	8	0	0	56	56
2019	8	0	0	62	62
2020	9	0	0	76	76
2021	9	0	0	81	81

附表3

主要统计指标

单位：亿元

项目	2017年	2018年	2019年	2020年	2021年	2021年同比增幅（%）
本外币资产总额	183.58	198.53	238.58	290.11	284.32	-2.00
本外币负债总额	162.01	165.24	203.03	252.75	243.20	-3.78
营业收入	4.36	5.74	5.50	5.03	6.16	22.47
利润	3.50	4.74	4.80	3.90	4.89	25.38
净利润	2.77	3.58	3.63	2.93	3.67	25.26
上交税金	0.97	1.62	1.53	1.29	2.07	60.47

南山集团财务有限公司

【第一负责人简介】 侯云辉，男，山东海阳人，1970年4月生，中共党员，经济师；1995年8月参加工作，历任中信银行烟台分行公司业务部副总经理，华夏银行烟台分行营业部副总经理，招商银行烟台分行营业部总经理、潍坊分行副行长、烟台分行副行长及战略客户部总经理等职；现任南山集团财务有限公司（简称南山财务公司）副董事长兼总经理。

【综述】 2021年，南山财务公司在董事会的决策部署下，积极应对内外部形势的变化，不断提升经营管理水平，强化内部管理和团队建设，圆满地完成了各项工作任务。截至2021年末，南山财务公司总资产196.02亿元，负债173.61亿元，实现净利润2.59亿元，资本充足率12.85%，流动性比例40.05%，贷款损失准备充足率266.40%，不良率为零，各项指标均符合监管要求。

【公司经营】 2021年，南山财务公司紧密围绕集团金融需求，不断提升服务能力，作用得到进一步发挥。一是灵活调节，支持实体经济发展，年末贷款余额159.74亿元，同比增长39.47%；二是加强同银行的沟通合作，优化业务流程，做好资金调拨，减少资金在途时间，提高结算效率和服务质量，办理结算业务14.92万笔；三是针对全年汇价双向波动的情况，为企业提供综合化的汇率管理方案，引导企业树立汇率风险中性的管理理念，办理结售汇14.10亿美元；四是统筹做好集团保险业务，创新代理模式，降低保费成本，对重点企业实施风险查勘，提高保险业务安全生产意识；五是以提升流动性管理能力、资产配置能力、金融市场运作能力和财税管理能力为抓手，加强资产负债精益化管理，资产收益率、净资产收益率分别达到1.56%和12.30%。

【内控及风险管理】 2021年，南山财务公司不断完善内控机制，强化全面风险管理。一是认真落实银保监部门“内控合规管理建设年”和“规范建设提升年”活动部署，切实抓好自查自纠工作，筑牢规范发展根基；二是坚持“内控优先、制度先行”的原则，修订完善24项制度，确保与时俱进，符合最新监管要求，南山财务公司各项制度累计达到300多个，逾百万字，构建了严密的制度体系；三是加大审计监督力度，开展各类专项检查38次，深入问题剖析，严肃追责问责，全面落实整改，从严从细抓好业务规范操作；四是对“三道防线”执行情况进行动态评估，抓实风险管控各项措施，尤其是突出对重点领域的风险管控，确保南山财务公司长治久安、长远发展。

（温家东）

附表1

机构概况一览表

总经理（或其他称谓的第一负责人）		副总经理（或其他称谓的同级领导）	
侯云辉		郭芸	
地址	山东省龙口市南山工业园南山南路4号	邮编	265706
网址	http://www.nanshan.com.cn/	客服电话	0535—8807722

附表2

内设部门及分支机构一览表

年度	内设机构（个）	下设分支机构（个）		员工人数（人）	
		地市级机构数	县区级机构数	员工总数（含非正式员工）	正式员工数
2017	8	0	0	37	37
2018	8	0	0	37	37
2019	8	0	0	36	36
2020	8	0	0	40	40
2021	9	0	0	39	39

附表3

主要统计指标

单位：亿元

项目	2017年	2018年	2019年	2020年	2021年	2021年同比增幅（%）
本外币资产总额	84.33	95.15	139.04	136.59	196.02	43.51
本外币负债总额	70.48	79.95	121.51	116.91	173.61	48.50
营业收入	2.52	3.13	3.72	4.30	4.49	4.42
利润	2.46	2.72	3.01	3.07	3.38	10.10
净利润	1.91	2.08	2.31	2.36	2.59	9.75
上交税金	0.69	0.87	0.95	1.11	1.35	21.62

山东招金集团财务有限公司

【第一负责人简介】 曲丽华，女，汉族，大学本科学历，中共党员，经济师；1991年7月从清华大学本科毕业参加工作，在中国银行工作16年，历任中国银行烟台分行公司业务部和国际结算部负责人、招远支行行长等职；从事财务公司工作14年，其中在南山集团财务有限公司工作7年多，历任董事兼副总经理、副董事长兼总经理等职；现任山东招金集团财务有限公司（简称招金财务公司）董事兼总经理。

【综述】 2021年，招金财务公司以“立足集团、服务集团”为宗旨，围绕提高“服务速度、业务广度、基础厚度、合作温度”精准发力，实现“业绩优异、管理优胜、创新优势、团队优化、环境优美”。截至2021年末，招金财务公司总资产66.60亿元，总负债50.21亿元，所有者权益16.39亿元，实现拨备前利润6,478.00万元，无不良贷款，各项监管指标均符合要求。

招金财务公司拥有31名有专业能力、有敬业精神、有职业素养的员工队伍，人人持证上岗，人人训练有素，人人积极主动，为公司健康发展奠定人才储备。

【业务拓展】 2021年，招金财务公司围绕集团战略部署，聚焦主业，不断提升金融服务能力，经营管理再攀新高峰。

一是优化业务流程，提高资金调剂能力。通过提升信贷融资审批效率，尽最大努力满足成员企业临时资金需求，2021年，招金财务公司累计向成员企业投放资金157.00亿元，信贷资金周转次数达到5次。

二是强化同业合作，丰富合作品种、扩大交易量。2021年招金财务公司银行间市场交易量达到1,579.00亿元，品种涵盖人民币信用拆入、拆出，外币信用拆入、拆出，票据业务、债券质押正回购等。

三是拓宽业务资质，提升服务能力。2021年招金财务公司票据业务交易量达到53.17亿元，品种包括贴现、再贴现、质押式回购、承兑等。票据池业务取得突破，成功利用交行票据池为成员单位增信，帮助成员单位零保证在国有银行开立银行承兑汇票；承兑业务取得突破性进展，招金财务公司承兑票据在市场认可度逐渐得到提升；质押式回购业务全年交易量达到28.61亿元。招金财务公司积极办理延伸产业链业务，当年新增上游客户10个，办理“一头在外”电票贴现51笔。

四是外汇服务平台搭建日渐完整。开办外币拆入、拆出业务，具有外汇资金调剂功能；通过跨境资金池完成外债借入和外币借出，实现境内、境外成员单位资金互联互通；设计境外资金境内保值方案，为成员单位创造新的盈利点；配合即期结售汇业务的开展，为成员单位建成完整的外汇业务服务平台。2021年完成了5,650.00万美元的外债资金归还和8,120.00万美元的境外放款，协助成员单位完成4,120.00万美元的外汇保值，即期结售汇业务量达到15,995.00万美元。

【内控管理】 2021年，招金财务公司围绕内控合规建设要求，采取多种措施强化管理，不断提高内控合规工作效力，为招金财务公司经营发展提供有力保障。

一是风险管理和内控体系更加完善。招金财务公司顺利完成新一届支委会换届，党、政、工、团、妇组织持续发挥作用；新出台和修订各项规章制度80项，“四位一体”制度体系得到补充；通过“工作清单”和“红绿灯”的高效运转体系，行政效率和质量不断提高；坚持“慎小、慎初、慎独”的管理理念，“火眼金睛”机制持续发挥作用，业务自我监督覆盖率达到100%；风险识别和计量水平不断提高，应急演练、压力测试持续加强，风险的识别和处理措施得到进一步完善，合规管理的理念得到有效贯彻和执行。

二是人力资源布局更加优化。首先，重新优化组织架构与职责，进一步提升公司整体战斗力。其次，完善“岗位工作清单建立、月度工作计划审批、周例会调度、红绿灯制度和督办平台展示、绩效考核点评”执行体系，持续推进“执行力”建设，工作效率不断提高。最后，持续推进“学习型组织”建设。五年学习提升政策的实施取得实效，新增高级工程师资格1人、中级银行从业资格证13人、中级经济师资格2人、中级审计师资格1人、证券从业资格证3人、基金从业资格证4人、黄金职业资格证5人、期货从业资格证1人，员工队伍专业水平再次升级。

三是信息化建设再上新台阶。完成核心系统大版本升级，采用原生云架构，大幅提升系统安全防护能力；完成EAST系统、利率报备系统、标准化数据系统、ACS系统的上线；完成UPS电池更换、内部无线网络改造等基础项目，进一步稳固信息网络安全。

四是队伍综合素质不断提升。每月开展“樊登听书”“弟子规行为规范”“匠人精神三十条”“敬业、专业、职业”“金字塔思维任务讲解”等固定的团建项目，不断提高全员职业素养，打造有利于提升内控管理和推崇合规文化的工作氛围；通过“生日会”“入职周年庆”“徒步走”“科学减压”等活动丰富员工的生活，打造有温度的团队，提升员工幸福感和归属感。

（步雪源）

附表1

机构概况一览表

总经理（或其他称谓的第一负责人）		副总经理（或其他称谓的同级领导）	
曲丽华		吴国权	
地址	山东省烟台市芝罘区胜利路139号 万达金融中心A座22楼	邮编	264000
网址	—	客服电话	0535—5528936

附表2

内设部门及分支机构一览表

年度	内设机构（个）	下设分支机构（个）		员工人数（人）	
		地市级机构数	县区级机构数	员工总数（含非正式员工）	正式员工数
2017	7	0	0	28	28
2018	8	0	0	32	32
2019	8	0	0	32	32
2020	8	0	0	32	32
2021	8	0	0	31	31

附表3

主要统计指标

单位：亿元

项目	2017年	2018年	2019年	2020年	2021年	2021年同比增幅（%）
本外币资产总额	31.15	39.42	58.99	53.74	66.60	23.91
本外币负债总额	15.69	23.55	42.90	37.32	50.21	34.54
营业收入	0.59	0.82	0.81	0.85	0.79	-7.06
利润	0.33	0.53	0.57	0.60	0.46	-23.33
净利润	0.25	0.42	0.44	0.47	0.38	-19.15
上交税金	0.15	0.19	0.22	0.23	0.20	-13.04

兖矿集团财务有限公司

【第一负责人简介】 单光辉，研究生学历，毕业于中共山东省委党校经济管理专业，正高级会计师；从事财务及相关管理工作30年，历经财务管理、资本运作等岗位锻炼，熟悉国家有关法规政策，组织协调、把握大局能力强，在公司治理、风险控制方面积累了丰富的理论知识和管理经验，为公司发展作出了重大贡献，获评“2020年山东省金融高端金融人才”；现任兖矿集团财务有限公司（简称兖矿财务公司）副董事长、总经理。

【经营概况】 2021年兖矿财务公司注册资本由25.00亿元增至40.00亿元，防范风险能力、增强服务山东能源集团的信心和能力得到提高。截至2021年末，兖矿财务公司资本充足率22.45%，流动比例77.47%，担保比例73.48%，不良资产率、不良贷款率均为零，各项指标均符合监管要求。截至2021年末，公司资产总额436.02亿元，所有者权益57.02亿元，各项存款余额377.81亿元，各项贷款余额150.47亿元，经营指标均显著提升。

【信贷业务】 兖矿财务公司为成员单位提供包括流动资金贷款、银团贷款、票据贴现等多元化信贷融资产品，在加大信贷投放总量的同时，不断优化信贷结构，满足成员单位资金需求。2021年为客户提供各项贷款174.32亿元，综合利率3.63%。2021年末，公司各项贷款余额150.50亿元，同比增加10.23亿元，实现利息收入5.14亿元。

【产业链金融】 兖矿财务公司围绕核心主业企业，持续加大产业链金融服务力度，有效解决供应链中小微客户融资难问题。2021年共向供应链中小微企业提供低成本贴现资金8,641.33万元，综合利率3.20%，为集团稳定供应体系、培育战略供应商提供金融支持。

【投资业务】 兖矿财务公司积极拓展固定收益类有价投资业务，在传统公募货币基金业务基础上创新开展现券买卖、国债回购、国债逆回购等金融市场业务，丰富流动性管理手段，拓展投融资渠道，提升资金管理收益。2021年投资业务规模达1.50亿元，实现投资收益148.45万元，同比增加112.91万元。

【票据业务】 兖矿财务公司构建票据集中管理平台，高效提供信用开票、保证金开票、票据质押开票、委托银行代开等票据结算业务，票据信息化转型快速发展，满足成员单位票据支付需求。2021年承兑票据74.72亿元，同比增长45.06%，减少保证金占用14.90亿元，节约财务费用3,241.65万元。

【外汇业务】 兖矿财务公司开展线上同业外币拆借、跨境资金管理咨询等业务，实现成员单位境外资金境内归集，提高成员单位资金管理效率。2021年日均归集成员单位美元1.49亿元，同比增加0.67亿元；港币余额2.09亿元，同比增加1.43亿元。

【资金集中】 2021年，兖矿财务公司配合集团做好大数据二期上线，工作打通“成员单位—共享中心—银行”全流程线上结算通道，实现线上全流程自动化结算；通过RPA智能监控机器人实现对已挂接账户的资金流水、资金余额等情况进行智能监控，提升资金监控管理水平；对内加大通利宝、定利宝等存款产品推介力度，对外打通境外资金归集通道，存款规模与外汇管理水平得到显著提升。2021年，兖矿财务公司人民币日均存款余额239.98亿元，同比增加66.12亿元。截至2021年末，全口径资金集中度72.05%。

【业务创新】 2021年，兖矿财务公司首开“循贷宝”业务，金额1.00亿元，利用循环贷款即用即提、期限灵活、循环使用、利率优惠特点，满足贸易企业不同阶段资金需求；首开外币拆借业务，拆出利率3.50%，较同期美元存款利率提高23倍，打通外汇市场交易通道；首开国债质押式回购、逆回购业务，国债实现正逆回购双向交易；首开现券买卖业务，提升资产配置能力，提高资金使用效益；首开财务咨询顾问业务，完成7.50亿元港币兑换美元并进行跨境资金池归集，为集团外汇管理提供增值服务。

【信息化建设】 2021年，兖矿财务公司研发利率报备机器人，数据报送效率提高6倍，成为山东省首家利用RPA技术完成利率报备系统数据报送的金融机构；研发1104报表机器人，突破跨系统取数限制，监管月报实现自动取数，数据准确率达100%；研发稽核机器人，优化稽核业务流程，每月可替代人工作业100小时，截至2021年末，兖矿财务公司自主研发上线6类20个机器人，累计每月可代替人工作业900个小时，每年节省各类财务费用100万元，工作准确率高达100%，降本增效显著；优化票据管理模式，打造集团票据集中管理平台，票据与资金实现实时联动，票据到期清算、账务生成等业务流程全部实现线上自动化处理，

"一键登录、一键管理"，票据"信息孤岛"成为历史，自2021年12月3日上线至2021年12月31日，清算票据业务2,900笔，金额20.00亿元。

（单光辉、韩 伟、孙海峰）

附表1

机构概况一览表

董事长（或其他称谓的第一负责人）		副董事长（或其他称谓的同级领导）	
单光辉		翟玉峰	
地址	山东省邹城市凫山南路329号	邮编	273500
网址	http://cwgs.ykjt.cn/	客服电话	0537—5386804

附表2

内设部门及分支机构一览表

年度	内设机构（个）	下设分支机构（个）		员工人数（人）	
		地市级机构数	县区级机构数	员工总数（含非正式员工）	正式员工数
2017	6	—	—	31	31
2018	6	—	—	29	29
2019	8	—	—	35	35
2020	8	—	—	35	35
2021	8	—	—	35	35

附表3

主要统计指标

单位：亿元

项目	2017年	2018年	2019年	2020年	2021年	2021年同比增幅（%）
本外币资产总额	126.72	231.46	246.94	255.13	436.02	70.90
本外币负债总额	109.44	216.59	215.45	221.60	379.00	71.03
营业收入	2.29	3.39	3.38	3.90	5.25	34.62
利润	2.00	2.62	2.30	2.73	4.48	64.10
净利润	1.48	1.96	1.72	2.04	3.36	64.71
上交税金	0.66	0.78	0.91	1.08	1.44	33.33

日照港集团财务有限公司

【第一负责人简介】 马先骅，中共党员，研究生学历，高级会计师；1992年7月参加工作，历任日照港务局轮驳公司计财科科长，日照港股份公司财务部副部长，日照港集团有限公司财务预算部副部长；现任日照港集团财务有限公司（简称日照港财务公司）总经理。

【综述】 日照港财务公司成立于2016年5月，注册资本10.00亿元，山东港口日照港集团、日照港股份持股分别为60.00%、40.00%，是经中国银保监会批准成立的持牌金融机构。经营范围覆盖《企业集团财务公司管理办法》第二十八条规定的业务范围，以及承销成员单位的企业债券、固定收益类有价证券投资、成员单位产品的买方信贷。监管评级连续四年保持在2级，央行评级持续保持3级。2021年，日照港财务公司实现营业收入1.89亿元、利润总额1.62

亿元，经营成果实现了新突破，业务规模、业务品种实现了新拓展，合规管理、风控水平实现了新提升，各项指标均符合监管规定，资产收益率稳步提升至全国财务公司第三位。

【业务拓展】 2021年，日照港财务公司通过加强资金集中管理，有效提高资金使用效率，发挥财务公司四大平台功能，全力拓展各类金融业务，支持港口、服务港口发展的能力持续增强。

一是加强合作，强化资金归集，进一步奠定利润增长基础。有效提高资金使用效率，持续拓展归集资金，年内新增6家新设单位、3家合资单位资金归集业务，有效监管商品房预售资金，与上市公司重新签订金融服务协议，存款限额同比提高38.46%。截至2021年末，资金集中度85.66%。

二是增加授信，发力同业市场，不断提高同业收入水平。积极拓展、充分利用同业资源，拓宽融资渠道，保障公司资金流动性，2021年累计新增商业银行、财务公司等12家同业机构授信，金额45.00亿元；多次对接商业银行提高同业价格，存放同业平均价格实现上浮；持续开展同业拆借业务，实现了拆借对手、价格、交易量的新突破。

三是调整结构，创新业务模式，持续拓展中间业务收入。针对成员单位运营特点，因地制宜研究优化适配成员单位实际的信贷方案，首次办理应收账款质押贷款业务，及时补充成员单位的流动性，增强了日照港财务公司的市场竞争力。创新办理一月期流动资金贷款，授信期限内可多次使用，有效解决成员单位贷款需多次上会审批的问题。创新“票据承兑+银行低息保贴”业务模式，牵头推进财务公司电票以较低贴现率在商业银行进行贴现，拓宽客户融资渠道，提高日照港财务公司业务收入。

【内控管理】 2021年，日照港财务公司不断强化风险全面管理、内控合规建设，结合发展形势和资金运营特点，加强对重点领域、重点业务和特殊时点的风险防控，推动日照港财务公司风险管理水平持续提升。与两家股东签订承诺书，持续完善公司治理体系，修订公司章程，加强党的领导。强化流动性风险管理，守住监管合规底线，扎实开展“行业规范建设提升年”“内控合规管理建设年”活动，建立规范发展长效机制。加大内控核查频率，提高审计服务质效，扎实做好数据标准化工作，进一步提升数据质量。

（王 浩）

附表1

机构概况一览表

总经理（或其他称谓的第一负责人）		总经理助理、运营总监（或其他称谓的同级领导）	
马先骅		辛玉霞、赵禄亮	
地址	山东省日照市上海路东首日照港国贸中心E座14楼、15楼	邮编	276800
网址	—	客服电话	—

附表2

内设部门及分支机构一览表

年度	内设机构（个）	下设分支机构（个）		员工人数（人）	
		地市级机构数	县区级机构数	员工总数（含非正式员工）	正式员工数
2017	6	—	—	28	28
2018	6	—	—	33	33
2019	7	—	—	35	35
2020	7	—	—	32	32
2021	7	—	—	31	31

附表3

主要统计指标

单位：亿元

项目	2017年	2018年	2019年	2020年	2021年	2021年同比增幅（%）
本外币资产总额	37.47	45.59	47.46	41.87	42.89	2.42
本外币负债总额	26.65	33.99	34.98	28.26	30.67	8.55
营业收入	1.42	1.62	1.59	1.73	1.89	8.60
利润	1.02	1.05	1.16	1.51	1.62	7.18
净利润	0.76	0.79	0.87	1.14	1.22	7.02
上交税金	0.27	0.39	0.42	0.47	0.48	2.13

中国石化财务有限责任公司山东分公司

【第一负责人简介】　王继磊，男，1981年出生，中共党员，金融学硕士，高级经济师；曾任中国石化集团新星石油有限责任公司国际工程部经理（正处级）、国际部（外事处）经理（处长）、企管法规处处长；2021年9月，任中国石化财务有限责任公司山东分公司（简称中石化财务山东分公司）经理、党支部书记。

【综述】　中石化财务山东分公司是经中国银行业监督管理委员会批准，受中国银行业监督管理委员会青岛监管局监管的非银行金融机构。于2007年7月成立，2007年9月1日正式营业，中石化财务山东分公司设在山东省青岛市，营运资金1.00亿元，设有综合部、内控稽核部、财会部、信贷部、结算部五个部门，现有从业人员30名。

中石化财务山东分公司秉承“立足石化、服务主业、争创一流”的经营宗旨，重点为山东辖区的胜利油田、齐鲁石化、青岛炼化和青岛石化等120多家成员企业及其600多家产业链上下游客户提供金融服务。

【业务拓展】　中石化财务山东分公司严格按照《企业集团财务公司管理办法》和《关于稳步开展企业集团财务公司延伸产业链金融服务试点工作有关事项的通知》要求，在授权范围内经营，具体业务范围包括：吸收成员单位的存款；办理成员单位之间的内部结算、委托贷款；对成员单位办理贷款、票据承兑、票据贴现、融资租赁；办理票据转贴现业务；协助成员单位实现交易款项的收付；为产业链客户提供票据贴现、应收账款保理等融资服务；经批准的属于财务公司经营范围内其他业务。

2021年，中石化财务山东分公司资金进出总笔数344.36万笔，金额2.22万亿元；日均向成员企业发放贷款62.56亿元，全年累计办理票据贴现39.29亿元。2021年，中石化财务山东分公司新增开户企业20家，新开立结算账户39个，新启用银行分账户36个，新签订财企互联协议、网络服务协议共96份，服务范围进一步扩大，资金集中管理平台作用得到有效发挥。

【内部管理】　2021年，中石化财务山东分公司注重风险防控和稽核管理工作，始终把风险防范和业务安全作为一切工作的重中之重，加强内控制度落实和业务合规自查，实现内控管理的全流程和常态化运行。一是严格执行内控制度。加强贷款、票据等业务日常审查力度，强化贷前调查、综合授信、业务签报、合同签订和贷后跟踪等过程控制，严把业务风险关口。二是创新稽核检查方式方法。制定每季度稽核工作方案，持续深化稽核力度，推进稽核工作真正落到实处，收到良好的稽核检查效果。

（岳增强）

附表1

机构概况一览表

总经理（或其他称谓的第一负责人）		副总经理（或其他称谓的同级领导）	
王继磊		许钦珍	
地址	山东省青岛市市南区山东路2号甲华仁国际大厦26层	邮编	266071
网址	http://www.sfc.sinopec.com	客服电话	0532—81976225

附表2

内设部门及分支机构一览表

年度	内设机构（个）	下设分支机构（个）		员工人数（人）	
		地市级机构数	县区级机构数	员工总数（含非正式员工）	正式员工数
2017	5	0	0	31	29
2018	5	0	0	31	28
2019	5	0	0	34	27
2020	5	0	0	34	30
2021	5	0	0	33	30

附表3

主要统计指标

单位：亿元

项目	2017年	2018年	2019年	2020年	2021年	2021年同比增幅（%）
本外币资产总额	24.62	69.21	49.00	65.30	72.28	10.69
本外币负债总额	24.34	69.72	47.78	63.64	70.76	11.19
营业收入	0.88	1.67	3.68	2.75	3.45	25.45
利润	0.38	0.17	2.36	2.03	1.76	-13.30
净利润	0.28	0.13	1.77	1.52	1.32	-13.16
上交税金	0.19	0.20	0.40	0.39	0.38	-2.56

第九部分

地方性金融机构

山东省小额贷款公司概况

2021年，在山东省委、省政府的正确领导和中国银保监会普惠金融部的具体指导下，山东省地方金融监督管理局按照“促发展、强监管、防风险”的工作思路，进一步改进工作方法、提升监管效能，坚决守住不发生区域性系统性风险的底线，全省小额贷款公司行业总体保持平稳运行态势。

一、基本情况

截至2021年末，全省共有小额贷款公司298家（41家因严重违规、被吊销营业执照等原因被列为不予发证小贷公司，未列入统计范围），其资产总额为553.87亿元，共吸收就业3,123人。

298家小额贷款公司注册资本总额为459.77亿元，单体平均注册资本1.54亿元，同比上升3.36%。其中，注册资本5亿元（含）以上的有16家、占5.37%，2亿（含）—5亿元的有55家、占18.46%，1亿（含）—2亿元的有191家、占64.09%，5,000万（含）—1亿元的有36家、占12.08%

2021年，山东省省、市、县三级地方金融监管部门严格履行监管职责，加强对小贷公司的事中、事后监管，不断健全和完善信息报送机制，全省小额贷款公司未出现系统性或重大单体机构风险，行业总体运行平稳。

二、业务开展情况

2021年，全省小额贷款公司深入贯彻落实乡村振兴战略，始终坚守“支农支小支微”的市场定位，不断创新产品和服务模式，为小微企业、农民、城镇低收入人群等重点服务对象提供资金支持，成为山东省普惠金融的主力军；部分小额贷款公司针对农户经营特点，设计开发的“牛信宝”“海丰贷”“光伏贷”等惠农产品，及时解决了广大农户的资金需求；部分小额贷款公司依托集团商流、物流、信息流等资源优势，打造了集团产业链金融模式，充分体现了小额贷款公司贴近基层、灵活便捷的服务优势。

2021年，全省298家小额贷款公司累计为2,774户企业和个人提供资金支持494.26亿元，其中涉农及小微企业贷款481.43亿元、占比高达95.98%，有效地服务了实体经济的发展。

三、行业监管情况

一是完善政策措施，优化行业发展环境。2021年，山东省地方金融监督管理局研究、修订了《山东省小额贷款公司经营许可证管理办法》等相关制度文件，取消了经营许可证年审制度；会同人民银行济南分行制定、下发了《关于做好小额贷款公司明示年化贷款利率有关事宜的通知》，进一步规范小额贷款公司贷款市场秩序、保护金融消费者合法权益；加强行业培训力度，在现场授课、电话解疑基础上，创新开办“服务基层云讲堂”，通过全面系统讲解小额贷款公司监管政策、强化属地监管责任、明确工作重点、规范监管流程，切实提升了小额贷款公司监管人员的依法行政意识和主动履职能力。

二是创新非现场监管方式，提升现场检查质效。探索开展小额贷款公司统一借款票据工作，增强非现场监管数据的真实性、准确性。2021年，山东省地方金融监督管理局联合市场监管部门，对15家小额贷款公司开展了“双随机、一公开”检查工作；立足分类监管实际，对全省102家小额贷款公司开展分类评级现场检查工作，充分发挥现场检查查错纠弊、校验核实、监管评价、警示处罚等作用，全面客观了解和研判小额贷款公司经营状况。

三是坚持减量增质，防范化解风险。根据中国银保监会工作要求，积极履行监管职责，组织开展了“失联”“空壳”小额贷款公司排查工作；加强与市场监管部门联系，及时督促无经营意愿、长期不开展业务的机构完成行业退出工作。2021年以来，先后有32家小额贷款公司通过“双变更”或注销方式退出小贷试点。截至2021年末，山东省小额贷款公司机构数量同比减少9.15%、单体注册资本同比增长3.46%，减量增质成效初显。

四是优化外部环境，营造良好发展氛围。注重发挥行业协会作用，指导行业协会通过网站、微信公众号等媒介，多角度、多方位进行行业宣传。山东省小贷协会联合山东经济广播推出《小额贷款知多少》系列节目，累计播出20期；此外，还制作、推出了“小额贷款深耕齐鲁”系列报道。指导德州市拍摄的国内首部反映小额贷款公司诚信支农题材的电影短片《老杨的盛夏》，荣获亚洲微电影艺术节最佳作品奖、2020“美丽中国”微电影盛典好作品奖、第十八届世界民族电影节提名奖等多个奖项。

四、下一步工作打算

一是不断提升监管质效。强化法治思维、树牢法治观念，坚持管机构、管合规、管风险，通过“双随机、一公开”检查、互联网监管等方式，促进机构合规经营；切实履行监管责任，加强日常监管，实施穿透监管，强化评级分类监管，推动行业减量增质，不断提升日常监管质效。

二是推动小贷行业高质量发展。加大对小额贷款公司行业的培育力度，调整现有存量结构，统筹谋划做优增量；引导小额贷款公司加大对县域经济发展的支持和倾斜力度，重点在服务乡村振兴上下功夫，做到特色经营、错位发展，促进行业综合实力的提升，全面服务实体经济。

三是加大政策培训力度。持续用好“服务基层云讲堂”这一形式，组织开展市县监管人员培训，提升监管人员的业务素质和履职能力；依托行业协会，做好小额贷款公司高管和从业人员培训工作，强化从业人员合规意识，提升风险防控能力。

（刘 鹏）

附表1

山东省小额贷款公司主要业务指标

单位：亿元

项目	2017年	2018年	2019年	2020年	2021年	2021年同比增幅（%）
公司数量（家）	419	416	339	328	-3.24	-9.15
合计注册资本	569.38	580.96	480.94	489.12	1.70	-6.00
全年新增贷款总额	663.54	555.32	520.75	507.25	2.59	-2.56
年末贷款余额	567.88	572.86	512.91	520.38	1.46	-5.61
涉农贷款余额	274.80	262.93	215.86	206.65	-4.27	-15.43
小微企业贷款余额	291.19	299.03	287.90	294.18	2.18	-0.16

附表2

山东省小额贷款公司名录

序号	单位名称	单位地址	联系电话
1	山东龙信小额贷款有限公司	山东省济南市经十路7000号汉峪金谷金融商务中心A2—5号楼第11—12层	—
2	济南市高新区天业小额贷款股份有限公司	山东省济南市高新区康虹路766号盛世花苑西侧商业1—113	—
3	济南市高新区汇中小额贷款股份有限公司	山东省济南市高新区孙村街道407号	—
4	济南市高新区东方小额贷款股份有限公司	山东省自由贸易试验区济南片区舜华路2000号舜泰广场6号楼3110室	—
5	济南市高新区华泽小额贷款有限公司	山东省济南市高新区汉峪金谷A2地块3栋13层1301—14室	—
6	山东国欣颐养集团小额贷款有限公司	山东省济南市经十路7000号汉峪金融商务中心A4—（4）办公楼7层703室	—
7	山东省鲁信小额贷款股份有限公司	山东省济南市经十路9999号黄金时代广场D座11层1112室	—
8	济南市历下区舜融小额贷款股份有限公司	山东省济南市历下区历山路157号山东行业协会大楼二楼204—209室	—
9	山东富源小额贷款有限公司	山东省济南市历下区经十路9777号鲁商国奥城2号楼三层	—
10	济南市历下区汇鑫小额贷款股份有限公司	山东省济南市历下区趵突泉北路12号三联商厦18楼	—
11	济南金控小额贷款有限公司	山东省济南市经十路12111号中润世纪中心2号楼14层	—
12	山东国惠小额贷款有限公司	山东省济南市历下区文化东路59号山东盐业大厦9楼918室	—
13	济南市历下区亚联财小额贷款有限公司	山东省济南市历下区山大路157号济南华强广场1号楼1801—1810室	—
14	济南市市中区汇金小额贷款有限公司	山东省济南市市中区二环南路6663号	—
15	济南市市中区汉华小额贷款有限公司	山东省济南市经十一路银座八一店B座塔楼10层西侧	—
16	济南市市中区鲁银小额贷款有限责任公司	山东省济南市经十路20518号鲁银大厦7楼	—
17	济南市市中区海融小额贷款有限公司	山东省济南市经十一路银座八一店B座塔楼10层	—

续表1

序号	单位名称	单位地址	联系电话
18	济南邦信小额贷款有限责任公司	山东省济南市经四路万达广场D座25层	—
19	济南市齐汇小额贷款有限公司	山东省济南市天桥区堤口路41号3楼	—
20	济南市槐荫区信合小额贷款有限公司	山东省济南市槐荫区西沙北路26号	—
21	济南市槐荫区大友小额贷款有限责任公司	山东省济南市槐荫区经十西路368号	—
22	济南市历城区鲁商小额贷款股份有限公司	山东省济南市历城区花园路107号鑫都大厦15层	—
23	济南市钢城小额贷款股份有限公司	山东省济南市历城区工业北路21号（济钢装备部办公楼）6层A区020室	—
24	济南市历城区润晟小额贷款有限公司	山东省济南市历城区洪楼南路2，4，6号慧都大厦606室	—
25	济南市长清区宏达小额贷款有限公司	山东省济南市长清区文昌街道湄湖街199号A101	—
26	济南市长清区北辰小额贷款有限公司	山东省济南市长清区大学路恒大绿洲21号楼1楼101室	—
27	章丘市恒通小额贷款股份有限公司	山东省章丘市汇泉路50号	—
28	章丘市大业小额贷款股份有限公司	山东省济南市章丘区明水街道为民服务中心301号	—
29	济南市莱芜区固德小额贷款有限公司	山东省济南市莱芜区鲁中东大街57号	—
30	济南市莱芜区万兴小额贷款有限公司	山东省济南市莱芜区龙潭东大街77号	—
31	济南市莱芜区创兴小额贷款有限公司	山东省济南市莱芜高新区高新技术创业服务中心1718室	—
32	济南市莱芜区国信小额贷款股份有限公司	山东省济南市莱芜经济开发区鹿鸣路69号	—
33	济南市钢城区汇锋小额贷款有限公司	山东省济南市钢城区九龙大街东首	—
34	济南市钢城区顺诚小额贷款有限公司	山东省济南市钢城区颜庄镇潘西煤矿潘西大街41号	—
35	商河县宏业小额贷款有限公司	山东省济南市商河县新城街188号	—
36	青岛城乡建设小额贷款有限公司	山东省青岛市李沧区四流中路46号A2—丙	—
37	青岛市南区中元汆焜小额贷款有限公司	山东省青岛市市南区香港中路12号	—
38	青岛市市北区利群小额贷款股份有限公司	山东省青岛市市北区重庆南路6号1号楼甲单元—3	—
39	青岛市市北区海鼎小额贷款有限公司	山东省青岛市北区堂邑路11号	—
40	青岛市市北区银丰融金小额贷款股份有限公司	山东省青岛市市北区人民路83号甲网点	—
41	青岛邦信小额贷款有限责任公司	山东省青岛市市北区龙城路31号1号楼3906	—
42	青岛绿地数科小额贷款有限公司	山东省青岛市市北区龙城路31号卓越世纪中心1号楼3310室	—
43	山东港口小额贷款有限公司	山东省青岛市市北区新疆路8号中联自由港湾C座307室	—
44	青岛市崂山区华通小额贷款有限公司	山东省青岛市崂山区海口路66号2楼	—
45	青岛国信创业小额贷款有限公司	山东省青岛市崂山区苗岭路9号	—
46	青岛市黄岛区仁亨利小额贷款有限公司	山东省青岛市黄岛区灵山湾路1771号	—
47	青岛市黄岛区民泽小额贷款有限责任公司	山东省青岛市经济技术开发区黄浦江路57号建设大厦一层	—
48	青岛市黄岛区福瀛小额贷款有限公司	山东省青岛市经济技术开发区长江东路443号1栋311室	—
49	青岛市黄岛区天一小额贷款股份有限公司	山东省青岛市黄岛区东岳中路1227号	—
50	青岛黄发小额贷款有限公司	山东省青岛市黄岛区海青镇茶乡路北茶商行	—
51	青岛市黄岛区瑞丰小额贷款有限公司	山东省青岛市黄岛区香江路177号701室	—
52	青岛市城阳区鑫泰小额贷款股份有限公司	山东省青岛市城阳区重庆北路205号	—
53	青岛市城阳区超新小额贷款有限公司	山东省青岛市城阳区城阳街道正阳路285号1008	—
54	青岛市城阳区亚联财小额贷款有限公司	山东省青岛市城阳区正阳路160号6号楼301	—
55	青岛市城阳区北洲小额贷款股份有限公司	山东省青岛市城阳区正阳路196号国际商务港211室	—
56	青岛市即墨区海立达小额贷款有限公司	山东省青岛市即墨区惠欣路188号	—

续表2

序号	单位名称	单位地址	联系电话
57	青岛市即墨区盛诚小额贷款有限公司	山东省青岛市即墨区鹤山路59号B区四层	—
58	青岛海信小额贷款有限公司	山东省青岛市即墨区宁东路168号（即墨经济开发区鑫诚恒业大楼五层）	—
59	胶州市金晟源小额贷款有限公司	山东省胶州市胶莱镇北王珠驻地	—
60	平度市金翔小额贷款有限公司	山东省平度市旧店镇金山路11号	—
61	平度市天祥小额贷款有限公司	山东省平度市人民路95—13号	—
62	莱西市宏远小额贷款有限公司	山东省莱西市重庆路17号31栋1单元18、19	—
63	青岛西海岸小额贷款有限公司	山东省青岛市黄岛区滨海大道2567号	—
64	青岛经济技术开发区恒信城市发展小额贷款有限公司	山东省青岛市黄岛区漓江西路1669号2号楼户12层	—
65	青岛市黄岛区阳光新天地小额贷款有限公司	山东省青岛市黄岛区井冈山路111号	—
66	青岛即墨诚和小额贷款股份有限公司	山东省青岛市即墨区鹤山路878号附2号	—
67	青岛市即墨区卓瑞小额贷款有限公司	山东省青岛市即墨区蓝鳌路788号德馨大厦15层1501室	—
68	青岛市即墨区捷泰小额贷款有限公司	山东省青岛市即墨区文峰路578号丙	—
69	胶州市永信小额贷款股份有限公司	山东省胶州市宁波路以西澳门路以南	—
70	胶州市和生小额贷款有限公司	山东省胶州市澳门路333号天泰金融广场1号楼1109室	—
71	胶州市丰盛小额贷款有限公司	山东省胶州市庄里头小区35号网点	—
72	青岛市高新区高创科技小额贷款有限公司	山东省青岛市高新区智力岛路1号青岛蓝色人才港B座1609	—
73	胶州市海丰小额贷款有限公司	山东省胶州市时代国际中心二号楼16号	—
74	山东鲁花小额贷款有限公司	山东省青岛市崂山区香港东路195号上实中心T3号楼1306室	—
75	青岛西海岸新区海投小额贷款有限公司	山东省青岛市开发区漓江西路877号内1栋办公2009户	—
76	青岛经济技术开发区千帆港小额贷款股份有限公司	山东省青岛经济技术开发区长江中路519号建国大厦	—
77	淄博市淄川区新兴小额贷款有限公司	山东省淄博市淄川区淄城路341号	—
78	淄博市张店区邦民小额贷款有限公司	山东省淄博市张店区共青团西路3号	—
79	淄博市博山区德信小额贷款有限公司	山东省淄博市博山区中心路万顺御花园7号楼703号	—
80	淄博市周村区宏信小额贷款股份有限公司	山东省淄博市周村区正阳路2777号联启大厦5层	—
81	淄博市周村区中租小额贷款有限公司	山东省淄博市周村区丝绸路83甲—2号翡翠园营业房	—
82	淄博市临淄区汇洋小额贷款有限公司	山东省淄博市临淄区金陵镇西首清源商务中心一楼西厅	—
83	桓台县汇鑫小额贷款有限公司	山东省淄博市桓台县东岳路南首	—
84	淄博高新区瑞丰小额贷款有限公司	山东省淄博市高新区柳泉路348号金信银都花园沿街商业房甲1号1—2层、5层	—
85	淄博高新区永丰小额贷款有限公司	山东省淄博市高新区柳泉路121号	—
86	淄博高新区中和小额贷款有限公司	山东省淄博市高新区北西六路206号	—
87	沂源县华联小额贷款股份有限公司	山东省沂源县鲁山路齐商银行5楼	—
88	淄博市临淄区宏润小额贷款有限公司	山东省淄博市临淄区恒光花园1号楼牛山路319—1	—
89	高青县民福小额贷款有限公司	山东省淄博市高青县田镇街道芦湖路211号A座1—701室	—
90	枣庄市山亭区兆丰小额贷款有限责任公司	山东省枣庄市山亭区新城府前中路路南	—
91	枣庄市薛城区万方小额贷款股份有限公司	山东省枣庄市薛城区黄河路295号	—
92	枣庄市台儿庄区恒信嘉小额贷款有限公司	山东省枣庄市台儿庄区华兴路1256号	—
93	枣庄市峄城区大河小额贷款有限责任公司	山东省枣庄市峄城区中兴大道539号	—

续表3

序号	单位名称	单位地址	联系电话
94	东营市东营港开发区元丰小额贷款股份有限公司	山东省东营市东营港经济开发区港城路99号	—
95	东营市东营区汇通小额贷款股份有限公司	山东省东营市东营区西二路498号	—
96	东营市东营区金鼎小额贷款股份有限公司	山东省东营市东营区嘉祥路2号中国石油慧谷15—5号	—
97	东营市东营区浩华小额贷款股份有限公司	山东省东营市东营区南一路282号20幢1501室	—
98	广饶县金丰源小额贷款股份有限公司	山东省东营市广饶县大王镇迎春路花园别墅26—27号	—
99	广饶县华泰小额贷款股份有限公司	山东省东营市广饶县大王镇	—
100	东营市垦利区明珠小额贷款股份有限公司	山东省东营市垦利区利兴路6号5号楼5—2	—
101	东营市垦利区万得福小额贷款股份有限公司	山东省东营市胜利路以东、胜兴路以北	—
102	利津县利华益恒信小额贷款股份有限公司	山东省东营市利津县大桥路86号	—
103	利津县金坤小额贷款股份有限公司	山东省东营市利津县陈庄镇韩南二村	—
104	利津县金昊小额贷款股份有限公司	山东省东营市利津县盐窝镇人民政府驻地	—
105	东营市河口区和润小额贷款股份有限公司	山东省东营市河口区黄河路37号	—
106	东营市东营经济开发区恒通小额贷款股份有限公司	山东省东营市东营区南一路290号就业创业中心1702室	—
107	东营市东营高新技术产业园区金正小额贷款股份有限公司	山东省东营市府前大街52号金融大厦16楼	—
108	东营市东营经济技术开发区广发小额贷款股份有限公司	山东省东营市东营区南一路280号	—
109	广饶县金桥小额贷款股份有限公司	山东省东营市广饶县迎宾路恒丰大厦A座九楼904室	—
110	广饶县鲁商小额贷款股份有限公司	山东省东营市广饶县乐安大街790号	—
111	东营市东营区黄蓝小额贷款有限公司	山东省东营市东营区庐山路1188号	—
112	东营市东营经济技术开发区财金小额贷款股份有限公司	山东省东营市南一路337号财金大厦1707室	—
113	龙口市博商小额贷款股份有限公司	山东省龙口市东莱街258号博商购物广场十楼	—
114	烟台市芝罘区城发小额贷款有限公司	山东省烟台市芝罘区毓璜顶西路17—7号	—
115	烟台市芝罘区富泉小额贷款有限公司	山东省烟台市芝罘区世回尧路129号	—
116	烟台市莱山区万光小额贷款有限公司	山东省烟台市莱山区金滩东路1831号	—
117	烟台市福山区中赫小额贷款有限责任公司	山东省烟台市福山区鸿福街66号	—
118	烟台开发区金桥银通小额贷款有限公司	山东省烟台市开发区衡山路1号101号	—
119	龙口市道恩盛融小额贷款股份有限公司	山东省龙口市振兴路商业街1—A—4号	—
120	龙口市南山小额贷款股份有限公司	山东省龙口市东江镇南山村	—
121	龙口市宇鑫小额贷款股份有限公司	山东省龙口市黄城西大街58号	—
122	蓬莱市德丰小额贷款有限公司	山东省蓬莱市富民路98号	—
123	海阳市联谊达小额贷款有限公司	山东省海阳市海阳路46号	—
124	栖霞市华商小额贷款有限公司	山东省栖霞市经济开发区C区五台山路	—
125	招远玲珑小额贷款有限责任公司	山东省招远市金晖路西汽校南路北（金晖路与青云路交叉路口西）	—
126	招远市金都小额贷款有限责任公司	山东省招远市西宋路3号	—
127	莱州市华峰小额贷款有限公司	山东省莱州市文昌路街道南阳河南街2551号	—
128	潍坊市奎文区民兴小额贷款有限公司	山东省潍坊市奎文区宝通街13288号宝通陆号小区2号综合楼9楼	—
129	潍坊市奎文区汇通小额贷款股份有限公司	山东省潍坊市奎文区东风东街360号泰华商务大厦A座6层608号	—

续表4

序号	单位名称	单位地址	联系电话
130	潍坊滨海经济开发区裕祥小额贷款有限责任公司	山东省潍坊市滨海经济开发区央子街道观海路00399号裕源大厦507号	—
131	高密市交运小额贷款股份有限公司	山东省高密市石庵路中段	—
132	高密市聚源通小额贷款股份有限公司	山东省高密市醴泉街道人民大街北、健康路西侧（新视界2#楼A102、103号房）	—
133	高密市豪迈小额贷款股份有限公司	山东省高密市经济开发区南曲路555号1幢1号一楼	—
134	高密市金孚隆小额贷款股份有限公司	山东省高密市朝阳街道月潭路2888号	—
135	寿光金浩小额贷款股份有限公司	山东省寿光市金海路与健康街交会处水木清华沿街楼01号	—
136	昌乐县裕丰小额贷款有限公司	山东省潍坊市昌乐县城方山路6129号	—
137	临朐县恒丰小额贷款股份有限公司	山东省潍坊市临朐县新华路18号8号楼（1—9、1—25、1—26、1—27号商铺）、9号楼（1—7号商铺）	—
138	诸城瑞信小额贷款股份有限公司	山东省诸城市人民东路33号	—
139	诸城市义和小额贷款股份有限公司	山东省诸城市东关大街21号	—
140	诸城市创发小额贷款股份有限公司	山东省诸城市舜王街170号	—
141	青州市锦业小额贷款有限公司	山东省青州市海岱路与范公亭路交叉口东北角	—
142	青州市博发小额贷款股份有限公司	山东省青州市309国道北青垦路西侧外贸大厦四楼	—
143	青州市民丰小额贷款有限公司	山东省青州市银座佳悦1楼	—
144	寿光市金宇小额贷款股份有限公司	山东省寿光市正阳路8号	—
145	临朐县荣丰源小额贷款股份有限公司	山东省临朐县民主路16栋4123号	—
146	济宁英特力小额贷款有限公司	山东省济宁市高新区崇文大道431号	—
147	曲阜市金鲁城小额贷款有限责任公司	山东省曲阜市静轩东路103号	—
148	曲阜市东宏小额贷款有限公司	山东省曲阜市经济开发区纺织北路1号	—
149	梁山东岳小额贷款有限公司	山东省济宁市梁山县拳铺镇工业园区(拳铺中段路北)	—
150	济宁市任城区融通小额贷款有限公司	山东省济宁市环城西路23号	—
151	济宁市任城区融鑫小额贷款有限公司	山东省济宁市任城区任城大道99号	—
152	济宁市任城区蓝德小额贷款有限责任公司	山东省济宁市吴泰闸路43号	—
153	济宁市财信金科小额贷款股份有限公司	山东省济宁市任城区环城北路19号关帝庙金融街	—
154	济宁市任城区惠鑫小额贷款有限责任公司	山东省济宁市任城区金宇路80号403—413房间	—
155	济宁市任城区金宇小额贷款有限公司	山东省济宁市金宇路9号	—
156	济宁市任城区世通小额贷款股份有限公司	山东省济宁市任城区洸河路123号兴唐金茂大厦607—608室	—
157	济宁市兖州区圣德小额贷款有限责任公司	山东省济宁市兖州区建设西路路北	—
158	嘉祥县辰祥小额贷款有限公司	山东省济宁市嘉祥县中合丽府25号楼1单元1—101号	—
159	嘉祥县诚祥小额贷款有限公司	山东省济宁市嘉祥县冠亚上城H区5号楼4单元4—102、4—103号（建设北路路东）	—
160	济宁高新区经科发展小额贷款有限责任公司	山东省济宁市高新区海川路9号A座401	—
161	济宁高新区如意金服小额贷款有限责任公司	山东省济宁市高新区327国道如意工业园	—
162	邹城市融发小额贷款有限公司	山东省邹城市峄山路中段659号	—
163	济宁城投汇金小额贷款有限公司	山东省济宁市北湖省级旅游度假区河都路济宁市文化产业园B座6楼	—
164	济宁太白湖新区汇盈小额贷款有限公司	山东省济宁市奥体路13号	—
165	山东恒信金服小额贷款有限公司	山东省邹城市经济开发区荣信大厦	—

续表5

序号	单位名称	单位地址	联系电话
166	泰安市泰山区泰通小额贷款有限公司	山东省泰安市东岳大街310号华通大厦十一楼	—
167	泰安市岱岳区天颐小额贷款有限公司	山东省泰安市长城路华易青年城广场沿街商业楼	—
168	新泰市阳光小额贷款有限公司	山东省新泰市青云街道青龙路东段北侧	—
169	新泰恒丰小额贷款有限公司	山东省新泰市重兴路东侧玉兰花园商铺S1—28、S1—29	—
170	肥城鑫旺小额贷款有限公司	山东省肥城市新城街道办事处驻地	—
171	肥城市宽宏小额贷款有限公司	山东省肥城市新城桃园街010号	—
172	宁阳县信通小额贷款有限公司	山东省泰安市宁阳县文庙街道东街189号宁阳县工商行政管理局新建办公大楼西侧自南向北第四套	—
173	宁阳县华信小额贷款有限公司	山东省泰安市宁阳县信合苑小区14#楼二单元102、202室	—
174	宁阳县金阳小额贷款有限公司	山东省泰安市宁阳县城区金阳大街府东小区27幢	—
175	泰安高新区银华小额贷款有限责任公司	山东省泰安市龙潭路7999号（泰安高新区交运汽车园院内）	—
176	泰安高新区信合小额贷款有限公司	山东省泰安市高新区海普凤凰城小区B1#楼前9号商业用房	—
177	东平县润银小额贷款有限公司	山东省泰安市东平县彭集街道（瑞星工业园）	—
178	泰安高新区融智鑫成小额贷款有限公司	山东省泰安市高新区南天门大街1110号泰山科技城	—
179	威海信悦小额贷款有限公司	山东省威海市昆明路45号	—
180	威海市环翠区宏源小额贷款有限公司	山东省威海市环翠区张村镇环翠路—88号	—
181	威海邦信小额贷款有限公司	山东省威海市环翠区纪念路40号	—
182	威海市环翠区信元小额贷款有限公司	山东省威海市环翠区世昌大道8号4楼	—
183	威海齐东小额贷款有限公司	山东省威海市环翠区海滨北路15—1号综合服务区ZF—02号201室	—
184	威海市文登区和信小额贷款有限公司	山东省威海市文登区龙山路丙108—10号	—
185	荣成市赤山小额贷款有限公司	山东省荣成市石岛斥山西路3号	—
186	荣成市汇金小额贷款有限公司	山东省荣成市成山大道东段100号	—
187	荣成市成山小额贷款有限公司	山东省荣成市文化西路9号	—
188	荣成市好当家小额贷款有限公司	山东省荣成市南山南路80号	—
189	荣成市华东小额贷款有限公司	山东省荣成市石岛黄海南路139号	—
190	乳山市益兴小额贷款有限公司	山东省乳山市浦东路51号	—
191	威海市高区金猴小额贷款有限公司	山东省威海市古寨东路108—5号	—
192	威海市高区金泰小额贷款有限公司	山东省威海市火炬创新创业基地A座0701—0721	—
193	威海经区钱源小额贷款有限责任公司	山东省威海市经济技术开发区黄海路21—5号—805	—
194	威海市经区兴企小额贷款有限公司	山东省威海市经济技术开发区西苑街道青岛中路96号A1103—1104室	—
195	威海蓝创小额贷款有限公司	山东省威海市南海新区现代路北、畅海路东蓝创大厦	—
196	山东易发小额贷款股份有限公司	山东省日照市莒县故城中路184—2号	—
197	日照市东港区洁鑫小额贷款有限公司	山东省日照市山东路北侧	—
198	日照高新区东汇小额贷款有限公司	山东省日照市高新区山东路与烟台路交会处安泰国际广场1—203	—
199	日照市岚山区永铸小额贷款有限公司	山东省日照市岚山区圣岚西路（创胜建材家居广场服务中心北临）	—

续表6

序号	单位名称	单位地址	联系电话
200	日照市岚山区正昊小额贷款有限公司	山东省日照市岚山区虎山镇222省道西、钢城大道南山东鲁圣电力器材有限公司	—
201	日照市岚山区金源小额贷款有限公司	山东省日照市岚山区疏港大道南侧孙家官庄村	—
202	日照市岚山区华通小额贷款有限公司	山东省日照市岚山区安东卫圣岚东路	—
203	五莲县宝增小额贷款有限公司	山东省日照市五莲县富强路99—3号	—
204	莒县中海小额贷款股份有限公司	山东省日照市莒县经济开发区山东路与岳石路交会处莒县创业大学沿街楼	—
205	日照经济开发区宝丰小额贷款有限公司	山东省日照市大连路538号	—
206	日照山海天旅游度假区长信小额贷款有限公司	山东省日照市山海天旅游度假区太公一路董家滩社区商业沿街	—
207	临沂市财金小额贷款有限公司	山东省临沂市兰山区北京路39号金玉山大厦	—
208	临沂市兰山区华强小额贷款有限公司	山东省临沂市兰山区解放路与蒙山大道交会处临沂装饰城506号	—
209	临沂市兰山区金升小额贷款股份有限公司	山东省临沂市武汉路与马陵山路交会处	—
210	临沂市兰山区新港小额贷款股份有限公司	山东省临沂市兰山区北园路与沂蒙路交会冠蒙六合御庭9号楼一层南侧（沿沂蒙路）商业房1#	—
211	临沂市兰山区银凤小额贷款股份有限公司	山东省临沂市兰山区金雀山路58号	—
212	临沂市兰山区天元小额贷款有限公司	山东省临沂市兰山区银雀山路61号	—
213	临沂市兰山区盛银小额贷款有限公司	山东省临沂市兰山区解放路183号9楼	—
214	临沂市罗庄区江泉小额贷款股份有限公司	山东省临沂市罗庄区双月园路护台东巷72号	—
215	临沂市罗庄区阳光小额贷款股份有限公司	山东省临沂市罗庄区宝丽一号18号商品房	—
216	临沂市罗庄区宇光小额贷款股份有限公司	山东省临沂市沂州路与沂河路交会华创金桂园38号商业楼	—
217	山东供销小额贷款有限公司	山东省临沂市河东区九曲街道办事处驻地	—
218	临沂市河东区东昊小额贷款股份有限公司	山东省临沂市河东区中昇大街与滨河东路交会处环球阳光城5楼	—
219	临沂市河东区信生小额贷款股份有限公司	山东省临沂市河东区九曲街道办事处东立物流基地	—
220	临沂市河东区华泰小额贷款有限公司	山东省临沂市河东区汤头街道227省道与汶泗路交会处东北	—
221	临沂市河东区奥蒙小额贷款股份有限公司	山东省临沂市河东区北京东路与孝友路交会奥德紫荆城	—
222	费县金源小额贷款股份有限公司	山东省临沂市费县钟山路与站北路交会处	—
223	费县坤源小额贷款股份有限公司	山东省临沂市费县中山路南段西侧	—
224	平邑县融信小额贷款股份有限公司	山东省临沂市平邑县地方镇人民政府驻地	—
225	郯城县奥德小额贷款股份有限公司	山东省临沂市郯城县红花镇人民政府驻地205国道京沪高速出口处北300米处	—
226	莒南县民丰小额贷款股份有限公司	山东省临沂市莒南县城隆山路北段阜丰时代城1号沿街	—
227	莒南县鑫海小额贷款股份有限公司	山东省临沂市莒南县隆山北路347号	—
228	临沂翔宇小额贷款股份有限公司	山东省临沂市经济技术开发区沂河东路101号	—
229	沂水县福裕达小额贷款股份有限公司	山东省临沂市沂水县红城路7号河东岸东门南侧	—
230	沂水县盛荣小额贷款股份有限公司	山东省临沂市沂水县长安中路70—5号	—
231	兰陵县荣庆小额贷款股份有限公司	山东省临沂市兰陵县县城中兴路与会宝路交会处（西南角）	—

续表7

序号	单位名称	单位地址	联系电话
232	兰陵县兰陵小额贷款股份有限公司	山东省临沂市兰陵县兰陵镇南	—
233	蒙阴县瀚邦小额贷款股份有限公司	山东省临沂市蒙阴县蒙山路143号	—
234	庆云县汇海小额贷款有限公司	山东省德州市庆云县金融机具工贸园2栋1—3号	—
235	乐陵市鑫众小额贷款有限公司	山东省乐陵市兴隆南大街西侧118号	—
236	德州市陵城区谷神小额贷款有限公司	山东省德州市陵城区经济开发区财源路	—
237	武城县古贝春小额贷款有限责任公司	山东省德州市武城县城区振华东街西段南侧199号	—
238	德州市经济开发区金光小额贷款股份有限公司	山东省德州市经济技术开发区东方红东路668号	—
239	德州市运河经济开发区黑马小额贷款有限公司	山东省德州市德城区东方红路与德兴路交会处帝景苑综合楼4号门市	—
240	聊城经济开发区昌润小额贷款股份有限公司	山东省聊城市东昌东路1号莲湖大厦22层	—
241	聊城市东昌府区天元小额贷款股份有限公司	山东省聊城市东昌西路37号	—
242	聊城市东昌府区百诺鑫合小额贷款股份有限公司	山东省聊城市聊阳路以东湖南路以北湖滨路以南摩天轮地上南区7层	—
243	聊城市东昌府区鼎诚小额贷款有限公司	山东省聊城市东昌府区东昌东路莲湖大厦10层	—
244	临清市中瑞小额贷款股份有限公司	山东省临清市新华路中段龙华街（中国银行南500米路西）	—
245	冠县恒通小额贷款有限公司	山东省聊城市冠县冠宜春盛世华府小区2号公建楼(清泉)	—
246	莘县恒通小额贷款有限公司	山东省聊城市莘县莘州街道武阳街中段路北	—
247	东阿县中夏小额贷款有限公司	山东省聊城市东阿县青年路108号十字路口处	—
248	茌平区鑫路通小额贷款有限公司	山东省聊城市茌平区振兴街道华鲁街南段东侧路通科技产业园内	—
249	茌平县嘉丰小额贷款有限公司	山东省聊城市茌平区枣乡街与建设路交会处2908号	—
250	高唐县和信小额贷款有限公司	山东省聊城市高唐县经济开发区鼓楼西路南侧6号	—
251	聊城经济技术开发区汇通小额贷款股份有限公司	山东省聊城市经济技术开发区黑龙江路1号	—
252	聊城市高新区鲁西小额贷款有限公司	山东省聊城市高新技术产业开发区黄河路32号	—
253	聊城中和农信小额贷款有限公司	山东省聊城市东昌府区古楼街道昌润路柳泉花园临街楼12号楼3楼	—
254	滨州市滨城区天成小额贷款股份有限公司	山东省滨州市滨城区黄河六路524号	—
255	滨州经济技术开发区东方融信小额贷款股份有限公司	山东省滨州市渤海十九路587号	—
256	滨州经济开发区博海小额贷款有限公司	山东省滨州市经济技术开发区黄河二路渤海十九路领域尚城34号楼110室、111室	—
257	滨州市北海新区正德小额贷款有限公司	山东省滨州市北海新区（马山子镇人民政府驻地农行院内）	—
258	博兴县汇诚小额贷款有限公司	山东省滨州市博兴县博城八路与大营村委路口向北388米路东	—
259	无棣县海城小额贷款有限公司	山东省滨州市无棣县海丰十四路玫瑰苑会所	—
260	滨州市无棣县汇泰小额贷款有限公司	山东省滨州市无棣县金羚华府东侧	—
261	惠民县翔盛小额贷款有限公司	山东省滨州市惠民县环城东路89号	—
262	阳信县汇通小额贷款有限公司	山东省滨州市阳信县河流镇人民政府驻地滨阳路西侧	—
263	东明县汇通小额贷款有限公司	山东省菏泽市东明县五四路中段北侧	—
264	菏泽开发区天华小额贷款有限公司	山东省菏泽市丹阳路555号	—
265	菏泽开发区惠和小额贷款有限公司	山东省菏泽市黄河东路1566号	—

续表8

序号	单位名称	单位地址	联系电话
266	郓城县水浒小额贷款有限公司	山东省菏泽市郓城县西门街中段159号	—
267	郓城县华灵汇商小额贷款有限公司	山东省菏泽市郓城县星河国际1号楼2—108	—
268	单县四君子小额贷款有限公司	山东省菏泽市单县经济开发区四君子工业园	—
269	成武县伯乐小额贷款有限公司	山东省菏泽市成武县先农坛街东段路北民营经济管理局院内	—
270	巨野县金山小额贷款有限责任公司	山东省菏泽市巨野县光明路北段路西（消防队对过）	—
271	鄄城县汇兴小额贷款有限责任公司	山东省菏泽市鄄城县人民路北孙膑路东（鄄城县工行北邻）	—

山东省融资担保公司概况

2021年度，山东省地方金融监督管理局严格按照国务院《融资担保公司监督管理条例》及四项配套制度等有关监管法规制度要求，着力加强融资担保行业监督管理工作，不断完善政府性融资担保体系，引导行业坚守融资担保主业，推动政府性融资担保公司不断扩大支小支农业务规模，全省融资担保行业呈现平稳较快发展的良好态势。截至2021年末，全省共有融资担保机构248家，其中法人融资担保机构245家、分支机构3家；融资担保机构注册资本总额738.51亿元、同比下降7.90%，户均注册资本3.01亿元、同比增长17.58%。2021年，全省新增担保总额2,451.68亿元、同比上升64.94%，在保业务余额2,665.38亿元、同比上升54.73%。其中融资担保在保业务余额2,505.06亿元、同比上升59.62%，担保放大倍数为3.35倍，较上年末增长65.84%。

一、行业总体情况

（一）业务结构更为优化

截至2021年末，全省融资担保行业小微企业融资担保在保余额1,018.77亿元，占直接融资担保余额的比重为49.67%；农户及新型农业经营主体在保余额684.47亿元，占直接融资担保余额的比重为33.37%；二者合计占直接融资担保余额的比重达到83.04%，较上年末提高了12.57个百分点。

（二）体系建设更加扎实

截至2021年末，67家政府性融资担保公司注册资本总额341.47亿元、同比增长28.58%；融资担保余额1,825.19亿元、同比增长90.09%，占全省融资担保余额的比重为72.86%，同比提高11.74个百分点；政府性融资担保公司直接融资担保年化担保费率0.32%。截至2021年末，省投融资担保集团已吸收54家融资担保公司加入集团体系，再担保业务余额669.48亿元、同比增长1,360.00%。

（三）农担业务增长迅速

省农业发展信贷担保有限责任公司充分利用大数据、物联网等技术，推动公司业务数字化转型，担保业务审核效率不断提高、担保规模持续扩大。2021年，公司新增担保项目8.29万个、同比增长79.00%，新增担保金额529.94亿元、同比增长104.00%。截至2021年末，在保项目11.03万个，在保余额585.78亿元，单户平均担保额度53.00万元。

二、行业风险情况

（一）资本与拨备的充足性

截至2021年末，全省融资担保机构注册资本总额738.51亿元、资产总额933.55亿元、负债总额136.89亿元、净资产总额796.66亿元，行业整体资产负债率14.66%；大多数融资担保机构按照《融资性担保公司管理暂行办法》有关规定提取了未到期责任准备金和担保赔偿准备金，部分企业还提取了一般风险准备金。截至2021年末，共提取未到期责任准备金18.42亿元、担保赔偿准备金56.73亿元、一般风险准备金5.86亿元，三者合计81.01亿元；年末应收代偿余额98.47亿元，行业拨备覆盖率为82.00%、较上年末提高16个百分点。

（二）信用风险

2021年，全省融资担保行业累计发生担保代偿30.13亿元、同比上升12.59%，担保代偿率为2.04%、同比下降0.62个百分点，融资性担保代偿率为2.24%、同比下降0.76个百分点，担保代偿回收额24.44亿元、同比增长58.91%。从统计数据来看，2021年度山东省融资担保行业代偿率有所下降，代偿回收额有所提升，但代偿率仍保持高位，融资担保行业面临的整体信用风险仍然较大。为此，监管部门积极引导各机构牢固树立审慎经营理念，通过控制单一客户和关联客户的担保金额、降低风险集中度、实施更加严格的保前审查和保后管理、加大反担保措施的落实等措施，努力将担保风险降到最低。目前，各担保机构均采取一系列措施严防信用风险发生。例如，多数机构通过增加抵押、质押、第三方信用保证、应收账款质押、存货质押、股权质押、管理层个人无限连带责任反担保等反担保措施，有效降低了担保业务风险。

（三）操作风险

2021年，山东省各融资担保公司均按要求不断完善内部管理和风险控制制度，明确规定了融资担保的对象、范围、方式、条件、程序、担保限额以及禁止担保事项等，内部各部门之间职责清晰、流程顺畅，对风险的事前防范、事中控制、事后监督措施比较严密，激励约束机制科学有效，从业人员遵纪、守规、审慎履行职责的环境和氛围基本形成。对于额度较大的担保或投资项目，多数担保机构能从定性、定量方面作出分析判断，通过严谨的审核程序及最终集体决策机制，努力降低担保项目风险。

三、主要监管政策

（一）国家层面

目前行业监管执行的主要是2017年10月1日起正式实施的《融资担保公司监督管理条例》（以下简称《条例》），以及2018年4月颁布实施的《融资担保业务经营许可证管理办法》《融资担保责任余额计量办法》《融资担保公司资产比例管理办法》《银行业金融机构与融资担保公司业务合作指引》等《条例》四项配套制度。2019年1月，国务院办公厅下发《国务院办公厅关于有效发挥政府性融资担保基金作用切实支持小微企业和“三农”发展的指导意见》（国办发〔2019〕6号），对政府性融资担保公司聚焦支农支小主业、坚持保本微利运行提出明确要求，同时要求完善银担合作机制、强化财政正向激励机制，从而为政府性融资担保公司拓展面向小微企业和“三农”主体的普惠型融资担保业务创造了良好的环境。2019年10月，中国银保监会、国家发展和改革委员会、工业和信息化部等9部委联合印发《关于印发融资担保公司监督管理补充规定的通知》（银保监发〔2019〕37号），对从严规范融资担保业务牌照管理、规范融资担保公司名称和住房置业担保业务在保责任余额权重等提出明确规定。

（二）省级层面

根据国家有关规定，结合山东省实际，2020年11月，山东省地方金融监管局出台了《关于印发〈山东省融资担保公司监督管理办法〉的通知》（鲁金监发〔2020〕11号），对融资担保公司监管工作进行了进一步的规范。2021年9月，出台了《山东省地方金融监督管理局关于进一步做好融资担保公司设立变更审批事项“证照分离”改革工作的通知》（鲁金监字〔2021〕196号），针对融资担保公司设立变更审批工作，进一步精简了审批要件、压缩审批时限、提高网办深度，为行业发展营造了良好环境。

四、下一步工作打算

2022年，山东省地方金融监督管理局将继续认真贯彻落实《融资担保公司监督管理条例》、四项配套制度及有关补充规定，配合财政部门做好政府性融资担保体系建设工作，支持有条件的融资担保公司探索数字化转型，扎实抓好行业监管工作，努力实现稳步扩大担保业务规模的总体目标。

（孙远胜）

附表1

山东省融资担保公司主要业务指标

单位：亿元

项目	2017年	2018年	2019年	2020年	2021年	2021年同比增幅（%）
公司数量（家）	414	416	350	291	248	-14.78
合计注册资本	761.37	801.06	792.18	801.86	738.51	-7.90
全年新增融资担保总额	762.99	744.26	828.46	1,362.02	239.12	70.27
在保责任余额	902.70	978.95	1,018.85	1,569.42	2,505.06	59.62
小微企业融资担保总额	388.85	411.23	416.51	609.66	1,018.77	67.10
涉农企业及农户融资担保总额	193.21	131.10	167.73	322.59	684.47	112.18

附表2

山东省融资担保公司名录

序号	单位名称	单位地址	单位电话
1	山东省投融资担保集团有限公司	山东省济南市市中区英雄山路127号	0531—82673767
2	山东省企业融资担保有限公司	山东省济南市经十路9999号黄金时代广场C座8层	0531—82663509
3	山东省融资担保有限公司	山东省济南市历城区山大路街道二环东路3449号三楼301室	0531—81663717
4	山东省再担保集团股份有限公司	山东省济南市经十路9999号黄金时代广场C座9层	0531—82663603
5	山东省促进就业创业贷款担保中心	山东省济南市市中区经七路223号东方大厦（济南市历下区解放路26—6号仁和商务中心307）	0531—86021616
6	山东省科技融资担保有限公司	山东省济南市高新区草山岭南路975号金域万科中心2304、2404室	0531—88879288
7	山东省农业发展信贷担保有限责任公司	山东省济南市历下区龙奥西路1号银丰财富广场A座17—19层	0531—82673767
8	山东普惠融资担保有限公司	山东省济南市经十路9999号黄金时代广场C座7层	0531—82663603
9	山东润康融资担保有限公司	山东省济南市高新区海信龙奥九号2号楼2801室	0531—67805351
10	平安普惠融资担保有限公司山东分公司	山东省济南市历下区解放路30号东源大厦7楼703室	15065316308
11	瀚华融资担保股份有限公司山东分公司	山东省济南市市中区魏家庄万达广场华景苑2号楼103	15615777377
12	普惠农牧融资担保有限公司	山东省济南市市中区经四路11号万达广场C座907室	0531—67888680
13	山东瑞信融资性担保有限公司	山东省济南市市中区二环南路2666号鲁能国际中心综合体1—1701室	0531—88230177
14	济南市融资担保有限公司	山东省济南市经十路12111号中润世纪中心2号楼12层	0531—86127783
15	山东朝阳融资担保有限公司	山东省济南市槐荫区阳光新路19号阳光100国际新城T3—1—405	0531—87500557
16	山东九泰融资担保有限公司	山东省济南市槐荫区经七路843号	15953139555
17	科信融资担保有限公司	山东省济南市自由贸易试验区济南片区舜华路2000号舜泰广场6号楼3109室	0531—88871919
18	山东龙融融资性担保有限公司	山东省济南市高新区港兴三路北段济南药谷研发平台1号B座21楼—2122号	18678859953
19	山东同晟融资担保有限公司	山东省济南市章丘区明水开发区府前街经贸局办公七楼	0531—83310522
20	济南启新融资担保有限公司	山东省济南市长清区经济开发区通发路东段路北	0531—87216276
21	济南市济阳区金鑫融资担保有限公司	山东省济南市济阳区济北街道永安路13号天霖大厦综合楼20三层	13506406828
22	山东省农业融资担保有限公司	山东省济南市经十路10567号成城大厦B座二层	15306418877
23	山东供销融资担保股份有限公司	山东省济南市历下区历山路157号天鹅大厦1206室	13854191777
24	鲁商融资担保有限公司	山东省济南市历城区唐冶新区围子山路1号	0531—88727505
25	山东西进融资担保有限公司	山东省济南市历城区华山街道渔洋路286号2号楼1623室	13605319377
26	济南支小支农融资担保有限公司	山东省济南市经十路7000号汉峪金融商务中心七区3号楼801室	13075308073
27	山东省赢信融资担保有限公司	山东省济南市高新区新泺大街888号山东易通发展集团8楼801室	0531—68608667

续表1

序号	单位名称	单位地址	单位电话
28	济南融资担保集团有限公司	山东省济南市经十路7000号汉峪金融商务中心七区3号楼1001室	0531—88078585
29	青岛中元籴焜融资担保有限公司	山东省青岛市市南区香港中路12号	0532—85026377
30	青岛半岛港湾融资担保有限公司	山东省青岛市市南区香港中路7号甲亚麦国际中心4层西户	0532—68895819
31	青岛高创科技融资担保有限公司	山东省青岛市宁夏路288号市南软件园5号楼1层E区	13708985001
32	青岛华商汇通融资担保有限公司	山东省青岛市市北区龙城路31号卓越世纪中心2号楼31层3110室	0532—84012060
33	青岛融资担保中心有限公司	山东省青岛市崂山区海口路66号二楼	0532—68722815
34	亚太中慧融资担保有限公司	山东省青岛市崂山区秦岭路15号1707号	0532—80821150
35	青岛国信融资担保有限公司	山东省青岛市崂山区苗岭路9号	0532—58827819
36	青岛融资再担保有限责任公司	山东省青岛市崂山区苗岭路15号601户	18615321631
37	青岛海鼎融资性担保有限公司	山东省青岛市崂山区沙子口街道坡前沟社区	0532—88255900
38	青岛市融资担保信息园区有限公司	山东省青岛市经济技术开发区井冈山路578号楼509室	0532—55552068
39	青岛恒信融资担保有限公司	山东省青岛市经济技术开发区长江中路519号建国大厦504室	0532—68972207
40	青岛东华澳融资担保有限公司	山东省青岛市经济技术开发区黄河西路706号228室	0532—67781278
41	青岛旭瑞融资担保有限公司	山东省青岛市城阳区正阳路196号国际商务港210—211	0532—89080899
42	青岛超新融资担保有限公司	山东省青岛市城阳区正阳路西端天一广场西座东单元601室	0532—68955858
43	青岛即墨政策融资担保有限公司	山东省青岛市即墨区通济街道通济街128号万丽国际5楼502	0532—86651761
44	青岛正大融资担保有限公司	山东省青岛市即墨区龙泉镇张家小庄村南一级路东侧	0532—84713876
45	青岛胶州市盛宇融资担保有限公司	山东省胶州市三里河街道北京路2号217室	0532—87215158
46	青岛佰盈融资担保有限公司	山东省胶州市张应镇人民政府院内	0532—82225891
47	青岛海鲲融资担保有限公司	山东省胶州市澳门路333号海湾天泰金融广场小区1号楼办公1001	0532—87268888
48	青岛府鼎融资担保有限公司	山东省平度市东阁街道红旗路27号瑞平中心1号楼5层	0532—88337896
49	青岛平和融资担保有限公司	山东省平度市红旗路23号瑞平金融中心8楼807户	0532—87363018
50	青岛昌阳融资担保有限公司	山东省莱西市水集街道天津路11号	0532—81876690
51	青岛城乡社区建设融资担保有限公司	山东省青岛市红岛经济区红岛街道岙东南路西侧	0532—67781278
52	瀚华融资担保股份有限公司青岛分公司	山东省青岛市市北区龙城路31号卓越世纪中心3号楼36层361	13883960781
53	青岛西海岸融资担保有限公司	山东省青岛市黄岛区滨海大道2567号	0532—66011905
54	青岛鼎泰融资担保有限公司	山东省平度市经济开发区长江路17号上品广场23层	17560056651
55	青岛万众新业融资担保有限公司	山东省青岛市即墨区岙兰路768号十四层	0532—89063609
56	莱西市易通达创业人员融资担保有限公司	山东省莱西市烟台路79号	0532—88486089
57	青岛市农业融资担保有限责任公司	山东省青岛市市北区昆山路17号7080中心广场1号楼33楼3304—3310室	18661991678
58	青岛港融资担保有限公司	山东省青岛市市北区港华路7号2002室	18562556839
59	青岛金岭晟泰融资担保有限公司	山东省青岛市崂山区苗岭路15号金融中心大厦18层	13793268157
60	山东顺通融资担保有限公司	山东省淄博市张店区山泉路68号	0533—2715739

续表2

序号	单位名称	单位地址	单位电话
61	淄博国华融资担保有限公司	山东省淄博市张店区马尚镇环东路西首创业大厦13层1305	0533—3183339
62	山东千百度融资担保有限公司	山东省淄博市张店区太平路11号	0533—2710627
63	山东鸿运融资性担保有限公司	山东省淄博市张店区科苑街道华光路118号德泰堂大厦609室	0533—2306777
64	淄博润祥融资担保有限公司	山东省淄博市张店区联通路26号东方之珠2号楼2单元30层东户	0533—2989819
65	山东齐元融资担保有限公司	山东省淄博市张店区华光路88号远通大厦1613室	0533—5355930
66	淄博昌晟融资担保有限公司	山东省淄博市张店区柳泉路北首西二巷1号	0533—2280009
67	山东天烁融资担保有限公司	山东省淄博市临淄区创业孵化基地东二楼223房间	0533—3598233
68	淄博信威融资担保有限公司	山东省淄博市临淄区晏婴路197号	0533—7169966
69	山东美盛银邦融资担保有限公司	山东省淄博市周村区正阳路2675号	0533—8617069
70	淄博众诺融资担保有限公司	山东省淄博市桓台县索镇镇鲁中建筑商城15号楼1幢1—20号房	0533—3598718
71	淄博力丰融资担保有限公司	山东省淄博市桓台县文化街31号	0533—8562667
72	桓台县金泰融资担保有限公司	山东省淄博市桓台县渔洋街2088号	0533—8221776
73	沂源鲁山融资担保有限公司	山东省淄博市沂源县城荆山路24号	0533—3408888
74	淄博联盛融资性担保有限公司	山东省淄博市沂源县城胜利路12号	18560406784
75	淄博安信融资担保有限公司	山东省淄博市沂源县城螳螂河东路88号海泰名郡小区营业楼	0533—3257188
76	淄博鑫融源融资担保有限公司	山东省淄博市高新区万杰路108号博士商务楼一楼	0533—3585455
77	淄博市鑫润融资担保有限公司	山东省淄博市高新区柳泉路125号先进陶瓷产业创新园B座710室	0533—3585956
78	山东盖伦蒂融资担保有限公司	山东省淄博市高新区柳泉路246号（世纪商务中心）201室	0533—3585810
79	山东博盛融资担保有限公司	山东省淄博市高新区南营路89号	0533—3595195
80	淄博鹏达融资担保有限公司	山东省淄博市开发区万杰路79号天府名城3号楼甲21号	0533—3810787
81	山东银桥融资担保有限公司	山东省淄博市高新区柳泉路103号3—19室	0533—8171012
82	淄博融信融资担保有限公司	山东省淄博市高新区鲁泰大道51号（A座5层、6层）	0533—2168878
83	淄博旺佰汇融资性担保有限公司	山东省淄博市张店区金晶大道275号	0533—3593808
84	淄博盛融融资担保有限公司	山东省淄博市高新区政通路145号新时代商务中心1号楼2层C202	0533—6076507
85	淄博新星融资担保有限公司	山东省淄博市博山区颜北路456号	13905336238
86	高青同信融资担保有限公司	山东省淄博市高青县田镇街道高苑路15号	18678222333
87	山东至能融资担保有限公司	山东省滕州市善国北路818号	0632—5979976
88	枣庄市融资担保有限公司	山东省枣庄市新城黄山路财政大厦一楼	0632—8163666
89	山东明建融资性担保有限公司	山东省滕州市善国北路77号	0632—5855366
90	山东方盈融资担保有限公司	山东省枣庄市滕州市龙泉街道科圣路566号	0632—5085155
91	枣庄中安融资担保有限公司	山东省枣庄市市中区振兴北路406号	18953705305
92	滕州市中房置业融资担保有限责任公司	山东省枣庄市滕州市荆河中路91—1号	13806320688
93	山东金太阳农业融资性担保有限公司	山东省东营市黄河三角洲农业高新技术产业示范区智慧路8号	0546—7926133
94	山东华信融资担保有限公司	山东省东营市东营区南一路280号	0546—8309386

续表3

序号	单位名称	单位地址	单位电话
95	东营市金鼎融资担保有限公司	山东省东营市东营区府前大街57—1号金辰大厦1609室	0546—7865686
96	东营千乘融资担保有限公司	山东省东营市广饶县亿丰茶博城B5—2号	13396473518
97	垦利县中信融资担保有限公司	山东省东营市垦利区中兴路197号	0546—2895686
98	广饶县经济发展融资担保有限公司	山东省东营市广饶县广饶街道乐安大街790号经纬大厦四层	0546—6689199
99	山东恒瑞融资担保有限公司	山东省东营市广饶县渤海经典小区1#楼商业1—6号房	0546—6926497
100	东营区融资担保有限公司	山东省东营市东营区庐山路1188号1幢20层	13954655678
101	东营市融资担保有限公司	山东省东营市东营区南一路337号财金大厦11层	18654677657
102	烟台市融资担保有限责任公司	山东省烟台市莱山区迎春大街141号	0535—6611116
103	烟台环宇融资担保有限公司	山东省烟台市机场路208号	13356992208
104	烟台中恒信融资担保有限公司	山东省烟台市芝罘区上夼西路78号	0535—2121727
105	烟台市莱山融资担保有限公司	山东省烟台市莱山区迎春大街133号附1号	0535—2100035
106	烟台市鑫鼎融资担保有限公司	山东省烟台市牟平区通海路308号财政大厦15层	0535—4282807
107	烟台银桥融资担保有限公司	山东省烟台市开发区金沙江路89号1201号	0535—6392879
108	山东光大融资担保有限公司	山东省烟台市福山区盐场街2号东尚蓝湾1号楼东尚国际大厦	0535—6656081
109	烟台润福融资担保有限责任公司	山东省烟台市福山区清洋街道永安街49号	0535—6326286
110	海阳市盛海融资担保有限公司	山东省海阳市海政路44号	0535—3223518
111	龙口市南山融资担保有限公司	山东省龙口市东江镇南山村	0535—8802233
112	龙口市德嘉融资担保有限公司	山东省龙口市东莱街道花木兰街388号	0535—8560370
113	龙口市裕丰融资担保有限公司	山东省龙口市港城大道（东城区）626号	0535—8506850
114	山东天健融资担保集团有限公司	山东省招远市西宋路3号	0535—8210777
115	招远市企业融资担保有限公司	山东省招远市温泉路298号农行大厦10楼	0535—8073355
116	蓬莱金信融资担保有限公司	山东省烟台市蓬莱区紫荆山街道钟楼西路路南	0535—5643231
117	山东汇洋融资担保有限公司	山东省烟台市蓬莱区北沟镇栾家口村东	0535—5729998
118	长岛县中小企业融资担保有限公司	山东省烟台市长岛县县府街78号	0535—3216742
119	山东盛业融资担保有限公司	山东省烟台市蓬莱区蓬莱阁街道北关路133号	18663892105
120	烟台融资担保集团有限公司	山东省烟台市莱山区迎春大街141号	13708905999
121	招远市财金融资担保有限公司	山东省招远市温泉路128号14楼	0535—8060518
122	莱州市金惠融资担保有限公司	山东省莱州市永安路街道府前西街766号	0535—2170027
123	潍坊鑫汇融资担保有限公司	山东省潍坊市坊子区凤凰街168号	0536—7636168
124	潍坊诚信融资担保有限公司	山东省潍坊市滨海经济技术开发区观海路00266号滨海资本管理中心1号楼4单元西4楼	0536—5311698
125	高密市鑫融融资担保有限公司	山东省高密市立新街西306号	0536—5608725
126	潍坊市信用融资担保有限责任公司	山东省潍坊市奎文区东风东街299号	0536—8101025
127	汇银金通融资担保有限公司	山东省潍坊市坊子区北海路中段路西	0536—7511116
128	安丘市华安融资担保有限公司	山东省安丘市市北区拥翠街东首市财政局办公楼501室	0536—5127807
129	潍坊金宝融资担保有限公司	山东省潍坊市奎文区潍州路519号	0536—2608788
130	山东省安业融资担保有限公司	山东省高密市密水街道凤凰大街（西）2222号营业房	18678059600
131	潍坊市再担保集团股份有限公司	山东省潍坊市高新技术开发区东风东街4899号金融广场商务中心一期2号办公综合楼9楼	0536—2117551
132	潍坊昌和融资担保有限公司	山东省昌邑市宋庄镇	0536—7850618
133	寿光市金政融资担保有限公司	山东省寿光市金融科技服务中心1806室	15153637285

续表4

序号	单位名称	单位地址	单位电话
134	临朐县金财融资担保有限公司	山东省潍坊市临朐县城关街道朐山路西段南侧	15265366618
135	潍坊市汇金融资担保有限公司	山东省潍坊市高新技术开发区东风东街4899号金融广场商务中心一期2号办公综合楼607室	0536—2117551
136	潍坊十方特色文化产业融资担保有限公司	山东省潍坊市潍城区春鸢路107号城建顺通花园4—704	18205361717
137	潍坊公利融资担保有限公司	山东省潍坊市坊子区凤凰大街虞河花园34号楼	0536—3315599
138	寿光市金泉融资担保有限公司	山东省寿光市洛城街道潍高路23721号	18363600607
139	青州市国控融资担保有限责任公司	山东省青州市范公亭东路3258号	0536—3886907
140	昌乐县汇金融资担保有限公司	山东省潍坊市昌乐县利民街68号	0536—6239306
141	昌邑市北海融资担保有限公司	山东省昌邑市奎聚路368号1幢801	0536—7110028
142	潍坊潍州融资担保有限公司	山东省潍坊市潍城区东风西街408号	0536—2092219
143	潍坊国科融资担保有限公司	山东省潍坊市寒亭区通亭街3259号正金大厦综合楼1号楼301、302、309室	0536—7268016
144	山东兴业融资担保有限公司	山东省济宁市洸河路48号银河大厦7楼	17662216611
145	济宁市住房融资担保有限公司	山东省济宁市环城西路18号	0537—2100612
146	邹城市融鑫融资担保有限公司	山东省邹城市太平东路2669号	13605476866
147	邹城市宏兴融资担保有限公司	山东省邹城市峄山北路66号1号楼1单元13楼	13953719075
148	曲阜市恒信融资担保有限公司	山东省曲阜市大成路66号601室	0537—3198366
149	山东东运融资担保有限公司	山东省济宁市金乡县鱼山镇国际商贸城内	0537—8817777
150	济宁融泰融资担保有限公司	山东省济宁市金宇汽配城南400米路东	13563766777
151	济宁华宝融资担保有限公司	山东省济宁市鱼台县经济开发区内（山东美晶米业有限公司办公楼二楼）	13792364888
152	济宁市财信融资担保集团股份有限公司	山东省济宁市吴泰闸路英萃国际中心1号楼	0537—2600326
153	济宁嘉信融资担保有限公司	山东省济宁市嘉祥县建设路嘉祥城市建设集团有限公司办公大楼3楼	18653722266
154	梁山县财金融资担保有限公司	山东省济宁市梁山县新城区金线岭路西侧文化中心西门对过（济宁银行4楼）	13153786686
155	山东银瑞融资担保有限公司	山东省济宁市金乡县金乡街道青年路智慧产业园1717室	0537—85906868
156	济宁市兖州区惠金融资性担保有限公司	山东省济宁市兖州区建设中路133号	13287287856
157	济宁财信普惠融资担保有限公司	山东省济宁市高新区吴泰闸路英萃国际中心1号楼	18605379711
158	泰安弘泽融资担保有限公司	山东省泰安市温泉路566号	0538—6239281
159	山东华通融资担保有限公司	山东省泰安市高新区中天门大街星火科技园	0538—6219199
160	山东信泰融资担保有限公司	山东省新泰市金斗路南段	0538—6376079
161	山东盛鼎融资担保有限公司	山东省泰安市普照寺路5号院内3号楼4层	0538—8780015
162	泰安市国泰民安融资性担保有限公司	山东省泰安市普照小区81号综合楼	0538—8978798
163	泰安市融资担保有限公司	山东省泰安市高新区中天门大街1366号	0538—5361963
164	山东迪润融资担保有限公司	山东省泰安市宁阳县县城东关路34号	0538—5627486
165	山东平安昌顺融资性担保有限公司	山东省泰安市东平县平湖路南首西侧财政局办公楼二楼	0538—2820178
166	新泰市金控融资担保有限公司	山东省新泰市青云街道东周路以东，青龙路以北1幢	17664402710
167	威海银通融资担保有限公司	山东省威海市海曈路41号	0631—5308858
168	山东东泰融资担保有限公司	山东省威海市经区乐天世纪城—1—B819	0631—5332547
169	山东文通融资性担保有限公司	山东省威海市文登区天福办圣经山路91号	0631—8800938
170	威海市勇泰融资担保有限公司	山东省威海市文登经济技术开发区珠海路152号	0631—8355789

续表5

序号	单位名称	单位地址	单位电话
171	威海市蓝泰融资担保有限公司	山东省威海市南海新区现代路北畅海路东	13963195777
172	威海齐东融资担保有限公司	山东省威海市环翠区海滨北路15—1号综合服务区ZF—02号203室	0631—5351037
173	山东金民融资性担保有限公司	山东省荣成市石岛管理区朝阳西路39号	13637966111
174	荣成市安信融资担保有限公司	山东省荣成市建业街39号	15606315557
175	五莲县国信融资担保有限公司	山东省日照市五莲县城富强路99—6号	18663321166
176	山东华和融资担保有限公司	山东省日照市东港区黄海二路53号	15606335181
177	日照市融资担保股份有限公司	山东省日照市东港区石臼街道海曲东路396号日照国际财富中心第57层	13706335369
178	莒县长诚融资担保有限公司	山东省日照市莒县振兴东路59号	0633—6688666
179	日照信达融资担保有限公司	山东省日照市东港区临沂路279号日照人力资源服务产业园7楼	13906335312
180	日照市投融资担保集团有限公司	山东省日照市东港区海曲东路396号日照国际财富中心	0633—2677077
181	日照高晟融资担保有限公司	山东省日照市高新区高新六路177号1号楼	13606333832
182	天元天诚融资担保有限公司	山东省临沂市兰山区银雀山路63号	15269956098
183	临沂市中小企业融资担保有限公司	山东省临沂市兰山区北城新区北京路临沂商会大厦1号楼2501	13953905366
184	山东亿盛融资担保股份有限公司	山东省临沂市高新区新华路创业大厦B316室	13053976999
185	山东鑫源融资担保有限公司	山东省临沂市沂蒙路209—16号	13562980666
186	兰陵县财金融资担保有限公司	山东省临沂市兰陵县县城新华路7号	0539—5316678
187	临沂市兰田融资担保有限公司	山东省临沂市解放路68号	13854960026
188	临沂全鑫融资担保有限公司	山东省临沂市兰山区临沂综合商贸园A3—1—B	13969952219
189	临沂市天信融资担保有限公司	山东省临沂市经济技术开发区沂河路125号	0539—8321186
190	平邑县财源融资担保有限公司	山东省临沂市平邑县财政局办公楼四楼	0539—2092937
191	山东金玉融资担保有限公司	山东省临沂市临西一路188号	0539—8931591
192	费县城资融资担保有限公司	山东省临沂市费县建设路东段商会大厦十楼	0539—5806809
193	临沂市中联融资担保有限公司	山东省临沂市兰山区通达路与聚财路交会后十社区2号楼712室	13325099499
194	山东双赢融资担保有限公司	山东省临沂市费县建设路158号	15315391899
195	山东铭达融资担保有限公司	山东省临沂市郯城县城区人民路70号1幢5层1号	13210655599
196	山东智信融资担保集团有限公司	山东省临沂市兰山柳青街道上海路与汶河路交会处府东大厦A座6楼	18669913769
197	临沂沂和融资担保有限公司	山东省临沂市沂水县东外环路北首	0539—2225016
198	山东新天融资担保有限公司	山东省临沂市临沭县中山北路2011092901号	18953931229
199	山东龙成融资担保有限公司	山东省临沂市兰山区枣沟头镇永安路与俄黄路交会处东	13176080999
200	山东远通融资担保有限公司	山东省临沂市高新区沂河路与湖西路交会处	13655395366
201	山东同济融资担保股份有限公司	山东省临沂市兰山区沂蒙路336号	13953930787
202	临沂供销融资担保有限公司	山东省临沂市罗庄区金七路与新206国道交会处路西	13853978866
203	山东国诚融资担保有限公司	山东省临沂市兰陵经济开发区迎宾路西段南侧	18653992327
204	山东元盛融资担保有限公司	山东省临沂市沂南县澳柯玛大道与朝阳路交会处东岳国际大厦1101室	18653927969
205	莒南鑫盛融资担保有限公司	山东省临沂市莒南县十字路街道滨海路85号	13686399177
206	郯城惠众融资担保有限公司	山东省临沂市郯城县人民路29号	18669652585

续表6

序号	单位名称	单位地址	单位电话
207	山东德宇融资担保有限公司	山东省临沂市兰山区北城新区北京路中段环球丹桂园14号楼17A	15376050999
208	临沂临港经济开发区兴港融资担保有限公司	山东省临沂市临港经济开发区坪上镇厉家寨村0001号1号楼中兴商务企业发展中心	15253908556
209	沂南县智圣融资担保有限公司	山东省临沂市沂南县城振兴路中段路北	0539—7323975
210	沂水县力源融资担保有限公司	山东省临沂市沂水县东一环路与南一环路交会处	0539—2226006
211	临沂市融资担保集团有限公司	山东省临沂市兰山区北京路37号临商大厦35楼	18053900011
212	临沂星火融资担保有限公司	山东省临沂市高新区双月园路276号龙湖软件园C座	13869967776
213	临沂市住房置业融资担保有限公司	山东省临沂市兰山区柳青街道北京路8号政务服务中心8楼810室	13562960035
214	山东群力兴邦融资担保有限公司	山东省德州市齐河县经济开发区纬四路北	18653477555
215	山东君力融资担保有限公司	山东省乐陵市玉皇堂商贸街西侧	13853466111
216	临邑城泰融资担保有限公司	山东省德州市临邑县邢侗街道犁城大街906号创意创业楼1楼106室	13793481667
217	山东平原融资担保有限公司	山东省德州市平原县富民大街紫金巷9—5号	18853422977
218	德州经济技术开发区一诺融资担保有限公司	山东省德州市经济技术开发区晶华路587号高创服务中心C座411号	0534—8315098
219	德州市融资担保有限公司	山东省德州市经济技术开发区三八东路1266路鑫源国际第10层	0534—2770288
220	德州市陵城区安德融资担保有限公司	山东省德州市陵城区唐城路中段	0534—8286915
221	德州市德城区财信融资担保有限公司	山东省德州市德城区天衢街道大学西路1156号德城区政务大厅北侧二层	18266189390
222	山东鼎泰融资性担保有限公司	山东省聊城市花园南路1015号	0635—5055001
223	聊城鲁信融资性担保有限公司	山东省聊城市花园南路119号	0635—2998029
224	聊城市安康住房置业融资担保有限公司	山东省聊城市东昌府区柳园南路聚源巷2号	0635—8368877
225	东阿县鑫诺融资担保有限公司	山东省聊城市东阿县阿胶街103号	0635—6027169
226	聊城市茌平区宏信融资担保有限公司	山东省聊城市茌平区振兴街道建设路1396号	0635—7109585
227	高唐县国信融资性担保有限公司	山东省聊城市高唐县官道街北路635号	0635—3901629
228	聊城市财金扶贫融资性担保有限公司	山东省聊城市东昌西路119号	0635—8285608
229	聊城市东安广融资担保有限责任公司	山东省聊城市东昌府区兴华西路210号5层	18663589819
230	山东莘州融资担保有限公司	山东省聊城市莘县政府街东首行政服务中心四楼	18663017699
231	聊城昌信融资担保有限公司	山东省聊城市东昌府区东昌东路1号莲湖大厦20层	0635—2120800
232	山东蓝色经济融资担保有限公司	山东省滨州市黄河五路与渤海十六路（国际大厦）	0543—3805995
233	滨州市众成融资担保有限公司	山东省滨州市黄河六路524号	0543—2213966
234	惠民县惠诚融资担保有限公司	山东省滨州市惠民县孙武街道开源街12号	13385431600
235	无棣县鑫达融资担保有限公司	山东省滨州市无棣县棣新七路八路之间山水润福苑	0543—6782261
236	山东阳信鑫诺融资担保有限公司	山东省滨州市阳信县阳城四路679号	0543—8288003
237	邹平市财信融资担保有限公司	山东省邹平市鹤伴二路268号财税劳动大厦	18506493588
238	滨州市恒信融资担保有限责任公司	山东省滨州市经济开发区渤海十八路667号中海大厦15楼	13188918007
239	无棣县兴棣融资担保有限公司	山东省滨州市无棣县城棣州大街西首无棣县兴棣土地开发有限公司写字楼一楼	13954363433
240	滨州市再担保股份有限公司	山东省滨州市渤海十六路736号	0543—3181079
241	博兴县鑫达融资担保有限公司	山东省滨州市博兴县博昌街道博城三路185号	0543—2302177

续表7

序号	单位名称	单位地址	单位电话
242	滨州市滨城区瑞信融资担保有限公司	山东省滨州市滨城区黄河十六路997号（惠众大厦1号楼210）	15266733606
243	滨州市沾化区远恒融资担保有限公司	山东省滨州市沾化区富桥路198号	0543—7325781
244	滨州市滨发融资担保有限公司	山东省滨州经济技术开发区渤海十八路667号	18678321666
245	单县个体民营经济发展融资担保中心	山东省菏泽市单县白云路中段路西	13563891698
246	山东商都融资性担保有限公司	山东省菏泽市曹县珠江西路中段	13356201555
247	菏泽市金和融资担保有限公司	山东省菏泽市中华路2626号	13515307686
248	山东亚银融资性担保有限公司	山东省菏泽市巨野县青年路1688号	15315306829

山东省区域性股权市场概况

2021年，山东省有两家区域性股权市场，分别是齐鲁股权交易中心、青岛蓝海股权交易中心。两家区域性股权市场均已按照国家政策规定，由山东省人民政府公告并向中国证券监督管理委员会（简称中国证监会）进行了备案。截至2021年末，两家区域性股权市场挂牌的企业合计7,463家，累计实现各类融资1,015.78亿元。

一、齐鲁股权交易中心有限公司

齐鲁股权交易中心有限公司（简称齐鲁股权），成立于2010年12月，2015年7月正式纳入山东省属企业行列；注册资本2.25亿元，注册地在淄博市；共有股东18名，控股股东为中泰证券，其他重要股东有鲁信集团、山东省财金投资集团、深圳证券信息公司等。公司下设4家子公司，分别为山东齐惠投资管理有限公司、山东齐鲁资本市场发展服务有限公司、山东齐盛股权投资基金管理有限公司、山东齐鲁金融供给管理有限公司。截至2021年底，齐鲁股交累计挂牌企业5,447家、展示企业10,467家；累计帮助企业实现各类融资超过785.00亿元，推动58家挂牌企业转至新三板。

2021年，齐鲁股权将服务山东省制造强省建设、支持中小企业“专精特新”发展作为重点工作。与省工信厅、省农业农村厅等联合展开行动，开设了山东高成长企业板、山东乡村振兴板；将服务行动下沉到各市，开设了淄博高成长企业板，设立了临沂高成长企业板、临沂乡村振兴板；为“专精特新”企业打造了高成长企业上市培育库、山东省中小企业投融资联盟、山东资本市场培训学院“上市苗圃计划”。上述工作有力地促进了全省各市支持和服务制造业企业的工作进程，连续获批2021年度山东省级中小企业公共服务示范平台和重点服务国家专精特新“小巨人”企业公共服务平台称号；2021年11月，获批中国证监会区块链建设试点资格。

二、青岛蓝海股权交易中心有限责任公司

青岛蓝海股权交易中心有限责任公司（简称蓝海股权），成立于2014年2月，注册资本10,000.00万元，注册地在青岛市；共有股东5名，控股股东为中信证券，其他重要股东有国信证券、青岛融资担保中心有限公司、青岛全球财富中心开发建设有限公司。蓝海股权设有综合管理部、交易清算部等12个部门，下辖1家全资子公司蓝海基金工场（青岛）有限责任公司。

2021年，蓝海股权坚持“券商主导、政府监管、市场化运作”模式，全力构建以中小企业股权交易为核心，财富管理产品交易、基金服务和互联网融资服务为载体的“1+N”平台服务体系，打造适合民营中小微企业成长的生态圈；积极探索服务中小微企业“金融科技”应用，加快数字化转型，健全线上服务平台，先后开发股权价值智能发现系统（定价）、产业链融合赋能系统（定向），协助地方政府筛选建设上市培育库，协助企业进行上市路径选择；通过产业链融合赋能系统（定向）协助企业产业链整合，助力地方政府“建链”“补链”“强链”，打造优势产业集群。截至2021年底，蓝海股权累计挂牌企业2,016家、展示企业1,216家；累计帮助企业实现各类融资超230.00亿元，推动12家挂牌企业转至新三板。2021年获批中国证监会区块链建设试点资格；并先后获得2021年度国家和山东省中小企业公共服务示范平台、青岛市和崂山区优秀专家工作站等称号；入选专精特新“小巨人”企业专业服务机构名单。

三、风险状况及相关监管政策

与安徽、深圳、浙江、北京等地股票交易中心相比，山东省内两家区域性股权市场运营机构资金实力较弱、服务

拓展受限。齐鲁股权、蓝海股权注册资本分别为2.25亿元、1.00亿元，资本金规模偏小，对进一步服务中小微企业、创新发展和业务试点有较大的限制。

山东省地方金融监督管理局（山东省金融工作办公室）是山东省人民政府指定的地方金融监管部门，承担对区域性股权市场的日常监督管理职责，依法查处违法违规行为。

中国证监会及其派出机构对地方金融监管部门的区域性股权市场监督管理工作进行指导、协调和监督，对市场规范运作情况进行监督检查，对市场风险进行预警提示和处置督导。

按照国家规定，区域性股权市场定位是主要服务于所在省级行政区域内中小微企业的私募股权市场，是多层次资本市场体系的重要组成部分，是地方人民政府扶持中小微企业政策措施的综合运用平台。2017年5月，中国证监会发布《区域性股权市场监督管理试行办法》（以下简称《办法》）统一了区域性股权市场的业务和监管规则。《办法》是区域性股权市场长期健康发展的纲领性、指导性文件。2020年3月实施的《证券法》第九十八条明确规定，“按照国务院规定设立的区域性股权市场为非公开发行证券的发行、转让提供场所和设施，具体管理办法由国务院规定”。《证券法》首次在法律层面赋予区域性股权市场法定的地位和功能，即区域性股权市场是非公开发行转让证券的资本市场，是我国多层次资本市场的重要组成部分。

2021年11月，山东省金融监督管理局会同山东证监局完成了对齐鲁股权年度现场检查，针对现场检查中发现的风险隐患，督促企业加强整改。不断强化区域股权市场信息报送要求，提高非现场监管能力。细化信息报送要求，加强对报送信息的风险分析，不断完善区域股权市场信息共享机制。

四、下一步工作打算

下一步，山东省地方金融监督管理局将继续推动区域性股权市场持续发挥多层次资本市场的“塔基”作用，进一步提高服务能力和运营效率，实现业务、服务线上化，提升挂牌企业质量；进一步加强与企业的日常对接交流，对出现重大问题的企业及时摘牌清退；进一步完善融资产品体系，嫁接更多资源，探索股权、银行贷款、平台合作、咨询等多维度合作模式；进一步抓好风险防控，持续加强制度建设、优化风控流程，探索风控环节前置，推动风控人员深入一线，提高风控精准性和有效性；进一步完善风控体系、做好风险防控工作，更好地服务山东省实体经济发展。

（何昌锴）

附表1

山东省区域性股权市场主要统计指标

项目	2017年	2018年	2019年	2020年	2021年	2021年同比增幅（%）
挂牌企业数量（家）	5,664	7,851	9,812	11,631	12,893	9.96
其中：挂牌民营企业数量（家）	3,394	4,690	5,767	6,772	7,446	9.90
齐鲁股权交易中心挂牌企业数量（家）	2,270	3,161	4,045	4,859	5,447	10.80
融资总额（亿元）	410.00	486.00	621.00	778.98	1,015.75	30.40
其中：直接融资总额（亿元）	200.00	220.00	278.00	305.28	390.16	27.80
间接融资总额（亿元）	210.00	266.00	343.00	473.70	625.59	32.60

附表2

山东省区域性股权市场名录

序号	单位名称	单位地址	单位电话
1	齐鲁股权交易中心有限公司	山东省淄博市张店区人民西路228号金融大厦3、4、20、21、22层	0533—2773233
2	青岛蓝海股权交易中心有限责任公司	山东省青岛市崂山区松岭路169号国际创新园B座17层B1、B2	0532—66729039

山东省典当行概况

截至2021年末，山东省取得经营许可证的典当行法人机构共有317家，注册资本91.18亿元；2021年实现典当总额163.44亿元、年末典当余额71.47亿元，全年绝当金额2.22亿元、实现净利润0.77亿元。

典当行业的监管方式为省级地方金融监管部门行政许可、先照后证、后置审批，注册资本为实缴制，主要监管依据是《典当管理办法》（商务部、公安部2005年第8号令）、《商务部关于印发〈典当行业监管规定〉的通知》（商流通发〔2012〕423号）、《关于加强典当行监督管理的通知》（银保监办发〔2020〕38号），监管方式为每年开展年审和抽查。行业监管工作按照分级管理、分级负责的原则，强化属地管理责任。按照《典当行业监管规定》，省、市、县主管部门均有监管职责。

2021年，根据中国银保监会要求，为减轻典当行年审负担，山东省地方金融监督管理局在全省范围内选取110家典当行进行年审。按照年审工作要求，选聘两家会计师事务所依据资料审查和现场检查情况对每家典当行出具专项审计报告。经现场检查、综合日常监管情况，确定69家典当行通过年审，并通过官网将年审结果进行公示。年审发现存在违规行为的典当行有41家，由各市地方金融监管部门继续督促其整改。同时，加大行政检查力度，强化现场监管。按照全省统一部署，2021年会同省公安厅开展了“双随机、一公开”联合检查工作，对6家典当行的合规经营情况进行现场检查，通过现场检查，进一步督促企业依法合规经营。

通过年审和检查发现，典当行开展业务时主要存在信息填报不准确、现金存入个人账户、擅自变更公司登记事项、超范围经营、超比例放款、发放信用贷款等问题。但从整体来看，一年来典当行业务规范化程度有了明显提高，大部分典当行能够依法合规经营。

山东省地方金融监督管理局支持社会信誉良好、经营管理规范、资本实力雄厚、财务状况稳健、具备持续盈利能力的市场主体在省内设立典当行、开展典当业务；鼓励已设立的典当行增加注册资本，增强抵御风险和服务实体经济的能力。2021年全省共审批设立10家典当行，为82家典当行做了事项变更并换发许可证；本着安全、便民的原则，印发了11万份当票续当凭证，并及时发放至各典当行，保障了典当业务顺利开展。

2021年，为进一步规范山东省典当行行为、促进典当行业的健康发展，山东省地方金融监督管理局指导协会组织开展了一系列培训学习活动。通过组织会员单位开展票据、民品等典当业务知识分享课堂，聘请会计师事务所对典当行年审进行专项培训，组织聊城、威海等地会员单位进行座谈交流等一系列活动，引导典当行提升从业人员素质、提高经营管理能力，不断拓展业务领域。

下一步，山东省地方金融监督管理局将在做好典当行日常监督管理工作的基础上，继续加大培育市场主体力度，增强典当行业服务实体经济的能力。同时，根据中国银保监会要求继续开展典当行年审工作，强化非现场监管工作，及时掌握各典当行的经营情况，指导行业健康有序发展。

（臧家钦）

附表1

山东省典当行主要业务指标

单位：亿元

项目	2017年	2018年	2019年	2020年	2021年	2021年同比增幅（%）
典当行法人机构数量（家）	501	512	248	303	317	4.62
合计注册资本	124.86	124.44	78.27	90.49	91.18	0.76
总资产	—	—	—	98.74	108.19	9.57
主营业务收入	—	—	—	4.34	5.17	19.12
净利润	—	—	—	-0.21	0.77	466.67
典当总额	155.06	155.45	120.33	145.41	163.44	12.40
典当余额	76.25	81.72	61.43	68.09	71.47	4.96
绝当金额	—	—	—	2.24	2.22	-0.89

附表2

山东省典当行名录

序号	单位名称	单位地址	单位电话
1	济南邦联典当有限责任公司	山东省济南市经十路21700号	0531—87060408
2	济南必达典当有限责任公司	山东省济南市市中区普利门三角地绿地普利中心6号楼2102	0531—88509999
3	济南汇鑫源典当有限公司	山东省济南市长清区经十西路7888号	0531—87453887
4	济南金控典当有限公司	山东省济南市经十路12111号中润世纪中心2号楼119	0531—82158877
5	济南九鼎典当有限公司	山东省济南市平阴县锦东大街东段南侧	0531—82912988
6	济南九龙典当有限责任公司	山东省济南市市中区七里山郎茂山路丽景苑第1号铺位114号	0531—88888365
7	济南君和典当有限公司	山东省济南市高新区龙奥北路1577号龙奥天街主办公楼2907	0531—55510578
8	济南鲁信银丰典当有限公司	山东省济南市长清区大学路7988号银丰公馆小区9号楼2—102，2—103	0531—87257778
9	济南市将军典当有限责任公司	山东省济南市历下区龙奥西路1号银丰财富广场3号楼2204—2	0531—81956609
10	济南市龙祥典当有限公司	山东省济南市天桥区和信花园6—101室	0531—87060777
11	济南市普丰典当有限责任公司	山东省济南市历下区泺源大街29号	0531—62335999
12	济南市天元典当有限责任公司	山东省济南市章丘区枣园街道北首济青路北（龙泉大道与府前街十字路口西北侧）	0531—83789986
13	济南市万永典当有限责任公司	山东省济南市历下区山大路47号数码港大厦1—113室	0531—83196356
14	济南市新融典当有限责任公司	山东省济南市经十一路36号	0531—82050617
15	济南循善诚典当有限责任公司	山东省济南市市中区建设路85号三箭如意苑23、24号楼如意苑商街一区部分1—108	0531—67881619
16	济南银特典当有限责任公司	山东省济南市市中区阳光舜城二区N6号楼1单元101一层	0531—82603813
17	济南中财典当有限公司	山东省济南市历城区二环东路2828号三箭孔子文化大厦14层东厅14—6号	0531—67886045
18	山东铭盛典当有限公司	山东省济南市莱芜区吕花园社区新建商业街50号	0531—76213777
19	山东英大典当有限公司	山东省济南市历下区千佛山西路3号	0531—67890075
20	济南国信典当有限公司	山东省济南市市中区英雄山路129号祥泰广场8号楼103	18660185767
21	山东金元典当有限公司	山东省济南市市中区玉函路228号	0531—86032136
22	山东省鲁信典当有限责任公司	山东省济南市中国（山东）自由贸易试验区济南片区工业南路山钢新天地7栋2单元105	0531—86566506
23	济南舜发典当有限公司	山东省济南市莱芜区龙丰街西侧南第四座沿街楼	0531—76232911
24	济南隆礼德典当有限责任公司	山东省济南市中国（山东）自由贸易试验区济南片区崇华路以东世纪财富中心C座1008	0531—83220396
25	济南市银通典当有限公司	山东省济南市历下区奥体中路西燕山新居沿街房	0531—82665668
26	济南华夏鼎诚典当有限公司	山东省济南市天桥区明湖西路和信花园10号楼105	18853187117
27	山东嬴诺典当有限公司	山东省济南市莱芜区鹏泉西大街新东方华庭33号楼	15006341735
28	山东盛瑞典当有限公司	山东省济南市莱芜区胜利南路8号	0531—76506889
29	沂源县紫成典当有限责任公司	山东省淄博市沂源县城健康路4号	0533—3223186

续表1

序号	单位名称	单位地址	单位电话
30	淄博德惠典当有限公司	山东省淄博市周村区周隆路7226号（方达电子商务园A座一楼西）	0533—3551788
31	淄博富隆典当有限公司	山东省淄博市张店区联通路世纪花园13组团120号商业办公楼1单元010103号	15589377077
32	淄博鸿开典当有限公司	山东省淄博市沂源县县城健康路北首	0533—3248888
33	淄博齐鑫典当有限公司	山东省淄博市临淄区齐都花园甲9号楼8号营业房	13335238108
34	淄博荣宝典当有限公司	山东省淄博市张店区共青团西路62号荣宝斋大厦1层0112号	0533—2270132
35	淄博瑞丰典当有限公司	山东省淄博市高新区柳泉路348号金信银都花园沿街商业房甲1号	0533—3786111
36	淄博市银河典当有限责任公司	山东省淄博市张店区新世界商业街北段38号	0533—3174533
37	淄博泰和典当有限公司	山东省淄博市博山区沿河西路45号	0533—4616888
38	山东万祥典当有限公司	山东省淄博市高新区铭波路16号名士豪庭10号楼8	15689030110
39	淄博业兴典当有限公司	山东省淄博市张店区柳泉路93号甲5	0533—3125666
40	淄博亿嘉典当有限公司	山东省淄博市张店区联通路20—7号	0533—2188111
41	淄博裕丰典当有限公司	山东省淄博市临淄区牛山路332号	0533—7198088
42	淄博远方典当有限公司	山东省淄博市张店区共青团西路26号	0533—2218956
43	淄博志远典当有限公司	山东省淄博市张店区共青团西路86号	0533—2305556
44	淄博民泰典当有限公司	山东省淄博市张店区联通路288号淄博民泰房地产开发有限公司1楼南101室	0533—3113588
45	山东德成典当有限公司	山东省淄博市高新区鲁泰大道99号汇金大厦4楼010402室	—
46	山东信华典当有限公司	山东省滕州市解放中路中央城B区B4—B5沿街营业房	0632—5085198
47	山东兄弟典当有限公司	山东省枣庄市市中区人民路2号	0632—8999999
48	滕州市华夏典当有限责任公司	山东省滕州市步行街府前路6号（北区）	0632—5519220
49	滕州市商业典当有限责任公司	山东省滕州市府前中路49号	0632—5516394
50	山东顺成典当有限公司	山东省枣庄市市中区人民西路9号	0632—3175888
51	东营诚信典当有限责任公司	山东省东营市东营区大渡河路415号办公楼108室	0546—7779767
52	东营海丰典当有限责任公司	山东省东营市东营区曹州路282号水城庄园文景城39—112号商铺	0546—8320977
53	东营聚宝龙典当有限公司	山东省东营市东营区南一路280号	0546—8300089
54	东营荣盛典当有限责任公司	山东省东营区汾河路365号	0546—7399799
55	东营市黄河口典当有限责任公司	山东省东营市东营区沂河路619号	0546—8203368
56	东营市乐安典当有限责任公司	山东省东营市东营区沂河路7号	0546—8927999
57	东营市众泰典当有限责任公司	山东省东营市东营区南一路333号1	13176609067
58	东营鑫浩典当有限公司	山东省东营市开发区辽河路101号102室	15066037399
59	东营银丰典当有限公司	山东省东营市经济开发区南一路237号1楼	0546—7761336
60	山东鼎盛典当有限公司	山东省东营市广饶县亿丰国际时代广场B1—7、8	0546—6662277
61	山东富通典当有限公司	山东省东营市东营区南一路257号	15318319766
62	山东万泰典当有限公司	山东省东营市东营区北一路747号	0546—8275888
63	东营市金都典当有限公司	山东省东营市东营区黄河路686号	13181400828
64	东营市鑫泰典当有限公司	山东省东营市东营区府前大街55号5号楼1楼	0546—8315678
65	东营市阳光典当有限责任公司	山东省东营市东营区	0546—8107777

续表2

序号	单位名称	单位地址	单位电话
66	山东瑞祥典当有限公司	山东省东营市东营区千佛山路万海金地A座1507室	15288888488
67	山东尚鑫典当有限公司	山东省东营市东营区北二路999号	13854680990
68	山东恒隆典当有限公司	山东省东营市东营区南一路280号	0546—8300083
69	东营汇金典当有限公司	山东省东营市垦利区景苑路10号	13589994115
70	东营市鑫元典当有限公司	山东省东营市东营区南一路261号	0546—6093009
71	东营市仁和典当有限责任公司	山东省东营市东营区庐山路1188号	0546—7361868
72	烟台融鑫典当有限责任公司	山东省烟台市蓬莱区登州街道市府路1号	0535—5643857
73	山东融汇典当有限公司	山东省烟台市经济技术开发区黄山路14号丽马网点5号	0535—6163333
74	烟台诚盈典当有限公司	山东省烟台市芝罘区南大街99号	0535—2119318
75	烟台城发典当有限责任公司	山东省烟台市高新区科技大道59号海科大厦1506号	0535—6907991
76	烟台德信典当有限责任公司	山东省烟台市福山区福新路190号	0535—6359888
77	烟台富邦典当有限公司	山东省烟台市芝罘区环山路52号	0535—6200699
78	烟台高信典当有限公司	山东省烟台市芝罘区化工路118号208、306、409房间	0535—6512602
79	烟台广源典当有限公司	山东省烟台市芝罘区大马路52号世茂天际B座4911室	0535—6206802
80	烟台华和典当有限公司	山东省烟台市芝罘区南大街267号一楼网点	18663887703
81	烟台市协群裕泰典当有限公司	山东省烟台市芝罘区青年南路1108号社区服务中心	13805357930
82	烟台元亨典当有限公司	山东省烟台市芝罘区大海阳路71号—010、011、012号	0535—6810000
83	烟台正海典当有限公司	山东省烟台市中国（山东）自由贸易试验区烟台片区烟台开发区衡山路6号	0535—6932963
84	烟台智库典当有限公司	山东省烟台市芝罘区只楚路19号、13号楼附2	15253520809
85	山东中金典当有限公司	山东省烟台市芝罘区北大街53号	0535—6606059
86	烟台富泉典当有限公司	山东省烟台市芝罘区机场路125号	0535—6013650
87	烟台广信典当有限公司	山东省烟台市芝罘区南大街15—16号	0535—6860551
88	烟台恒丰典当有限责任公司	山东省烟台市芝罘区环山路付199号	0535—6910803
89	烟台市中援典当有限责任公司	山东省烟台市莱山区观海路75号付3号	0535—6888565
90	烟台中一典当有限公司	山东省烟台市芝罘区奇山环山96号第一国际写字楼31层3101—3102室	0535—6095338
91	海阳市方圆典当有限公司	山东省海阳市海阳路243号	0535—3298414
92	山东华盈典当有限责任公司	山东省烟台市莱山区龙珠路10号	18553502896
93	烟台大册典当有限公司	山东省烟台市栖霞金苹果绿苑商业街北区A座117、217铺	0535—5553456
94	烟台海川典当有限公司	山东省龙口市龙口环海路东央格庄商住楼116铺	13376456177
95	招远市金城典当有限责任公司	山东省招远市温泉路338号	0535—8213935
96	烟台市川汇典当有限责任公司	山东省烟台市福山区民丰路丽浩福仕汇106—1号	0535—6351088
97	莱阳市瑞祥典当有限责任公司	山东省莱阳市大寺街11号楼	0535—7577667
98	烟台市晟成典当有限责任公司	山东省烟台市牟平区通海路186号	0535—4717998
99	山东三义典当有限公司	山东省潍坊市临朐县城关街道民主路3858号	0536—3610188
100	潍坊市滨海裕丰典当有限责任公司	山东省潍坊市滨海区央子街道观海路00399号裕源大厦807	15863636011
101	潍坊市恒昌典当有限责任公司	山东省潍坊市高新区东方路龙居苑1号商03	0536—8881909
102	潍坊天合典当有限责任公司	山东省潍坊市潍城区东风西街277号1号楼098	0536—8257677
103	安丘天瑞典当有限责任公司	山东省安丘市兴安街道兴安路171号	0536—4282588
104	青州市中和典当有限责任公司	山东省青州市范公亭东路3333号	0536—3290828

续表3

序号	单位名称	单位地址	单位电话
105	山东广垠典当有限公司	山东省潍坊市奎文区胜利街4619号南湖社区2号楼7单元102室	0536—8896286
106	山东黑石国际典当有限公司	山东省潍坊市潍城区南关街道健康西街507号1号楼9	0536—8907777
107	潍坊荣诚典当有限公司	山东省潍坊市临朐县城新华路66号	0536—3371188
108	潍坊市融通典当有限责任公司	山东省潍坊市潍城经济开发区东风西街以北、彩虹路以西豪德二期商务公寓D429号	0536—2256568
109	潍坊友利典当有限公司	山东省潍坊市奎文区潍州路766号中央丽景小区28号楼02号	0536—8251676
110	潍坊运气堂典当有限公司	山东省潍坊市高新区桐荫街以北金马路以东银枫家园3号楼106号商铺	0536—8838888
111	诸城裕豐隆典当有限公司	山东省诸城市繁荣路111号繁荣苑4号商铺	0536—6339999
112	潍坊大有典当有限公司	山东省潍坊市高新区福寿东街4988号	0536—6107777
113	潍坊陆洋典当有限公司	山东省潍坊市坊子区龙泉街南侧陆洋小区1号楼东9	0536—2102108
114	济宁市鹏达典当有限公司	山东省济宁市任城区李营街道翠都国际AB裙房一层西南侧105号房	0537—3518888
115	济宁市永大典当有限责任公司	山东省济宁市济安桥路东中区法院西	0537—2782266
116	曲阜市东泰典当行有限公司	山东省曲阜市礼宾路9号	0537—4433003
117	山东恒祥典当行有限公司	山东省济宁市泗水县泉源大道（中兴新城第E区一、二层40号房）	13705371918
118	邹城市矿区典当有限责任公司	山东省邹城市凫山路中段	0537—5386753
119	济宁融翔典当有限责任公司	山东省济宁市任城区李营街道共青团路西（鑫声玉城）B地块商业综合楼01单元1—2层0127—0128号房	0537—7917777
120	山东省森海典当有限责任公司	山东省邹城市西外环路1888号	0537—5060777
121	山东万通典当有限公司	山东省曲阜市大成路南段路东（城区）	0537—4411055
122	济宁金典典当有限责任公司	山东省济宁市高新区洸河街道吴泰闸路阳光润泽园1A号楼东数第六间营业房	0537—6161111
123	济宁市惠诚典当有限公司	山东省济宁市任城区古槐街道环城北路19号关帝庙金融街8号楼一楼南第一间商铺	0537—2176577
124	济宁北汇典当有限责任公司	山东省济宁市汶上县圣泽大街路北（礼佛大道7号楼）	0537—7285111
125	山东润银典当有限责任公司	山东省泰安市长城路78号时代明珠商务大厦15层B6号	18553829899
126	山东盛鼎典当有限公司	山东省泰安市泰山区泰前街道普照寺路5号	0538—8780030
127	泰安九通典当有限公司	山东省泰安市东平县经济开发区	15169814111
128	泰安市恒丰典当有限公司	山东省泰安市长城路北段世纪大厦	0538—6986333
129	泰安市宏兴典当有限公司	山东省泰安市岱岳区长城路96号天龙国际大厦A座107号	0538—8027666
130	泰安市库丰典当有限公司	山东省泰安市泰山区长城路东侧天龙国际大厦B座1604号	0538—6369603
131	泰安市瑞丰典当有限责任公司	山东省泰安市泰山大街以北长城立交桥以西沿街商业楼5号	0538—8411088
132	泰安市盛泰典当有限公司	山东省泰安市泰山区高科技产业园起步区B9—2号	0538—6205777
133	泰安市泰信典当有限责任公司	山东省泰安市泰山区普照寺路5号	0538—6286283
134	泰安市银丰典当有限责任公司	山东省泰安市泰山区红门路58号	0538—6302819
135	泰安市正大典当有限公司	山东省泰安市五环小区一期26#楼	18605383385

续表4

序号	单位名称	单位地址	单位电话
136	泰安众信典当有限公司	山东省泰安市长城路兴隆嘉园1号楼	18653872689
137	泰安盛宝胜典当有限公司	山东省泰安市岱岳区长城路以西，灵山大街以北兴隆嘉园1号楼105户	0538—5363756
138	泰安市汇丰典当有限公司	山东省泰安市灵山大街268号巨菱枫景园1号楼	0538—8806988
139	泰安市泰山乾通典当有限公司	山东省泰安市山东泰山工业园区博阳路56号	0538—8788686
140	新泰市信和典当有限公司	山东省新泰市新汶大街中段	15053880708
141	荣成市好当家典当有限公司	山东省荣成市南山南路80号	0631—7593895
142	山东润丰典当有限公司	山东省威海市环翠区鲸园街道戚谷疃小区北区612	0631—5186196
143	威海佰川典当有限公司	山东省威海市世昌大道—146号—307、世昌大道—146号—308	0631—5255789
144	威海宝丰典当有限责任公司	山东省威海市齐鲁大道—65—1号	0631—5355555
145	威海恒德典当有限公司	山东省威海市火炬高技术产业开发区世昌大道150—5号	0631—5299918
146	威海汇钰典当有限公司	山东省威海市经济技术开发区海滨南路6号一楼东	0631—5917555
147	威海金玖典当有限公司	山东省威海市环翠区统一路附17号—202	0631—5659666
148	威海盛宝典当有限公司	山东省威海市昆明路—82号309—310室	0631—5191666
149	威海市百源典当有限责任公司	山东省威海市文登区环山办环山路57—2	18563192037
150	荣成成山典当有限公司	山东省荣成市南山北路98号	0631—7528377
151	威海富强典当有限责任公司	山东省威海市文登区山川文苑文欣园1—2号	0631—8366777
152	荣成市赤山典当有限公司	山东省威海市荣成市石岛斥山西路3号	0631—7317999
153	威海上利典当行有限公司	山东省威海市环翠区竹岛街道山海顺沁园—3号—5	0631—5965355
154	威海市融亿通典当有限公司	山东省威海市火炬高技术产业开发区怡园街道文化中路80号楼	13034564089
155	威海瑞通典当有限公司	山东省威海市文化东路45—9号—6—7	0631—5807925
156	日照瑞通典当有限责任公司	山东省日照市东港区文登路288号望海商务办公楼一楼沿街	0633—3699898
157	日照尚益典当有限责任公司	山东省日照市东港区济南路与威海路交会处新城花园20号楼沿街	0633—8663688
158	日照市宝汇典当有限公司	山东省日照市经济开发区北京南路海纳现代城001幢13单元123号	13706332991
159	日照市鼎丰典当有限责任公司	山东省日照市东港区山东路599号（日百依河园小区沿街）	0633—8577716
160	日照兴业典当有限公司	山东省日照市东港区泰安路兴业世纪城16号楼203室	18606336806
161	日照晟丰典当有限公司	山东省日照市莒县城阳街道青岛路万和城北区沿街36号	18763389000
162	莒县金鑫典当有限责任公司	山东省日照市莒县城阳镇岳家村社区银杏大道南侧沭景嘉园沿街	13001599056
163	日照大华典当有限公司	山东省日照市东港区山东路615—2号（山东路北、枣庄路西“河左岸二期”001幢06单元114号）	0633—2288119
164	日照共生典当有限责任公司	山东省日照市东港区绿舟南路68号辉煌国际海港城二区001幢16单元16—191号	0633—3328588
165	日照市诚信典当有限责任公司	山东省日照市泰安路南侧、文登路东	0633—3996588
166	日照市鑫磊典当有限公司	山东省日照市东港济南路257号兴业银河华府002撞1单元106号	0633—2171117

续表5

序号	单位名称	单位地址	单位电话
167	山东恒业典当有限公司	山东省日照市东港区海曲东路南文登路西太阳海岸007幢11单元11—125号	13606331910
168	五莲汇丰典当有限责任公司	山东省日照市五莲县富强路日照银行北沿街房	18263366006
169	临沂市金源典当有限责任公司	山东省临沂市兰山区柳青街道沂蒙路与天津路交会处杏坛文化家园沿街E号楼106室	0539—7977199
170	临沂市胜盈典当有限公司	山东省临沂市兰陵县卞庄街道顺和路西段南侧绿地佳园沿街商铺7号	13969963337
171	临沂文轩典当有限公司	山东省临沂市河东区东兴路与育英街交会处沂河文化城商业办公楼	15153907611
172	山东宝舜典当有限公司	山东省临沂市河东区凤凰大街颐东大厦7楼	0539—8086789
173	山东裕鑫典当有限公司	山东省临沂市兰陵县城区滨河西路北段西侧家天下沿街1幢商铺03	15106494444
174	莒南县玉丰典当有限公司	山东省临沂市莒南县新建路16号	18553908299
175	临沂金波源典当有限公司	山东省临沂市兰山区沂州路与金三路交会金泰华府南府28号楼沿街	13905398678
176	临沂聚丰典当股份有限公司	山东省临沂市莒南县隆山路北段阜丰时代城1号楼	0539—7211199
177	临沂市隆盛典当有限责任公司	山东省临沂市兰山区北园路327号	13305497691
178	临沂市沂州典当有限责任公司	山东省临沂市兰山北京路37号临商大厦25楼	0539—8155066
179	临沂万隆典当有限公司	山东省临沂市罗庄区欧洲街72号	0539—7200222
180	临沂鑫久隆典当行有限公司	山东省临沂市兰山区解放路与八腊庙街交会南侧	0539—7116666
181	山东保力典当有限公司	山东省临沂市兰山区蒙山大道与涑河南街交会处台湾城2C号楼一层138号	17862281678
182	山东国玺典当有限公司	山东省临沂市兰山区柳青街道武汉路与沭河路交会西休格兰沿街103号	18805397529
183	山东凯麟典当有限公司	山东省临沂市兰山区北园路涑堤春晓A—19号楼	18669326186
184	山东蒙山典当有限公司	山东省临沂市兰山区柳青街道济南路与文峰山路爱琴海沿街109	13468198831
185	山东省国安典当有限公司	山东省临沂市兰山区沂州路407号（与金七路交会处）	13791533014
186	山东玉皇典当有限公司	山东省临沂市莒南县天桥路273号（玉皇家园小区）	0539—7910363
187	临沂市源丰典当有限公司	山东省临沂市兰山区琅琊王路北段0001号1号楼101	0539—3593088
188	临沂汇金典当有限公司	山东省临沂市兰山区北园路221号1号楼	0539—2022277
189	山东天元典当有限公司	山东省临沂市兰山区银雀山路63号	0539—8253009
190	山东中福典当有限责任公司	山东省临沂市蒙阴县蒙阴街道云蒙路富乐国际广场	0539—4512888
191	山东阿凡提典当有限公司	山东省临沂市沂南县界湖街道人民路中段正阳大厦	13686396862
192	临沂市新世纪典当有限公司	山东省临沂市兰山区通达路367号	13355398976
193	山东乾掌柜典当有限公司	山东省临沂市兰山区通达路与涑河北街交会处左岸2012小区2号楼107室	0539—6800007
194	临沂市万福典当有限责任公司	山东省临沂市兰山区银雀山路169号	0539—7111133
195	临沂龙飞典当有限公司	山东省临沂市兰山区通达路与涑河北街交会东左岸2012小区2号楼108	0359—7308888
196	乐陵市天信典当有限责任公司	山东省乐陵市兴隆南大街290号	0534—6227927
197	庆云县融兴典当有限公司	山东省德州市庆云县中心北街508号附1号	0534—3322416

续表6

序号	单位名称	单位地址	单位电话
198	山东泰和典当有限公司	山东省禹城市商城丽江街东首路北168号沿街楼三楼301室至306室	18653479227
199	德州恒泰典当有限公司	山东省德州市经济技术开发区宋官屯街道康博南大道333号德百花园玫瑰园小区商业楼C单元3层6号	0534—2770888
200	山东鲁海典当有限公司	山东省德州市东风东路世纪花城小区9号楼2单元3号门市	13053494498
201	德州市银海典当有限责任公司	山东省德州市德城区共青团路992号	13805348698
202	聊城市昌润典当有限责任公司	山东省聊城市东昌府区新区街道东昌中路3号昌润莲湖大厦22层	0635—8389122
203	聊城正泰典当有限公司	山东省聊城市茌平县建设路与枣乡街交会处	0635—2989266
204	山东东元典当有限公司	山东省聊城市经济开发区东昌东路177号当代国际广场核心商务区财智大厦24层	0635—6170077
205	聊城市鲁信典当有限责任公司	山东省聊城市经济开发区黄山南路1号凯旋大厦B单元1706号	15266863066
206	聊城市盛融典当有限公司	山东省聊城经济技术开发区东昌东路62号宝龙花园8号办公楼6楼	13963561969
207	山东鑫元典当有限责任公司	山东省聊城市东昌府区建设西路南卫育路东海润公园7幢1—2层	17560382240
208	冠县瑞祥典当有限公司	山东省临沂市冠县崇文街道冉子路建安商贸城1期电子商务产业园6层26号	0635—7125908
209	聊城元茂典当有限公司	山东省聊城市高新区华建一街财金大楼	18663567999
210	滨州北海汇泰典当行有限公司	山东省滨州市北海经济开发区富民路中段	0543—5071565
211	滨州诚帮典当有限公司	山东省滨州市渤海三路509号	0543—3288159
212	滨州银成典当有限公司	山东省滨州市黄河六路524号众成大厦	0543—3211966
213	滨州永泰典当有限公司	山东省滨州市滨城区黄河十一路937号	18854305539
214	惠民县汇丰典当有限公司	山东省滨州市惠民县武定府路296号	0543—5373888
215	山东财昌典当有限公司	山东省滨州市经济技术开发区渤海十八路黄河五路345号帝堡广场A座101商铺	0543—3336525
216	山东方舟典当有限公司	山东省滨州市黄河五路543—6号	15854660958
217	山东聚福典当有限公司	山东省滨州市黄河五路497号	0543—3279999
218	山东银泰典当有限公司	山东省滨州市博兴县博城四路215号	15854388777
219	无棣县丰泽典当有限责任公司	山东省滨州市无棣县商业街西首	0543—6335818
220	滨州市得瑞典当有限责任公司	山东省滨州市阳信县阳城五路917号	0543—8221222
221	滨州市鑫桥典当有限责任公司	山东省滨州市经济开发区黄河二路317号	13792274072
222	山东汇丰典当有限公司	山东省滨州市博兴县乐安大街375号(博昌街道办事处)	0543—2301122
223	山东亿融典当有限公司	山东省滨州市博兴县新城一路南首(锦秋街道北关社区)	0543—2979999
224	山东中通典当行有限公司	山东省滨州市滨城区黄河二路477号至尊门第44号楼104铺	18054505556
225	山东省博兴县济民典当有限责任公司	山东省滨州市博兴县博城三路109号	0543—2300076
226	无棣县润丰典当有限责任公司	山东省滨州市无棣县腾达大街北侧、棣新四路以东	0543—6856996
227	山东金鼎典当有限公司	山东省菏泽市高新区中华西路九为产业园E6—19	13688625709
228	山东省鸿福典当有限责任公司	山东省菏泽市曹县青菏街道夜街1号商铺	0530—7399999
229	菏泽市牡丹典当有限责任公司	山东省菏泽市黄河东路1566号	0530—5158838

续表7

序号	单位名称	单位地址	单位电话
230	山东德嘉典当有限责任公司	山东省菏泽市曹县清江路与青岛南路交叉口云图广场小区1号楼1—122—123号	15335305222
231	山东华银典当有限公司	山东省菏泽市郓城县万象世纪小区3—106	13355405100
232	山东润海典当有限公司	山东省菏泽市牡丹区牡丹街道大学路龙田府邸2号楼01005	0530—5687777
233	郓城聚源典当有限公司	山东省菏泽市郓城县金河路东段路南	13355405100
234	郓城县鹏搏典当有限公司	山东省菏泽市郓城县东门街南段路东	13355405100
235	东明三利典当有限公司	山东省菏泽市东明县五四路东段580号东方世纪城1号楼	13561309946
236	菏泽中润达典当有限公司	山东省菏泽市开发区怡景蓝湾3#楼01单元01室	0530—5659898
237	鄄城县鸿运典当有限责任公司	山东省菏泽市鄄城县鄄五路南段姜口村	13954111491
238	单县杜邦典当有限责任公司	山东省菏泽市单县时代花园北区南门东18米路北	15863492222
239	亿信华辰典当（济南）有限公司	山东省济南市长清区文昌街道街道文昌路银东商城1—3号	13853119991
240	济南天亿典当有限公司	山东省济南市长清区中川街中段路北142号3—101室	18678839166
241	德州市恒融典当有限公司	山东省德州市德城区新湖街道新湖北路23号	18553449799
242	山东泽澎典当行有限公司	山东省临沂市罗庄区盛庄街道宝丽未来城A区A16号楼104室	17662857183
243	青岛景福典当有限公司	山东省青岛市市南区南京路118—3号	18031366213
244	青岛金鼎典当有限公司	山东省青岛市市南区闽江路66号乙1—2层网点	0532—85830387
245	青岛融通典当有限公司	山东省青岛市市南区东海西路26号四号楼A座	0532—66062770
246	青岛融顺典当有限责任公司	山东省青岛市市南区漳州路106号1—2层网点	0532—85762488
247	青岛中元籴焜典当有限责任公司	山东省青岛市市南区香港中路10号105户	0532—88030000
248	青岛市公利典当行有限责任公司	山东省青岛市市南区湖北路29号	0532—82892636
249	青岛市融信典当有限责任公司	山东省青岛市市南区燕儿岛路7号珠海路7—8号	0532—88903333
250	青岛市宇泰典当有限公司	山东省青岛市市南区澄海路28—21号	0532—86677500
251	山东中福润典当有限公司	山东省青岛市市南区江西路93号	0532—85981333
252	青岛德易顺典当行有限公司	山东省青岛市市北区敦化路128号	0532—55578187
253	青岛广丰典当有限公司	山东省青岛市市北区台柳路280号甲16号	13687628006
254	青岛恒信典当有限公司	山东省青岛市市北区延安路26号	0532—80929777
255	青岛锦泽典当有限责任公司	山东省青岛市市北区北仲路51—53号	0532—83652977
256	青岛利群典当有限公司	山东省青岛市市北区徐州北路170号宇恒大厦1层D户	0532—82669907
257	青岛齐鲁瑞丰典当有限公司	山东省青岛市市北区鞍山一路127号	0532—83711708
258	青岛万策典当有限公司	山东省青岛市市北区辽宁路73号	0532—88707919
259	青岛信邦典当有限公司	山东省青岛市市北区敦化路120号中锦大厦2层202户	0532—85650989
260	青岛信达荣昌典当行有限公司	山东省青岛市市北区热河路57号	0532—82736674
261	青岛银丰泰典当有限公司	山东省青岛市市北区长沙路33号(万科紫台)91号商铺	0532—68893966
262	青岛市金达典当行有限责任公司	山东省青岛市市北区辽宁路49号	0532—83810288
263	青岛吉一典当有限责任公司	山东省青岛市李沧区果园路3号	0532—87687171
264	青岛居正典当行有限公司	山东省青岛市李沧区九水东路37—41号	0532—87690311
265	青岛同泰典当有限责任公司	山东省青岛市李沧区通真宫路103号	18366244444
266	青岛鑫都典当有限公司	山东省青岛市李沧区黑龙江路850号—28	0532—66763166
267	青岛富海典当有限公司	山东省青岛市崂山区香港东路295号4号楼7号	0532—88969266

续表8

序号	单位名称	单位地址	单位电话
268	青岛海融典当有限公司	山东省青岛市崂山区中韩街道金岭花园A区17号楼1号网点	0532—82807297
269	青岛联德典当有限公司	山东省青岛市崂山区苗岭路17号金岭花园17号楼6号	0532—88893686
270	青岛瑞益典当有限公司	山东省青岛市崂山区香港东路458号	13181400828
271	青岛兴业典当有限责任公司	山东省青岛市崂山区香港东路297—3号	0532—88251706
272	青岛万里江典当有限公司	山东省青岛市崂山区深圳路230号檀香湾2号网点	0532—80991789
273	青岛凤凰岛典当有限公司	山东省青岛市黄岛区江山南路480号光谷研创中心6栋101室	0532—86993799
274	青岛港源典当有限公司	山东省青岛市黄岛区黄浦江路18栋1—2楼	0532—86728222
275	青岛汇海源典当有限公司	山东省青岛市黄岛区银沙滩路79号13#—08户	0532—83117766
276	青岛合兴利典当有限公司	山东省青岛市黄岛区太行山路21号网点	0532—86755333
277	青岛众信典当有限公司	山东省青岛市黄岛区太行山路67号	0532—86876166
278	青岛海智典当有限公司	山东省青岛市黄岛区香江路155号东方国际金融中心1层165号网点	0532—67790616
279	青岛金昶典当行有限公司	山东省青岛市黄岛区滨海大道路2059—42号户	0532—88159966
280	青岛建惠典当有限公司	山东省青岛市黄岛区源江路1楼6—2号	0532—86986668
281	青岛景明典当有限公司	山东省青岛市黄岛区井冈山路566号	0532—86888333
282	青岛盛客隆典当有限公司	山东省青岛市黄岛区灵山湾路（原人民路411号）	0532—86131017
283	青岛顺泰典当有限公司	山东省青岛市黄岛区武夷山路186号	15589881122
284	青岛信立德典当有限公司	山东省青岛市黄岛区珠山南路658号	0532—84121072
285	青岛兴一典当行有限公司	山东省青岛市黄岛区香江路东方国际金融中心610室	0532—68976888
286	青岛泽润典当有限责任公司	山东省青岛市经济技术开发区长江东路317号	0532—80982111
287	青岛舜耕典当有限公司	山东省青岛市城阳区春阳路280—19号1—3层	0532—80655822
288	青岛银盛泰典当有限公司	山东省青岛市城阳区文阳路600号泰馨苑项目600—2136、2137、2138号	0532—89227777
289	青岛市实益典当有限公司	山东省青岛市城阳区棘洪滩街道正阳西路北洪江河东	0532—87877333
290	青岛惠生典当有限公司	山东省青岛市即墨区潮海街道天井山一路577号	18669770067
291	青岛劝业典当有限公司	山东省青岛市即墨区文峰路592号	13791841975
292	青岛瑞金典当行有限公司	山东省青岛市即墨区通济街106号	13853268868
293	青岛市兴华典当有限责任公司	山东省青岛市即墨区墨城路551号	0532—88531864
294	青岛恒润典当行有限公司	山东省胶州市三里河街道高家台子村澳门路网点	0532—88279877
295	青岛日升昌典当有限公司	山东省胶州市北京东路177号40号楼商业1142号网点	0532—83987977
296	青岛友邦典当行有限公司	山东省胶州市厦门路北首	0532—83223333
297	青岛银通典当有限公司	山东省胶州市福州南路99号3—1—101	0532—86230666
298	山东三利源典当有限公司	山东省青岛市平度开发区海尔路43号	0532—88397609
299	青岛德弘典当有限公司	山东省莱西市烟台路98号丁—2	15588671777
300	青岛通源典当有限公司	山东省青岛市中国(山东)自由贸易试验区青岛片区前湾保税港区北京路49号天悦建材城商务楼1幢7a号（B）	17669640504
301	青岛一分钱典当行有限公司	山东省青岛市中国（山东）自由贸易试验区青岛片区前湾保税港区莫斯科路52号天智国际商品展示交易中心一层A202（B）	0532—86765570
302	山东隆泰昌顺典当有限公司	山东省济南市钢城区汶源街道月季园小区沿街楼	0531—76976366

续表9

序号	单位名称	单位地址	单位电话
303	菏泽市融聚通典当有限公司	山东省菏泽市牡丹区太原路中段西天荷御园2#01—01010号	18765027804
304	山东伟泓典当有限公司	山东省济南市莱芜高新区汇源大街13号	15606348666
305	淄博盈华典当有限公司	山东省淄博市桓台县果里大道336号锦上商业街A区A6—026、226号	—
306	山东银瓴典当有限公司	山东省淄博市张店区科苑街道华光路118号德泰堂国际商务大厦20层012009室	13561686363
307	烟台泰昌鑫典当有限公司	山东省烟台市蓬莱区蓬莱阁街道仙境路6号宝龙广场一号地块9号楼1单元109	0535—5933888
308	聊城圆沣典当有限责任公司	山东省聊城市经济技术开发区东昌路与东外环路交叉口向南200米路东（交运汽车城院内）	0635—8422913
309	山东财兴典当有限公司	山东省淄博市张店区马尚街道世纪路176甲9号	13905330180
310	德唯典当（山东）有限公司	山东省潍坊市潍城经济开发区工业四街591号北街建材城二期福润得大厦1号楼616	15866166793
311	潍坊柒星典当有限公司	山东省潍坊市高新区新城街道金马社区金马怡园36号10号商铺	18366327777
312	山东鸿祥典当有限公司	山东省济南市中国（山东）自由贸易试验区济南片区汉峪金谷A3—1—1305	0531—55554508
313	青岛鑫聚源典当行有限公司	山东省青岛市市南区四川路23号1—11/12一层	18678411111
314	山东吉明典当有限公司	山东省青岛市市南区泰州路20—5号	15898882638
315	青岛合泽兴晟典当有限公司	山东省青岛市李沧区惠水路618号甲5号	18561555562
316	青岛广智信德典当有限公司	山东省青岛市崂山区海口路77号9号网点、10号网点	—
317	青岛摩创典当有限公司	山东省青岛市黄岛区庐山路65—5号户	—

山东省融资租赁公司概况

截至2021年末，山东省辖内在市场监管部门注册登记的名称中含有“融资租赁”字样的法人机构共有878家（含商务部、国家税务总局批准设立的内资融资租赁公司18家），较上年减少241家；已纳入监管名单的29家，注册资本189.94亿元；实缴资本138.93亿元，资产总额314.00亿元，租赁资产总额233.88亿元。

2020年6月2日，中国银保监会出台了《关于印发融资租赁公司监督管理暂行办法的通知》（银保监发〔2020〕22号），对融资租赁企业经营规则、监管指标、监督管理、法律责任等方面作出新的规定和要求，并设置三年过渡期，通过分类处置推动融资租赁行业“减量增质”。

为加强对山东省融资租赁行业的监督管理、规范融资租赁公司的经营行为、防范经营风险、促进融资租赁行业健康发展，根据《中华人民共和国民法典》、《中华人民共和国公司法》、《融资租赁公司监督管理暂行办法》（银保监发〔2020〕22号）、《国家发展改革委 商务部关于印发〈市场准入负面清单（2020年版）〉的通知》（发改体改〔2020〕1880号）、《山东省地方金融条例》等有关规定，山东省地方金融监督管理局研究起草了《山东省融资租赁公司监督管理暂行办法》，于2021年12月1日正式印发，2022年1月1日起实施。

山东省融资租赁公司业务模式主要以直接租赁、售后回租为主，经营性租赁业务开展较少。国有融资租赁公司整体资产规模高于民营融资租赁公司资产规模。行业风险主要有：一是个别实际开展业务的企业存在偏离主业、超范围或违规经营等问题，或实际从事非法金融活动。如个别企业售后回租业务租赁物虚化，名为租赁物实为变相放款，给融资租赁行业的健康发展带来一定隐患。二是行业整体管理水平较低、风控意识不强、识别与化解风险的能力弱。由于融资租赁企业缺少专业从业人员，造成部分企业业务经营不规范。如租赁物所有权未发生实质性转移，发生风险后无法保证企业自身合法权益，导致租赁资产无法收回。三是大量"空壳""失联"机构长期处于"休眠"状态或者零业务，给行业带来一定的不良影响。这些企业可能沦为开展非法金融业务的载体和工具，容易滋生风险隐患。

根据中国银保监会《融资租赁公司监督管理暂行办法》的要求，山东省地方金融监督管理局持续开展融资租赁公司分类处置工作。2021年，山东省地方金融监督管理局对经过各市地方金融监督管理局初审的64家融资租赁公司进行现场检查，并对部分2020年检查后已整改到位的融资租赁公司进行现场验收，符合监管要求的35家融资租赁公司已对外公示，在报中国银保监会备案后纳入监管名单；对未通过市级初审及经审计检查定为非正常经营、违法违规经营的公司，由各市地方金融监督管理局继续抓好整改落实，合格一批纳入正常监管一批；对确无整改意愿的公司，积极引导退出行业。

在做好监管工作的同时，山东省地方金融监督管理局积极做好服务，培育发展市场主体，对有设立、变更需求的机构进行辅导，经辅导后符合监管要求的，会商市场监管部门帮助企业完成注册登记、变更，从而进一步优化省内营商环境，不断促进山东省融资租赁公司更好地服务当地实体经济。

下一步，山东省地方金融监督管理局将按照"补短板、严监管、防风险、促规范"的原则，持续加强和完善融资租赁公司分类监管工作，引导行业规范有序发展，对过渡期内符合监管要求的融资租赁公司及时纳入监管名单，推动行业实现高质量发展。

（朱 萍）

附表1

山东省融资租赁公司主要业务指标

单位：亿元

项目	2017年	2018年	2019年	2020年	2021年	2021年同比增幅（%）
已纳入监管名单机构数量（家）	—	—	—	29	29	—
合计注册资本	—	—	—	189.94	189.94	—
资产总额	—	—	—	280.05	314.00	12.12
总负债	—	—	—	90.16	87.93	-2.47
租赁资产总额	—	—	—	198.28	233.88	17.95
不良租赁资产余额	—	—	—	5.83	7.20	23.50

附表2

山东省融资租赁公司名录

序号	单位名称	单位地址	单位电话
1	长城融资租赁有限责任公司	山东省济南市经七路88号	0531—82097799 13608921788
2	国融（国际）融资租赁有限责任公司	山东省济南市市中区纬二路51号山东商会大厦A座29层	13969055662
3	济南金控国际融资租赁有限公司	山东省济南市经十路9999号黄金时代广场D座19层1902室	15153109800
4	山东国智民生融资租赁有限公司	山东省济南市历下区二环东路5079号和瑞广场B座707	13806356860
5	山东乾泰融资租赁有限公司	山东省济南市经十路22799号和谐广场银座中心2号楼23层2312室	18615631616
6	山东惠金融资租赁有限公司	山东省济南市中国（山东）自由贸易试验区济南片区经十路汉峪金谷A2区3栋6楼605室	13854795002
7	汇鼎租赁有限公司	山东省济南市高新区舜华路2000号舜泰广场1号楼A区11层1102室	13287010013
8	山东鸿华融资租赁有限公司	山东省济南市经十路7000号汉峪金融商务中心A4—（4）办公楼30层3004室	13864054582

续表

序号	单位名称	单位地址	单位电话
9	山东祥达融资租赁有限公司	山东省济南市高新区经十东路以南济南出口加工区海关卡口办公楼东楼一层1—106室	13678615566
10	山东顺骋融资租赁有限公司	山东省济南市高新区凤凰路与世纪大道东北角海信创智谷裙房第一层101房间	18653378360
11	融世华融资租赁有限公司	山东省济南市高新区舜华路109号	0531—81217366
12	山东晨鸣融资租赁有限公司	山东省济南市高新区舜华路2000号舜泰广场2号楼35层	18605363000
13	丰源鑫汇融资租赁有限公司	山东省济南市高新区新泺大街1166号奥盛大厦2号楼18层东南室	15163251799
14	水发国际融资租赁有限公司	山东省济南市高新区舜华路2000号舜泰广场1号楼A区8层803室	18605311949
15	山东舜世融资租赁有限公司	山东省济南市高新区经十东路5777号奥体天泰广场金域国际B座16楼	18668993309
16	山东能源重装集团恒信融资租赁有限公司	山东省泰安市泰山科技城B区6号楼	0538—7825829
17	山东泰山财金融资租赁有限公司	山东省泰安市岱岳区天平街道旅游经济开发区大陡山村环湖路以东商业楼	18553803666
18	泰山隆元（泰安）融资租赁有限公司	山东省泰安市高新区南天门大街与长城路交会处高新区政务服务中心大楼	18660822599
19	宁阳慧岭融资租赁有限公司	山东省泰安市宁阳县文庙街道城区建设路1269号	13562833502
20	临沂广惠融资租赁有限公司	山东省临沂市兰陵县经济开发区金美尔大厦3楼	0539—5381666
21	临沂市国安融资租赁有限公司	山东省临沂市经济技术开发区金科财税大厦3楼C307室	0539—8322597
22	山东东海融资租赁股份有限公司	山东省东营市东营区蒙山路38号	13505463867
23	山东恒丰融资租赁有限公司	山东省东营市广饶县大王镇刁孟路西北外环北侧1号	13705463288
24	东方圣城租赁有限公司	山东省济宁市高新区产学研基地A2栋	0537—5665589
25	邹鲁融资租赁有限公司	山东省邹城市金山大道666号	0537—5290377
26	汇银融资租赁有限公司	山东省潍坊市坊子区北海路中段路西	0536—7602065
27	国维瑞盈（潍坊）融资租赁有限公司	山东省潍坊市保税区高二路318号2号楼商务楼401室	0536—8101025
28	烟台蓝天宏创融资租赁有限公司	山东省烟台市经济技术开发区长江路59号	0535—6107296
29	山东宏桥融资租赁有限公司	山东省邹平市会仙一路12号	0543—4161178

山东省商业保理公司概况

截至2021年末，山东省辖区在市场监管部门注册的名称中含有“商业保理”字样的法人机构共有497家，较上年度减少152家。其中，已纳入监管名单的70家，合计注册资本112.87亿元，实缴资本91.99亿元，资产总额341.02亿元，实现保理业务期末余额301.80亿元。

商业保理公司主要经营商业保理业务，同时还可经营客户资信调查与评估以及与商业保理相关的咨询服务。商业保理业务是供应商将其基于真实交易的应收账款转让给商业保理公司，由商业保理公司向其提供保理融资、销售分户（分类）账管理、应收账款催收、非商业性坏账担保等服务。目前，商业保理公司存在的风险或问题主要包括：公司治理不完善，内部控制制度和风险管理体系不健全，业务开展不规范，防范化解各类风险能力差等隐患。

2020年8月，中国银保监会下发了《商业保理企业名单制管理工作方案》，提出精准分类、动态管理、督促整改等方面的监管要求。2021年，山东省地方金融监督管理局在上年工作基础上，对经过现场检查的企业进行跟踪监测，督促整改。9月，将38家通过验收的商业保理企业纳入第二批监管名单，并将有关情况上报中国银保监会。

在做好监管工作的同时，山东省地方金融监督管理局积极做好服务，培育发展市场主体，对有设立、变更需求的机构进行辅导，经辅导后符合监管要求的，会商市场监管部门帮助企业完成注册登记、变更，从而进一步优化省内营商环境，促进商业保理公司更好地服务实体经济发展。

下一步，山东省地方金融监督管理局将按照中国银保监会统一要求，做好辖内商业保理公司的分类处置工作。对纳入监管名单的企业，加强动态管理，发现有违法违规行为的，及时从监管名单中移出。对非正常经营类企业，指导各市加强与有关部门的协调配合，稳妥有序地做好清理规范工作，减量增质，净化市场生态。

（臧家钦）

附表1

山东省商业保理公司主要业务指标

单位：亿元

项目	2017年	2018年	2019年	2020年	2021年	2021年同比增幅（%）
已纳入监管名单的机构数量（家）	—	—	—	33	70	112.12
其中：合计注册资本	—	—	—	44.40	112.87	154.21
总资产	—	—	—	172.58	341.02	97.60
总负债	—	—	—	49.64	155.80	213.86
净资产	—	—	—	122.95	185.23	50.65
保理业务期末余额	—	—	—	146.48	301.08	105.54
净利润	—	—	—	0.20	3.74	1，766.57

附表2

山东省商业保理公司名录

序号	单位名称	单位地址	单位电话
1	山东鲁花商业保理有限公司	山东省青岛市崂山区香港东路195号上实中心T3号楼1305-1室	18653123288
2	青岛西发商业保理有限公司	山东省青岛市中国（山东）自由贸易试验区青岛片区长白山路888号九鼎峰大厦203-12室	18660233928
3	济南傲视商业保理有限公司	山东省济南市市中区经四路5、7、9号7-1010-4	13916150331
4	山东港口商业保理有限公司	山东省青岛市市北区新疆路8号中联自由港湾C座3楼308室	18805322968
5	青岛地铁商业保理有限公司	山东省青岛市市北区常宁路6号1508室	18678976600
6	山东易通商业保理有限公司	山东省济南市高新区新泺大街888号东三楼301室	18663711171
7	交融启辰商业保理（青岛）有限公司	山东省青岛市中国（山东）自由贸易试验区青岛片区长白山路888号九鼎峰大厦309-1室	13579998257
8	山东鲁晟商业保理有限公司	山东省济南市中国（山东）自由贸易试验区济南片区舜华路2000号舜泰广场2号楼1201-1	18865750936
9	济南金控商业保理有限公司	山东省济南市经十路12111号中润世纪中心2号楼11层	13605401240
10	青岛西海岸民联商业保理有限公司	山东省青岛市黄岛区庐山路6号	18911278999
11	青岛海信商业保理有限公司	山东省青岛市崂山区松岭路399号	18661678769
12	山东省鲁信商业保理有限公司	山东省济南市经十路33688号海关卡口办公楼西104室	15866753789
13	济南穆和商业保理有限公司	山东省济南市天桥区交通厅街南侧沿街商业用房D区203-204户	15996273819
14	青岛城投金控商业保理有限公司	山东省青岛市崂山区香港东路195号9号楼13层1301室	18653267866
15	济南兆泓商业保理有限公司	山东省济南市市中区经四路5、7、9号7-1010-1	13916150331

续表1

序号	单位名称	单位地址	单位电话
16	山东鑫瑞商业保理有限公司	山东省济南市高新区工业南路57号万达广场Y1幢1509室	17765285802
17	济南恒鑫商业保理有限公司	山东省济南市市中区经四路5、7、9号7-1011-4	13916150331
18	济南君睐商业保理有限公司	山东省济南市市中区经四路5、7、9号7-1010-2	13916150331
19	青岛歌尔商业保理有限公司	山东省青岛市崂山区松岭路500号	15866857595
20	青岛海控商业保理有限公司	山东省青岛市中国（山东）自由贸易试验区青岛片区长白山路888号九鼎峰大厦309-2室	18669826777
21	济南滕展商业保理有限公司	山东省济南市市中区经四路5、7、9号7-1011-3	13386050814
22	济南恒荣商业保理有限公司	山东省济南市市中区经四路5、7、9号7-1011-2	13916150331
23	山东菏铁商业保理有限公司	山东省济南市中国（山东）自由贸易试验区济南片区经十路7000号汉峪金融商务中心A6-4号楼1702-1	13275314555
24	青岛诚源商业保理有限公司	山东省青岛市黄岛区黄浦江路57号706室	18661919966
25	山东运金商业保理有限公司	山东省济南市济阳区济北开发区黄河大街17号总部经济中心办公楼648-1室	18805318168
26	城发集团（青岛）商业保理有限公司	山东省青岛市黄岛区漓江西路1669号2号楼户1201室	15318773986
27	济南傲辉商业保理有限公司	山东省济南市市中区经四路5、7、9号7-1010-1	13386050814
28	青岛邦基汇融商业保理有限公司	山东省青岛市市北区山东路168号时代国际广场207室	18663938369
29	济南国信天亿商业保理有限公司	山东省济南市市中区土屋路3-2号1号楼1-108-2室	13001728466
30	泰安市国泰金链商业保理有限公司	山东省泰安市普照小区81号综合楼3号楼	18653815266
31	山东高创商业保理有限公司	山东省潍坊市高新区新城街道清新社区东风东街4899号9栋911房间	13906468088
32	青岛融金商业保理有限公司	山东省青岛市李沧区宾川路90号2号楼-10	18669796099
33	青岛海融汇商业保理有限公司	山东省青岛市崂山区海尔路178-2号楼裕龙国际中心1207	18653205599
34	日照市财金商业保理有限公司	山东省日照市东港区海曲东路396号日照国际财富中心	0633—2956085
35	东方圣城商业保理有限公司	山东省济宁市高新区崇文大道2299号	18816086919
36	青岛澳柯玛信诚商业保理有限公司	山东省青岛市崂山区株洲路183号2号楼302室	18663900598
37	齐鲁汇诚商业保理有限公司	山东省济南市中国（山东）自由贸易试验区济南片区舜华路2000号舜泰广场6号楼31层3107房间	13064035599
38	山东历金海融商业保理有限公司	山东省济南市历城区华信路3号鑫苑鑫中心7号楼鑫苑金融大厦1511-1室	18660117713
39	济南傲信商业保理有限公司	山东省济南市市中区经四路5、7、9号7-1010-3	13386050814
40	青岛建信商业保理有限公司	山东省青岛市市北区山东路168号时代国际广场11楼	13808961707
41	青岛睿融商业保理有限公司	山东省青岛市即墨区潮海街道黄河三路6号	18953202778
42	青岛华商汇通商业保理有限公司	山东省青岛市市南区香港中路59号36层2号	18678995757
43	青岛裕兴昌商业保理有限公司	山东省青岛市崂山区海尔路83号金鼎大厦34层	13375568169
44	山东昭德商业保理有限公司	山东省潍坊市寒亭区北海路2998号潍坊总部基地一期工程东区8号楼1-308	18206368888
45	金惠华企（山东）商业保理有限公司	山东省青岛市城阳区棘洪滩街道锦盛二路金岭区社区中心312号	13964222550
46	邹鲁商业保理有限公司	山东省邹城市金山大道666号	13792344913
47	北银红金（山东）商业保理有限公司	山东省青岛市中国（山东）自由贸易试验区青岛片区前湾保税港区北京路56号恒通写字楼306室（B）	13697819337

续表2

序号	单位名称	单位地址	单位电话
48	青岛宝利来商业保理有限公司	山东省青岛市市北区通榆路46号-886室	18853980917
49	日照海川锦汇商业保理有限公司	山东省日照市东港区秦楼街道烟台路7号6楼	0633—7955888
50	美满幸福商业保理有限公司	山东省济南市历城区华信路6-1号金宇商务楼四楼401室	13688115399
51	坤尚商业保理有限公司	山东省济南市历下区奥体西路2666号中国铁建国际城B座603	13853144199
52	山东融盛天华商业保理有限公司	山东省临沂市罗庄区沂河路与蒙山大道交会耀圣大厦1号楼715室	18654988850
53	青岛中金卓越商业保理有限公司	山东省青岛市即墨区青威路1626号办公楼4楼西侧办公室	13706342363
54	青岛鸿越商业保理有限公司	山东省青岛市黄岛区滨海街道技术交易大厦	18616669311
55	菏泽市陶城商业保理有限公司	山东省菏泽市定陶区东丰路财政局五楼	17853089555
56	济南元盛商业保理有限公司	山东省济南市天桥区交通厅街南侧沿街商业用房D区205-206	15996273819
57	济南亿佰商业保理有限公司	山东省济南市中国（山东）自由贸易试验区济南片区新宇路以西世纪财富中心D座911	15974186903
58	中霏商业保理有限公司	山东省济南市槐荫区齐鲁大道3179号融策中心2402	13328069269
59	山东磐石启恒商业保理有限公司	山东省济南市高新区龙奥北路909号龙奥国际广场2号楼1705	18663788657
60	中璨商业保理有限公司	山东省济南市经十路9777号鲁商国奥城2号楼22层2211室	13305316268
61	济南纬普英蓝商业保理有限公司	山东省济南市中国（山东）自由贸易试验区济南片区新宇路以西世纪财富中心D座906	13552698439
62	山东乾泰商业保理有限公司	山东省济南市经十路22799号银座中心2号楼23层2314室	13721973618
63	鑫聚商业保理有限公司	山东省济南市历城区花园路168号1栋606号	13618259904
64	青岛桂信达商业保理有限公司	山东省青岛市崂山区苗岭路15号青岛金融中心大厦1802室	18663992225
65	山东鼎茂商业保理有限公司	山东省济南市长清区通发大道1399号创促大厦八楼819室	15910162237
66	山东安澜商业保理有限公司	山东省淄博市高新区柳泉路汇金大厦一号楼403	18553359997
67	蔷薇商业保理（山东）有限公司	山东省济南市市中区二环南路2666号鲁能国际中心28层2807	13869511268
68	山东经达商业保理有限公司	山东省济宁市高新区柳行街道海川路9号产学研基地D1楼401	19853727518
69	聚创国际商业保理有限公司	山东省济南市中国（山东）自由贸易试验区济南片区经十路汉峪金融中心四区4号楼20层2001-3室	13791089649
70	深度商业保理有限公司	山东省临沂市兰山区柳青街道颐高上海街三期E号楼103室	13355000218

山东省地方资产管理公司概况

经中国银保监会公布，2021年山东省共有3家地方资产管理公司具备金融企业不良资产批量收购处置业务资质，分别为山东省金融资产管理股份有限公司、泰合资产管理有限公司、中信青岛资产管理有限公司。

一、地方资产管理公司基本情况

（一）山东省金融资产管理股份有限公司

山东省金融资产管理股份有限公司（简称山东金融资产）于2014年12月经山东省人民政府批准设立，2015年7月经中国银监会公布，具备本省范围内金融企业不良资产批量收购与处置业务经营资质，注册地在山东省济南市。

截至2021年末，山东金融资产注册资本366.39亿元、总股本366.39亿股，主要股东为：山东省鲁信投资控股集团有限公司持股301.49亿股、占82.28%，济南财金投资有限公司持股10.00亿股、占2.73%，山东省财政厅持股9.00亿股、占2.46%，山东省国际信托股份有限公司持股5.00亿股、占1.36%，中油资产管理有限公司和烟台信贞添盈股权投资中心（有限合伙）各持股4.00亿股、各占1.09%，幸福人寿保险股份有限公司、青岛城市建设投资（集团）有限责任公司和山东国泰实业有限责任公司各持股3.20亿股、各占0.87%。公司下设资产经营一部、资产经营二部、资产经营三部、资产经营四部、资产经营五部、股权投资部、上海业务中心、党委纪委办公室、综合管理部、财务管理部、法律合规部、风险审核部、资金运作部、战略发展部、投资银行部等多个部门，并在山东省内设有多家分支机构，现有员工137人。

（二）泰合资产管理有限公司

泰合资产管理有限公司（简称泰合资产）于2017年1月经山东省人民政府批准设立，2017年4月经中国银监会公布，具备本省范围内金融企业不良资产批量收购与处置业务经营资质，注册地在山东省济南市。

截至2021年末，泰合资产注册资本100.00亿元，主要股东为：中国民生投资股份有限公司出资46.00亿元、占46.00%，山东省国有资产投资控股有限公司出资25.00亿元、占25.00%，山东发展投资控股集团有限公司出资15.00亿元、占15.00%，山东东岳高分子材料有限公司出资6.00亿元、占6.00%，万通海欣控股集团股份有限公司出资4.00亿元、占4.00%，华鑫通国际招商集团股份有限公司出资4.00亿元、占4.00%。公司下设资产管理部业务一部、资产管理部业务二部、资产管理部业务三部、资产管理部业务四部、风险管理部、综合财务部6个部门，员工22人。

（三）中信青岛资产管理有限公司

中信青岛资产管理有限公司（简称中信青岛），前身为青岛市资产管理有限责任公司，于2015年9月经青岛市人民政府批准成立，2016年2月经中国银监会公布，具备青岛市范围内金融企业不良资产批量收购与处置业务经营资质，注册地在山东省青岛市。2021年8月20日，经青岛市地方金融监督管理局批复，更名为中信青岛资产管理有限公司。

截至2021年末，中信青岛注册资本30.00亿元，主要股东为：中信百年资产管理有限公司出资20.00亿元、占66.67%，青岛国际投资有限公司出资10.00亿元、占33.33%。公司下设业务一部、业务二部、业务三部、业务四部、法律合规部、风险管理部、财务管理部、综合管理部等部门，现有员工38人。

二、主要业务情况

地方资产管理公司主要业务为收购、受托经营金融机构和非金融机构不良资产，对不良资产进行管理、投资和处置。截至2021年末，3家地方资产管理公司资产总额1,269.13亿元、负债总额729.23亿元、不良资产账面余额1,609.54亿元、不良资产投资余额654.36亿元。2021年，3家地方资产管理公司收购不良资产账面值343.81亿元、不良资产投资额77.51亿元；当年处置不良资产账面值383.22亿元，处置收回资金206.38亿元。

三、风险及监管情况

根据相关规定，中国银保监会负责制定地方资产管理公司统一的监管规则，各地方金融监管部门具体负责对本地区地方资产管理公司的日常监管，并督促地方资产管理公司严格遵守相关法律法规和监管规则。地方资产管理公司应坚持依法合规、稳健经营，以市场化、法制化原则、专业化手段开展不良资产收购处置业务，以防范和化解区域金融风险、维护区域经济金融秩序、支持地方实体经济发展为主要经营目标，专注主责主业、避免脱实向虚。从不良资产供给端来看，随着近年来银行机构处置核销力度的加大，对外出售不良资产包数量和质量有所下降，地方资产公司收购环节压力增大。山东省区域市场受传统产业结构、投资需求、市场环境等影响，不良资产二级市场交易不活跃，不良资产处置生态圈还需要进一步优化。

四、主要监管政策

针对地方资产管理公司出台的监管政策主要有：一是山东省金融工作办公室印发的《山东省地方资产管理公司监管暂行办法的通知》（鲁金办字〔2016〕152号）；二是中国银保监会办公厅印发的《关于加强地方资产管理公司监督

管理工作的通知》（银保监办发〔2019〕153号），山东省地方金融监督管理局以鲁金监字〔2019〕206号文件对上述文件进行了转发。

五、下一步工作打算

2022年，山东省地方金融监督管理局将深入贯彻落实党的十九届六中全会、中央经济工作会议精神和山东省委、省政府对金融工作的各项决策部署，重点做好以下几个方面工作：一是继续引导地方资产管理公司专注主责主业，加大不良资产收购处置力度。二是加强地方资产管理公司资产质量和流动性监管，防范地方资产管理公司经营风险。三是进一步加强业务统计和数据分析，提高非现场监管工作水平。

（卜 旻）

附表1

山东省地方资产管理公司主要业务指标

单位：亿元

项目	2017年	2018年	2019年	2020年	2021年	2021年同比增幅（%）
合计注册资本	231.10	231.10	496.39	496.39	496.39	—
资产总额	426.89	519.05	1,733.93	1,524.58	1,269.13	-16.77
营业收入总额	17.75	30.43	30.88	31.39	41.78	33.10
投放资金总额	123.23	120.22	922.64	60.06	77.51	29.05
收购不良资产账面债权总额	363.53	305.74	1799.06	267.85	343.81	28.36
年末不良资产账面债权余额	504.98	543.83	1,931.66	1,669.55	1,609.54	-3.59

附表2

山东省地方资产管理公司名录

序号	单位名称	单位地址	单位电话
1	山东省金融资产管理股份有限公司	山东省济南市高新区颖秀路1237号	0531—67776280
2	泰合资产管理有限公司	山东省济南市历下区坤顺路1199号中欧校友产业大厦21层	0531—81281239
3	中信青岛资产管理有限公司	山东省青岛市崂山区苗岭路28号（金岭广场）1号楼9层	0532—83260864

第十部分

区域性金融运行报告

济南市

【经济金融概况】 2021年，济南市抢抓黄河流域生态保护和高质量发展重大国家战略机遇，统筹推进疫情防控和经济社会发展，全力推进“六稳”“六保”政策落地见效，经济运行呈现稳中向好、量质齐升态势，实现“十四五”良好开局。全年实现地区生产总值11,432.22亿元，同比增长7.20%。其中，第一产业增加值408.77亿元，增长7.10%；第二产业增加值3,964.06亿元，增长3.60%；第三产业增加值7,059.39亿元，增长9.20%。金融业实现增加值992.00亿元，增长7.5%。金融存贷款规模持续扩大，截至2021年末，金融机构本外币各项存款余额23,436.96亿元，同比增长4.56%；金融机构本外币各项贷款余额23,313.23亿元，同比增长7.69%。

【货币政策】 2021年，济南辖区人民银行分支机构进一步畅通稳健货币政策传导机制，精准滴灌政策、“直达性”货币政策工具效果逐步显现，重点领域和薄弱环节融资状况持续改善，金融服务实体经济的质量和效益持续提升。一是强化货币政策工具引导作用，积极用好2,000.00亿、3,000.00亿元再贷款政策，加大对民营小微、新旧动能转换、疫情防控等重点领域的金融支持。全年累计为辖内中小法人机构办理支小支农再贷款、再贴现387.80亿元。着力推动两项直达实体经济货币政策工具落实落细，全年为7,662户普惠小微企业办理贷款延期198.68亿元，为9,079户企业发放普惠小微信用贷款65.92亿元。二是深化民营和小微企业金融服务。组织开展“齐心鲁力 助商惠民”支持个体工商户发展专项行动，精准对接支持3.10万户个体工商户创新发展。继续实施“民营和小微企业首贷培植行动”，完善“敢贷、愿贷、能贷、会贷”长效机制，提高民营和小微企业首贷获得率。2021年，济南市金融机构累计培植民营、小微企业4,525户，实现首贷4,124户。创新实施“乡村银行家”计划，促进金融供给和需求对接，有效提升农村金融服务可得性和便利性。三是强化利率监督指导。指导督促法人金融机构加快贷款市场报价利率（LPR）改革落地实施，降低实体经济融资成本。

【金融市场】 2021年，济南辖区人民银行分支机构深化债券发行“双百攻坚行动”，引导济南市非金融企业通过债券融资。全年推动辖内符合条件的重点企业通过银行间市场发行债券3,807.00亿元，涵盖能源、交通、制造和商贸等行业；济南市法人金融机构实现40.00亿元小微企业贷款专项金融债、10.00亿元永续债的发行，法人机构的服务实体能力和损失吸收能力进一步提升。

【金融稳定】 2021年，济南辖区人民银行分支机构建立健全金融风险分类监测预警机制，强化常态化金融风险防范防控，确保辖区金融体系安全稳健运行。一是深化“大监测”体系，拓展监测广度深度，实现对63家金融机构、1.6万余条指标的非现场核查。二是实施存款保险宣传“网格化”管理机制，强化存款保险为民宣传，存款保险宣传在4,450个行政村和社区提前3个月实现全覆盖，宣传受众316.60万人次。

【金融监管】 2021年，济南辖区人民银行分支机构依法加强金融管理。一是切实保护金融消费者权益。深入开展投诉“诉源治理”和“非诉调解”工作，认真受理投诉咨询，全年受理投诉咨询3,205件，办结率100%。创新金融知识教育形式，创建“农村金融教育基地”、实施“金融智慧助老”教育工程、启动县乡中小学金融知识教育全覆盖活动。二是增强反洗钱监管合力。建立反洗钱监测分析机制，严厉打击涉黑、涉毒洗钱犯罪，向公安机关移交可疑交易线索37份，立案11起。

【外汇管理】 2021年，外汇局山东省分局进一步增强外汇管理和服务能力，推进“我为群众办实事”实践活动，以汇、银、企三方座谈方式帮助银企理清业务难点。开展汇率避险专项行动，实施“八个一”工程。开展汇率避险攻坚战，制定汇率避险方案55个，企业共签订远期、期权等汇率衍生品同比增长3.5倍，套保率较年初提升3.70个百分点。推动贸易投资便利化，推广跨境金融区块链服务平台5大应用场景。实施“政策扫盲”专项活动，持续发展全口径跨境融资业务和跨境人民币资金池业务。2021年，济南市跨境人民币业务累计结算额790.80亿元，同比增长18.0%，开展跨境人民币业务企业达1,352家，同比增加136家。

【金融服务】 2021年，外汇局山东省分局深入推进金融“放管服”和“一次办好”改革，助力打造金融营商环境新高地。一是强化支付结算管理服务。持续打击跨境赌博、电信诈骗等违法犯罪，协助止付账户15万余个。实现老年人支付服务“绿色通道”全覆盖，指导银行推出适老化产品和服务50余项，拓展移动支付场景40余个。深入开展移动支付便民工程，推广“手机号码支付”功能，实现移动支付便民工程乡镇全覆盖，公交车“云闪付”扫码、长途汽车站无感支付，银医通等支付场景持续丰富。二是提高征信为民服务水平。全面建成线上线下相结合的信用报告查询模式，全年累计提供个人和企业信用报告查询57万人次、2.20万户（次）。扩大“泉城链”服务功能，实现20大类180余项个人和企业政务数据“上链”，20款银行信贷产品上线运行。三是有效履行经理国库职能。实现资金快速直达基层，实现国库集中支付电子化。实施电子缴税业务自动提交入库，实现税收缴库全链条自动化处理。四是优化人民币管理服务。落实现金管理疫情防控要求，保障现金收支安全；开展反假货币宣传月活动，实施净化人民币流通环境专项整治活动，有效整治拒收现金行为，处理拒收现金投诉476起，满意率100%；扎实推进硬币自循环工作，布放硬币回笼设备82台，打造硬币自助兑换“三公里”服务圈；指导济南公交公司上线硬币清分包装机流水线，有效解决硬币沉淀问题。五是稳步推进金融业综合统计，推动金融基础数据扩容，扎实推动地方金融组织统计制度落地。

（高晓改、徐晓燕）

附表1

济南市主要金融指标1

单位：亿元

地区		银行类							
		本外币存款余额	住户存款	非金融企业存款	本外币贷款余额	第一产业贷款	第二产业贷款	第三产业贷款	个人贷款及透支
平阴县	2021年	299.59	212.19	46.06	212.03	1.65	42.63	75.24	74.66
	同比增幅（%）	8.30	13.73	-14.69	15.92	-9.00	28.57	11.11	15.19
商河县	2021年	278.26	215.74	35.03	195.95	1.27	16.22	45.08	120.74
	同比增幅（%）	10.56	11.22	11.41	18.31	55.20	18.83	18.65	16.16
济南市	2021年	23,436.96	8,620.45	9,339.31	23,313.23	84.48	4,854.55	10,205.65	6,112.65
	同比增幅（%）	4.56	-1.89	3.86	7.69	-9.56	6.30	8.28	5.84

附表2

济南市主要金融指标2

单位：亿元

地区		保险类		证券类		
		保险公司保费收入	保险公司赔款和给付支出	证券市场成交总额	投资者保证金余额	投资者开户数（万户）
平阴县	2021年	2.87	0.54	78.54	0.21	0.15
	同比增幅（%）	-0.30	-16.92	12.38	10.53	2.00
商河县	2021年	5.42	4.94	—	—	—
	同比增幅（%）	9.00	8.20	—	—	—
济南市	2021年	598.47	212.50	55,847.23	—	372.98
	同比增幅（%）	2.34	37.30	16.95	—	28.99

附表3

济南市主要金融机构概况

单位名称	行长（或其他称谓的第一负责人）	副行长（或其他称谓的同级领导）	正式员工（人）	营业网点（个）
人民银行济南分行营业管理部	王延伟	张海清、王　刚、董　昕、周登宪、窦重田	215	5
人民银行莱芜市中心支行	刘大勇	李念国、刘登振、毕文靖、杨金河、王秀芸	96	1
莱芜银保监分局	成　文（主持工作）	吕　娟、李　婧、隋　民、孟兆杰	29	1
国家开发银行山东省分行	况　澜	刘万新、刘思嘉、王　强、徐文强	254	1
农业发展银行山东省分行营业部	孙晓东	张为民、邵玉娟、马玉强	195	7

续表1

单位名称	行长（或其他称谓的第一负责人）	副行长（或其他称谓的同级领导）	正式员工（人）	营业网点（个）
农业发展银行莱芜市分行	岳 峰	张更涛、韩玉东	38	1
工商银行济南分行	张冠军	谢秋方、杨 小、题兴建、张 鹏、刘 超	3,296	141
工商银行莱芜分行	汪 冰	亓立刚、亓明晨、刘瑛钢、王焕华、李 莹、亓建国、王文力、刘 斌、王国华	405	16
农业银行济南分行	耿曙明	季光辉、李兖平、牟国媛、孙 伟、王洪梅、郗 栋、许孝忠	2,854	136
农业银行莱芜分行	姚风东	王书科、张永生、贾 力	325	19
中国银行济南分行	景在伦	孙志伟、杨 峻、王建卫、王伟东、郝学彬、齐立亮、王斯伟	1,682	70
中国银行莱芜分行	毕晓鹏	陈 霄、张 琳、赵忠祥、李萍萍	298	12
建设银行济南分行	刘春龙	刘建伟、逄显辉、张 钢、王腾江、郑立华、傅 薇	2,793	130
建设银行莱芜分行	孙中会	唐元锋、于晓静	252	12
交通银行山东省分行济南营管部	桑 剑	刘 勇、董璀璀、焦自钦、马 洪	460	26
交通银行莱芜分行	韩 永	马 洪、白 凌	66	4
中信银行济南分行	杜晓峰	刘 畅、毕新宇、宋有华、康 超、陈福才	871	17
光大银行济南分行	朱 军	管 弦、王正明、杨 林、辛 锋、黄 秦	511	26
华夏银行济南分行	张志刚	张沛儒、李延伟、王 毅、杨晓丽、景 涛、宁金龙	761	20
广发银行济南分行	赵殿斌	朱俊宏、范本宜、李宏伟、张建军、郑中华	274	7
平安银行济南分行	曾 勇	孙丰娟、李 军、蒋 鑫、杨 光	465	13
招商银行济南分行	辛 亮	綦 琨、于 冬、娄文杰、陈 伟、曲振宇	1,015	30
浦发银行济南分行	陆 炜	李广富、管瑞宁、李建亮	514	21
兴业银行济南分行	俞裕辉	杨 鹏、穆晓达、吴永林、任 波	474	14
民生银行济南分行	徐文华	韩咏军、陈 红、马 涛、刘长江	886	49
恒丰银行济南分行	陈颖（董事长） 王锡峰（行长）	陈 娟、韩伟杰、韩光财、李 猛、王 妤、潘奕菲、马历博	1,234	44
浙商银行济南分行	张 强	迟英明、礼雁冰、金红子、杜长峰、鹿悦军	360	6
渤海银行济南分行	郑 涛	徐庆吉、季惠芳、刘 楠	311	11
北京银行济南分行	房 旭	蔡向阳、田 宏、廖 瑾、苗振华、赵苏娅	714	32
天津银行济南分行	李国红	陈文毅、张慧佚、宋剑峰、刘亚军	266	12
青岛银行济南分行	姜 兵	耿 宾、崔丽明、朱 琳	309	11
青岛银行莱芜分行	王 磊	李正山、李朴山	56	2
齐鲁银行（法人）	王晓春、黄家栋、张 华、李九旭	张常平、葛 萍、陶文喆、胡金良、徐嫣冉、刘振水、吴 刚	3,552	171
齐商银行济南分行	李大鹏（董事长） 赵晓东（行长）	王 强、王 涛、曹志坚、孙高荣、马慧玲、邹 倩、薛 云、汪 波	161	5
东营银行济南分行	崔永明	高宗岚、张广宇、石雪莲、刘 佳	185	11
威海市商业银行济南分行	侯雪松	谢磊、姜磊、张文卿	232	12
威海市商业银行莱芜分行	刁新忠	高 强、张 恺	45	2
日照银行济南分行	潘 青	焦 磊、赵一锦	264	11

续表 2

单位名称	行长（或其他称谓的第一负责人）	副行长（或其他称谓的同级领导）	正式员工（人）	营业网点（个）
莱商银行股份有限公司（法人）	岳隆杰（董事长） 段 伟（行长）	冯现刚、李 锋	2,252	113
泰安银行济南分行	李永学	张会新	74	3
邮政储蓄银行济南市分行	顾春旺	陶晓平、周宏声、燕欣春、王雁昌、季云玲	870	37
邮政储蓄银行莱芜分行	祝晓东	王 健、吕宁宁、郑 兵	229	10
汇丰银行济南分行	薛 洁	王翠达	19	1
渣打银行济南分行	常文明	李 龙	26	2
东亚银行济南分行	邝万成	赵 云	11	1
恒生银行济南分行	江东帆	张振国、李鹏飞	13	1
中德住房储蓄银行	刘 涛	张 海	26	1
山东省农信社联合社济南办事处	张洪堂	张 焰、王少军、周 力、范晓帆	32	1
济南农村商业银行	董兴磊、贾复锋、王永升	王锡兵、朱大伟、赵 涛、刘瑞英、马 峰、于德庆	2,518	179
山东莱芜农村商业银行股份有限公司	何继军、张 瞳	徐旭先、李治国、李 然、雷 涛	956	71
章丘农村商业银行股份有限公司	王绍峰	张 玲、杜业忠、程志远	692	62
平阴农村商业银行股份有限公司	李 鹏、董晓明	刘 涛、李 栋、李朋朋、刘 磊	292	18
济阳农村商业银行股份有限公司	李 哲	展召锋、杜仁银、张 全、董德勇、贺连锋	390	29
商河农村商业银行股份有限公司	王 阔	李伍艳、于 勇、信 涛	374	30
济南槐荫沪农商村镇银行	李军昌	王爱军	66	1
济南长清沪农商村镇银行	张晋学	李 健	49	3
济南历城圆融村镇银行	刘海涛、吴英杰	国光坤、黄祖瑞	95	7
济南高新区北海村镇银行	李志强	宋卿卿	62	3
济南市章丘齐鲁村镇银行	辛 波	王 芳	94	9
商河汇金村镇银行	韩明华、张传民	谭 超、袁晓蒙	84	8
济阳北海村镇银行	张卫军	刘 立、孔国强	43	2
平阴蓝海村镇银行	成 瑾	丁士杰	31	4
莱芜珠江村镇银行股份有限公司	张健敏	王凤玲	91	8
莱芜中成村镇银行股份有限公司	蔺立岩	尚怀杰	23	2
中泰证券股份有限公司	李 峰	毕玉国	7,495	285
泰山财产保险股份有限公司	朱华建	张庆旭、杨 睿、王西明、迟家明、思勇明、朱 峰	2,385	14
德华安顾人寿保险股份有限公司	史峰磊、殷晓松	郭会杰、赵传名、肖 萍、钱建军、梁平伟、张咏梅、	1,239	139
和泰人寿保险股份有限公司	刘 鑫	—	182	7

附表4

济南市主要金融机构业务概况

（2021年末）　　单位：亿元

单位名称	本外币存款余额	本外币单位存款	本外币储蓄存款	本外币贷款余额	本外币短期贷款	本外币中长期贷款
国家开发银行山东省分行	277.89	152.84	0.00	4,220.99	126.15	3,155.73
农业发展银行山东省分行营业部	22.47	22.47	0.00	200.14	39.68	160.46
农业发展银行莱芜市分行	2.32	2.32	0.00	13.68	1.67	12.01
工商银行济南分行	2,623.26	1,411.39	1,010.01	2,360.58	310.31	2,046.76
工商银行莱芜分行	165.19	50.85	114.32	151.72	48.09	102.65
农业银行济南分行	2,418.02	1,251.19	1,040.81	2,007.94	324.30	1,649.00
农业银行莱芜分行	104.42	27.51	76.92	107.85	45.62	52.39
中国银行济南分行	1,273.31	820.96	365.30	1,035.85	258.07	751.70
中国银行莱芜分行	80.47	27.43	52.98	106.17	64.12	40.28
建设银行济南分行	2,397.29	1,217.49	960.55	1,573.24	223.94	1,284.59
建设银行莱芜分行	105.05	49.57	55.47	88.55	39.87	31.48
交通银行山东省分行营业部	787.14	408.73	149.17	431.31	90.29	314.63
交通银行莱芜分行	33.90	24.34	9.57	22.98	7.57	13.32
中信银行济南分行	695.89	516.83	169.58	541.40	67.18	397.57
中信银行济南莱芜支行	2.67	1.52	1.15	3.00	1.88	0.66
光大银行济南分行	295.38	185.56	87.59	250.79	74.77	161.33
华夏银行济南分行	227.91	131.46	75.64	163.07	62.32	95.32
广发银行济南分行	145.65	120.96	23.90	224.81	86.72	128.02
广发银行济南莱芜支行	0.41	0.24	0.17	0.01	0.01	0.00
平安银行济南分行	212.64	149.27	61.56	202.65	47.37	127.44
招商银行济南分行	876.08	528.39	297.18	748.76	126.54	506.03
浦发银行济南分行	255.49	169.61	79.32	234.93	75.76	154.34
兴业银行济南分行	500.02	359.25	102.37	378.48	90.40	232.39
民生银行济南分行	467.02	312.27	142.13	613.75	186.73	391.29
恒丰银行济南分行	218.37	160.43	26.57	181.46	42.70	113.59
浙商银行济南分行	298.91	243.49	27.24	221.04	83.13	63.01
渤海银行济南分行	243.95	218.99	24.80	268.18	67.28	135.04
北京银行济南分行	407.19	336.94	64.97	748.05	285.74	427.86
天津银行济南分行	88.01	62.68	22.02	112.16	53.94	50.97
青岛银行济南分行	205.70	150.65	54.99	111.45	43.40	65.89
青岛银行莱芜分行	15.55	8.20	7.34	10.00	1.49	7.75
齐鲁银行（法人）	2,950.97	1,640.30	1,168.26	2,084.55	760.92	1,211.04
齐商银行济南分行	130.04	113.24	16.80	38.22	15.05	18.39
东营银行济南分行	75.54	40.69	34.79	34.14	23.07	10.97
威海市商业银行济南分行	273.67	221.75	42.55	118.02	17.22	98.27
威海市商业银行莱芜分行	69.18	59.75	9.43	23.68	4.70	15.57
日照银行济南分行	175.64	96.58	78.54	90.37	40.17	50.20
莱商银行（法人口径）	1,315.57	820.67	491.73	1,019.37	578.75	435.14

续表

单位名称	本外币存款余额	本外币单位存款	本外币储蓄存款	本外币贷款余额	本外币短期贷款	本外币中长期贷款
泰安市商业银行济南分行	45.87	39.90	5.77	40.31	29.03	11.28
泰安银行股份有限公司济南莱芜支行	1.17	1.00	0.16	0.95	0.00	0.95
济南市农村商业银行（合计）	1,455.09	287.89	1,167.15	1,107.32	505.45	418.55
莱芜市农村商业银行	316.11	34.65	281.46	237.38	105.66	67.38
邮政储蓄银行济南市分行	656.42	118.26	517.54	719.11	116.42	590.04
邮政储蓄银行莱芜市分行	137.75	5.92	131.82	34.14	12.66	16.50
村镇银行（合计）	112.45	27.20	85.25	81.78	52.25	28.66
外资银行（合计）	27.81	21.79	4.29	58.53	31.13	26.61
中德住房储蓄银行	22.23	10.48	11.75	13.48	0.00	13.48
中资财务公司（合计）	1,682.01	1,669.12	0.00	1,415.55	813.93	503.70
金融租赁公司（合计）	11.29	11.29	0.00	391.79	0.00	0.00
汽车金融服务公司	98.84	98.63	0.21	200.33	2.25	192.75
山东国际信托公司	0.00	0.00	0.00	20.00	0.00	20.00

附表5

济南市金融机构统计指标

单位：家、人、只

	指标	2017年	2018年	2019年	2020年	2021年	2021年同比增幅（%）
银行类	银行类机构家数	65	67	67	69	69	0.00
	法人机构	30	31	33	34	34	0.00
	一级分行	27	27	27	27	27	0.00
	二级分行	23	23	23	23	24	0.00
	县区支行	543	563	579	603	580	-3.81
	正式从业人数	35,329	35,459	35,532	35,740	35,952	0.59
保险类	保险公司家数	375	390	436	412	357	-13.35
	财险公司家数	158	163	182	190	203	6.84
	省级分公司	16	14	16	16	18	12.50
	地市分公司	52	52	53	55	56	1.82
	县区支公司	113	120	112	118	129	9.32
	寿险公司家数	217	227	254	222	154	-30.63
	省级分公司	43	45	60	44	43	-2.27
	地市分公司	52	44	56	45	26	-42.22
	县区支公司	135	123	136	131	85	-35.11
	正式从业人数	89,262	73,677	93,925	90,683	74,596	-17.74
	财险人员	15,305	12,088	14,864	16,079	14,798	-7.97
	寿险人员	73,957	61,589	79,061	74,604	59,798	-19.85

续表

指标		2017年	2018年	2019年	2020年	2021年	2021年同比增幅（%）
证券类	证券公司家数	138	52	56	57	1	0.00
	证券营业部	95	87	92	91	90	-1.10
	正式从业人数	2,376	2,272	2,454	2,570	2,725	6.03
	境内上市股票只数	26	25	28	36	43	19.44
	境外上市股票只数	9	11	11	11	11	0.00
	辖区上市公司总数	34	34	37	45	52	15.56

青岛市

【经济金融概况】 2021年，青岛市实现生产总值14,136.46亿元，同比增长8.30%。其中，第一产业增加值为470.06亿元，同比增长6.70%；第二产业增加值为5,070.33亿元，同比增长6.90%；第三产业增加值为8,596.07亿元，同比增长9.20%。2021年青岛市全体居民人均可支配收入51,223.00元，同比增长8.60%。2021年青岛市本外币各项存款余额22,374.87亿元，同比增长9.11%；本外币各项贷款余额24,089.09亿元，同比增长14.36%。

【货币政策】 2021年，人民银行青岛市中心支行把握好稳健货币政策“灵活精准、合理适度”的政策内涵，制定印发了《关于金融支持青岛市经济高质量发展的意见》，把服务实体经济放在更加突出的位置，持续提高重点领域金融支持的精准性和有效性。一是货币信贷总量保持平稳适度增长。发挥好结构性货币政策工具牵引带动作用，做好两项直达实体工具的延期实施，用足用好2,000.00亿元再贷款和新增3,000.00亿元支小再贷款额度，今年累计办理再贷款215.20亿元、再贴现135.50亿元。推动青岛市企业通过银行间市场发行债务融资工具908.00亿元，同比多增233.00亿元。二是普惠小微金融服务不断深化。开展民营和小微企业首贷培植行动和金融支持个体工商户发展专项行动，引导银行机构将LPR嵌入内部定价环节，普惠小微融资实现“量增、面扩、价降”。金融扶持科技小微企业成长作用逐步显现，运用科技金融投保贷模式支持16家企业培育成为专精特新企业，1家企业实现上市。三是制造业贷款连续实现正增长。开展市、区两级金融支持制造业高质量发展政银企对接活动，组织银行机构“行长进现场”，深入制造业企业提供精准融资支持。四是金融助力海洋经济发展持续加强。督导辖区金融机构落实好《中国人民银行青岛市中心支行等8部门关于深入推进金融服务海洋经济高质量发展的意见》，聚焦金融支持军民融合发展、西海岸新区、自贸区等海洋经济特色区域，不断加大涉海信贷投放力度，丰富涉海金融产品和服务方式，率先落地全省首笔海洋碳汇贷款3,800.00万元。五是具有青岛特色的绿色金融政策体系逐步建立。印发《关于加大碳减排金融支持力度 助力青岛市绿色低碳转型发展的意见》《关于金融支持绿色城市建设发展试点的指导意见》，建立1,170户绿色项目和企业白名单，引导银行聚焦白名单提供融资支持、开展产品创新，先后落地全国首笔湿地碳汇贷1,800.00万元，全省首单碳中和债券5.00亿元。六是乡村振兴金融服务水平持续提升。指导平度市支行出台《平度市农村集体经营性建设用地抵押贷款暂行办法》，发放青岛市首笔集体经营性建设用地使用权抵押贷款1,000.00万元，有关工作被山东省委书记李干杰批示肯定。组织开展金融服务乡村振兴“三品”创建活动，金融机构创新推出60余种涉农金融产品。打造党建与农村支付服务相融合的“党群e家”助农服务模式，与31个农村党支部签订党建共建协议。

【金融创新】 2021年，人民银行青岛市中心支行紧紧围绕总分行试点任务部署和履职实际，坚持不懈抓好区域金融重点改革任务，加强工作协调，统筹各方资源，创造性地开展工作，努力形成更多可复制可推广的经验。一是不断创新积累财富管理金融改革“青岛经验”。做好青岛市财富管理金融综合改革试验区经验总结，顺利完成总行对财富管理金融综合改革试验区的终期总结评估。开展财富管理试验区ESG投资发展研究，指导青岛市金融学会成功举办“RCEP框架下山东自贸试验区与日韩在重点产业领域的协同发展”学术研讨会，支持RCEP青岛经贸合作先行创新试验基地建设。总行陈雨露副行长在2021青岛·中国财富论坛上对青岛财富管理金融综合改革试验区给予高度评价，表示“试验区肩负起创新、探索和规范引领的重大使命，取得显著成就。试验区不仅为青岛经济金融发展注入了新的动力，也为全国财富管理行业的健康发展积累了宝贵经验”。二是数字人民币试点成效突出。着力构建政府部门、运营机构、第三方服务企业高效联动试点机制，以大型超市、地铁等场景为切入点，强力推动收款系统设备改造、员工培训等工作，做到小额高频支付场景全覆盖，在用户推广、场景搭建、应用创新等方面成效突出。全市累计开立个人钱包2,093.00万个、对公钱包146.00万个，开立个人钱包和对公钱包数量在全国试点地区中排名第三；落地各类数字人民币支付应用场景37.00万个，累计交易544.00万笔、金额51.00亿元；创新了一批数字人民币与碳减排、远程医疗、税银征缴、文化旅游等相结合的应用场景，上线全国首个以数字人民币结算的碳普惠平台“青碳行”App，在全国率先实现数字人民币缴纳社会保险费。试点创新工作被总分行领导批示肯定，总行副行长批示“做法值得推广”。三是外汇改革创新多点突破。加大上合示范区和自贸区青岛片区的支持力度，定期调度创新试点政策落地情况和业务进展，密切关注并深入研究市场主体政策需求，支持打造对外开放新高地。在全国首批实现跨境金融区块链服务平台5个应用场景全落地。推进境内海运费电子发票便利化支付场景项目需求，通过国家外汇管理局评审并进入系统开发，有望在全国率先上线试点。积极支持市场采购、跨境电商等贸易新业态发展，支持13家银行机构接入政府市场采购信息平台，指导中资和外资银行合作开展基于亚马逊平台跨境电商美元收款业务。积极申请并成功获批30.00亿美元QDLP试点资格，推动青岛市出台配套指引，2只基金获批试点额度。四是跨境人民币业务稳步扩大。建立重点企业跨境人民币业务结对联系制度，推动27家银行与50家重点企业“一对一”实地走访。会同市国资委印发《关于进一步推进市属企业跨境人民币工作健康发展的通知》，举办市属国有企业跨境人民币工作推进会，建立市属企业跨境人民币工作考核机制，推动形成国有企业跨境人民币业务发展共识。不断拓宽货币互换项下外币融资范围，成功推动上合示范区落地首笔韩元贷款和新加坡元贷款。

【金融服务】 2021年，人民银行青岛市中心支行始终将“我为群众办实事”贯穿于金融服务全过程，紧紧以便民惠企为中心，以安全规范为前提，以金融科技为保障，积极推动业务、流程和服务创新，不断提升人民群众金融获得感、幸福感、安全感。一是企业账户服务全面优化。组织推行企业开户服务“承诺制”“明白纸”，设立覆盖人民银行、银行管理行及网点三级账户服务电话，实行首问负责制。推动电子营业执照账户业务应用走在全国前列，实现企业开户环节营业执照核验“无纸化”。二是金融统计质效不断提高。全面落实金融业综合统计任务，中心支行统计数据质量和数据分析继续在全省保持领先。推动地方金融组织统计制度落地实施，有关工作方法被人民银行济南分行采用并在全省推广。三是推进信用体系建设取得新进展。会同市发展改革委共同建立青岛市信用综合服务平台，累计归集近360.00万户市场主体信息，12家银行机构将平台查询信息纳入信贷审批流程。推动建立基于区块链技术的胶东五市信用链。指导辖区征信服务企业搭建与上合组织国家间首个跨境征信服务平台。平稳推进动产融资统一登记系统推广使用。四是现金服务水平不断提升。大力推动区域现金处理中心试点，青岛市区域现金处理中心正式挂牌运行，现金管理业务加快转型。持续优化硬币自循环及小面额货币服务，开展“移动现金服务工作站进社区”活动35次，依法对一家停车场管理单位和直接责任人进行了山东省首笔拒收现金行为罚款。五是涉外服务便利化持续扩面增效。成功推动贸易收支便利化试点业务落地，累计办理试点业务1,368笔、8.10亿美元。扩大外籍人才薪酬购付汇便利化试点，9家试点银行办理薪酬购付汇262.00万美元。“一企一策”全力满足企业跨境投融资需求，推动省内首单船舶跨境融资租赁业务落地。强化企业汇率避险服务，组建讲师顾问团，开展“送知识、送服务、解难题”为主题的汇率风险中性教育专项行动，辖区远期结售汇签约102.00亿美元，同比增长90.00%；套期保值率达12.00%，较上年同期提升6个百分点。积极推动跨境人民币贸易投资便利化业务发展，推动外汇及跨境人民币自律机制优选合格优质企业157家，辖内银行机构累计办理跨境人民币便利化业务金额177.10亿元。六是金融科技试点带动作用全面显现。圆满完成国家级金融科技应用试点任务，积极推进国家级金融科技赋能乡村振兴示范工程、总行级金融数据综合应用试点，积极争取参加总行金融科技创新产品监管工具试点。辖区建成及在建重要金融科技项目120多个，金融领域数字化水平进一步提升。七是国库资金拨付安全高效。精准高效办理直达资金拨付55.60亿元。作为全国7家试点省（市）和唯一试点计划单列市，配合财政部门完成国有土地使用权出让收入等四项非税收入征管职责划转工作。全力做好增值税留抵退税、跨省异地电子缴税试点工作。开展“践行为民初心 唤醒‘沉睡’国债”国债到期提醒兑付专项活动，兑付储蓄国债21.30亿元，兑付率达92.00%。

（杨培和、张乐元）

附表 1

青岛市主要金融指标 1

单位：亿元

地区		银行类							
		本外币存款余额	住户存款	非金融企业存款	本外币贷款余额	第一产业贷款	第二产业贷款	第三产业贷款	个人贷款及透支
西海岸新区	2021 年	2,799.18	1,288.77	1,065.92	2,701.42	11.66	506.93	1,013.01	1,124.20
	同比增幅（%）	13.02	15.26	16.88	16.92	19.22	29.53	18.70	11.22
即墨区	2021 年	1,512.48	862.90	419.07	1,309.67	2.88	204.12	638.13	458.72
	同比增幅（%）	4.67	11.04	17.60	11.95	18.52	6.27	11.75	15.14
平度市	2021 年	1,023.14	756.01	188.25	642.00	6.92	110.77	284.94	236.86
	同比增幅（%）	10.88	13.71	7.56	17.56	40.11	33.94	16.52	11.56
莱西市	2021 年	690.00	444.27	196.80	653.07	5.85	177.68	308.02	169.56
	同比增幅（%）	13.43	13.27	20.89	19.66	5.79	34.10	19.28	7.67
胶州市	2021 年	1,261.16	706.33	430.97	1,175.88	0.72	204.82	550.90	415.11
	同比增幅（%）	11.91	15.10	19.08	12.40	105.71	11.64	18.91	7.02
青岛市	2021 年	22,374.87	9,152.87	8,850.74	24,089.09	92.05	4,559.94	10,418.05	7,677.26
	同比增幅（%）	9.11	12.19	9.47	14.36	27.23	14.09	12.83	15.53

附表 2

青岛市主要金融指标 2

单位：亿元

地区		保险类		证券类		
		保险公司保费收入	保险公司赔款和给付支出	证券市场成交总额	投资者保证金余额	投资者开户数（万户）
黄岛区	2021 年	54.65	14.62	—	—	—
	同比增幅（%）	16.52	17.90	—	—	—
即墨区	2021 年	34.10	8.13	—	—	—
	同比增幅（%）	4.96	2.91	—	—	—
平度市	2021 年	33.19	8.69	—	—	—
	同比增幅（%）	20.12	14.49	—	—	—
莱西市	2021 年	19.37	6.62	—	—	—
	同比增幅（%）	16.90	37.92	—	—	—
胶州市	2021 年	28.35	9.83	—	—	—
	同比增幅（%）	11.70	11.96	—	—	—
青岛市	2021 年	461.84	162.52	70,901.79	172.88	357.46
	同比增幅（%）	6.18	8.53	20.72	10.94	9.53

附表3

青岛市主要金融机构概况

单位名称	行长（或其他称谓的第一负责人）	副行长（或其他称谓的同级领导）	正式员工（人）	营业网点（个）
人民银行青岛市中心支行	张文武	顾延善、王富全、管发进、陈海青、张朝晖、肖建勋	449	5
青岛银保监局	阚 超	王永存、李继明、宋朝晖、林 洁、徐一臻、赵东生	180	—
中国证券监督管理委员会青岛监管局	殷志诚	万景初、李世伟、王 磊、王勤强、陈 群	36	—
国家开发银行青岛市分行	石太峰	李国颂、李 杨、穆 岚、李相君	151	—
进出口银行山东省分行	白华峰	关海英、贾中园、杨海亮	85	1
农业发展银行青岛市分行	陈鲁宁	李 琛、张波海、孟兆朋	182	5
工商银行青岛市分行	蔡 谦	赵晓滨、孙 伟、李 霞、李 昆、鲁 瑞	3,257	124
农业银行青岛市分行	邵利洪	兰卫东、范久顺、郭宝林、孙 鹏、左科华	3,633	157
中国银行青岛市分行	俞 群	隋春玲、郑文礼、刘 钝、郝连才、张益军、吴维彬	3,237	108
建设银行青岛市分行	郝子建	刘从正、徐 海、管恩新、杜光宇、左 军、郭中华	3,187	123
交通银行青岛分行	董 莹	贺 飚、徐芝清、程熙忠、彭建刚、孙响波	1,304	44
中信银行青岛分行	刘泽云	陈秋实、吴从勇、娄 勇、刘 浩	913	24
光大银行青岛分行	朱小庆	纪新仕、任 海、李 鹏、段成立	939	55
华夏银行青岛分行	王 勇	崔 巍、刘佳来、张卫华、李建航	783	32
平安银行青岛分行	王 珺	陶 然、谷 辉、纪小倩、赵学军、李伟杰	565	23
招商银行青岛分行	沈世强	张 洪、郭志强、侯海滨	1,489	53
浦发银行青岛分行	张 湧	李重民、孙保进、姜辉胜	850	34
兴业银行青岛分行	彭光辉	步延进、刘方勃、司徒珑瑜、陈 坚	552	29
民生银行青岛分行	李 真	彭曙光、韩咏军、李加岭、李少波	902	47
恒丰银行青岛分行	侯传和	郑 山、王旭峰	580	20
齐鲁银行青岛分行	赵 涛	张宝银、崔训强	144	8
潍坊银行青岛分行	嵇海涛	徐正伟	206	11
威海市商业银行青岛分行	赵晓博	许 强	177	9
日照银行青岛分行	尹一安	—	286	10
河北银行青岛分行	单东明、陈 瑜	温宏亮、陈志鹏	168	12
青岛农商银行	刘仲生、刘宗波	贾成刚、丁明来、王建华、李春雷、蔡晓鸣	4,852	358
邮政储蓄银行青岛分行	李 楠	孙 皓、聂清礼、李云涛	1,163	261
北京银行青岛分行	徐 炜	崔建伟	202	5
浙商银行青岛分行	黄千文	刘方滨、张 翼、关咏惠	123	2
汇丰银行(中国)有限公司青岛分行	郑 昕	孙翠霞	142	3
日本山口银行股份有限公司青岛分行	川田正博	大野浩嗣、姬广伟	30	1
南洋商业银行（中国）有限公司青岛分行	陶 伟	李 飒	82	3
韩亚银行(中国)有限公司青岛分行	姚计锁	薛佳蕾、于以宁	69	3
渣打银行(中国)有限公司青岛分行	王 磊	曲云龙	51	5
东亚银行(中国)有限公司青岛分行	张 勇	孙善功、隋 青	50	1
瑞穗银行(中国)有限公司青岛分行	李 忠	大塚智	49	1

续表1

单位名称	行长（或其他称谓的第一负责人）	副行长（或其他称谓的同级领导）	正式员工（人）	营业网点（个）
三菱日联银行（中国）有限公司青岛分行	原义信	曾 岚	53	1
华侨永亨银行（中国）有限公司青岛分行	邹仁杰	—	18	1
新韩银行(中国)有限公司青岛分行	裴锺勋	—	50	2
韩国釜山银行股份有限公司青岛分行	林男圭	—	20	1
德意志银行(中国)有限公司青岛分行	曹丹青	—	7	1
国泰世华银行（中国）有限公司青岛分行	李子明	杨 晨	25	1
企业银行(中国)有限公司青岛分行	李炳稷	刘金迪	58	3
星展银行(中国)有限公司青岛分行	仇吉媛	刘 华、方 琳	16	1
澳大利亚和新西兰银行（中国）有限公司青岛分行	姜 鲁	—	7	1
韩国产业银行青岛分行	都琮熙	申相泽	29	1
海信集团财务有限公司	王纪铭	吴大鹏、舒 鹏、杜 翔	81	1
海尔集团财务有限责任公司	秦 琰	温淑惠、赵晓燕	152	1
青岛啤酒财务有限责任公司	徐振声	张德志、冯雪峰	35	1
即墨惠民村镇银行	马 义、刘 海	崔 军	51	4
西海岸海汇村镇银行	崔家祥、柴方强	张文树、张德伟	157	11
莱西元泰村镇银行	崔 凯、李兴鑫	詹红文、刘玉涛	51	5
平度惠民村镇银行	吴 云、张 超	陈美儒、徐艳龙、姜玉静	120	9
胶州中成村镇银行	高久勇、游 览	—	29	1
城阳珠江村镇银行	杨志雄、初晓丽	—	68	6
崂山交银村镇银行	盛 亮、姜 锋	林 森	85	5
黄岛舜丰村镇银行	曹明月、孙 涛	刘 明、姜静静	134	11
中国太平洋财产保险股份有限公司青岛市分公司	张加学	侯传和、赵志军、徐 莉	544	10
平安产险青岛分公司	刘 浩	霍逢光、王 淳	745	11
中国出口信用保险公司山东分公司	常 川	—	157	7
华泰财产保险有限公司青岛分公司	贾斐超	张晓惠	102	3
天安财险青岛分公司	宁方生	韩建章	164	10
中国大地财产保险股份有限公司青岛市分公司	王玉亮	徐登峰	314	15
太平财产保险公司青岛分公司	黄忠升	李晓东、李 伟	332	9
中华联合财产保险股份有限公司青岛分公司	宋传龙	袁欣珂	205	11
阳光财险	黄为宽	—	406	11
华安保险公司青岛分公司	孙家明	钱 冰、徐 震	170	9
中国人寿财产保险股份有限公司青岛市分公司	刘 伟	齐洪昌、李 玫、王 浩	265	11
中路财产保险股份有限公司	杨 敏、郑 青	宫英博、祝亚非	126	12

续表2

单位名称	行长（或其他称谓的第一负责人）	副行长（或其他称谓的同级领导）	正式员工（人）	营业网点（个）
华海财产保险股份有限公司青岛分公司	曹景健	赵 瑜	122	7
史带财产保险公司青岛分公司	宋 超	—	7	1
永安财产保险股份有限公司青岛分公司	周开林	隋云丽、李 力	103	8
都邦财险	杨金泽	周建松	91	7
渤海财产保险股份有限公司青岛分公司	陈汉强	刘 坪	44	4
永诚保险青岛分公司	高 滨	—	72	7
安华农业保险股份有限公司青岛分公司	张新业	安百琨	64	6
三星财险	陈晓涛	刘 磊	18	1
长安责任保险股份有限公司青岛市分公司	肖 梅	刘升升	110	8
浙商保险公司青岛分公司	李长坤	曹仁增	74	6
安盛天平财产保险公司青岛市分公司	龚 喆	—	35	1
泰山财险	赵钦刚	张珈铭	91	1
现代财产保险（中国）有限公司青岛分公司	吕玉波	孙 恺	18	1
英大泰和财产保险股份有限公司青岛分公司	丁 松	薛维致	26	5
紫金保险青岛分公司	宁泽林	—	73	6
国任财产保险股份有限公司青岛分公司	张学国	—	88	4
中国石化财务有限责任公司山东分公司	王继磊	许钦珍	31	1
日本兴亚财产保险（中国）有限责任公司山东分公司	小林祐介	—	18	1
国泰财产保险有限责任公司青岛中心支公司	杜际平	—	8	1
鑫安汽车保险股份有限公司青岛分公司	石 琢	—	8	1
东海航运保险股份有限公司青岛分公司	李希文	杨晓辰	16	1
中国人寿保险股份有限公司青岛市分公司	王者元	杨铭山、王兴业、潘军辉	592	13
中国人民财产保险股份有限公司青岛市分公司	武长奎	王 兵、曹 璐、黄 强	2,060	116
安诚财险	赵传忠	尹 平	154	8
泰康人寿保险有限责任公司青岛分公司	梁 英	何 鹏	425	51
新华人寿保险股份有限公司青岛分公司	韩伟娜	史广林	200	11
太平人寿保险有限公司青岛分公司	苟红军	朱庆国、王琳、董圣奇、王 鹏	450	13
华夏人寿保险股份有限公司青岛分公司	刘 伟	邱延伟、李德勇、李 轶、唐荇荇	260	12
北大方正人寿青岛分公司	胡 洁	李 杰	60	6
中国人民健康保险股份有限公司青岛分公司	刘美岑	安 平	96	4
平安养老保险股份有限公司青岛分公司	宋 涛	李 星	136	1
人保寿险青岛市分公司	王廷波	汤 伟	158	8
国华人寿保险股份有限公司青岛分公司	张 静	—	29	1

续表3

单位名称	行长（或其他称谓的第一负责人）	副行长（或其他称谓的同级领导）	正式员工（人）	营业网点（个）
富德生命人寿保险股份有限公司青岛分公司	陈长国	贺 敏、林文欢	136	8
建信人寿保险股份有限公司青岛分公司	马振明	张 严、高占东	64	2
天安人寿保险股份有限公司青岛分公司	李 迎	王吉冰、张丽君	143	7
阳光人寿保险公司青岛分公司	马海涛	张雁飞	87	10
中银三星人寿保险有限公司青岛分公司	刘昌平	代佳佳	60	5
恒安标准人寿保险有限公司青岛分公司	刘 鹏	—	77	6
长城人寿保险股份有限公司青岛分公司	韩秀丽	沈子明、姚伊东	121	10
中荷人寿保险有限公司山东省分公司青岛中心支公司	王日浩	—	41	1
合众人寿保险股份有限公司青岛分公司	乔文学	徐金伟	45	7
中信保诚人寿保险有限公司青岛中心支公司	程家光	—	66	3
中宏人寿保险有限公司青岛中心支公司	王 霞	—	8	1
中英人寿保险有限公司青岛中心支公司	曲利文	—	11	2
同方全球人寿保险有限公司青岛市分公司	张华涛	—	33	1
幸福人寿	辛 飞	梅小波、陈允可	39	3
太平养老保险股份有限公司青岛分公司	李淑兰	夏 莹	89	1
招商信诺人寿保险有限公司青岛中心支公司	李秋红	—	29	1
信泰人寿青岛分公司	韩 狄	辛 宁、张德振	41	1
中德安联人寿保险有限公司青岛分公司	董 伟	—	19	3
德华安顾人寿保险有限公司青岛分公司	张 旺	—	86	11
泰康养老保险公司青岛分公司	刘克波	宋时波	132	1
中国人民人寿保险股份有限公司青岛市分公司	王廷波	汤 伟	107	8
中国太平洋人寿保险股份有限公司青岛分公司	王剑峰	李晓薇、王 崇、史泽耀	266	15
中国平安人寿保险股份有限公司青岛分公司	李 旭	薛 军、李邦海、马 健、张 胜、毕英杰、胡海梅、王 孟、宛兵亚	1,642	128
联储证券有限责任公司	吕春卫	许森源	1,664	77
安信证券股份有限公司青岛分公司	袁 涛	徐 祎	37	4
国盛证券有限责任公司青岛分公司	邸晨洁	贾 强	10	2
国元证券股份有限公司山东分公司	毕洪涛	曹广庆	86	6
西南证券股份有限公司青岛分公司	隋晓娟	侯明泽	10	1
五矿证券有限公司山东分公司	王新成	孙晓飞	38	2
长城证券股份有限公司山东分公司	崔 艳	田 稼	37	3
新时代证券股份有限公司山东分公司	国红军	李鑫乐	20	3
光大证券股份有限公司山东分公司	马 燕	邱 慧	41	3
渤海证券股份有限公司青岛分公司	张 钊	田晓峰	9	1

续表4

单位名称	行长（或其他称谓的第一负责人）	副行长（或其他称谓的同级领导）	正式员工（人）	营业网点（个）
民生证券股份有限公司青岛分公司	李进祥	孙尔蔓	18	1
中原证券股份有限公司山东第一分公司	赵胜长	刘 琛、许 辉	13	1
九州证券股份有限公司青岛分公司	于 瑶	耿 林	3	1
太平洋证券股份有限公司青岛分公司	王盛平	贾亮成	10	1
财达证券股份有限公司青岛分公司	郭宣忠	马若诚	3	0
信达证券股份有限公司山东分公司	牛志凯	田 辉	22	2
东莞证券股份有限公司青岛分公司	景 阳	林 江、侯红旭	10	1
长江证券股份有限公司青岛分公司	庞 健	万利人、张 兰	48	3
江海证券有限公司青岛分公司	张 滔	刘颖彬	16	2
方正证券股份有限公司青岛分公司	王少成	陈龙静	43	4
国信证券股份有限公司青岛分公司	王行岩	王丁伟	135	3
国融证券股份有限公司青岛分公司	刘国强	肖 棋、朴香兰	16	2
中邮证券有限责任公司青岛分公司	高 兵	杨 会	9	1
平安证券股份有限公司山东分公司	孙 政	徐 强、赵 凯	29	1
兴业证券股份有限公司青岛分公司	商雯莉	朱雪梅	84	2
华林证券股份有限公司青岛分公司	解 蕊	马爱丽	6	1
爱建证券有限责任公司青岛分公司	李国林	姜婉丽	5	1
申万宏源证券有限公司青岛分公司	张 坤	李 艳、杨 琳	49	3
财通证券股份有限公司青岛分公司	弭芊芊	韩 彬、王诗愉	15	1
中国银河证券股份有限公司青岛分公司有限公司	崔 宁	侯大伟	79	5
中天国富证券有限公司青岛分公司	杨昊仑	孙启荣	8	1
中泰证券股份有限公司青岛分公司	张 庆	傅咏梅、田 钢	180	8
招商证券股份有限公司青岛分公司	李 莎	徐中刚、李 莎	128	9
宏信证券有限责任公司山东分公司	史建旗	高文涛	7	1
华福证券有限责任公司青岛分公司	洪朝远	胡 珊	30	3
华创证券有限责任公司山东分公司	孙海林	樊继亮	22	1

附表4

青岛市主要金融机构业务概况

（2021年末）

单位:亿元

单位名称	本外币存款余额	本外币单位存款	本外币储蓄存款	本外币贷款余额	本外币短期贷款	本外币中长期贷款
国家开发银行青岛市分行	152.39	152.39	0.00	1,995.89	20.10	1,829.53
进出口银行青岛分行	58.63	58.12	0.00	1,312.02	407.44	866.41
农业发展银行青岛市分行	97.52	97.52	0.00	376.23	29.40	346.82
工商银行青岛市分行	2,110.23	935.96	1,059.69	2,516.62	402.96	2,034.42
农业银行青岛市分行	2,149.06	797.59	1,291.45	1,981.54	445.27	1,493.57
中国银行山东省分行	1,696.00	822.41	812.64	1,527.27	456.00	1,013.14
建设银行青岛市分行	1,852.41	929.94	898.64	2,387.99	501.97	1,874.71
交通银行青岛分行	1,310.34	792.71	494.58	951.18	252.65	662.04
中信银行青岛分行	623.73	359.25	182.32	738.92	187.78	485.92
光大银行青岛分行	510.77	261.06	198.60	402.78	157.99	218.13
华夏银行青岛分行	413.09	254.01	150.49	424.28	117.89	306.36
平安银行青岛分行	429.96	312.13	115.77	483.83	143.75	307.15
招商银行青岛分行	806.20	418.54	310.48	450.38	62.20	341.21
浦发银行青岛分行	462.22	370.27	88.93	560.78	168.00	273.88
兴业银行青岛分行	921.15	548.17	87.17	631.52	318.95	213.09
民生银行青岛分行	357.33	279.03	70.65	371.49	129.56	192.85
恒丰银行青岛分行	246.92	175.50	32.64	235.83	71.60	156.57
渤海银行青岛分行	56.31	53.03	3.28	51.46	20.05	28.69
青岛市浙商银行	111.55	103.08	7.14	111.75	54.38	36.57
青岛市广发银行	30.58	29.52	1.06	58.12	23.39	34.22
青岛银行	2,174.88	1,112.09	827.71	1,404.40	365.01	918.02
齐鲁银行青岛分行	119.26	97.23	21.93	123.58	48.13	75.06
潍坊银行青岛分行	91.92	58.98	32.93	49.35	19.93	29.38
威海市商业银行青岛分行	87.66	65.35	22.30	82.23	18.65	62.45
日照银行青岛分行	184.15	121.82	61.93	112.98	64.52	48.06
河北银行青岛分行	38.75	18.12	20.62	74.27	7.41	64.65
北京银行青岛分行	208.27	188.89	17.84	514.03	241.93	229.52
青岛市东营银行	29.73	23.02	6.70	32.57	12.20	20.37
青岛农村商业银行	2,790.41	910.93	1,607.81	2,343.48	801.63	1,395.37
苏州张家港农村商业银行	12.64	9.64	2.96	25.00	14.05	10.95
青岛市山东莱州农村商业银行	1.08	0.21	0.87	7.00	1.88	5.12
青岛市山东淄博张店农村商业银行	5.32	4.31	1.01	13.96	1.89	12.07
邮储银行青岛市分行	652.15	37.88	613.34	489.69	139.43	294.18
青岛市村镇银行	142.03	52.69	89.34	97.09	66.82	30.27
汇丰银行青岛分行	59.51	23.53	14.09	98.33	47.30	48.86
东亚银行青岛分行	14.54	11.75	1.54	27.69	18.85	8.81
渣打银行青岛分行	11.56	4.06	3.59	15.18	13.65	1.33
山口银行青岛分行	2.24	2.23	0.00	5.56	5.18	0.38

续表

单位名称	本外币存款余额	本外币单位存款	本外币储蓄存款	本外币贷款余额	本外币短期贷款	本外币中长期贷款
瑞穗银行青岛分行	18.20	18.20	0.00	10.70	9.92	0.07
新韩银行青岛分行	22.02	16.79	1.40	22.81	3.64	16.56
企业银行青岛分行	16.26	13.87	0.50	19.80	8.43	4.82
韩亚银行青岛分行	38.12	34.24	1.45	36.27	8.26	24.79

附表5

青岛市金融机构统计指标

单位：家、人、只

	指标	2017年	2018年	2019年	2020年	2021年	2021年同比增幅（%）
银行类	银行类机构家数	849	872	891	896	899	0.33
	法人机构	10	10	10	10	10	0.00
	一级分行	39	41	44	44	45	2.27
	二级分行	16	16	16	16	16	0.00
	县区支行	784	805	821	826	828	0.24
	正式从业人数	34,763	34,555	34,840	35,198	35,222	0.07
保险类	保险公司家数	331	354	363	389	393	1.03
	财险公司家数	182	190	201	224	230	2.68
	省级分公司	30	31	33	34	35	2.94
	地市分公司	9	7	1	6	2	-66.67
	县区支公司	143	152	167	184	193	4.89
	寿险公司家数	149	164	162	165	163	-1.21
	省级分公司	25	26	26	27	29	7.41
	地市分公司	11	19	9	9	8	-11.11
	县区支公司	113	119	127	129	126	-2.33
	正式从业人数	12,538	13,266	12,397	11,766	10,886	-7.48
	财险人员	6,845	7,288	6,853	6,802	6,293	-7.48
	寿险人员	5,693	5,978	5,544	4,964	4,593	-7.47
证券类	证券公司家数	1	1	1	1	2	100.00
	证券营业部	135	144	149	155	156	0.64
	正式从业人数	3,665	3,413	3,535	3,440	3,547	3.11
	境内上市股票只数	29	30	39	44	58	31.81
	境外上市股票只数	—	—	—	—	—	—
	辖区上市公司总数	29	30	39	44	58	31.81

淄博市

【经济金融概况】 2021年，淄博市经济运行呈现高开稳走、稳中有进、进中提质的良好态势，新旧动能转换成效显著，工业生产保持高位，服务业运行提速向好，固定资产投资、金融稳定增长，消费规模不断扩大，物价水平保持稳定，居民收入稳步提升。2021年，淄博市实现地区生产总值4,200.60亿元，按可比价格计算，同比增长9.40%。2021年，淄博市规模以上工业增加值同比增长14.10%，居全省第二位。固定资产投资同比增长22.10%，增速居全省首位。全年实现社会消费品零售总额1,308.90亿元，同比增长15.40%。实现进出口总额1,192.40亿元，增长33.60%。全年完成一般公共预算收入369.00亿元，同比增长14.80%。2021年末，淄博市人民币存款余额6,100.16亿元，同比增长9.73%；人民币各项贷款余额4,263.33亿元，同比增长10.40%。

【货币政策】 2021年，人民银行淄博市中心支行认真传导落实稳健货币政策，进一步深化金融供给侧结构性改革，持续优化金融资源配置。落实总分行降准政策，全市13家法人金融机构累计释放资金11.58亿元。严格落实房地产贷款集中度管理要求，贯彻差别化住房信贷政策，引导金融机构合理把握信贷投放节奏。强化债券市场培育，年内7家企业在银行间市场发行直接债务融资工具105.00亿元，同比翻番。指导齐商银行顺利发行首期15.00亿元永续债。有效落实2,000.00亿、3,000.00亿元再贷款政策，再贷款业务规模突破百亿元，在全省首批实现法人金融机构再贷款资金支持"全覆盖"。延续实施两项直达实体政策工具，支持全市16家法人金融机构累计为9,793户普惠小微企业办理贷款延期还本付息139.40亿元，8家机构累计为2,632户企业发放信用贷款26.10亿元，其中市中心支行为相关机构发放直达实体激励资金9.20亿元。印发《供应链票据及信息披露专项工作方案》，全市首笔供应链票据融资业务落地。继续深化"首贷培植行动"，共培植企业5,207家，发放"首贷"46.00亿元。全面推动绿色金融业务发展，联合多部门推进绿色项目库建设，68家企业、55个项目入库，贷款余额分别为125.20亿、46.20亿元。全市累计发放"碳配额质押贷"8笔、4.70亿元，全市绿色贷款余额170.50亿元，同比增长40.90%。推动全国首单"绿色+乡村振兴"债券融资计划在淄博落地，全市首笔绿色债在银行间市场交易商协会完成注册。积极推进金融服务乡村振兴，邀请省金融顾问团走进沂源开展乡村振兴顾问服务活动，引导省农担淄博市管理中心累计办理涉农担保贷款39.00亿元。

【金融市场】 2021年，淄博市社会融资规模增量746.16亿元，其中本外币贷款增加407.82亿元，表外融资减少92.06亿元，直接融资194.67亿元，其他融资97.14亿元。直接融资实现跨越式发展，全年企业发债净融资170.37亿元，同比增长19.55%，全年12个月中有10个月都有债券发行，债券融资常态化发展；全年企业通过首发或增发实现股票融资24.30亿元。

【金融稳定】 2021年，人民银行淄博市中心支行抓住"监测、监管、处置"三条业务主线，牢牢守住不发生系统性金融风险的底线。制定《法人金融机构风险管理实施办法》，强化重大事项报告管理和重点领域、重点机构的风险监测。发挥金融监管协作机制作用，持续推进问题机构早期纠正工作，上半年即完成全市高风险机构与问题机构"双清零"。联合市中级法院制定《关于建立追查破产企业资金流向协作机制的实施办法》，严厉打击逃废银行债务行为。联合有关部门制定《加强和完善非法金融活动监测预警工作机制的实施意见》，辖区金融生态环境进一步优化。2021年末，淄博市不良贷款余额63.90亿元，比年初下降66.62亿元，不良贷款率1.49%，比年初下降1.87个百分点。2021年各银行共通过核销、打包转让和置换方式处置不良贷款72.74亿元。

【金融监管】 人民银行淄博市中心支行扎实做好"两管理两综合"工作，对相关机构开展综合执法检查，针对检查发现的问题，对机构和责任人累计警告5次，处罚81.00万元。开展"存款违规行为自律整治月"活动，规范全市存款利率定价行为。持续打击跨境赌博和电信网络新型违法犯罪，推动全市首例非法从事资金支付结算业务入罪判决。扎实开展"断卡"行动，协助破获4起买卖银行账户案件，完成4万余个账户清理核查工作。持续开展拒收人民币现金整治工作，扎实开展非法使用人民币图样行为专项整治行动。推进打击洗钱犯罪侦诉判一体化进程，辖内洗钱罪立案7起、判决6起，判决数居全省第一位。

【外汇管理和服务】 外汇管理局淄博市中心支局积极深化涉外领域改革开放，大力推进涉外领域"放管服"改革，持续提升外汇管理与服务水平。深入推进跨境金融区块链服务平台试点工作，全年通过平台累计为65家企业发放贸易融资583笔、5,789.00万美元，分别增长374.20%、468.60%。推动齐商银行成为全省第二家实现跨境金融区块链服务平台直联的地方法人银行。进一步推进贸易收支便利化试点，年内新增试点企业11家、银行网点试点8家。开展虚假FDI企业线索调查等各项检查、核查，推动法院完成逃汇陈案结案，全额收缴罚款283.00万元。举办外汇及跨境人民币业务自律机制暨自律公约签约仪式，开展对22家银行外汇业务合规与审慎经营评估。深化“智汇”品牌建设。举办“智汇讲堂”7次，为33家企业量身定制个性化服务方案，解决重点难点问题42项，相关做法被市委、市政府主要领导批示。推动扩大跨境人民币业务，累计走访企业120余次。开展“推动人民币在东盟国家使用”专项行动和对台跨境贸易发展专项行动等。

【金融服务】 人民银行淄博市中心支行深入贯彻金融为民理念，不断完善金融服务体系，拓宽金融服务渠道，改进金融服务措施，有效提高社会各界对金融服务的获得感、满意度。引导银行机构降低小微企业和个体工商户支付手续费，惠及企业3,000余家。深化农村支付环境建设，推进助农点“智”付改造。组织实施“敬老爱老”智付行动，实现“老年人支付业务绿色通道”银行网点全覆盖，被市政府列为“为民办实事重点推进项目”。开展人民币“线上钞市+实体钞市”精准服务活动，被人民日报、学习强国、金融时报等客户端报道。在全省首家设立征信业务自动应答电话，个人征信查询网点数量居全省第三位。组织开展“送国债知识下乡”主题活动，高效办理国库直接支付业务做法在全省推广。推进非法金融广告治理、金融消费者教育与金融知识普及，全年妥善处理金融消费投诉咨询325件，办结率、回访率均达到100%。

【保险业务】 2021年末，淄博市保险市场共有71家市级机构。其中，财产险公司31家、人身险公司38家、养老公司2家。淄博市区县支公司及营销服务部387个，保险网点遍布全市城乡。淄博市保险从业人员31,962人。2021年，淄博市保险业务全年实现保费收入196.61亿元，同比增长2.13%。保险服务社会能力逐步增强，保险业全年为淄博市单位和个人提供风险保障134,063.44亿元，2021年淄博市保险密度为4,175.43元，保险深度为4.68%。

【证券市场】 2021年末，淄博市有32家上市公司、34只股票在沪深港证券交易所上市交易，累计实现融资862.43亿元。2021年，淄博市共有6家企业报山东证监局辅导，4家企业向证监会递交IPO材料。年内，淄博市有1家企业在“新三板”挂牌，累计挂牌家数达61家。区域性股权交易市场方面，2021年淄博市共有77家企业在齐鲁股权交易中心实现挂牌，累计挂牌企业家数达856家。

（冯 波、李林雨）

附表1

淄博市主要金融指标1

单位：亿元

地区		银行类							
		本外币存款余额	住户存款	非金融企业存款	本外币贷款余额	第一产业贷款	第二产业贷款	第三产业贷款	个人贷款及透支
淄川区	2021年	726.58	553.41	127.65	379.68	2.01	95.74	138.69	122.40
	同比增幅（%）	9.13	11.45	0.96	14.56	1.05	6.29	22.29	9.94
博山区	2021年	438.65	375.15	45.87	205.21	1.84	89.08	35.33	65.68
	同比增幅（%）	9.38	12.33	-3.41	18.73	97.65	15.46	14.83	11.97
临淄区	2021年	985.87	678.29	253.36	544.04	1.82	204.23	130.63	190.17
	同比增幅（%）	12.76	13.11	18.66	4.07	0.01	-1.32	-0.96	11.29
桓台县	2021年	570.20	321.43	203.85	445.17	1.09	147.69	104.12	178.38
	同比增幅（%）	12.83	13.57	19.04	-0.08	41.66	-12.77	3.58	6.46
高青县	2021年	237.28	187.35	29.23	183.87	3.85	39.37	56.63	82.82
	同比增幅（%）	11.37	14.94	8.67	14.23	70.22	7.97	22.21	12.09
沂源县	2021年	380.97	284.70	72.90	282.40	7.43	51.29	83.57	134.18
	同比增幅（%）	9.73	15.64	-2.62	19.51	119.37	5.11	36.85	10.87
淄博市	2021年	6,167.65	4,004.04	1,551.28	4,287.72	22.68	957.87	1,394.17	1,691.68
	同比增幅（%）	9.89	12.90	4.02	10.51	34.35	-2.78	16.38	11.31

附表2

淄博市主要金融指标2

单位：亿元

地区		保险类		证券类		
		保险公司保费收入	保险公司赔款和给付支出	证券市场成交总额	投资者保证金余额	投资者开户数（万户）
淄川区	2021年	16.62	—	—	—	—
	同比增幅（%）	5.72	—	—	—	—
博山区	2021年	8.61	—	—	—	—
	同比增幅（%）	3.54	—	—	—	—
临淄区	2021年	22.24	—	—	—	—
	同比增幅（%）	0.85	—	—	—	—
桓台县	2021年	16.52	—	—	—	—
	同比增幅（%）	14.60	—	—	—	—
高青县	2021年	8.35	—	—	—	—
	同比增幅（%）	1.28	—	—	—	—
沂源县	2021年	9.04	—	—	—	—
	同比增幅（%）	6.94	—	—	—	—
淄博市	2021年	196.61	56.48	—	—	—
	同比增幅（%）	2.13	11.14	—	—	—

附表3

淄博市主要金融机构概况

单位名称	行长（或其他称谓的第一负责人）	副行长（或其他称谓的同级领导）	正式员工（人）	营业网点（个）
人民银行淄博市中心支行	林 飞	徐 宁、刘 洁、张维建、王 剑、高文博、葛大江	345	6
淄博银保监分局	毕 磊	陈保君、宋海澎、李东升、冉广旭、刘明明、郭传刚、房爱国	69	6
农业发展银行淄博市分行	段宗臣	孙振亭、王 颖	173	8
工商银行淄博分行	吴 箫	朱长波、李长清、石海滔、范国庆、张家鹏、徐在民、王立亭、段 军、肖芳俊、苗纪宏、王建方	1,434	74
农业银行淄博分行	方高鸣	徐 超、李瑞正、张 勇、高 剡	1,670	100
中国银行淄博分行	王德青	慕永仕、梁文华、刘大勇、王艳芹、马 勇	887	37
建设银行淄博分行	白彤文	王德仲、杨江水、翟锡立、孟 明、王 斌、张兆鹏、程红祥	1,284	59
交通银行淄博分行	苏小龙	齐文江、苏 键、崔佃友、房玉琳	424	20
中信银行淄博分行	于 生	王善民、李双杰、韩学斌、张 磊	185	8
光大银行淄博分行	范海燕	翟洪涛、杨海伟	86	4
平安银行淄博分行	丁 伟	牟 辉	89	3
招商银行淄博分行	刘 钧	孙永刚、靳 斌	160	7
浦发银行淄博分行	任继军	王光华、田 凯、孙启滨	100	7
兴业银行淄博分行	尹谨超	邹 峰、陆 强、李 焱	106	7

续表1

单位名称	行长（或其他称谓的第一负责人）	副行长（或其他称谓的同级领导）	正式员工（人）	营业网点（个）
民生银行淄博分行	吴 林	王 锐、贾洪伟、杜淑红	60	4
恒丰银行淄博分行	单 锋	郭剑锋	78	3
渤海银行淄博分行	郭兆浩	张荣博、李朝阳	46	2
青岛银行淄博分行	曹立胜	巩向忠	139	5
齐商银行	李大鹏 赵晓东 侯全明	王 强、王 涛、曹志坚、孙高荣、马慧玲、邹 倩、薛 云、汪 波	2,923	120
东营银行淄博分行	郭 华	张行辉、谭富强、刘维亮、马东红、柴会涛	142	7
威海市商业银行淄博分行	李慕南	戚鹏杰、曹忠正	60	2
济宁银行淄博分行	赵刚毅	李 生、陈 静	70	5
邮政储蓄银行淄博市分行	种 钢	关风光、殷 刚、东庆凯、秦红荣	595	28
山东省农村信用社联合社淄博审计中心	马春成	吴志新、于光辉、李岩松	23	1
淄川农商行	张庆春	张莉、杜 娟 、王洪涛 、王玉华、杨逢深、张永国 、张晓鹏	479	52
博山农商行	孙希荣	邢长远、祝仁燕、杨立军、景 郑 、张 杰 、杜岩清	410	41
临淄农商行	玄俊峰	崔 涛、王廷军、刘 磊、张术博、隋 佳、李 城、方永俊	652	51
张店农商行	刘荣君	王 震、张 强、尹鹏、杨晓静、李永丽	670	65
周村农商行	范英健	马海波、马卫国、郑军、邵承信、高臻博、李小梅	362	28
桓台农商行	薛 宁	白 卫、荆 春、陈 磊、韩 斐、李亚男	540	46
高青农商行	张爱娟	崔现学、陈 静、马 雷、石学鹏 、孙 静、毕振宇	295	24
沂源农商行	杨 军	司 玲、曹海滨、李铨斌、丁 晓、薛 梅	401	34
淄川北海村镇银行	谭圣宝	李峻玲	34	3
博山北海村镇银行	段书雷	孙 彤、杨大伟、卜范凯	49	3
临淄汇金村镇银行	林 海	周国峰、姜言波	74	5
周村青隆村镇银行	李柏万	张 勇	54	5
桓台青隆村镇银行	王有学	陈 保	53	5
高青汇金村镇银行	卢进才 孙瑞文	刘云昌、鞠 斌、闫 镇	60	6
沂源博商村镇银行	马兆峰	鹿 灏	183	20
中泰证券股份有限公司淄博分公司	董典波	翟淑琦	176	9
中信证券（山东）有限责任公司淄博分公司	郑家文	—	47	4
兴业证券股份有限公司淄博分公司	程洪涛	—	28	1
人保财险淄博市分公司	蔡元春	白鹏飞、王鸿升、王 娜、王 剑	522	58
太平洋财险淄博中心支公司	黄诗江	朱俊海、王 鹏、魏 威	187	9
平安财险淄博中心支公司	巩选伟	徐国民、胡保健、王 超	180	9
天安财险淄博中心支公司	弭 磊	—	72	10
大地财险淄博中心支公司	邱 强	周 刚	100	9

续表2

单位名称	行长（或其他称谓的第一负责人）	副行长（或其他称谓的同级领导）	正式员工（人）	营业网点（个）
永安财险淄博中心支公司	孙君乐	卢举昌	105	9
中华财险淄博中心支公司	刘卫庆	何　坤、刘元涛、于新浩	240	17
太平财险淄博中心支公司	杜钦杰	崔　宇	106	5
阳光财险淄博中心支公司	董　全	徐松伟、赵亚东	184	11
国寿财险淄博中心支公司	陈成根	高　杰、闫丙伟	147	8
中国人寿淄博分公司	黄　斌	付长征、刘庆兵、王建涛、杨　宁、马忠超	290	62
太平洋人寿淄博中心支公司	张洪滨	张树坤、刘效坤、李　颖、刘心乾、梁莹莹	258	9
平安人寿淄博中心支公司	鲍江伟	王　刚、徐志强	193	14
泰康人寿淄博中心支公司	唐　静	袁　明	86	12
新华人寿淄博中心支公司	吕学文	路志梅、郭富铎	115	7
太平人寿淄博中心支公司	姜　磊	张在成	78	6
人民人寿淄博中心支公司	许延涛	崔海云、沐文河	51	8
华夏人寿淄博中心支公司	柳　姜	赵　蒙	59	6
农银人寿淄博中心支公司	张玉静	梁海莲、李遵峰	64	5
长城人寿淄博中心支公司	吴元猛	—	26	5

附表4

淄博市主要金融机构业务概况

（2021年末）　　　　单位：亿元

单位名称	本外币存款余额	本外币单位存款	本外币储蓄存款	本外币贷款余额	本外币短期贷款	本外币中长期贷款
农业发展银行淄博分行	36.39	36.39	—	215.26	10.46	204.80
工商银行淄博分行	673.56	207.50	462.12	413.98	109.85	295.93
农业银行淄博分行	804.63	203.82	598.02	412.90	124.89	287.44
中国银行淄博分行	415.79	158.48	250.50	254.56	83.96	163.37
建设银行淄博分行	598.76	190.88	407.55	310.86	78.02	230.12
交通银行淄博分行	237.66	105.10	131.91	160.32	50.99	108.44
中信银行淄博分行	90.62	51.18	38.27	115.64	15.64	87.76
光大银行淄博分行	51.62	36.33	15.26	33.36	6.56	24.03
平安银行淄博分行	10.51	0.35	10.11	28.54	0.70	27.84
招商银行淄博分行	78.24	34.46	42.65	45.59	9.20	33.40
浦发银行淄博分行	41.45	20.79	20.36	36.81	9.24	26.41
兴业银行淄博分行	102.73	75.70	26.18	97.43	31.94	52.39
民生银行淄博分行	41.28	33.92	7.30	50.20	15.11	30.01
恒丰银行淄博分行	57.49	51.66	5.82	41.03	17.52	19.75
渤海银行淄博分行	31.91	19.84	12.07	30.35	4.64	23.37
青岛银行淄博分行	99.12	76.70	22.42	120.70	15.43	100.40
齐商银行（淄博地区）	930.45	462.96	439.46	785.86	279.33	462.73
东营银行淄博分行	66.75	39.57	27.18	50.38	25.13	25.08
济宁银行淄博分行	36.59	20.79	15.80	28.18	6.83	21.09
威海市商业银行淄博分行	42.50	24.86	17.64	32.47	9.96	19.43

续表

单位名称	本外币存款余额	本外币单位存款	本外币储蓄存款	本外币贷款余额	本外币短期贷款	本外币中长期贷款
邮政储蓄银行淄博分行	353.28	27.54	325.73	163.89	53.55	90.50
淄川农商行	168.99	15.04	153.95	98.52	49.56	34.03
博山农商行	121.20	7.74	113.46	71.86	33.58	26.66
临淄农商行	250.51	38.76	211.75	150.45	79.28	55.57
张店农商行	212.24	32.20	180.03	139.80	72.86	60.34
周村农商行	100.62	10.62	90.00	59.21	30.29	23.82
桓台农商行	135.82	21.66	114.16	114.08	57.78	52.42
高青农商行	85.29	6.05	79.24	55.70	37.53	16.97
沂源农商行	98.69	18.20	80.49	62.35	33.11	24.99
淄川北海村镇银行	3.12	0.37	2.75	3.15	2.51	0.64
博山北海村镇银行	6.84	0.98	5.86	5.13	4.34	0.79
临淄汇金村镇银行	14.57	1.29	13.28	13.26	11.19	2.07
周村青隆村镇银行	6.30	1.09	5.21	6.94	2.43	4.51
桓台青隆村镇银行	5.16	0.73	4.43	6.72	3.88	2.84
高青汇金村镇银行	7.01	0.43	6.57	7.89	6.33	1.56
沂源博商村镇银行	80.89	14.35	66.51	64.36	44.79	19.57

附表5

淄博市金融机构统计指标

单位：家、人、只

指标		2017年	2018年	2019年	2020年	2021年	2021年同比增幅（%）
银行类	银行类机构家数	23	23	23	23	23	0.00
	法人机构	16	16	16	16	16	0.00
	一级分行	0	0	0	0	0	—
	二级分行	20	20	20	20	20	0.00
	县区支行	1,007	991	991	981	966	-1.53
	正式从业人数	14,925	14,671	14,459	14,077	13,977	-0.71
保险类	保险公司家数	63	65	70	71	71	0.00
	财险公司家数	29	29	31	31	31	0.00
	省级分公司	0	0	0	0	0	—
	地市分公司	29	29	31	31	31	0.00
	县区支公司	114	144	171	152	126	-17.11
	寿险公司家数	34	37	39	40	40	0.00
	省级分公司	0	0	0	0	0	—
	地市分公司	34	37	39	40	40	0.00
	县区支公司	170	139	148	146	114	-21.92
	正式从业人数	33,414	47,519	52,400	46,304	31,216	-32.59
	财险人员	575	4,000	3,800	3,321	2,338	-29.60
	寿险人员	32,839	43,519	48,600	42,983	28,878	-32.82

续表

指标		2017年	2018年	2019年	2020年	2021年	2021年同比增幅（%）
证券类	证券公司家数	2	2	3	3	3	0.00
	证券营业部	40	40	41	40	40	0.00
	正式从业人数	—	—	—	—	—	—
	境内上市股票只数	24	24	23	24	29	20.83
	境外上市股票只数	4	4	4	4	5	25.00
	辖区上市公司总数	26	26	25	28	32	14.29

枣庄市

【经济金融概况】 2021年，枣庄市坚持以习近平新时代中国特色社会主义思想为指导，牢牢聚焦“先把经济搞上去、集中精力强工业”，大力实施“工业强市、产业兴市”战略，扎实推进三年攻坚突破行动，经济金融运行呈现稳中有进、持续向好、质效双升的良好态势。2021年，枣庄市实现生产总值1,951.57亿元，同比增长8.30%；规模以上工业增加值同比增长10.80%；固定资产投资同比增长6.50%；社会消费品零售总额同比增长16.00%；实现一般公共预算收入158.91亿元，同比增长12.90%；实现进出口总额315.06亿元，同比增长20.00%；全年居民人均可支配收入29,772.00元，同比增长8.70%。截至2021年末，枣庄市本外币各项贷款余额2,011.18亿元，同比增长16.24%，高于全省平均水平2.80个百分点，较年初增加280.94亿元；本外币各项存款余额2,590.78亿元，同比增长7.51%，较年初增加180.90亿元。

【货币政策实施】 2021年，人民银行枣庄市中心支行全面贯彻执行稳健的货币政策，着力调结构、破堵点，保持流动性合理充裕，推动辖区货币信贷适度增长、结构有序优化。

一是抓好货币调控政策落实。开展“金融大集”政策宣讲活动，组织普惠小微经营主体专项走访，全年累计为1,304户市场主体办理延期还本付息61.19亿元，为6,466户市场主体发放普惠小微信用贷款36.32亿元。认真落实房地产贷款集中度管理，2021年末，房地产贷款余额占比较年初下降1.37个百分点。启动“货币政策精准滴灌工程”，全年累计发放支农支小再贷款18.80亿元，再贴现13.50亿元。

二是聚焦支持工业强市战略实施。联合相关部门共同制定金融支持“工业强市、产业兴市”指导意见，构建金融服务重点项目全生命周期工作机制，提出22条金融支持措施。联合召开2021中国（枣庄）资本赋能“工业强市、产业兴市”大会、重点项目银企合作推介会，推介重点项目180个、技改项目116个。2021年末，工业贷款余额322.31亿元，较年初新增35.00亿元，同比增长12.18%，终止了近三年来工业贷款持续下跌的态势。

三是着力提升关键领域金融服务质效。持续深化“首贷培植”行动，累计培植企业4,794户，发放首贷4,460户，累计首贷金额59.62亿元。开展商业银行中小微企业金融服务能力提升成效评比竞赛，2021年末，普惠小微贷款余额187.98亿元，同比增长37.28%，高于各项贷款增速21.04个百分点。建立个体工商户“白名单”“专精特新”企业“白名单”、供应链核心企业“白名单”，激发金融服务的创新活力，加大融资支持力度。牵头组建“乡村振兴金融服务队”，开展涉农项目融资辅导等4项行动，引导金融机构创新推出全省首个全线上农贸商户场景融资产品“农贸贷”。制定碳排放权质押贷款业务操作指引，成功发放全省首笔可再生能源补贴确权贷款、全省首批碳排放权质押贷款。

【金融稳定】 2021年，人民银行枣庄市中心支行坚持底线思维、坚持问题导向，紧紧围绕“监测、监管、处置”三条业务主线，不断健全完善区域金融风险监测、预警和防范处置机制，全面强化常态化金融风险防控。

一是深化金融风险监测机制建设。加强与相关职能部门的沟通协调，将金融风险监测预警纳入市域社会治理体系，建立网格化监测预警工作机制。实行驻枣证券、保险机构定点直联，推进金融风险监测预警“全覆盖”，全面提升各类风险识别与捕捉能力。探索建立城商行风险档案并进行动态更新，确保金融风险早发现、早预警、早处置。

二是持续提升金融稳定监管质效。严格执行主监管员制度，强化各类问题及风险隐患的整改应对。加大现场核查和费率管理力度，通过与银保监分局联动，做到穿透式核查。全面夯实央行评级质量，强化央行评级结果运用，评估报告获地方政府分管领导批示，有力推动了法人银行机构风险化解。在全省率先实现存款保险宣传村（居）全覆盖，进一步增强了社会公众对金融稳定的信心，形成“存款有保障”的安全预期。

三是深入推进区域金融应对处置。推动地方政府先后出台《枣庄市中小银行深化改革和补充资本工作方案》《关于支持枣庄银行高质量发展的意见》《枣庄市金融舆情风险防控工作指导意见》，探索形成“识、预、协、化”金融风险防控模式，监管合力有效发挥。扎实开展三年攻坚行动效果评估，系统总结法人银行机构风险化解经验，形成《把握四字诀 深化防控化解区域金融风险攻坚战成果》工作信息，得到人民银行济南分行领导批示。

【金融管理与服务】 2021年，人民银行枣庄市中心支行立足普惠民生，强化金融管理，持续改进金融服务，扎实履行基层央行职责，各项工作取得显著成绩。

一是着力加强金融消费权益保护。实现与基层法院诉调对接合作机制全覆盖，探索形成“一体两翼+闭环衔接”纠纷化解模式，接受委派调解823件，调解员数量达到125名，居全国地市级调解组织首位。开展“双网”融合试点，完成金融消费纠纷诉前调解“双网”融合试点省内第一单。

二是着力优化城乡支付环境。纵深推进移动支付便民工程，挖掘医疗、税费等56处新场景，交易笔数同比增长402.01%。深入开展“断卡”行动，累计对12.70万个账户开展存量风险排查。

三是着力提升现金流通环境。打出“联动+协作”“线上+线下”等4项组合拳，整治拒收现金取得明显成效。深化硬币自循环“枣庄模式”，持续开展小面额人民币服务暗访和专项督导，打造现金兑换“三公里”服务圈。举办“贵金属纪念币上的中国共产党成立100周年成就”和“红色金融票证”枣庄站专题巡展，大力弘扬钱币文化。

四是着力优化社会信用环境。不断完善自助终端+线上查询的征信查询服务体系，个人和企业信用报告查询19万余次。大力推广应收账款融资和动产融资登记，应收账款融资服务平台累计成交84笔、28.13亿元。推动农村产权融资信息服务平台建设，实现银行机构与农业农村局、农交中心、农业担保之间的信息互联。

五是着力提升经理国库水平。联合税务部门建立退税“绿色通道”，便利小微企业享受国家惠企政策。建立退税限时办理机制，随审随办、按日反馈，完成退库12万笔、27.00亿元。开展国债到期提醒兑付服务，累计提醒730余笔到期未兑国债。

六是着力强化依法行政。依法开展执法检查，加大对金融领域违法违规行为的查处力度，营造健康的市场秩序。

七是着力加大反洗钱监管力度。开展反洗钱普法知识竞赛，深化反洗钱讲师团培训活动，加强对“自洗钱”分析监测，推动全市洗钱案件入罪宣判取得新突破，全市首例洗钱入罪案例纳入山东省“洗钱案例汇编”，并作为省内唯一案例参加全国优秀反洗钱案件评选。

【外汇管理】 2021年，人民银行枣庄市中心支行坚持政策宣传和精准辅导相结合、业务拓展与规范管理相结合、持续优化跨境人民币使用环境，稳步推进辖区跨境人民币工作有效开展。

一是大力推动涉外经济发展。开展“汇率避险”专项行动，全年套保比率达17.56%，居全省第二位。稳步推进跨境金融区块链服务平台试点，出口应收账款融资同比增长240.34%。全年实现涉外收支总额27.41亿美元，同比增长33.38%。

二是稳慎推进人民币跨境使用。组织开展“百行千人进万企”“一对一走国企”等活动，政策宣讲惠及300余家企业。开展跨境人民币市场主体培植“春苗行动”，分层分类精准培植，一企一策深化对接，2021年末，实现跨境人民币收支29.36亿元，同比增加9.86亿元，上升50.30%。

（王 磊）

附表1

枣庄市主要金融指标1

单位：亿元

地区		银行类							
		本外币存款余额	住户存款	非金融企业存款	本外币贷款余额	第一产业贷款	第二产业贷款	第三产业贷款	个人贷款及透支
市中区	2021年	571.45	402.13	104.13	490.33	0.38	72.79	144.16	246.68
	同比增幅（%）	8.52	9.22	8.09	24.63	-24.48	12.25	3.85	13.98
薛城区	2021年	533.98	318.90	124.63	452.84	0.68	90.43	124.06	158.40
	同比增幅（%）	10.93	11.23	32.04	10.05	23.76	35.70	18.64	23.83

续表

地区		银行类							
		本外币存款余额	住户存款	非金融企业存款	本外币贷款余额	第一产业贷款	第二产业贷款	第三产业贷款	个人贷款及透支
峄城区	2021年	160.10	121.17	25.02	112.38	0.12	18.36	44.49	49.40
	同比增幅（%）	9.60	11.20	10.03	16.87	-38.54	21.60	20.06	17.50
台儿庄区	2021年	141.08	109.57	20.51	115.85	0.11	17.25	40.43	56.24
	同比增幅（%）	1.87	8.28	-22.37	17.68	21.72	15.32	9.20	24.93
山亭区	2021年	151.04	119.31	12.77	87.00	0.36	28.36	24.71	32.78
	同比增幅（%）	1.30	11.43	-33.00	9.58	-20.98	9.81	-4.64	24.17
滕州市	2021年	944.70	716.98	153.07	686.81	0.70	150.11	130.61	356.21
	同比增幅（%）	7.61	9.98	1.28	14.54	12.79	6.53	12.35	20.84
高新区	2021年	73.68	43.99	25.61	65.98	0.06	16.04	22.77	24.82
	同比增幅（%）	9.94	22.36	14.28	27.50	54.29	2.24	127.43	38.03
枣庄市	2021年	2,590.78	1,832.04	465.74	2,011.18	2.41	393.36	531.22	924.53
	同比增幅（%）	7.51	10.10	6.95	16.24	-1.27	14.36	11.80	19.78

附表2

枣庄市主要金融指标2

单位：亿元

地区		保险类		证券类		
		保险公司保费收入	保险公司赔款和给付支出	证券市场成交总额	投资者保证金余额	投资者开户数（万户）
市中区	2021年	—	—	1,502.31	6.13	24.46
	同比增幅（%）	—	—	3.00	27.77	61.77
薛城区	2021年	—	—	243.45	1.16	12.92
	同比增幅（%）	—	—	-31.68	-10.77	103.46
峄城区	2021年	—	—	37.93	0.16	1.77
	同比增幅（%）	—	—	-30.49	14.29	110.71
台儿庄区	2021年	—	—	431.33	0.31	3.00
	同比增幅（%）	—	—	51.21	29.17	129.01
山亭区	2021年	—	—	188.13	0.25	1.94
	同比增幅（%）	—	—	16.72	-13.79	139.51
滕州市	2021年	—	—	1,069.96	2.43	21.19
	同比增幅（%）	—	—	29.41	9.95	130.58
高新区	2021年	—	—	102.02	0.25	2.16
	同比增幅（%）	—	—	-16.74	19.05	48.97
枣庄市	2021年	87.16	33.96	3,575.13	10.69	67.44
	同比增幅（%）	7.41	22.19	9.49	16.35	92.30

附表3

枣庄市主要金融机构概况

单位名称	行长（或其他称谓的第一负责人）	副行长（或其他称谓的同级领导）	正式员工（人）	营业网点（个）
人民银行枣庄市中心支行	罗亮森	王 伟、孙 斌、朱传辰、吴 静、王 森	302	4
中国银行保险监督管理委员会枣庄监管分局	路 冰	周保舰、倪 辉、王 芳、赵志滨、田玉玲	55	1
农业发展银行枣庄市分行	王 君	李元华、张瑞冬、刘 洋	142	6
工商银行枣庄分行	李沧海	张义辉、张 永、杨功新、张 超、胡 峰	757	37
中国农业银行枣庄分行	赵相东	马洪涛、韩照东、王业群	927	50
中国银行枣庄分行	王炳华	王昀柏、姜立民、匡华强、宋 毅、刘义涛	517	20
建设银行枣庄分行	崔 震	张守义、刘向群、陈 勇、夏 颖、丛方忠	856	36
交通银行枣庄分行	张新宇	毕崇华、孙曰友、林 红	66	3
邮政储蓄银行枣庄市分行	赵验昌	杨 佳、张 强、刘 政、吴清波	800	105
枣庄银行	陈大章	沙雪斌、孙东光、王文彪、张德安、王广振、马云飞、刘 磊、颜海龙	918	30
济宁银行枣庄分行	彭 涛	张 营、黄 辉	104	7
青岛银行枣庄分行	甄彦忠	彭德成、刘 星	117	6
日照银行枣庄分行	王海峰（副行长、代理行长职务）	赵 舵、秦 成、马世华	98	3
威海市商业银行枣庄分行	陈新波	郑 涛、褚秀芳	52	2
枣庄农村商业银行	王 伟	刘 艳、李 明、张友银、张 彬、马士宏、孙法超、周茂生	1，629	91
滕州农村商业银行	刘志强	王 豹、苏亚峰、徐长春、闵建凯、李 鹏、闵高峻	675	51
山东滕州中银富登村镇银行	李海东	傅 萍、时亮亮	54	2
安信证券公司山东分公司枣庄青檀中路营业部	王 伟	—	10	1
长江证券公司枣庄青檀中路证券营业部	杜金林	—	8	1
国泰君安证券公司枣庄市光明西路证券营业部	李明洋	—	8	1
海通证券股份有限公司枣庄燕山路证券营业部	刘 柯	戚 潇、种文龙	6	1
招商证券股份有限公司滕州解放中路证券营业部	宋志强	—	11	1
中泰证券股份有限公司枣庄分公司	张大伟	张 辉	82	7
中信证券（山东）有限责任公司枣庄文化中路证券营业部	刘宇飞	吴敬帅	33	1
中信证券（山东）有限责任公司滕州新兴北路证券营业部	赵俊锟	荆中利	27	1
华林证券股份有限公司枣庄光明大道证券营业部	杨咏盛	—	5	1
中国人寿保险股份有限公司枣庄分公司	张 钦	何召理	221	6

续表1

单位名称	行长（或其他称谓的第一负责人）	副行长（或其他称谓的同级领导）	正式员工（人）	营业网点（个）
中国太平洋人寿保险股份有限公司枣庄中心支公司	郭承刚	李永军、崔红梅、徐东兵	147	13
泰康人寿保险有限责任公司山东枣庄中心支公司	尹 雪	袁 木	91	28
中国平安人寿保险股份有限公司枣庄中心支公司	宋 雷	王高亮	65	6
新华人寿保险股份有限公司枣庄中心支公司	陈 强	曹永昌、华允飞	73	5
民生人寿保险股份有限公司枣庄中心支公司	李志峰	—	34	6
太平人寿保险有限公司枣庄中心支公司	赵洪顺	孙广勇	70	5
合众人寿保险股份有限公司枣庄中心支公司	姜宝林	—	10	3
中国人民人寿保险股份有限公司枣庄中心支公司	李 楠	亓 永、陈祥毅	40	6
富德生命人寿保险股份有限公司枣庄中心支公司	贾腾飞	—	50	3
阳光人寿保险股份有限公司枣庄中心支公司	张 超	—	54	5
华泰人寿保险股份有限公司枣庄中心支公司	张建永	胡乐侠	23	5
信泰人寿保险股份有限公司枣庄中心支公司	石明松	—	11	3
天安人寿保险股份有限公司枣庄中心支公司	张连滨	张典辰、王玉庆、种法友	54	4
华夏人寿保险股份有限公司枣庄中心支公司	盖希伟	—	32	5
恒安标准人寿保险股份有限公司枣庄中心支公司	张 磊	—	6	1
百年人寿保险股份有限公司枣庄中心支公司	董礼伟	—	9	2
农银人寿保险股份有限公司枣庄中心支公司	万春生	纪 宁	26	2
建信人寿保险股份有限公司枣庄中心支公司	颜秉乾	—	12	3
德华安顾人寿保险有限公司枣庄中心支公司	王守宇	—	22	5
利安人寿保险股份有限公司枣庄中心支公司	周广营	—	28	3
陆家嘴国泰人寿保险有限责任公司枣庄中心支公司	顾金美	—	3	1

续表 2

单位名称	行长（或其他称谓的第一负责人）	副行长（或其他称谓的同级领导）	正式员工（人）	营业网点（个）
平安养老保险股份有限公司枣庄中心支公司	王 浩	—	9	1
中国人民财产保险股份有限公司枣庄市分公司	王 涛	卫 斌、魏明洋	269	13
中国太平洋财产保险股份有限公司枣庄中心支公司	徐 勇	张东旭、李兴珍、丁友振	125	11
天安财产保险股份有限公司枣庄中心支公司	王 坤	赵丙国、赵 超	53	6
中国平安财产保险股份有限公司枣庄中心支公司	王 冲	刘 浩、张卉卉	115	7
中华联合财产保险股份有限公司枣庄中心支公司	张贵东	吴开鹏、金 鑫	114	9
中国大地财产保险股份有限公司枣庄中心支公司	王 猛	李 芹、张玉垒	80	4
永安财产保险股份有限公司枣庄中心支公司	崔玉东	—	68	4
大家人寿保险股份有限公司枣庄中心支公司	石文建	—	7	1
安华农业保险股份有限公司枣庄中心支公司	刘晨光	—	23	5
阳光财产保险股份有限公司枣庄中心支公司	代广珍	宋 静、李修建	164	7
中国人寿财产保险股份有限公司枣庄市中心支公司	邵 兵	冯玉鹏	133	5
安盛天平财产保险股份有限公司枣庄中心支公司	李动山	—	9	2
华安财产保险股份有限公司枣庄中心支公司	姚定辉	—	13	2
泰山财产保险股份有限公司枣庄中心支公司	王九志	—	27	3
华海财产保险股份有限公司枣庄中心支公司	杨国治	—	50	2
浙商财产保险股份有限公司枣庄中心支公司	刘 彬	—	10	1
都邦财产保险股份有限公司枣庄中心支公司	崔朝军	—	3	1
太平财产保险有限公司枣庄中心支公司	薄振山	原 彬	23	2
亚太财产保险有限公司枣庄中心支公司	万海涛	—	12	2
国任财产保险股份有限公司枣庄中心支公司	刘国亮	—	26	1

续表3

单位名称	行长（或其他称谓的第一负责人）	副行长（或其他称谓的同级领导）	正式员工（人）	营业网点（个）
安诚财产保险股份有限公司枣庄中心支公司	谭树鹏	王晓江	11	1
紫金财产保险股份有限公司枣庄中心支公司	吴成东	—	12	1
大家财产保险有限责任公司枣庄中心支公司	樊 盟	—	20	7
英大泰和财产保险股份有限公司枣庄中心支公司	王长磊	—	9	1

附表4

枣庄市主要金融机构业务概况

（2021年末）

单位：亿元

单位名称	本外币存款余额	本外币单位存款	本外币储蓄存款	本外币贷款余额	本外币短期贷款	本外币中长期贷款
农业发展银行枣庄市分行	44.25	44.25	--	175.56	20.31	155.25
工商银行枣庄分行	353.00	107.48	245.48	285.26	39.57	242.85
农业银行枣庄分行	338.84	80.04	258.80	237.66	67.36	165.52
中国银行枣庄分行	207.21	86.55	112.65	203.69	64.58	129.89
建设银行枣庄分行	407.44	117.02	290.41	266.33	61.68	197.43
交通银行枣庄分行	33.82	21.58	12.24	36.49	17.39	18.00
邮储银行枣庄市分行	288.04	23.09	264.90	121.82	33.80	76.51
枣庄银行（法人口径）	220.35	105.98	113.39	193.86	123.33	60.03
济宁银行枣庄分行	74.86	35.70	39.16	44.81	4.11	39.74
青岛银行枣庄分行	59.75	38.85	20.90	40.82	2.43	34.03
日照银行枣庄分行	46.21	28.03	18.18	34.98	14.96	18.98
威海市商业银行枣庄分行	22.46	16.13	6.33	26.32	0.88	23.22
枣庄农村商业银行	297.53	36.34	261.19	222.12	74.15	82.65
滕州农村商业银行	223.07	22.56	200.51	160.16	75.66	45.78
滕州中银富登村镇银行	4.47	2.20	2.27	6.53	3.84	2.69

附表5

枣庄市金融机构统计指标

单位：家、人、只

	指标	2017年	2018年	2019年	2020年	2021年	2021年同比增幅（%）
银行类	银行类机构家数	15	15	15	15	15	0.00
	法人机构	4	4	4	4	4	0.00
	一级分行	0	0	0	0	0	—
	二级分行	11	11	11	11	11	0.00
	县区支行	205	202	201	177	213	20.34
	正式从业人数	7,871	7,687	7,582	7,403	7,712	4.17

续表

指标		2017年	2018年	2019年	2020年	2021年	2021年同比增幅（%）
保险类	保险公司家数	44	45	46	46	44	-4.35
	财险公司家数	20	21	22	22	22	0.00
	省级分公司	—	—	—	—	—	—
	地市分公司	20	21	22	22	22	0.00
	县区支公司	—	70	76	50	86	72.00
	寿险公司家数	24	24	24	24	22	-8.33
	省级分公司	—	—	—	—	—	—
	地市分公司	24	24	24	24	22	-8.33
	县区支公司	—	75	78	67	134	100.00
	正式从业人数	—	—	—	2,862	2,905	1.50
	财险人员	—	—	—	1,503	1,720	14.44
	寿险人员	—	—	—	1,359	1,185	-12.80
证券类	证券公司家数	4	4	4	4	1	-75.00
	证券营业部	13	13	14	15	14	-6.67
	正式从业人数	178	193	184	206	190	-7.77
	境内上市股票只数	—	1	2	4	4	0.00
	境外上市股票只数	—	—	—	—	—	—
	辖区上市公司总数	—	1	2	4	4	0.00

东营市

【经济金融概况】 2021年，东营市经济运行持续呈现稳中加固、稳中向好，工农生产稳步发展，投资、消费、进出口均衡协调，发展质量效益逐步提升。2021年，东营市实现地区生产总值3,441.72亿元，同比增长8.50%。规模以上工业增加值同比增长13.40%；固定资产投资同比增长12.50%；社会消费品零售总额同比增长15.80%；外贸进出口总额2,011.88亿元，同比增长44.60%；实现一般公共预算收入261.83亿元，同比增长5.00%。截至2021年末，东营市金融机构本外币存款余额4,610.49亿元，较年初增加487.70亿元；本外币贷款余额3,412.73亿元，较年初增加79.01亿元。

【货币政策】 2021年，人民银行东营市中心支行坚持党建统领，认真贯彻落实稳健货币政策，强化货币政策工具牵引带动作用，努力疏通货币信贷政策向实体经济的传导渠道。

一是创新贯彻落实稳健货币政策，引导加大信贷投放。充分发挥央行资金撬动作用，累计发放再贷款33.98亿元，办理再贴现48.63亿元，发放普惠小微贷款延期激励资金4,669.90万元、普惠小微信用贷款支持资金3.90亿元，两次下调人民币存款准备金率释放长期资金24.23亿元。设立两项直达实体经济货币政策服务专员，截至2021年末，11家法人银行机构普惠小微企业贷款总体延期率81.68%，央行评级1—5级的法人银行机构累计发放普惠小微信用贷款7.64亿元。

二是开展中小微企业金融服务能力提升工程。深化“民营和小微企业首贷培植行动”，2021年累计培植首贷户数2,185户，发放贷款32.54亿元。全省率先制定供应链创新发展实施方案，累计发放供应链融资72.52亿元，惠及企业126家。全省率先启动“放心消费示范单位金融服务优惠项目”，指导东营农商行首创“放心消费经营贷”，为6家省级示范单位发放贷款4,500.00万元。

三是聚焦黄河流域生态保护和高质量发展开展金融对接。截至2021年末，组织35家银行机构主要负责人走进167家企业，为84家企业提供资金支持194.83亿元。指导23家银行与29家商会开展现场对接，为65家企业提供资金支持36.62亿元。开展“齐心鲁力·助商惠民”支持个体工商户发展专项行动，截至2021年末，全市个体工商户经营性贷款余额、户数分别同比增长35.68%、66.51%。

四是着力推动绿色金融发展。召开金融支持黄河流域生态保护和高质量发展研讨会。建立“东营市绿色金融项目库”，举办“绿色金融助力东营经济技术开发区高质量发展推进会”，现场签约15个绿色金融项目，金额123.15亿元。推进东营市财金集团64.00亿元“碳中和”债券发行工作，推动东营银行成功发放全市首笔碳排放权质押贷款2,000.00万元。截至2021年末，全市绿色贷款余额198.70亿元，较年初增长60.00%。

五是扎实做好金融服务乡村振兴工作。组建乡村振兴金融服务队16支，推动打造黄河口大闸蟹等45个特色农业产业链条产品或服务模式。深化金融服务乡村振兴“样板村”创建活动，累计创建样板村616个。开展金融支持新型农业经营主体县区行活动，全市新型农业经营主体贷款同比增长31.51%。

【金融市场】 2021年，东营市金融业实现增加值160.33亿元，占服务业增加值比重12.61%，占全市GDP比重4.66%；实现税收184.96亿元，较上年度增长9.82%，占全市财政收入的74.40%。

一是支持企业扩大融资渠道。9月，利华益维远股份有限公司成功在上交所主板上市，募集资金40.65亿元。截至2021年末，全市在审企业2家、辅导备案企业9家、其他培育企业8家，初步形成上市梯次推进格局。支持企业扩大债券融资规模，市财金集团、广饶县经济发展投资集团发债16.80亿元，东营银行发行小微企业专项金融债10.00亿元。

二是保险业稳健发展。2021年，东营市保险业实现保费收入115.16亿元，同比增长3.22%。其中，财产险保费收入31.30亿元，同比增长2.24%；人身险保费收入83.85亿元，同比增长3.59%。

三是充分发挥政府性融资担保增信作用。扩大“见贷即担”业务覆盖面，截至2021年末，3家政府性融资担保公司新增担保额41.56亿元，在保余额48.35亿元；全市小额贷款公司、融资担保公司、融资租赁公司新增业务量保持正增长。

【金融稳定】 2021年，人民银行东营市中心支行坚持稳中求进工作总基调，充分发挥存款保险激励约束双向调节作用，加强法人银行机构监测、监管和处置，探索健全防范化解金融风险长效机制，扎实做好辖区金融稳定工作。

一是瞄准重点风险，全力做好存量风险化解工作。截至2021年末，全市不良贷款153.55亿元，较年初下降160.86亿元；不良贷款率4.50%，较年初下降4.93个百分点。全年累计处置不良贷款317.00亿元，约占全省处置总额的14.00%。不良贷款较年初实现“双降”，降至34个月以来的最低点。辖内法人银行机构不良贷款率自2018年年初以来首次降至5.00%以内。2021年，纳入人民银行总行监测范围的6家企业累计处置115.12亿元，全市风险化解逐步进入出清扫尾阶段。

二是深入防范化解重点企业债务风险。一是压实机构风险处置主体责任。指导银行机构制定年度风险防控目标和风险处置方案。二是进一步落实风险防控监管责任。对辖区单户贷款1,000.00万元以上授信企业开展风险摸底。深入破解担保圈风险，优化担保结构，截至2021年12月末，企业保证类贷款占比降至50.97%，较年初下降3.64个百分点。

三是立足存款保险，强化风险化解处置职能。2021年上半年为3家法人机构下降0.045%的存款保险费率，节约保费836.96万元。全面落实主监管员制度，全年累计开展现场调研6次、约见谈话1次，列席“三会”和风险管理委员会会议10次，进行风险提示6次。深入开展存款保险宣传工作，2021年度存款保险公众认知评估总分达85分。

【金融监管】 2021年，东营市金融监管部门深入贯彻落实中央和省、市决策部署，持续深化行业规范建设。

一是依法依规开展行政执法检查。贯彻落实“分级负责”“法人监管”的理念，经“双随机抽查”，对东营银行开展综合执法检查。加大对金融违法行为的处罚力度，全年作出行政处罚4起，罚款金额84.56万元。对全市93家金融机构开展2021年度综合评价工作，促进金融法律法规规章及中国人民银行各项政策措施在辖区全面正确贯彻执行。

二是持续规范行业市场秩序。深入开展“规范建设提升年”“内控合规管理建设年”活动，指导机构自查发现问题249个，整改问题229个，整改率91.97%。重点推进车险综合改革，综合成本率93.03%，为全省最低。全年实施行政处罚18项，处罚责任人27名，罚款金额637.00万元，超过前两年处罚总额，有效整肃市场秩序。

【外汇管理】 2021年，外汇管理局东营市中心支局不断加强监测分析与宣传引导，防范跨境资本流动风险，推动贸易投资便利化，维护外汇市场有序发展。

一是促进提升贸易投融资便利化。深化“外汇服务进万企”活动及跨境人民币“双机制”宣传活动，累计对231家企业开展汇率避险宣讲，指导29家企业通过衍生品业务进行汇率避险。扎实推进跨境金融区块链平台试点，实现融资额6,927.05万美元，累计流入外债资金4,431.00万美元。着力推动跨境人民币业务发展，指导银行累计办理跨境人民币结算金额295.85亿元，同比增长61.90%。

二是防范跨境资金流动风险。累计对8家银行开展检查核查，对3家银行外汇违规行为进行处罚，罚款金额12.00万元；国际收支统计现场核查银行8家，非现场核查242次，大额核查数据305笔，有效防范跨境资金流动风险。

【金融服务】 2021年，人民银行东营市中心支行将落实金融管理服务要求、优化金融营商环境作为践行“金融为民”理念的重要抓手，进一步改进提升金融服务质效。一是不断提高征信服务水平。联合举办征信知识电视大赛、“央行杯”征信知识竞赛，加强征信知识普及。制作“人生是船 信用是帆”征信公益广告。二是不断推动金融与科技深度融合。开展金融科技赋能乡村振兴示范工程建设，利津“羊买买”线上交易平台项目入选全省示范工程试点项目。三是不断优化账户管理和支付结算。持续提升银行账户服务水平，平均开户时长压缩三分之一。实现“云闪付”在5个区县、235条公交线路、1,400余辆公交车的全覆盖。建成具备综合支付功能的服务点1,438个，占行政村总数比例为82.21%。四是不断加大金融消费权益保护力度。组织金融机构开展宣传活动2,600余次，受众消费者达92万余人。推进东营银行省级金融教育示范基地建设。截至11月末，共调解金融纠纷案件40件，标的额7.12亿元，单笔最大调解标的3.91亿元，单笔和总量调解金额均居全省首位。五是不断改进现金管理服务。持续深入推进整治拒收现金工作。开展“擅自借庆祝建党100周年名义从事商业谋利活动情况”专项排查工作。

（栾 坤）

附表1

东营市主要金融指标1

单位：亿元

地区		银行类							
		本外币存款余额	住户存款	非金融企业存款	本外币贷款余额	第一产业贷款	第二产业贷款	第三产业贷款	个人贷款及透支
利津县	2021年	291.84	161.77	107.63	229.73	1.00	116.48	46.83	63.91
	同比增幅（%）	26.83	15.13	60.34	25.22	35.90	28.03	36.25	19.68
广饶县	2021年	832.00	447.49	314.91	600.52	12.86	286.19	89.71	192.06
	同比增幅（%）	22.71	14.80	40.98	-0.01	28.09	-13.79	20.82	12.16
东营市	2021年	4,610.49	2,451.63	1,698.03	3,412.73	44.78	1,293.47	792.29	1,065.63
	同比增幅（%）	11.83	13.73	11.99	2.37	37.15	-9.49	10.05	11.57

附表2

东营市主要金融指标2

单位：亿元

地区		保险类		证券类		
		保险公司保费收入	保险公司赔款和给付支出	证券市场成交总额	投资者保证金余额	投资者开户数（万户）
利津县	2021年	—	—	—	—	—
	同比增幅（%）	—	—	—	—	—
广饶县	2021年	—	—	—	—	—
	同比增幅（%）	—	—	—	—	—
东营市	2021年	115.16	25.06	6,263.75	—	—
	同比增幅（%）	3.23	18.32	-5.99	—	—

附表3

东营市主要金融机构概况

单位名称	行长（或其他称谓的第一负责人）	副行长（或其他称谓的同级领导）	正式员工（人）	营业网点（个）
人民银行东营市中心支行	李国栋	李 刚、李永清、段作强、张 民、刘伟厚	227	4
农业发展银行东营市分行	杜华磊	刘志玉、李好贞	118	5
工商银行东营分行	张东海	李 琰、伦九亮、佟建方、刘晓峰、李建新	1,030	49
农业银行东营分行	刘 江	许文波、孙培伟、刘 涛、司 杰	1,037	56
中国银行东营分行	刘 健	孙 涛、张 铭、王金东、刘 章、郭忠慧、郝立强	609	25
建设银行东营分行	任 健	张国昌、胡 军、韩红梅、张光华	953	39
交通银行东营分行	张 炜	米振欣、刘成同、安 波	80	3
邮政储蓄银行东营市分行	谢 强	宋道峰、张立民、韩兴火、倪亚军	427	77
东营银行	高传星	陶文军	1,900	117
山东省农村信用社联合社东营审计中心	范晓明	魏 民、戴国建、栾 强	2,116	188
恒丰银行东营分行	常 勇	王丽华、万秀美、苟宾国	140	7
华夏银行东营分行	李 磊	庆国振、周正霞、李 冲	70	4
中信银行东营分行	孔 剑	宋保华、薄纯阳、曲总柱、乔宏晨	155	6
招商银行东营分行	侯卓楠	赵 伟、牟德华	129	6
民生银行东营分行	朱国庆	张智敏、魏凡超	114	6
浦发银行东营分行	魏 伟	郑拥军、鲍智勇、彭 宁	73	4
青岛银行东营分行	王 波	冯勋斌	165	7
光大银行东营分行	李明昕	吕景峰、冯亮亮、李 帅	81	5
齐商银行东营分行	陈永顺	董凤华、韩新海、李 磊	119	5
兴业银行东营分行	陈春峰	肖宏杰	83	3
天津银行东营分行	刘海林	孙 磊、魏文海	51	2
威海市商业银行东营分行	艾明华	王文良	64	1
广发银行东营分行	黄哲元	徐 刚、王永强、王松柏、刘 强	47	1
平安银行东营分行	许立桥	李先艳	50	2
齐鲁银行东营分行	阴钊生	任向阳、谢 丰	68	3
浙商银行东营分行	朱 军	苏鹏飞	42	1
烟台银行东营分行	包 益	郭延光、王清源、修永刚	41	1
莱商村镇银行	丁 娜	赵永国、贾洪臣、陈法军、王红梅	367	36
乐安村镇银行	刘关锋	赵金光	123	7
梁邹村镇银行	李 伟	张增强	93	5
融和村镇银行	陆志坚	王树春	40	4
舜丰村镇银行	李元兵	庄向波、张浩楠、申玉刚	87	6
中成村镇银行	林吉友	韩晓冬、侯俊杰	28	2
中国人寿保险股份有限公司东营分公司	袁任远	陈秀利、张秋云、纪 文	5,300	5
中国太平洋人寿保险股份有限公司东营中心支公司	张荣云	张明亮、林立强、宁 萌	1,950	1
中国平安人寿保险股份有限公司东营中心支公司	韩秀华	丁丽丽、迟玉明	2,690	3

续表

单位名称	行长（或其他称谓的第一负责人）	副行长（或其他称谓的同级领导）	正式员工（人）	营业网点（个）
中国人民人寿保险股份有限公司东营中心支公司	李凌	—	45	1
泰康人寿保险有限责任公司东营中心支公司	崔成启	—	2,295	2
中国人民财产保险股份有限公司东营市分公司	徐金强	康新忠、李东防、李卫	2,230	9
中国平安财产保险股份有限公司东营中心支公司	孔杰	—	339	8
中国太平洋财产保险股份有限公司东营中心支公司	李东升	邵海	239	2
中国人寿财产保险股份有限公司东营市中心支公司	姜修有	—	125	2
中泰证券有限公司东营分公司	周顺远	—	153	6

附表4

东营市主要金融机构业务概况

（2021年末）

单位：亿元

单位名称	本外币存款余额	本外币单位存款	本外币储蓄存款	本外币贷款余额	本外币短期贷款	本外币中长期贷款
农业发展银行东营市分行	23.50	23.50	—	137.74	12.40	125.35
工商银行东营分行	639.23	244.60	393.91	415.66	165.10	248.76
农业银行东营分行	442.50	187.94	253.84	336.32	164.50	154.35
中国银行东营分行	257.99	99.92	157.82	178.24	83.40	92.58
建设银行东营分行	444.84	182.93	261.82	254.03	59.30	180.35
交通银行东营分行	88.71	76.31	12.41	78.45	41.42	27.22
邮政储蓄银行东营市分行	217.54	27.96	189.58	183.66	44.71	87.80
东营银行	1,184.17	613.58	567.60	826.25	444.16	363.59
山东省农村信用社联合社东营审计中心	575.28	131.82	443.44	439.99	216.98	187.05
恒丰银行东营分行	59.24	41.87	17.36	39.15	22.24	12.04
华夏银行东营分行	20.80	10.08	10.72	16.63	6.50	9.67
中信银行东营分行	86.63	52.96	33.63	51.20	17.50	18.12
招商银行东营分行	74.42	40.11	34.22	52.78	4.41	42.47
民生银行东营分行	46.03	35.20	10.81	50.41	25.53	19.80
浦发银行东营分行	18.84	11.32	7.52	25.71	13.31	11.37
青岛银行东营分行	56.24	34.13	22.11	91.89	19.88	18.94
光大银行东营分行	51.67	41.61	10.06	32.17	19.65	12.53
齐商银行东营分行	58.50	45.61	12.89	44.11	14.48	29.01
兴业银行东营分行	145.37	136.38	8.98	95.64	28.11	61.06
天津银行东营分行	17.07	14.23	2.84	31.04	19.21	11.84
威海市商业银行东营分行	39.09	30.46	8.63	34.24	14.56	16.64
广发银行东营分行	40.36	33.57	6.78	22.56	11.08	5.07

续表

单位名称	本外币存款余额	本外币单位存款	本外币储蓄存款	本外币贷款余额	本外币短期贷款	本外币中长期贷款
平安银行东营分行	53.29	48.97	4.32	32.68	6.24	26.44
齐鲁银行东营分行	56.01	48.15	7.86	64.23	10.08	53.84
浙商银行东营分行	54.45	50.20	4.25	11.21	8.46	1.57
烟台银行东营分行	21.64	17.76	3.88	19.85	13.42	6.43
莱商村镇银行	123.31	21.71	101.60	74.85	12.35	56.73
乐安村镇银行	11.76	4.79	6.97	11.51	5.87	5.64
梁邹村镇银行	5.35	0.77	4.58	7.51	5.62	1.89
融和村镇银行	1.89	0.34	1.54	2.21	1.01	1.20
舜丰村镇银行	7.49	1.25	6.24	8.50	7.92	0.58
中成村镇银行	0.59	0.34	0.25	1.20	0.37	0.82

附表5

东营市金融机构统计指标

单位：家、人、只

	指标	2017年	2018年	2019年	2020年	2021年	2021年同比增幅（%）
银行类	银行类机构家数	34	35	35	35	35	0
	法人机构	11	11	11	11	11	0
	一级分行	0	0	0	0	0	—
	二级分行	23	24	24	24	24	0
	县区支行	631	639	636	638	639	0.16
	正式从业人数	9,838	9,768	9,820	9,937	10,117	1.81
保险类	保险公司家数	42	45	45	46	46	0
	财险公司家数	23	24	24	25	25	0
	省级分公司	0	0	0	0	0	—
	地市分公司	23	24	24	24	24	0
	县区支公司	0	0	0	0	0	—
	寿险公司家数	19	21	21	21	21	0
	省级分公司	0	0	0	0	0	—
	地市分公司	19	21	21	21	21	0
	县区支公司	0	0	0	0	0	—
	正式从业人数	—	2,864	2,864	25,937	25,950	0.05
	财险人员	—	1,798	1,798	5,185	5,200	0.29
	寿险人员	—	1,066	1,066	20,752	20,780	0.13
证券类	证券公司家数	17	17	17	17	24	41.18
	证券营业部	17	17	17	17	24	41.18
	正式从业人数	312	332	337	337	416	23.44
	境内上市股票只数	4	4	4	4	5	25.00
	境外上市股票只数	3	3	5	6	6	—
	辖区上市公司总数	7	7	9	10	10	—

烟台市

【经济金融概况】 2021年，烟台市紧跟“十四五”规划步伐，科学统筹疫情防控和经济社会发展，大力推动经济高质量发展，经济形势呈现稳中向好、进中提质的运行态势。全年完成地区生产总值8,711.75亿元，增长8.00%；一般公共预算收入646.64亿元，增长6.00%；外贸进出口增长27.80%；城镇和农村居民人均可支配收入分别增长7.60%和10.20%；预期目标较好完成，实现了“十四五”良好开局。2021年，烟台市金融机构不断优化信贷结构，增加信贷投放，促进了全市经济结构调整和经济平稳增长。截至年末，全市本外币贷款余额7,477.10亿元，比年初增加815.15亿元；本外币各项存款余额11,013.51亿元，比年初增加1,015.71亿元，增量创历史新高。

【货币政策】 2021年，人民银行烟台市中心支行认真贯彻执行稳健货币政策，综合运用多种政策工具，引导金融资源更多流入高质量发展领域。

一是运用货币政策工具加大对实体经济支持力度。截至年末，全市再贷款余额92.20亿元，创历史新高；累计为6,488户普惠小微企业办理贷款延期还本付息155.80亿元，为13,603户普惠小微企业发放信用贷款33.40亿元。

二是多措并举促进小微企业融资增量扩面。截至年末，全市普惠小微贷款余额701.15亿元，同比增长39.14%；全年累计帮助7,283家首贷企业获得首贷资金87.50亿元；推动全市个体工商户贷款余额同比增长44.90%，高于各项贷款增速32.70个百分点，有贷户数同比增长52.20%。

三是持续加大对绿色金融支持力度。在全国率先推动碳排放权抵质押贷款规范化、标准化、规模化；建立绿色金融项目库及多种风险补偿机制；全年累计发放碳减排贷款68.28亿元；绿色贷款年末余额达427.81亿元，同比增长58.36%。

四是积极拓宽企业融资渠道。支持非金融企业累计发行债务融资工具金额392.80亿元；为中小微企业发放供应链金融贷款187.00亿元；累计支持企业通过中征平台办理融资192.31亿元；实现动产和权利担保融资金额331.80亿元。

【金融市场】 2021年，全市证券经营机构在加快烟台资本市场发展步伐、推动产业结构调整升级、促进经济增长方式转变等方面发挥了积极作用。

2021年，全市证券机构新增投资者开户数16.93万户，累计达151.95万户；托管客户资产4,531.79亿元，同比增长15.82%；投资者保证金余额63.00亿元，同比增长13.92%。截至年末，全市证券经营机构累计设立分公司9家、营业部56家，总数居全省第三位。证券经营机构的不断进驻，进一步活跃了证券二级市场，满足了各类客户的投融资及财富管理需求。2021年，全市证券经营机构实现交易额1.88万亿元，同比增长13.15%。

【金融稳定】 2021年，人民银行烟台市中心支行紧紧围绕“监测、监管、处置”三条业务主线，强化防范化解金融风险长效机制建设，提升金融风险防控的前瞻性、全局性和主动性。

一是健全风险监测预警体系。对法人银行机构实现风险压力测试全覆盖；强化重点领域风险监测分析，对全市非煤矿山企业融资风险情况开展调研；在省内率先开展对法人保险公司稳健性评估；切实落实重大事项报告制度，全辖累计报送重大事项210件。

二是继续强化金融监管。落实监管协调机制，联合多部门按季形成涵盖全市银行、保险、上市公司等全方位的金融风险监测分析报告；强化评级结果运用，“一对一”反馈评级发现的问题。

三是持续推进风险化解处置。向市政府专报地方法人机构抵债资产风险情况，并召开法人风险化解专题会议，推动2家重点县域风险化解，1家已退出重点监测县名单；督导抵债资产风险尽快稳妥化解。

【金融监管】 2021年，烟台市金融监管部门积极应对复杂严峻的经济金融形势，全面加强金融监管。

一是持续推进行业合规文化，提升金融风险防控能力。烟台市金融监管部门以“规范建设提升年”为契机，持续加强信用风险防范。截至年末，全市银行机构不良贷款余额120.59亿元，同比下降16.73亿元，不良率1.61%，同比下降0.45个百分点，不良率降至2016年以来最优水平；加强对重点行业领域监管，组织辖区开展经营贷款违规流入房地产自查排查行动，发现违规贷款370户、450笔、3.38亿元，要求机构内部问责38人次，处罚金额8.42万元。

二是坚持严查重处，重锤整治保险市场乱象。2021年共对6家财产险、3家人身险公司和保险中介机构开展现场检查，共对4家财险公司、1家专业代理、1家银行类兼业代理机构以及6名责任人进行处罚，累计罚款81.00万元；联合保险行业协会对辖区132家保险专业中介机构开展现场巡查，全年共注销58家保险中介机构。

【外汇管理】 2021年，外汇管理局烟台市中心支局围绕服务涉外经济发展，加强外汇和跨境人民币政策传导，加快外汇管理政策回归中性，继续统筹促便利和防风险，推动外汇领域改革开放向纵深发展。

一是强化外汇政策的督导，不断优化外汇金融服务。成立宣讲团，举办对外培训70次，累计参训万余人次；指导银行针对企业实际制定个性化汇率避险方案，加速推广外汇衍生品；持续开展跨境金融区块链服务平台试点，推进“出口信保保单融资”应用场景落地。

二是推试点促创新，促进贸易投资便利化。贸易便利化试点扩面增效；省内首创自贸区“优企名单+信用互认”机制，实现“一张凭证秒收付，业务办理零跑腿”；率先为全国首个混矿业务试点定制个性化收付汇解决方案，支持办理混矿业务78笔、金额3.70亿美元；省内率先推动QFLP试点业务落地自贸区烟台片区。

三是加强事中事后管理。完善“事前预警、事中阻断、事后追责”的跨境资金风险防范机制，严厉打击地下钱庄、跨境赌博、网络炒汇等非法金融活动，查处通过地下钱庄非法买卖外汇案件4起。

四是推动辖内跨境人民币业务稳步增长。2021年，辖内跨境人民币业务累计办理600.35亿元，同比增长34.00%，同比上升2个百分点；积极推进跨境人民币电子单证业务，累计办理电子单证业务170笔、金额4.45亿元。

【金融服务】 2021年，烟台市金融部门积极践行“金融为民”理念，稳步推进金融领域“放管服”改革，细化利民便民举措，提升金融管理服务的质量。

一是优化支付结算环境。大力推进“一窗通”系统应用，全面实现企业账户线上预约开户；通过简易程序为小微企业开户102户；组织1,366家银行网点开通老年人绿色服务通道；精准打击治理跨境赌博和电信网络诈骗，共向公安机关移交可疑线索2,700余条，堵截、挽回经济损失2,000余万元。

二是加快发展金融科技。全市全球法人机构识别编码（LEI）增加1,500余个，总量居全省前列。开展跨境人民币支付领域金融数据交换标准应用试点，上线机构数量居全省第二位。推动金融科技赋能乡村振兴示范工程落地。

三是提升国库服务质效。准确高效地完成全年国库资金经收支付业务；深入开展“送国债下乡”活动，有效拓展农村国债发行市场。

四是改进现金服务管理。积极推进莱阳县域现金中心建设，不断优化县域现金流通环境；完善“硬币存取预约系统”功能，大力推进硬币自循环工作；深入开展“整治拒收现金”工作，在省内率先推行整治拒收现金网格化管理。

五是加强征信服务管理。推动烟台市获评全国社会信用体系建设示范市；联合有关部门推动市、县两级不动产查询登记“一网通办”。

六是提升反洗钱监管质效。建立全市洗钱入罪工作一体化推进机制；积极推动特定非监管，探索开展对贵金属行业的监管工作。

七是加强金融消费者权益保护。建立省内首个与地市中级人民法院对接的金融纠纷调解中心，实现金融纠纷调解范围市、县两级全覆盖；夯实12345政务服务热线接听管理流程；开展集中性宣传活动50余次。

（张 众、于少磊）

附表1

烟台市主要金融指标1

单位：亿元

地区		银行类							
		本外币存款余额	住户存款	非金融企业存款	本外币贷款余额	第一产业贷款	第二产业贷款	第三产业贷款	个人贷款及透支
牟平区	2021年	523.29	386.70	88.93	279.38	3.45	75.28	67.26	131.54
	同比增幅（%）	8.96	11.08	-2.35	9.72	17.35	13.70	16.49	3.08
蓬莱市	2021年	553.51	420.48	97.72	380.73	12.95	142.29	132.31	82.96
	同比增幅（%）	6.77	10.48	-3.95	6.30	-7.50	-0.88	11.73	12.56
龙口市	2021年	1,272.16	742.43	458.64	760.60	1.35	391.23	215.61	135.70
	同比增幅（%）	15.53	6.99	29.23	4.53	-68.53	13.01	-5.09	6.78
招远市	2021年	727.46	507.78	175.17	374.77	4.10	174.90	96.31	76.86
	同比增幅（%）	9.43	9.54	14.69	19.79	-0.73	22.04	8.47	14.97
莱州市	2021年	968.96	800.46	104.50	374.28	1.73	117.81	67.18	130.57
	同比增幅（%）	10.90	11.86	15.44	12.76	9.49	8.20	27.99	12.27

续表

地区		银行类							
		本外币存款余额	住户存款	非金融企业存款	本外币贷款余额	第一产业贷款	第二产业贷款	第三产业贷款	个人贷款及透支
莱阳市	2021年	611.98	471.39	98.05	296.45	4.67	92.41	74.93	106.10
	同比增幅（%）	12.51	12.61	19.54	1.89	124.52	-29.57	24.86	8.63
栖霞市	2021年	377.56	316.61	22.31	145.24	5.98	23.04	48.17	42.20
	同比增幅（%）	17.33	13.32	43.10	6.93	-12.70	-7.73	-6.95	2.45
海阳市	2021年	522.56	439.92	54.29	328.74	4.81	174.56	56.42	76.97
	同比增幅（%）	11.63	14.08	-3.76	8.91	6.18	14.65	-7.10	5.48
长岛县	2021年	50.82	40.93	5.18	16.50	2.83	1.65	4.51	6.22
	同比增幅（%）	2.75	11.71	-17.25	11.79	-8.12	85.39	5.13	15.19
烟台市	2021年	11,013.51	6,470.31	3,376.07	7,477.10	63.87	2,389.36	2,157.29	2,402.04
	同比增幅（%）	10.16	10.91	11.57	12.24	-3.90	14.42	13.68	6.41

附表2

烟台市主要金融指标2

单位：亿元

地区		保险类		证券类		
		保险公司保费收入	保险公司赔款和给付支出	证券市场成交总额	投资者保证金余额	投资者开户数（万户）
牟平区	2021年	—	—	382.54	2.09	3.96
	同比增幅（%）	—	—	-11.63	34.84	4.49
蓬莱市	2021年	—	—	632.15	1.95	7.23
	同比增幅（%）	—	—	38.42	16.07	20.70
龙口市	2021年	—	—	1,706.59	9.86	10.53
	同比增幅（%）	—	—	44.91	57.51	8.89
招远市	2021年	—	—	806.57	2.40	5.65
	同比增幅（%）	—	—	7.65	-9.77	5.41
莱州市	2021年	—	—	858.28	2.15	7.48
	同比增幅（%）	—	—	99.41	19.44	7.01
莱阳市	2021年	—	—	724.17	1.65	6.45
	同比增幅（%）	—	—	14.42	17.86	16.85
栖霞市	2021年	—	—	68.44	0.22	0.83
	同比增幅（%）	—	—	36.77	0.00	15.28
海阳市	2021年	—	—	195.23	0.58	2.10
	同比增幅（%）	—	—	-1.62	-26.58	8.25
长岛县	2021年	—	—	—	—	—
	同比增幅（%）	—	—	—	—	—
烟台市	2021年	265.74	89.08	18,800.00	63.00	151.95
	同比增幅（%）	0.61	1.76	13.25	13.92	4.81

附表3

烟台市主要金融机构概况

单位名称	行长（或其他称谓的第一负责人）	副行长（或其他称谓的同级领导）	正式员工（人）	营业网点（个）
人民银行烟台市中心支行	赵 杰	王新军、王卫东、宫志成、宫云美、董国胜、林 琳、徐忠波、张春生	426	10
烟台银保监分局	黄 波	于 海、田世波、陈 菲、李伟明、程乐明、李 鹏	101	9
农业发展银行烟台市分行	姜绍华	牧 琼、刘其祥、王 倩	208	10
工商银行烟台分行	滕云静	姜克才、杨召勇、林丽涛、李 冬、孙 龙	1,608	81
农业银行烟台市分行	宋光涛	李海峰、韩 强、周伟伟、林茂茂、丁晓军	2,359	148
中国银行烟台分行	付廷泉	李爱东、王晓东、闫志钢、赵昌利、宫岩海	1,636	51
建设银行烟台分行	王谦明	隋学海、王 睿、程 刚、姜文胜、郝星奎、姜树智、于同会、王 勋、于万军、王茂盛	1,487	72
交通银行烟台分行	马 波	苏先锋、孙鲁宁、张 斌、孙 鑫	387	17
邮储银行烟台分行	孙 成	车宗洪、周艳艳、戴 京、苏光志	837	271
省联社烟台审计中心	孙益平	王海滨、邢升第、杨春明	5,384	429
恒丰银行烟台分行	李永浩	李江涛、乔 伟、王晓鹏、栾正国	1,544	64
光大银行烟台分行	谢正玉	林 燕、张清艳、陈 雄、刘燕波、陈相美	505	20
招商银行烟台分行	王智华	张世卿、王 胜	533	10
中信银行烟台分行	邹玉刚	郭校磊、徐建华、赵 明	222	10
华夏银行烟台分行	亓 燕	王志范、王立宏、秦永波、吴 凯	252	10
浦发银行烟台分行	隋岳峰	王 刚、宋 杰	171	7
渤海银行烟台分行	秦 剑	毕志军、马 成	61	2
兴业银行烟台分行	高 军	宋洪山、张秀锋	206	11
民生银行烟台分行	孙永建	马峰云	134	9
平安银行烟台分行	冷庆辉	周鸿瑜、李骁力	122	6
广发银行烟台分行	刘宝新	王恒者、孙建宇、党 琪	74	3
浙商银行烟台分行	李 炘	邢新波、孙建波、杨 震、题兴华	58	1
烟台银行	吴明理	王建光	1,798	85
威海市商业银行烟台分行	徐文杰	马 坤、林 政	133	6
青岛银行烟台分行	苏 展	王 亮、黄树军、邢会星	151	5
德州银行烟台分行	潘春芳	路 川、李永健	101	7
潍坊银行烟台分行	徐 峰	苏 浩、宫晓辉、于海峰	93	5
天津银行烟台分行	李 杨	吕学彬、李 蓁	38	1
日照银行烟台分行	封 妍	李国庆	69	2
齐鲁银行烟台分行	张立群	李 岩、娄景祥、王迎杰	59	3
东营银行烟台分行	石钦勇	吕孟政、吕玉明、黄 坤、王 锐	49	1
企业银行烟台分行	沈钟勋	—	50	2
韩亚银行烟台分行	杨 涛	—	36	1
青岛农商行烟台分行	鞠 伟	辛树梅、孙秀升	67	4
威海农商行烟台分行	温 魁	王雪飞、于志萍	11	1
福山村镇银行	檀又俊	甘忠新	52	4

续表1

单位名称	行长（或其他称谓的第一负责人）	副行长（或其他称谓的同级领导）	正式员工（人）	营业网点（个）
芝罘齐丰村镇银行	齐建岗	韩笑天、吕　宁、谭善威、石　闯	94	5
莱山齐丰村镇银行	于　壘	于　淼、王红亮、吴　迪	89	6
牟平胶东村镇银行	杜　起	董朝霞、曲志超	70	6
蓬莱民生村镇银行	张志强	朱敬东	71	3
龙口中银富登南山村镇银行	杭东升	董　庆、王世斌	61	3
山东招远中银富登村镇银行	鞠耀东	马德志	32	1
莱州珠江村镇银行	梁　明	裴　炜、吕　敏、高俊彦、	68	6
莱阳胶东村镇银行	陈淑光	田晓宇、迟　皓	74	5
栖霞中银富登村镇银行	翟常超	邹小巍、卢　卫	45	2
海阳珠江村镇银行	任同征	田书东	61	6
南山集团财务有限公司	侯云辉	郭　芸	39	1
山东招金集团财务有限公司	曲丽华	吴国权	31	1
中泰证券股份有限公司烟台分公司	陈庆之	马魁东、马绍好	216	13
中信证券（山东）有限责任公司烟威分公司	朱宏超	任海燕	165	5
中国银河证券股份有限公司山东分公司	张华胜	—	44	2
民生证券股份有限公司山东第二分公司	纪永强	刘晓娜	14	1
国信证券股份有限公司烟台分公司	冯　杨	—	105	3
国都证券股份有限公司烟台分公司	齐　涛	—	7	1
兴业证券股份有限公司烟台分公司	曹士敏	—	27	1
东北证券股份有限公司烟台分公司	毛　琨	姜雪飞	7	1
申万宏源证券有限公司烟台分公司	张　军	—	11	1
中国人民财产保险股份有限公司烟台市分公司	陈同富	刘春伟、刘　波、刘振先	734	48
中国平安财产保险股份有限公司烟台中心支公司	李　伟	徐贵军、赵臻博、崔建顺、万腾飞	254	12
中国太平洋财产保险股份有限公司烟台中心支公司	徐衍生	耿　墉、李建政、张兴军	241	13
中国人寿财产保险股份有限公司烟台市中心支公司	程　航	冯前程、刘　健、姜志栋	235	9
华海财产保险股份有限公司烟台中心支公司	路　峰	马鹏程	52	5
中国大地财产保险股份有限公司烟台中心支公司	马　杰	王永幸、王　强	157	14
阳光财产保险股份有限公司烟台中心支公司	王冬青	王曙光、肖昌斌	171	13
太平财产保险有限公司烟台中心支公司	王永进	王玉华、王振全	316	10
中华联合财产保险股份有限公司烟台中心支公司	王　祥	杨爱民、陈绍锋、刘承宽	210	22
永安财产保险股份有限公司烟台中心支公司	姜德军	韩　波	98	11

续表2

单位名称	行长（或其他称谓的第一负责人）	副行长（或其他称谓的同级领导）	正式员工（人）	营业网点（个）
安诚财产保险股份有限公司烟台中心支公司	张明良	—	75	3
安华农业保险股份有限公司烟台中心支公司	冯立艳	—	84	13
天安财产保险股份有限公司烟台中心支公司	许忠诚	—	85	13
安盛天平财产保险股份有限公司烟台中心支公司	张振兴	—	17	5
长安责任保险股份有限公司烟台中心支公司	常 晓	—	44	8
中国人寿保险股份有限公司烟台分公司	谷庆雨	张 庆	502	116
中国平安人寿保险股份有限公司烟台中心支公司	黄智勇	孙志兴、慕永航、陈明星	370	24
新华人寿保险股份有限公司烟台中心支公司	徐忠涛	周俊梅	224	14
太平人寿保险有限公司烟台中心支公司	李 青	汤振宇	147	10
华夏人寿保险股份有限公司烟台中心支公司	田玉龙	陈庚、于 洁	85	10
泰康人寿保险有限责任公司山东烟台中心支公司	东野生明	李少江	120	15
中国太平洋人寿保险股份有限公司烟台中心支公司	赵 辉	楚丽云	170	18
天安人寿保险股份有限公司烟台中心支公司	陈京友	高 磊	42	3

附表4

烟台市主要金融机构业务概况

（2021年末）

单位：亿元

单位名称	本外币存款余额	本外币单位存款	本外币储蓄存款	本外币贷款余额	本外币短期贷款	本外币中长期贷款
农业发展银行烟台市分行	41.22	41.22	0.00	166.04	22.53	143.51
工商银行烟台分行	931.61	403.48	428.18	803.32	234.88	564.38
农业银行烟台市分行	1,338.81	366.60	818.35	673.46	220.66	428.18
中国银行烟台分行	698.32	293.48	303.04	581.50	239.06	332.43
建设银行烟台分行	899.59	380.95	390.26	579.40	198.90	358.14
交通银行烟台分行	204.60	98.12	67.61	155.00	44.15	102.56
邮储银行烟台分行	628.03	64.99	111.77	306.17	103.73	176.07
省联社烟台审计中心	1,824.09	258.15	1,494.71	1,119.49	626.46	329.25
恒丰银行烟台分行	921.88	199.71	428.54	357.79	135.10	220.30
光大银行烟台分行	357.80	241.66	54.84	290.45	156.10	124.30
招商银行烟台分行	251.52	167.00	59.91	159.71	31.27	105.65

续表

单位名称	本外币存款余额	本外币单位存款	本外币储蓄存款	本外币贷款余额	本外币短期贷款	本外币中长期贷款
中信银行烟台分行	124.12	83.13	18.01	131.24	43.09	56.26
华夏银行烟台分行	149.38	116.73	17.48	129.23	65.96	59.37
浦发银行烟台分行	220.43	189.00	17.03	195.24	125.72	49.97
渤海银行烟台分行	62.00	50.54	7.53	73.01	56.78	16.10
兴业银行烟台分行	180.17	143.50	16.41	137.54	39.22	68.15
民生银行烟台分行	187.35	162.28	11.68	105.23	32.84	57.65
平安银行烟台分行	88.26	66.53	8.76	134.13	71.23	43.40
广发银行烟台分行	49.80	44.39	2.97	60.49	17.76	31.75
浙商银行烟台分行	90.61	83.60	2.58	34.13	25.70	7.25
烟台银行	831.37	303.98	424.04	512.39	250.01	229.97
威海市商业银行烟台分行	76.22	49.98	16.49	69.57	25.61	40.25
青岛银行烟台分行	182.79	161.26	14.32	153.02	76.25	75.61
德州银行烟台分行	25.92	15.14	9.00	23.55	8.86	14.50
潍坊银行烟台分行	65.75	37.34	18.31	40.12	16.87	23.16
天津银行烟台分行	38.27	35.96	0.84	48.98	33.29	12.59
日照银行烟台分行	46.33	38.45	5.39	30.41	12.05	18.37
齐鲁银行烟台分行	52.21	47.18	2.45	54.60	22.55	30.55
东营银行烟台分行	6.63	5.10	1.29	7.54	2.59	4.96
青岛农商行烟台分行	32.86	28.42	3.79	32.94	16.06	16.53
威海农商行烟台分行	5.83	4.35	1.05	2.86	0.31	2.56
企业银行烟台分行	17.67	16.77	0.23	19.25	8.72	5.98
韩亚银行烟台分行	17.88	16.31	0.32	14.46	4.90	9.47
福山村镇银行	8.57	0.64	7.94	6.39	1.08	5.31
芝罘齐丰村镇银行	17.60	0.22	17.36	13.26	2.70	10.56
莱山齐丰村镇银行	12.88	0.10	12.68	10.75	2.94	7.81
牟平胶东村镇银行	7.54	1.64	5.86	6.08	3.12	2.96
蓬莱民生村镇银行	14.57	1.53	12.94	9.77	3.93	5.84
龙口中银富登南山村镇银行	9.58	0.89	8.68	9.50	6.96	2.54
招远中银富登村镇银行	3.98	2.31	1.67	2.89	1.84	1.05
莱州珠江村镇银行	10.78	0.96	9.82	7.29	5.88	1.39
莱阳胶东村镇银行	7.79	0.70	7.04	6.95	4.43	2.52
栖霞中银富登村镇银行	6.79	1.26	5.49	3.06	1.18	1.88
海阳珠江村镇银行	7.63	0.32	7.25	4.99	2.71	2.27
南山集团财务公司	160.92	160.92	0.00	159.89	153.90	0.00
招金集团财务公司	38.42	38.42	0.00	39.99	24.76	3.20

附表5

烟台市金融机构统计指标

单位：家、人、只

指标		2017年	2018年	2019年	2020年	2021年	2021年同比增幅（%）
银行类	银行类机构家数	54	55	55	55	55	0.00
	法人机构	24	24	23	23	23	0.00
	一级分行	3	3	4	5	5	0.00
	二级分行	27	28	28	27	27	0.00
	县区支行	293	294	291	255	270	5.88
	正式从业人数	20,862	20,825	20,308	20,971	21,230	1.24
保险类	保险公司家数	73	74	77	77	77	0.00
	财险公司家数	31	31	33	33	33	0.00
	省级分公司	0	0	0	0	0	0.00
	地市分公司	31	31	33	33	33	0.00
	县区支公司	246	251	261	260	254	-2.31
	寿险公司家数	42	43	44	44	44	0.00
	省级分公司	0	0	0	0	0	0.00
	地市分公司	42	43	44	44	44	0.00
	县区支公司	274	292	291	291	276	-5.15
	正式从业人数	7,785	7,269	7,216	5,208	6,184	18.74
	财险人员	4,301	3,859	4,311	2,755	3,457	25.48
	寿险人员	3,484	3,410	2,905	2,453	2,727	11.17
证券类	证券公司家数	5	6	7	8	9	12.50
	证券营业部	50	58	58	57	56	-1.75
	正式从业人数	1,036	1,007	1,130	1,085	1,139	4.98
	境内上市股票只数	39	39	40	43	46	6.98
	境外上市股票只数	9	9	9	10	11	10.00
	辖区上市公司总数	47	47	48	51	55	7.84

潍坊市

【经济金融概况】 2021年，潍坊市立足新发展阶段，深入贯彻落实市委“一二三四五”基本工作思路，锚定“一二三”奋斗目标，主动服务和融入新发展格局，全市经济持续恢复发展，高质量发展取得新成效，实现“十四五”良好开局。2021年实现生产总值7,010.60亿元，按可比价格计算，同比增长9.71%，高于全省1.40个百分点。其中，第一产业增加值628.36亿元，同比增长7.60%；第二产业增加值2,831.38亿元，同比增长10.01%；第三产业增加值3,550.86亿元，同比增长9.80%。

2021年，人民银行潍坊市中心支行认真贯彻执行稳健货币政策，货币信贷和社会融资规模合理增长，信贷结构继续优化，金融服务实体经济的质量和效率明显提升，为全市经济稳定和快速发展创造了良好的金融环境。各项存贷款稳健增长，截至2021年末，全市本外币各项贷款余额8,873.04亿元，居全省第三位；本外币各项存款余额11,217.79亿元，居全省第三位。涉外收支呈双增态势，顺差扩大。2021年，全市涉外收支总量469.77亿美元，居全省第三位，同比增长37.42%，高出全省平均水平6.30个百分点。其中，涉外收入298.06亿美元，同比增长38.95%；涉外支出171.71亿美元，同比增长34.86%；收支顺差126.35亿美元，同比增长44.92%，呈扩张性顺差趋势。

【货币政策】 2021年，人民银行潍坊市中心支行坚持稳字当头、实干为先，切实做好贯彻稳健货币政策，用好用足用活各项惠企工具，引导更多信贷资源配置到重点领域和薄弱环节，为促进经济高质量发展提供有力有效的金融支持。

一是用足用活再贷款再贴现政策。抓住政策窗口期，用好央行政策资金，全年累计发放再贷款、再贴现、两项工具激励资金等央行政策性资金276.51亿元。其中，累计发放支农再贷款95.90亿元，占全省的29.97%，连续三年居全省第一位；发放3,000.00亿元支小再贷款66.69亿元；累计办理再贴现48.21亿元，重点支持小微、民营、涉农等市场主体；累计对2.14万户普惠小微企业实施延期还本付息政策、金额253.12亿元；向8.28万户普惠小微企业发放信用贷款385.70亿元。

二是加大贷款市场报价利率（LPR）运用推广力度。贯彻落实利率市场化改革要求，着力降低企业融资成本。全市银行机构新发放的企业贷款加权平均利率为4.46%，同比下降0.23个百分点；其中，普惠性质的小微企业贷款加权平均利率为4.92%，同比下降0.39个百分点。

三是组织实施两大提升工程。开展金融服务产业链供应链提升工程，全市金融机构累计办理商票融资87.80亿元，企业签发供应链票据3.50亿元。开展中小微企业金融服务能力提升工程，累计为11,009户民营和小微企业发放首次贷款92.10亿元。

【金融稳定】 人民银行潍坊市中心支行持续提高“监测、监管、处置”能力，提升工作质效，进一步健全防范化解金融风险长效机制，切实提升金融风险防控的前瞻性、全局性和主动性，牢牢坚守住不发生系统性、区域性金融风险的底线。

一是创新开展金融风险监测与分析工作。创新开展银行业机构存款稳定性监测工作，制定相关实施方案并在辖区21家法人银行机构开展监测，重点约谈村镇银行负责人3次，非现场调查14次；创新实施企业大额风险贷款持续跟踪监测工作，对辖区银行业金融机构建立5,000.00万元以上不良贷款台账，持续跟踪监测不良贷款清收处置情况，并对处置中出现的问题进行分析预警。

二是有效开展央行金融机构评级、费率管理、保费核定归集工作。核实并完成辖区21家投保机构保费归集工作，顺利完成辖区21家金融机构央行金融机构评级专业评价。全省率先建立“央行金融机构评级结果反馈工作机制”，“一对一”反馈63次、书面反馈63次，潍坊辖区无高风险机构，成效显著。

三是创新开展存款保险宣传活动，提升存保制度宣传效果。举办银行机构存款保险培训班20余期，推进宣传进农贸市场、乡村集市等金融知识薄弱地区，全辖1,378家银行网点共组织活动5,588场次，基层服务网点受众453,960人次，覆盖行政村、社区5,920个。

【金融服务】 2021年，人民银行潍坊市中心支行牢固树立金融为民、金融便民理念，以普惠为导向，以安全为前提，着力改进金融管理与服务，提升金融服务实体经济能力和金融市场运行效率。

一是深入推动金融服务乡村振兴战略的实施。强化政银担业务合作，稳步做大“鲁担惠农贷”业务规模。实施央行资金与政府性融资担保相互融合信贷支农模式，推动省农担与全部金融机构签署合作协议，实现业务全覆盖。全市支农政策性担保贷款累保额达120.30亿元，居全省第一位。积极推动农村特色产权融资增量扩面，在昌乐探索实施农村集体资产股权质押贷款推广模式，累计发放贷款

9,000.00万元，居全省试点县市第一位。

二是健全全方位银企对接。坚持市、县上下联动，全年累计组织各类形式的银企对接活动39场次，1,900余家企业获得信贷支持470.20亿元；聚焦走访304个省、市重大重点项目，累计向65个省重大重点项目发放贷款162.20亿元，向67个市重大项目发放贷款224.20亿元；督促银行机构对先进制造业提供融资支持，累计向33个省制造业重点企业发放贷款61.50亿元；向17个技改项目发放贷款8.20亿元。

三是推动移动支付便民工程建设向纵深发展。推动产销服务平台全县市覆盖，共拓展合作社1,450户，农户50,639户，交易笔数163,072笔，交易金额36.21亿元，产销服务平台交易规模排名全省第一位；推动银联在潍坊世纪泰华实现商业综合体数字化解决方案落地，并使之成为全国第一家非省会城市商业综合体数字化运营案例；推动移动支付便民工程，全市"云闪付"App注册用户数达到236.36万户，累计注册绑卡用户数、当年新增注册绑卡用户数均居全省第二位。

四是推动"无感授信"新模式在全市推广。青州市首创"无感授信"新模式，有效满足"三农"主体金融需求。2021年，全市已完成授信110.73万户，占全市农户数的76.52%，授信金额767.92亿元，户均授信6.92万元，普惠金融服务覆盖面大幅提升。

五是推动普惠金融示范区建设。人民银行诸城市支行以服务乡村振兴"诸城模式"为基点，积极发挥财政金融政策融合的支持作用，有效解决乡村产业融资难、融资贵问题，以优化农村金融服务为重点，着力提高农村居民金融服务便捷性和贷款覆盖率。推动青州、高密市确定为2022—2023年山东省县域普惠金融综合示范区。

【金融监管】 人民银行潍坊市中心支行正确处理监管与服务的关系，积极履行监督管理职能，开展综合执法检查1次，对发现的反洗钱、人民币管理等领域违法违规行为实施处罚5笔、罚款165.00万元，维护了良好的金融秩序。

【外汇管理】 外汇局潍坊市中心支局坚持党建统领与问题导向相结合，强化政策宣讲传导落实，进一步提升跨境贸易投资自由化便利化水平，切实履行好外汇管理职责，维护辖区外汇市场健康稳定运行，有力支持地方涉外经济高质量发展。

一是立足市场实需，切实提高外汇服务水平。牢固树立党建与业务工作"融合互动"的理念，扎实开展"我为群众办实事"实践活动。深化"外汇服务进企业"活动，以"党建统领"为核心，通过"分区宣讲、汇银联动、对点入企、以赛促新"创新开展"汇率避险1+4"专项行动。开展以"新政落实"和"汇率避险"为主题的第二届"跨境金融服务创新案例"竞赛，促进外汇业务创新，激发外汇市场活力。立足"放管服"改革，积极争取扩大贸易收支便利化试点，推进区块链业务增量扩面，力促跨境电商企业享受政策红利。

二是防范金融风险，提升外汇管理质效。积极探索构筑"双支柱"监管体系，深入开展核查监测工作，扎实开展外汇检查工作，严厉打击地下钱庄和网络炒汇平台等非法金融活动。

三是夯实内部管理，筑牢外汇业务基础。切实提高统计数据质量，加强国际收支统计间接申报非现场核查。强化内控机制建设，认真落实总分局加强内控制度建设的相关要求，梳理完善内控制度，充分发挥内审服务外汇管理履职作用。

（王景涵、李晓彤）

附表1

潍坊市主要金融指标1

单位：亿元

地区		银行类							
		本外币存款余额	住户存款	非金融企业存款	本外币贷款余额	第一产业贷款	第二产业贷款	第三产业贷款	个人贷款及透支
临朐县	2021年	641.05	479.89	117.44	441.45	4.91	96.96	116.32	209.98
	同比增幅（%）	11.03	12.25	12.71	21.18	54.40	18.88	31.81	15.71
昌乐县	2021年	518.76	367.97	114.38	460.45	153.01	169.39	138.05	44.67
	同比增幅（%）	13.60	12.18	21.95	15.79	16.03	16.21	14.38	10.57
青州市	2021年	1,008.54	818.22	141.58	691.59	3.05	163.79	215.22	279.64
	同比增幅（%）	7.95	10.76	4.24	13.04	6.64	18.05	-3.32	18.81
诸城市	2021年	1,028.03	746.13	244.13	785.34	20.50	241.65	193.43	297.94
	同比增幅（%）	10.48	11.71	11.76	16.27	68.17	18.14	12.75	11.33

续表

地区		银行类							
		本外币存款余额	住户存款	非金融企业存款	本外币贷款余额	第一产业贷款	第二产业贷款	第三产业贷款	个人贷款及透支
寿光市	2021年	1,431.13	871.05	483.92	1,103.07	62.26	333.96	347.90	311.75
	同比增幅（%）	11.03	10.86	18.74	18.62	71.47	10.22	21.18	18.75
安丘市	2021年	654.99	506.66	114.01	544.84	8.32	160.12	120.37	225.35
	同比增幅（%）	12.42	13.04	16.31	15.18	48.57	9.04	35.08	4.43
高密市	2021年	767.18	572.93	168.00	695.34	5.36	256.87	202.21	213.81
	同比增幅（%）	13.12	11.56	20.40	20.56	60.48	21.86	27.18	10.92
昌邑市	2021年	575.29	468.76	78.07	391.92	10.30	126.53	116.59	121.09
	同比增幅（%）	9.27	11.16	8.54	15.21	3.31	14.57	11.05	13.96
潍坊市	2021年	11,217.79	6,913.28	3,382.15	8,873.04	173.22	2,152.33	2,899.98	3,174.89
	同比增幅（%）	11.33	11.85	15.49	17.15	41.54	13.39	20.02	14.17

附表2

潍坊市主要金融指标2

单位：亿元

地区		保险类		证券类		
		保险公司保费收入	保险公司赔款和给付支出	证券市场成交总额	投资者保证金余额	投资者开户数（万户）
临朐县	2021年	11.58	3.41	302.53	0.78	2.29
	同比增幅（%）	-6.11	-5.28	17.99	14.49	12.25
昌乐县	2021年	9.89	3.19	180.45	0.54	1.40
	同比增幅（%）	-0.20	25.10	16.67	5.88	8.86
青州市	2021年	19.13	4.98	544.36	0.00	5.20
	同比增幅（%）	5.40	2.92	21.41	0.00	6.12
诸城市	2021年	19.66	5.55	660.19	2.50	7.18
	同比增幅（%）	10.70	21.98	14.39	32.28	10.97
寿光市	2021年	29.01	8.19	985.94	3.14	14.31
	同比增幅（%）	0.17	19.21	22.33	-2.18	21.89
安丘市	2021年	16.68	6.47	183.24	0.52	2.07
	同比增幅（%）	0.92	31.50	14.42	3.16	11.94
高密市	2021年	16.15	5.53	369.55	1.52	3.46
	同比增幅（%）	0.06	37.56	-0.07	1.43	6.09
昌邑市	2021年	11.52	2.95	178.92	0.48	1.46
	同比增幅（%）	6.86	18.47	7.80	29.73	9.77
潍坊市	2021年	288.58	100.89	9,368.58	37.73	90.09
	同比增幅（%）	7.31	21.66	-6.62	8.58	-16.44

附表3

潍坊市主要金融机构概况

单位名称	行长（或其他称谓的第一负责人）	副行长（或其他称谓的同级领导）	正式员工（人）	营业网点（个）
人民银行潍坊市中心支行	吴金忠	李万友、梁久科、李东亮、王曙平、姜森、王继松	440	9
潍坊银保监分局	李明强	刘文正、桑少敏、杨银辉、商文华、闫莎莎、刘世明、张志荣、璩新民	77	1
农业发展银行潍坊市分行	曲天军	李涛、贺彪	258	11
工商银行潍坊分行	乔宏宇	韩志忠、娄波、王海平、张敬一、宋超坤、曹秀山、刘涵、赵鹏、卢照海、王玉国	1,754	89
农业银行潍坊分行	罗秉环	张文刚、孙建伟、岳佐军、杨兵、戴仁川	2,552	167
中国银行潍坊分行	邵军	李爱东、杨成海、侯雪峰、张小梅、张恒锐、刘永明	1,045	43
建设银行潍坊分行	张健	刘志勇、刘光辉、牟全义、李炳坤、王健	1,614	72
交通银行潍坊分行	杨毅	柴广、潘森、苏红、谭政	445	19
邮政储蓄银行潍坊市分行	李长立	徐华锋、谭卫东、郎旭娟	967	33
潍坊银行	颜廷军	马杰、王丙、朱毅达、曹田友、李子刚、冯怀春、刘春萍、王远军	2,746	122
招商银行潍坊分行	侯海滨	张龙飞、刘玉海	216	8
兴业银行潍坊分行	马金旭	刘冰、潘峰	231	12
浦发银行潍坊分行	李春波	王志军、吴广军、王志宁	101	7
华夏银行潍坊分行	王毅	张勇、朱建利、王梁	93	4
中信银行潍坊分行	王晓娟、刁世波	刘玉梅、杜明波	176	7
民生银行潍坊分行	郭采松	李忠波、毕丛喜	186	10
光大银行潍坊分行	王郑	孙志勇、曾强	86	3
恒丰银行潍坊分行	王金荣	于乃里、朱保忠	123	5
平安银行潍坊分行	孙林	王海峰、张昌盛	95	4
浙商银行潍坊分行	宫怀兵	李世俊、黄建光、李宝平	79	2
广发银行潍坊分行	武明国	汤鹏、陈凯、夏永恒、王法良	76	2
齐商银行潍坊分行	张磊	李涛、王孝军、蔡涛	139	5
东营银行潍坊分行	刘永国	朱玉平、贾方、石岩	179	8
威海市商业银行潍坊分行	杨小冬	毕可超、胡华杰	80	3
日照银行潍坊分行	王志刚	时培金、李金宝	162	6
农信社潍坊市联社	王学伟	赵宝修、刘峰、马元富、刘际中	66	1
北京银行潍坊分行	郑顺杰	刘耀军	89	4
青岛银行潍坊分行	袁菲	陈少磊	135	6
临商银行潍坊分行	郑友坤	孙苏东、郭培森	67	3
齐鲁银行潍坊分行	冯锟	张波	76	3
潍坊市农商行	张友彪	李全富、李宗丰、李建卫、董海涛、刘瑞彬、李相林、高建强	1,706	117
青州市农商行	高杰	陈仁鹏、刘玉良、李伟波、王茂友、叶永臻、王延军	769	51

续表1

单位名称	行长（或其他称谓的第一负责人）	副行长（或其他称谓的同级领导）	正式员工（人）	营业网点（个）
安丘市农商行	闫永政	吕永祥、马国保、田立建、晋志鹏、王淑军、朱建鹰	554	48
寿光市农商行	韩奎成	孙洛春、冯长海、范向东、尹月林、郝　旭、李永钦	840	61
临朐县农商行	徐伟民	郭　诚、邵　恒、曹跃义、张志鹏、张连维、鞠录林	608	44
昌乐县农商行	王家厚	耿增健、单既春、尹兆法、张保军、王珍国、王冠华、王永平	478	33
昌邑市农商行	孙山明	赵建军、马兴涛、钟晓明、马彩虹、付云鹏	533	48
高密市农商行	杨成东	孙石亮、管吉文、姜建辉、李焕炜、王　森	639	49
诸城市农商行	于云智	刘振华、李　亮、赵丰国、祝小丽、庄希禄、刘　磊	592	38
寒亭蒙银村镇银行	姚国臣	于彩丽、刘　俊、王晓丹	82	6
奎文中成村镇银行	冯婉丽	邓道刚	17	1
潍城北海村镇银行	刘　明	冯琳琳	47	5
诸城中银富登村镇银行	李世明	吴兆德	34	1
寿光张农商村镇银行	施福清	孙清水	72	5
青州中银富登村镇银行	邢立平	于学军、袁　野、王　琪	62	3
昌乐乐安村镇银行	李　建	丁黎明	86	6
安丘北海村镇银行	周　滨	杨　雪	64	4
昌邑北海村镇银行	杨宏磊	孙正正、张佩钰	49	2
临朐聚丰村镇银行	陈　辉	范丙磊	100	7
高密惠民村镇银行	王国栋	兰发福、董连吉	110	9
中泰证券股份有限公司潍坊分公司	张　诚	孙豪志、曹　明	242	17
中国人民财产保险股份有限公司潍坊市分公司	李茂富	董延兴	1,892	80
中国太平洋财产保险股份有限公司潍坊中心支公司	邹　超	李　明、唐　娟	123	16
中国平安财产保险股份有限公司潍坊中心支公司	燕淑和	邢　洋、黄晓强、于建村	270	14
天安财产保险股份有限公司潍坊中心支公司	常　欣	张华伟	91	14
中国大地财产保险股份有限公司潍坊中心支公司	张其浩	桑华强	165	12
太平财产保险有限公司潍坊中心支公司	王维国	王宝全	124	8
永安财产保险股份有限公司潍坊中心支公司	金　菊	—	79	10
中华联合财产保险股份有限公司潍坊中心支公司	王保景	王　栋	969	18
阳光财产保险股份有限公司潍坊中心支公司	张润洁	刘维周、邱晓莉	690	13

续表2

单位名称	行长（或其他称谓的第一负责人）	副行长（或其他称谓的同级领导）	正式员工（人）	营业网点（个）
华安财产保险股份有限公司山东分公司潍坊中心支公司	赵蓓	—	38	7
大家财产保险有限责任公司潍坊中心支公司	滕启超	—	26	8
安华农业保险股份有限公司潍坊中心支公司	李艳生	吴开峰、张明霞	145	13
永诚财产保险股份有限公司潍坊中心支公司	李彬	—	13	14
都邦财产保险股份有限公司潍坊中心支公司	—	杜风云、张越	17	3
渤海财产保险股份有限公司潍坊中心支公司	宋庆华	—	36	7
亚太财产保险有限公司潍坊中心支公司	于磊	—	53	7
安盛天平财产保险股份有限公司潍坊中心支公司	王峰	—	180	8
中银保险有限公司潍坊中心支公司	冀新华	—	13	1
长安责任保险股份有限公司潍坊中心支公司	石福海	—	149	12
中国人寿财产保险股份有限公司潍坊市中心支公司	连莹	刘云洲、夏效群	244	10
浙商财产保险股份有限公司潍坊中心支公司	宋洛鑫	—	93	9
英大泰和财产保险股份有限公司潍坊中心支公司	王洪飞	佟建	20	4
华泰财产保险有限公司潍坊中心支公司	崔振华	—	8	1
泰山财产保险股份有限公司潍坊中心支公司	文学平	李玉倩	150	11
国任财产保险股份有限公司潍坊中心支公司	田波	—	81	5
安诚财产保险股份有限公司潍坊中心支公司	张谦	张倩	158	5
紫金财产保险股份有限公司潍坊中心支公司	潘廷伟	—	28	5
华海财产保险股份有限公司潍坊中心支公司	任士峰	王树波、董有海	284	6
国泰财产保险有限责任公司潍坊中心支公司	李储杰	—	8	2
利宝保险有限公司潍坊中心支公司	杨崇立	—	28	6
长江财产保险股份有限公司潍坊中心支公司	胡振海	—	16	5
中煤财产保险股份有限公司潍坊中心支公司	杨家启	—	4	1

续表3

单位名称	行长（或其他称谓的第一负责人）	副行长（或其他称谓的同级领导）	正式员工（人）	营业网点（个）
中路保险潍坊中心支公司	赖祥宝	孟凡智	45	3
鼎和财险保险股份有限公司潍坊中心支公司	王　飞	杨颜平	28	2
中国人寿保险股份有限公司潍坊分公司	李培礼	王洪涛、燕　伟、杨建兵、张德欣	9,022	100
中国太平洋人寿保险股份有限公司潍坊中心支公司	徐振军	杨金志、王　磊、张文萍、薛　巍	5,666	31
中国平安人寿保险股份有限公司潍坊中心支公司	刘桂俊	徐　强、王　鹏	6,401	20
泰康人寿保险有限责任公司山东潍坊中心支公司	徐　力	张现兵	7,396	21
新华人寿保险股份有限公司潍坊中心支公司	刘学谦	岳光波、张同保、丁智勇、佟素美	4,123	14
太平人寿保险有限公司潍坊中心支公司	李　波	—	1,739	8
民生人寿保险股份有限公司潍坊中心支公司	刘磊南	—	179	9
合众人寿保险股份有限公司潍坊中心支公司	崔贵涛	—	140	5
中英人寿保险有限公司潍坊中心支公司	史坤岭	—	138	1
平安养老保险股份有限公司潍坊中心支公司	杜广智	—	37	1
中宏人寿保险有限公司潍坊中心支公司	耿成龙	—	172	1
同方全球人寿保险有限公司山东分公司潍坊营销服务部	于英武	—	48	1
北大方正人寿保险有限公司潍坊中心支公司	董衍庆	—	69	1
中国人民人寿保险股份有限公司潍坊中心支公司	王　锋	—	1,089	11
中国人民健康保险股份有限公司潍坊中心支公司	杨宝坤	—	32	2
富德生命人寿保险股份有限公司潍坊中心支公司	高云飞	姜琳琳	748	7
农银人寿保险股份有限公司潍坊中心支公司	王爱虹	连建媛	453	4
华泰人寿保险股份有限公司潍坊中心支公司	盖文欣	裴永涛	530	7
陆家嘴国泰人寿保险有限责任公司山东分公司潍坊营销服务部	丁业超	—	167	3
恒安标准人寿保险有限公司潍坊中心支公司	王　竣	—	29	1
国华人寿保险股份有限公司潍坊中心支公司	张树富	—	41	1

续表4

单位名称	行长（或其他称谓的第一负责人）	副行长（或其他称谓的同级领导）	正式员工（人）	营业网点（个）
阳光人寿保险股份有限公司潍坊中心支公司	徐海泉	张强	1,666	9
中德安联人寿保险有限公司山东分公司潍坊营销服务部	方伟	—	297	1
长城人寿保险股份有限公司潍坊中心支公司	高洪亮	—	110	3
百年人寿保险股份有限公司潍坊中心支公司	李梅霞	—	172	3
华夏人寿保险股份有限公司潍坊中心支公司	刘瑞芳	—	2,566	8
中意人寿保险有限公司潍坊中心支公司	朱中乐	—	134	1
幸福人寿保险股份有限公司潍坊中心支公司	董琳	荆延珂	191	2
信泰人寿保险股份有限公司潍坊中心支公司	张永健	于涛兮	93	4
英大泰和人寿保险股份有限公司潍坊中心支公司	王丰庆	—	541	6
建信人寿保险股份有限公司潍坊中心支公司	阎洪茂	卞馥玉、齐红娟	164	2
工银安盛人寿保险有限公司潍坊中心支公司	邢文恒	—	21	1
天安人寿保险股份有限公司潍坊中心支公司	梁鸿飞	—	570	1
德华安顾人寿保险有限公司潍坊中心支公司	崔晋	—	700	11
大家人寿保险股份有限公司潍坊中心支公司	王伟	—	232	1
中银三星人寿潍坊中心支公司	刘钊	李雁	54	1
阳光人寿保险股份有限公司潍坊电话销售中心	鲁颂	张超	291	1
和谐健康保险股份有限公司潍坊中心支公司	王进凯	—	225	1
交银康联人寿保险有限公司潍坊中心支公司	苏宁	—	27	1
和泰人寿保险股份有限公司潍坊中心支公司	滕金市	—	15	1
长生人寿保险有限公司潍坊中心支公司	王景梅	—	10	1

附表4

潍坊市主要金融机构业务概况

（2021年末）

单位：亿元

单位名称	本外币存款余额	本外币单位存款	本外币储蓄存款	本外币贷款余额	本外币短期贷款	本外币中长期贷款
农业发展银行潍坊市分行	146.29	146.29	0.00	713.35	37.83	675.52
工商银行潍坊分行	988.88	392.54	596.34	756.75	231.87	524.88
农业银行潍坊分行	1,337.28	1,061.65	275.63	747.64	261.09	486.55
中国银行潍坊分行	470.60	166.48	279.03	514.67	198.53	296.76
建设银行潍坊分行	1,115.14	403.21	710.68	698.13	162.11	495.92
交通银行潍坊分行	269.29	149.04	120.25	207.62	58.74	136.76
邮政储蓄银行潍坊市分行	693.87	70.94	622.91	334.06	83.43	217.09
华夏银行潍坊分行	58.06	41.76	16.30	77.60	29.06	48.54
招商银行潍坊分行	180.35	120.30	60.05	102.47	33.59	68.88
浦发银行潍坊分行	53.60	34.72	18.82	59.74	27.09	32.65
兴业银行潍坊分行	308.65	259.05	48.88	227.98	75.93	140.56
民生银行潍坊分行	149.65	125.41	24.24	135.28	56.83	64.14
中信银行潍坊分行	133.24	109.41	23.84	174.93	20.82	129.41
恒丰银行潍坊分行	132.18	120.45	11.73	164.12	58.03	98.43
光大银行潍坊分行	143.60	129.20	14.40	152.01	66.59	85.42
浙商银行潍坊分行	71.94	61.48	10.42	61.08	27.64	27.4
广发银行潍坊分行	55.21	47.20	8.01	83.65	39.93	43.72
平安银行潍坊分行	64.38	42.29	22.09	60.62	34.25	26.37
潍坊银行	1,184.71	585.68	599.03	802.51	455.43	347.08
农信社潍坊市联社	0.00	0.00	0.00	0.00	0.00	0.00
齐商银行潍坊分行	53.08	40.05	13.03	54.96	23.98	30.98
日照银行潍坊分行	97.30	70.52	26.74	63.64	25.87	17.88
东营银行潍坊分行	77.23	57.21	20.02	57.67	36.62	21.05
威海市商业银行潍坊分行	74.56	63.57	10.99	99.22	25.02	74.20
北京银行潍坊分行	102.64	97.74	4.90	123.33	99.39	23.94
青岛银行潍坊分行	116.19	97.74	18.46	133.37	39.85	93.52
临商银行潍坊分行	38.41	30.80	7.61	51.05	37.29	13.76
齐鲁银行潍坊分行	81.09	77.93	3.16	142.17	30.96	111.21
潍坊市农商银行	596.18	142.08	453.76	415.47	188.13	196.57
青州市农商银行	347.60	24.02	323.55	246.47	117.64	114.17
安丘市农商银行	255.70	24.06	231.60	191.11	116.41	51.40
昌乐县农商银行	192.19	21.06	171.11	144.57	56.75	67.69
昌邑市农商银行	222.42	21.94	200.33	142.17	70.99	58.30
寿光市农商银行	421.57	62.07	359.45	307.64	131.12	158.92
临朐县农商银行	248.13	29.71	218.39	165.47	97.84	54.34
高密市农商银行	239.36	16.75	222.57	180.62	103.90	63.68
诸城市农商银行	303.12	21.81	281.22	193.25	84.39	83.35
奎文中成村镇银行	0.44	0.09	0.35	1.25	0.16	1.09

续表

单位名称	本外币存款余额	本外币单位存款	本外币储蓄存款	本外币贷款余额	本外币短期贷款	本外币中长期贷款
寒亭蒙银村镇银行	12.66	5.12	7.54	9.49	8.29	1.20
潍城北海村镇银行	6.77	1.60	5.17	4.36	2.60	1.76
高密惠民村镇银行	21.58	3.07	18.51	16.99	15.35	1.64
临朐聚丰村镇银行	20.52	3.33	16.78	14.68	13.19	1.49
昌邑北海村镇银行	4.66	0.40	4.12	3.77	2.58	1.19
安丘北海村镇银行	10.20	0.25	9.95	7.33	4.53	2.80
昌乐乐安村镇银行	12.57	0.72	11.85	10.78	10.30	0.48
青州中银富登村镇银行	5.37	0.31	5.06	7.99	5.29	2.70
寿光张农商村镇银行	23.25	6.55	16.69	20.82	11.68	9.14
诸城中银富登村镇银行	3.01	0.48	2.53	5.52	3.50	2.02

附表5

潍坊市金融机构统计指标

单位：家、人、只

	指标	2017年	2018年	2019年	2020年	2021年	2021年同比增幅（%）
银行类	银行类机构家数	48	48	49	51	54	5.88
	法人机构	23	23	23	25	28	12.00
	一级分行	0	0	0	0	0	—
	二级分行	25	25	26	26	26	0.00
	县区支行	822	830	809	846	880	4.02
	正式从业人数	21,109	20,459	20,562	20,225	20,439	1.06
保险类	保险公司家数	665	699	701	726	648	-10.74
	财险公司家数	346	349	355	369	340	-7.86
	省级分公司	0	0	0	0	0	—
	地市分公司	33	34	34	34	34	0.00
	县区支公司	313	315	321	335	306	-8.66
	寿险公司家数	319	350	346	357	308	-13.73
	省级分公司	0	0	0	0	0	—
	地市分公司	38	41	41	41	41	0.00
	县区支公司	281	309	305	316	267	-15.51
	正式从业人数	68,652	76,669	81,501	73,118	52,566	-28.11
	财险人员	15,063	8,436	8,070	10,331	6,268	-39.33
	寿险人员	53,589	68,233	73,431	62,787	46,298	-26.26
证券类	证券公司家数	9	9	27	28	28	0.00
	证券营业部	25	25	47	49	49	0.00
	正式从业人数	467	366	410	487	590	21.15
	境内上市股票只数	23	23	25	26	29	11.54
	境外上市股票只数	13	13	13	13	7	-46.15
	辖区上市公司总数	36	36	36	36	31	-13.89

济宁市

【经济金融概况】 2021年，济宁市坚持稳中求进的工作总基调，加快新旧动能转换，经济运行质量和效益稳步改善，实现“十四五”良好开局。全年实现地区生产总值5,069.96亿元，增长8.50%；规模以上工业增加值增长13.10%，同比提高7.20个百分点；固定资产投资增长12.40%，同比提高9.20个百分点；一般公共预算收入完成440.50亿元，增长7.00%，一般公共预算支出727.20亿元，增长12.90%；全体居民人均可支配收入31,845.00元，增长8.80%。

2021年，济宁市金融机构认真贯彻货币政策，聚焦增量提质，有力支持实体经济发展，本外币存贷款实现快速增长。年末全市本外币各项存款余额7,257.65亿元，增长10.50%；各项贷款余额5,600.89亿元，增长17.10%，增速居全省第三位；余额存贷比为77.17%，增量存贷比为118.61%。

【货币政策实施】 2021年，人民银行济宁市中心支行以灵活精准、合理适度为取向，有效传导贯彻稳健货币政策，综合运用多种货币政策工具，继续做好“六稳”“六保”工作，强化对高质量发展重点领域的结构性支持。

一、加大再贷款政策运用力度。优先满足涉农、小微、民营等领域的资金需求，累计发放再贷款73.20亿元、办理再贴现99.20亿元，惠及企业1.50万家。再贷款业务覆盖全部法人银行机构，上述政策性资金平均成本2.11%，为各类实体经济节约利息支出约1.80亿元。

二、全面做好金融支持稳企业保就业工作。一是积极运用两项直达工具。自2020年6月实施以来至2021年末，全市法人银行累计发放普惠小微信用贷款314.50亿元，办理普惠小微贷款延期87.00亿元，分列全省第二、第六位。二是大力推动“百亿担保”“百亿农保”落地、落实。2021年末，两项担保业务在保余额分别为83.72亿、56.53亿元，在保户数分别为0.90万、1.90万户。

三、关键领域金融支持力度持续加大。一是民营和小微企业融资实现增量扩面。2021年末全市普惠小微贷款余额703.10亿元，增长31.90%，户数20.61万户，增长23.70%。二是大力发展供应链金融。推选32家企业入选省供应链金融核心企业白名单，落地供应链票据4.60亿元；银行机构办理应收账款融资302笔，累计129.90亿元。三是创新开展绿色金融工作。推动济宁银行上线运行全省首家个人碳账户，兖州农商行、日照银行济宁分行发放全省首批碳排放权抵押贷款2,500.00万元。

四、推动贷款利率市场化改革，引导企业融资成本进一步下降。2021年，全市企业贷款加权平均利率4.70%，同比下降0.13个百分点，大、中、小微型企业贷款加权平均利率分别下降0.10个、0.10个、0.28个百分点，累计为企业节约利息支出约7.00亿元。

【金融市场】 2021年，济宁市银证保金融机构分别达到51家、20家、68家，各类地方金融组织达到72家，逐步形成了以银行、证券、保险为主体，其他新型金融业态协调发展的金融组织框架。

2021年，全市新增境内外上市企业1家，累计14家，其中境内上市公司总市值增长至1,816.92亿元，同比增长58.86%；新三板挂牌企业累计34家；新增区域股权交易中心挂牌企业85家，累计537家。

2021年，全市68家保险市场主体实现保费收入207.78亿元，同比下降5.97%；支付各类赔款与给付保险金73.58亿元，同比增长12.51%。

2021年，全市共有各类地方金融组织72家。其中，小额贷款公司25家，融资担保公司14家，民间资本管理公司2家，开展信用互助业务的农民专业合作社11家，典当行11家，商业保理公司4家，融资租赁公司5家。

【金融稳定】 2021年，人民银行济宁市中心支行围绕“监测、监管、处置”三条业务主线，以构筑风险防控长效机制为着力点，持续推动金融风险防范与化解。

一、加强协调联动，做好防控化解金融风险常态化工作。与地方金融监督管理局、银保监局等定期交流、共享重点企业和机构风险处置情况和相关信息。召开银行机构风险联席会议，逐户完善重点风险企业档案，及时更新风险台账。对辖内重点企业、机构风险隐患开展专项排查，积极推进风险化解和处置。

二、完善制度体系，提升金融风险监测预警能力。一是探索建立县域银保合作业务风险监测机制，排查银保合作业务风险线索，合力探索创新型业务风险防范和处置措施。二是强化重点领域风险监测预警，定期对重点县域开展风险监测，对重点机构开展督导核查。

三、发挥风险约束作用，扎实做好央行评级。对25家银行业法人机构开展资产质量核查，结合央行评级结果和警示风险，对重点机构提出整改或调整央行评级。

【金融监管】 2021年，济宁市金融监管部门聚焦防范化解风险、深化规范建设等重点任务，引导全市金融行业稳健运行。

一、坚持精准施策，风险防范化解有突破。压实地方属地责任及机构主体责任，凝聚风险化解合力，加快不良贷款处置进度。截至2021年末，全市不良贷款余额58.92亿元，同比下降10.59亿元；不良贷款率1.05%，同比下降0.40%；2021年全市累计处置不良贷款117.29亿元。

二、深入固本强基，规范建设质效有提升。组织开展“算清违规成本账 走好内控合规路”警示教育活动，编制《银行保险从业人员犯罪案例剖析》，累计组织银行保险机构1.60万人次参与讨论、2.90万人次参与案例学习。组织开展股份制银行“培本固基 合规致远”专项活动，指导编制修订616个岗位合规操作“明白纸”，筑牢合规经营理念。

【外汇管理】 2021年，国家外汇管理局济宁市中心支局认真落实重点领域改革开放措施，有效防范跨境资金流动风险，服务辖区涉外经济高质量发展。

一、贯彻落实重点领域改革措施，提升跨境贸易投资便利化水平。一是推进资本项目收入支付便利化改革、便利跨境电商外汇结算、支持贸易新业态发展等30余项便利化措施在辖区落地生根。二是扎实推进外汇改革试点，新增8家贸易外汇收支便利化试点企业，贸易便利化试点企业增至13家。

二、持续提升外汇服务质量，助力辖区涉外经济持续发展。一是深化“汇力惠企”活动，制定济宁市中心支局“我为群众办实事”活动实施方案，发挥汇、政、银合力积极回应涉外企业诉求。二是精细管理窗口服务，推进日常业务办理便利化，持续做到业务办理“零差评”。

三、提升事中事后监管绩效，有效防范跨境资金流动风险。开展企业非现场核查714次，现场核查24次，发放风险提示函25份，涉及违规企业130家；开展个人分拆结售汇交易组，大额、异常外币现钞核查258项，约谈告诫个人62人次；完成各类专项检查调查4项，涉及主体12家，立案5起，查处6起，罚没款602.00万元。

【金融服务】 2021年，济宁市各金融部门规范与创新并重，金融管理服务水平不断提升。

一、改进支付结算管理和账户服务。服务小微企业使用简易开户，平均开户时长减至0.70个工作日；推动银行为小微企业支付手续费降费，向5.75万家客户降费、减费832.51万元；拓展支付服务覆盖面，累计建设助农取款服务点数量达到7,235个；斩断电信网络诈骗与跨境赌博“资金链”，排查账户3,034.87万户，对29.64万户可疑账户采取管控措施。

二、优化征信查询服务。开发征信查询前置系统，公积金贷款审批时间由原来的3天缩减为1天；新增18个银行个人信用报告自助查询网点，全市累计46个。

三、保障金融消费者合法权益。建立健全多元纠纷化解机制，开展小额金融消费纠纷快速调解机制建设，全年受理投诉咨询433件，办结率和满意度均达到100%。

（田 艳、郑 龙）

附表1

济宁市主要金融指标1

单位：亿元

地区		银行类							
		本外币存款余额	住户存款	非金融企业存款	本外币贷款余额	第一产业贷款	第二产业贷款	第三产业贷款	个人贷款及透支
曲阜市	2021年	468.89	359.50	68.48	288.80	0.49	42.48	70.97	153.34
	同比增幅（%）	10.22	12.47	-1.04	16.77	31.08	14.49	14.25	17.99
泗水县	2021年	280.35	235.46	27.38	162.78	0.23	15.89	23.26	110.11
	同比增幅（%）	7.88	11.45	12.26	20.17	-18.87	23.73	6.10	23.05
邹城市	2021年	1,180.52	578.54	524.34	970.34	4.89	600.25	120.42	213.94
	同比增幅（%）	25.94	9.92	45.56	20.14	8.33	14.82	46.54	29.46
微山县	2021年	315.90	254.18	36.89	172.65	0.21	31.05	41.91	78.04
	同比增幅（%）	9.81	11.62	14.96	13.46	9.66	-11.43	42.20	22.18
鱼台县	2021年	229.33	187.27	23.27	201.88	1.02	8.82	57.25	127.67
	同比增幅（%）	6.84	12.49	-11.82	31.86	29.93	-1.28	5.23	54.11
金乡县	2021年	375.10	303.45	48.83	250.58	0.58	36.21	48.08	150.61
	同比增幅（%）	14.62	10.98	89.84	24.51	1.14	25.76	27.62	27.41

续表

地区		银行类							
		本外币存款余额	住户存款	非金融企业存款	本外币贷款余额	第一产业贷款	第二产业贷款	第三产业贷款	个人贷款及透支
嘉祥县	2021年	506.54	426.32	48.20	286.64	3.18	57.47	34.75	160.38
	同比增幅（%）	7.95	12.00	-3.06	21.38	13.52	5.53	19.27	27.24
汶上县	2021年	390.80	318.97	31.41	243.27	0.90	33.69	43.13	137.51
	同比增幅（%）	6.22	11.73	-6.22	19.78	73.05	29.46	10.81	24.49
梁山县	2021年	517.31	453.57	39.62	260.88	0.71	25.89	53.06	154.99
	同比增幅（%）	9.73	12.11	3.88	22.99	-15.17	9.57	21.51	24.87
济宁市	2021年	7,257.65	4,838.00	1,766.98	5,600.89	18.07	1,510.97	1,314.90	2,436.93
	同比增幅（%）	10.50	11.39	13.37	17.10	9.09	10.91	18.27	23.60

附表2

济宁市主要金融指标2

单位：亿元

地区		保险类		证券类		
		保险公司保费收入	保险公司赔款和给付支出	证券市场成交总额	投资者保证金余额	投资者开户数（万户）
曲阜市	2021年	11.24	—	194.73	0.92	2.83
	同比增幅（%）	4.17	—	3.37	29.58	12.75
泗水县	2021年	6.90	—	—	—	—
	同比增幅（%）	0.58	—	—	—	—
邹城市	2021年	16.68	—	1,177.50	3.81	10.18
	同比增幅（%）	-3.92	—	-3.70	23.70	9.46
微山县	2021年	8.63	—	87.17	0.26	0.95
	同比增幅（%）	-6.20	—	14.74	4.00	17.28
鱼台县	2021年	8.17	—	—	—	—
	同比增幅（%）	-0.85	—	—	—	—
金乡县	2021年	11.57	—	118.93	0.34	1.21
	同比增幅（%）	-3.18	—	-0.10	13.33	18.63
嘉祥县	2021年	11.65	—	—	—	—
	同比增幅（%）	-4.35	—	—	—	—
汶上县	2021年	9.78	—	—	—	—
	同比增幅（%）	0.20	—	—	—	—
梁山县	2021年	11.08	—	—	—	—
	同比增幅（%）	-1.34	—	—	—	—
济宁市	2021年	207.78	73.58	5,524.41	21.80	78.01
	同比增幅（%）	-5.97	12.51	1.19	6.76	9.41

附表3

济宁市主要金融机构概况

单位名称	行长（或其他称谓的第一负责人）	副行长（或其他称谓的同级领导）	正式员工（人）	营业网点（个）
人民银行济宁市中心支行	尹峰世	杨家杰、孙义昌、李玉祥、薛昭顺、廉 龙、李节平	447	11
济宁银保监分局	赵文和	盛作安、赵令军、宗 超、孙清浩、郭 伟、苏玉多	79	11
农业发展银行济宁市分行	李大庆	郭茂海、冯钧章、宋文成	246	11
工商银行济宁分行	鞠立坤	朱 筠、梁化新、王洪伟、刘 刚、宋雅利、王 凯	1,379	69
农业银行济宁分行	李增义	刘 炜、范学坤、张文秀、毕 伟	1,907	111
中国银行济宁分行	尹卫东	宫 明、于 萍、王学军、唐海卫、张宗民	849	36
建设银行济宁分行	袁雪峰	张 斌、李广志、鲍洪镇、张建房、袁中立、王 强	1,385	64
交通银行济宁分行	董经庆	蔡 丕、刘 刚、于志红、马承辉	266	11
邮储银行济宁市分行	刘 欣	范建国、邹学珍、杨冠东、孙立秋	935	42
中信银行济宁分行	张 文	黄 涛、刘叔恒、宋 杨、高艳梅	180	7
兴业银行济宁分行	陈连合	邱海涛、侯亚东、王 矛	144	8
恒丰银行济宁分行	孙耀明	李志春、谢永利、崔小涛	144	7
浦发银行济宁分行	张玉民	蔡胜利、祝东闻、马腾飞	70	5
招商银行济宁分行	马明晨	杨卫国、商广磊	139	7
民生银行济宁分行	张 勇	杨艺军、刘 威、朱亚林	122	5
广发银行济宁分行	赵劲勇	郭 浩、赵继昌、张媛媛	70	3
华夏银行济宁分行	张春艳	吴 凯、李兆宏、郑 岩	58	3
渤海银行济宁分行	孙晓旭	于 勇、张明进	37	1
光大银行济宁分行	刘晟哲	张雨东、赵文刚	40	1
平安银行济宁分行	李 喆	杜启民	55	2
浙商银行济宁分行	刘 赟	蔡新源、林华松、李 彬	38	1
莱商银行济宁分行	蒋 波	单士旗、池振波、王建超	143	7
齐商银行济宁分行	刘锦程	郭元博、尹振峰、刘 军	111	4
威海市商业银行济宁分行	马 立	孔 萌、孔 亮	140	7
日照银行济宁分行	杨 靖	曾凡成、赵玉庆、董海涛、刘 辉、徐光明	160	6
枣庄银行济宁分行	颜海龙	罗志方、谷 磊、苏海峰	63	4
青岛银行济宁分行	张 魁	王儒刚、张 旭	67	3
济宁银行	杜 强	陈振勇、梁汝亮、张衍珍、刘志刚、贾广东、焦春华、宫 振	1,256	59
兖矿财务公司	单光辉	翟玉峰、万里涛、李 峰	35	1
济宁高新村镇银行	赵丙岭	郑绪宝、倪孝军、宋文宁	133	6
济宁儒商村镇银行	陈 亮	吴玉宝	224	16
济宁蓝海村镇银行	王正恩	崔莹志	39	2
兖州中成村镇银行	高久勇	赵 杰、辜易君	22	1
嘉祥中银富登村镇银行	孔 文	—	63	4
曲阜中银富登村镇银行	朱 勇	张晓东	81	5

续表1

单位名称	行长（或其他称谓的第一负责人）	副行长（或其他称谓的同级领导）	正式员工（人）	营业网点（个）
汶上中银富登村镇银行	王 强	姬广路	60	3
梁山民丰村镇银行	董德锋	用 超	70	6
微山北海村镇银行	李先东	叶 成	50	4
鱼台青隆村镇银行	王聚滨	宋淑东、陈盛恕、王先友	53	4
金乡蓝海村镇银行	毕金辉	张亚男、闫艳丽	30	5
泗水齐丰村镇银行	王法良	辛 宇	84	5
邹城中银富登村镇银行	柴红树	孙联合、张体鹏	69	3
济宁农商行	路 伟	张 海、孙登利、宋旭东、党万辉、段仰兰	820	55
兖州农商行	马劲驰	王 欣、许文胜、刘 辉、刘 谦、张福军、韩广伟	384	28
曲阜农商行	王成峰	黄海迁、崔 勇、孔凡娣、张 红、李加礼、周 宁	378	28
泗水农商行	徐清华	孟 彬、田 兵、岳 奎、陈恩焕、张令邦、王 帅	302	22
邹城农商行	胡爱东	杨新庆、江宪义、楚 昊、王东芹、李庆标、郭建行	547	38
微山农商行	李 力	赵 鹏、陈 涛、彭 超、刘 然、李 超、王德宇	431	33
鱼台农商行	李本志	王 洁、孙尚宇、刘永清、马 斌、卜宪磊、杨 侃	286	22
金乡农商行	胡 峰	曹天亚、胡建峰、王庆良、李 静、王传旭	359	27
嘉祥农商行	苏 强	颜世川、邵主全、宋甲新、马广东、李超稳、马升祥	444	28
汶上农商行	赵 峰	屈小东、张志同、闫龙因、付亚平、徐 敏、路笃民	373	24
梁山农商行	王盛炜	王允才、秦绍亮、姚行印、李 虎、孟剑峰	346	25
中泰证券济宁分公司	张 雷	姜新春、刘 勇	147	9
兴业证券济宁分公司	尚继军	崔曙光、冯新阳、刘海涛	31	1
安信证券济宁建设北路营业部	李 博	—	5	1
东北证券济宁洸河路营业部	王 衡	邵 宾	8	1
东方财富证券济宁吴泰闸路营业部	刘 梅	—	5	1
光大证券济宁太白路营业部	万 澍	—	3	1
国泰君安证券济宁吴泰闸路营业部	张荣荣	孙路阳	12	1
华福证券济宁红星中路营业部	辛国庆	—	8	1
联储证券济宁吴泰闸路营业部	马 靖	伊伟民	7	1
天风证券济宁洸河路营业部	朱 文	冯质强	4	1
中国银河证券济宁洸河路营业部	屠凡刚	—	8	1
长江证券济宁金宇路营业部	乔 阳	—	7	1
招商证券济宁红星东路营业部	任 伟	—	4	1
中金财富证券济宁环城西路营业部	赵 伟	—	20	1
中信建投证券济宁吴泰闸路营业部	裴本科	刘玉坤	13	1

续表2

单位名称	行长（或其他称谓的第一负责人）	副行长（或其他称谓的同级领导）	正式员工（人）	营业网点（个）
中信证券(山东)济宁吴泰闸路营业部	韩国发	张国宏、马浩清	58	1
鲁证期货济宁营业部	孟 凯	王 刚、彭慧莲	10	1
天富期货济宁营业部	王玉娜	—	2	1
上海中期期货邹城营业部	刘德涛	—	4	1
国海证券济宁邹城兴石街营业部	何 力	—	9	1
中国人民财产保险济宁市分公司	李立辉	臧春海	684	87
紫金财产保险济宁中心支公司	孙 天	—	28	1
中国人寿财产保险济宁市中心支公司	辛 颖	焦 强、韩晓顺	380	12
渤海财产保险济宁中心支公司	李锡静	—	18	2
中煤财产保险济宁中心支公司	张桂玉	—	6	1
中银保险济宁中心支公司	王 强	高 波	9	1
泰山财产保险济宁中心支公司	侯文明	—	74	9
天安财险济宁中心支公司	刘 浩	—	63	10
中路财产保险济宁中心支公司	姜树新	—	20	1
永安财产保险济宁中心支公司	郑 飞	—	79	11
安诚财产保险济宁中心支公司	李新征	—	42	1
永诚财产保险济宁中心支公司	谭好凯	—	9	1
中国大地财产保险济宁中心支公司	杨勇正	马敬考	186	12
大家财产保险济宁中心支公司	朱彦民	—	28	8
太平财产保险济宁中心支公司	王广宇	袁德政、寇兆瑞	122	4
华安财产保险济宁中心支公司	别庆红	—	53	5
亚太财产保险济宁中心支公司	唐秀波	—	25	4
平安财产保险济宁中心支公司	刘敬国	于玉娟、邢 新、代 洋	249	14
华海财产保险济宁中心支公司	李 峰	杨 帆	38	4
阳光财产保险济宁中心支公司	马士柱	乔海燕、王 鑫、郭 锋	256	14
安盛天平财产保险济宁中心支公司	闫仁军	张凡荣	22	4
太平洋财产保险济宁中心支公司	于景春	王云飞、张吉文	217	14
浙商财产保险济宁中心支公司	杨朝晖	—	51	4
都邦财产保险济宁中心支公司	张 兵	蒋小香	22	6
中华联合财产保险济宁中心支公司	郑 雷	贺延彪、韩 寒	250	22
长安责任保险济宁中心支公司	曹曙光	李 伟、马凯峰	45	4
华泰财产保险济宁中心支公司	高中海	—	5	1
英大泰和财产保险济宁中心支公司	庞 洋	—	11	3
国任财产保险济宁中心支公司	梁 涛	—	48	3
安华农业保险济宁中心支公司	吕培立	邓兴琦、刘 敏	73	8
利宝保险济宁中心支公司	王 晋	—	13	1
长江财产保险济宁中心支公司	何恩龙	—	5	1
建信人寿保险济宁中心支公司	李 勇	王 灿、李永庆	15	2
国华人寿保险济宁中心支公司	王立刚	—	9	1
恒安标准人寿保险济宁中心支公司	杨 凯	刘小利	35	1
平安养老保险济宁中心支公司	李蒙延	—	28	1
阳光人寿保险济宁中心支公司	尹 军	薄飞飞、张 聪	43	7

续表3

单位名称	行长（或其他称谓的第一负责人）	副行长（或其他称谓的同级领导）	正式员工（人）	营业网点（个）
英大泰和人寿保险济宁中心支公司	王海峰	—	26	7
中英人寿保险济宁营销服务部	王　涛	—	8	1
长城人寿保险济宁中心支公司	刘国栋	—	21	2
北大方正人寿保险济宁中心支公司	成　亮	—	13	2
大家人寿保险济宁中心支公司	李星华	—	7	1
合众人寿保险济宁中心支公司	赵　杰	—	14	4
幸福人寿保险济宁中心支公司	王清勇	杭　敏	17	4
利安人寿保险济宁中心支公司	王　俊	朱文娟	31	5
和泰人寿保险济宁中心支公司	马　强	—	13	1
华夏人寿保险济宁中心支公司	栾书铮	郑　丽	71	9
平安人寿保险济宁中心支公司	游　进	王　东、李鹏飞	240	19
农银人寿保险济宁中心支公司	甘孟良	李　婷	62	4
中国太平洋人寿保险济宁中心支公司	王健彬	李红各、于化龙、赵大鹏、朱秀珍	189	20
中意人寿保险济宁中心支公司	谭伟华	任现磊	9	1
信泰人寿保险济宁中心支公司	张有刚	刘守峰	14	5
人民人寿保险济宁中心支公司	张伟军	张　明	60	12
民生人寿保险济宁中心支公司	李　刚	—	36	10
中国人寿保险济宁分公司	李　勇	张呈全、王新忠、李生成	456	144
中信保诚人寿保险济宁中心支公司	王增宝	—	14	1
富德生命人寿保险济宁中心支公司	华干昌	王　旭、李秀丽	102	9
百年人寿保险济宁中心支公司	张　珂	吕秋华	15	3
陆家嘴国泰人寿保险济宁中心支公司	郑玉轩	韩立君	16	4
泰康人寿保险济宁中心支公司	闫　燕	赵利苹、刘立静	122	29
天安人寿保险济宁中心支公司	王新宏	郭　宾、巩立双	46	6
太平人寿保险济宁中心支公司	王　永	孔　娜	84	6
工银安盛人寿保险济宁中心支公司	马　红	—	19	1
新华人寿保险济宁中心支公司	李林民	侯颂霞、夏兆宽、梁　晋、孙　宁	193	10
德华安顾人寿保险济宁中心支公司	李　壮	孙　健	26	6
华泰人寿保险济宁中心支公司	李保盼	陈　誉	17	5
和谐健康保险济宁中心支公司	刘海涛	—	27	1
中国人民健康保险济宁中心支公司	孙延鹏	—	14	1

附表4

济宁市主要金融机构业务概况

（2021年末）

单位：亿元

单位名称	本外币存款余额	本外币单位存款	本外币储蓄存款	本外币贷款余额	本外币短期贷款	本外币中长期贷款
农业发展银行济宁市分行	23.66	0.00	23.66	195.32	26.13	169.19
工商银行济宁分行	708.20	421.27	210.81	537.07	92.27	441.05
农业银行济宁分行	877.67	581.12	229.29	530.32	161.31	362.87
中国银行济宁分行	389.26	199.09	136.58	326.93	105.06	214.87

续表1

单位名称	本外币存款余额	本外币单位存款	本外币储蓄存款	本外币贷款余额	本外币短期贷款	本外币中长期贷款
建设银行济宁分行	660.11	352.02	224.36	449.20	100.46	333.98
交通银行济宁分行	89.37	40.19	33.43	171.47	68.78	100.85
邮政储蓄银行济宁分行	825.33	191.11	94.98	270.76	71.12	193.70
中信银行济宁分行	47.85	10.88	22.48	121.62	69.17	49.18
招商银行济宁分行	54.32	19.77	26.89	43.32	7.61	31.08
浦发银行济宁分行	33.02	8.97	18.03	73.82	14.11	59.04
兴业银行济宁分行	80.65	12.91	58.71	163.67	21.16	140.52
民生银行济宁分行	49.91	7.20	37.60	120.66	34.04	78.26
恒丰银行济宁分行	60.99	7.98	48.10	63.15	33.04	29.96
广发银行济宁分行	39.18	4.53	30.72	63.89	15.06	46.51
华夏银行济宁分行	43.21	3.76	29.74	80.32	17.24	60.75
渤海银行济宁分行	21.44	3.02	16.86	21.12	5.48	14.59
光大银行济宁分行	19.32	1.62	15.98	25.89	13.57	12.17
平安银行济宁分行	6.94	3.42	0.32	26.34	0.65	25.69
浙商银行济宁分行	32.48	2.09	30.08	28.70	15.32	13.20
莱商银行济宁分行	72.07	17.04	49.36	71.95	35.58	36.35
齐商银行济宁分行	38.88	4.81	31.34	48.81	14.34	33.60
威海市商业银行济宁分行	73.21	16.53	50.59	74.35	13.05	58.98
枣庄银行济宁分行	30.24	6.69	20.85	30.80	17.45	13.35
日照银行济宁分行	90.48	15.33	67.35	65.50	26.01	39.50
青岛银行济宁分行	62.77	3.76	56.58	80.08	35.47	44.56
济宁银行	756.83	438.71	230.48	556.08	325.11	193.32
兖矿财务公司	377.81	0.00	342.33	150.50	127.09	20.00
济宁农村商业银行	204.02	175.68	22.52	170.94	67.28	84.85
邹城农村商业银行	198.48	155.38	27.43	139.51	56.04	58.33
鱼台农村商业银行	70.76	58.39	4.75	51.91	25.11	19.90
梁山农村商业银行	145.47	128.87	7.18	91.24	32.98	33.37
金乡农村商业银行	122.86	99.13	9.78	93.96	49.94	29.00
兖州农村商业银行	112.18	90.84	13.27	72.21	20.64	38.13
泗水农村商业银行	82.36	72.50	6.51	53.85	20.53	20.11
汶上农村商业银行	144.17	118.05	13.31	110.42	40.03	43.21
曲阜农村商业银行	116.15	92.39	11.21	84.71	23.15	41.40
微山农村商业银行	97.02	77.10	8.74	76.59	41.79	20.21
嘉祥农村商业银行	168.84	153.18	8.00	104.92	32.76	45.46
济宁高新村镇银行	21.05	11.84	8.91	16.23	11.00	5.23
济宁儒商村镇银行	102.13	72.74	28.07	65.30	37.41	21.79
济宁蓝海村镇银行	8.82	5.24	3.21	6.70	4.16	2.54
兖州中成村镇银行	1.10	0.64	0.45	1.71	0.31	1.40
嘉祥中银富登村镇银行	3.50	2.57	0.93	6.91	5.46	1.45
梁山民丰村镇银行	9.47	8.85	0.51	11.20	8.25	2.95
邹城中银富登村镇银行	4.49	1.88	2.58	9.75	8.37	1.38

续表2

单位名称	本外币存款余额	本外币单位存款	本外币储蓄存款	本外币贷款余额	本外币短期贷款	本外币中长期贷款
曲阜中银富登村镇银行	8.94	4.90	4.02	8.89	5.14	3.75
汶上中银富登村镇银行	4.34	2.28	1.97	5.99	4.17	1.83
鱼台青隆村镇银行	4.08	3.02	1.01	5.31	3.07	2.24
泗水齐丰村镇银行	6.68	6.16	0.30	5.73	1.61	4.12
金乡蓝海村镇银行	15.51	10.88	3.01	10.88	9.84	1.04
微山北海村镇银行	4.07	2.72	0.58	4.36	2.90	1.45

附表5

济宁市金融机构统计指标

单位：家、人、只

指标		2017年	2018年	2019年	2020年	2021年	2021年同比增幅（%）
银行类	银行类机构家数	49	51	51	51	51	0.00
	法人机构	26	26	26	26	26	0.00
	一级分行	0	0	0	0	0	—
	二级分行	23	25	25	25	25	0.00
	县区支行	157	161	163	162	163	0.62
	正式从业人数	16,117	16,146	15,841	16,170	16,305	0.83
保险类	保险公司家数	63	66	68	68	68	0.00
	财险公司家数	29	30	32	32	32	0.00
	省级分公司	0	0	0	0	0	—
	地市分公司	29	30	32	32	32	0.00
	县区支公司	161	119	123	120	116	-3.33
	寿险公司家数	34	36	36	36	36	0.00
	省级分公司	0	0	0	0	0	—
	地市分公司	34	36	36	36	36	0.00
	县区支公司	168	134	130	137	118	-13.87
	正式从业人数	5,801	6,068	6,066	5,905	5,245	-11.18
	财险人员	3,022	3,408	3,549	3,603	3,131	-13.10
	寿险人员	2,779	2,660	2,517	2,302	2,114	-8.17
证券类	证券公司家数	18	20	21	21	20	-4.76
	证券营业部	26	28	28	28	27	-3.57
	正式从业人数	375	395	389	399	402	0.75
	境内上市股票只数	9	9	9	9	10	11.11
	境外上市股票只数	4	6	6	5	5	0.00
	辖区上市公司总数	9	9	9	9	10	11.11

泰安市

【经济金融概况】 2021年，泰安市统筹推进疫情防控和经济社会发展两个大局，完整、准确、全面贯彻新发展理念，主动服务和融入新发展格局，扎实做好“六稳”“六保”工作，生产端稳步复苏，需求端保持回暖，全市经济运行总体平稳。2021年，泰安市实现地区生产总值2,996.70亿元，同比增长6.10%。其中，第一产业增加值为327.40亿元，同比增长7.10%；第二产业增加值为1,166.50亿元，同比增长2.00%；第三产业增加值为1,502.80亿元，同比增长9.00%。2021年，泰安市工业实现增加值784.90亿元，可比价增长7.00%，规上工业增加值增长8.30%，两年平均增长6.80%；完成一般公共预算收入230.50亿元，同比增长0.60%；国内税收收入309.70亿元，增长6.80%，其中主体税收（增值税、企业所得税、个人所得税）完成220.80亿元，占国内税收收入的71.30%；全年实现社会消费品零售总额1,161.80亿元，同比增长13.60%；全体居民人均可支配收入33,505.00元，同比增长8.30%。其中，城镇居民人均可支配收入41,741.00元，增长7.30%；农村居民人均可支配收入21,769.00元，增长10.60%。2021年末，泰安市金融机构人民币各项存款余额4,903.27亿元，比年初增长7.54%；人民币各项贷款余额3,578.29亿元，比年初增长14.09%。

【货币政策】 2021年，人民银行泰安市中心支行强化货币政策工具运用，持续优化信贷结构，货币政策传导效率进一步提升。坚持新发展理念，区域性小微企业诚信体系建设稳固推进，全国级金融科技试点项目高效赋能，全年投放再贷款、再贴现央行资金122.05亿元，年度投放首次突破100.00亿元，直接支持6,468户经营主体获得低成本融资，全市企业贷款加权平均利率同比下降20BP至4.55%，其中，小微企业贷款加权平均利率同比下降23BP至4.96%，创统计以来最低水平，直接为市内企业节约融资成本约3.00亿元。推动“两项直达工具”有效落地惠企，累计发放奖励资金1,906.23万元、提供无息央行资金3.29亿元，真金白银解决5,400余家小微企业融资难题。重点领域信贷支持力度持续扩大，83个省级重点项目有效信贷需求满足率达100%，“专精特新”企业贷款覆盖率较年初提高14.70个百分点至76.70%。

【金融稳定】 2021年，人民银行泰安市中心支行以高效金融管理筑牢安全金融运行环境。辖区高风险金融机构和问题金融机构实现“双清零”，截至2021年12月末，泰安市不良贷款余额62.73亿元，不良贷款率1.75%，较年初下降0.11个百分点，全市12家法人银行机构央行评级结果连续三个季度全部在安全边界内（1-7级）。推进洗钱入罪“侦、诉、判”一体化，成功推动全省首例自洗钱犯罪案件判决。

【金融服务】 2021年，人民银行泰安市中心支行提升金融政策服务精准供给水平，金融环境更加友好便利。一是支付结算服务保持全省领先。实施五大工程，推进农村支付服务环境建设，辖区农村具备综合支付功能的服务点占比达到95.00%，实现综合支付服务供给行政村全覆盖。全力做好农民工工资支付保障工作，累计解决问题259个，辖区农民工工资银行代发率100%，继续保持全省首位。优化老年人金融服务，推动辖内11家银行机构打造老年人“简版”手机银行，33家银行机构布放适老智慧柜员机534台，相关做法被《金融时报》《大众日报》宣传报道。与公安部门建立联合打赌反诈工作机制，累计推送124条可疑个人账户线索，全市对公账户涉案数量同比下降97.45%，相关工作获市政府领导肯定性批示。二是金融科技赋能更加有力。组织19项金融科技赋能乡村振兴示范工程项目审核，建行“基于聚合支付技术的泰山乡村旅游金融应用”入围省示范工程并推荐至人民银行总行。推进LEI编码宣传，泰安市累计申请赋码企业1,507户，较年初增长10倍。三是现金使用环境更趋安全便捷。新泰农商行开展发行基金托管试点工作成功运行，截至2021年末，共办理托管库业务42笔，金额合计3.24亿元，县域现金服务水平大幅提升。持续做好发行基金投放，有效满足辖区现金需求。集中开展整治拒收现金、反假币宣传月活动，联合公安部门成功破获一起销售非法使用人民币图样商品案，系首次使用公安机关移送证据做出行政处罚。四是国库业务“双零”安全运转。采取“三位一体”核算管理模式，实现国库资金运转“零差错”，业务系统运行“零事故”。优化退税流程，开辟绿色通道，办理退库业务11万笔，相关做法获市政府领导肯定批示。深入开展国债下乡，全市乡镇承销网点发售国债较2020年占比提高18.00个百分点，创历史新高。五是征信服务水平持续提质提效。大力推广动产和权利担保统一登记工作，全市新增常用户审核102户、登记1,173笔、查询1,549笔，为中小微企业盘活动产、便利融资提供坚实保障。持续推进应收账款融资服务，应收账款融资服务平台新增用户70家，促成融资交易229笔、金额88.70亿元。完善主城县区“三公里”查询圈，设立21家商业银行查询网点，银行网点查询量比重超55%；印制二维码版信用报告网上查询指南，实现“一码通”“码上查”。围绕征信修复等热点问题开展调查研究，普法作品被人民银行济南分行微信公众号推广。

【金融监管】 2021年以来，泰安银保监分局认真贯彻市委、市政府和山东银保监局决策部署，引领全市银行保险业稳健发展。一是提升金融服务质效。引导全市银行保险业认真贯彻国家和省、市的惠企利民金融政策，围绕打造“五大名地”重要部署，不断加大经济持续恢复和高质量发展的金融支持力度。截至2021年末，银行业存贷比72.80%，较年初增长4.12个百分点，全年新增存贷比达126.08%。组织召开全市营商环境及逃废债情况座谈会、普惠金融暨优化营商环境推进会，联合市税务局举办“银税合作签约仪式”，以银税合作为切口，彻底摒弃不会贷、不能贷、不愿贷的惰性思维和守旧思想，变“坐商”为“行商”，当好服务经济社会高质量发展的金融“店小二”。截至2021年末，全市银税互动贷款余额14.13亿元，较年初增长40.34%。落实落细惠企政策，全市银行机构2021年累计对困难企业通过展期、延期和无还本续贷等方式提供贷款2,341户、金额276.05亿元。防汛救灾工作中，全市保险业赔付支出超过1.20亿元，充分发挥了“社会稳定器”作用。二是打好防范化解金融风险攻坚战。主动加强向市领导的汇报沟通，力推全市三大重点风险企业化险工作全面启动，重点法人机构风险化解稳步推进。督促银行业加快风险处置，2021年累计处置不良贷款58.28亿元。推动泰安银行成功发行9.00亿元地方政府专项债，带动资本充足率提升1.42个百分点，全力推进信用风险处置和遗留问题。督促农村中小金融机构加大不良贷款化解力度，截至2021年末，全市农商行账面不良贷款余额和不良贷款率分别较年初减少2.29亿元，下降0.78个百分点。三是深化行业规范建设。开展“规范建设提升年”和“内控合规管理建设年”工作，推动银行保险业合规经营。联合市地方金融监督管理局、市财政局等部门印发《关于加强泰安市银行业金融机构股东行为管理的实施意见》，严格开展公司治理监管评估工作，切实规范股东行为。在此基础上，引导辖区各机构结合自身实际，围绕“六个提升”，强化横向协同、上下联动，采取扎实有效措施，将规范建设的各项要求充分传导至基层一线，取得阶段性成效。加大行政处罚力度，2021年泰安银保监分局共实施行政处罚14件，累计罚款387.00万元，涉及银行机构6家，保险机构6家，持续保持从严监管的政策导向。

【外汇管理】 2021年，外汇局泰安市中心支局便利外汇政策助推外向型经济稳健发展。推进优质企业大幅简化跨境资金结算，纳入贸易便利化试点的企业办理无须逐笔审核的资金收付业务1,930笔，占其全部跨境收支交易量的80.00%；帮扶重点企业扩容跨境资金池解决集团90.00%的资金归集难题。指导重点企业拓宽融资渠道完成近6.00亿美元境外融资。加强汇率避险辅导，实现全市1,100余家涉外收支实绩企业风险中性辅导全覆盖，解决汇率避险难题100余项，超六成企业外汇风险敞口下降。国际收支总量达50.10亿美元，创近五年新高；全市跨境人民币结算额59.30亿元，同比增长38.20%。

（贾泰峰、冯 科、段赛赛）

附表1

泰安市主要金融指标1

单位：亿元

地区		银行类							
		本外币存款余额	住户存款	非金融企业存款	本外币贷款余额	第一产业贷款	第二产业贷款	第三产业贷款	个人贷款及透支
新泰市	2021年	901.53	733.65	120.78	570.43	2.32	230.44	92.49	221.56
	同比增幅（%）	7.92	13.98	-3.21	12.68	27.26	4.21	14.88	19.27
肥城市	2021年	812.66	615.09	143.55	425.61	1.20	138.88	43.72	187.08
	同比增幅（%）	9.49	14.08	0.59	18.45	-12.85	8.44	36.90	13.47
宁阳县	2021年	412.40	334.74	53.38	253.23	2.67	48.59	75.04	95.03
	同比增幅（%）	10.88	13.78	6.80	22.12	7.77	22.72	22.27	15.11
东平县	2021年	405.52	342.99	36.97	288.45	0.60	85.47	37.93	136.20
	同比增幅（%）	-0.39	0.21	-0.86	1.76	32.38	-11.80	146.75	-1.75
泰安市	2021年	4,947.87	3,478.70	978.58	3,579.92	13.48	861.28	940.44	1,509.45
	同比增幅（%）	7.48	13.26	-0.57	14.10	4.42	3.06	31.20	11.35

附表2

泰安市主要金融指标2

单位：亿元

地区		保险类		证券类		
		保险公司保费收入	保险公司赔款和给付支出	证券市场成交总额	投资者保证金余额	投资者开户数（万户）
新泰市	2021年	24.64	—	586.36	2.06	5.81
	同比增幅（%）	5.57	—	12.94	21.67	6.90
肥城市	2021年	20.27	—	452.52	1.65	6.95
	同比增幅（%）	3.00	—	4.99	35.25	10.67
宁阳县	2021年	10.81	—	140.26	0.51	1.46
	同比增幅（%）	2.37	—	23.28	76.86	27.14
东平县	2021年	10.07	—	53.50	0.21	0.16
	同比增幅（%）	0.70	—	18.80	23.53	-82.02
泰安市	2021年	145.69	59.38	5,551.75	18.57	50.97
	同比增幅（%）	2.65	18.12	72.57	3.86	9.21

附表3

泰安市主要金融机构概况

单位名称	行长（或其他称谓的第一负责人）	副行长（或其他称谓的同级领导）	正式员工（人）	营业网点（个）
人民银行泰安市中心支行	杨化军	庞建敏、康 琴、张 俊、张浩三	272	5
泰安银保监分局	尹 程	刘 健、徐 蕊、杨 光	59	1
农业发展银行泰安市分行	孟奎章	刘建民、张效会、董 征	149	5
工商银行泰安分行	马庆东	杨万鲁、孙殿军、亓建忠、张永刚、陈福五、田海建、顾 滨、张历波	940	47
农业银行泰安分行	田树江	刘学德、祁奕奕、李 强、王 超、孙 辉、贾开明	1,369	73
中国银行泰安分行	薛 涛	张桂浩、曹国民、孙克祥、张培真、李蔚蔚	632	27
建设银行泰安分行	李忠斌	刘海潇、朱坤礼、孙 良、王万里、刘 峰、刘 松	1,055	44
交通银行泰安分行	刘 峰	于军伟、刘书伟、高 蕊、张守红	195	9
邮政储蓄银行泰安市分行	金卫东	许兴常、周 鲁、路 阳、高 明	488	139
省联社泰安审计中心	袁德亭	杜晋生	18	0
兴业银行泰安分行	许家兴	史修海、刘钊	117	10
民生银行泰安分行	权志超	苏 磊、张 莹、辛 欣	57	4
浦发银行泰安分行	刘 炜	刘贤武	39	2
光大银行泰安分行	燕东勇	赵洪岫、王全宇、景华钧	50	2
平安银行泰安分行	林垂士	陈海涛	42	2
恒丰银行泰安分行	郭轶飞	肖 阳	39	1
泰安银行	姜鲁荣	李成山、张 波、冯金辉	1,155	80
莱商银行泰安分行	赵 鹏	郭 永	139	7
济宁银行泰安分行	何瑞东	张爱民	79	5

续表1

单位名称	行长（或其他称谓的第一负责人）	副行长（或其他称谓的同级领导）	正式员工（人）	营业网点（个）
齐鲁银行泰安分行	马新华	李人国、朱 磊	112	6
天津银行泰安分行	张 强	孙兆木、田 霄	36	1
威海市商业银行泰安分行	柳晓军	沙 坤、臧传鑫	40	1
青岛银行泰安分行	王崭先	赵立谦、王海东、江 霞	57	1
泰山农商行	赵庆功	汪 振	564	44
岱岳农商行	孙法学	曹乃国	688	54
新泰农商行	张凌峰	亚 民	718	47
肥城农商行	李 斌	王延防	561	41
宁阳农商银行	张长林	王学军	462	33
东平农商行	刘 峰	杨 华	468	32
泰安沪农商村镇银行	赵咏莉	魏 超	35	1
新泰齐丰村镇银行	宋 森	刘 闯	101	6
肥城民丰村镇银行	唐建军	孙 虎	74	7
宁阳沪农商村镇银行	施萍花	魏 强	33	2
东平沪农商村镇银行	徐 英	王 强	37	2
中国人民财产保险股份有限公司泰安市分公司	吴中云	王 伟、唐 军、郑恒峰	424	53
中国人寿保险股份有限公司泰安分公司	赵 赛	段崇申、孙正坤、董军建、孙军涛、崔荣冰	259	8
中国人寿财产保险股份有限公司泰安市中心支公司	吴红艳	戴 峰	131	6
中国太平洋人寿保险股份有限公司泰安中心支公司	郭红霞	陆继虎、李 程、刘自国	163	21
中泰证券股份有限公司泰安分公司	陈志伟	赵 杰	115	9
海通证券股份有限公司泰安岱宗大街证券营业部	项 颖	王琳琳	13	1
太平洋证券股份有限公司泰安虎山东路证券营业部	吴俊丰	闫立新	17	1
中信证券（山东）有限责任公司泰安长城路证券营业部	亓阳阳	李岳明	26	1

附表4

泰安市主要金融机构业务概况

（2021年末）

单位：亿元

单位名称	本外币存款余额	本外币单位存款	本外币储蓄存款	本外币贷款余额	本外币短期贷款	本外币中长期贷款
农业发展银行泰安市分行	26.17	26.17	0.00	147.95	18.02	129.93
工商银行泰安分行	539.50	169.20	311.93	381.04	56.76	318.42
农业银行泰安分行	705.76	218.15	420.99	546.20	176.27	353.62
中国银行泰安分行	314.06	129.00	136.94	254.69	71.28	175.15
建设银行泰安分行	392.37	121.65	221.57	276.19	75.84	195.65
交通银行泰安分行	90.56	55.32	25.71	80.48	39.77	37.83

续表

单位名称	本外币存款余额	本外币单位存款	本外币储蓄存款	本外币贷款余额	本外币短期贷款	本外币中长期贷款
邮政储蓄银行泰安市分行	457.84	25.35	77.01	123.48	42.41	72.90
兴业银行泰安分行	88.36	53.23	14.15	95.84	13.37	81.62
民生银行泰安分行	34.42	26.85	3.61	42.08	15.62	23.28
浦发银行泰安分行	15.53	10.13	3.22	26.59	12.40	11.95
光大银行泰安分行	37.03	27.90	3.04	22.59	6.34	15.61
平安银行泰安分行	6.72	1.55	2.27	14.37	0.45	13.92
恒丰银行泰安分行	10.05	9.23	0.59	19.09	14.49	4.60
泰安银行	701.53	249.47	314.08	501.57	261.26	199.68
莱商银行泰安分行	71.20	46.80	16.87	52.68	28.61	24.07
济宁银行泰安分行	51.12	31.94	14.24	46.37	15.38	28.28
齐鲁银行泰安分行	85.27	60.42	12.29	90.66	34.70	51.82
天津银行泰安分行	15.26	11.42	1.27	28.11	10.18	17.93
威海市商业银行泰安分行	31.75	26.61	2.86	22.97	5.58	15.65
青岛银行泰安分行	23.17	17.96	3.03	19.94	3.28	15.22
泰山农商行	155.98	31.48	112.77	117.77	41.89	57.67
岱岳农商行	299.23	26.10	267.15	196.11	66.63	104.71
新泰农商行	250.89	16.53	219.59	163.30	76.56	63.62
肥城农商行	230.86	13.16	215.93	143.15	46.97	59.75
东平农商行	159.47	5.02	152.80	92.47	36.70	32.02
宁阳农商行	149.27	11.28	127.69	86.65	30.08	28.17
泰安沪农商村镇银行	2.65	1.39	1.19	2.42	0.39	2.03
肥城民丰村镇银行	10.77	0.62	9.91	10.03	8.09	1.94
新泰齐丰村镇银行	9.70	1.23	8.36	8.36	2.36	5.99
东平沪农商村镇银行	6.57	1.25	5.31	4.80	1.28	3.52
宁阳沪农商村镇银行	3.46	0.99	2.47	3.23	0.31	2.92

附表5

泰安市金融机构统计指标

单位：家、人、只

	指标	2017年	2018年	2019年	2020年	2021年	2021年同比增幅（%）
银行类	银行类机构家数	24	26	27	27	31	14.81
	法人机构	12	12	12	12	12	0.00
	一级分行	0	0	0	0	0	0.00
	二级分行	12	14	15	15	19	26.67
	县区支行	104	105	121	129	136	5.43
	正式从业人数	10,956	10,688	11,975	10,549	10,480	-0.65
保险类	保险公司家数	50	52	57	59	59	0.00
	财险公司家数	24	24	26	27	27	0.00
	省级分公司	0	0	0	0	0	—
	地市分公司	24	24	26	27	27	0.00

续表

指标		2017年	2018年	2019年	2020年	2021年	2021年同比增幅（%）
保险类	县区支公司	122	82	87	95	129	35.79
	寿险公司家数	26	28	31	32	32	0.00
	省级分公司	0	0	0	0	0	—
	地市分公司	26	28	31	32	32	0.00
	县区支公司	173	171	179	83	82	-1.20
	正式从业人数	42,935	53,462	56,136	46,308	32,367	-30.10
	财险人员	7,169	7,147	5,422	5,485	2,991	-45.47
	寿险人员	35,766	46,315	50,675	40,823	29,376	-28.04
证券类	证券公司家数	28	30	21	15	15	0.00
	证券营业部	28	30	21	15	24	60.00
	正式从业人数	329	351	224	223	271	21.52
	境内上市股票只数	4	5	4	4	4	0.00
	境外上市股票只数	2	2	4	4	2	-50.00
	辖区上市公司总数	6	7	8	8	6	-25.00

威海市

【经济金融概况】 2021年，威海市坚持以习近平新时代中国特色社会主义思想为指导，把“威海要向精致城市方向发展”作为总目标总方向总遵循，紧紧围绕争当新时代现代化强省建设排头兵的目标定位，立足新发展阶段，完整、准确、全面贯彻新发展理念，统筹发展和安全，聚焦聚力“五化”重点任务，全市经济金融平稳运行，“精致城市 幸福威海”建设开创新局面，高质量发展取得新成效，实现了“十四五”良好开局。全年实现生产总值3,463.93亿元，按可比价格计算，同比增长7.30%，外贸进出口总额完成2,032.54亿元，同比增长25.80%。截至2021年末，全市共有银行业金融机构31家，证券、期货分支机构30家，地方金融组织57家，保险机构54家，金融业实现增加值182.93亿元，同比增长11.20%，占GDP的比重为5.28%。

【货币政策】 2021年，人民银行威海市中心支行认真落实国家货币政策，政策红利持续释放。

一是延续落实“两项直达工具”。2021年，累计为地方法人金融机构发放延期工具奖励资金0.45亿元，发放信用工具奖励资金11.69亿元。

二是发挥再贷款、再贴现以点带面作用。2021年，累计发放再贷款144.95亿元，同比增长103.69%；累计办理再贴现68.81亿元，同比增长63.37%。

三是深入落实利率市场化改革要求。2021年，新发放企业贷款加权平均利率4.72%，同比下降23个基点，继续保持在历史低位。其中，微型和普惠小微企业贷款利率为4.80%和4.98%，同比下降73个和17个基点。

【金融市场】 2021年，威海辖区融资总量稳定增长，支持实体经济质效显著。

一是整体融资环境合理宽松。截至2021年末，威海市社会融资规模余额5,247.45亿元，较年初增加853.77亿元；本外币贷款余额4,048.31亿元，同比增加651.69亿元；本外币存款余额5,246.04亿元，同比增加513.26亿元。

二是信贷结构不断优化。截至2021年末，威海市制造业贷款余额489.51亿元，同比增长9.98%，创近七年来最高水平；普惠小微企业贷款余额478.47亿元，同比增长44.87%，较全部贷款高25.69个百分点；绿色贷款余额367.39亿元，同比增长47.72%，较全部贷款高28.54个百分点。

三是直接融资更加多元。2021年，实现股票、债券等直接融资234.30亿元，创历史新高。其中，全年共发行非金融企业债券40只，金额合计216.05亿元，首次突破200.00亿元大关；威高骨科成功上市，首发融资15.00亿元，实现科创板零的突破；泓淋电力深交所创业板、百合生物上交所主板过会，另有多家企业上市在审。

四是保险服务功能持续发挥。2021年，全市实现保费收入122.14亿元，同比增长2.56%；赔款及给付支出38.93亿元，同比增长7.25%。保险业承担各类风险责任7.57万亿元；上缴各类税金4.82亿元，提供就业岗位2.35万个，经济“助推器”和社会“稳定器”作用持续发挥。

【金融稳定】 2021年，人民银行威海辖区金融风险持续收敛，防控能力有效提升。

一是风险抵御能力不断加强。2021年，全市不良贷款余额29.63亿元，同比减少3.94亿元；不良率0.73%，同比下降0.26个百分点；银行业统算拨备覆盖率363.34%，同比提高100.93个百分点。

二是严厉打击非法金融活动。深入开展互联网金融违法犯罪专项整治、养老领域涉嫌非法集资风险专项整治、第三方财富管理公司排查整治、私募基金风险排查等活动，在全省率先完成集资融资领域信访突出问题销号清零任务。

三是坚决遏制非法集资。扎实推进非法集资零发案镇（街道）、社区（村居）创建活动，截至2021年末，全市无非法集资乡镇74个，无原发性非法集资区（市）7个，占比分别为97.37%和77.78%，均居全省首位。

【金融监管】 2021年，人民银行威海市中心支行扎实履行监管职责，进一步完善长效监管机制。

一是完善监管工作机制。完善“查处分离”与“互联网+监管”工作机制，深入推进综合执法，提升行政执法信息化水平；完善金融消费投诉处理机制，妥善处置12363转办金融消费投诉工单157件，咨询48件，有效化解金融纠纷。

二是持续推进金融机构“一把手”反洗钱督导计划。坚持“以督为本、以导为主”，完成32家新上任、新调整及新开业金融机构一把手约谈，督促金融机构自觉履行反洗钱义务。

三是加强法人银行机构贴身监测。常态化提醒督促金融机构稳健经营，全年共开展现场督导12次，约见投保机构负责人9家次，口头提示风险9家次，起到了良好的警示作用。

【外汇管理】 2021年，外汇局威海市中心支局积极优化外汇服务，着力满足涉外企业融资需求。

一是持续推进贸易领域外汇收支便利化试点。2021年，共办理贸易便利化试点业务2,707笔，金额1.15亿美元，大幅提升外贸企业跨境资金收付效率。

二是推动全国首笔“出口信保保单融资”业务落地威海。2021年，共办理信保融资业务172笔，金额2,864.41万美元，业务办理量居全省首位。

三是充分发掘“出口应收账款质押融资”场景潜力。2021年，共依托区块链平台办理融资业务笔数1,605笔，3.64亿美元。

【金融服务】 2021年，威海市普惠金融工作重心下沉，金融服务进一步提质增效。

一是提升偏远渔村金融服务可得性。建立“驻地+流动”助农取款服务点9处，创推渔业散户“定制化”贷款，支持当地渔业经营主体70家，直接服务渔民超8,000余人次。

二是推广“金融链长”工作机制。为42家企业开展供应链融资80笔，发放供应链贷款4.05亿元，有力支撑产业链条企业发展。

三是深化金融辅导服务。成立金融辅导队67支，辅导员215名，与1,420家企业建立对口帮扶关系，对接企业需求7,543条，办理融资158.50亿元。

（于帅军）

附表1

威海市主要金融指标1

单位：亿元

地区		银行类							
		本外币存款余额	住户存款	非金融企业存款	本外币贷款余额	第一产业贷款	第二产业贷款	第三产业贷款	个人贷款及透支
荣成市	2021年	1,077.90	743.97	272.32	816.22	64.35	285.45	271.01	155.96
	同比增幅（%）	9.81	12.69	11.58	16.39	-3.39	23.19	23.33	-0.18
乳山市	2021年	512.09	427.42	54.77	298.14	4.18	42.18	93.51	119.71
	同比增幅（%）	8.57	11.17	5.21	20.03	0.72	21.73	23.54	8.40
威海市	2021年	5,246.04	3,274.21	1,451.23	4,048.31	89.68	871.50	1,364.49	1,539.67
	同比增幅（%）	10.84	12.62	9.95	19.19	0.15	19.93	27.65	13.57

附表2

威海市主要金融指标2

单位：亿元

地区		保险类		证券类		
		保险公司保费收入	保险公司赔款和给付支出	证券市场成交总额	投资者保证金余额	投资者开户数（万户）
荣成市	2021年	16.56	4.92	922.13	3.15	9.40
	同比增幅（%）	4.22	-3.72	-23.57	12.50	5.62
乳山市	2021年	7.65	2.52	413.18	1.22	2.25
	同比增幅（%）	1.73	-4.91	11.91	0.00	11.94
威海市	2021年	122.41	37.78	8,359.65	113.05	56.14
	同比增幅（%）	2.65	7.39	29.02	-3.50	12.17

附表3

威海市主要金融机构概况

单位名称	行长（或其他称谓的第一负责人）	副行长（或其他称谓的同级领导）	正式员工（人）	营业网点（个）
人民银行威海市中心支行	关志勇	李 瑞、曲吉光、李少伟、车宗山、吴志家	220	4
威海银保监分局	刘兰设	孙宝刚、王广军、解 明、王洪贤	51	4
农业发展银行威海市分行	万鲁峰	谷伟超、柳华顺	111	4
工商银行威海分行	鞠 雷	唐学政、李晓明、马 波	784	35
农业银行威海分行	孔令军	朱战红、邵明刚、邱 华	990	55
中国银行威海分行	丁瑞梁	王 剑、刘增海、张新全、王冠成、苗学锋	706	26
建设银行威海分行	李海建	宋文鲁、吴明凯、蒋文洲、张学松、刘 辉、徐志新、王凤英	808	33
交通银行威海分行	姜 宏	丛 林、宋肃静、于 杰、李洪军	289	13
邮政储蓄银行威海市分行	赵 林	丁永生、王 萍、李巧玉	413	108
中信银行威海分行	王秀川	王文达、孔凡木、林向进、肖 波	284	10
招商银行威海分行	于 蓉	刘 伟、李永安	117	7
浦发银行威海分行	刘进杰	赵凌云、张 曦、晋 雯	105	6
威海市商业银行	谭先国（董事长）、孟东晓（行长）、张仁钊（监事长）	刘昌杰、陶遵建、邢志强、张晓东、卢继梁、张文斌	1,186	51
青岛银行威海分行	梁华杰	于忠强、张永胜、姚霄丽、吕海超、李雪飞	199	9
威海农商行	刘韶伟	宋 海、许福涛、丛剑锋、徐 波、张存明、杨伟岐、刘新威	615	48
友利银行威海分行	权宁振（韩）	朴真永（韩）	26	1
威海富民村镇银行	林峰山	李 镇	63	5
威海蓝海银行	陈 彦（董事长）、宋学峰（行长）、宋修广（监事长）	王业芳、王卫东、李进跃、田涵勇、章文蓉、毛建勇	268	1
中泰证券公司威海市分公司	迟法泉	赵锦敏、王 斌	131	8
中国人民财产保险公司威海市分公司	王祝炜	张启强、于志勇、徐成刚	365	24

附表4

威海市主要金融机构业务概况

（2021年末）　　单位：亿元

单位名称	本外币存款余额	本外币单位存款	本外币储蓄存款	本外币贷款余额	本外币短期贷款	本外币中长期贷款
农业发展银行威海市分行	44.36	44.36	—	289.42	9.85	279.57
工商银行威海分行	402.78	146.22	249.31	303.21	55.23	246.59
农业银行威海分行	410.64	94.46	309.81	285.59	81.62	182.90
中国银行威海分行	314.49	131.65	180.04	247.65	73.19	172.51
建设银行威海分行	339.52	129.18	209.43	297.50	80.34	216.22
交通银行威海分行	177.13	102.42	74.21	154.00	52.43	101.07
邮政储蓄银行威海市分行	401.15	28.39	372.58	167.64	38.79	113.96
中信银行威海分行	128.26	77.28	50.25	77.97	31.58	40.48
招商银行威海分行	99.06	59.15	39.56	86.43	29.11	53.08
浦发银行威海分行	92.55	71.82	15.35	105.08	40.58	45.15
兴业银行威海分行	77.31	64.48	12.77	87.70	24.47	61.82
民生银行威海分行	66.14	44.88	21.10	75.95	25.57	44.82
恒丰银行威海分行	66.17	53.77	12.20	94.77	49.23	45.25
光大银行威海分行	77.13	70.45	6.67	101.54	62.62	36.22
威海市商业银行（法人口径）	2,040.98	1,108.21	861.50	1,457.68	389.59	976.52
青岛银行威海分行	181.16	128.83	52.28	132.79	83.58	49.21
威海蓝海银行	330.01	65.63	261.52	299.07	113.57	185.51
韩国友利银行威海分行	6.35	4.81	0.39	11.83	5.80	3.84
威海市农商行（合计）	873.73	121.13	752.36	568.33	4.97	223.17
威海村镇银行（合计）	29.52	6.04	23.48	23.06	13.93	9.13

附表5

威海市金融机构统计指标

单位：家、人、只

	指标	2017年	2018年	2019年	2020年	2021年	2021年同比增幅（%）
银行类	银行类机构家数	29	30	31	31	31	0.00
	法人机构	10	10	10	10	10	0.00
	一级分行	0	1	1	1	1	0.00
	二级分行	19	20	20	20	20	0.00
	县区支行	120	124	138	141	145	2.84
	正式从业人数	9,920	9,845	9,466	9,595	9,459	-1.42
保险类	保险公司家数	52	53	54	54	54	0.00
	财险公司家数	27	28	29	29	29	0.00
	省级分公司	0	0	0	0	0	—
	地市分公司	27	28	29	29	29	0.00
	县区支公司	60	60	60	60	60	0.00
	寿险公司家数	25	25	25	25	25	0.00
	省级分公司	0	0	0	0	0	—

续表

指标		2017年	2018年	2019年	2020年	2021年	2021年同比增幅（%）
保险类	地市分公司	25	25	25	25	25	0.00
	县区支公司	46	46	46	46	46	0.00
	正式从业人数	29,203	33,999	33,612	33,072	23,544	-28.81
	财险人员	4,305	7,711	7,665	7,355	5,922	-19.48
	寿险人员	24,898	26,288	25,947	25,717	17,622	-31.48
证券类	证券公司家数	17	19	22	21	20	-4.76
	证券营业部	22	28	31	30	29	-3.33
	正式从业人数	361	338	393	396	390	-1.52
	境内上市股票只数	11	11	11	11	12	9.09
	境外上市股票只数	1	2	2	3	3	0.00
	辖区上市公司总数	12	13	13	14	15	7.14

日照市

【经济金融概况】 2021年，日照市上下坚持以习近平新时代中国特色社会主义思想为指导，完整、准确、全面贯彻新发展理念，统筹推进疫情防控和经济社会发展，聚力新旧动能转换，全市经济稳定恢复、承压向好，“十四五”实现良好开局。全年实现地区生产总值2,211.96亿元，同比增长6.80%。规模以上工业增加值增长0.20%。固定资产投资增长3.00%。社会消费品零售总额增长12.00%。全年完成货物进出口总额1,165.70亿元，同比增长11.00%。完成一般公共预算收入187.49亿元，同比增长6.30%。年末，全市各项贷款余额3,365.49亿元，比年初增加391.20亿元，增长13.15%；各项存款余额3,306.06亿元，比年初增加178.94亿元，增长5.72%。

【货币政策】 2021年，人民银行日照市中心支行围绕货币信贷“增量、提质、扩面、降价”四个关键，着力在解决贷款可得性、提高便利度上下功夫，积极做好做活金融支持实体经济的大文章。

一是强化结构性货币政策工具精准滴灌作用。强化法人信贷调控，加强窗口指导，全年累计发放再贷款101.33亿元，是上年同期的3.02倍，累计办理再贴现58.90亿元，同比增长47.11%。落实好3,000.00亿元支小再贷款政策，争引额度37.00亿元。引导法人银行机构用好两项直达政策工具，2021年全市地方法人银行机构累计已延期普惠小微企业贷款41.39亿元，发放普惠小微信用贷款52.53亿元。对符合条件的法人银行机构给予资金激励4,317.03万元，发放零利率再贷款23.30亿元。

二是着力加大对重点领域薄弱环节金融支持。大力推动绿色金融发展，联合9个部门开展绿色金融发展专项行动，高标准承办2021全国绿色金融成果巡展（日照站）暨绿色金融发展报告会。积极推动绿色金融产品创新，成功落地全省首批碳排放权抵押贷款。开展金融服务乡村振兴“银农对接”活动。2021年日照市新增“鲁贷惠农贷”20.60亿元，同比增长135.40%。针对五莲县突发疫情，印发《关于加大金融支持力度促进五莲县企业复工复产和经济平稳发展的通知》，出台6项金融服务措施助力企业复工复产。召开全市金融支持妇女创业银企对接会，16家银行与16家巾帼企业进行现场签约，意向签约金额3.24亿元。

三是创新金融有效支持实体经济体制机制。持续改进民营和小微企业金融服务，扎实开展“民营和小微企业首贷培植行动”“中小微企业金融服务能力提升工程”“金融支持个体工商户专项行动”，举办金融服务小微企业能力竞赛，全面提高小微企业金融服务成效。深入实施金融服务专员制度，畅通金融支持实体经济体制机制。联合开展“学党史 办实事 重点项目金融服务行”活动，筛选385个省、市重点项目推介银行走访对接。加快推进供应链融资模式创新发展，指导推动日照银行推出“黄海之链”供应链金融服务平台，办理全国首笔电子仓单质押权利登记，落地山东省首笔供应链票据贴现融资。积极拓展应收账款融资和动产统一登记业务，推动日照银行成功办理山东省首单统一动产质押登记与融资业务。

【金融稳定】 2021年，人民银行日照市中心支行围绕“监测、监管、处置”业务主线，加强防范化解金融风险长效机制建设。辖区不良贷款率持续保持在较低水平，重点关注法人银行同比减少1家，守住了不发生系统性风险的底线。

一是持续强化“大稳定”工作体系。印发《关于进一步做好金融稳定工作的通知》，编制《日照市中心支行处置集中取款事件实施方案摘要》，夯实风险应急处置工作基础。组织开展防范非法集资宣传行动，教育引导投资受损群体理性维权。全力配合地方政府做好大企业风险化解处置工作，对重点企业集团进行贴身式监测跟踪。

二是进一步构建金融风险监测预警体系。组织辖区10家地方法人机构开展2021年偿付能力敏感性压力测试和流动性风险压力测试，对日照银行探索开展偿付能力宏观情景“自上而下”压力测试。持续加强对辖区重点企业担保圈风险的跟踪监测。将主监管员制度压实在日常，持续列席法人银行机构季度经营分析会议，强化贴身式监管。统筹推动资管业务整改，对辖内地方法人机构开展理财业务整改进展跟踪监测和过渡期资管业务宏观审慎评估。

三是打好“央行评级+存款保险”组合拳。进一步丰富完善辖区《银行业金融机构重大事项报告制度》。加大央行评级结果运用力度，召开央行金融机构评级结果现场反馈会议。开展法人风险警示与早期纠正，对3家早期纠正机构早期纠正落实情况开展跟踪评估。扎实做好存款保险标识管理和宣传工作。

【外汇管理】 2021年，国家外汇管理局日照市中心支局完善跨境资本流动“宏观审慎+微观监管”两位一体管理框架，深化外汇领域改革开放激发市场活力，以更高水平服务全辖开放新格局。

一是深入推进跨境金融区块链服务平台试点工作。组织做好出口应收账款融资、出口信保保单融资等场景试点工作，充分利用区块链平台审核高效便捷的优势，缓解中小企业融资难、融资贵问题。

二是严厉打击外汇领域违法违规行为。大力推进“7·02”专案查处工作，设立联合办公室，实现汇警联动。加强大数据分析技术培训和研究，拓宽地下钱庄数据监测分析思路。会同莒县公安局赴湖北黄冈麻城学习打击地下钱庄工作经验。

三是严格落实跨境资金流动监测预警机制。针对辖区FDI异常流入情况，加大与市税务局联合研判力度，加强数据质量监测核查力度，根据《重点企业常态化服务工作制度》要求，按月通过“重点企业监测服务平台”对进出口额覆盖辖区总量70.00%的样本企业开展重点监测。

【金融服务】 2021年，人民银行日照市中心支行深入践行金融为民理念，着力提升金融管理和服务水平。

一是扎实做好优化营商环境各项工作。指导辖区银行建立小微企业动态识别机制，确保小微企业支付手续费降费政策全面触达客户。在全省率先建成市、县两级“一会两中心”（金融纠纷人民调解委员会、金融纠纷调解中心和金融纠纷中立评估中心）。组织开展“庆百年华诞、助精彩蝶变”日照市金融顾问团大走访、大服务、大提升专项行动。进一步加快出口退税办理速度，全面实现当日受理、当日办结。

二是不断提升金融管理服务质效。全力推进财政预算管理一体化和集中支付电子化进程，及时精准拨付财政直达资金。联合日照电视台开设专栏《爱惜国家名片》，宣传普及人民币知识。辖区新增征信查询机6台，并建立征信异议业务统计监测制度。持续加大反洗钱工作力度，成功推动全国首起由海关缉私部门立案侦破走私洗钱案顺利宣判，特定非机构反洗钱数据报送工作取得全面突破。

三是大力拓展普惠金融服务深度和广度。推动辖区银行机构打造老年人“简版”手机银行。深化“金融教育进课程”特色品牌建设，在全省率先实现金融知识纳入国民教育体系全覆盖。组织开展金融知识普及月活动。认真做好金融消费者投诉咨询事项办理工作，受理处理投诉咨询200余件，抽访满意率100%。持续做好LEI推广应用工作。

（张业源）

附表1

日照市主要金融指标1

单位：亿元

地区		银行类							
		本外币存款余额	住户存款	非金融企业存款	本外币贷款余额	第一产业贷款	第二产业贷款	第三产业贷款	个人贷款及透支
莒县	2021年	689.81	553.91	104.68	534.69	2.94	118.67	190.43	182.64
	同比增幅（%）	6.45	10.14	-4.71	18.38	-1.08	-7.63	23.63	33.09
五莲县	2021年	361.31	289.77	48.45	218.12	8.68	44.46	51.12	83.45
	同比增幅（%）	5.56	10.32	-11.20	9.98	10.01	7.13	1.81	14.14
日照市	2021年	3,306.06	2,010.82	925.05	3,365.49	18.01	654.27	1,336.26	1,116.39
	同比增幅（%）	5.72	10.39	1.04	13.15	5.45	12.41	7.61	22.78

附表2

日照市主要金融指标2

单位：亿元

地区		保险类		证券类		
		保险公司保费收入	保险公司赔款和给付支出	证券市场成交总额	投资者保证金余额	投资者开户数（万户）
莒县	2021年	17.65	6.34	188.14	0.63	1.92
	同比增幅（%）	10.20	3.14	6.07	9.75	21.76
五莲县	2021年	8.18	2.91	79.90	0.17	0.61
	同比增幅（%）	5.52	0.50	40.70	20.07	52.50
日照市	2021年	80.27	29.18	2,909.16	8.03	2.97
	同比增幅（%）	4.20	-7.65	34.29	30.26	67.07

附表3

日照市主要金融机构概况

单位名称	行长（或其他称谓的第一负责人）	副行长（或其他称谓的同级领导）	正式员工（人）	营业网点（个）
人民银行日照市中心支行	苏 涛	刘茂伟、庄举伦、司斌涛、克向东	181	3
日照银保监分局	蒋代明	李开宇、杨吉峰、王军锋、于加富	38	1
农业发展银行日照市分行	孙 波	赵 凯、国 虎、王向华	84	3
工商银行日照分行	张明军	丁风海、任正涛、刘义德	525	19
农业银行日照分行	冯鲁新	李庆阳、王忠营、马瑞恩、张守刚	660	29
中国银行日照分行	徐明远	胡纪法、谢晋、徐永科、孔 华、马千里	539	18
建设银行日照分行	王曙光	朱风华、林凡东、顿 燕、秦桂萍	595	22
交通银行日照分行	刘良勇	毕玉跃	62	2
邮政储蓄银行日照市分行	刘彦军	厉彦军、韩 亮、尹兆禄、李海峰	294	75
日照银行	王 森	杨宝峰、王 雷、毕坤传、袁玲玲、孙艺祥、陈 迎、张茹茹、王惠斌	1,556	60
招商银行日照分行	李 俊	薛 涛、曹 军、周亮	132	7
兴业银行日照分行	于鹏飞	乔世文、路开强、相丽红	83	5
华夏银行日照分行	丁立强	王大伟、宋同亮	54	3

续表1

单位名称	行长（或其他称谓的第一负责人）	副行长（或其他称谓的同级领导）	正式员工（人）	营业网点（个）
浦发银行日照分行	魏明礼	蔡胜利、宋立华	35	1
平安银行日照分行	王　强	马国栋	33	3
中信银行日照分行	沙益锋	高　顺	56	2
民生银行日照分行	王广楠	丁　镇、张　光	29	1
光大银行日照分行	邹艳辉	战祥增	49	3
恒丰银行日照分行	王晓峰	惠建华、董衍利	50	1
齐鲁银行日照分行	王宗强	李冰浩、潘耀华	49	2
临商银行日照分行	闫正军	李　静、崔源涌	50	2
济宁银行日照分行	臧家胜	时运吉、文　彬	57	3
莱商银行日照分行	张晓晨	陈剑锋	81	5
威海市商业银行日照分行	于　斌	张玉强、刘敬利	27	1
青岛银行日照分行	曲焕辉	金龙新、盖泓宇	41	1
东港农商银行	李英博	侯象林	614	45
岚山农商银行	王秋河	许玉晓	323	20
莒县农商银行	商庆收	鲁　中	600	38
五莲农商银行	秦海松	张成富	415	23
诸城农商行莒县支行	邱方平	范荣宣	16	1
日照沪农商村镇银行	杨　克	徐　洲	37	2
日照九银村镇银行	陈　思	张石山	66	6
日照蓝海村镇银行	纪　成	王立波、崔　燕	35	2
莒县金谷村镇银行	张治国	杨茂森	90	7
五莲中银富登村镇银行	刘建毅	姚红英	64	4
日照港集团财务公司	马先骅	辛玉霞、赵禄亮	31	1
中泰证券日照分公司	秦　旭	白桂文、祝亭伟	15	1
中泰证券日照黄海一路营业部	那　哲	—	25	1
中泰证券日照山东路营业部	崔　强	—	23	1
中泰证券莒县银杏大道营业部	焦　锋	—	7	1
中泰证券日照岚山路营业部	邹大存	—	6	1
中泰证券日照五莲富强路营业部	曹咏梅	—	5	1
中信证券（山东）日照泰安路营业部	赵世军	—	37	1
中国银河证券日照威海路营业部	邢　琳	—	8	1
国荣证券有限公司烟台路营业部	宋宜明	—	4	1
安信证券股份有限公司日照黄海一路证券营业部	栾洪雷	—	6	1
中国人寿财产保险股份有限公司日照市中心支公司	刘遵友	王　林、徐衍华、高　尚、陈法鹏	190	43
中国太平洋人寿保险股份有限公司日照中心支公司	闫锡铭	闫锡铭、李振刚	67	6
中国平安人寿保险股份有限公司日照中心支公司	葛　涛	郑　军、李福臣	137	12
泰康人寿保险有限责任公司山东日照中心支公司	张　河	秦　斌	63	21

续表2

单位名称	行长（或其他称谓的第一负责人）	副行长（或其他称谓的同级领导）	正式员工（人）	营业网点（个）
新华人寿保险有限公司日照中心支公司	张建军	陈 栋	45	3
太平人寿保险有限公司日照中心支公司	初立鹏	董学军	93	6
中国人民人寿保险股份有限公司日照中心支公司	王 芳	岳振明、崔玉艳	39	5
平安养老保险股份有限公司日照中心支公司	吕 霖	—	5	1
阳光人寿保险股份有限公司日照中心支公司	张 威	—	26	4
华夏人寿保险股份有限公司日照中心支公司	刘延辉	—	33	4
富德生命人寿保险股份有限公司日照中心支公司	英成龙	—	26	1
建信人寿保险股份有限公司日照中心支公司	张光宗	郭 璇、全鼎森、王本蕊	14	3
英大泰和人寿保险股份有限公司日照中心支公司	张 梅	—	14	3
天安人寿保险股份有限公司日照中心支公司	张云飞	高 杨、崔 岩	37	1
德华安顾人寿保险有限公司日照中心支公司	张继安	孟 飞	17	3
长城人寿保险股份有限公司日照中心支公司	周志强	—	5	1
中国人民财产保险股份有限公司日照市分公司	高仁强	付勇波、杜家涛、谭伟嘉	361	32
中国太平洋财产保险股份有限公司日照中心支公司	魏 兵	徐茂林、卜凡松、赵甲旺	123	7
中国平安财产保险股份有限公司日照中心支公司	刘笑西	李 涛	119	5
天安财产保险股份有限公司日照中心支公司	李 玲	栾 波	32	5
永安财产保险股份有限公司日照中心支公司	寇增玉	尹 明	25	4
中国大地财产保险股份有限公司日照中心支公司	李 征	王爱华、马述贵	96	7
大家财产保险有限责任公司日照中心支公司	徐永东	—	16	4
中华联合财产保险股份有限公司日照中心支公司	郝友伟	安丰芹、王崇骏	66	7
阳光财产保险股份有限公司日照中心支公司	王 锋	赵开明	107	7
安华农业保险股份有限公司日照中心支公司	路 阳	—	32	3

续表3

单位名称	行长（或其他称谓的第一负责人）	副行长（或其他称谓的同级领导）	正式员工（人）	营业网点（个）
亚太财产保险有限公司日照中心支公司	肖怀坤	—	10	1
都邦财产保险股份有限公司日照中心支公司	鲁从勇	—	9	1
渤海财产保险股份有限公司日照中心支公司	张德林	—	13	2
中国人寿财产保险股份有限公司日照市中心支公司	伏 晓	穆乃森	145	6
英大泰和财产保险股份有限公司日照中心支公司	单保泊	—	21	1
太平财产保险有限公司日照中心支公司	刘建辉	吴金龙	77	2
永诚财产保险股份有限公司日照中心支公司	刘岱海	—	8	1
安盛天平财产保险股份有限公司日照中心支公司	苏军	—	15	1
长安责任保险股份有限公司日照中心支公司	石保兵	—	10	1
泰山财产保险股份有限公司日照中心支公司	李斌	—	20	2
中银保险有限公司日照中心支公司	王 焱	王 军	9	1
国任财产保险股份有限公司日照中心支公司	邢念春	—	24	2
华海财产保险股份有限公司日照中心支公司	夏青	张志鹏	43	3
华安财产保险股份有限公司日照中心支公司	王林超	—	11	1
华泰财产保险有限公司日照中心支公司	李 明	—	4	1
中路财产保险股份有限公司日照中心支公司	张 亮	—	22	2
浙商财产保险股份有限公司日照中心支公司	崔修健	—	4	1
安诚财产保险股份有限公司日照中心支公司	苏柯华	—	20	1

附表4

日照市主要金融机构业务概况

（2021年末）

单位：亿元

单位名称	本外币存款余额	本外币单位存款	本外币储蓄存款	本外币贷款余额	本外币短期贷款	本外币中长期贷款
农业发展银行日照市分行	31.21	31.21	0.00	243.60	40.81	202.79
工商银行日照分行	199.14	80.72	117.23	302.90	82.12	219.62
农业银行日照分行	214.39	64.40	149.82	235.31	52.03	169.61
中国银行日照分行	173.73	65.74	107.70	188.78	90.02	93.93
建设银行日照分行	197.24	81.49	115.66	203.75	49.26	149.19
交通银行日照分行	30.32	25.72	4.60	47.88	15.21	29.85
华夏银行日照分行	33.26	28.26	4.99	43.75	27.17	15.87
招商银行日照分行	39.44	14.93	23.54	44.77	10.47	26.86
浦发银行日照分行	10.21	6.46	3.75	19.91	8.71	9.55
兴业银行日照分行	50.33	41.44	8.88	89.86	12.12	70.71
中信银行日照分行	57.67	52.52	5.14	102.66	43.06	32.64
民生银行日照分行	16.07	13.21	2.73	37.76	14.36	18.83
光大银行日照分行	18.80	15.63	3.16	37.47	6.10	31.13
平安银行日照分行	6.69	1.59	5.11	19.99	6.83	13.15
恒丰银行日照分行	34.17	31.37	2.81	36.90	23.66	11.84
邮储银行日照市分行	156.52	13.43	143.08	127.56	30.21	91.17
日照银行	976.17	427.32	539.37	805.33	387.56	358.03
齐鲁银行日照分行	39.29	36.03	3.26	43.63	24.90	18.43
莱商银行日照分行	52.06	43.80	8.26	37.15	27.65	9.30
济宁银行日照分行	35.98	25.54	10.44	24.48	13.69	8.29
临商银行日照分行	20.95	16.52	4.43	44.05	14.42	25.08
威海市商业银行日照分行	21.70	20.39	1.31	7.51	2.57	3.37
青岛银行日照分行	8.54	7.60	0.93	0.65	0.00	0.65
东港农商银行	200.24	21.76	178.47	168.35	89.95	61.01
岚山农商银行	128.15	15.72	112.43	105.77	46.97	42.45
莒县农商银行	306.25	22.32	283.93	184.91	90.92	62.13
五莲农商银行	159.08	16.42	142.65	95.62	34.41	31.86
诸城农商行	1.39	0.42	0.98	11.11	2.21	8.90
日照港集团财务公司	30.54	30.54	0.00	28.07	3.79	23.06
日照市沪农商村镇银行	3.25	2.28	0.97	2.18	0.55	1.63
日照市九银村镇银行	9.63	1.44	8.19	5.64	4.71	0.93
日照市蓝海村镇银行	3.29	2.19	1.11	3.46	2.00	1.46
日照市莒县金谷村镇银行	13.17	2.22	10.94	9.87	5.61	4.26
日照市五莲中银富登村镇银行	5.42	0.47	4.95	4.86	3.20	1.66

附表5

日照市金融机构统计指标

单位：家、人、只

	指标	2017年	2018年	2019年	2020年	2021年	2021年同比增幅（%）
银行类	银行类机构家数	31	32	32	32	37	15.63
	法人机构	11	11	11	11	11	0.00
	一级分行	0	0	0	0	0	—
	二级分行	20	21	21	21	21	0.00
	县区支行	124	130	138	128	126	-1.56
	正式从业人数	7,478	7,106	7,106	7,209	7,432	3.09
保险类	保险公司家数	41	41	44	44	44	0.00
	财险公司家数	26	26	28	28	28	0.00
	省级分公司	0	0	0	0	0	—
	地市分公司	26	26	28	28	28	0.00
	县区支公司	65	41	43	43	45	4.65
	寿险公司家数	15	15	16	16	16	0.00
	省级分公司	0	0	0	0	0	—
	地市分公司	15	15	16	16	16	0.00
	县区支公司	40	34	36	36	37	2.78
	正式从业人数	2,709	2,707	2,668	2,616	2,253	-13.88
	财险人员	1,632	1,684	1,795	1,674	1,442	-13.86
	寿险人员	1,077	1,023	873	942	811	-13.91
证券类	证券公司家数	1	1	1	1	1	0.00
	证券营业部	10	8	9	8	9	12.50
	正式从业人数	120	125	124	123	136	10.57
	境内上市股票只数	1	1	1	1	2	100.00
	境外上市股票只数	1	1	2	2	2	0.00
	辖区上市公司总数	2	2	3	3	4	33.30

德州市

【经济金融概况】　2021年，德州市统筹推进疫情防控和经济社会发展，全市经济运行稳定向好。全市实现地区生产总值（GDP）3,488.72亿元，同比增长8.30%。其中，第一产业增加值增长7.70%，第二产业增加值增长7.90%，第三产业增加值增长8.80%。三次产业比例由上年的10.80：40.20：49.00调整为10.50：41.10：48.40。

2021年，德州市金融运行平稳。年末，本外币各项存款余额4,776.99亿元，较年初增加480.74亿元，增长11.19%；本外币各项贷款余额2,903.03亿元，较年初增加368.11亿元，增长14.52%。

【货币政策实施】　2021年，德州市认真落实稳健的货币政策，助力稳企业保就业成效突出。

一是发挥央行资金的引导作用。全年办理再贷款、再贴现业务50.54亿元，同比增长40.00%；给予法人机构延期还本激励资金共计4,165.51万元；提供普惠小微企业信用贷款资金支持8.80亿元。

二是提升普惠小微金融服务质效。会同市总工会举办金融服务小微企业能力竞赛，联合市市场监督管理局、德州银保监分局深入开展“我为群众办实事·助商惠民解难题”金融支持个体工商户专项行动。全市普惠小微贷款余额355.08亿元，较年初增加93.74亿元，同比增长35.87%；个体工商户贷款余额127.93亿元，较年初增加31.62亿元，同比增长32.83%；小微企业信用贷款余额89.15亿元，较年初增加36.16亿元，同比增长68.23%。

三是深入推进金融服务乡村振兴。协调推动银担合作，引导全市金融机构与省农担深入合作，充分运用财政贴息、免担保费等政策，大力投放鲁担惠农贷。2021年，全市累计新增担保户数8043户，新发放鲁担惠农贷44.30亿元。大力推广央行资金产业振兴贷，截至2021年末，全市累计发放央行资金产业振兴贷24.68亿元。

四是引导企业融资利率下行。推动地方法人金融机构将LPR纳入内部资金转移定价机制，指导利率自律组织规范存款产品定价，稳定负债端成本，持续推进LPR改革巩固让利实体经济成果。2021年，全市企业贷款加权平均利率5.07%，同比下降0.10个百分点。

五是创新服务精准助力。会同市工信局创新推动“主办行+中期流动资金贷款”模式，2021年末，全市中期流动资金贷款余额较年初增加82.69亿元，增长50.50%。推动供应链金融发展，全市69家商业汇票签发量较大的企业在上海票交所信息披露平台注册。

【金融稳定】 2021年，德州市聚焦“监测、管理、处置”三条主线，推动风险化解成效明显。

一是金融风险防控务实有效。落实主监管员制度，实现银证保和大企业风险监测全覆盖，建立法人银行监测预警机制。创新开展全国性银行分支机构评估，督导法人机构开展偿付能力和流动性压力测试，组织德州银行开展流动性风险应急演练，提高风险防控处置前瞻性。庆云乐安村镇银行早纠案例被人民银行总行采用。

二是推动风险化解成效明显。积极推进高风险机构化解，央行评级结果总体向好，全市实现高风险机构清零。年末，全市不良贷款余额、不良率分别较年初减少23.50亿元、下降1.20个百分点，不良贷款余额为七年以来最低。

【金融监管】 2021年，人民银行德州市中心支行加强执法检查统筹，组织对1家法人机构开展综合执法检查并实施行政处罚。按季对全市银行业金融机构开展综合评价；严厉打击外汇领域违法违规活动，查处地下钱庄非法买卖外汇案件15起；对两家法人机构开展洗钱风险评估，监管走访5家机构，扎实开展“打击地下钱庄资金借道FDI流入境内”工作，有效提升金融监管质效。

德州银保监分局统筹推进“内控合规管理建设年”和“规范建设提升年”，深化巩固市场乱象治理成果，严查重大政策执行、法人公司治理、重点风险隐患和严重违法违规，开展案件集中清理专项行动，建立“三核对”机制，无长期挂账案件。

【外汇管理】 2021年，外汇管理局德州市中心支局持续优化外汇金融服务，扎实推进外汇改革试点。

一是服务涉外经济高质量发展。树立“监管即服务理念”，全年政务服务“网上办”业务502笔，实现零逾期，满意度评价持续100%。11项工作列入“我为群众办实事”清单。全年收到市场主体锦旗、感谢信12件。

二是外汇管理改革试点深入推进。贸易便利化政策红利不断释放，全年办理试点业务15.48亿美元。资本项目收入支付便利化业务1,983.66万美元。跨境金融服务平台业务同比增长870.00%。集中力量宣讲汇率风险中性理念，衍生品累计签约6.49亿美元，同比增长35.50%。

【金融服务】 2021年，人民银行德州市中心支行坚持普惠与规范并重，持续提升金融管理服务水平。

一是支付结算高质量发展。全面落实“放管服”改革部署，持续提升账户管理与服务水平，“适老化”金融环境明显改善，全省率先创推小微企业简易开户；电信网络诈骗、跨境赌博“资金链”治理成效明显；全市移动支付水平显著提升，人民银行德州市中心支行被评为2021年“山东省移动支付便民工程建设优秀单位”。

二是国库服务效能持续提升。实施“133”动态管培一张网模式，助推国库服务与监督上水平。实行“源头治理+流程管控”，推动国库高效办理退税业务45.84亿元。与财政部门建立每日沟通、应急处理机制，确保财政直达资金拨付“零时滞”。

三是人民币管理工作持续优化。推进发行库管理向现代化方向转型，在全省推广升级山东省发行库管理系统。推动硬币自循环工作深入开展，92台硬币自助设备平稳运行。建立整治拒收人民币现金长效机制，贴心服务人民群众。联合德州市总工会举办德州市2021年“德州银行杯”银行业金融机构现金业务技能竞赛。

四是征信管理全面推进。人民银行德州市中心支行与市公安局、市行政审批服务局、市市场监督管理局建立征信乱象治理联合工作机制。2021年，应收账款融资服务平台融资额47.47亿元，小微企业融资额42.24亿元，1家核心企业与中征平台签约。主城区“三公里”查询圈基本建成，全市征信查询网点36家，在百度、高德地图标注自助查询网点。2021年，提供征信查询服务32.60万人次，同比增长12.40%。

五是反洗钱作用充分发挥。创建反洗钱特派员制度。全力推动洗钱入罪，成功判决一起贪污贿赂洗钱案。人民银行德州市中心支行与市扫黑办建立打击涉黑洗钱犯罪长效工作机制，与德州海关、德州市公安局刑侦支队建立联合工作机制。

【保险业务】 2021年，德州市农业保险逐步向“保收入”转型，德州市农业保险保费收入、赔款支出均居全省第三位。积极构建“一县一品”特色农产品保险格局，积极开办玉米收入保险、价格指数保险、政策性生猪保险等。助力搭建多层次保险保障体系，“德州惠民保”落地实施。持续深化车险综合改革，集中整治车险市场乱象，车险综合成本率95.80%，居全省第三位（低），同比下降6.50个百分点，降幅居全省第一位。全面实施自保件双录。

2021年末，德州市共有保险业金融机构52家，其中财险公司27家、寿险公司25家。全年实现保费收入140.84亿元，同比增长6.10%，其中人身险保费收入99.77亿元，同比增长5.50%；财产险保费收入41.07亿元，同比增长7.80%。全年赔付支出44.31亿元，其中人身险支出18.09亿元，增长4.10%；财产险支出26.22亿元，增长23.80%。

【证券业务】 2021年末，德州市共有证券业金融机构8家，营业部13个，正式从业人员136人。证券交易户数23.86万户，同比增长9.80%，全年累计成交额2509.00亿元，同比增长21.06%；手续费及佣金净收入9725.00万元，同比增长2.21%。

（郑洪涛、王 静）

附表1

德州市主要金融指标1

单位：亿元

地区		银行类							
		本外币存款余额	住户存款	非金融企业存款	本外币贷款余额	第一产业贷款	第二产业贷款	第三业贷款	个人贷款及透支
德城区	2021年	1,526.73	909.48	417.95	1,018.03	5.16	188.38	187.44	451.87
	同比增幅（%）	11.30	12.73	8.16	6.26	-20.49	-7.36	-29.42	14.28
陵城区	2021年	313.98	261.22	38.93	152.12	1.05	38.12	20.98	81.96
	同比增幅（%）	10.81	13.99	4.83	17.41	149.29	20.33	12.81	13.39
宁津县	2021年	378.04	312.86	36.94	163.01	0.89	25.93	17.51	104.97
	同比增幅（%）	9.71	12.70	11.13	22.27	9.88	42.71	14.89	23.77
庆云县	2021年	210.66	147.77	39.93	143.68	1.40	31.68	13.15	96.96
	同比增幅（%）	11.99	10.30	17.57	36.50	536.36	81.44	19.65	27.28
临邑县	2021年	350.15	271.84	53.44	169.32	0.39	42.97	29.37	90.04
	同比增幅（%）	9.18	12.75	-5.68	20.08	18.18	1.27	13.04	29.04
齐河县	2021年	425.60	297.07	87.89	342.16	1.61	51.74	85.18	189.83
	同比增幅（%）	12.67	13.64	11.95	17.49	-9.74	17.11	35.66	10.87
平原县	2021年	311.19	259.28	35.63	129.50	1.94	23.59	27.05	71.64
	同比增幅（%）	9.82	13.72	9.66	23.94	35.66	6.89	65.24	12.96
夏津县	2021年	280.51	234.50	27.31	167.92	0.35	41.50	24.23	96.15
	同比增幅（%）	11.77	12.35	16.66	18.51	6.06	16.21	30.48	16.62
武城县	2021年	279.79	231.84	35.14	127.97	1.20	27.49	20.79	70.91
	同比增幅（%）	13.06	13.32	11.34	17.78	-16.67	0.55	13.73	17.87
乐陵市	2021年	346.39	273.08	41.69	223.85	0.73	55.29	46.69	105.09
	同比增幅（%）	10.27	13.13	2.12	14.75	0.01	8.27	13.77	17.66
禹城市	2021年	353.96	260.79	68.02	265.48	0.37	52.27	54.67	145.17
	同比增幅（%）	12.66	14.75	5.05	17.17	-32.73	-6.76	27.37	16.89
德州市	2021年	4,776.99	3,459.75	882.87	2,903.03	15.09	578.96	527.06	1,504.59
	同比增幅（%）	11.19	13.06	7.80	14.52	3.85	5.36	-1.73	16.71

附表2

德州市主要金融指标2

单位：亿元

地区		保险类		证券类		
		保险公司保费收入	保险公司赔款和给付支出	证券市场成交总额	投资者保证金余额	投资者开户数（万户）
德城区	2021年	71.75	23.41	2,324.85	26.76	22.11
	同比增幅（%）	0.88	12.42	18.94	18.51	9.29
陵城区	2021年	6.64	1.91	—	—	—
	同比增幅（%）	5.73	52.80	—	—	—
宁津县	2021年	5.64	1.92	—	—	—
	同比增幅（%）	11.46	39.13	—	—	—
庆云县	2021年	4.58	1.59	—	—	—
	同比增幅（%）	62.99	-30.93	—	—	—
临邑县	2021年	6.50	3.04	72.28	0.21	0.76
	同比增幅（%）	13.24	25.10	39.29	-12.50	16.92
齐河县	2021年	13.16	2.31	—	—	—
	同比增幅（%）	28.49	48.38	—	—	—
平原县	2021年	5.83	1.87	—	—	—
	同比增幅（%）	4.67	38.52	—	—	—
夏津县	2021年	8.39	3.29	—	—	—
	同比增幅（%）	7.84	4.44	—	—	—
武城县	2021年	5.74	1.47	—	—	—
	同比增幅（%）	7.29	13.08	—	—	—
乐陵市	2021年	6.53	2.02	—	—	—
	同比增幅（%）	-3.69	12.22	—	—	—
禹城市	2021年	6.08	1.48	112.03	0.25	0.99
	同比增幅（%）	2.36	22.31	69.51	-10.71	16.47
德州市	2021年	140.84	44.31	2,509.16	27.22	23.86
	同比增幅（%）	6.10	14.94	21.06	17.84	9.80

附表3

德州市主要金融机构概况

单位名称	行长（或其他称谓的第一负责人）	副行长（或其他称谓的同级领导）	正式员工（人）	营业网点（个）
人民银行德州市中心支行	崔金平	李连朋、徐靖元、杨德阔、张枚房、纪秀江、唐 斌	425	11
德州银保监分局	苏 刚	王国恩、张夫贵、夏贞峰、毕爱玲	78	5
农业发展银行德州市分行	王学义	王士韬、蔡杭州、韩 鹏	233	11
工商银行德州分行	汤 凯	刘铁军、冯保勇、方玉林、张小冬、王 鹏、狄建明、马士军、王 艺、姜 凯、朱广明、赵春生、胡金涛、董建强	1,005	46
农业银行德州分行	徐家勇	王琳琳、孙林华、杜朝宏、王方杰	1,177	56
中国银行德州分行	刘成田	丛 凯、张 彬、顾青山、孙银新、张长娟	511	22

续表1

单位名称	行长（或其他称谓的第一负责人）	副行长（或其他称谓的同级领导）	正式员工（人）	营业网点（个）
建设银行德州分行	陈　栋	曲　直、寇宏图、刘义波、周　毅	969	44
交通银行德州分行	黄学远	路克斌、张田田	56	2
浦发银行德州分行	宋兖成	李　政、王成钢	36	2
华夏银行德州分行	王　强	郭泽功、苗丽霞、殷海强	31	1
恒丰银行德州分行	郭　虎	毕　懿、张　雷、晏　涛、张晓良	92	4
浙商银行德州分行	时念村	朱现伟	50	1
渤海银行德州分行	鲁海涛	赵宏斌、张广春	38	1
邮政储蓄银行德州市分行	王　戈	牛金军、孙　涛、孙世广、陆泽顺	835	38
德州银行	牛洪春	赵鸣翠、王伟芳、郑亚林、杜成金、吴玉华、杨宏韬、徐圣颖、刘凤焕、镡方东、姜忠洲、王树志、朱建丽	1,260	64
青岛银行德州分行	孙晓斌	苗　鹏、许金枝、张令凯、崔　波	117	4
齐鲁银行德州分行	刘洪起	吴建光、刘广杰、贾　镔	161	8
威海市商业银行德州分行	姬　刚	耿晓旭、张　康	127	5
德州农商行	苑先一	王圣英、霍　强、张　娟、付金奎、王荣舜	462	39
德州陵城农商行	李　强	于恩刚	364	27
宁津农商行	刘希顺	王　雷、马　超、王金鹏、陈建达、刘　鹏	342	31
庆云农商行	王东新	魏玉升、朱自康、黄本彦、赵　兵、王书生	289	16
临邑农商行	孙金才	张　媛、马风春、杨　萍、高宪锋、袁长莹	358	29
齐河农商行	李冰云	赵振华、李方泉、路开庆、王树晓	431	34
平原农商行	房士荣	孙明新	308	25
夏津农商行	郑传涛	尹　承、陈保宁、杨卫红、张　扬、张　涛	330	31
武城农商行	王立国	邵　范	320	23
乐陵农商行	刘德涛	王建华、纪秀娟、王宗刚、张保建、梁葛阳	371	35
禹城农商行	李国永	张宝森、郭经胜、秦加军、秦　剑、张春涛、刘文星	428	34
陵城圆融村镇银行	周长清	孙希良、张绪建	52	6
宁津胶东村镇银行	刘启宁	杨继忠、张永辉	70	6
庆云乐安村镇银行	孙树兵	刘德友、陈朋朋	54	5
临邑中银富登村镇银行	赵立新	王　冰、刘　鹏	69	4
齐河胶东村镇银行	曲焕鹏	王金钟、邹景明	56	5
平原圆融村镇银行	谢　伟	王　斌	52	5
夏津胶东村镇银行	王　伟	艾庆国、蔺秀君	72	6
武城圆融村镇银行	杨海丰	石　乔、袁海涛	44	6
乐陵圆融村镇银行	刘　涛	王炳涛、王述忠、李国奎	53	5
禹城胶东村镇银行	于成军	马德良	68	4
中国人民财产保险股份有限公司德州市分公司	孙传鲲	张宪仁、张同存、冯振荣	492	39
民生人寿保险股份有限公司德州中心支公司	林荣青	—	19	8
中国大地财产保险公司德州分公司	金曙光	刘建立	151	13

续表2

单位名称	行长（或其他称谓的第一负责人）	副行长（或其他称谓的同级领导）	正式员工（人）	营业网点（个）
永安财产保险股份有限公司德州中心支公司	尹 震（主持工作）	—	41	6
中国人寿保险股份有限公司德州市分公司	荀 浩	刘德华、王 军、张海燕	391	56
太平人寿保险股份有限公司德州中心支公司	梁宗岭	陈翠英	57	5
中国太平洋财产保险股份有限公司德州中心支公司	吴 晶	李 玲、鲁恩圣	135	12
中国太平洋人寿保险股份有限公司德州中心支公司	刘志华	孟凡超、林立强、万红立	144	16
中国人民健康保险股份有限公司德州中心支公司	徐红燕	—	13	1
阳光人寿保险股份有限公司德州中心支公司	许树玉	王素萍、孙文芳	59	11
阳光财产保险股份有限公司德州中心支公司	王 伟	张 勇、陈涛	181	11
泰康人寿保险股份有限公司德州中心支公司	赵爱红	宋长才、朱宝红	69	14
中华联合财产保险股份有限公司德州中心支公司	于洪雨	宋红星、李大成	159	15
天安财产保险股份有限公司德州中心支公司	张治国	王 勇	70	9
天安人寿保险股份有限公司德州中心支公司	孙爱民	黄景辉、刘 钟、李长军	72	6
中国人寿财产保险股份有限公司德州市中心支公司	陈忠明	孙长星、刘 彬、王 侃	184	11
英大人寿保险股份有限公司德州中心支公司	黄建川	邓 辉	20	4
太平财产保险有限公司德州中心支公司	刘增顺	潘桂兰	180	8
新华人寿保险股份有限公司德州中心支公司	刘汉明	孟庆仙、邢永强	70	7
富德生命人寿保险股份有限公司德州中心支公司	冯占宏	方 建	40	6
长城人寿保险股份有限公司德州中心支公司	周 超	—	17	3
华夏人寿保险公司德州市分公司	王建朋	孙长岭	43	6
德华安顾人寿保险有限公司德州中心支公司	董天鸽	—	16	3
华泰人寿保险股份有限公司德州中心支公司	杨艳红	—	18	5
华泰财产保险有限公司德州中心支公司	焦一峰	—	4	1

续表3

单位名称	行长（或其他称谓的第一负责人）	副行长（或其他称谓的同级领导）	正式员工（人）	营业网点（个）
中国平安财产保险股份有限公司德州中心支公司	康 锋	吴国强、刘 鹏	130	11
中国平安人寿保险股份有限公司德州中心支公司	赵立刚	曹卫斌、赵 茜	79	7
国华人寿保险股份有限公司德州中心支公司	李怀波	—	8	1
安盛天平财产保险股份有限公司德州中心支公司	陈连伟	—	23	7
华海财产保险股份有限公司德州中心支公司	李加营	—	34	4
利安人寿保险股份有限公司德州中心支公司	张晓亮	张 亮	23	3
安华农业保险德州分公司	刘存军	—	13	2
华安财产保险股份有限公司德州中心支公司	关大新	—	36	3
亚太财产保险有限公司德州中心支公司	戚 斌	王 磊	11	1
安诚财产保险股份有限公司德州中心支公司	张大江	—	16	1
泰山财产保险股份有限公司德州中心支公司	马元松	刘 心	109	11
农银人寿保险股份有限公司德州中心支公司	崔少庚	李振华	15	1
长安责任保险股份有限公司德州中心支公司	张光照	—	5	1
恒安标准人寿保险有限公司德州中心支公司	秦文霞	胡萍萍	10	1
浙商财产保险股份有限公司德州分公司	田 程	—	26	3
建信人寿保险股份有限公司德州中心支公司	王晓巍	章 松	13	3
百年人寿保险股份有限公司德州中心支公司	崔建军	周金水	13	2
国任财产保险股份有限公司德州中心支公司	丁江英（主持工作）	—	37	2
紫金财产保险股份有限公司德州中心支公司	顾沂蒙	—	23	2
英大泰和财产保险股份有限公司德州中心支公司	赵 斌	—	3	1
中国人民人寿保险股份有限公司德州中心支公司	纪 宁	葛文倩	48	11
渤海财产保险股份有限公司德州中心支公司	夏志红	—	7	5

续表4

单位名称	行长（或其他称谓的第一负责人）	副行长（或其他称谓的同级领导）	正式员工（人）	营业网点（个）
大家财险保险有限责任公司德州中心支公司	於永恒（主持工作）	—	13	5
富德生命人寿保险股份有限公司德州中心支公司	冯占宏	方 建	40	5
国元农业保险股份有限公司德州中心支公司	刘苗苗	崔玉民	18	3
合众人寿保险股份有限公司德州中心支公司	张开宇	—	3	1
信泰人寿保险股份有限公司德州中心支公司	马 然	李 燕	11	1
中泰证券德州分公司	李龙升		85	5
中信证券（山东）有限责任公司德州湖滨中大道证券营业部	王 俊	沈小靖	33	1
国都证券股份有限公司德州解放中大道证券营业部	刘 悦	—	5	1
中国银河证券股份有限公司德州大学西路证券营业部	张 斌	—	3	1
华林证券德州湖滨中大道证券营业部	耿元雷	—	7	1
国海证券股份有限公司德州天衢东路证券营业部	刘 莎	孙德海	3	1
山西证券股份有限公司德州湖滨中大道证券营业部	张玉超	—	5	1
兴业证券股份有限公司德州分公司	林嘉皓	—	15	1

附表4

德州市主要金融机构业务概况

（2021年末）

单位：亿元

单位名称	本外币存款余额	本外币单位存款	本外币储蓄存款	本外币贷款余额	本外币短期贷款	本外币中长期贷款
农业发展银行德州市分行	28.91	28.91	0.00	141.87	24.51	117.36
工商银行德州分行	539.06	179.95	357.88	402.45	59.52	337.46
农业银行德州分行	418.48	98.44	319.99	245.13	69.31	165.32
中国银行德州分行	241.94	88.15	153.64	183.60	46.82	135.19
建设银行德州分行	545.08	171.35	373.67	338.98	71.70	267.20
交通银行德州分行	38.30	28.70	9.60	41.30	10.09	30.02
浦发银行德州分行	14.88	12.20	2.68	17.60	5.01	11.49
华夏银行德州分行	11.61	9.79	1.83	20.47	5.60	14.77
恒丰银行德州分行	45.99	33.29	12.70	38.56	23.71	14.84
浙商银行德州分行	33.94	25.22	8.72	19.97	11.10	8.87
渤海银行德州分行	33.59	27.24	6.34	17.39	4.43	12.97
邮政储蓄银行德州市分行	692.57	52.02	640.55	148.79	43.63	101.37

续表

单位名称	本外币存款余额	本外币单位存款	本外币储蓄存款	本外币贷款余额	本外币短期贷款	本外币中长期贷款
德州银行（法人口径）	578.87	207.97	370.90	412.52	146.69	185.85
青岛银行德州分行	53.44	29.61	23.83	31.61	5.24	24.79
齐鲁银行德州分行	108.75	70.90	37.84	109.25	43.98	64.56
威海市商业银行德州分行	75.86	45.94	29.91	66.87	23.39	42.51
德州市农商行	1,283.81	202.99	1,080.82	705.62	222.75	238.74
德州村镇银行	64.13	10.61	53.52	55.43	37.12	18.30

附表5

德州市金融机构统计指标

单位：家、人、只

	指标	2017年	2018年	2019年	2020年	2021年	2021年同比增幅（%）
银行类	银行类机构家数	35	36	37	37	37	0.00
	法人机构	22	22	22	22	22	0.00
	一级分行	0	0	0	0	0	—
	二级分行	13	14	15	15	15	0.00
	县区支行	168	173	194	208	213	2.40
	正式从业人数	11,799	11,979	11,495	11,335	11,244	-0.80
保险类	保险公司家数	51	51	51	51	52	1.96
	财险公司家数	26	26	26	26	27	3.85
	省级分公司	0	0	0	0	0	—
	地市分公司	26	26	26	26	27	3.85
	县区支公司	108	122	118	136	136	0.00
	寿险公司家数	25	25	25	25	25	0.00
	省级分公司	0	0	0	0	0	—
	地市分公司	25	25	25	25	25	0.00
	县区支公司	121	124	104	115	100	13.04
	正式从业人数	4,891	3,834	3,544	3,650	3,377	-7.48
	财险人员	2,802	2,214	2,210	2,250	2,106	-6.40
	寿险人员	2,089	1,620	1,334	1,400	1,254	-10.43
证券类	证券公司家数	6	6	7	7	8	14.29
	证券营业部	7	10	10	11	13	18.18
	正式从业人数	127	127	136	136	156	14.71
	境内上市股票只数	9	9	11	9	10	11.11
	境外上市股票只数	0	0	0	0	0	—
	辖区上市公司总数	9	9	11	9	10	11.11

临沂市

【经济金融概况】 2021年，临沂市科学统筹疫情防控和经济社会发展，推动“六稳”“六保”落地，加快临沂“由大到强、由美到富、由新到精”战略性转变，全市经济运行稳中向好、进中提质，实现了“十四五”发展的良好开局。全年实现生产总值5,465.50亿元，按可比口径计算，同比增长8.70%。分产业看，第一产业增加值484.10亿元，同比增长7.10%；第二产业增加值2,116.80亿元，同比增长9.10%；第三产业增加值2,864.60亿元，同比增长8.70%。规模以上工业企业发展至3,479家，规模以上工业增加值同比增长13.10%。消费品市场实现零售额2,931.10亿元，同比增长15.90%。全市金融机构本外币各项存款余额8,960.34亿元，同比增长9.37%，较年初增加767.80亿元；各项贷款余额8,170.03亿元，同比增长16.57%，较年初增加1,161.30亿元。全年实现保费收入282.10亿元，同比增长4.10%。

【货币政策】 2021年，人民银行临沂市中心支行认真贯彻落实金融调控政策，加大金融支持稳企业保就业工作力度。

一是全力落实两项货币政策直达工具。截至12月末，全市地方法人银行机构累计为2.14万户普惠小微企业办理延期还本付息239.24亿元，贷款延期率92.03%，金额和延期率均居全省第一位；累计为4.68万户普惠小微企业发放信用贷款193.87亿元，贷款占比38.41%，金额和占比均居全省第一位。二是严格落实房地产金融调控政策。截至12月末，房地产贷款余额3,020.80亿元，同比增长12.60%，较年初增加338.80亿元，占各项贷款增量的29.20%；全市房地产企业融资环境逐步改善，个人住房特别是首套房贷款需求得到有效满足。三是加大对民营和小微企业资金支持。稳步开展“首贷”培植行动，截至12月末，完成首贷12,404户、金额114.90亿元，户数居全省第一位；大力拓展应收账款融资服务平台应用，2021年共办理业务275笔、107.24亿元；深入推进动产和权利担保统一登记，截至12月末，共办理动产登记6,390笔、金额445.00亿元；临沂市作为全省两家地市之一，成功获批全省深化民营和小微企业金融服务综合改革试点市。四是大力推进绿色金融。加快特色产品业务落地临沂，推动发放山东首批、临沂市首笔碳排放质押贷款——“绿碳贷”；指导企业用好绿色债券、碳中和债等直接融资工具，全国首批革命老区振兴发展债务融资工具、全省首单“绿色+革命老区”中期票据落地临沂，全年共推动发行4单绿色债券，金额33.00亿元，绿色信贷规模显著提升。

【金融稳定】 2021年，人民银行临沂市中心支行健全完善金融稳定工作机制，打好防范化解金融风险攻坚战。

一是持续提升风险监测预警分析水平。制定《加强证券保险业和“7+4”类机构监测分析工作的通知》，召开全市金融机构不良资产处置案例展评会，组织对23家法人机构开展偿付能力敏感性和流动性压力测试，实现金融风险监测预警“全覆盖”。二是持续提升存款保险及央行评级管理水平。强化央行评级结果在宏观审慎评估、核准金融机构发债等方面运用。深入开展存保主题宣传活动，实现全市行政村、社区全覆盖，制作3个宣传视频在全省推广，成功举办山东省银行系统“回首建党百年路 存保护航新征程”宣传推进会，相关做法在推进会上作交流发言。三是持续推进辖区存量风险化解。继续深化“协同监管、信息共享、联合评估、联合检查”四项工作机制建设，联合临沂银保监分局开展城商行联合检查、监管约谈等活动5次，共享监管信息40余条。配合政府做好重点企业风险防范处置，推动河东区人民政府通过债权转让处置2家法人银行不良贷款6,124.00万元。截至12月末，全市累计处置不良贷款109.15亿元，全市省重点金融风险县、省高风险法人机构“双为零”。

【金融服务】 2021年，人民银行临沂市中心支行持续深化金融“放管服”改革，全面提升金融服务和管理水平。

一是大力推进“一次办好”改革。坚持“金融为民”导向，指导银行网点“一站式”提供企业开办服务，推动不动产抵押贷款到银行“一次办好”+“智能网办”，打造国库直达资金专项拨付机制，辖区征信查询、“助农取款点+”建设等工作走在全省前列。二是大力推进鲁南区域现金处理中心建设，在全省率先探索“代理发行库+”模式。三是稳步提升涉外服务便利化水平，开展“涉外企业汇率避险宣传”专项行动，组织宣讲33场，惠及企业630余家；完善“单一窗口”受理制度，累计办理外汇行政许可业务1,153笔，企业满意度100%。四是持续推进资本项目便利化政策落地，帮助企业获得境外融资19.86亿美元。五是深入开展跨境人民币业务，截至12月末，全市跨境人民币结算额156.50亿元，同比增长30.10%。六是大力推进金融消费权益保护，做好金融消费纠纷多元化解工作，全年共受理12363咨询投诉570余笔，办结率100%；扎实开展金融知识宣教工作，联合市教育局、市公安局开展反欺诈进校园活动，实现全市中小学和高等院校全覆盖。

【金融监管】 2021年，人民银行临沂市中心支行聚焦规范化、制度化，推进法治央行建设。组织开展综合执法检查1次，作出行政处罚决定12起，推动劳动仲裁案件1起、民事诉讼1起平稳撤诉，成功办理答复信访案件4起、举报案件13起，全年组织开展12次“律师接待日”活动，服务干部职工53人次。大力推动“断卡”行动，全市涉案账户线索数量排名大幅下降并退出全国前20名，市公安局发来感谢信。扎实做好现金流通管理，编制《投诉线索名录库》，建立整治拒收人民币现金长效机制；聚焦洗钱入罪，联合市扫黑办组织开展打击涉黑洗钱犯罪等专项行动，截至12月末，辖区法院以《刑法》191条洗钱罪判决4起，公安部门以洗钱罪立案2起，移送检察院审查洗钱案件2起、公诉2起；以312掩饰隐瞒犯罪所得罪判决6起，反洗钱科被评为“全市扫黑除恶专项斗争先进集体”。

【外汇管理】 2021年，外汇管理局临沂市中心支局坚持防风险与便利化并重，持续优化外汇管理和服务。稳步提升涉外服务便利化水平，开展“涉外企业汇率避险宣传”专项行动，组织宣讲33场，惠及企业630余家。完善“单一窗口”受理制度，累计办理外汇行政许可业务1,056笔，企业满意度100%。持续推进资本项目便利化政策落地，组建外汇业务专家团，累计走访企业近80家，解决银企难题120余个，帮助企业获得境外融资16.72亿美元，据估算，仅利率一项就为企业节省成本3.20亿元人民币。大力推进跨境金融区块链平台应用，完成全省首家法人银行跨境金融区块链直联上线，累计办理融资263笔、4,261.00万美元。大力扶持市场采购试点，在全省率先实现市场采购二期平台上线，截至12月末，全市已有10家银行完成系统上线，平台已签约网上收结汇客户107家，收汇金额1,414.68万美元，相关做法在山东省贸易新业态规范健康发展专题研讨会上作专题交流。深入开展跨境人民币业务，截至12月末，全市跨境人民币结算额156.50亿元，同比增长30.10%。

【金融改革】 2021年，人民银行临沂市中心支行坚持以创建国家级金融改革创新试验区为主线，不断加大金融服务乡村振兴工作力度。

一是健全完善金改试验区创建体制机制。配合市政府起草制定临沂市金改试验区三年行动方案等系列规章制度，积极争取试验区扶持政策，14家省级金融机构与市政府签订合作协议。二是持续丰富完善金改试验区金融产品和市场体系。推动市政府出台《集体经营性建设用地使用权抵押实施意见》，在全省率先实现农村集体经营性建设用地县区全覆盖，截至12月末，全市共发放贷款10.90亿元；积极推动兰陵县农村宅基地改革试点，首批宅基地抵押贷款发放成功。三是加快推进农村信用体系建设。推动建设临沂市普惠金融服务乡村振兴综合信息平台（简称“乡振通”平台），截至12月末，“乡振通”平台已实现与农业农村、住建局等23个市级政府部门信息共享，归集注册登记、不动产、税务、社保、公积金等423项政务数据，平台注册中小微企业和个体工商户1.70万家，对接发放贷款3.60万笔、140.20亿元，“乡振通”平台被列入“数字山东”公共数据资源开发利用项目，获省大数据协会《山东省大数据产品评估》证书。

（时 婧、邢相洁）

附表1

临沂市主要金融指标1

单位：亿元

地区		银行类							
		本外币存款余额	住户存款	非金融企业存款	本外币贷款余额	第一产业贷款	第二产业贷款	第三产业贷款	个人贷款及透支
沂南县	2021年	550.67	448.37	56.04	350.65	3.71	68.10	85.37	166.26
	同比增幅（%）	12.91	13.37	15.04	25.76	82.63	24.45	17.85	27.49
郯城县	2021年	421.11	354.84	40.04	306.62	0.37	36.69	50.66	208.55
	同比增幅（%）	14.26	13.76	27.65	20.04	55.18	30.77	2.12	22.62
沂水县	2021年	685.85	555.45	76.73	435.21	2.07	103.39	47.59	225.91
	同比增幅（%）	11.05	13.02	1.80	15.10	0.27	22.48	-12.67	17.78
兰陵县	2021年	537.60	425.17	58.72	428.29	15.84	49.06	79.27	263.13
	同比增幅（%）	13.16	14.10	6.31	20.56	29.74	2.42	22.82	22.91
费县	2021年	477.76	379.63	56.11	380.27	1.11	94.84	41.17	223.52
	同比增幅（%）	10.84	12.64	7.53	29.63	200.62	23.03	36.37	29.25

续表

地区		银行类							
		本外币存款余额	住户存款	非金融企业存款	本外币贷款余额	第一产业贷款	第二产业贷款	第三产业贷款	个人贷款及透支
平邑县	2021年	443.55	356.44	53.62	304.28	0.26	45.95	52.64	190.51
	同比增幅（%）	13.36	14.06	11.24	18.93	44.32	10.03	31.66	20.13
莒南县	2021年	610.53	473.09	95.78	407.19	1.52	100.84	75.63	194.97
	同比增幅（%）	8.07	12.92	4.20	11.24	12.93	7.25	3.90	17.80
蒙阴县	2021年	327.38	268.17	35.51	212.14	1.88	37.42	36.32	125.54
	同比增幅（%）	9.98	15.14	-7.30	12.05	34.04	11.91	14.94	11.04
临沭县	2021年	402.08	279.47	82.05	338.95	4.03	77.31	54.55	186.99
	同比增幅（%）	12.11	13.81	16.30	10.23	29.14	-0.90	6.98	15.06
临沂市	2021年	8,960.34	5,894.69	1,966.74	8,170.03	43.94	1,502.43	1,459.66	4,702.89
	同比增幅（%）	9.37	13.07	6.25	16.57	34.25	12.01	18.96	17.24

附表2

临沂市主要金融指标2

单位：亿元

地区		保险类		证券类		
		保险公司保费收入	保险公司赔款和给付支出	证券市场成交总额	投资者保证金余额	投资者开户数（万户）
沂南县	2021年	14.23	4.71	177.50	0.32	1.08
	同比增幅（%）	-19.04	14.60	33.13	14.29	21.35
郯城县	2021年	13.54	5.35	91.88	0.28	1.23
	同比增幅（%）	3.40	24.08	-7.37	33.33	27.83
沂水县	2021年	16.72	5.34	279.98	1.12	3.44
	同比增幅（%）	-1.23	13.28	8.67	25.45	10.22
兰陵县	2021年	15.48	5.87	0.00	0.00	—
	同比增幅（%）	5.65	31.21	0.00	0.00	—
费县	2021年	15.47	5.10	221.72	0.71	0.38
	同比增幅（%）	-1.19	10.72	109.60	108.20	246.80
平邑县	2021年	13.01	4.52	0.00	0.00	—
	同比增幅（%）	-1.02	16.09	0.00	0.00	—
莒南县	2021年	13.09	4.59	144.96	0.28	1.12
	同比增幅（%）	0.47	7.66	123.32	116.67	128.79
蒙阴县	2021年	11.86	5.00	0.00	0.00	—
	同比增幅（%）	4.47	10.48	0.00	0.00	—
临沭县	2021年	9.90	3.66	90.28	0.29	0.20
	同比增幅（%）	-24.96	23.70	31.83	40.39	163.53
临沂市	2021年	306.54	99.89	—	—	—
	同比增幅（%）	5.93	11.01	—	—	—

附表3

临沂市主要金融机构概况

单位名称	行长（或其他称谓的第一负责人）	副行长（或其他称谓的同级领导）	正式员工（人）	营业网点（个）
人民银行临沂市中心支行	陈宜民	张中志、陈　刚、许　波、郭元华、高　翔、刘　辉	384	10
临沂银保监分局	赵培显	公冶颂、刘智博、庞春燕、魏晓妹、薛明杰、李　杨	83	10
农业发展银行临沂市分行	董祚涛	葛立年、王　蕊、苏承哲	205	10
工商银行临沂分行	丛德有	余程辉、梁永礼、王忠轩、刘冬凯、赵继红、叶清涛、支良兴、范学华、郑长虹、刘新珉	1237	57
农业银行临沂分行	吴照军	鲁海峰、李品深、高雁鹏、江文胜、尹永青	2,167	135
中国银行临沂分行	徐国华	焦晓华、沈艳玲、聂自毅、曹　健、夏　伟、周　源、杨在志、吕兰涛、李学贤、张力中	812	38
建设银行临沂分行	吴　伟	徐宁正、殷洪峰、徐桂冰、赵万新、吕　峰、巩继锋、闵祥福	1,323	60
交通银行临沂分行	田　晖	张婷婷、牟存杰、李　伟	107	6
邮储银行临沂市分行	吴　斌	刘显峰、邱柏陶、郭文波、苑春田	851	263
民生银行临沂支行	杨玉君	郭　涛、李志超、孙卫芳	341	12
浦发银行临沂分行	刘志光	钱翊君、宋立华、张元宝	97	7
招商银行临沂分行	刘玉川	杨汉文、苗　雨	92	4
兴业银行临沂分行	吴健飞	王治国、陈忠健、王寿松	127	9
华夏银行临沂分行	秦国栋	魏晓敏、杨德国、刘景虎	75	4
中信银行临沂分行	杨鸿斌	姚　丹、孙　艳、王　涛	105	5
平安银行临沂分行	谭诚诚	王　健、谢冰晨	85	4
光大银行临沂分行	贾志勇（代为履职）	刘　鹏、刘洪云、滕志国	66	2
广发银行临沂分行	李广全	刘　澎、秦建伟、李正荣	54	2
恒丰银行临沂分行	王光明	庄冰川、程　伟、连磊	59	1
浙商银行临沂分行	杜鹏超	左征南、张　伟、姚常春	49	1
日照银行临沂分行	李继祥	陈正凯、夏　波、高　伟、刘向阳、李宝华	213	8
威海市商业银行临沂分行	王济鹏	刘元磊	154	6
莱商银行临沂分行	马新生	雷印涛、葛　穗、张庆杰	178	7
济宁银行临沂分行	孙　焱	杜福东、范新春、于丽君	61	4
齐鲁银行临沂分行	王京成	汲传梁	141	9
齐商银行临沂分行	郑海赢	薛　勇、侯建刚、周芳、张振国	101	3
青岛银行临沂分行	刘　刚	张晓明、邓英玉、李晓军	96	3
潍坊银行临沂分行	王　磊	殷凤坤、于佳彤、王绪祥	80	3
临商银行	汲长虹	周曙光、戴晓峰、庄　依、臧文勇、徐　毅、徐　建、韩　伟、王震江、刘建军、葛　磊、赵鹏飞	2,157	93
省联社临沂审计中心	刘永法	毛晓辉、戴爱民、戚建刚	33	1
兰山农商银行	殷学远、翟纪伟	林存亮、付守顺、管其宝、张明杰、刘桂涛	963	86

续表

单位名称	行长（或其他称谓的第一负责人）	副行长（或其他称谓的同级领导）	正式员工（人）	营业网点（个）
河东农商银行	王运斌、吕 健	刘广明、王恩波、韩 红、鲁 超	545	39
罗庄农商银行	李永森	张华龙、王献伟、张效英、丁万刚、王 晓	552	41
郯城农商银行	徐小强、张乃飞	杨会娟、倪仲芹、孙 超、王振龙、高艳洁	498	42
兰陵农商银行	刘桂华、邹善海	王安民、郝连友、谭振洋、刘金星、陈德强、张德英	572	45
莒南农商银行	孙宝华、王桂玲	马湘军、代生伟、牛晓东、彭善国、聂建辉	508	40
沂水农商银行	宋广厦、王兆聚	戴明华、魏现彩、曹广清、郭 廷、郑加亮	614	50
蒙阴农商银行	李钊堂、丁晓鹏	张敬刚、孙 伟、王庆国、孙 琦、张怀祥	475	29
平邑农商银行	杜艳军、张继之	高长安、马吉伟、王焕雷、徐 锴、任慧燕	538	36
费县农商银行	刘国强	罗司龙、曾丽川、王庆锋、刘金龙、韩继营、林晓波	521	38
沂南农商银行	陈效中、李品颂	张萌、龚安军、刘长文、李玉婷、欧付勇、王 琳	502	39
临沭农商银行	赵京才、尤三生	赵怀志、朱怀强、张学利、薛洪福、高 杨	415	29
临沂河东齐商村镇银行	高 军、胥计忠	高汉京、刘临江、王 飞	203	10
山东沂南蓝海村镇银行	高更强	王民业	45	4
山东郯城汉源村镇银行	李 华	张小刚	57	4
沂水中银富登村镇银行	李希宏	贾 雷、袁 野	76	5
山东兰陵村镇银行	袁 泉	毛明三、董建峰、杨 硕	154	11
费县梁邹村镇银行	马 晓	王汉卿、李 瑞、于 涛	80	7
山东平邑汉源村镇银行	陈士举	刘西宇、徐友国	33	4
山东莒南村镇银行	成 强、丁海彬	许春科	74	7
蒙阴齐丰村镇银行	齐建岗	马万闯、王 婷、吴永利、张希富	102	6
临沭民丰村镇银行	杜 峰、张 扬	王朝阳、刘 魁	50	6
人保财险临沂市分公司	杨林海	武 刚、牛志强、朱士俊	812	72
中国人寿临沂分公司	佘 巍	张 博、伍玢漱、郑益民、赵 岩	533	187
平安财险临沂中心支公司	焦晓伟	宁 涛、亓学峰、徐兢功	203	13
人寿财险临沂中心支公司	李会水	刘玉柱、毛可伟、张明明	268	11
中泰证券临沂分公司	马 军	赵万鹏	72	7
国泰君安证券北京路营业部	吕大伟	李振青、吴玉峰	27	1
中信证券（山东）金雀山路营业部	葛 琨	王兆国	44	1

附表4

临沂市主要金融机构业务概况

（2021年末）

单位：亿元

单位名称	本外币存款余额	本外币单位存款	本外币储蓄存款	本外币贷款余额	本外币短期贷款	本外币中长期贷款
农业发展银行临沂市分行	85.58	85.58	0.00	379.26	27.51	351.75
工商银行临沂分行	679.22	216.94	361.42	1,012.37	102.62	901.75
农业银行临沂分行	1,336.49	307.75	931.61	1,041.89	311.65	715.40
中国银行临沂分行	365.04	162.32	156.58	383.12	113.73	264.68
建设银行临沂分行	792.72	367.18	340.66	1021.63	201.23	808.11
交通银行临沂分行	86.59	59.35	14.21	106.69	37.70	62.97
邮储银行临沂市分行	771.34	53.17	170.61	252.38	96.92	131.79
民生银行临沂支行	222.72	115.17	58.48	234.32	125.77	103.98
浦发银行临沂分行	50.37	33.05	10.79	82.38	24.82	55.56
招商银行临沂分行	50.15	32.50	13.78	57.22	11.23	34.29
兴业银行临沂分行	96.61	73.29	15.15	162.28	60.24	98.42
华夏银行临沂分行	35.07	26.41	4.70	28.65	7.96	20.09
中信银行临沂分行	66.55	51.79	7.36	92.86	9.36	59.23
平安银行临沂分行	22.25	8.63	6.66	45.81	6.37	39.44
光大银行临沂分行	26.06	21.88	3.10	43.25	15.11	28.14
广发银行临沂分行	23.97	20.03	1.99	46.98	13.88	27.30
恒丰银行临沂分行	57.98	51.41	5.60	47.81	29.50	17.38
浙商银行临沂分行	40.37	37.69	2.12	32.65	15.82	10.62
日照银行临沂分行	112.77	76.03	27.49	86.93	54.40	31.23
威海市商业银行临沂分行	67.28	50.56	12.80	118.85	20.62	97.62
莱商银行临沂分行	109.29	81.98	21.24	101.75	73.07	28.62
济宁银行临沂分行	22.68	16.96	4.46	31.98	7.80	24.18
齐鲁银行临沂分行	83.92	70.18	10.19	119.91	72.05	46.66
青岛银行临沂分行	58.58	50.44	5.35	62.58	19.29	42.32
齐商银行临沂分行	22.58	16.68	3.81	16.19	8.19	8.00
潍坊银行临沂分行	31.76	27.26	3.46	37.16	12.53	24.63
临商银行	896.46	507.99	319.00	701.28	416.36	203.49
临沂兰山农村商业银行	354.56	114.01	208.20	280.23	159.57	89.09
临沂河东农村商业银行	170.55	17.56	145.33	126.71	77.63	22.62
临沂罗庄农村商业银行	154.78	21.98	113.24	136.16	65.62	57.00
河东齐商村镇银行	101.66	60.03	41.62	74.79	54.39	20.41

附表5

临沂市金融机构统计指标

单位：家、人、只

指标		2017年	2018年	2019年	2020年	2021年	2021年同比增幅（%）
银行类	银行类机构家数	1,290	1,300	1,366	1,377	1,351	-1.89
	法人机构	23	23	23	23	23	0.00
	一级分行	—	—	—	—	—	—
	二级分行	25	25	26	26	26	0.00
	县区支行	548	544	536	562	599	6.58
	正式从业人数	18,589	18,083	18,217	18,467	18,636	0.92
保险类	保险公司家数	732	738	775	750	748	-0.27
	财险公司家数	322	324	349	339	341	0.59
	省级分公司	0	0	0	0	0	—
	地市分公司	29	29	32	33	34	3.03
	县区支公司	292	294	316	306	307	0.33
	寿险公司家数	410	414	426	411	407	-0.97
	省级分公司	0	0	0	0	0	—
	地市分公司	35	35	40	40	40	0.00
	县区支公司	374	378	385	371	367	-1.08
	正式从业人数	6,286	6,726	7,095	7,447	6,524	-12.39
	财险人员	4,221	4,629	4,992	5,105	4,524	-11.38
	寿险人员	2,065	2,097	2,103	2,342	2,000	-14.60
证券类	证券公司家数	1	2	3	3	3	0.00
	证券营业部	33	32	34	28	33	17.86
	正式从业人数	511	540	503	461	482	4.56
	境内上市股票只数	4	4	4	5	5	0.00
	境外上市股票只数	9	8	7	7	6	-14.29
	辖区上市公司总数	13	12	11	12	11	-8.33

聊城市

【经济金融概况】　2021年，聊城市经济总体保持平稳健康发展。全市生产总值2,642.52亿元，同比增长8.40%；其中，第一、第二、第三产业分别实现增加值374.21亿、968.47亿、1,299.84亿元，同比分别增长7.50%、9.90%、7.60%。三次产业比例由2020年的14.38∶34.34∶51.28调整为14.20∶36.60∶49.20。全市工业运行总体平稳，2021年末，规模以上工业企业1,474家，比年初新增256家，实现增加值同比增长11.70%。全年固定资产投资同比增长12.90%，其中第一产业投资同比下降33.30%，第二产业投资同比增长8.20%，第三产业投资同比增长16.50%。全市进出口总值530.40亿元，同比增长29.40%，其中出口总值366.40亿元，同比上升61.10%；进口总值164.00亿元，同比下降10.10%。实际利用外资4.56亿美元，增长118.70%。全市社会消费品零售额917.55亿元，同比增长14.50%，居民消费价格指数同比上涨0.90%。城镇和农村居民人均可支配收入分别达到32,262.00元和17,512.00元，同比分别增长7.40%和11.40%。

【货币政策】　2021年，人民银行聊城市中心支行认真贯彻落实总分行党委决策部署，聚焦“精准支持、结构优化”，货币政策执行效果进一步显现。

一是着力强化货币政策工具引导作用。精准落实调控要求，落实两项政策工具延期要求，前12个月为5，180家企业实施延期还本付息，涉及贷款金额268.00亿元。加快推进央行资金运用，累计办理再贷款58.70亿元、再贴现21.90亿元。优化存款利率自律管理，畅通利率政策传导，推动农商行将LPR嵌入FTP应用，企业融资成本持续下降。

二是发力缓解关键环节融资难题。继续推进“民营和小微企业首贷培植行动”，开展“齐心鲁力·助商惠民”支持个体工商户发展专项行动，支持5.80万户个体工商户获得资金支持188.40亿元，户数、金额分别同比增长48.00%、59.20%。开展金融服务乡村振兴专项行动，以金融力量推动构建县域特色农业产业格局，推动金融扶贫与乡村振兴有效衔接。加快推进“政采贷”等创新业务。

三是聚力深化重点领域金融支持。开展“科技型企业金融服务提档升级行动”“金融服务产业链供应链提升年活动”。加大对省重点项目和制造业企业的金融支持，引导金融机构全面对接311个省、市级重点项目，实现授信62.80亿元；推动鲁西化工等5家企业发行债券108.10亿元。加快推进绿色金融发展，推动银行机构为16个绿色项目授信64.80亿元，累计办理绿色票据再贴现2，000.00万元，以动产和权利担保统一登记为抓手推动2笔碳排放权抵押融资成功落地。细化金融顾问团工作，形成27个特色服务品牌，实现110个省、市级技改重点项目至少1家银行挂靠服务。

【金融市场】 2021年，聊城市金融市场业务稳健发展。

一是银行业。截至2021年12月末，聊城市全金融机构本外币各项贷款余额3，135.39亿元，比年初增加249.55亿元，同比多增9.06亿元，增幅为8.65%。本外币各项存款余额4，898.85亿元，比年初增加532.50亿元，同比多增48.02亿元，增幅为12.20%。

二是保险业。2021年，聊城市保险业实现保费收入116.60亿元，同比增长5.48%；全年发生赔付支出41.34亿元，同比增长9.13%，其中，财产险公司赔付支出28.94亿元，人身险公司赔付支出12.40亿元。

三是资本市场。2021年，聊城市证券市场成交总额2，908.08亿元，同比增长1.92%；投资者保证金余额15.74亿元，同比增长5.42%；投资者开户数42.37万户，同比增长1.88%。

【金融稳定】 2021年，人民银行聊城市中心支行聚焦“健全机制、明晰责任”，区域金融生态环境进一步优化。

一是免疫监测效果突出。创新建立金融稳定“免疫系统”，深化监测网络节点建设，形成覆盖银政保108个机构、523个节点的免疫监测体系。强化重大事项报告工作，银证保机构报送重大事项类信息164项；对信用保证保险、证券业务发展开展专项调查，对中信证券开展稳健性现场评估。根据免疫监测等获取的风险信息向金融机构下发风险提示48家次，开展约见谈话19家次；编发《金融稳定重大事项报告摘编》34期，推动行领导对重点领域风险督导9件次。

二是风险处置进展明显。积极承担首例存保基金处置农商行风险全国试点工作，推动各方帮扶润昌农商行累计处置不良贷款31.63亿元。积极推动地方政府发挥风险防控主导作用，妥善化解泉林集团、润昌农商行等大额风险，成功化解鑫鹏源、鑫亚、冠洲、智德纺织等企业集团债务危机。

三是风险管理作用到位。建立市县联动、属地负责的管理机制，发挥早纠等机制提升央行评级结果，评级整体稳中向好，已“摘帽”的高风险机构评级不断提升，成功防范3家机构进入高风险名单。打通存保宣传“最后一公里”，与11个乡镇签订存保宣传合作协议，吸收义务宣传员5，960余人，覆盖行政村和社区5，730个；推动存保内容纳入中小学生教育知识体系。

【金融监管】 2021年，人民银行聊城市中心支行更加关注金融秩序，依法监管规范性得到提升。一是组织对高唐农村商业银行开展综合执法现场检查，督促金融机构合规经营；在全省首推全面接管式国库会计飞行检查，对全市32家征信自助查询网点开展合规检查。二是联合市公安局建立《聊城市可疑交易线索会商移交工作机制》，推动辖区首例洗钱罪在莘县成功判决。三是开展“断卡”专项行动、人民币图样专项整治行动和纪念币（钞）类物品专项排查。

【外汇管理】 2021年，国家外汇管理局聊城市中心支局持续优化外汇服务，全力支持稳外资稳外贸。开展“惠企便民”服务年活动，对涉外企业开展一对一联络、网格化帮扶，累计开展各类政策宣讲培训30余次，覆盖涉外企业400余家，收到市场主体各类锦旗、牌匾和感谢信8次。组织开展汇率避险专项行动，解决企业汇率避险难题20余项，签约办理外汇衍生品金额同比增长283.20%，套保比率16.90%。积极推广跨境金融区块链平台，为12家企业累计融资6.25亿美元，是上年全年的2.20倍。积极推动便利化政策落地，持续扩大经常项目收支便利化试点惠企范围，新落实简化进口付汇核验便利化措施，开发资本项目业务线上指引。积极推进打击地下钱庄及虚假外资工作，有关案件取得突破性进展。

【金融服务】 2021年，人民银行聊城市中心支行聚焦“优化服务、高效管理”，履职水平进一步提升。扎实开展“提升老年人支付服务便利化”工作，积极开展LEI编码推广。

组织金融科技赋能乡村振兴试点选报，有关项目成功入选人民银行总行试点。开展“四个维度”提升现金服务活动，累计提供现金预约存取200余次、1,800.00万元。开展国债下乡和到期提醒兑付工作，农村国债市场销售国债6.09亿元，占比达67.74%。开展“征信为民践初心”主题系列活动，推广个人信用报告线上查询，优化调整商业银行自助查询网点布局。加大金融消费者权益保护力度，创新开展金融知识公益直播和宣讲比赛等活动。

（王 兵、马姗姗）

附表1

聊城市主要金融指标1

单位：亿元

地区		银行类							
		本外币存款余额	住户存款	非金融企业存款	本外币贷款余额	第一产业贷款	第二产业贷款	第三产业贷款	个人贷款及透支
茌平区	2021年	492.67	354.68	102.56	267.17	5.39	108.93	30.70	93.80
	同比增幅（%）	14.65	11.86	36.28	18.05	9.72	5.61	31.24	19.63
临清市	2021年	536.78	448.13	63.50	258.18	2.03	88.71	21.72	116.52
	同比增幅（%）	14.42	12.34	37.67	1.54	-48.01	-20.19	31.42	17.84
阳谷县	2021年	492.36	385.39	79.17	329.05	5.28	126.11	38.15	136.45
	同比增幅（%）	8.73	12.37	5.80	20.27	-9.93	15.78	18.33	21.29
莘县	2021年	500.70	446.36	28.59	232.62	2.44	51.51	19.55	142.84
	同比增幅（%）	11.65	15.32	-0.07	15.14	-16.48	-6.85	13.93	21.90
东阿县	2021年	297.24	229.25	47.91	171.70	2.19	41.46	24.68	95.81
	同比增幅（%）	12.17	13.49	16.54	9.68	-29.49	-3.48	-76.76	21.36
冠县	2021年	415.21	336.41	42.05	224.54	0.62	65.03	9.40	115.64
	同比增幅（%）	10.42	12.49	13.71	-0.68	23.80	-30.92	-25.32	11.09
高唐县	2021年	319.66	269.00	38.52	178.18	1.66	38.88	26.48	101.62
	同比增幅（%）	4.49	11.03	-18.68	-17.51	-28.02	-65.82	16.47	21.69
聊城市	2021年	4,898.85	3,484.29	1,034.06	3,135.39	30.34	792.70	572.69	1,529.72
	同比增幅（%）	12.20	12.37	20.82	8.65	-3.73	-12.00	8.71	19.62

附表2

聊城市主要金融指标2

单位：亿元

地区		保险类		证券类		
		保险公司保费收入	保险公司赔款和给付支出	证券市场成交总额	投资者保证金余额	投资者开户数（万户）
茌平区	2021年	9.30	3.29	—	—	—
	同比增幅（%）	0.65	32.13	—	—	—
临清市	2021年	7.65	1.70	141.78	0.39	2.23
	同比增幅（%）	-0.65	6.25	9.01	11.42	19.25
阳谷县	2021年	7.49	1.62	133.00	0.37	0.38
	同比增幅（%）	1.90	3.85	20.36	12.12	-79.23
莘县	2021年	8.78	2.20	—	—	—
	同比增幅（%）	-0.79	4.76	—	—	—

续表

地区		保险类		证券类		
		保险公司保费收入	保险公司赔款和给付支出	证券市场成交总额	投资者保证金余额	投资者开户数（万户）
东阿县	2021年	6.31	1.76	86.00	5.40	0.40
	同比增幅（%）	4.13	12.10	6.93	195.00	300.00
冠县	2021年	7.17	3.07	—	—	—
	同比增幅（%）	-1.51	6.23	—	—	—
高唐县	2021年	6.74	1.58	—	—	—
	同比增幅（%）	5.81	-19.79	—	—	—
聊城市	2021年	116.60	41.34	2,908.08	15.74	42.37
	同比增幅（%）	5.48	9.13	1.92	5.42	1.88

附表3

聊城市主要金融机构概况

单位名称	行长（或其他称谓的第一负责人）	副行长（或其他称谓的同级领导）	正式员工（人）	营业网点（个）
人民银行聊城市中心支行	赵向东	王武声、马兴国、李振林、张宏军、崔长夫	331	8
聊城银保监分局	刘 胜	郝志华、李 冉、朱 琳、唐玉明、杨 磊、陈彦芳	62	1
农业发展银行聊城市分行	李 飞	李从阁、李洪利、朱德成	204	8
工商银行聊城分行	陈维东	李炳春、李华威、王敬福、韩庆光、孙晓光	831	38
农业银行聊城分行	潘 勐	巩稚峰、肖月强、李兴彬、胡晓东	1,322	58
中国银行聊城分行	殷建国	王卫东、赵敏、苑晓鹏、王春峰、李 凌、郭兴盛、田 勇、郅国华	568	21
建设银行聊城分行	李清华	楚 栋、韩文广、王乃峰、李朝信、李新阔、武继源、舒丙来	880	41
交通银行聊城分行	张贻陆	裴云锋、刘 凯、王 凯	69	3
邮储银行聊城市分行	仇洪建	朱秀岭、徐 伟、孙伟涛	839	34
华夏银行聊城分行	韩世东	王晓峰、冯 丽、张文振	182	6
恒丰银行聊城分行	孙 敏	周大庆	118	6
上海浦东发展银行聊城分行	李建成	商 斌、于兴洋	59	3
招商银行聊城分行	闻 涛	杨金波	79	3
齐鲁银行聊城分行	于 飞	刘 超、黄伟远、刘媛媛	250	13
潍坊银行聊城分行	李瑞杰	陈建华、薛建华	153	8
莱商银行聊城分行	张 欣	李延新、王庆刚	144	7
北京银行聊城分行	杨 磊	吕学文、冯莘成、张凤莉、刘德明	79	5
德州银行聊城分行	郝志广	杜成伟、于 超	44	1
兴业银行聊城分行	柯文强	葛 亮	71	3
民生银行聊城分行	李光金	刘 坤、张 丽	50	2
威海市商业银行聊城分行	宋怀民	王 邕、慈胜祖	47	1
日照银行聊城分行	王 刚	席守华、曾庆山	58	2
光大银行聊城分行	初春来	王 勇、姜 涛	39	1
济宁银行聊城分行	焦春华	吴 虎	26	1
省联社聊城审计中心	宗 斌	时培行、邵景国、宁军	29	1

续表1

单位名称	行长（或其他称谓的第一负责人）	副行长（或其他称谓的同级领导）	正式员工（人）	营业网点（个）
聊城农村商业银行	郎咸鹏	张有新、王成永、刘秀文、刘志国	717	44
临清农村商业银行	陈向东	马　宁、邵景东、孙　冰、许桂芹、赵　义	422	31
润昌农村商业银行	牛为勇	杜爱虎、孙洪卫、刘　伟、孙　冰、汤万庆、刘　博	388	23
莘县农村商业银行	张志华	徐长林、辛　勇、种　睿、郭海峰、苑大鹏	408	29
阳谷农村商业银行	杨茂合	孙志强、赵士亮、李红生、侯　军、任　珂、宋洪雷	432	30
东阿农村商业银行	姜　军	赵壮、范庆磊、赵丽敏、陶　鲁	326	23
茌平农村商业银行	张兆起	梁庆河、杜兆东、贺怀民、张中伟、李亚明、樊东岳	434	29
高唐农村商业银行	郝　彬	季文岗、尹茂桐、季汝玺、王　丽、李　勇、魏会超、张　莉	374	25
聊城沪农商村镇银行	曹宏忠	夏　静	47	2
临清沪农商村镇银行	杨红光	李　滨	63	3
山东冠县齐丰村镇银行	隋旭东	胡珊珊	87	3
莘县青隆村镇银行	杨建国	褚保文	57	5
阳谷沪农商村镇银行	张雪妹	张超杰、王兆泉	33	1
东阿青隆村镇银行	刘文华	程玉玺、姜月增、高伟林	49	4
茌平沪农商村镇银行	付　刚	丁　辉	46	2
高唐青隆村镇银行	杜学君	杨树强	46	4
中泰证券股份有限公司聊城分公司	姜亦豪	张晓娟	99	5
兴业证券股份有限公司聊城分公司	孙梦杰	攸　胜	27	1
国都证券股份有限公司聊城东昌东路证券营业部	袁海洋	—	5	1
西部证券股份有限公司聊城兴华西路证券营业部	陈振辉	—	8	1
恒泰证券聊城东昌路证券营业部	汪　鹏	—	7	1
华林证券聊城营业部	赵　坤	—	5	1
国泰君安证券股份有限公司聊城东昌西路证券营业部	王　昆	孟　华	7	1
中信证券（山东）有限责任公司聊城东昌东路证券营业部	张　璞	薛文婷	62	2
开源证券股份有限公司聊城东昌东路证券营业部	季军林	—	7	1
光大证券股份有限公司聊城东昌西路证券营业部	周　敏	—	7	1
海通证券公司聊城营业部	王鹏飞	—	4	1
安信证券股份有限公司聊城东昌东路证券营业部	王　哲	—	6	1
中国银河证券股份有限公司聊城东昌西路证券营业部	王咏梅	—	6	1

续表2

单位名称	行长（或其他称谓的第一负责人）	副行长（或其他称谓的同级领导）	正式员工（人）	营业网点（个）
长江证券股份有限公司聊城东昌西路证券营业部	宋小静	—	10	1
中国人民财产保险股份有限公司聊城市分公司	赵培东	李成华、王来明、张 炜	405	28
中国太平洋财产保险股份有限公司聊城中心支公司	张 霞	吴思杰、张 强	160	9
中国平安财产保险股份有限公司聊城中心支公司	王鑫烈	刘文洋	135	10
天安财产保险股份有限公司聊城中心支公司	孙斌杰	李 俊	106	8
永安财产保险股份有限公司聊城中心支公司	焦宪忠	张培庆	219	9
中华联合财产保险股份有限公司聊城中心支公司	王国敏	李玉柱、申冠鹏、张玉红	204	16
中国大地财产保险股份有限公司聊城中心支公司	李 鹏	高太刚	119	8
阳光财产保险股份有限公司聊城中心支公司	任建国	刘学良、臧筱霞、于 勇	79	10
大家财产保险有限责任公司聊城中心支公司	王 勇	—	20	6
永诚财产保险股份有限公司聊城中心支公司	马得民	—	2	1
亚太财产保险有限公司聊城中心支公司	孟军艳	邱泽坤、高文英	35	7
渤海财产保险股份有限公司聊城中心支公司	王继龙	—	23	2
长安责任保险股份有限公司聊城中心支公司	刘 兵	—	38	6
中国人寿财产保险股份有限公司聊城市中心支公司	胡善斌	李朝阳、姜志辉	154	9
安盛天平财产保险有限公司聊城中心支公司	齐 璨	—	24	4
英大泰和财产保险股份有限公司聊城中心支公司	吴茂柯	刘俊红	24	2
浙商财产保险股份有限公司聊城中心支公司	宋 光	孙小星	26	5
泰山财产保险股份有限公司聊城中心支公司	郑安局	—	49	7
华安财产保险股份有限公司聊城中心支公司	于浩洋	—	13	1
华泰财产保险有限公司聊城中心支公司	高学智	—	9	1
太平财产保险有限公司聊城中心支公司	李振设	刘江鹏	98	5

续表3

单位名称	行长（或其他称谓的第一负责人）	副行长（或其他称谓的同级领导）	正式员工（人）	营业网点（个）
紫金财产保险股份有限公司聊城中心支公司	刘建宏	—	21	3
国任财产保险股份有限公司聊城中心支公司	吴法太	—	29	2
华海财产保险股份有限公司聊城中心支公司	李关木	朱光磊	62	4
鑫安汽车保险股份有限公司聊城中心支公司	赵艳霞	—	3	1
安诚财产保险股份有限公司聊城中心支公司	张延磊	—	26	2
安华农业保险股份有限公司聊城中心支公司	吴成明	—	13	4
中煤财产保险股份有限公司聊城中心支公司	任清华	—	4	1
国泰财产保险有限责任公司聊城中心支公司	樊军柯	—	9	1
长江财产保险股份有限公司聊城中心支公司	王义良	—	3	3
中国人寿保险股份有限公司聊城分公司	卞建忠	范忠才、侯典安、冯爱荣、崔守锋	309	63
中国太平洋人寿保险股份有限公司聊城中心支公司	于生涛	费文超、杨金涛	122	16
泰康人寿保险有限责任公司山东聊城中心支公司	于　鹏	—	113	25
新华人寿保险股份有限公司聊城中心支公司	马传友	刘学宾、王恒兴	167	10
中国平安人寿保险股份有限公司聊城中心支公司	武丽强	王胜强	82	8
合众人寿保险股份有限公司聊城中心支公司	庄丽莎	王万军	16	4
太平人寿保险有限公司聊城中心支公司	韩作超	—	37	3
中国人民人寿保险股份有限公司聊城中心支公司	段　旭	张　涛	40	8
民生人寿保险股份有限公司聊城中心支公司	陈爱波	—	33	6
信泰人寿保险股份有限公司聊城中心支公司	孙中伟	王　琪	41	4
富德生命人寿保险股份有限公司聊城中心支公司	李　静	姚桂峰、马容华	74	5
长城人寿保险股份有限公司聊城中心支公司	王　冬	—	21	2
中国人民健康保险股份有限公司聊城中心支公司	甘信惠	—	14	2

续表4

单位名称	行长（或其他称谓的第一负责人）	副行长（或其他称谓的同级领导）	正式员工（人）	营业网点（个）
阳光人寿保险股份有限公司聊城中心支公司	杨相平	—	16	3
华泰人寿保险股份有限公司聊城中心支公司	王　梅	—	9	2
国华人寿保险股份有限公司聊城中心支公司	孙来奎	—	9	1
中信保诚人寿保险有限公司聊城中心支公司	王友夫	贾金辉	22	5
幸福人寿保险股份有限公司聊城中心支公司	石　峰	杨安毅	18	3
华夏人寿保险股份有限公司聊城中心支公司	林国栋	邢国胜	46	6
天安人寿保险股份有限公司聊城中心支公司	刘立功	闫　鹏、高振兴	109	7
建信人寿保险股份有限公司聊城中心支公司	崔　霞	刘　浩	7	1
德华安顾人寿保险有限公司聊城中心支公司	许　虎	—	18	4
农银人寿保险股份有限公司聊城中心支公司	王　军	刘美娟	24	2
大家人寿保险股份有限公司聊城中心支公司	牛兆军	—	8	1
百年人寿保险股份有限公司聊城中心支公司	闫志昌	姚奉伟	12	1
工银安盛人寿保险有限公司聊城中心支公司	崔　丽	常　静	9	1

附表4

聊城市主要金融机构业务概况

（2021年末）　　单位：亿元

单位名称	本外币存款余额	本外币单位存款	本外币储蓄存款	本外币贷款余额	本外币短期贷款	本外币中长期贷款
农业发展银行聊城市分行	11.85	11.85	0.00	111.34	28.59	82.74
工商银行聊城分行	435.42	172.07	263.22	337.16	130.86	204.91
农业银行聊城分行	465.00	137.45	326.08	336.59	117.37	202.43
中国银行聊城分行	234.78	84.12	150.56	191.59	67.69	114.18
建设银行聊城分行	435.36	140.66	279.52	260.03	77.49	173.50
交通银行聊城分行	60.24	44.17	16.08	58.28	33.09	24.14
邮政储蓄银行聊城市分行	610.44	33.78	576.65	149.57	56.79	82.56
华夏银行聊城分行	118.33	57.76	60.54	46.51	13.23	32.79
恒丰银行聊城分行	56.79	42.90	13.88	37.14	11.95	19.96

续表

单位名称	本外币存款余额	本外币单位存款	本外币储蓄存款	本外币贷款余额	本外币短期贷款	本外币中长期贷款
上海浦东发展银行聊城分行	27.48	18.56	8.91	28.73	5.57	21.29
招商银行聊城分行	43.15	30.65	12.48	40.41	3.12	34.99
齐鲁银行聊城分行	185.83	76.24	109.59	143.47	41.95	99.95
潍坊银行聊城分行	78.66	36.99	41.67	50.04	23.63	26.34
莱商银行聊城分行	58.50	35.04	23.46	40.95	19.80	21.15
北京银行聊城分行	22.18	14.05	8.13	17.29	8.18	8.54
德州银行聊城分行	15.75	10.76	4.99	20.61	8.03	12.58
兴业银行聊城分行	85.57	76.32	9.24	33.62	5.03	27.89
民生银行聊城分行	58.90	55.10	3.80	36.40	10.04	26.36
威海市商业银行聊城分行	27.65	23.19	4.47	28.63	7.69	15.27
日照银行聊城分行	30.35	24.36	5.99	27.45	18.34	9.11
光大银行聊城分行	26.51	23.35	3.15	18.14	4.39	9.91
济宁银行聊城分行	22.47	21.00	1.46	26.10	9.93	16.17
农村商业银行（合计）	1,699.03	190.18	1,508.83	1,052.77	642.33	269.14
村镇银行（合计）	57.68	6.11	51.58	42.55	17.71	24.84

附表5

聊城市金融机构统计指标

单位：家、人、只

指标		2017年	2018年	2019年	2020年	2021年	2021年同比增幅（%）
银行类	银行类机构家数	35	37	38	38	38	0.00
	法人机构	16	16	16	16	16	0.00
	省级分行	5	6	7	7	7	0.00
	二级分行	14	15	15	15	15	0.00
	县区支行	272	274	265	236	240	1.69
	正式从业人数	11,579	10,518	10,420	10,393	10,179	-2.05
保险类	保险公司家数	52	56	56	56	57	1.79
	财险公司家数	28	30	30	30	31	3.33
	省级分公司	—	—	—	—	—	—
	地市分公司	28	30	30	30	30	0.00
	县区支公司	107	111	112	97	97	0.00
	寿险公司家数	24	26	26	26	26	0.00
	省级分公司	—	—	—	—	—	—
	地市分公司	24	26	26	26	26	0.00
	县区支公司	80	85	85	76	76	0.00
	正式从业人数	41,412	41,893	3,807	3,850	3,490	-9.35
	财险人员	6,540	7,871	2,139	2,326	2,114	-9.11
	寿险人员	34,872	34,022	1,668	1,524	1,376	-9.71

续表

指标		2017年	2018年	2019年	2020年	2021年	2021年同比增幅（%）
证券类	证券公司家数	12	13	13	14	15	7.14
	证券营业部	16	20	18	19	20	5.26
	正式从业人数	241	174	217	207	267	28.98
	境内上市股票只数	4	4	4	4	4	0.00
	境外上市股票只数	0	1	1	2	1	-50.00
	辖区上市公司总数	4	5	5	6	5	-17.00

滨州市

【经济金融概况】　2021年，滨州市科学统筹疫情防控和经济社会发展，高质量发展取得新进展新成效。2021年全市实现生产总值2,872.11亿元，同比增长8.30%。一是工业生产平稳运行。2021年，规模以上工业增加值增长9.30%，同比提高5.70个百分点。二是固定资产投资持续加快增长。2021年，全市固定资产投资同比增长15.30%，增速同比加快7.50个百分点。三是消费市场规模扩大。全年社会消费品零售总额增长14.70%，增速同比加快13.60个百分点。四是贸易形势总体平稳。2021年，全市进出口总额1,023.10亿元，同比增长24.40%。五是财政收入量增质优。2021年，一般公共预算收入287.31亿元，同比增长13.70%；一般公共预算支出478.17亿元，同比增长8.80%。六是金融物价运行平稳。2021年，居民消费价格累计同比上涨0.90%，增速同比回落1.50个百分点。截至2021年末，全市本外币贷款余额3,767.05亿元，较年初增长9.42%；本外币存款余额3,067.57亿元，较年初增长5.63%。

【货币政策实施】　2021年，人民银行滨州市中心支行实施“金融畅通工程”，构建金融支持实体经济体系。一是强化政策引导，累计办理再贷款、再贴现102.40亿元，推动14家法人机构延续两项直达工具增量扩面，加强利率管理引导融资成本持续下行，创新办理高风险机构再贷款业务得到分行领导批示肯定。二是落实“资金跟着项目走”工作机制，开展10余次金融服务县区行、金融顾问团等对接活动，建立项目名单制、对接责任制等6项机制，对270个省、市重点项目发放贷款66.30亿元。三是持续优化民营和小微企业融资服务，扎实开展支持个体工商户发展专项行动，推动金融机构培植首贷企业6,676户，推荐63家供应链“白名单”核心企业。四是开展金融服务乡村振兴攻坚行动，推进15个金融科技赋能乡村振兴重点项目，对7,243个涉农主体发放“央行资金产业振兴贷”28.20亿元，做好134个省级重点涉农项目融资对接，金融支持肉牛产业发展得到市领导批示。五是持续推进债券发行“双百攻坚行动”，按季度对辖区债券存续企业开展监测分析，推动2家农商银行加入银行间市场，指导4家企业发行债务融资工具8支、46.00亿元。

【金融稳定】　2021年，滨州市金融稳定工作压实“三方责任”，构建金融风险防范体系，分别被人民银行济南分行和市政府领导批示肯定，获得“富强滨州建设奋斗攻坚奖”。一是聚焦高风险机构退出，算好“明白账”、画好“路线图”，向市政府主要领导汇报风险化解路径，对4个重点县区开展专项调研，对重点风险机构进行“一对一”辅导，积极稳妥推动全市金融风险有序化解。二是推进金融风险预警体系建设，加强市直部门、行内信息共享和工作联动，形成风险监测分析“集群作战”机制，推进“法人机构+重点企业”双支柱风险监测模式，风险监测经验在全省金融稳定会议上交流发言。三是打好“央行评级+存款保险”组合拳，持续开展存款保险现场核查，摸清法人机构风险底数，督促其稳健审慎经营。

【金融服务】　2021年，滨州市金融系统深化“放管服”改革，构建普惠金融体系。一是扎实做好金融基础数据统计，聚焦经济热点做好宏观形势监测，铝产业链调查工作在人民银行济南分行专业会议上典型发言。二是制定提升企业账户服务质效10项重点任务、39条具体措施，实施小微企业简易开户服务，指导173个网点开办“政银合作”帮办代办业务，进一步提升企业开办效率。三是深化现金服务示范区建设，落实疫情期间现金消毒和新币供应，布设137个硬币兑换主办网点，扎实推进拒收现金集中整治工作，不断提升群众满意度。四是创新建立财税库银协作长效机制，累计办理退库业务91.80亿元、中央直达资金65.10亿元，实现直达资金“零延时”，国库信息化工作被人民银行济南分行领导批示、转发，并在人民银行济南分行专业会上作典型发言。五是推进征信窗口服务规范化建设，推动应收账款融资服务增量扩面，累计完成融资56笔、金额22.00亿元。六是成立全省首家金融纠纷中立评估中心，建立“投诉+调解+裁决”一站式纠纷解决平台，金融消费权益保护工作被人民银行济南分行转发，先后得到市委书记、市长和人民银行济南分行领导批示肯定。七是整合行内资源推进金融宣传，建设金融教育示范基地，深入推进“普及金融知识 守住‘钱袋子’”“金融知识普及月”等系列宣传活动。

【金融监管】 2021年，人民银行滨州市中心支行依法管理金融机构，把金融监管与贯彻货币政策导向、规范金融机构合法稳健经营相结合。一是加强支付市场监管，健全完善风险账户核查处置协调机制，逐户核查山东省反诈中心推送的涉案账户73批次。二是继续开展执法检查与行政处罚体制改革试点，年内组织开展综合执法大检查1次。三是完成91家义务机构反洗钱分类评级，深化反洗钱工作协作机制，推动洗钱入罪工作取得新突破。

【外汇管理】 2021年，滨州市持续推进跨境投资贸易便利化，构建对外开放金融服务体系。一是深入落实跨境金融区块链试点等外汇管理便利化试点政策，深化“两局一关”战略合作框架，加强政策协调和部门联动，针对重点银行、重点企业开展政策宣讲和业务指导，推动8家企业实现跨境融资6.60亿美元，指导9家企业依托区块链平台办理贸易融资825.10万美元。二是建立“汇率避险辅导行”制度，组织6期“企汇讲堂”，推动全市11家外汇指定银行与83家重点涉外企业进行结对帮扶，一对一辅导117次，为企业量身定做汇率避险产品方案93个，汇率避险服务成效被人民银行济南分行转发。三是落实微观合规要求，扎实做好货物贸易、服务贸易、个人外汇、资本项目业务的日常监测及专项核查，认真做好国际收支数据核查，国际收支申报数据连续五年“零差错”。四是健全跨境人民币业务推广常态化辅导机制，加大双向资金池业务推广力度，为跨境贸易投资人民币结算提供便利服务。

【保险业务】 2021年，滨州市保险业平稳发展，行业创新步伐不断加快，服务保障水平不断提高。截至2021年末，滨州市共有48家地市级保险公司分支机构，其中财产险公司27家、寿险公司21家，机构数同比均没有变化；全年共实现保费收入126.29亿元，同比增长5.63%，同比提高了2.66个百分点；共支付赔款与给付46.88亿元，同比增长17.86%。

【证券市场】 2021年，滨州市证券市场业务增长平稳。截至2021年末，滨州市投资者开设证券交易账户20.98万户，同比减少7.25%；全年实现交易额1,833.63亿元，同比增长0.24%。受风险形势影响，2021年滨州市企业在资本市场债市发行仍受阻。全年各类债券存量仍然仅8只、上市公司16家，资本市场融资形势仍然不容乐观。

（梁 珍）

附表1

滨州市主要金融指标1

单位：亿元

地区		银行类							
		本外币存款余额	住户存款	非金融企业存款	本外币贷款余额	第一产业贷款	第二产业贷款	第三产业贷款	个人贷款及透支
惠民县	2021年	309.46	251.88	35.57	175.55	2.87	67.37	20.47	83.13
	同比增幅（%）	10.29	14.18	1.43	-13.22	-67.65	-25.43	-32.99	14.65
阳信县	2021年	217.59	168.50	31.25	178.04	1.51	50.89	24.75	100.88
	同比增幅（%）	4.33	17.39	2.80	4.24	-31.61	-10.22	-6.73	18.17
无棣县	2021年	311.59	207.04	82.30	231.94	11.20	78.45	35.38	104.71
	同比增幅（%）	12.96	14.24	14.74	15.50	-1.20	14.72	4.15	22.37
博兴县	2021年	564.04	363.59	164.71	404.10	7.41	199.77	58.93	135.99
	同比增幅（%）	10.21	14.13	8.88	3.11	-45.52	-5.44	4.30	28.76
邹平市	2021年	743.63	480.36	224.01	707.13	2.92	410.56	116.80	163.37
	同比增幅（%）	4.74	10.24	-3.29	-0.37	-30.07	-12.04	25.91	23.18
滨州市	2021年	3,767.05	2,273.35	1,118.74	3,067.57	34.79	1,211.23	612.91	1,103.14
	同比增幅（%）	9.42	13.87	4.68	5.63	-38.07	-6.28	12.45	17.21

附表2

滨州市主要金融指标2

单位：亿元

地区		保险类		证券类		
		保险公司保费收入	保险公司赔款和给付支出	证券市场成交总额	投资者保证金余额	投资者开户数（万户）
惠民县	2021年	10.15	3.59	75.25	0.27	0.98
	同比增幅（%）	-0.65	-0.36	100.00	100.00	100.00
阳信县	2021年	7.02	2.27	—	—	—
	同比增幅（%）	5.46	23.71	—	—	—
无棣县	2021年	10.31	3.80	85.89	0.21	1.80
	同比增幅（%）	8.80	23.29	100.00	100.00	100.00
博兴县	2021年	13.40	4.29	118.27	0.32	1.82
	同比增幅（%）	3.24	-1.96	100.00	100.00	100.00
邹平市	2021年	16.59	5.32	601.53	1.63	8.01
	同比增幅（%）	10.45	-22.77	7.33	22.56	7.66
滨州市	2021年	126.29	46.88	1,833.63	6.06	20.98
	同比增幅（%）	5.63	17.86	0.24	-59.48	-7.25

附表3

滨州市主要金融机构概况

单位名称	行长（或其他称谓的第一负责人）	副行长（或其他称谓的同级领导）	正式员工（人）	营业网点（个）
人民银行滨州市中心支行	韩 伟	李秀杰、李庶泳、彭凤祥、王永强	290	7
滨州银保监分局	魏 健	胡红坚、刘寿章、李 勇、万德强	49	1
农业发展银行滨州市分行	翟玉金	陈瑞吉、李建民	175	7
工商银行滨州分行	韩亚鹏	唐鸿雁、徐国刚、朱志刚、门宝国	777	41
农业银行滨州市分行	张兴军	梁明明、宗 新、于 莹、贾希光	1,140	63
中国银行滨州分行	王 华	卜庆凯、王 薇、苏胜利、卢晓春、田福生	469	19
建设银行滨州分行	姚立军	郭卫东、吴国强、王晓刚、赵延军、杜希波	794	35
交通银行滨州分行	侯键东	李 芸、赵 晖、陈秀兵	62	3
华夏银行滨州分行	单 超	郭 鹏、侯彦明、牛丙武	43	2
招商银行滨州分行	王卫健	韩 勇、孟国栋	97	4
兴业银行滨州分行	朱新军	刘广东、刘宝营、雷建军	110	7
恒丰银行滨州分行	张 宁	郝县明、张 亮	130	6
青岛银行滨州分行	刘铁柱	尹 玲、高宝军	75	3
齐商银行滨州分行	林学强	张玉鹏、付宪桐、张 涛、袁 媛、李 军	192	11
东营银行滨州分行	韩念华	耿小军、赵 凯、张艳敏、姚海涛	215	15
潍坊银行滨州分行	王树军	张国磊、侯光伟、丁 健	140	7
德州银行滨州分行	王长波	张治广、张子龙	91	7
光大银行滨州分行	王 峰	王新建	35	1
威海市商业银行滨州分行	沈阳	栾树涛	31	1
农信社滨州市办事处	王兆新	阴国庆、朱传铭	2,702	205
邮储银行滨州市分行	鲁成军	许欣山、张 萍、郑伟华、张婷婷	555	134

续表1

单位名称	行长（或其他称谓的第一负责人）	副行长（或其他称谓的同级领导）	正式员工（人）	营业网点（个）
中信银行滨州分行	于健伟	朱 刚、刘 伟、窦云虎	41	1
齐鲁银行滨州分行	李 强	李延宽、孙宝军、初 锋	124	6
滨州河海村镇银行	薛 静	张栋栋、胡菲菲、郭海丽	47	2
沾化青云村镇银行	吴国伟	温明喜	53	4
惠民舜丰村镇银行	孙培欣	张云龙、王 龙	78	7
阳信河海村镇银行	白树军	徐福华、武 迪、马龙飞、郭占亭	68	5
无棣中成村镇银行	刘 成	王建中	19	1
博兴新华村镇银行	吕 泽	高 飞、侯启恒	37	3
邹平浦发村镇银行	薛莲花	孟晓鸣、刘德涛、范 鹏	98	5
邹平青隆村镇银行	陈 工	肖建智、王 臻	76	6
银河证券滨州黄河五路证券营业部	付慧喆	—	8	1
华林证券滨州渤海十六路证券营业部	王卫华	—	13	1
国融证券滨州黄河五路证券营业部	张友卫	—	5	1
长江证券滨州渤海十八路证券营业部	陈保和	—	7	1
中信证券（山东）滨州府前街证券营业部	魏兰州	彭艳艳	34	1
中信证券（山东）滨州黄河二路证券营业部	邵从波	张绪绪	30	1
中信证券（山东）邹平黛溪三路证券营业部	高长青	—	27	1
中泰证券滨州市分公司	毕京利	—	76	7
中国人民财产保险公司滨州市分公司	刘艳玲	王 冰、吴 健	387	34
中国人寿保险公司滨州市分公司	张秋云	张利军、王洪亮	280	58
中国平安财产保险公司滨州市支公司	王鑫烈	赵 伟、林海峰、李景超	162	7
中国平安人寿保险公司滨州市支公司	苏晓东	杨红梅	117	11
泰康人寿保险公司滨州市支公司	祖吉涛	田 勇	65	16
中国太平洋财产保险公司滨州市支公司	宋 峰	赵国青、高 侃	124	8
中国太平洋人寿保险公司滨州市支公司	周荣海	李 帅、刘海霞、戴振宇	124	14
新华人寿保险公司滨州市支公司	杨龙见	张玉文、许红玉、高明明	111	8
天安财产保险公司滨州市支公司	丁希华	韩 勇	57	6
中华联合财产保险公司滨州市支公司	刘恩猛	李荣华、韩艳红	103	10
中国大地财产保险公司滨州市支公司	夏 波	王 凡、李 杨	148	9
大家财产保险公司滨州市支公司	郭卫星	—	18	6
合众人寿保险公司滨州市支公司	陈 毅	—	13	4
华安财产保险公司滨州市支公司	陈 鹏	—	49	6
安华农业保险公司滨州市支公司	时如愿	王成宝、吴 静	65	8
阳光财产保险公司滨州市支公司	安晋清	赵玉娟、卞永波	159	8
永安财产保险公司滨州市支公司	位建顺	—	39	5
太平财产保险有限公司滨州市支公司	庞 伟	李建涛	90	5
都邦财产保险公司滨州市支公司	杨文旭	—	22	5
中国人民人寿保险公司滨州市支公司	赵 峰	刘 伟、张 伟	64	7

续表2

单位名称	行长（或其他称谓的第一负责人）	副行长（或其他称谓的同级领导）	正式员工（人）	营业网点（个）
农银人寿保险公司滨州市支公司	孙向军	谭广旭	61	5
太平人寿保险有限公司滨州市支公司	王 军	—	70	6
长安责任保险公司滨州市支公司	李 涛	—	22	3
中国人寿财产保险公司滨州市支公司	韩立霞	周 华、张 园	163	7
渤海财产保险公司滨州市支公司	何建军	—	23	3
浙商财产保险公司滨州市支公司	董章鹏	—	50	5
英大泰和人寿保险公司滨州市支公司	王 勇	—	23	5
安盛天平财产保险公司滨州市支公司	燕保连	—	6	4
长城人寿保险公司滨州市支公司	曹爱华	—	19	5
国华人寿保险公司滨州市支公司	刘振刚	刘尚东	7	1
英大泰和财产保险公司滨州市支公司	李 磊	—	22	2
生命人寿保险公司滨州市支公司	陈雪城	—	36	1
华夏人寿保险公司滨州市支公司	杨海波	梁宝利、曾凡华	47	5
泰山财产保险公司滨州市支公司	谭兴文	—	31	5
中国人民健康保险公司滨州营销服务部	王国栋	曹志昊	10	1
国任财产保险股份公司滨州市支公司	张继刚	—	35	3
建信人寿保险有限公司滨州市支公司	米 杨	裴 岚	21	2
亚太财产保险有限公司滨州市支公司	赵孝刚	—	9	2
安诚财产保险公司滨州市支公司	李 明	—	21	2
德华安顾人寿保险有限公司滨州市支公司	郑寿智	—	22	5
华泰财产保险有限公司滨州市支公司	苏晓东	—	5	1
华海财产保险公司滨州市支公司	宋秀珍	—	49	4
平安养老保险公司滨州市支公司	王复礼	—	13	1
天安人寿保险公司滨州市支公司	马士强	徐 岭、蒋丽丽	32	3
信泰人寿保险公司滨州市支公司	赵 宁	—	14	1
永诚财产保险公司滨州市支公司	盖志峰	—	5	1
华泰人寿保险公司滨州市支公司	张学超	—	12	2
中路财产保险公司滨州市支公司	杜志强	赵延寿	24	2

附表4

滨州市主要金融机构业务概况

（2021年末）

单位：亿元

单位名称	本外币存款余额	本外币单位存款	本外币储蓄存款	本外币贷款余额	本外币短期贷款	本外币中长期贷款
农业发展银行滨州市分行	61.99	61.99	0.00	266.48	54.80	211.68
工商银行滨州分行	509.10	177.78	321.22	369.53	144.47	223.22
农业银行滨州市分行	599.86	204.61	395.15	380.87	148.24	217.66
中国银行滨州分行	230.20	133.14	96.67	265.90	132.05	122.60
建设银行滨州分行	452.48	178.32	274.11	284.62	94.24	181.28
交通银行滨州分行	24.53	18.37	6.16	48.67	7.71	38.02
华夏银行滨州分行	29.16	24.43	4.73	23.31	8.33	13.60
招商银行滨州分行	57.11	37.86	19.25	46.03	6.47	26.70
兴业银行滨州分行	115.76	96.30	19.46	210.61	110.66	99.55
恒丰银行滨州分行	77.01	63.54	13.47	86.40	58.45	24.15
青岛银行滨州分行	56.98	41.54	15.44	42.90	11.24	26.30
齐商银行滨州分行	82.60	46.42	29.18	72.38	26.18	45.71
东营银行滨州分行	117.49	50.81	66.65	76.58	39.56	33.85
潍坊银行滨州分行	55.40	35.50	19.90	41.04	20.23	20.80
德州银行滨州分行	21.16	12.26	8.90	34.06	18.81	15.25
光大银行滨州分行	13.59	12.08	1.51	6.74	1.33	5.27
威海市商业银行滨州分行	23.83	20.58	3.25	38.34	10.60	23.33
农信社滨州市办事处	748.53	117.75	630.77	455.65	327.37	117.72
邮储银行滨州市分行	329.72	40.02	289.70	188.07	42.94	116.03
中信银行滨州分行	26.71	22.76	3.95	31.55	14.38	13.17
齐鲁银行滨州分行	60.23	49.60	10.63	53.60	26.88	26.47
滨州河海村镇银行	1.87	0.20	1.68	3.28	1.95	1.33
沾化青云村镇银行	3.78	1.11	2.67	4.67	3.50	1.17
惠民舜丰村镇银行	4.22	0.96	3.26	6.46	5.10	1.36
阳信河海村镇银行	2.71	0.69	2.03	3.57	2.99	0.58
无棣中成村镇银行	0.67	0.37	0.30	1.13	0.69	0.44
博兴新华村镇银行	4.98	5.00	3.05	4.31	1.30	3.01
邹平浦发村镇银行	17.73	0.93	16.80	8.55	6.75	1.79
邹平青隆村镇银行	14.06	0.57	13.46	12.31	7.74	4.56

附表5

滨州市金融机构统计指标

单位：家、人、只

	指标	2017年	2018年	2019年	2020年	2021年	2021年同比增幅（%）
银行类	银行类机构家数	31	33	32	32	34	6.25
	法人机构	14	15	14	14	14	0.00
	一级分行	—	—	—	—	—	—
	二级分行	16	18	18	18	20	11.11
	县区支行	111	124	132	127	135	6.30
	正式从业人数	8,116	8,467	8,449	8,260	8,474	2.59
保险类	保险公司家数	197	202	207	207	198	-4.35
	财险公司家数	116	118	121	121	113	-6.61
	省级分公司	—	—	—	—	—	—
	地市分公司	26	26	27	27	27	0.00
	县区支公司	90	92	94	94	86	-8.51
	寿险公司家数	81	84	86	86	85	-1.16
	省级分公司	—	—	—	—	—	—
	地市分公司	20	21	21	21	21	0.00
	县区支公司	61	63	65	65	64	-1.54
	正式从业人数	13,915	13,936	13,967	13,955	13,015	-6.74
	财险人员	1,750	1,758	1,796	1,790	1,670	-6.70
	寿险人员	12,165	12,178	12,171	12,165	11,345	-6.74
证券类	证券公司家数	11	13	13	14	14	0.00
	证券营业部	10	12	13	14	14	0.00
	正式从业人数	160	194	212	209	204	-2.39
	境内上市股票只数	8	8	8	8	8	0.00
	境外上市股票只数	7	8	8	8	8	0.00
	辖区上市公司总数	15	16	16	16	16	0.00

菏泽市

【经济金融概况】 2021年，面对新冠疫情的持续冲击和艰巨繁重的改革发展稳定任务，菏泽市经济金融仍继续保持了快速发展，在严峻考验中交出了合格答卷。各项存款余额5,619.66亿元，比年初增长11.52%，增速列全省第三位；各项贷款余额3,457.27亿元，增长14.39%，增幅居全省第七位。

【货币政策】 2021年，人民银行菏泽市中心支行对标对表总分行重点工作任务，立足区域发展实际，精心组织、精准施策，全力服务实体经济发展，信贷规模持续增加，信贷结构进一步优化，资金价格明显降低。

一是狠抓重点领域金融支持。截至2021年末，全市“231”产业贷款余额523.85亿元，增速6.10%；向省重点建设项目授信140.53亿元，发放贷款28.40亿元。全力做好创业就业金融服务，发放创业担保贷款17.93亿元，发放额居全省第四位。

二是普惠小微口径企业贷款高速增长。积极落实再贷款、再贴现、两项直达工具等优惠政策，组织开展“民营和小微企业首贷培植行动”“‘齐心鲁力·助商惠民’支持个体工商户发展专项行动”“乡村振兴产业突破融资对接”等活动，同时大力推广无还本续贷、随借随还信贷模式。全年办理支农、支小、扶贫再贷款余额40.02亿元，再贴现10.39亿元，再贴现、再贷款业务量同比增长101.00%。年末全市普惠口径小微企业贷款余额348.22亿元，较年初增长40.55%，增速高于各项贷款增速26.16个百分点。

三是金融服务乡村振兴。分县区制作《金融服务乡村振兴产业地图册》。全年围绕黄河滩区、电商、医药等特色产业组织开展对接活动95次，对接各类生产经营主体3,956户，达成意向资金53.78亿元，落实44.99亿元，资金落实率达83.66%。积极推动金融担保融合政策落地，推动简化担保程序、降低担保费率和门槛，引导银行机构加强与省农担的业务合作，发放“鲁担惠农贷”65.75亿元，规模居全省第一位，农担项目平均融资成本仅3.00%，为1.08万户农村经营主体节约资金1.61亿元。人民银行菏泽市中心支行被评为“山东省脱贫攻坚先进集体”，是全省人民银行系统唯一一家单位。

【金融稳定】 2021年，人民银行菏泽市中心支行认真履行系统性金融风险防控化解牵头抓总职责，坚持标本兼治、综合治理，严防死守金融安全底线。

一是不良占比降至近八年最低。全市银行业不良贷款年末余额49.46亿元、不良率1.43%，分别比年初下降25.97亿元、1.07个百分点，较高峰值下降112.74亿元、5.77个百分点，不良贷款率由最高时全省第三位降至第九位，达到2015年年初以来的最低水平，超额完成《政府工作报告》提出的“不良率降至2%以下”目标任务。风险企业处置取得显著进展。各县区不良贷款率全部降至5%以下，平均较高峰值降7.34个百分点。

二是高风险机构“销号清零”。6月，东明农商行退出高风险机构，较人民银行济南分行规定期限提前6个月，辖区高风险机构实现“清零”。

【金融监管】 2021年，人民银行菏泽市中心支行依法实施金融监管，维护辖区金融稳定。

一是提升依法行政水平。严格规范开展执法检查，年内开展综合执法检查1项，对13家机构、4名直接责任人处罚126.00万元，对辖内违法违规行为形成有效震慑。

二是强化反洗钱监管。将反洗钱职能与扫黑除恶“打财断血”工作紧密结合，重点推动打击涉黑洗钱专项行动，向公安部门移送线索19份，立案4起；加强与公检法沟通协作，合力推动洗钱入罪判决取得突破。

三是加强征信市场监管。开展征信市场“净场行动”，共清理负面清单征信企业13家。

四是打击“地下钱庄”。菏泽“1·28”涉汇专案已查处案件165起、涉案金额1.60亿元。

五是深入推进“断卡”行动。协助公安机关抓捕嫌疑人员179人，通过柜面堵截可疑开卡风险事件3,168起，劝阻受骗群众停止支付2,376起、止损400.00万元。

【外汇管理】 2021年，国家外汇管理局菏泽市中心支局持续推进贸易投资便利化与外汇改革各项措施，支持辖区涉外经济平稳健康发展。

一是开展“一局一案例”“一行一案例”活动。组织辖内支局、商业银行开展业务宣讲，畅通政策传导渠道，释放政策红利。指导工行、中行做好贸易外汇收支便利化试点工作，累计为7家企业办理贸易外汇收支便利化试点业务4,929笔、金额4.11亿美元。

二是开展汇率避险专项行动。推动市政府成立由外汇局牵头，商务、财政、国资、银行共同参与的汇率避险工作专班，形成政策合力。实施“分片包干”工程，建立分片包干台账，推动汇率避险供需“无缝对接”。择优选聘8家支局、16家银行机构42名业务骨干为首批“金牌讲师”，讲好汇率避险故事。着力打造“菏汇通”短视频宣传品牌，制作系列汇率避险知识短视频，持续发送汇市分析、案例共享等内容，直线输送到企业。实现61家重点企业“面对面”辅导全覆盖，帮助企业解决具体困难和问题126件，银行为企业定制产品113个。全市外汇衍生品履约额9.30亿美元，套保率18.32%，位居全省第二名，增幅居全省第一名。

三是全国首建个人外汇业务服务标准化示范网点。按照“外汇局指导、自律机制主导、商业银行自主”三级推动原则，在全市选定基础设施好、个人外汇业务量较大的4家银行网点作为示范网点。通过先行先试，大胆创新，提供可复制、可借鉴、可推广的范式，带动个人外汇业务服务质量持续优化。

【金融服务】 2021年，人民银行菏泽市中心支行紧盯“营商环境”硬指标，持续深化金融“放管服”各项措施，被市委、市政府表彰为“优化营商环境先进集体”。

一是持续优化账户服务。推行小微企业简易开户服务，落实小微企业和个体工商户支付手续费降费政策。至年末，全市574个银行对公网点均支持小微企业简易开户服务，降费政策惠及小微企业和个体工商户7.54万户，累计减免手续费650.42万元。

二是加快现金示范区建设。组织开展“现金服务进社区 普惠金融心连心”活动161次，为30个社区增加新型纸硬币兑换机4台、智慧柜员机24台，方便在家门口享受便利的现金服务。

三是持续优化国库服务。实行出口退税“四个一”模式，实现出口退税“零跑腿”。2021年，全辖共办理出口退税3,818笔、金额15.79亿元，单笔办理时间由以往3个工作日压缩至当日即可办结。

四是稳妥推进动产融资统一登记服务落地。截至2021年末，全市新增注册常用户103个，注册量达152个；共办理动产和权利担保登记2,360笔。

五是全力推进贸易投融资便利化。2021年，辖区外商直接投资流入4.99亿美元，较2020年同比增长35.23%。

六是持续推动人民币国际化。2021年，全市使用跨境人民币结算企业共有184家，同比增加22家，占全市涉外收支企业的18.60%，同比提高3.30个百分点；境外涉及50个国家或地区，同比增加8个。

七是认真做好金融消费权益保护工作。联合银保监、教育局推动金融知识纳入国民教育，累计开展金融知识进课堂16次、金融知识进校园活动24次，覆盖中小学生8,000人。年内推动处理投诉化解纠纷128起；对投诉中违法行为及时移送职能部门审查，全年累计移送审查4批次。

（尘永魁、韩　鹏）

附表1

菏泽市主要金融指标1

单位：亿元

地区		银行类							
		本外币存款余额	住户存款	非金融企业存款	本外币贷款余额	第一产业贷款	第二产业贷款	第三产业贷款	个人贷款及透支
定陶区	2021年	336.68	287.73	24.35	187.51	0.70	18.22	48.34	111.35
	同比增幅（%）	9.81	13.43	-22.26	4.82	111.18	-29.11	-4.59	15.10
曹县	2021年	637.75	540.14	62.88	357.35	3.59	40.79	71.01	220.44
	同比增幅（%）	11.42	14.00	10.13	18.48	15.66	7.23	4.85	20.05
单县	2021年	518.47	446.30	45.68	304.46	2.13	36.10	53.49	200.53
	同比增幅（%）	8.93	13.05	-8.40	15.71	182.77	-13.35	15.98	18.23
成武县	2021年	347.98	309.27	19.92	146.22	0.11	19.10	33.40	85.30
	同比增幅（%）	9.95	12.76	10.92	20.24	25.84	17.84	17.38	20.67
巨野县	2021年	591.52	500.99	46.24	320.37	1.18	39.76	89.17	159.84
	同比增幅（%）	11.31	13.80	11.07	16.26	-4.14	-7.63	18.13	23.90
郓城县	2021年	717.99	643.82	45.34	329.37	0.95	43.33	84.93	167.79
	同比增幅（%）	12.02	14.42	14.85	20.40	9.16	8.46	6.04	21.01
鄄城县	2021年	427.29	383.52	23.31	178.51	0.92	24.49	40.74	95.43
	同比增幅（%）	8.49	13.06	-24.75	14.01	6.84	12.16	-4.97	20.00
东明县	2021年	423.82	343.25	39.15	239.23	0.30	80.44	41.48	102.88
	同比增幅（%）	10.50	14.53	-7.31	17.41	-64.50	1.85	30.30	21.96
菏泽市	2021年	5,619.66	4,450.98	722.38	3,457.27	20.73	575.22	955.13	1,733.57
	同比增幅（%）	11.52	13.73	13.43	14.39	11.17	10.86	6.79	18.23

附表2

菏泽市主要金融指标2

单位：亿元

地区		保险类		证券类		
		保险公司保费收入	保险公司赔款和给付支出	证券市场成交总额	投资者保证金余额	投资者开户数（万户）
定陶区	2021年	8.22	1.93	—	—	—
	同比增幅（%）	9.16	-5.39	—	—	—
曹县	2021年	15.46	4.63	135.18	0.22	0.88
	同比增幅（%）	2.18	-5.19	22.43	-2.95	55.56
单县	2021年	11.77	4.13	—	—	—
	同比增幅（%）	3.80	9.62	—	—	—
成武县	2021年	7.64	2.21	—	—	—
	同比增幅（%）	-2.61	7.26	—	—	—
巨野县	2021年	14.21	3.92	162.40	0.09	0.22
	同比增幅（%）	1.16	4.22	-14.69	-10.31	119.04
郓城县	2021年	15.60	4.33	65.43	0.34	0.67
	同比增幅（%）	5.67	14.61	28.55	83.36	24.97
鄄城县	2021年	7.58	2.24	—	—	—
	同比增幅（%）	7.41	2.68	—	—	—
东明县	2021年	9.50	3.22	125.53	0.37	1.13
	同比增幅（%）	1.27	24.73	6.60	31.52	18.25
菏泽市	2021年	161.51	44.28	1961.64	5.22	20.17
	同比增幅（%）	6.16	9.49	11.81	11.01	23.21

附表3

菏泽市主要金融机构概况

单位名称	行长（或其他称谓的第一负责人）	副行长（或其他称谓的同级领导）	正式员工（人）	营业网点（个）
人民银行菏泽市中心支行	贾世敏	石建民、孟宪东、孟宪彦、姜　春	389	9
菏泽银保监分局	张强春	朱凤德、张以良、孔凡申、杨爱军、刘树满、崔　亮	63	9
农业发展银行菏泽市分行	辛俊峰	周长民、郭士玉	210	9
工商银行菏泽分行	董　娇	周林建、宋红毅、台朝晖、刘　栋、王国友、黄腾坤、冯万杰、赵　斌、贾金旻、桑　勇、李　强	913	45
农业银行菏泽分行	安　平	王岩林、段中锋、李金昌、徐宪强	1,319	65
中国银行菏泽分行	郑桂峰	李　晨、刘　仪、纪利兵、王德贵、董晓光、杨利民、高照东、宋红军、范瑾瑾	567	22
建设银行菏泽分行	林拥旗	崔云全、周在军、刘伯乐、杜文康、张益民、李　娜	869	37
交通银行菏泽分行	王子敬	鞠　卿、谭洪宝、闫家强	64	3
邮政储蓄银行菏泽市分行	邓连伟	连经建、陆泽顺、孙冬青、孙浩青	742	188
省联社菏泽审计中心	崔玉光	王　伟、孙玉臻、刘贺磊	5,270	374
浦发银行菏泽分行	曹　原	孙　杰、梁尔昂	57	4

续表

单位名称	行长（或其他称谓的第一负责人）	副行长（或其他称谓的同级领导）	正式员工（人）	营业网点（个）
恒丰银行菏泽分行	马历博	刘殿强、李 燕、姚宏震	65	1
兴业银行菏泽分行	丁肇民	吴 静、赵国良、雷 林	56	1
民生银行菏泽分行	孙绪兴	邓 魁、武 潜	43	1
青岛银行菏泽分行	褚彦博	于小伟、刘瑞锋	38	1
莱商银行菏泽分行	常永峰	鹿新保、孙洁民	290	17
济宁银行菏泽分行	周 珂	李继臣、盛 斌、庄庆节	97	6
枣庄银行菏泽分行	张德安	丁首江	36	1
威海市商业银行菏泽分行	李 勇	李先建、张 拓	36	1
东明石化财务公司	韩文杰	缪学良、闫向阳	24	1
中泰证券公司菏泽市分公司	李永平	—	49	6
中信证券公司菏泽中山路证券营业部	桑学勇	郭雅倩	26	1
西部证券公司菏泽人民路证券营业部	刘 林	刘 媛	6	1
国盛证券公司菏泽永昌路证券营业部	蒋 珂	—	4	1
招商证券公司菏泽人民路证券营业部	陈 震	—	9	1
兴业证券公司菏泽证券营业部	李 璞	—	25	1
中国人民财产保险股份有限公司菏泽市分公司	宋红亚	徐 翥、关 震、马 驰、乔 琳、黄开振	438	50

附表4

菏泽市主要金融机构业务概况

（2021年末）　　　　单位：亿元

单位名称	本外币存款余额	本外币单位存款	本外币储蓄存款	本外币贷款余额	本外币短期贷款	本外币中长期贷款
农业发展银行菏泽市分行	47.14	47.14	0.00	284.71	41.39	243.32
工商银行菏泽分行	516.21	138.28	377.82	450.53	68.01	381.90
农业银行菏泽分行	538.65	114.55	419.03	369.51	50.90	309.04
中国银行菏泽分行	234.19	74.92	159.18	150.40	26.60	123.23
建设银行菏泽分行	498.80	156.34	342.43	335.11	67.26	266.51
交通银行菏泽分行	55.21	41.23	13.97	83.86	31.00	46.67
邮政储蓄银行菏泽市分行	1,001.90	41.96	959.93	137.60	57.76	77.23
农村商业银行	2,151.92	202.19	1,949.69	1,180.42	412.09	619.63
浦发银行菏泽分行	33.61	16.20	17.40	33.32	10.78	22.12
恒丰银行菏泽分行	18.18	12.94	4.22	33.30	5.42	27.39
兴业银行菏泽分行	23.34	18.03	5.31	44.41	21.99	22.42
民生银行菏泽分行	21.59	19.86	1.73	58.53	11.73	46.66
青岛银行菏泽分行	13.37	11.31	2.06	15.85	0.15	15.70
莱商银行菏泽分行	230.32	110.92	119.40	120.28	52.93	67.33
济宁银行菏泽分行	40.36	14.82	25.53	20.69	5.63	13.83
枣庄银行菏泽分行	15.03	10.41	4.62	14.43	12.10	2.33
威海市商业银行菏泽分行	30.17	25.97	4.20	32.41	8.96	22.75
东明石化财务公司	71.96	71.96	0.00	31.29	31.29	0.00
菏泽市村镇银行	63.15	18.70	44.45	60.62	42.62	18.00

附表5

菏泽市金融机构统计指标

单位：家、人、只

指标		2017年	2018年	2019年	2020年	2021年	2021年同比增幅（%）
银行类	银行类机构家数	31	33	33	35	36	2.86
	法人机构	18	18	18	18	19	5.56
	省级分行	—	—	—	—	—	—
	二级分行	13	15	15	17	17	—
	县区支行	534	114	91	84	85	1.19
	正式从业人数	13,016	12,845	12,116	12,576	12,685	0.87
保险类	保险公司家数	279	249	263	265	269	1.51
	财险公司家数	143	134	136	136	136	—
	省级分公司	—	—	—	—	—	—
	地市分公司	23	23	23	23	23	—
	县区支公司	120	111	113	113	113	—
	寿险公司家数	136	115	127	129	133	3.10
	省级分公司	—	—	—	—	—	—
	地市分公司	23	23	23	23	24	4.35
	县区支公司	113	92	104	106	109	2.83
	正式从业人数	42,025	57,834	56,350	56,847	56,907	0.11
	财险人员	4,560	9,228	7,822	8,015	8,005	-0.12
	寿险人员	37,465	48,606	48,528	48,832	48,902	0.14
证券类	证券公司家数	1	1	1	1	2	100.00
	证券营业部	7	8	8	6	4	-33.33
	正式从业人数	110	147	163	126	119	-5.56
	境内上市股票只数	7	7	7	7	7	—
	境外上市股票只数	7	7	7	7	7	—
	辖区上市公司总数	14	14	14	14	14	—

第十一部分

金融统计资料

一、综合信贷业务情况

山东省全金融机构（含外资）人民币信贷收支表

单位：亿元

项目	2021年	比年初增减	项目	2021年	比年初增减
各项存款	127,871.85	11,716.48	各项贷款	108,436.77	13,025.21
1.住户存款	72,255.34	7,999.92	1.住户贷款	40,300.78	5,285.93
（1）活期存款	19,208.27	836.35	（1）短期贷款	9,090.75	1,460.06
（2）定期及其他存款	53,047.07	7,163.57	消费贷款	3,176.20	411.77
2.非金融企业存款	37,601.76	3,007.78	经营贷款	5,914.55	1,048.29
（1）活期存款	13,720.25	236.54	（2）中长期贷款	31,210.03	3,825.86
（2）定期及其他存款	23,881.51	2,771.24	消费贷款	27,688.75	3,236.90
3.机关团体存款	13,859.34	194.43	经营贷款	3,521.29	588.97
4.财政性存款	1,269.93	100.02	2.企（事）业单位贷款	68,019.47	7,720.91
5.非银行业金融机构存款	2,758.68	400.86	（1）短期贷款	24,295.82	1,280.24
各项准备	3,234.07	172.47	（2）中长期贷款	36,975.61	5,029.43
			（3）票据融资	6,048.25	1,333.28
			（4）融资租赁	544.07	46.05
			（5）各项垫款	155.73	31.92
			3.非银行业金融机构贷款	—	—
资金来源总计	136,483.80	14,430.73	资金运用总计	136,483.80	14,430.73

注：本表机构包括中国人民银行、银行业存款类金融机构、银行业非存款类金融机构。

山东省全金融机构（不含外资）人民币信贷收支表

单位：亿元

项目	2021年	比年初增减	项目	2021年	比年初增减
各项存款	127,613.59	11,736.86	各项贷款	108,057.03	13,004.94
1.住户存款	72,233.92	8,002.24	1.住户贷款	40,216.89	5,275.23
（1）活期存款	19,199.92	836.87	（1）短期贷款	9,090.05	1,460.62
（2）定期及其他存款	53,034.00	7,165.37	消费贷款	3,176.20	411.78
2.非金融企业存款	37,381.57	3,025.39	经营贷款	5,913.85	1,048.84
（1）活期存款	13,683.50	258.78	（2）中长期贷款	31,126.84	3,814.61
（2）定期及其他存款	23,698.06	2,766.62	消费贷款	27,608.05	3,225.10
3.机关团体存款	13,856.95	195.39	经营贷款	3,518.80	589.51
4.财政性存款	1,269.93	100.02	2.企（事）业单位贷款	67,724.19	7,711.50
5.非银行业金融机构存款	2,756.07	398.56	（1）短期贷款	24,119.14	1,279.53
各项准备	3,229.85	172.47	（2）中长期贷款	36,878.09	5,015.29
			（3）票据融资	6,027.48	1,338.65
			（4）融资租赁	544.07	46.05
			（5）各项垫款	155.41	31.99
			3.非银行业金融机构贷款	—	—
资金来源总计	136,149.83	14,441.74	资金运用总计	136,149.83	14,441.74

注：本表机构包括中国人民银行、银行业存款类金融机构、银行业非存款类金融机构。

山东省政策性银行人民币信贷收支表

单位：亿元

项目	2021年	比年初增减	项目	2021年	比年初增减
各项存款	1,131.92	36.70	各项贷款	10,463.68	918.60
1.个人存款	—	—	1.短期贷款	979.66	-133.89
其中：活期储蓄存款	—	—	（1）个人贷款	—	—
定期储蓄存款	—	—	（2）单位贷款	979.66	-133.89
2.单位存款	1,122.97	33.95	2.中长期贷款	9,406.88	1,047.00
其中：活期存款	813.93	26.43	（1）个人贷款	54.04	3.15
定期存款	275.98	30.12	（2）单位贷款	9,352.84	1,043.85
保证金存款	13.22	-2.92	3.票据融资	—	—
代理财政性存款	80.44	-7.55	4.各项垫款	0.00	0.00
资金来源总计	10,978.84	886.42	资金运用总计	10,978.84	886.42

山东省股份制商业银行人民币信贷收支表

单位：亿元

项目	2021年	比年初增减	项目	2021年	比年初增减
各项存款	20,784.24	1,424.64	各项贷款	18,898.89	1,944.07
1.个人存款	6,126.80	527.22	1.短期贷款	5,908.55	136.00
其中：活期储蓄存款	1,928.72	128.07	（1）个人贷款	847.80	48.00
定期储蓄存款	1,739.74	253.93	（2）单位贷款	5,060.11	88.33
2.单位存款	13,604.70	627.40	2.中长期贷款	11,350.38	1,350.92
其中：活期存款	3,713.84	26.31	（1）个人贷款	5,519.69	732.06
定期存款	2,040.23	422.26	（2）单位贷款	5,821.81	616.99
保证金存款	2,282.23	180.81	3.票据融资	1,618.76	484.29
代理财政性存款	51.81	-17.76	4.各项垫款	20.35	-27.23
资金来源总计	22,307.55	1,537.55	资金运用总计	22,307.55	1,537.55

山东省城市商业银行人民币信贷收支表

单位：亿元

项目	2021年	比年初增减	项目	2021年	比年初增减
各项存款	20,251.31	2,639.40	各项贷款	15,775.99	2,718.64
1.个人存款	8,790.83	1,467.47	1.短期贷款	6,569.11	1,138.28
其中：活期储蓄存款	1,600.21	208.13	（1）个人贷款	1,184.93	248.77
定期储蓄存款	5,157.67	963.48	（2）单位贷款	5,307.39	857.32
2.单位存款	10,899.19	1,241.85	2.中长期贷款	8,259.43	1,434.68
其中：活期存款	3,600.66	64.00	（1）个人贷款	3,073.38	564.43
定期存款	2,317.85	702.89	（2）单位贷款	5,181.87	870.07
保证金存款	1,801.08	72.36	3.票据融资	934.84	147.18
代理财政性存款	19.75	1.87	4.各项垫款	12.58	-1.52
资金来源总计	28,478.98	3,878.26	资金运用总计	28,478.98	3,878.26

山东省农村合作金融机构人民币信贷收支表

单位：亿元

项目	2021年	比年初增减	项目	2021年	比年初增减
各项存款	24,242.95	2,280.36	各项贷款	16,430.94	1,745.41
1.个人存款	20,351.49	2,237.07	1.短期贷款	7,726.69	513.75
其中：活期储蓄存款	3,002.14	97.77	（1）个人贷款	4,111.27	621.66
定期储蓄存款	15,921.57	2,011.26	（2）单位贷款	3,493.52	-181.22
2.单位存款	3,619.35	1.19	2.中长期贷款	6,555.41	621.42
其中：活期存款	2,047.46	-97.43	（1）个人贷款	3,894.47	469.00
定期存款	561.58	60.94	（2）单位贷款	2,660.95	152.43
保证金存款	169.88	-8.45	3.票据融资	2,145.88	638.79
代理财政性存款	6.55	-3.70	4.各项垫款	2.76	-28.63
资金来源总计	30,398.10	2,869.58	资金运用总计	30,398.10	2,869.58

山东省农村商业银行人民币信贷收支表

单位：亿元

项目	2021年	比年初增减	项目	2021年	比年初增减
各项存款	24,242.95	2,280.36	各项贷款	16,430.94	1,745.41
1.个人存款	20,351.49	2,237.07	1.短期贷款	7,726.69	513.75
其中：活期储蓄存款	3,002.14	97.77	（1）个人贷款	4,111.27	621.66
定期储蓄存款	15,921.57	2,011.26	（2）单位贷款	3,493.52	-181.22
2.单位存款	3,619.35	1.19	2.中长期贷款	6,555.41	621.42
其中：活期存款	2,047.46	-97.43	（1）个人贷款	3,894.47	469.00
定期存款	561.58	60.94	（2）单位贷款	2,660.95	152.43
保证金存款	169.88	-8.45	3.票据融资	2,145.88	638.79
代理财政性存款	6.55	-3.70	4.各项垫款	2.76	-28.63
资金来源总计	29,314.75	2,919.64	资金运用总计	29,314.75	2,919.64

山东省村镇银行人民币信贷收支表

单位：亿元

项目	2021年	比年初增减	项目	2021年	比年初增减
各项存款	1,470.20	142.97	各项贷款	1,171.36	170.57
1.个人存款	1,118.87	176.89	1.短期贷款	730.55	91.25
其中：活期储蓄存款	109.42	1.46	（1）个人贷款	456.11	68.99
定期储蓄存款	974.41	161.73	（2）单位贷款	274.44	23.16
2.单位存款	351.33	-33.91	2.中长期贷款	426.99	73.64
其中：活期存款	249.86	-31.47	（1）个人贷款	337.68	62.24
定期存款	45.33	-3.36	（2）单位贷款	89.31	11.40
保证金存款	23.20	-1.02	3.票据融资	13.77	5.70
代理财政性存款	0.13	0.03	4.各项垫款	0.05	-0.02
资金来源总计	1,799.23	184.86	资金运用总计	1,799.23	184.86

山东省信托投资公司人民币信贷收支表

单位：亿元

项目	2021年	比年初增减	项目	2021年	比年初增减
各项存款	—	—	各项贷款	49.20	22.63
1.个人存款	—	—	1.短期贷款	3.40	-2.24
其中：活期储蓄存款	—	—	（1）个人贷款	—	—
定期储蓄存款	—	—	（2）单位贷款	3.40	-2.24
2.单位存款	—	—	2.中长期贷款	45.80	24.87
其中：活期存款	—	—	（1）个人贷款	—	—
定期存款	—	—	（2）单位贷款	45.80	24.87
保证金存款	—	—	3.票据融资	—	—
代理财政性存款	—	—	4.各项垫款	—	—
资金来源总计	278.40	70.80	资金运用总计	278.40	70.80

山东省中资财务公司人民币信贷收支表

单位：亿元

项目	2021年	比年初增减	项目	2021年	比年初增减
各项存款	3,300.89	384.98	各项贷款	2,651.38	252.27
1.个人存款	—	—	1.短期贷款	2,616.58	235.34
其中：活期储蓄存款	—	—	（1）个人贷款	—	—
定期储蓄存款	—	—	（2）单位贷款	1,331.29	129.60
2.单位存款	3,283.92	379.10	2.中长期贷款	904.91	115.83
其中：活期存款	576.81	37.84	（1）个人贷款	8.90	1.79
定期存款	724.38	142.52	（2）单位贷款	896.01	114.04
保证金存款	433.94	-171.33	3.票据融资	293.64	-2.02
代理财政性存款	—	—	4.各项垫款	—	—
资金来源总计	4,544.14	506.12	资金运用总计	4,544.14	506.12

山东省外资银行人民币信贷收支表

单位：亿元

项目	2021年	比年初增减	项目	2021年	比年初增减
各项存款	258.75	-20.89	各项贷款	391.21	22.09
1.个人存款	21.42	-2.32	1.短期贷款	185.17	2.16
其中：活期储蓄存款	8.35	-0.52	（1）个人贷款	0.70	-0.55
定期储蓄存款	3.04	-1.01	（2）单位贷款	176.67	0.71
2.单位存款	222.58	-18.58	2.中长期贷款	184.38	25.21
其中：活期存款	37.14	-22.14	（1）个人贷款	83.19	11.25
定期存款	28.63	-6.55	（2）单位贷款	97.52	14.14
保证金存款	49.74	-8.55	3.票据融资	20.77	-5.37
代理财政性存款	—	—	4.各项垫款	0.32	-0.08
资金来源总计	465.72	-3.62	资金运用总计	465.72	-3.62

1997—2021年山东省人民币人均住户存款

年度	住户存款（万元）		人均住户存款（元）
	年末余额	比年初增加额	
1997	28,177,108.00	6,127,582.00	3,221.35
1998	32,657,331.00	4,106,722.00	3,706.85
1999	37,353,766.00	4,705,196.00	4,210.30
2000	41,098,425.00	3,695,061.00	4,606.41
2001	44,667,153.00	3,568,728.00	4,964.67
2002	50,637,936.00	5,977,509.00	5,600.90
2003	58,057,165.00	7,464,182.00	6,392.55
2004	67,683,453.00	9,601,347.00	7,417.37
2005	77,214,610.00	9,510,874.00	8,411.18
2006	90,351,351.00	13,136,739.00	9,769.64
2007	103,580,272.00	13,236,721.00	11,127.00
2008	114,381,079.00	10,800,146.00	12,211.11
2009	143,821,895.00	29,440,935.00	15,272.21
2010	196,482,092.00	25,654,535.00	20,747.84
2011	221,732,725.00	25,455,312.00	23,147.79
2012	263,433,050.00	41,700,326.00	27,200.47
2013	297,960,833.00	34,527,783.00	30,612.24
2014	331,785,596.00	33,824,763.00	33,892.23
2015	373,200,242.00	33,244,098.00	37,899.28
2016	413,509,329.00	40,309,087.00	41,572.77
2017	440,358,442.00	26,832,393.00	44,010.18
2018	484,349,832.00	43,941,566.00	48,207.25
2019	552,321,484.00	67,438,305.00	54,847.07
2020	642,584,006.00	90,262,521.00	63,291.62
2021	722,553,364.44	79,999,200.67	71,047.60

2021年山东省各县（市）人民币住户存款余额排序

单位：亿元

序号	地区	住户存款余额	序号	地区	住户存款余额
1	寿光市	869.93	41	博兴县	363.27
2	青州市	816.50	42	曲阜市	359.03
3	莱州市	798.64	43	平邑县	356.26
4	平度市	754.22	44	郯城县	354.65
5	诸城市	744.83	45	东明县	343.08
6	龙口市	740.44	46	东平县	342.84
7	荣成市	740.39	47	冠县	336.28
8	新泰市	733.06	48	宁阳县	334.00
9	滕州市	716.28	49	桓台县	320.94
10	胶州市	703.39	50	汶上县	318.72
11	郓城县	643.60	51	栖霞市	316.00
12	肥城市	613.88	52	宁津县	312.79
13	邹城市	577.39	53	成武县	309.12
14	高密市	572.24	54	金乡县	303.26
15	沂水县	554.83	55	齐河县	296.87
16	莒县	551.95	56	五莲县	289.57
17	曹县	539.85	57	沂源县	284.46
18	安丘市	506.14	58	临沭县	279.25
19	招远市	506.02	59	乐陵市	272.96
20	巨野县	500.85	60	临邑县	271.66
21	邹平市	479.95	61	高唐县	268.87
22	临朐县	479.24	62	蒙阴县	267.73
23	莒南县	472.82	63	禹城市	260.64
24	莱阳市	470.01	64	平原县	259.13
25	昌邑市	468.26	65	微山县	254.09
26	梁山县	453.30	66	惠民县	251.80
27	沂南县	448.05	67	夏津县	234.33
28	临清市	447.88	68	泗水县	233.71
29	广饶县	447.03	69	武城县	231.72
30	莘县	446.32	70	东阿县	229.18
31	单县	446.21	71	商河县	219.83
32	莱西市	442.49	72	平阴县	215.39
33	海阳市	439.02	73	无棣县	206.91
34	嘉祥县	425.98	74	高青县	187.20
35	乳山市	425.75	75	鱼台县	187.20
36	兰陵县	424.97	76	阳信县	168.36
37	阳谷县	385.21	77	利津县	161.75
38	鄄城县	383.41	78	庆云县	147.76
39	费县	379.35			
40	昌乐县	367.54			

注：因行政区划调整，自2013年起，胶南市划入青岛市辖区；自2014年起，兖州市改为兖州区，并入济宁市辖区；自2015年起，文登市改为文登区，并入威海市辖区，陵县改为陵城区，并入德州市辖区；沾化县改为沾化区，并入滨州市辖区;自2017年起，章丘市改为章丘区，并入济南市辖区，垦利县改为垦利区，并入东营市辖区，定陶县改为定陶区，并入菏泽市辖区；自2018年起，即墨市改为即墨区，并入青岛市辖区；自2019年起，济阳市改为济阳区，并入济南市辖区；自2020年起，茌平县改为茌平区，并入聊城市辖区；自2021年起，烟台市撤销蓬莱市、长岛县，合并设立烟台市蓬莱区，并入烟台市辖区。

山东省全金融机构（含外资）外汇信贷收支表

单位：亿美元

项目	2021年	比年初增减	项目	2021年	比年初增减
各项存款	409.40	73.15	各项贷款	407.58	29.18
1.住户存款	55.60	0.24	1.住户贷款	0.17	0.03
（1）活期存款	33.45	1.42	（1）短期贷款	0.17	0.03
（2）定期及其他存款	22.15	-1.18	消费贷款	0.17	0.03
2.非金融企业存款	299.57	55.78	经营贷款	—	—
（1）活期存款	171.95	26.69	（2）中长期贷款	0.00	0.00
（2）定期及其他存款	127.62	29.09	消费贷款	0.00	0.00
3.机关团体存款	0.41	-1.89	经营贷款	—	—
4.财政性存款	—	—	2.企（事）业单位贷款	214.07	44.21
5.非银行业金融机构存款	0.94	0.05	（1）短期贷款	180.64	43.10
各项准备	29.37	-3.38	（2）中长期贷款	33.36	2.29
			（3）票据融资	—	—
			（4）融资租赁	—	—
			（5）各项垫款	0.07	-1.18
			3.非银行业金融机构贷款	—	—
资金来源总计	508.50	86.05	资金运用总计	508.50	86.05

注：本表机构包括中国人民银行、银行业存款类金融机构、银行业非存款类金融机构。

山东省全金融机构（不含外资）外汇信贷收支表

单位：亿美元

项目	2021年	比年初增减	项目	2021年	比年初增减
各项存款	395.31	70.70	各项贷款	397.41	28.12
1.住户存款	54.22	0.54	1.住户贷款	0.17	0.03
（1）活期存款	32.53	1.50	（1）短期贷款	0.17	0.03
（2）定期及其他存款	21.69	-0.96	消费贷款	0.17	0.03
2.非金融企业存款	291.99	54.55	经营贷款	—	—
（1）活期存款	165.64	25.85	（2）中长期贷款	0.00	0.00
（2）定期及其他存款	126.36	28.70	消费贷款	0.00	0.00
3.机关团体存款	0.41	-1.89	经营贷款	—	—
4.财政性存款	—	—	2.企（事）业单位贷款	205.04	42.99
5.非银行业金融机构存款	0.94	0.05	（1）短期贷款	173.23	42.06
各项准备	29.30	-3.38	（2）中长期贷款	31.74	2.11
			（3）票据融资	—	—
			（4）融资租赁	—	—
			（5）各项垫款	0.07	-1.18
			3.非银行业金融机构贷款	—	—
资金来源总计	490.84	83.66	资金运用总计	490.84	83.66

注：本表机构包括中国人民银行、银行业存款类金融机构、银行业非存款类金融机构。

山东省政策性银行外汇信贷收支表

单位：亿美元

项目	2021年	比年初增减	项目	2021年	比年初增减
各项存款	20.74	3.74	各项贷款	176.17	-16.32
1.个人存款	—	—	1.短期贷款	3.13	-1.07
其中：活期储蓄存款	—	—	（1）个人贷款	—	—
定期储蓄存款	—	—	（2）单位贷款	3.13	-1.07
2.单位存款	2.45	1.11	2.中长期贷款	8.92	-3.06
其中：活期存款	2.44	1.27	（1）个人贷款	—	—
定期存款	0.00	-0.15	（2）单位贷款	8.92	-3.06
保证金存款	0.01	-0.02	3.票据融资	—	—
代理财政性存款	—	—	4.各项垫款	—	—
资金来源总计	160.51	-10.71	资金运用总计	160.51	-10.71

山东省股份制商业银行外汇信贷收支表

单位：亿美元

项目	2021年	比年初增减	项目	2021年	比年初增减
各项存款	104.33	20.54	各项贷款	70.11	15.54
1.个人存款	13.31	-0.62	1.短期贷款	54.89	13.24
其中：活期储蓄存款	6.55	0.50	（1）个人贷款	—	—
定期储蓄存款	5.61	-0.70	（2）单位贷款	54.89	13.24
2.单位存款	82.42	14.71	2.中长期贷款	10.78	4.11
其中：活期存款	40.93	4.07	（1）个人贷款	—	—
定期存款	24.53	9.24	（2）单位贷款	10.78	4.11
保证金存款	16.16	0.77	3.票据融资	—	—
代理财政性存款	—	—	4.各项垫款	0.00	-0.47
资金来源总计	125.13	22.74	资金运用总计	125.13	22.74

山东省城市商业银行外汇信贷收支表

单位：亿美元

项目	2021年	比年初增减	项目	2021年	比年初增减
各项存款	33.74	15.65	各项贷款	20.58	7.32
1.个人存款	0.35	0.03	1.短期贷款	19.03	6.85
其中：活期储蓄存款	0.04	0.00	（1）个人贷款	—	—
定期储蓄存款	0.31	0.03	（2）单位贷款	19.03	6.85
2.单位存款	31.17	13.64	2.中长期贷款	0.80	0.00
其中：活期存款	10.93	1.86	（1）个人贷款	—	—
定期存款	10.54	5.38	（2）单位贷款	0.80	0.00
保证金存款	7.32	4.19	3.票据融资	—	—
代理财政性存款	—	—	4.各项垫款	0.07	-0.07
资金来源总计	80.39	23.12	资金运用总计	80.39	23.12

山东省农村合作金融机构外汇信贷收支表

单位：亿美元

项目	2021年	比年初增减	项目	2021年	比年初增减
各项存款	4.95	0.47	各项贷款	3.87	1.14
1.个人存款	0.04	0.00	1.短期贷款	3.65	1.17
其中：活期储蓄存款	0.02	0.00	（1）个人贷款	—	—
定期储蓄存款	0.03	0.00	（2）单位贷款	3.65	1.17
2.单位存款	4.87	0.52	2.中长期贷款	0.22	0.01
其中：活期存款	4.35	0.27	（1）个人贷款	—	—
定期存款	0.15	0.07	（2）单位贷款	0.22	0.01
保证金存款	0.37	0.18	3.票据融资	—	—
代理财政性存款	—	—	4.各项垫款	—	-0.03
资金来源总计	19.21	4.84	资金运用总计	19.21	4.84

山东省农村商业银行外汇信贷收支表

单位：亿美元

项目	2021年	比年初增减	项目	2021年	比年初增减
各项存款	4.95	0.47	各项贷款	3.87	1.14
1.个人存款	0.04	0.00	1.短期贷款	3.65	1.17
其中：活期储蓄存款	0.02	0.00	（1）个人贷款	—	—
定期储蓄存款	0.03	0.00	（2）单位贷款	3.65	1.17
2.单位存款	4.87	0.52	2.中长期贷款	0.22	0.01
其中：活期存款	4.35	0.27	（1）个人贷款	—	—
定期存款	0.15	0.07	（2）单位贷款	0.22	0.01
保证金存款	0.37	0.18	3.票据融资	—	—
代理财政性存款	—	—	4.各项垫款	—	-0.03
资金来源总计	19.21	4.84	资金运用总计	19.21	4.84

山东省信托投资公司外汇信贷收支表

单位：亿美元

项目	2021年	比年初增减	项目	2021年	比年初增减
各项存款	—	—	各项贷款	—	—
1.个人存款	—	—	1.短期贷款	—	—
其中：活期储蓄存款	—	—	（1）个人贷款	—	—
定期储蓄存款	—	—	（2）单位贷款	—	—
2.单位存款	—	—	2.中长期贷款	—	—
其中：活期存款	—	—	（1）个人贷款	—	—
定期存款	—	—	（2）单位贷款	—	—
保证金存款	—	—	3.票据融资	—	—
代理财政性存款	—	—	4.各项垫款	—	—
资金来源总计	3.57	0.00	资金运用总计	3.57	0.00

注：本表机构包括信托投资公司、金融租赁公司、汽车金融公司和贷款公司等银行业非存款类金融机构。

山东省财务公司外汇信贷收支表

单位：亿美元

项目	2021年	比年初增减	项目	2021年	比年初增减
各项存款	12.99	2.36	各项贷款	5.00	-3.94
1.个人存款	—	—	1.短期贷款	0.57	-1.25
其中：活期储蓄存款	—	—	（1）个人贷款	—	—
定期储蓄存款	—	—	（2）单位贷款	0.57	-1.25
2.单位存款	4.11	-1.52	2.中长期贷款	0.10	0.00
其中：活期存款	2.02	0.07	（1）个人贷款	—	—
定期存款	0.05	0.05	（2）单位贷款	0.10	0.00
保证金存款	—	—	3.票据融资	—	—
代理财政性存款	—	—	4.各项垫款	—	—
资金来源总计	16.38	2.05	资金运用总计	16.38	2.05

山东省外资银行外汇信贷收支表

单位：亿美元

项目	2021年	比年初增减	项目	2021年	比年初增减
各项存款	14.10	2.46	各项贷款	10.50	1.00
1.个人存款	1.38	-0.30	1.短期贷款	7.41	1.04
其中：活期储蓄存款	0.92	-0.08	（1）个人贷款	—	—
定期储蓄存款	0.44	-0.15	（2）单位贷款	7.41	1.04
2.单位存款	7.58	1.23	2.中长期贷款	1.95	0.12
其中：活期存款	6.31	0.83	（1）个人贷款	—	—
定期存款	1.10	0.45	（2）单位贷款	1.62	0.18
保证金存款	0.05	-0.02	3.票据融资	—	—
代理财政性存款	—	—	4.各项垫款	—	—
资金来源总计	75.32	5.27	资金运用总计	75.32	5.27

二、分机构本、外币存贷款情况

山东省中国人民银行人民币信贷收支表

单位：亿元

项目	2021年	比年初增减	项目	2021年	比年初增减
一、货币发行	—	—	一、金融机构贷款	2,400.99	833.18
二、金融机构存款	5,387.49	-186.85	中资大型银行	—	—
（一）境内金融机构存款	5,387.49	-186.85	中资中小型银行	2,000.89	1,033.18
中资大型银行	2.28	0.17	农村信用社	0.00	0.00
中资中小型银行	5,102.88	-108.67	财务公司	—	—
农村信用社	126.60	-63.84	外资金融机构	—	—
财务公司	148.51	-15.51	其他金融机构	400.10	-200.00
外资金融机构	0.59	0.09	其中：资产管理公司	—	—
其他金融机构	6.62	0.90	二、再贴现	338.80	2.62
（二）境外金融机构存款	0.00	0.00	三、专项贷款	—	—
三、金融机构特种存款	—	—	四、金银占款	—	—
四、非金融机构存款	69.74	4.95	五、外汇占款	—	—
五、财政存款	1,052.83	111.63	六、有价证券及投资	—	—
其中：中央财政存款	—	—	七、买入返售证券	—	—
地方财政存款	1,052.83	111.63	八、存放金融机构	—	—
六、商业银行划来财政性存款	212.72	-10.36	九、清算资金往来（净）	3,946.47	-909.60
七、卖出回购证券	—	—	十、其他资产	38.83	1.28
八、中央银行债券	—	—			
九、清算资金往来（净）	—	—			
十、其他负债	39.04	1.19			
十一、国家资本	—	—			
十二、当年结益	-36.73	6.91			
资金来源总计	6,725.09	-72.52	资金运用总计	6,725.09	-72.52

山东省国家开发银行人民币信贷收支表

单位：亿元

项目	2021年	比年初增减	项目	2021年	比年初增减
各项存款	310.61	-41.20	各项贷款	5,198.70	281.66
1.个人存款	—	—	1.短期贷款	146.25	-33.41
其中：活期储蓄存款	—	—	（1）个人贷款	—	—
定期储蓄存款	—	—	（2）单位贷款	146.25	-33.41
2.单位存款	301.65	-43.94	2.中长期贷款	4,978.74	309.02
其中：活期存款	292.85	-19.04	（1）个人贷款	54.04	3.15
定期存款	0.67	0.16	（2）单位贷款	4,924.70	305.87
保证金存款	0.00	0.00	3.票据融资	—	—
代理财政性存款	—	—	4.各项垫款	—	—
资金来源总计	5,374.28	319.73	资金运用总计	5,374.28	319.73

山东省中国农业发展银行人民币信贷收支表

单位：亿元

项目	2021年	比年初增减	项目	2021年	比年初增减
各项存款	766.20	60.78	各项贷款	4,057.93	474.94
1.个人存款	—	—	1.短期贷款	445.87	-72.24
其中：活期储蓄存款	—	—	（1）个人贷款	—	—
定期储蓄存款	—	—	（2）单位贷款	445.87	-72.24
2.单位存款	766.20	60.78	2.中长期贷款	3,612.06	547.18
其中：活期存款	508.17	36.99	（1）个人贷款	—	—
定期存款	247.56	28.34	（2）单位贷款	3,612.06	547.18
保证金存款	6.38	-3.07	3.票据融资	—	—
代理财政性存款	80.44	-7.55	4.各项垫款	0.00	0.00
资金来源总计	4,314.45	382.53	资金运用总计	4,314.45	382.53

山东省中国进出口银行人民币信贷收支表

单位：亿元

项目	2021年	比年初增减	项目	2021年	比年初增减
各项存款	55.11	17.12	各项贷款	1,207.05	162.00
1.个人存款	—	—	1.短期贷款	387.54	-28.24
其中：活期储蓄存款	—	—	（1）个人贷款	—	—
定期储蓄存款	—	—	（2）单位贷款	387.54	-28.24
2.单位存款	55.11	17.12	2.中长期贷款	816.08	190.80
其中：活期存款	12.91	8.48	（1）个人贷款	—	—
定期存款	27.75	1.62	（2）单位贷款	816.08	190.80
保证金存款	6.85	0.16	3.票据融资	—	—
代理财政性存款	—	—	4.各项垫款	—	—
资金来源总计	1,290.13	184.19	资金运用总计	1,290.13	184.19

山东省中国工商银行人民币信贷收支表

单位：亿元

项目	2021年	比年初增减	项目	2021年	比年初增减
各项存款	12,767.29	1,093.10	各项贷款	11,641.54	1,329.57
1.个人存款	7,343.35	662.90	1.短期贷款	2,135.23	239.74
其中：活期储蓄存款	2,840.39	69.48	（1）个人贷款	227.79	38.92
定期储蓄存款	3,309.38	740.50	（2）单位贷款	1,907.44	200.82
2.单位存款	5,047.81	406.04	2.中长期贷款	9,341.21	1,069.49
其中：活期存款	2,240.30	-27.55	（1）个人贷款	5,176.74	562.57
定期存款	701.30	164.46	（2）单位贷款	4,164.46	506.92
保证金存款	102.83	-16.08	3.票据融资	163.73	27.28
代理财政性存款	20.63	-0.15	4.各项垫款	0.38	-7.02
资金来源总计	13,572.39	1,223.37	资金运用总计	13,572.39	1,223.37

山东省中国农业银行人民币信贷收支表

单位：亿元

项目	2021年	比年初增减	项目	2021年	比年初增减
各项存款	14,185.02	960.42	各项贷款	10,279.22	1,329.19
1.个人存款	9,610.97	831.21	1.短期贷款	2,640.52	332.18
其中：活期储蓄存款	4,061.43	123.99	（1）个人贷款	717.87	188.46
定期储蓄存款	4,360.80	696.94	（2）单位贷款	1,922.65	143.73
2.单位存款	4,381.53	96.14	2.中长期贷款	7,384.16	983.44
其中：活期存款	1,863.31	28.73	（1）个人贷款	4,113.74	450.58
定期存款	425.81	77.10	（2）单位贷款	3,270.42	532.86
保证金存款	138.52	-8.28	3.票据融资	238.31	19.80
代理财政性存款	11.26	-1.13	4.各项垫款	15.67	-1.27
资金来源总计	14,857.05	1,101.09	资金运用总计	14,857.05	1,101.09

山东省中国银行人民币信贷收支表

单位：亿元

项目	2021年	比年初增减	项目	2021年	比年初增减
各项存款	6,993.63	680.78	各项贷款	6,359.02	751.42
1.个人存款	3,732.82	426.46	1.短期贷款	1,984.62	191.48
其中：活期储蓄存款	1,335.97	88.09	（1）个人贷款	225.41	36.49
定期储蓄存款	1,520.50	225.92	（2）单位贷款	1,759.20	154.99
2.单位存款	3,057.59	252.33	2.中长期贷款	4,231.80	560.76
其中：活期存款	1,363.16	17.19	（1）个人贷款	2,399.18	164.01
定期存款	228.78	-0.67	（2）单位贷款	1,832.63	396.75
保证金存款	232.33	33.79	3.票据融资	140.01	1.14
代理财政性存款	2.06	1.09	4.各项垫款	1.76	-2.37
资金来源总计	7,264.18	615.38	资金运用总计	7,264.18	615.38

山东省中国建设银行人民币信贷收支表

单位：亿元

项目	2021年	比年初增减	项目	2021年	比年初增减
各项存款	11,911.75	955.06	各项贷款	9,482.04	1,285.07
1.个人存款	6,796.06	708.20	1.短期贷款	2,063.58	-35.89
其中：活期储蓄存款	2,649.29	111.82	（1）个人贷款	507.89	7.74
定期储蓄存款	2,736.68	894.73	（2）单位贷款	1,555.69	-43.63
2.单位存款	4,856.76	139.20	2.中长期贷款	7,189.91	1,153.49
其中：活期存款	2,061.37	-72.85	（1）个人贷款	4,447.34	559.51
定期存款	513.75	-142.24	（2）单位贷款	2,742.57	593.99
保证金存款	177.55	12.44	3.票据融资	126.62	67.34
代理财政性存款	24.32	15.87	4.各项垫款	101.42	100.06
资金来源总计	12,528.35	1,120.61	资金运用总计	12,528.35	1,120.61

山东省交通银行人民币信贷收支表

单位：亿元

项目	2021年	比年初增减	项目	2021年	比年初增减
各项存款	3,556.70	314.37	各项贷款	2,736.71	365.97
1.个人存款	1,251.78	142.52	1.短期贷款	789.08	-46.91
其中：活期储蓄存款	351.92	58.64	（1）个人贷款	88.64	5.71
定期储蓄存款	520.55	178.04	（2）单位贷款	699.80	-52.29
2.单位存款	2,041.51	143.99	2.中长期贷款	1,825.00	387.31
其中：活期存款	599.01	22.91	（1）个人贷款	750.58	167.28
定期存款	287.84	137.81	（2）单位贷款	1,065.55	218.16
保证金存款	181.56	-40.46	3.票据融资	119.68	36.07
代理财政性存款	31.43	-5.04	4.各项垫款	2.86	-10.50
资金来源总计	3,793.44	363.45	资金运用总计	3,793.44	363.45

山东省中国邮政储蓄银行人民币信贷收支表

单位：亿元

项目	2021年	比年初增减	项目	2021年	比年初增减
各项存款	8,870.75	979.15	各项贷款	4,112.25	490.77
1.个人存款	8,089.25	934.66	1.短期贷款	1,230.51	225.05
其中：活期储蓄存款	1,670.71	7.78	（1）个人贷款	710.42	184.04
定期储蓄存款	78.49	-23.30	（2）单位贷款	520.08	41.01
2.单位存款	757.58	33.25	2.中长期贷款	2,529.37	316.57
其中：活期存款	531.32	41.71	（1）个人贷款	1,737.62	175.13
定期存款	75.46	-16.35	（2）单位贷款	791.76	141.44
保证金存款	18.68	-3.43	3.票据融资	351.92	-50.85
代理财政性存款	0.14	-0.18	4.各项垫款	0.45	0.00
资金来源总计	9,116.52	1,010.87	资金运用总计	9,116.52	1,010.87

山东省恒丰银行人民币信贷收支表

单位：亿元

项目	2021年	比年初增减	项目	2021年	比年初增减
各项存款	2,055.28	66.57	各项贷款	1,475.63	19.82
1.个人存款	884.82	27.01	1.短期贷款	596.86	-93.35
其中：活期储蓄存款	96.95	34.71	（1）个人贷款	100.81	-48.80
定期储蓄存款	438.05	-78.11	（2）单位贷款	496.05	-44.55
2.单位存款	1,088.67	22.70	2.中长期贷款	816.06	126.00
其中：活期存款	268.45	4.08	（1）个人贷款	108.57	66.67
定期存款	142.91	37.15	（2）单位贷款	707.49	59.32
保证金存款	179.42	-17.90	3.票据融资	61.90	-5.85
代理财政性存款	15.08	-5.50	4.各项垫款	0.81	-6.98
资金来源总计	2,153.38	-81.64	资金运用总计	2,153.38	-81.64

山东省中信银行人民币信贷收支表

单位：亿元

项目	2021年	比年初增减	项目	2021年	比年初增减
各项存款	2,013.99	43.45	各项贷款	2,164.96	236.74
1.个人存款	575.77	-12.84	1.短期贷款	511.33	53.55
其中：活期储蓄存款	141.30	-28.95	（1）个人贷款	19.56	8.38
定期储蓄存款	114.60	28.07	（2）单位贷款	491.76	45.18
2.单位存款	1,345.88	-8.74	2.中长期贷款	1,369.67	94.43
其中：活期存款	316.98	-68.12	（1）个人贷款	809.14	61.86
定期存款	97.54	-38.21	（2）单位贷款	560.53	32.57
保证金存款	212.75	13.82	3.票据融资	282.99	88.06
代理财政性存款	2.50	1.67	4.各项垫款	0.59	0.58
资金来源总计	2,204.90	130.77	资金运用总计	2,204.90	130.77

山东省中国光大银行人民币信贷收支表

单位：亿元

项目	2021年	比年初增减	项目	2021年	比年初增减
各项存款	1,547.26	16.57	各项贷款	1,351.42	166.85
1.个人存款	460.04	28.27	1.短期贷款	524.44	96.85
其中：活期储蓄存款	113.23	-11.97	（1）个人贷款	53.24	10.56
定期储蓄存款	106.96	31.81	（2）单位贷款	471.20	86.29
2.单位存款	1,010.04	-17.73	2.中长期贷款	760.73	68.62
其中：活期存款	173.42	-28.82	（1）个人贷款	383.41	56.82
定期存款	304.17	65.77	（2）单位贷款	377.32	11.80
保证金存款	135.13	39.26	3.票据融资	65.37	1.74
代理财政性存款	1.28	-0.88	4.各项垫款	0.73	-0.32
资金来源总计	1,623.03	30.84	资金运用总计	1,623.03	30.84

山东省华夏银行人民币信贷收支表

单位：亿元

项目	2021年	比年初增减	项目	2021年	比年初增减
各项存款	1,033.65	-22.59	各项贷款	1,001.70	-39.52
1.个人存款	372.42	27.94	1.短期贷款	303.79	-56.55
其中：活期储蓄存款	122.32	-3.97	（1）个人贷款	32.70	10.20
定期储蓄存款	76.99	19.55	（2）单位贷款	271.08	-66.76
2.单位存款	654.60	-51.76	2.中长期贷款	673.10	30.83
其中：活期存款	204.33	-51.31	（1）个人贷款	242.52	29.47
定期存款	97.01	41.99	（2）单位贷款	430.58	1.37
保证金存款	173.73	-10.74	3.票据融资	24.79	-13.11
代理财政性存款	0.09	-2.42	4.各项垫款	—	-0.69
资金来源总计	1,063.73	-31.54	资金运用总计	1,063.73	-31.54

山东省中国民生银行人民币信贷收支表

单位：亿元

项目	2021年	比年初增减	项目	2021年	比年初增减
各项存款	1,688.15	-109.94	各项贷款	1,903.27	167.22
1.个人存款	431.29	30.43	1.短期贷款	682.73	4.83
其中：活期储蓄存款	134.87	-7.18	（1）个人贷款	196.34	24.60
定期储蓄存款	95.25	21.13	（2）单位贷款	486.39	-19.77
2.单位存款	1,239.90	-144.34	2.中长期贷款	1,088.85	129.49
其中：活期存款	424.21	-6.68	（1）个人贷款	330.63	42.75
定期存款	275.50	24.52	（2）单位贷款	758.22	86.74
保证金存款	203.23	81.54	3.票据融资	130.67	33.66
代理财政性存款	0.02	-0.23	4.各项垫款	0.97	-0.76
资金来源总计	1,898.69	34.70	资金运用总计	1,898.69	34.70

山东省招商银行人民币信贷收支表

单位：亿元

项目	2021年	比年初增减	项目	2021年	比年初增减
各项存款	2,533.26	464.21	各项贷款	1,868.32	310.43
1.个人存款	935.39	166.05	1.短期贷款	321.13	57.41
其中：活期储蓄存款	559.13	62.51	（1）个人贷款	73.30	-0.65
定期储蓄存款	155.78	48.60	（2）单位贷款	247.83	58.07
2.单位存款	1,456.95	279.99	2.中长期贷款	1,304.50	191.70
其中：活期存款	796.36	191.47	（1）个人贷款	822.75	95.85
定期存款	115.45	52.05	（2）单位贷款	481.75	95.85
保证金存款	140.32	44.70	3.票据融资	242.63	61.38
代理财政性存款	0.47	0.09	4.各项垫款	—	-0.07
资金来源总计	2,664.39	476.92	资金运用总计	2,664.39	476.92

山东省兴业银行人民币信贷收支表

单位：亿元

项目	2021年	比年初增减	项目	2021年	比年初增减
各项存款	2,730.07	321.03	各项贷款	2,417.79	295.22
1.个人存款	434.30	48.97	1.短期贷款	828.79	154.90
其中：活期储蓄存款	164.09	7.53	（1）个人贷款	47.99	19.57
定期储蓄存款	62.65	8.71	（2）单位贷款	780.80	135.33
2.单位存款	1,972.12	135.23	2.中长期贷款	1,356.60	44.62
其中：活期存款	317.19	-60.45	（1）个人贷款	822.12	16.45
定期存款	224.30	19.61	（2）单位贷款	534.48	28.17
保证金存款	464.12	25.39	3.票据融资	224.66	95.40
代理财政性存款	0.49	-1.24	4.各项垫款	7.74	0.30
资金来源总计	3,175.84	381.17	资金运用总计	3,175.84	381.17

山东省广发银行人民币信贷收支表

单位：亿元

项目	2021年	比年初增减	项目	2021年	比年初增减
各项存款	379.86	87.58	各项贷款	561.53	70.76
1.个人存款	55.97	11.64	1.短期贷款	204.56	3.31
其中：活期储蓄存款	15.70	-0.82	（1）个人贷款	3.99	1.02
定期储蓄存款	7.12	-1.35	（2）单位贷款	200.57	2.28
2.单位存款	322.78	75.51	2.中长期贷款	316.10	44.35
其中：活期存款	41.72	-8.70	（1）个人贷款	82.11	7.58
定期存款	44.81	1.64	（2）单位贷款	233.99	36.77
保证金存款	74.95	20.56	3.票据融资	40.88	23.10
代理财政性存款	0.02	-0.03	4.各项垫款	—	—
资金来源总计	555.76	71.44	资金运用总计	555.76	71.44

山东省平安银行人民币信贷收支表

单位：亿元

项目	2021年	比年初增减	项目	2021年	比年初增减
各项存款	907.94	195.07	各项贷款	1,058.15	142.04
1.个人存款	268.73	44.40	1.短期贷款	312.68	9.89
其中：活期储蓄存款	83.33	-0.42	（1）个人贷款	167.04	14.17
定期储蓄存款	24.12	14.00	（2）单位贷款	145.64	-4.28
2.单位存款	634.90	149.73	2.中长期贷款	665.19	122.74
其中：活期存款	100.47	3.74	（1）个人贷款	560.42	138.83
定期存款	64.75	43.71	（2）单位贷款	104.77	-16.09
保证金存款	213.08	10.82	3.票据融资	80.25	14.34
代理财政性存款	0.00	0.00	4.各项垫款	—	-4.93
资金来源总计	1,074.71	145.01	资金运用总计	1,074.71	145.01

山东省上海浦东发展银行人民币信贷收支表

单位：亿元

项目	2021年	比年初增减	项目	2021年	比年初增减
各项存款	1,268.17	17.22	各项贷款	1,448.78	84.61
1.个人存款	327.29	26.01	1.短期贷款	489.31	-15.96
其中：活期储蓄存款	108.71	10.74	（1）个人贷款	49.49	11.06
定期储蓄存款	85.06	16.60	（2）单位贷款	439.82	-27.03
2.单位存款	925.36	3.54	2.中长期贷款	782.04	61.83
其中：活期存款	281.25	-10.31	（1）个人贷款	441.08	16.61
定期存款	111.79	26.79	（2）单位贷款	340.96	45.23
保证金存款	151.80	4.26	3.票据融资	176.58	42.82
代理财政性存款	0.41	-3.92	4.各项垫款	0.82	-4.08
资金来源总计	1,440.34	69.90	资金运用总计	1,440.34	69.90

山东省浙商银行人民币信贷收支表

单位：亿元

项目	2021年	比年初增减	项目	2021年	比年初增减
各项存款	663.20	-11.08	各项贷款	491.92	82.16
1.个人存款	66.47	-30.24	1.短期贷款	227.72	-2.63
其中：活期储蓄存款	21.77	2.84	（1）个人贷款	12.40	-8.44
定期储蓄存款	26.78	-42.31	（2）单位贷款	215.32	5.81
2.单位存款	567.83	14.18	2.中长期贷款	162.10	33.41
其中：活期存款	115.15	19.75	（1）个人贷款	46.96	11.71
定期存款	190.10	-36.07	（2）单位贷款	115.14	21.70
保证金存款	97.19	13.60	3.票据融资	96.50	51.38
代理财政性存款	0.02	-0.27	4.各项垫款	5.60	0.00
资金来源总计	679.04	-30.41	资金运用总计	679.04	-30.41

山东省渤海银行人民币信贷收支表

单位：亿元

项目	2021年	比年初增减	项目	2021年	比年初增减
各项存款	406.72	42.18	各项贷款	418.71	41.79
1.个人存款	62.52	17.07	1.短期贷款	116.15	-29.34
其中：活期储蓄存款	15.40	4.40	（1）个人贷款	2.29	0.62
定期储蓄存款	25.83	9.17	（2）单位贷款	113.86	-29.96
2.单位存款	344.15	25.09	2.中长期贷款	230.45	15.58
其中：活期存款	75.30	18.75	（1）个人贷款	119.40	20.17
定期存款	84.05	45.49	（2）单位贷款	111.05	-4.59
保证金存款	54.94	-4.02	3.票据融资	71.86	55.29
代理财政性存款	0.00	0.00	4.各项垫款	0.22	0.22
资金来源总计	434.69	47.18	资金运用总计	434.69	47.18

山东省国家开发银行外汇信贷收支表

单位：亿美元

项目	2021年	比年初增减	项目	2021年	比年初增减
各项存款	18.77	2.95	各项贷款	159.70	-12.34
1.个人存款	—	—	1.短期贷款	—	-1.45
其中：活期储蓄存款	—	—	（1）个人贷款	—	—
定期储蓄存款	—	—	（2）单位贷款	—	-1.45
2.单位存款	0.56	0.31	2.中长期贷款	1.02	-1.34
其中：活期存款	0.56	0.31	（1）个人贷款	—	—
定期存款	—	—	（2）单位贷款	1.02	-1.34
保证金存款	—	—	3.票据融资	—	—
代理财政性存款	—	—	4.各项垫款	—	—
资金来源总计	145.28	-6.44	资金运用总计	145.28	-6.44

山东省中国农业发展银行外汇信贷收支表

单位：亿美元

项目	2021年	比年初增减	项目	2021年	比年初增减
各项存款	1.42	0.53	各项贷款	0.00	-0.08
1.个人存款	—	—	1.短期贷款	0.00	-0.08
其中：活期储蓄存款	—	—	（1）个人贷款	—	—
定期储蓄存款	—	—	（2）单位贷款	0.00	-0.08
2.单位存款	1.42	0.53	2.中长期贷款	—	—
其中：活期存款	1.42	0.54	（1）个人贷款	—	—
定期存款	—	—	（2）单位贷款	—	—
保证金存款	0.00	-0.02	3.票据融资	—	—
代理财政性存款	—	—	4.各项垫款	—	—
资金来源总计	1.42	0.53	资金运用总计	1.42	0.53

山东省中国进出口银行外汇信贷收支表

单位：亿美元

项目	2021年	比年初增减	项目	2021年	比年初增减
各项存款	0.55	0.27	各项贷款	16.46	-3.90
1.个人存款	—	—	1.短期贷款	3.12	0.47
其中：活期储蓄存款	—	—	（1）个人贷款	—	—
定期储蓄存款	—	—	（2）单位贷款	3.12	0.47
2.单位存款	0.47	0.27	2.中长期贷款	7.89	-1.72
其中：活期存款	0.46	0.41	（1）个人贷款	—	—
定期存款	—	-0.15	（2）单位贷款	7.89	-1.72
保证金存款	0.01	0.00	3.票据融资	—	—
代理财政性存款	—	—	4.各项垫款	—	—
资金来源总计	15.23	-4.19	资金运用总计	15.23	-4.19

山东省中国工商银行外汇信贷收支表

单位：亿美元

项目	2021年	比年初增减	项目	2021年	比年初增减
各项存款	38.97	0.76	各项贷款	25.17	10.10
1.个人存款	9.14	0.53	1.短期贷款	24.41	10.51
其中：活期储蓄存款	6.93	0.37	（1）个人贷款	0.07	0.01
定期储蓄存款	1.84	-0.05	（2）单位贷款	24.33	10.50
2.单位存款	28.19	-0.65	2.中长期贷款	0.18	-0.41
其中：活期存款	17.63	1.22	（1）个人贷款	0.00	0.00
定期存款	3.57	0.73	（2）单位贷款	0.18	-0.41
保证金存款	7.00	-2.60	3.票据融资	—	—
代理财政性存款	—	—	4.各项垫款	0.00	-0.08
资金来源总计	50.35	4.15	资金运用总计	50.35	4.15

山东省中国农业银行外汇信贷收支表

单位：亿美元

项目	2021年	比年初增减	项目	2021年	比年初增减
各项存款	49.49	15.50	各项贷款	30.98	7.39
1.个人存款	1.63	0.21	1.短期贷款	24.05	8.39
其中：活期储蓄存款	0.86	0.11	（1）个人贷款	0.02	0.01
定期储蓄存款	0.76	0.10	（2）单位贷款	24.03	8.38
2.单位存款	43.26	15.33	2.中长期贷款	0.00	-0.12
其中：活期存款	20.65	4.79	（1）个人贷款	0.00	0.00
定期存款	5.43	3.45	（2）单位贷款	—	-0.12
保证金存款	17.18	7.09	3.票据融资	—	—
代理财政性存款	—	—	4.各项垫款	—	—
资金来源总计	53.45	16.53	资金运用总计	53.45	16.53

山东省中国银行外汇信贷收支表

单位：亿美元

项目	2021年	比年初增减	项目	2021年	比年初增减
各项存款	94.69	8.96	各项贷款	36.95	2.30
1.个人存款	25.04	0.59	1.短期贷款	29.73	1.28
其中：活期储蓄存款	16.02	0.48	（1）个人贷款	0.06	0.02
定期储蓄存款	8.27	-0.55	（2）单位贷款	29.68	1.26
2.单位存款	66.46	6.33	2.中长期贷款	0.73	-0.33
其中：活期存款	49.40	5.34	（1）个人贷款	0.00	0.00
定期存款	8.37	0.18	（2）单位贷款	0.73	-0.33
保证金存款	8.66	0.79	3.票据融资	—	—
代理财政性存款	—	—	4.各项垫款	—	-0.52
资金来源总计	111.57	17.37	资金运用总计	111.57	17.37

山东省中国建设银行外汇信贷收支表

单位：亿美元

项目	2021年	比年初增减	项目	2021年	比年初增减
各项存款	34.93	2.60	各项贷款	23.75	4.67
1.个人存款	4.54	-0.20	1.短期贷款	13.74	2.77
其中：活期储蓄存款	1.99	0.02	（1）个人贷款	0.01	0.00
定期储蓄存款	2.19	0.39	（2）单位贷款	13.73	2.77
2.单位存款	29.14	3.09	2.中长期贷款	10.00	1.90
其中：活期存款	17.37	5.25	（1）个人贷款	—	—
定期存款	1.19	-2.66	（2）单位贷款	10.00	1.90
保证金存款	8.52	-0.48	3.票据融资	—	—
代理财政性存款	—	—	4.各项垫款	—	—
资金来源总计	36.61	3.27	资金运用总计	36.61	3.27

山东省交通银行外汇信贷收支表

单位：亿美元

项目	2021年	比年初增减	项目	2021年	比年初增减
各项存款	9.57	0.36	各项贷款	15.57	11.64
1.个人存款	2.72	-0.02	1.短期贷款	10.96	7.37
其中：活期储蓄存款	0.91	0.16	（1）个人贷款	—	—
定期储蓄存款	1.80	-0.17	（2）单位贷款	10.96	7.37
2.单位存款	6.76	0.37	2.中长期贷款	4.61	4.42
其中：活期存款	5.11	-0.25	（1）个人贷款	—	—
定期存款	0.35	-0.61	（2）单位贷款	4.61	4.42
保证金存款	1.30	1.23	3.票据融资	—	—
代理财政性存款	—	—	4.各项垫款	—	-0.16
资金来源总计	15.50	5.21	资金运用总计	15.50	5.21

山东省中国邮政储蓄银行外汇信贷收支表

单位：亿美元

项目	2021年	比年初增减	项目	2021年	比年初增减
各项存款	0.49	0.11	各项贷款	4.84	-0.08
1.个人存款	0.16	0.01	1.短期贷款	0.20	0.20
其中：活期储蓄存款	0.12	0.01	（1）个人贷款	—	—
定期储蓄存款	0.04	0.00	（2）单位贷款	0.20	0.20
2.单位存款	0.33	0.11	2.中长期贷款	0.01	0.01
其中：活期存款	0.33	0.16	（1）个人贷款	—	—
定期存款	—	—	（2）单位贷款	0.01	0.01
保证金存款	0.00	-0.05	3.票据融资	—	—
代理财政性存款	—	—	4.各项垫款	—	—
资金来源总计	278.90	-0.06	资金运用总计	278.90	-0.06

山东省恒丰银行外汇信贷收支表

单位：亿美元

项目	2021年	比年初增减	项目	2021年	比年初增减
各项存款	1.28	-3.83	各项贷款	0.13	-2.28
1.个人存款	0.10	-0.01	1.短期贷款	0.06	-0.29
其中：活期储蓄存款	0.01	0.00	（1）个人贷款	—	—
定期储蓄存款	0.09	-0.01	（2）单位贷款	0.06	-0.29
2.单位存款	1.18	-3.02	2.中长期贷款	—	-0.07
其中：活期存款	1.10	-3.02	（1）个人贷款	—	—
定期存款	0.06	0.05	（2）单位贷款	—	-0.07
保证金存款	0.02	-0.05	3.票据融资	—	—
代理财政性存款	—	—	4.各项垫款	—	—
资金来源总计	1.29	-11.38	资金运用总计	1.29	-11.38

山东省中信银行外汇信贷收支表

单位：亿美元

项目	2021年	比年初增减	项目	2021年	比年初增减
各项存款	11.04	-0.02	各项贷款	2.83	-2.60
1.个人存款	1.89	-0.55	1.短期贷款	2.72	-2.60
其中：活期储蓄存款	0.64	-0.16	（1）个人贷款	—	—
定期储蓄存款	1.19	-0.38	（2）单位贷款	2.72	-2.60
2.单位存款	8.66	0.29	2.中长期贷款	0.11	—
其中：活期存款	7.05	0.29	（1）个人贷款	—	—
定期存款	0.53	0.09	（2）单位贷款	0.11	—
保证金存款	1.07	-0.09	3.票据融资	—	—
代理财政性存款	—	—	4.各项垫款	—	—
资金来源总计	11.63	-0.26	资金运用总计	11.63	-0.26

山东省中国光大银行外汇信贷收支表

单位：亿美元

项目	2021年	比年初增减	项目	2021年	比年初增减
各项存款	12.86	1.94	各项贷款	10.31	0.43
1.个人存款	1.42	-0.20	1.短期贷款	9.73	0.43
其中：活期储蓄存款	0.58	0.00	（1）个人贷款	—	—
定期储蓄存款	0.25	-0.06	（2）单位贷款	9.73	0.43
2.单位存款	11.39	2.14	2.中长期贷款	0.54	—
其中：活期存款	1.91	0.55	（1）个人贷款	—	—
定期存款	9.45	1.64	（2）单位贷款	0.54	—
保证金存款	0.02	-0.04	3.票据融资	—	—
代理财政性存款	—	—	4.各项垫款	—	—
资金来源总计	16.05	4.13	资金运用总计	16.05	4.13

山东省华夏银行外汇信贷收支表

单位：亿美元

项目	2021年	比年初增减	项目	2021年	比年初增减
各项存款	16.66	11.46	各项贷款	8.18	4.95
1.个人存款	0.14	-0.01	1.短期贷款	7.50	4.98
其中：活期储蓄存款	0.05	0.00	（1）个人贷款	—	—
定期储蓄存款	0.09	-0.01	（2）单位贷款	7.50	4.98
2.单位存款	11.89	6.91	2.中长期贷款	0.68	-0.03
其中：活期存款	4.31	1.02	（1）个人贷款	—	—
定期存款	7.42	5.96	（2）单位贷款	0.68	-0.03
保证金存款	0.17	-0.07	3.票据融资	—	—
代理财政性存款	—	—	4.各项垫款	—	0.00
资金来源总计	16.93	11.36	资金运用总计	16.93	11.36

山东省中国民生银行外汇信贷收支表

单位：亿美元

项目	2021年	比年初增减	项目	2021年	比年初增减
各项存款	4.75	-1.95	各项贷款	4.51	-1.67
1.个人存款	0.51	-0.04	1.短期贷款	0.70	-0.67
其中：活期储蓄存款	0.28	-0.01	（1）个人贷款	—	—
定期储蓄存款	0.07	0.00	（2）单位贷款	0.70	-0.67
2.单位存款	3.28	-2.72	2.中长期贷款	0.88	-0.59
其中：活期存款	3.02	1.21	（1）个人贷款	—	—
定期存款	0.15	0.02	（2）单位贷款	0.88	-0.59
保证金存款	0.10	-3.96	3.票据融资	—	—
代理财政性存款	—	—	4.各项垫款	—	—
资金来源总计	5.96	-1.29	资金运用总计	5.96	-1.29

山东省招商银行外汇信贷收支表

单位：亿美元

项目	2021年	比年初增减	项目	2021年	比年初增减
各项存款	12.04	4.13	各项贷款	1.50	0.50
1.个人存款	4.38	0.46	1.短期贷款	0.52	-0.48
其中：活期储蓄存款	3.30	0.49	（1）个人贷款	—	—
定期储蓄存款	0.99	0.01	（2）单位贷款	0.52	-0.48
2.单位存款	7.41	3.72	2.中长期贷款	—	—
其中：活期存款	6.32	2.83	（1）个人贷款	—	—
定期存款	0.07	0.03	（2）单位贷款	—	—
保证金存款	1.02	0.86	3.票据融资	—	—
代理财政性存款	—	—	4.各项垫款	—	—
资金来源总计	13.39	4.42	资金运用总计	13.39	4.42

山东省兴业银行外汇信贷收支表

单位：亿美元

项目	2021年	比年初增减	项目	2021年	比年初增减
各项存款	7.21	0.67	各项贷款	6.08	1.86
1.个人存款	0.80	-0.25	1.短期贷款	3.89	-0.07
其中：活期储蓄存款	0.26	0.03	（1）个人贷款	—	—
定期储蓄存款	0.31	-0.08	（2）单位贷款	3.89	-0.07
2.单位存款	4.98	-0.18	2.中长期贷款	2.19	1.93
其中：活期存款	3.94	1.01	（1）个人贷款	—	—
定期存款	0.44	-0.13	（2）单位贷款	2.19	1.93
保证金存款	0.50	-1.03	3.票据融资	—	—
代理财政性存款	—	—	4.各项垫款	—	—
资金来源总计	10.83	3.23	资金运用总计	10.83	3.23

山东省广发银行外汇信贷收支表

单位：亿美元

项目	2021年	比年初增减	项目	2021年	比年初增减
各项存款	0.44	-0.15	各项贷款	0.00	-0.35
1.个人存款	0.02	0.00	1.短期贷款	0.00	-0.35
其中：活期储蓄存款	0.01	0.00	（1）个人贷款	—	—
定期储蓄存款	0.02	0.00	（2）单位贷款	0.00	-0.35
2.单位存款	0.41	-0.15	2.中长期贷款	—	—
其中：活期存款	0.40	-0.06	（1）个人贷款	—	—
定期存款	0.01	-0.06	（2）单位贷款	—	—
保证金存款	—	-0.03	3.票据融资	—	—
代理财政性存款	—	—	4.各项垫款	—	—
资金来源总计	0.46	0.00	资金运用总计	0.46	0.00

山东省平安银行外汇信贷收支表

单位：亿美元

项目	2021年	比年初增减	项目	2021年	比年初增减
各项存款	1.02	-3.57	各项贷款	1.65	-3.70
1.个人存款	0.58	0.02	1.短期贷款	1.36	-3.63
其中：活期储蓄存款	0.16	0.02	（1）个人贷款	—	—
定期储蓄存款	0.42	0.00	（2）单位贷款	1.36	-3.63
2.单位存款	0.42	-3.60	2.中长期贷款	0.29	-0.08
其中：活期存款	0.34	-0.68	（1）个人贷款	—	—
定期存款	0.08	0.00	（2）单位贷款	0.29	-0.08
保证金存款	0.00	-2.92	3.票据融资	—	—
代理财政性存款	—	—	4.各项垫款	—	—
资金来源总计	1.96	-7.03	资金运用总计	1.96	-7.03

山东省上海浦东发展银行外汇信贷收支表

单位：亿美元

项目	2021年	比年初增减	项目	2021年	比年初增减
各项存款	9.65	4.05	各项贷款	8.13	4.17
1.个人存款	0.72	-0.02	1.短期贷款	7.70	4.58
其中：活期储蓄存款	0.34	-0.03	（1）个人贷款	—	—
定期储蓄存款	0.37	0.02	（2）单位贷款	7.70	4.58
2.单位存款	8.92	4.07	2.中长期贷款	0.43	-0.11
其中：活期存款	3.47	-0.04	（1）个人贷款	—	—
定期存款	0.30	0.23	（2）单位贷款	0.43	-0.11
保证金存款	5.15	3.88	3.票据融资	—	—
代理财政性存款	—	—	4.各项垫款	—	-0.30
资金来源总计	15.77	5.31	资金运用总计	15.77	5.31

山东省浙商银行外汇信贷收支表

单位：亿美元

项目	2021年	比年初增减	项目	2021年	比年初增减
各项存款	11.14	4.62	各项贷款	4.49	0.95
1.个人存款	0.03	0.00	1.短期贷款	3.08	1.04
其中：活期储蓄存款	0.01	0.00	（1）个人贷款	—	—
定期储蓄存款	0.01	0.00	（2）单位贷款	3.08	1.04
2.单位存款	10.51	4.08	2.中长期贷款	1.00	-0.09
其中：活期存款	3.95	1.33	（1）个人贷款	—	—
定期存款	5.67	2.02	（2）单位贷款	1.00	-0.09
保证金存款	0.18	0.07	3.票据融资	—	—
代理财政性存款	—	—	4.各项垫款	—	—
资金来源总计	11.24	4.73	资金运用总计	11.24	4.73

山东省渤海银行外汇信贷收支表

单位：亿美元

项目	2021年	比年初增减	项目	2021年	比年初增减
各项存款	6.66	2.82	各项贷款	6.71	1.65
1.个人存款	0.00	0.00	1.短期贷款	6.67	2.92
其中：活期储蓄存款	0.00	0.00	（1）个人贷款	—	—
定期储蓄存款	0.00	0.00	（2）单位贷款	6.67	2.92
2.单位存款	6.64	2.80	2.中长期贷款	0.05	-1.28
其中：活期存款	0.01	-0.13	（1）个人贷款	—	—
定期存款	—	—	（2）单位贷款	0.05	-1.28
保证金存款	6.63	2.92	3.票据融资	—	—
代理财政性存款	—	—	4.各项垫款	—	—
资金来源总计	10.34	5.23	资金运用总计	10.34	5.23

三、分机构经营成果情况

山东省全金融机构（含外资）本外币损益统计表

汇率：6.3757　　单位：亿元

项目	本年	比上年同期增减	比上年同期增减（%）	项目	本年	比上年同期增减	比上年同期增减（%）
一、营业收入	3,598.16	256.03	7.66	1.业务及管理费	1,211.52	96.03	8.61
1.利息净收入	3,125.46	263.62	9.21	2.营业税金及附加	46.91	3.40	7.81
利息收入	9,740.93	854.29	9.61	3.资产减值损失	1,139.92	-79.67	-6.53
利息支出	6,615.47	590.67	9.80	三、营业利润	1,157.60	236.30	25.65
2.手续费及佣金净收入	249.37	-25.23	-9.19	四、利润总额	1,162.12	247.27	27.03
二、营业支出	2,440.57	19.73	0.82	五、净利润	958.57	215.27	28.96

山东省全金融机构（不含外资）本外币损益统计表

汇率：6.3757　　单位：亿元

项目	本年	比上年同期增减	比上年同期增减（%）	项目	本年	比上年同期增减	比上年同期增减（%）
一、营业收入	3,584.98	256.48	7.71	1.业务及管理费	1,206.73	95.82	8.63
1.利息净收入	3,115.19	264.22	9.27	2.营业税金及附加	46.71	3.35	7.72
利息收入	9,718.37	854.22	9.64	3.资产减值损失	1,139.63	-78.75	-6.46
利息支出	6,603.19	590.00	9.81	三、营业利润	1,149.72	236.08	25.84
2.手续费及佣金净收入	247.87	-25.33	-9.27	四、利润总额	1,154.16	246.95	27.22
二、营业支出	2,435.26	20.40	0.84	五、净利润	951.49	215.62	29.30

山东省政策性银行本外币损益统计表

汇率：6.3757　　单位：亿元

项目	本年	比上年同期增减	比上年同期增减（%）	项目	本年	比上年同期增减	比上年同期增减（%）
一、营业收入	139.86	-11.26	-7.45	1.业务及管理费	20.76	2.64	14.58
1.利息净收入	137.82	-15.45	-10.08	2.营业税金及附加	3.32	-0.08	-2.36
利息收入	537.82	17.75	3.41	3.资产减值损失	43.60	12.76	41.36
利息支出	400.00	33.20	9.05	三、营业利润	72.17	-26.30	-26.71
2.手续费及佣金净收入	0.52	-0.29	-35.53	四、利润总额	72.20	-26.28	-26.68
二、营业支出	67.68	15.04	28.57	五、净利润	72.20	-26.28	-26.68

山东省国家开发银行本外币损益统计表

汇率：6.3757　　单位：亿元

项目	本年	比上年同期增减	比上年同期增减（%）	项目	本年	比上年同期增减	比上年同期增减（%）
一、营业收入	63.54	-15.06	-19.16	1.业务及管理费	3.41	0.12	3.68
1.利息净收入	64.29	-17.32	-21.22	2.营业税金及附加	2.12	-0.15	-6.49
利息收入	267.38	-21.46	-7.43	3.资产减值损失	34.72	21.71	166.87
利息支出	203.08	-4.14	-2.00	三、营业利润	23.28	-36.74	-61.21
2.手续费及佣金净收入	0.24	-0.40	-62.32	四、利润总额	23.28	-36.76	-61.23
二、营业支出	40.26	21.68	116.74	五、净利润	23.28	-36.76	-61.23

山东省中国农业发展银行本外币损益统计表

汇率：6.3757　　单位：亿元

项目	本年	比上年同期增减	比上年同期增减（%）	项目	本年	比上年同期增减	比上年同期增减（%）
一、营业收入	67.04	4.68	7.50	1. 业务及管理费	16.83	2.54	17.80
1. 利息净收入	67.01	4.83	7.77	2. 营业税金及附加	0.86	0.06	7.38
利息收入	209.87	20.57	10.87	3. 资产减值损失	4.13	-5.64	-57.69
利息支出	142.86	15.74	12.38	三、营业利润	45.21	7.71	20.56
2. 手续费及佣金净收入	-0.07	-0.02	33.32	四、利润总额	45.25	7.76	20.70
二、营业支出	21.82	-3.03	-12.20	五、净利润	45.25	7.76	20.70

山东省中国进出口银行本外币损益统计表

汇率：6.3757　　单位：亿元

项目	本年	比上年同期增减	比上年同期增减（%）	项目	本年	比上年同期增减	比上年同期增减（%）
一、营业收入	9.28	-0.89	-8.71	1. 业务及管理费	0.52	-0.02	-3.98
1. 利息净收入	6.52	-2.96	-31.22	2. 营业税金及附加	0.34	0.01	2.34
利息收入	60.58	18.64	44.45	3. 资产减值损失	4.75	-3.32	-41.13
利息支出	54.06	21.60	66.56	三、营业利润	3.68	2.72	285.63
2. 手续费及佣金净收入	0.35	0.13	59.69	四、利润总额	3.68	2.72	285.56
二、营业支出	5.61	-3.61	-39.16	五、净利润	3.68	2.72	285.56

山东省国有商业银行本外币损益统计表

汇率：6.3757　　单位：亿元

项目	本年	比上年同期增减	比上年同期增减（%）	项目	本年	比上年同期增减	比上年同期增减（%）
一、营业收入	1,230.27	73.83	6.38	1. 业务及管理费	338.04	11.69	3.58
1. 利息净收入	1,078.52	96.44	9.82	2. 营业税金及附加	14.39	0.64	4.67
利息收入	4,097.48	421.89	11.48	3. 资产减值损失	440.76	-38.32	-8.00
利息支出	3,018.97	325.45	12.08	三、营业利润	401.01	98.65	32.63
2. 手续费及佣金净收入	142.72	-27.02	-15.92	四、利润总额	399.46	98.22	32.60
二、营业支出	829.26	-24.82	-2.91	五、净利润	308.54	70.90	29.83

山东省中国工商银行本外币损益统计表

汇率：6.3757　　单位：亿元

项目	本年	比上年同期增减	比上年同期增减（%）	项目	本年	比上年同期增减	比上年同期增减（%）
一、营业收入	346.49	7.73	2.28	1. 业务及管理费	78.25	-2.00	-2.49
1. 利息净收入	300.18	24.25	8.79	2. 营业税金及附加	4.40	0.12	2.86
利息收入	2,141.88	225.12	11.74	3. 资产减值损失	189.22	5.48	2.98
利息支出	1,841.69	200.87	12.24	三、营业利润	61.06	7.05	13.05
2. 手续费及佣金净收入	44.17	-14.12	-24.22	四、利润总额	61.24	6.99	12.89
二、营业支出	285.43	0.68	0.24	五、净利润	27.37	2.24	8.93

山东省中国农业银行本外币损益统计表

汇率：6.3757　　单位：亿元

项目	本年	比上年同期增减	比上年同期增减（%）	项目	本年	比上年同期增减	比上年同期增减（%）
一、营业收入	372.25	28.56	8.31	1.业务及管理费	113.53	6.35	5.93
1.利息净收入	343.57	35.63	11.57	2.营业税金及附加	3.75	0.30	8.63
利息收入	976.94	98.51	11.21	3.资产减值损失	71.85	-72.84	-50.34
利息支出	633.36	62.89	11.02	三、营业利润	183.12	94.21	105.95
2.手续费及佣金净收入	29.69	-11.98	-28.75	四、利润总额	181.97	94.21	107.36
二、营业支出	189.12	-65.65	-25.77	五、净利润	147.07	72.50	97.23

山东省中国银行本外币损益统计表

汇率：6.3757　　单位：亿元

项目	本年	比上年同期增减	比上年同期增减（%）	项目	本年	比上年同期增减	比上年同期增减（%）
一、营业收入	192.53	9.30	5.08	1.业务及管理费	58.94	4.22	7.71
1.利息净收入	156.10	13.20	9.23	2.营业税金及附加	2.65	0.07	2.55
利息收入	473.66	43.86	10.20	3.资产减值损失	127.51	41.46	48.18
利息支出	317.56	30.66	10.69	三、营业利润	-3.73	-38.74	-110.65
2.手续费及佣金净收入	24.98	-6.04	-19.46	四、利润总额	-4.08	-38.99	-111.67
二、营业支出	196.26	48.04	32.41	五、净利润	-26.22	-39.85	-292.46

山东省中国建设银行本外币损益统计表

汇率：6.3757　　单位：亿元

项目	本年	比上年同期增减	比上年同期增减（%）	项目	本年	比上年同期增减	比上年同期增减（%）
一、营业收入	319.00	28.24	9.71	1.业务及管理费	87.33	3.12	3.70
1.利息净收入	278.66	23.37	9.16	2.营业税金及附加	3.59	0.16	4.52
利息收入	505.01	54.40	12.07	3.资产减值损失	52.17	-12.43	-19.24
利息支出	226.35	31.03	15.89	三、营业利润	160.56	36.14	29.04
2.手续费及佣金净收入	43.88	5.11	13.19	四、利润总额	160.33	36.00	28.96
二、营业支出	158.44	-7.89	-4.75	五、净利润	160.33	36.00	28.96

山东省交通银行本外币损益统计表

汇率：6.3757　　单位：亿元

项目	本年	比上年同期增减	比上年同期增减（%）	项目	本年	比上年同期增减	比上年同期增减（%）
一、营业收入	104.21	17.01	19.51	1.业务及管理费	24.59	2.70	12.33
1.利息净收入	80.21	14.62	22.28	2.营业税金及附加	1.21	0.14	12.82
利息收入	239.37	25.22	11.78	3.资产减值损失	62.36	16.40	35.68
利息支出	159.16	10.60	7.14	三、营业利润	12.81	-1.33	-9.42
2.手续费及佣金净收入	16.09	2.68	19.99	四、利润总额	13.19	-0.66	-4.75
二、营业支出	91.40	18.34	25.11	五、净利润	13.19	-0.66	-4.75

山东省中国邮政储蓄银行本外币损益统计表

汇率：6.3757　　单位：亿元

项目	本年	比上年同期增减	比上年同期增减（%）	项目	本年	比上年同期增减	比上年同期增减（%）
一、营业收入	190.51	19.58	11.46	1.业务及管理费	123.78	11.43	10.17
1.利息净收入	180.68	18.36	11.31	2.营业税金及附加	1.37	0.07	5.72
利息收入	446.85	54.21	13.81	3.资产减值损失	9.43	2.33	32.83
利息支出	266.17	35.85	15.57	三、营业利润	55.80	5.80	11.60
2.手续费及佣金净收入	8.43	0.61	7.84	四、利润总额	56.01	5.98	11.95
二、营业支出	134.71	13.78	11.40	五、净利润	54.58	5.44	11.07

山东省股份制商业银行本外币损益统计表

汇率：6.3757　　单位：亿元

项目	本年	比上年同期增减	比上年同期增减（%）	项目	本年	比上年同期增减	比上年同期增减（%）
一、营业收入	569.72	59.23	11.60	1.业务及管理费	195.76	18.76	10.60
1.利息净收入	487.22	55.22	12.78	2.营业税金及附加	8.50	0.71	9.15
利息收入	1,411.15	66.14	4.92	3.资产减值损失	208.13	-61.03	-22.67
利息支出	923.93	10.92	1.20	三、营业利润	153.33	102.06	199.06
2.手续费及佣金净收入	59.37	1.40	2.41	四、利润总额	153.96	102.98	202.03
二、营业支出	416.38	-42.83	-9.33	五、净利润	134.19	100.77	301.47

山东省恒丰银行本外币损益统计表

汇率：6.3757　　单位：亿元

项目	本年	比上年同期增减	比上年同期增减（%）	项目	本年	比上年同期增减	比上年同期增减（%）
一、营业收入	25.30	15.23	151.15	1.业务及管理费	16.70	1.17	7.51
1.利息净收入	21.06	15.46	276.13	2.营业税金及附加	0.89	0.21	29.88
利息收入	75.53	15.39	25.59	3.资产减值损失	15.28	4.89	47.04
利息支出	54.48	-0.07	-0.13	三、营业利润	-7.56	8.98	-54.29
2.手续费及佣金净收入	3.71	-0.35	-8.61	四、利润总额	-7.40	9.05	-55.03
二、营业支出	32.87	6.25	23.46	五、净利润	-7.40	9.05	-55.03

山东省中信银行本外币损益统计表

汇率：6.3757　　单位：亿元

项目	本年	比上年同期增减	比上年同期增减（%）	项目	本年	比上年同期增减	比上年同期增减（%）
一、营业收入	54.44	5.13	10.40	1.业务及管理费	21.53	2.96	15.93
1.利息净收入	46.54	4.32	10.22	2.营业税金及附加	0.85	0.02	2.56
利息收入	269.61	26.45	10.88	3.资产减值损失	17.31	-5.58	-24.37
利息支出	223.07	22.14	11.02	三、营业利润	14.74	7.73	110.12
2.手续费及佣金净收入	6.45	0.70	12.21	四、利润总额	14.79	7.41	100.45
二、营业支出	39.70	-2.60	-6.14	五、净利润	8.28	5.72	222.85

山东省中国光大银行本外币损益统计表

汇率：6.3757　　单位：亿元

项目	本年	比上年同期增减	比上年同期增减（%）	项目	本年	比上年同期增减	比上年同期增减（%）
一、营业收入	44.30	1.88	4.44	1.业务及管理费	13.99	1.40	11.15
1.利息净收入	37.22	3.21	9.44	2.营业税金及附加	0.55	0.02	2.85
利息收入	79.32	-0.48	-0.60	3.资产减值损失	24.07	9.32	63.13
利息支出	42.10	-3.69	-8.05	三、营业利润	5.29	-9.00	-62.97
2.手续费及佣金净收入	6.04	-1.15	-16.00	四、利润总额	5.27	-8.80	-62.55
二、营业支出	39.01	10.88	38.69	五、净利润	4.04	-8.97	-68.93

山东省华夏银行本外币损益统计表

汇率：6.3757　　单位：亿元

项目	本年	比上年同期增减	比上年同期增减（%）	项目	本年	比上年同期增减	比上年同期增减（%）
一、营业收入	36.28	-3.49	-8.77	1.业务及管理费	11.19	0.10	0.89
1.利息净收入	35.48	-3.20	-8.28	2.营业税金及附加	0.50	-0.03	-6.36
利息收入	63.59	-4.92	-7.18	3.资产减值损失	41.95	8.08	23.87
利息支出	28.12	-1.72	-5.75	三、营业利润	-17.47	-11.75	205.05
2.手续费及佣金净收入	0.41	-0.30	-42.16	四、利润总额	-17.51	-11.82	207.71
二、营业支出	53.76	8.26	18.15	五、净利润	-19.30	-12.71	192.65

山东省中国民生银行本外币损益统计表

汇率：6.3757　　单位：亿元

项目	本年	比上年同期增减	比上年同期增减（%）	项目	本年	比上年同期增减	比上年同期增减（%）
一、营业收入	58.61	-6.39	-9.83	1.业务及管理费	18.46	1.19	6.90
1.利息净收入	54.22	-5.35	-8.99	2.营业税金及附加	0.65	-0.08	-10.89
利息收入	101.52	-13.38	-11.64	3.资产减值损失	21.60	-35.39	-62.09
利息支出	47.30	-8.02	-14.50	三、营业利润	17.88	28.49	-268.64
2.手续费及佣金净收入	3.10	-1.19	-27.73	四、利润总额	17.96	28.59	-269.03
二、营业支出	40.72	-34.87	-46.13	五、净利润	17.96	28.59	-269.03

山东省招商银行本外币损益统计表

汇率：6.3757　　单位：亿元

项目	本年	比上年同期增减	比上年同期增减（%）	项目	本年	比上年同期增减	比上年同期增减（%）
一、营业收入	65.69	6.36	10.72	1.业务及管理费	30.59	2.13	7.48
1.利息净收入	53.92	4.25	8.55	2.营业税金及附加	0.77	0.11	17.12
利息收入	147.25	15.57	11.82	3.资产减值损失	-3.41	7.20	-67.83
利息支出	93.32	11.32	13.80	三、营业利润	37.68	-3.08	-7.56
2.手续费及佣金净收入	8.75	1.77	25.35	四、利润总额	37.72	-2.78	-6.86
二、营业支出	28.01	9.44	50.82	五、净利润	28.27	-2.11	-6.94

山东省兴业银行本外币损益统计表

汇率：6.3757　　　　单位：亿元

项目	本年	比上年同期增减	比上年同期增减（%）	项目	本年	比上年同期增减	比上年同期增减（%）
一、营业收入	67.30	2.39	3.68	1.业务及管理费	21.36	3.88	22.20
1.利息净收入	57.24	0.82	1.45	2.营业税金及附加	1.01	0.06	5.97
利息收入	145.83	9.42	6.91	3.资产减值损失	-3.39	-42.40	-108.70
利息支出	88.59	8.60	10.76	三、营业利润	48.30	40.83	546.21
2.手续费及佣金净收入	7.38	0.66	9.76	四、利润总额	48.34	40.81	541.87
二、营业支出	19.00	-38.44	-66.93	五、净利润	48.34	40.81	541.87

山东省广发银行本外币损益统计表

汇率：6.3757　　　　单位：亿元

项目	本年	比上年同期增减	比上年同期增减（%）	项目	本年	比上年同期增减	比上年同期增减（%）
一、营业收入	11.69	2.18	22.92	1.业务及管理费	4.58	1.40	43.79
1.利息净收入	10.88	1.89	21.07	2.营业税金及附加	0.23	0.03	13.39
利息收入	40.83	8.30	25.51	3.资产减值损失	5.92	-4.83	-44.92
利息支出	29.95	6.41	27.21	三、营业利润	0.95	5.59	-120.58
2.手续费及佣金净收入	0.40	0.04	10.99	四、利润总额	1.01	5.68	-121.65
二、营业支出	10.74	-3.41	-24.08	五、净利润	1.01	5.68	-121.65

山东省平安银行本外币损益统计表

汇率：6.3757　　　　单位：亿元

项目	本年	比上年同期增减	比上年同期增减（%）	项目	本年	比上年同期增减	比上年同期增减（%）
一、营业收入	44.61	15.12	51.30	1.业务及管理费	11.43	0.53	4.89
1.利息净收入	40.60	14.02	52.73	2.营业税金及附加	0.77	0.25	46.37
利息收入	96.89	21.78	29.00	3.资产减值损失	14.08	-15.12	-51.77
利息支出	56.29	7.76	16.00	三、营业利润	18.23	29.46	-262.31
2.手续费及佣金净收入	1.98	-0.01	-0.53	四、利润总额	18.19	29.41	-262.12
二、营业支出	26.38	-14.34	-35.21	五、净利润	18.19	29.41	-262.12

山东省上海浦东发展银行本外币损益统计表

汇率：6.3757　　　　单位：亿元

项目	本年	比上年同期增减	比上年同期增减（%）	项目	本年	比上年同期增减	比上年同期增减（%）
一、营业收入	37.22	1.29	3.59	1.业务及管理费	13.79	1.80	15.01
1.利息净收入	34.09	2.84	9.10	2.营业税金及附加	0.60	0.00	-0.28
利息收入	91.67	-40.35	-30.56	3.资产减值损失	7.89	-5.91	-42.83
利息支出	57.58	-43.19	-42.86	三、营业利润	14.92	5.41	56.86
2.手续费及佣金净收入	1.93	-1.19	-38.20	四、利润总额	14.82	5.32	56.01
二、营业支出	22.30	-4.12	-15.59	五、净利润	14.82	5.32	56.01

山东省浙商银行本外币损益统计表

汇率：6.3757　　单位：亿元

项目	本年	比上年同期增减	比上年同期增减（%）	项目	本年	比上年同期增减	比上年同期增减（%）
一、营业收入	9.58	3.79	65.28	1.业务及管理费	3.93	-0.48	-10.78
1.利息净收入	6.92	3.28	90.00	2.营业税金及附加	0.29	0.02	6.24
利息收入	23.51	1.95	9.06	3.资产减值损失	4.46	2.31	106.98
利息支出	16.58	-1.33	-7.41	三、营业利润	0.90	1.94	-186.33
2.手续费及佣金净收入	1.58	0.13	8.88	四、利润总额	0.91	1.97	-185.71
二、营业支出	8.69	1.85	27.02	五、净利润	0.56	1.88	-142.76

山东省渤海银行本外币损益统计表

汇率：6.3757　　单位：亿元

项目	本年	比上年同期增减	比上年同期增减（%）	项目	本年	比上年同期增减	比上年同期增减（%）
一、营业收入	10.48	-1.27	-10.78	1.业务及管理费	3.62	-0.02	-0.61
1.利息净收入	8.83	-0.92	-9.43	2.营业税金及附加	0.17	-0.01	-5.88
利息收入	36.24	1.19	3.40	3.资产减值损失	0.01	0.01	—
利息支出	27.40	2.11	8.35	三、营业利润	6.66	-1.19	-15.21
2.手续费及佣金净收入	1.55	-0.39	-19.90	四、利润总额	6.66	-1.19	-15.20
二、营业支出	3.82	-0.07	-1.86	五、净利润	6.23	-1.23	-16.51

山东省城市商业银行本外币损益统计表

汇率：6.3757　　单位：亿元

项目	本年	比上年同期增减	比上年同期增减（%）	项目	本年	比上年同期增减	比上年同期增减（%）
一、营业收入	326.46	19.44	6.33	1.业务及管理费	113.76	9.29	8.90
1.利息净收入	268.43	50.75	23.32	2.营业税金及附加	4.51	0.41	10.00
利息收入	836.18	27.05	3.34	3.资产减值损失	126.14	0.51	0.40
利息支出	567.75	-23.70	-4.01	三、营业利润	81.95	9.43	13.01
2.手续费及佣金净收入	9.02	-3.67	-28.90	四、利润总额	82.49	10.10	13.95
二、营业支出	244.51	10.01	4.27	五、净利润	70.78	10.51	17.44

山东省农村商业银行本外币损益统计表

汇率：6.3757　　单位：亿元

项目	本年	比上年同期增减	比上年同期增减（%）	项目	本年	比上年同期增减	比上年同期增减（%）
一、营业收入	594.13	41.39	7.49	1.业务及管理费	272.01	27.98	11.46
1.利息净收入	582.52	25.17	4.52	2.营业税金及附加	8.74	0.99	12.70
利息收入	1,215.50	131.69	12.15	3.资产减值损失	154.28	-7.70	-4.75
利息支出	632.97	106.52	20.23	三、营业利润	159.02	20.13	14.49
2.手续费及佣金净收入	-19.60	-0.45	2.33	四、利润总额	159.70	20.81	14.98
二、营业支出	435.12	21.26	5.14	五、净利润	119.99	21.80	22.20

山东省农村信用合作社本外币损益统计表

汇率：6.3757　　单位：亿元

项目	本年	比上年同期增减	比上年同期增减（%）	项目	本年	比上年同期增减	比上年同期增减（%）
一、营业收入	17.55	1.99	12.78	1.业务及管理费	12.98	1.00	8.31
1.利息净收入	3.43	1.68	96.07	2.营业税金及附加	0.20	-0.01	-3.57
利息收入	27.50	-7.11	-20.54	3.资产减值损失	-0.65	-0.94	-325.38
利息支出	24.07	-8.79	-26.76	三、营业利润	3.56	1.25	53.80
2.手续费及佣金净收入	-0.48	-0.18	56.80	四、利润总额	3.48	1.25	55.71
二、营业支出	13.99	0.74	5.60	五、净利润	2.99	0.94	46.16

山东省村镇银行本外币损益统计表

汇率：6.3757　　单位：亿元

项目	本年	比上年同期增减	比上年同期增减（%）	项目	本年	比上年同期增减	比上年同期增减（%）
一、营业收入	50.61	6.66	15.16	1.业务及管理费	30.39	3.74	14.05
1.利息净收入	50.05	5.69	12.82	2.营业税金及附加	0.42	0.07	20.02
利息收入	96.59	13.93	16.86	3.资产减值损失	8.66	-3.51	-28.83
利息支出	46.54	8.25	21.54	三、营业利润	11.07	6.55	144.77
2.手续费及佣金净收入	-1.16	-0.24	26.34	四、利润总额	11.90	7.02	144.14
二、营业支出	39.54	0.12	0.30	五、净利润	8.76	6.38	267.64

山东省信托投资公司本外币损益统计表

汇率：6.3757　　单位：亿元

项目	本年	比上年同期增减	比上年同期增减（%）	项目	本年	比上年同期增减	比上年同期增减（%）
一、营业收入	40.67	1.22	3.10	1.业务及管理费	5.01	-0.76	-13.12
1.利息净收入	0.13	-0.42	-76.19	2.营业税金及附加	0.23	0.01	3.91
利息收入	1.78	0.73	70.48	3.资产减值损失	9.73	3.48	55.77
利息支出	1.65	1.15	232.40	三、营业利润	25.61	-1.58	-5.82
2.手续费及佣金净收入	26.41	0.15	0.56	四、利润总额	26.27	-1.25	-4.53
二、营业支出	15.06	2.80	22.89	五、净利润	20.96	-0.38	-1.78

山东省中资财务公司本外币损益统计表

汇率：6.3757　　单位：亿元

项目	本年	比上年同期增减	比上年同期增减（%）	项目	本年	比上年同期增减	比上年同期增减（%）
一、营业收入	96.09	2.90	3.12	1.业务及管理费	6.03	0.29	5.00
1.利息净收入	79.27	1.25	1.60	2.营业税金及附加	0.86	0.02	2.97
利息收入	129.45	10.12	8.48	3.资产减值损失	6.05	-7.84	-56.43
利息支出	50.17	8.87	21.46	三、营业利润	83.13	10.42	14.33
2.手续费及佣金净收入	0.50	-0.11	-17.68	四、利润总额	84.47	10.94	14.88
二、营业支出	12.96	-7.52	-36.71	五、净利润	66.92	9.24	16.01

四、其他金融统计资料

山东省全金融机构（含外资）中间业务收入表

汇率：6.3757　　　　单位：万元

项目	本外币当年累计	人民币当年累计	外币当年累计
中间业务收入合计	3,347,259.99	3,263,736.34	83,523.65
（一）结算性中间业务收入	907,364.25	861,925.37	45,438.88
1.国际结算收入	190,911.82	149,682.68	41,229.14
单位	187,405.06	146,900.86	40,504.20
个人	3,506.76	2,781.82	724.94
2.国内结算收入	716,452.43	712,242.69	4,209.74
单位	351,958.00	347,887.70	4,070.30
个人	364,494.43	364,354.99	139.44
（二）担保性中间业务收入	409,851.82	398,488.96	11,362.86
1.银行承兑汇票收入	98,194.23	98,194.23	0.00
2.保函业务收入	82,331.86	75,476.72	6,855.15
融资性保函	43,205.87	39,812.11	3,393.76
非融资性保函	39,125.99	35,664.60	3,461.38
3.承诺费收入	108,744.60	108,432.19	312.41
4.保理费收入	48,587.90	46,123.18	2,464.72
5.其他担保性中间业务收入	71,993.23	70,262.65	1,730.58
（三）管理性中间业务收入	1,508,011.81	1,486,793.27	21,218.55
1.代收代付收入	112,976.81	112,652.07	324.75
2.资产托管及企业年金业务收入	76,222.84	76,222.80	0.04
3.理财业务收入	363,283.54	361,705.82	1,577.72
4.代客资金业务收入	187,015.57	176,479.75	10,535.83
代客外汇买卖	137,726.38	128,117.60	9,608.78
代客衍生工具交易	21,627.78	20,700.73	927.05
其他代客资金业务	27,661.42	27,661.42	0.00
5.银团贷款收入	100,639.62	98,461.77	2,177.85
6.委托贷款收入	61,576.55	61,498.52	78.03
7.其他管理性中间业务收入	606,296.91	599,772.57	6,524.33
代销基金	68,768.06	68,218.50	549.56
代理保险	324,075.81	324,075.81	0.00
代销债券	15,180.49	15,180.49	0.00
代理贵金属	50,716.86	50,716.86	0.00
其他	147,555.68	141,580.91	5,974.77
（四）投资银行业务收入	206,581.30	206,375.30	206.01
1.财务顾问收入	118,140.35	117,946.36	193.98
2.债券承销收入	60,764.44	60,752.42	12.03
3.其他投资银行业务收入	27,676.51	27,676.51	0.00
（五）其他中间业务收入	315,450.81	310,153.45	5,297.36
其中：保管箱业务收入	4,507.08	4,507.08	0.00
附：银行卡业务收入	422,240.61	422,028.33	212.28
电子银行业务收入	329,326.10	328,768.58	557.52

山东省全金融机构（不含外资）中间业务收入表

汇率：6.3757　　　　单位：万元

项目	本外币当年累计	人民币当年累计	外币当年累计
中间业务收入合计	3,326,923.62	3,254,275.23	72,648.39
（一）结算性中间业务收入	900,757.31	860,056.75	40,700.56
1.国际结算收入	184,835.98	148,052.49	36,783.49
单位	181,432.50	145,301.76	36,130.74
个人	3,403.48	2,750.73	652.75
2.国内结算收入	715,921.33	712,004.25	3,917.08
单位	351,466.87	347,685.81	3,781.06
个人	364,454.46	364,318.44	136.02
（二）担保性中间业务收入	405,043.24	395,248.92	9,794.32
1.银行承兑汇票收入	97,249.24	97,249.24	0.00
2.保函业务收入	79,108.10	73,255.37	5,852.74
融资性保函	42,063.34	39,297.97	2,765.37
非融资性保函	37,044.76	33,957.39	3,087.37
3.承诺费收入	108,728.46	108,416.05	312.41
4.保理费收入	48,542.54	46,080.71	2,461.83
5.其他担保性中间业务收入	71,414.88	70,247.54	1,167.34
（三）管理性中间业务收入	1,499,759.80	1,482,762.15	16,997.65
1.代收代付收入	112,976.81	112,652.07	324.75
2.资产托管及企业年金业务收入	76,216.81	76,216.81	0.00
3.理财业务收入	361,552.38	361,204.36	348.01
4.代客资金业务收入	182,146.93	173,886.06	8,260.87
代客外汇买卖	133,401.69	125,524.12	7,877.57
代客衍生工具交易	21,083.83	20,700.52	383.31
其他代客资金业务	27,661.42	27,661.42	0.00
5.银团贷款收入	100,351.71	98,226.25	2,125.46
6.委托贷款收入	61,413.51	61,335.47	78.03
7.其他管理性中间业务收入	605,101.67	599,241.15	5,860.52
代销基金	68,267.21	67,986.60	280.60
代理保险	323,838.70	323,838.70	0.00
代销债券	15,180.49	15,180.49	0.00
代理贵金属	50,716.86	50,716.86	0.00
其他	147,098.42	141,518.50	5,579.92
（四）投资银行业务收入	206,511.47	206,313.22	198.25
1.财务顾问收入	118,070.51	117,884.29	186.22
2.债券承销收入	60,764.44	60,752.42	12.03
3.其他投资银行业务收入	27,676.51	27,676.51	0.00
（五）其他中间业务收入	314,851.80	309,894.20	4,957.60
其中：保管箱业务收入	4,507.08	4,507.08	0.00
附：银行卡业务收入	422,219.43	422,008.20	211.23
电子银行业务收入	328,741.05	328,702.73	38.33

山东省银行业金融机构人员、机构情况表

（2021年末）

单位：家、人

行别		法人机构数	一级分行机构数	二级分行机构数	支行机构数	支行以下分支机构数	机构数合计	正式人员数合计
国有商业银行	工商银行山东省分行	—	1	16	855	22	894	19,481
	工商银行青岛市分行	—	1	1	17	124	143	3,257
	农业银行山东省分行	—	1	16	160	1,147	1,324	24,258
	农业银行青岛市分行	—	1	2	89	66	158	3,649
	中国银行山东省分行	—	1	16	471	—	488	13,283
	中国银行青岛市分行	—	1	2	105	—	108	3,240
	建设银行山东省分行	—	1	17	709	73	800	18,569
	建设银行青岛市分行	—	1	2	120	—	123	3,187
	交通银行山东省分行	—	1	15	127	—	143	3,515
	交通银行青岛分行	—	1	1	42	2	46	1,304
	合计（全省）	—	10	88	2,695	1,434	4,227	93,743
股份制商业银行	中信银行青岛分行	—	1	4	48	—	53	1,643
	中信银行济南分行	—	1	5	40	—	46	1,558
	光大银行青岛分行	—	1	3	28	24	56	989
	光大银行济南分行	—	1	6	29	—	36	874
	光大银行烟台分行	—	1	1	11	10	23	481
	华夏银行济南分行	—	1	8	35	10	54	1,362
	华夏银行青岛分行	—	1	1	22	12	36	981
	广发银行济南分行	—	1	5	12	3	21	621
	广发银行青岛分行	—	1	—	1	—	2	111
	招商银行济南分行	—	1	6	54	—	61	1,713
	招商银行烟台分行	—	1	1	15	—	17	580
	招商银行青岛分行	—	1	2	41	8	52	1,556
	浦发银行济南分行	—	1	10	30	22	63	1,176
	浦发银行青岛分行	—	1	2	22	7	32	859
	平安银行济南分行	—	1	6	24	—	31	835
	平安银行青岛分行	—	1	4	22	12	39	755
	兴业银行济南分行	—	1	12	37	66	116	2,122
	兴业银行青岛分行	—	1	—	13	15	29	596
	民生银行济南分行	—	1	8	50	73	132	1,869
	民生银行青岛分行	—	1	3	35	8	47	924
	恒丰银行	1	2	12	81	23	119	2,989
	恒丰银行青岛分行	—	1	—	12	3	16	407
	渤海银行济南分行	—	1	4	8	4	17	489
	渤海银行青岛银行	—	1	—	2	—	3	106
	浙商银行济南分行	—	1	6	6	—	13	669
	浙商银行青岛分行	—	1	—	1	—	2	124
	合计（全省）	1	27	109	679	300	1,116	26,389

续表1

行别		法人机构数	一级分行机构数	二级分行机构数	支行机构数	支行以下分支机构数	机构数合计	正式人员数合计
政策性银行	农业发展银行山东省分行	—	1	16	102	—	119	2,875
	农业发展银行青岛市分行	—	—	1	5	—	6	184
	进出口银行山东省分行	—	1	—	—	—	1	90
	开发银行山东省分行	—	1	—	—	—	1	254
	开发银行青岛市分行	—	1	—	—	—	1	151
	合计（全省）	—	4	17	107	—	128	3,554
城市商业银行	齐鲁银行	1	10	2	143	—	156	3,469
	齐鲁银行青岛分行	—	1	—	7	—	8	144
	青岛银行	1	16	—	121	28	166	4,734
	齐商银行	1	7	—	96	—	104	2,741
	烟台银行	1	2	—	82	—	85	1,798
	潍坊银行	1	5	—	106	—	112	2,501
	潍坊银行青岛分行	—	1	—	8	2	11	211
	临商银行	1	2	—	61	22	86	1,881
	威海市商业银行	1	15	—	81	5	102	2,624
	威海市商业银行青岛分行	—	1	—	7	1	9	185
	日照银行	1	8	—	92	—	101	3,128
	日照银行青岛分行	—	1	—	8	1	10	317
	莱商银行	1	7	—	80	10	98	1,976
	东营银行	1	5	—	109	—	115	1,807
	东营银行青岛分行	—	1	—	—	—	1	102
	德州银行	1	3	—	50	12	66	1,251
	济宁银行	1	7	—	81	1	90	1,751
	泰安银行	1	1	—	78	—	80	1,155
	枣庄银行	1	2	—	27	—	30	829
	天津银行济南分行	—	1	3	13	—	17	389
	北京银行济南分行	—	1	2	22	18	43	779
	北京银行青岛分行	—	1	—	5	2	8	218
	河北银行青岛分行	—	1	—	7	4	12	179
	合计（全省）	14	99	7	1,284	106	1,510	34,169
民营银行	威海蓝海银行	1	—	—	—	—	1	268
	合计（全省）	1	—	—	—	—	1	268
农村金融机构	农村信用社	2	—	—	14	—	16	1,243
	农村商业银行	110	1	—	3,405	1,453	4,969	63,376
	村镇银行	126	—	—	191	316	633	8,856
	农村资金互助社	1	—	—	—	—	1	6
	合计（全省）	239	1	—	3,610	1,769	5,619	73,481

续表2

行别		法人机构数	一级分行机构数	二级分行机构数	支行机构数	支行以下分支机构数	机构数合计	正式人员数合计
其他金融机构	山东省国际信托投资公司	1	—	—	—	—	1	350
	陆家嘴国际信托	1	—	—	—	—	1	405
	重汽财务	1	—	—	—	—	1	73
	山钢财务	1	—	—	—	—	1	55
	鲁商财务	1	—	—	—	—	1	48
	重工财务	1	—	—	—	—	1	60
	电力财务山东分公司	—	1	—	—	—	1	16
	山东黄金	1	—	—	—	—	1	41
	晨鸣财务	1	—	—	—	—	1	32
	南山财务	1	—	—	—	—	1	39
	兖矿财务	1	—	—	—	—	1	35
	招金财务	1	—	—	—	—	1	31
	山东能源集团财务有限公司	1	—	—	—	—	1	35
	日照港财务公司	1	—	—	—	—	1	31
	西王财务公司	1	—	—	—	—	1	31
	新凤祥财务有限公司	1	—	—	—	—	1	46
	浪潮财务	1	—	—	—	—	1	28
	华泰财务	1	—	—	—	—	1	25
	东明石化财务有限公司	1	—	—	—	—	1	28
	海尔财务	1	—	—	—	—	1	151
	海信财务	1	—	—	—	—	1	81
	中石化财务公司山东分公司	—	1	—	—	—	1	33
	青啤财务	1	—	—	—	—	1	35
	青岛港财务	1	—	—	—	—	1	31
	青建集团财务公司	1	—	—	—	—	1	23
	华融资产管理公司	—	1	—	—	—	1	64
	长城资产管理公司	—	1	—	—	—	1	73
	东方资产管理公司	—	1	—	—	—	1	51
	信达资产管理公司	—	1	—	—	—	1	69
	海尔消费金融公司	1	—	—	—	—	1	416
	山东重汽汽车金融有限公司	1	—	—	—	—	1	181
	山东通达金融租赁有限公司	1	—	—	—	—	1	72
	山东汇通金融租赁有限公司	1	—	—	—	—	1	79
	青银金融租赁	1	—	—	—	—	1	41
	中国邮政储蓄银行山东省分行	—	1	16	448	2,209	2,674	10,452
	中国邮政储蓄银行青岛分行	—	1		46	214	261	1,204
	合计（全省）	28	8	16	494	2,423	2,969	14,465

续表3

行别		法人机构数	一级分行机构数	二级分行机构数	支行机构数	支行以下分支机构数	机构数合计	正式人员数合计
外资银行	汇丰银行济南分行	—	1	—	—	—	1	19
	汇丰银行青岛分行	—	1	—	2	—	3	142
	南洋商业银行青岛分行	—	1	—	2	—	3	82
	日本山口银行青岛分行	—	1	—	—	—	1	30
	韩亚银行青岛分行	—	1	—	2	—	3	69
	韩亚银行烟台分行	—	1	—	—	—	1	36
	企业银行青岛分行	—	1	—	2	—	3	62
	企业银行烟台分行	—	1	—	1	—	2	50
	友利银行威海分行	—	1	—	—	—	1	26
	新韩银行青岛分行	—	1	—	1	—	2	50
	渣打银行济南分行	—	1	—	1	—	2	26
	渣打银行青岛分行	—	1	—	4	—	5	51
	东亚银行济南分行	—	1	—	—	—	1	11
	东亚银行青岛分行	—	1	—	—	—	1	50
	恒生银行济南分行	—	1	—	—	—	1	13
	瑞穗实业银行青岛分行	—	1	—	—	—	1	49
	华侨银行青岛分行	—	1	—	—	—	1	18
	三菱东京日联银行青岛分行	—	1	—	—	—	1	55
	釜山银行青岛分行	—	1	—	—	—	1	20
	德意志银行青岛分行	—	1	—	—	—	1	7
	国泰世华银行青岛分行	—	1	—	—	—	1	25
	星展银行青岛分行	—	1	—	—	—	1	16
	澳新银行青岛分行	—	1	—	—	—	1	7
	韩国产业银行青岛分行	—	1	—	—	—	1	29
	合计（全省）	—	24	—	15	—	39	943
分类不明	中德住房储蓄银行济南分行	—	1	—	—	—	1	26
	合计（全省）	—	1	—	—	—	1	26
山东省合计		283	174	237	8,884	6,032	15,610	247,038

注：本表数据来源于山东银保监局。

山东省（含青岛）上市公司情况表

项目		单位	期末
上市公司数		家	270
其中：A股		家	268
B股		家	5
A、B股均发行		家	3
境内、外均上市		家	12
ST公司数		家	3
*ST公司数		家	4
拟上市公司数		家	166
退市公司数		家	1
总股本		亿股	2,741.44
流通股本	A股	亿股	2,128.11
	B股	亿股	15.12
境内上市公司境外股		亿股	141.02
总市值（境内）		亿元	39,720.69
流通市值（境内）		亿元	30,002.59

山东省（含青岛）各地市证券、期货经营机构分布情况表

单位：家

地区	证券			期货		
	公司	分公司	营业部	公司	分公司	营业部
济南	1	61	90	1	53	21
青岛	2	37	119	1	19	26
淄博	0	3	40	1	2	6
枣庄	0	1	14	0	0	0
东营	0	2	24	0	0	4
烟台	0	9	56	1	3	10
潍坊	0	3	49	0	1	2
济宁	0	2	24	0	0	4
泰安	0	2	22	0	0	1
威海	0	2	27	0	0	1
日照	0	1	9	0	1	8
滨州	0	1	14	0	0	0
德州	0	2	11	0	0	1
聊城	0	2	20	0	0	0
临沂	0	3	33	0	0	7
菏泽	0	2	9	0	0	0
合计	3	133	561	4	79	91

山东省人寿保险公司主要业务指标统计表（含青岛）

单位：亿元

项　目	本年累计	上年同期	同比增长（%）
一、保费收入	2,335.20	2,250.85	3.75
1.寿险小计	1,683.13	1,631.82	3.14
2.意外伤害险小计	42.62	45.50	-6.34
3.健康险小计	609.45	573.53	6.26
二、赔付支出	515.32	458.46	12.40
1.赔款支出合计	113.42	99.83	13.61
（1）意外伤害险	11.90	11.23	5.99
（2）一年期以内健康险	101.52	88.61	14.58
2.死伤医疗给付合计	111.05	87.66	26.68
（1）寿险	26.41	23.88	10.57
（2）一年期以上健康险	84.65	63.78	32.72
3.满期给付合计	208.13	191.57	8.65
（1）寿险	164.48	174.83	-5.92
（2）一年期以上健康险	43.66	16.74	160.81
4.年金给付合计	82.72	79.40	4.17
三、退保金	263.23	184.65	42.56
1.寿险	247.46	175.40	41.08
2.一年期以上健康险	15.77	9.25	70.58

山东省财产保险公司主要业务指标统计表（含青岛）

单位：万件、亿元

项　目	本年累计	上年同期	同比增长（%）
一、签单数量	88,076.05	98,638.89	-10.71
二、签单保费合计	955.18	937.07	1.93
三、保费收入合计	943.11	914.87	3.09
四、已决赔款合计	628.21	541.44	16.03
五、赔款支出合计	624.99	541.46	15.43

注：1.签单数量为签单件数减注销保单件数后的净保单件数，按保单起保日开始统计；

2.签单保费为保单保费加批增保费减批减保费后的净额，业务上按保单起保日开始计算；

3.已决赔款按照业务上已核赔结案的赔款金额，包括业务已决财务未付和业务已决财务已付赔款金额。

山东省保险公司资产负债表（含青岛）

（2021年末）

单位：亿元

资　产	年初数	期末数	比年初增减
货币资金	17.46	33.54	16.07
拆出资金	—	—	—
交易性金融资产	3.72	4.16	0.44
衍生金融资产	—	0.01	0.01
买入返售金融资产	—	—	—
应收利息	8.27	9.36	1.09
应收保费	207.45	221.00	13.55
应收资产管理费	—	—	—
应收管理费（养老）	0.39	0.91	0.51
应收代位追偿款	0.41	0.39	-0.02
应收分保账款	37.28	40.13	2.85
应收分保未到期责任准备金	33.73	32.66	-1.07
应收分保未决赔款准备金	37.39	39.47	2.08
应收分保寿险责任准备金	56.55	47.53	-9.02
应收分保长期健康险责任准备金	9.06	11.99	2.94
保户质押贷款	476.10	546.20	70.10
贷款	5.11	6.37	1.27
存出保证金	1.78	2.09	0.31
定期存款	—	—	—
可供出售金融资产	7.44	7.36	-0.08
持有至到期投资	—	—	—
长期股权投资	—	—	—
存出资本保证金	3.60	3.60	0.00
投资性房地产	2.05	3.45	1.40
固定资产	69.74	77.67	7.93
无形资产	7.98	8.11	0.14
独立账户资产	107.04	128.47	21.43
递延所得税资产	0.09	0.06	-0.03
系统内往来（借项）	6,165.01	7,012.31	847.31
内部往来（借项）	331.00	358.05	27.05
其他资产	44.65	48.85	4.20
资产总计	7,633.30	8,643.76	1,010.45

续表

负债及所有者权益	年初数	期末数	比年初增减
短期借款	—	—	—
存入保证金	2.76	2.14	-0.63
拆入资金	—	—	—
交易性金融负债	—	—	—
衍生金融负债	—	—	—
卖出回购金融资产款	0.18	0.10	-0.08
应付手续费及佣金	39.32	47.74	8.42
应付营销费用（养老）	0.00	0.00	0.00
预收保费	145.64	140.23	-5.41
应付职工薪酬	30.22	33.02	2.80
应交税费	8.96	9.41	0.45
保险保障基金	3.49	3.81	0.32
应付赔付款	149.83	160.36	10.53
其他应付款	44.92	40.18	-4.75
应付保单红利	197.68	217.78	20.10
应付分保账款	75.79	60.53	-15.26
未到期责任准备金	476.61	500.30	23.69
未决赔款准备金	350.28	391.50	41.22
其中：已发生未报告未决赔款准备金	117.30	140.89	23.59
寿险责任准备金	7,918.66	9,072.67	1,154.00
长期健康险责任准备金	862.29	1,064.18	201.88
保户储金及投资款	1,873.00	2,044.50	171.50
长期借款	—	—	—
应付债券	—	—	—
卫星发射保险基金	—	—	—
独立账户负债	107.04	128.47	21.43
递延所得税负债	0.03	0.03	0.01
系统往来（贷项）	-2,870.01	-3,204.78	-334.77
内部往来（贷项）	-128.45	-162.59	-34.13
其他负债	33.98	48.10	14.12
负债合计	9,322.23	10,597.67	1,275.45
所有者权益（或股东权益）	—	—	—
实收资本(或股本)	18.00	20.00	2.00
资本公积	-36.43	0.61	37.05
减：库存股	—	—	—
盈余公积	—	—	—
一般风险准备	—	—	—
未分配利润	-1,670.49	-1,974.53	-304.04
外币报表折算差额	—	—	—
少数股东权益	—	—	—
所有者权益合计	-1,688.92	-1,953.92	-264.99
负债及所有者权益总计	7,633.30	8,643.76	1,010.45

主题索引

说明：

本索引为综合性主题索引，索引款目按汉语拼音顺序(同音字按声调)排列。表格款目后注有“表”字样，款目后的阿拉伯数字表示内容所在的页码，数字后的字母a、b表示该页自左向右的版面区域。

汉语拼音主题索引

X